이평래 교수의
대승기신론 강설

大乘起信論 講說

이평래
교수의

대승기신론 강설

● 아슈와고샤(馬鳴) 보디 싸뜨와 지음 ● 梁 天쓰 시지읽법사 빠라마르타(眞諦) 한역
● 문학박사 이평래 강설

민족사

● 일러두기

〔SED〕Sanskrit–English Dictionary,
by Sir Monier Monier–Williams, Oxford University Press, 1899
『大正藏』 ………………………… 『대정신수대장경(大正新脩大藏經)』
『혜원의소(慧遠義疏)』…………… 혜원(慧遠)『대승기신론의소(大乘起信論義疏)』
『원효소(元曉疏)』 ……………… 원효(元曉)『대승기신론소(大乘起信論疏)』
『원효별기(元曉別記)』…………… 원효(元曉)『대승기신론별기(大乘起信論別記)』
『법장의기(法藏義記)』…………… 법장(法藏)『대승기신론의기(大乘起信論義記)』
『법장별기(法藏別記)』…………… 법장(法藏)『대승기신론별기(大乘起信論別記)』

• 데와나가리文字
싼쓰끄리뜨 발음표기는 2005년 한국불교학회의 불교학술용어 표준화안을 따름

Devanāgarī	Rome	한글	Devanāgarī	Rome	한글	Devanāgarī	Rome	한글
अ/आ	a/ā	어/아:	च	c	ㅉ	न	n	ㄴ
इ/ई	i/ī	이/이:	छ	ch	ㅊ	प	p	ㅃ
उ/ऊ	u/ū	우/우:	ज	j	ㅈ	फ	ph	ㅍ
ऋ/ॠ	ṛ/ṝ	ㄹ	झ	jh	ㅈ	ब	b	ㅂ
ऌ/ॡ	ḷ/ḹ	ㄹ	ञ	ñ	냐	भ	bh	ㅂ
ए/ऐ	e/ai	에:/아이	ट	ṭ	ㄸ	म	m	ㅁ
ओ/औ	o/au	오:/아우	ठ	ṭh	ㅌ	य	ya	야
◌ं	aṃ(ṃ)	ㅇ/ㅁ	ड	ḍ	ㄷ	र	r	ㄹ
◌ः	aḥ(ḥ)	허	ढ	ḍh	ㄷ	ल	l	받침 ㄹ
क	k	ㄲ	ण	ṇ	ㄴ	व	v	모두 w로
ख	kh	ㅋ	त	t	ㄸ	श	ś	슈
ग	g	ㄱ	थ	th	ㅌ	ष	ṣ	쉬 / sh
घ	gh	ㄱ	द	d	ㄷ	स	s	ㅆ
ङ	ṅ	ㅇ	ध	dh	ㄷ	ह	h	ㅎ

• 싼쓰끄리뜨의 10진법

고 대	०	१	२	३	४	५	६	७	८	९
현 대	0	1	2	3	4	5	6	7	8	9
발 음	śūnyaṃ 슈니얌	eka 에까	dvi 드위	tri 뜨리	catur 짜뚜르	pañca 빤짜	ṣaṣ 샤쉬	sapta 쌉따	aṣṭa 아쉬따	nava 나와

10 daśa, 100 śata, 1,000 sahasra 또는 daśaśata, 10,000 prabheda
100,000 lakṣa, 1,000,000 prayuta, 10,000,000 koṭi

• 싼쓰끄리뜨 발음 표기 예시

싼쓰끄리뜨	한자	기존의 표기	한국불교학회 정비안
anuttara samyak saṃbodhi	阿耨多羅三藐三菩提	아뇩다라삼먁삼보리	안웃따라쌈약쌍보디
nirvāṇa	涅槃, 泥洹	니르바나 닐바나 열반	니르와나
prajñā-pāramitā	般若波羅蜜, 般若波羅蜜多	반야바라밀 반야바라밀다 프라즈냐파라미타	쁘라갸빠라미따
Kumārajīva	鳩摩羅什	구마라집 구마라습 꾸마라지바	꾸마라지와
Vārāṇasī	波羅奈	바라나 바라나시	와라나씨
gate gate	揭帝 揭帝	아제 아제	가떼 가떼
bodhi svāhā	菩提 僧莎訶	모지사바하	보디쓰와하

• 싼쓰끄리뜨의 8격을 다음과 같이 약자로 표시한다.

nom. 主格 nominative
voc. 呼格 vocative
acc. 對格=목적격 accusative
ins. 具格=助格 instrumental
dat. 爲格=與格 dative
abl. 奪格 ablative '…에서'의 뜻으로 동작의 수단·원인·장소·때 따위를 나타내는 명사의
격. from, by, at, in 따위로 만드는 부사구에 해당
gen. 屬格=所有格 genitive
loc. 處格 locative
ind. 不變化詞 indeclinable 격변화를 하지 않는다.

• 이 책을 읽을 때 반드시 2005년 한국불교학회의 불교학술용어 표준화안 싼쓰끄리뜨 발
음표기를 숙지하고 용어 해설을 참조하기 바란다.

머리말

선재동자(Sudhana-kumāra)는 무엇 때문에 53명이나 되는 선지식(kalyāṇa-mitra)을 그토록 목마르게 찾아다녔을까. 선지식은 수행을 함에 있어서 생명이기 때문이다. 학문을 함에 있어서도 훌륭한 스승을 만나는 것이 또한 그러하다.

일본 도쿄 고마자와(駒澤) 대학에 유학하여 여래장사상의 세계적 권위자인 타카사키 지키도(高崎直道) 교수의 지도를 받아『대승기신론』을 중심으로 한 여래장사상을 연구할 수 있었던 것이, 나의 학문세계를 형성함에 있어서 엄청난 영향을 끼치게 되었다. 여래장사상을 평생의 연구주제로 삼고 있는 것도 바로 그 때문이다.

타카사키 교수는 나를 위해 여래장 계통의 강좌를 개설하여 여래장사상을 체계적으로 연구할 수 있도록 지도하여 주셨다. 여래장 삼부경인『대방등여래장경』·『불설부증불감경』·『승만사자후일승대방편방광경』의 강좌를 차례로 개설하여 모두 수강하게 해 주셨다. 나는 여래장 삼부경의 강좌를 통하여 여래장사상에 대한 학문적 기반을 확고하게 닦을 수 있었다.

금상첨화(錦上添花)로 히라카와 아키라(平川彰) 교수로부터는 '기신론삼소(起信論三疏)'를 중심으로 한『대승기신론』강의를 직접 수강하였다. 그래서 본서는 히라카와 교수의 수강 노트를 모체(母體)로 하고, 히라카와 교수의 저술인『대승기신론』을 모본(母本)으로 하였음을 밝혀둔다.

『대승기신론』은 중관사상과 유식사상을 한데 녹여 총체적으로 구성한 저술이다. 불교경전 가운데 가장 철학적 · 종교적 · 논리적 · 이론적 · 체계적 · 윤리적 · 실천적인 것으로 불교학의 백과사전이라고 말할 수 있다.

알라야식(阿梨耶識, ālaya-vijñāna)을 도입하여 여래장사상을 잘 풀어놓은 경전이 『대승기신론』이다. 인간의 정신세계를 심층적으로 분석하고 종합하여, 인간 정신의 무한한 가능성을 제시하고 있다. 서양철학에서의 유심론과는 다른 불교유심론의 입장을 근간(根幹)으로 하여 인간 존재를 낙천적 · 긍정적 · 적극적 · 능동적 · 실천적 · 청정성(淸淨性)으로 해석하고 있다.

불교는 깨달음의 종교이므로 초월자로서의 절대자를 받아들이지 않는다. 곧 무신론(atheism)이다. 육신이 없는 정신만의 깨달음도 불가능하며 정신이 없는 육신만의 깨달음도 불가능하다. 이것은 육신이 없는 신(神)의 깨달음은 있을 수 없다는 논리이다. 오로지 사람만이 깨달을 수 있다는 것이 거룩한 붓다의 가르침이다. 그러므로 인간은 깨달음을 내재하고 있는 존재인 셈이다.

그럼 무엇으로 깨달음을 이룰 수 있을까. 마음과 몸이 서로 기대고 있는 것이 사람이다. 물론 총체적으로는 사람이 깨달음을 성취하지만, 음식을 씹는 것은 치아가 맡고, 음식의 소화는 위장이 맡으며, 호흡은 폐장이 맡고, 혈액순환은 심장이 맡듯이, 깨달음은 마음이 맡는다. 그 마음을 여래장(tathāgatagarbha) 또는 불성(buddha-dhātu)이라고 부른다. 그것은 무한한 덕성을 갖추고 있다. 불교는 무신론이므로, 마음의 본성이 맑고 깨끗함을 믿는 것이 여래장사상이다. 여래장(如來藏) 또는 불성(佛性)을 갖추고 있지 않다면, 기왓장을 숫돌에 아무리 갈아도 거울이 될 수 없는 것처럼, 아무리 수행을 열심히 하여도 붓다가 될 수 없다는 논리를 서술하는 것이『대승기신론』이다.

이 책은 평소『대승기신론』을 강의하고 해설한 것들을 모아 엮은 것이다.

그래서 강설 형식을 취했다. 원문을 한글로 번역하고 강설을 한 다음 독자의 이해를 돕기 위해 불교 용어 해설을 덧붙였다. 번역도 축어역(逐語譯, 直譯)이 아니라 의역(意譯)을 했다. 이제까지의『대승기신론』번역서는 대부분이 축어역이다. 축어역도 그 나름대로 의미가 있긴 하지만, 독자들이 어려운 한자용어를 소화하기에 힘들고 또한 뜻이 분명하게 드러나지 않으므로 그 내용을 잘 파악할 수 없기 때문에 의역을 했다. 물론 의역도 문제가 없는 것은 아니다. 번역자의 주관적인 관점이 원문의 뜻을 해칠 수 있기 때문이다. 그래서 번역문을 읽다가 의문이 생기면 바로 대조할 수 있도록 원문을 함께 실었다.

일반적으로『대승기신론』은 마명(馬鳴) 보디쌋뜨와가 짓고, 진제(眞諦, 499~569) 삼장이 번역한 것으로 알려져 있다. 그러나 나는 진제 삼장 자신이 짓고, 마명 보디쌋뜨와에게 가탁(假託)한 것이라고 본다. 붓다의 깨달음의 본질·다르마에 관한 말씀과 실천정신을 담고 있는『대승기신론』이 중국·한국·일본의 대승불교에 얼마나 영향을 끼쳤는가는 삼국의 불교사 속에 잘 드러나 있다. 여래장사상의 완결서인『대승기신론』을 사상적·철학적으로 연구한 것을 보고 싶은 독자는 졸저인『신라불교여래장사상연구(新羅佛敎如來藏思想研究)』를 추천한다.

마지막으로 본서의 출간을 흔쾌하게 받아준 민족사 윤재승 사장과 편집·교정을 맡아준 사기순 주간에게 감사의 말씀을 드린다.

불기 2557(2014)년 1월 10일

李 平 來

차례

서론

1. 『대승기신론(大乘起信論)』이란 무슨 뜻인가?

불교경전의 강의·강설에서는 먼저 '제명(題名)'에 대한 해설로부터 시작한다. 『대승기신론』이란, '소승이 아닌 대승의 가르침에 대하여 믿음을 일으키는 논서'의 의미로 보기 쉬우나 전혀 그런 것이 아니라, '사람의 마음에 대하여 믿음을 일으키는 논서'라는 의미이다.

'제2단 근본사상을 제시한다(立義分)'에서는, "논문의 주제는 마하야나(mahāyāna, 大乘)이며, 마하야나를 통틀어 두 가지 관점에서 고찰한다. 첫째, 마하야나의 본질(dharma, 法)이며, 둘째, 마하야나라고 하는 까닭(artha, 義)에 관한 것이다."라고 제시하고 있는 것처럼, 마하야나에는 마하야나의 본질과 마하야나라고 하는 까닭이라고 하는 두 가지 의미가 있다.

첫째의 마하야나의 본질이란 '중생심'을 가리키는 것이다. 중생심이란 '사람의 마음'이라는 의미이며, 그것도 우리 인간의 마음을 가리키는 것이다.

우리 인간의 마음이 바로 '마하야냐'라고 생각하는 것이다. 『대승기신론』을 바르게 이해하려면, 먼저 이 전제를 확실히 이해하여야 하며 또한 끝까지 이것을 놓쳐서는 안 된다. 왜 그런가 하면, 그것을 나타내는 것이 둘째의 마하야냐라고 하는 까닭(artha, 義)이다. 중생심인 마하야냐에는, 체대(體大) · 상대(相大) · 용대(用大)라고 하는 위대한 특질이 있다. 체대란 중생심의 본성이 진여라고 하는 의미이며, 상대란 사람의 마음에는 헤아릴 수 없이 많은 수승한 덕성을 갖추고 있다는 것이다. 붓다는 이것을 완전하게 드러낼 수 있으므로, 이것은 붓다가 갖추고 있는 덕성을 가리킨다. 용대란 마음의 작용을 가리키는 것이며, 마음의 본성을 완전히 드러내어 중생을 구제하는 붓다의 작용이고, 우리는 이것을 불사(佛事)라고 부른다. 중생심에 3대(大)가 갖추어져 있는 것이 '대승(大乘, mahāyāna)'에서의 '대(大, mahā)'의 뜻이다.

『대승기신론』의 '대승'이란, 소승에 대한 대승이 아니라 마음을 가리키는 것이다. 사람의 마음의 본성이 진여라고 하더라도, 현실에서는 헤매고 있다. 탐(貪, rāga) · 진(瞋, dveṣa) · 치(癡, moha) 3독(三毒, tri-viṣa)의 번뇌에 더럽혀져서 추한 존재로 있는 것이다. 대승의 실체가 드러나 있지 않은 것이다. 그러나 그 추한 마음이 깨닫는 것이다. 오뉴월의 푸른 땡감이 잘 익어서 동지섣달의 빨간 홍시가 되는 것과 같은 이치이다. 마음 밖에 깨달음의 주체가 없다는 말이다. 중생심에는 미망에서 깨달음으로 나아가는 힘을 갖추고 있다. 이 힘이 '승'이다. '승(乘, yāna: vehicle)'이란 수송수단, 운반수단, 나르는 기구, 운반하는 모든 도구, 승물(乘物), 운재(運載)로서 운반하는 힘을 가리킨다. 마음에 중생을 미망에서 깨달음으로 운반하는 힘이 있다. 이것이 대승의 '승'이다.

마음은 무한한 가능성 · 능력, 곧 덕성을 갖추고 있음을 가르치는 것이 불교이며, 특히 『대승기신론』은 인간의 본성을 낙천적 · 긍정적 · 적극적 · 능동적 · 실천적 청정성(淸淨性)으로 보는 입장이다. 불교는 신(神)을 믿는 것이 아니라 사람의 마음, 마음의 본성이 맑고 깨끗하다는 자성청정심(自性淸淨心)을 믿는 것이다. 자기의 마음이 자성청정심인 것을 깨닫는 것이 '기신(起信)'이다. 자기의 마음이 '여래장(如來藏, tathāgatagarbha)' · '불성(佛性, buddha-dhātu)'인 것을 이성으로는 알 수 없다. 마음의 본성은 분석이나 분별을 통하여 알 수 있는 것이 아니다. 그러므로 붓다의 깨달음을 역으로 추론하여, 그 존재를 알 수 있다. 고따마 씻다르타가 '여래장' · '불성'을 갖추고 있지 않았다면, 아무리 수행을 열심히 하여도 붓다가 될 수 없었을 것이다. 기왓장을 숫돌에 아무리 갈아도 거울이 될 수 없는 것처럼 말이다.

불교는 이와 같이 '이고득락(離苦得樂, duḥkha vighāta, sukha prāpti)', 번뇌의 괴로움에 허덕이는 현실일지라도 발심하여 수행을 계속하면, 그 공덕이 쌓이고 쌓여 마음이 평온하고 맑고 깨끗하게 되어, 저절로 진리가 보이며, 그렇게 되면 진리를 동무로 삼아 행복하고 평화로운 삶을 산다는 것이다. 그래서 불교는 깨달음을 얻을 수 있다는 '믿음'에서 출발한다. 깨달음의 도구로서의 인간 정신의 무한한 가능성인 '여래장' · '불성'이 필요 · 충분조건이라는 '믿음'이 있어야 한다.

깨달음을 얻은 붓다의 세계에 있어서는 인간 정신의 가장 깨끗하며 맑고 순수한 진여(眞如, tathatā)라고 하지만, 그것이 번뇌로 뒤덮인 중생의 세계와 관계를 맺어, 번뇌 속에 감추어져 있을 때는 여래장이라고 부른다. 보통 사람의 마음은 여래장의 상태로 있다. 여래장의 본원이 진여이므로, 여래장의 본성은 자성청정(自性淸淨)이며, 헤아릴 수 없이 많은 덕성을 갖추고 있음의 '믿음'이 '기신(起信)'의 참뜻이다. 그래서 여래장이 번뇌의 굴레를 벗어버린 것을 '법신(法身, dharmakāya)'이라고 부르며, 그 법신이 거룩한 붓다이고, 진여의 현성이라고 말할 수 있다.

『대승기신론』은 여래장사상(如來藏思想, tathāgatagrbha-vāda)을 전개하는 것을 목적으로 하는 논서이다. 『대승기신론』은 일심(一心, ekacitta)을 붓다와 중생, 극락과 싸하(娑婆, sahā), 니르와나와 윤회, 진여와 무명의 두 얼굴로 전개하여 인간의 이상세계와 현실세계를 절묘하게 파헤쳤다. 그것이 심진여문과 심생멸문이다. 전자는 붓다의 세계이며, 깨달음의 세계이고, 자성청정의 마음이며, 완성된 인간의 마음이고, 후자는 시간의 변화를 타는 생성과 소멸을 반복하는 번뇌의 세계이다. 이와 같은 내용을 본문에서 자세하게 고찰할 것이다.

『대승기신론』의 주석은 고래로 중국·한국·일본에 걸쳐서 대단히 많이 연구되었으며, 170여 명의 학자가 1000권 이상의 저술을 내놓았다고 한다. 그리고 그 가운데에서 다음의 세 가지 주석서를 '기신론삼소(起信論三疏)'라고 하여, 『대승기신론』을 연구하는 학자들이 대단히 중요시 하고 있다.

『대승기신론의소(大乘起信論義疏)』 2권 정영사 사문 혜원(淨影寺 沙門 慧遠, 523~592)

『대승기신론소(大乘起信論疏)』 2권 신라 원효(新羅 元曉, 617~686)

『대승기신론별기(大乘起信論別記)』 2권 신라 원효

『대승기신론의기(大乘起信論義記)』 3권 당 법장(唐 法藏, 643~712)

『대승기신론별기(大乘起信論別記)』 1권 당 법장

혜원은 지론종 남도파의 스님으로서, 라뜨나마디(Ratnamati) – 혜광(468~537) – 법상 – 혜원(523~592)에게로 상승되며, 많은 저서를 남기고 있다. 그의 주저인 『대승의장(大乘義章)』 가운데에도 『대승기신론』에 관한 많은 언급이 있으며, 원효의 불교학은 혜원으로부터 많은 영향을 받은 것으로 보인다. 원효는 많은 저술활동을 하였는데, 현존하는 『이장의(二障義)』·『대혜도경종요(大慧度經宗要)』·『법화종요(法華宗要)』·『열반종요(涅槃宗要)』·『기신론소(起信論

疏)』·『기신론별기(起信論別記)』·『금강삼매경론(金剛三昧經論)』 등을 천착하여 보면, 여래장사상을 중심으로 하여 그의 불교학을 발휘하려고 한 불교학자인 것으로 보인다. 특히 빠라마르타(Paramārtha, 眞諦 499~569)의 여래장설을 적극적으로 수용하여 그의 불교사상을 전개하고 있음은, 그것을 증명할 수 있는 충분한 근거라고 볼 수 있다. 법장은 화엄종의 제3조로서, 화엄종 교리의 확립자이며, 원효의 저술을 많이 인용하고 있음을 확인할 수 있다. 그런데 원효의 영향을 받으면서도, 원효처럼 특별한 종파에 매달리지 않고, 불교의 본질을 살리려고 하는 것이 아니라, 화엄종에 갇혀 있는 것으로 보인다.

2. 『대승기신론』의 저자 아슈와고샤에 대하여

아슈와고샤(Aśvaghoṣa, 馬鳴)는 인디아 불교사상사에서 볼 때, 대단히 중요한 인물이며, 인디아 고대(古代) 3대 시인의 한 분이고, 많은 저술을 시(詩)의 형태로 남긴 창작가이기도 하다. 그분은 CE 50년~150년경 사이에 재세한 스님이면서 시인으로 활약하였다. 인디아의 시문학사에서도 높은 평가를 받을 만큼 시성(詩性)이 풍부한 시인이기 때문에 인디아의 고대시를 연구하는 학자들은 그분의 시를 많이 연구하고 있다. 그리고 시인이기 때문에 거룩한 붓다의 생애를 비롯하여 장로들의 행장(行狀)을 시로 엮어 찬송하는 시집(詩集)을 많이 남겼다.

다만 이분이 생존하던 때는 부파불교와 초기대승불교시대이기 때문에 아직 여래장사상은 형성되지 않은 때라는 것이다. 더욱 이때의 아슈와고샤는 부파불교에 소속된 스님이기 때문에 대승경전의 논장인 『대승기신론』을 저술할 수 없을 것이라는 시각이 일반적이다. 현재 그분의 저서로 알려진 것으로는 『불소행찬(佛所行讚, Buddhacarita)』·『건치범찬(犍稚梵讚, Gaṇḍīstotragāthā)』·『단정하신 난다Nanda(Saundaranandakavya)』·『희곡 샤리뿌뜨라Śāriputra(Śāriputraprakaraṇa)』·『Vajrasūci』 등이 전하고 있다.

위와 같은 논거를 수용한다면,『대승기신론』을 저술한 또 한 분의 아슈와고샤를 설정하지 않을 수 없다. CE 400년~500년경 사이에 재세하면서『대승기신론』을 저술하였다고 보는 논사를 가정할 수 있다. 그것은 다음에 도시한 여래장계 경전계통도(高崎直道, 大乘佛典12 如來藏系經典, p.425, 日本 中央公論社, 1975)를 근거로 하여 CE 400년~500년대에도 같은 이름을 가진 아슈와고샤 보디쌋뜨와가 재세하였다고 말할 수 있으나, 이것은 가정일 뿐 누구라도 수용할 수 있는 확실한 근거를 제시하지는 못하고 있으므로, 앞으로 더욱 연구해서 밝혀야 할 과제라고 본다.

또 하나의 가정은 빠라마르타(Paramārtha, 眞諦 499~569) 삼장 자신의 저술로 볼 수 있다는 것이다. 빠라마르타를 중국 섭론종의 개조로만 볼 것이 아니라, 그가 한역한 경전 속에 그의 의지가 잘 드러나 있음을 볼 수 있는데, 내용을 잘 관찰·분석·종합하여 보면 유식설(唯識說)의 입장이라기보다는 철저하게 여래장설(如來藏說)의 입장이라는 것을 알 수 있다.『대승기신론』 자체의 논리 전개와 여래장을 중심으로 하면서도 알라야식을 도입하여 절묘하게 식설(識說)을 서술하는 자세를 보면, 빠라마르타 삼장은 그렇게 할 수 있는 충분한 저력을 가지고 있다는 생각이 든다. 또 다른 예를 들면 '제4단 수행신심분' 가운데의 보살중(菩薩衆)에 관한 서술도 그런 것 가운데 하나로 볼 수 있다. 보살중이란, bodhisattva-gaṇa의 번역어이며, 보디쌋뜨와의 교단을 가리킨다. 이 '보디쌋뜨와가나(bodhisattva-gaṇa, 菩薩衆)'의 용례는 많은 대승경전에서 볼 수 있는 것이며, 성문 쌍가와는 별도로 보디쌋뜨와가나가 있었던 것을 나타내고 있다. 이렇게 논술하는 문장은, 인디아의 대승불교도가 아니면 논술할 수 없다는 것이다.

　그래서 『대승기신론』을 중국 안에서의 저술이라고 하더라도, 중국인의 저작이 아니라 인디아 논사의 저작으로 보고, 그렇다면 빠라마르타가 아닐까, 생각하며, 다만 『대승기신론』의 논전(論典)으로서의 정통성을 확고하게 정립하기 위하여 저자를 아슈와고샤(馬鳴)로 가탁한 것이라고 본다.

여래장계 경전 계통도

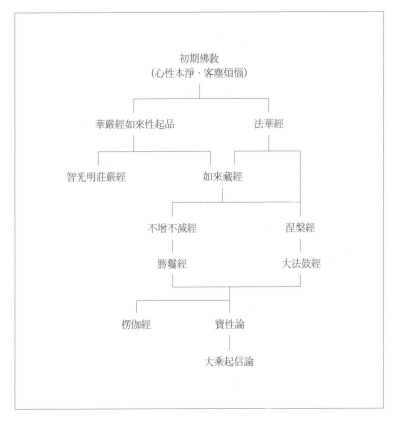

3. 『대승기신론』의 번역자 빠라마르타에 대하여

CE 550년에 『대승기신론』을 한역한 것으로 알려진 빠라마르타(Paramārtha, 眞諦 499~569) 삼장은 서인도의 웃자야니(Ujjayanī) 국에서 브라흐마나(brāhmaṇa)로 태어났으며, 성(姓)은 Bhārata이다. 빠라마르타는 일명(一名) 꿀라나타(Kulanātha, 親依)라고도 한다. 서인도의 웃자야니는 당시 인디아에서 학문상, 날란다 대학(Nālandā-Saṃgha-ārāma)이 있는 동북쪽의 마가다(Magadha) 국과 서남쪽의 말라와(Mālava) 국에 인접한 일대이다. 이것은 삼장법사의 학문상의 소지를 이해하는 데 있어서 중요하다고 본다.

총민(聰敏)하고 강기(强記)하여 변재(辯才)를 다하지 못하는 일이 없고, 어려서부터 여러 나라에 유행하여 여러 스승에게 역사(歷事)를 하였으며, 리그웨다쌍히따(Ṛg-Veda-Saṃhitā, 讚歌) · 싸마웨다쌍히따(Sāma-Veda-Saṃhitā, 歌詠) · 야주르웨다쌍히따(Yajur-Veda-Saṃhitā, 祭詞) · 아타르와웨다쌍히따(Atharva-Veda-Saṃhitā, 呪詞)의 네 웨다(catur-veda)와 쌍키야(Sāṃkhya, 數論) · 요가(Yoga) · 와이쉐쉬까(Vaiśeṣika, 勝論) · 니야야(Nyāya, 正理) · 미망싸(Mīmāṃsā) · 웨단따(Vedānta)의 육파철학을 정치(精緻)하게 연구하고, 경(經, Sūtra) · 율(律, Śīla) · 논(論, Abhidharma)의 삼장(三藏, Tri-piṭaka)과 장부(長部, Dīgha-nikāya) · 중부(中部, Majjhima-nikāya) · 상응부(相應部, Saṃyutta-nikāya) · 증지부(增支部, Aṅguttara-nikāya) · 소부(小部, Khuddaka-nikāya)의 오부(五部, Pañca-nikāya)를 관련(貫練)하였으며, 대승을 구명(究明)하여 두루 심오한 극치를 다하였다.

그는 인디아의 여러 나라를 거쳐서 드디어 캄보디아에 이르렀을 때, 중국의 양(梁) 나라 무제(武帝)가 부남(扶南, 캄보디아)에 유명한 스님의 초빙을 의뢰하고 있다는 말을 듣고, 멀리서 범협(梵夾)을 가지고 546년(大同 12년)에 중국의 남해에 위치한 꽝뚱(廣東)에 도착하여, 2년 후인 548년(太淸 2년) 8월에 난징(南

22

京)에 들어가 무제를 만났다.

그때 서둘러 번역을 개시하려고 하였는데, 그 해 10월에 후경(候景)의 모반으로 무제가 실각을 당했기 때문에, 동국(東國)으로 가게 되었으며, 부춘(富春, 浙江省 抗州府 富陽縣)으로 피난하여 그곳에 이르러서 육원철(陸元哲)로부터 영접을 받았다. 그 곳에서 550년(太淸 4년)부터 약 3년간 사문 보경 등 20여 인을 위하여 『열반경본유금무게론(涅槃經本有今無偈論)』·『십칠지론(十七地論)』 5권·『여실론(如實論)』·『삼세분별론(三世分別論)』·『중론(中論)』을 번역하는 일에 종사하였다.

이어서 552년(承聖 元年)에 원제(元帝)가 즉위함에 이르러 양주 정관사(揚州 正觀寺)에 머물면서 혜보(慧寶) 등과 함께 『금광명경(金光明經)』 7권을 역출하였다. 그 후 552년~553년에 걸쳐서 한 번 난징에 돌아올 기회가 있었다. 이때를 제외하고는 각지를 떠돌아다니며 불우한 환경 속에서 역경사업을 계속한다.

554년(承聖 3년) 2월에 예장 보전사(豫章 寶田寺)로 들어가 『인왕반야경(仁王般若經)』·『미륵하생경(彌勒下生經)』을 번역하고, 경소(警韶) 등을 위하여 『금광명경』·『유식론』 및 『열반경』 속의 「백구해탈십사음(百句解脫十四音)」을 강론하였다. 또 신오(新吳) 시흥(始興)으로 가서, 후소(後蕭) 태보(太保)를 따라서 대유령(大庾嶺)을 넘어 남강(南康)에 도달하여 내사 유문타(內史 劉文陀)의 간청에 의하여 『무상의경(無上依經)』 2권을 번역하였다.

558년(陳 永定) 7월에 예장(豫章)으로 되돌아왔으며, 이어서 임천(臨川, 江西省 撫州府 臨川縣西)·진안(晉安, 福建省 福州府 閩縣 東北) 등의 여러 군(郡)에 머물면서 여러 곳에서 경론을 번역하고, 강해(講解)를 하고, 영정(永定) 3년(559)에 『입세아비담론(立世阿毘曇論)』을 번역하였다.

그런데 그 본의(本意)를 널리 펼칠 수 없었기 때문에, 스님은 배를 타고 능가수국(楞伽修國)으로 가려고 하였다. 그때에 도속이 결서(結誓)하여 머물기를 청함에 따라서 드디어 민월(閩越, 福建省 福州府 閩縣)에서 체재하였다. 이때에 그 전에 번역하였던 경론을 교정하여 시말(始末)이 윤통(倫通)하게 하였다.

이어서 또 양안군(梁安郡)에 이르러 다시 큰 선박을 빌려 서국(西國)으로 되돌아가려고 하는데, 학도들이 추축(追逐)함에 따라서 계속하여 머무르게 하였다. 그때에 태수 왕방사(王方奢)가 거듭해서 요청하면서, 삼장에게 가람을 건조하고 경을 번역할 것을 간청하였다. 진제는 진(陳) 천가(天嘉) 3년(562) 9월에 승종(僧宗)·법건(法虔) 등을 필수(筆受)로 하여 『금강반야경』을 번역하고, 또 『문의(文義)』 10권을 찬술하였다. 같은 달 삼장은 드디어 뜻을 굳히고 양안(梁安)에서 배를 타고 서귀(西歸)의 길에 오르려고 하지만, 폭풍을 만나서 광주(廣州)에 표류하여 되돌아오게 되었다. 그때에 형주(衡州) 자사 구양외(歐陽頠, 諡號 穆)가 스님을 이끌어 제지사(制旨寺)에 머물게 하고, 다시 신문(新文)을 번역할 것을 간청하였다. 스님은 이 업연을 회고하며, 따라서 서환(西還)의 의지를 끊고, 사문 혜개(慧愷) 등을 위하여 『구사론본송(俱舍論本頌)』·『광의법문경(廣義法門經)』·『유식론(唯識論)』 등을 번역한다.

이어서 목공(穆公)이 죽고 나서, 세자 구양흘(歐陽紇)은 거듭하여 단월(檀越)이 되고, 또 양도(揚都) 사문 승종(僧宗)·법준(法准)·승인(僧忍) 등이 삼장의 가르침을 듣고 싶어 하여 먼 곳에서 와서 친승로문(親承勞問)하므로, 삼장은 그 내의(來意)를 흔쾌히 받아들이고 동 4년(563) 제지사(制旨寺)에서 혜개(慧愷)를 필수로 하여 『섭대승론』 3권, 『섭대승론석』 12권을 번역하였으며, 또 『의소(義疏)』 8권을 출판하였다.

동 5년(564) 정월에 혜개·승인 등의 간청에 따라서 『구사석론(俱舍釋論)』의 번역·출판을 시작하였다. 아직 「혹품(惑品)」을 마치지 못하였는데, 사정에 의하여 남해군(南海郡)으로 옮겨, 동년(564) 윤10월에 그 글을 마쳤다. 논문 22권·논게(論偈) 1권·의소(義疏) 53권이 있다. 뒤에 또 광주(廣州) 현명사(顯明

寺)로 되돌아와서 자사(刺史)를 위하여 이 논을 강의하고, 다시 천가(天嘉) 6년 2월에 혜개 등의 간청에 따라서 거듭하여 논문을 번역하고, 광대(光大) 원년 (567) 12월에 이르러 마침 치정(治定)을 구경하였다. 동 2년(568) 정월에 또 양도 (揚都) 정림사(定林寺) 법태(法泰)의 간청에 따라서 『율이십이명료론(律二十二明 了論)』을 번역하고, 또 『주기해석(註記解釋)』5권을 출판하였다.

그러나 유랑생활에 몹시 실망하여 568년 6월에 삼장은 세상의 부잡함을 싫어하여, 드디어 남해 북산(南海 北山)으로 들어가 바야흐로 신명(身命)을 버리려고 기도하였지만 그 뜻을 이루지 못한다. 혜개(慧愷)가 이 소식을 듣고서 치왕(馳往)하며, 도속이 또 분부(奔赴)하여 산천에 줄을 이었다. 자사 구양흘(歐陽 紇)은 사신을 파견하여 사위(伺衛)하게 하며, 또 스스로 찾아와서 계상(稽顙)하고, 드디어 맞아들여 왕원사(王園寺)에 머물게 하였다.

그때에 승종 · 혜개 등이 모시고 건업으로 되돌아가려고 하였으나, 건업의 학도들은 스스로의 세력의 실추를 두려워하여, 영남(嶺南)에서 번역한 삼장의 논서는 유식무진(唯識無塵)을 말씀하는 것이기 때문에, 정도(政道)에 배반되며, 국풍을 방해하고, 제화를 따르지 못하며, 황복(荒服)을 유행하게 하는 것이라고 상표(上表)하였다. 그때 진(陳) 문제도 이것을 그렇게 생각하게 되어 삼장의 귀환을 거절하였다. 따라서 남해의 신문(新文)은 진(陳)의 시대에는 많이 유행되지 못하였다고 한다.

568년 8월에는 빠라마르타 삼장이 가장 아끼던 혜개를 잃고, 569년(太建 元 年) 정월에 질병에 걸려서 바로 유문(遺文)을 써서 제자 지휴(智休)에게 부(附) 하고, 그 자신도 569년 11월에 드디어 실의 속에 시적하였다. 그때 나이 71세였다.

명일(明日) 조정(潮亭)에서 다비(茶毘)하여 탑을 세웠다. 동도(東渡) 이래 23년, 때는 양말(梁末)에 속하며 전란이 계속 이어져서 제방(諸方)에 유리(流離)하여 모든 간난(艱難)을 맛보고, 때때로 서귀(西歸)를 기도하였지만 이루지 못하였다. 그 심정을 깊이 관찰해야만 할 것이 있다.

삼장은 널리 중경(衆經)을 출판하였다고 하더라도 전적으로『섭론(攝論)』을 종(宗)으로 삼는다. 그러므로 세상에서 섭론종의 개조라고 일컫는다. 그 문인에 혜개·법태·도니·조비(曹毗)·지교(智敫)·승종(僧宗)·법준(法准)·승인(僧忍) 등이 있다. 또 삼장이 경론을 번역할 때마다 대개 주소(注疏)를 내며, 그이의(理義)의 천명에 노력한 것은 다른 삼장에게서는 많이 그 예를 볼 수 없는바이지만, 그들 모든 서적이 거의 다 산일(散佚)되어 전하여지지 않는 것이 참으로 애석하다.

다만 삼장에 관련된 역경목록은 매우 분경(紛更)하여 믿음을 주기 어려운점이 적지 않아도, 이제 잠시『역대삼보기(歷代三寶紀)』등에 의하여 사(師)의저작이라고 불리어지는 것을 들면,『금광명소(金光明疏)』6권·『인왕반야소(仁王般若疏)』6권·『전법륜의기(轉法輪義記)』1권·『금강반야소(金剛般若疏)』11권·『해절경소(解節經疏)』4권·『무상의경소(無上依經疏)』4권·『율이십이명료론주기(律二十二明了論註記)』5권·『기신론소(起信論疏)』2권·『중론소(中論疏)』2권·『섭대승론소』8권·『구사론소(俱舍論疏)』53권·『십팔부론소(十八部論疏)』10권·『여실론소(如實論疏)』3권·『사제론소(四諦論疏)』3권·『파아론소(破我論疏)』1권·『수상론중십육제소(隨相論中十六諦疏)』1권·『구식의기(九識義記)』2권·『중경통서(衆經通序)』2권·『유식론문의(唯識論文義)』1권·『정론석의(正論釋義)』5권·『불성의(佛性義)』3권·『선정의(禪定義)』1권·『번외국어(飜外國語)』7권 등이 있다.

번역서로는『십칠지론(十七地論)』·『결정장론(決定藏論)』·『섭대승론』·『섭대승론석』·『중변분별론(中邊分別論)』·『전식론(轉識論)』·『유식론(唯識論)』·『삼무성론(三無性論)』·『아비달마구사론본송(阿毘達磨俱舍論本頌)』·『아비달마구사석론(阿毘達磨俱舍釋論)』·『금광명경(金光明經)』·『불성론(佛性論)』·『여실론(如實論)』·『열반경본유금무게론(涅槃經本有今無偈論)』·『삼세분별론(三世分別論)』·『중론(中論)』·『인왕반야경(仁王般若經)』·『미륵하생경(彌勒下生經)』·『입세아비담론(立世阿毘曇論)』·『금강반야경(金剛般若經)』·『광의법문경(廣義法門經)』·『율이십이명료론(律二十二明了論)』·『대승기신론』 등이 있다.

4. 『대승기신론』은 어떻게 조직되어 있는가?

『대승기신론』은 여래장사상을 완결한 논서이므로 철저하게 여래장사상의 입장에서 대승불교의 근본사상을 해명하고 있다. 저자가 '인연분(因緣分)'에서 전제한 것처럼 짧은 논문이지만 많은 뜻을 함축하고 있다. 그러므로 본론에서는, 대승불교의 핵심사상인 공(空)·진여·유심·유식·인법이무아(人法二無我)의 사상을 비롯하여, 실천론으로는 6빠라미따의 사상, 샤마타·위빠쉬야나의 사상, 그리고 아미따바붓다의 신앙까지도 망라되어 있다. 그런데 이들 사상이 모두 여래장사상을 근간으로 하여 체계화되어 있다는 것이다. 그래서 내용을 잘 이해하면 대승불교를 통합적·총체적으로 통섭할 수 있다.

『대승기신론』에 가까운 경전을 들라고 하면 『능가경(楞伽經)』이라고 말할 수 있다. 그러나 『능가경』에서는, 『대승기신론』과 밀접한 사상을 엿볼 수 있지만, 여래장과 알라야식과의 관계가 조화롭게 정리되어 있는 것은 아니다. 그러나 『대승기신론』은 알라야식을 받아들여 절묘하게 여래장사상과 결합시키고, 그러면서도 전체가 일관되게 여래장의 입장으로 전개되어 있다.

『대승기신론』의 조직에 대하여 살펴보기로 한다.

주석가들은 논문 전체를 크게 서분·정종분·유통분의 세 부분으로 나누어서 보았다. '서분'은 세 송(頌)으로 구성되어 있다. 여기에서 논주는, 앞의 두 송은 붓다·다르마·쌍가의 삼보에 예배를 드리는 것으로부터 시작하며, 마지막 한 송은 본론을 저술하는 목적과 저자의 발원을 논술하고 있다. 이와 같이 논주의 귀명을 말씀드리는 '서분(序分)'이기 때문에, 이것을 '귀명서(歸命序)' 또는 귀경서(歸敬序)'라고 부른다.

　이어서 본론인 정종분으로 들어간다. 고래로 본론을 앞의 '서분'에 대하여 '정종분(正宗分)'이라고 부른다. 제일 먼저 본론의 내용을 간단하게, "법(法, dharma)이 있으므로, 마하야나(Mahāyāna, 大乘)에 대한 믿음(śraddhā, 信)의 싹이 트게 하려고 이 글을 논술한다."라고 서술하고, 이어서 본론은 다음과 같이 "첫째, 왜 논문을 쓰는가?[因緣分]·둘째, 근본사상을 제시한다[立義分]·셋째, 근본사상을 해설한다[解釋分]·넷째, 무엇을 믿고, 어떻게 수행할 것인가?[修行信心分]·다섯째, 닦는 이익을 들어 실천을 권장한다[勸修利益分]."의 다섯 부분으로 서술한다.

　이 부분은 본론 가운데의 서론이며, '발기서(發起序)'라고 부른다. 발기서란, 본론을 이끌어내기 때문에 실마리의 역할을 한다.

　정종분의 제1장은 '왜 논문을 쓰는가?[因緣分]'이다. 이것은 논문을 쓰는 까닭을 논술하고 있다. 본론을 저술하는 여덟 가지 이유를 들고 있다.

　정종분의 제2장은 '근본사상을 제시한다[立義分]'이다. 이것은 『대승기신론』은 무엇을 제시하려고 하는 경전인가, 그래서 본론의 근본사상을 제시하고 있는 것이다. 여기에서 입의분(立義分)의 '의(義)'란 '대강(大綱)' 또는 '강요(綱要)'라는 말이다. 강요는 일심(一心)·이문(二門)·삼대(三大)라고 제시하고 있다. 일심은 대승 바로 중생심(衆生心), 이문은 심진여문(心眞如門)과 심생멸문(心生滅門), 삼대는 체대(體大)·상대(相大)·용대(用大)를 가리킨다.

　정종분의 제3장은 '근본사상을 해설한다[解釋分]'이다. 이것은 앞의 '근본사상을 제시한다' 부분을 해석하는 곳이다. 그래서 본론의 중심부라고 볼 수 있으며, 전체의 4분의 3을 차지하고 있다. 여기에서는 '대승기신' 가운데의 '대승'을 중심으로 하여 논술하고 있다. 이 부분은 이것을 다시 세 부분으로 나눈다. 그것은 '대승의 정의를 밝힌다(顯示正義)'·'그릇된 주장을 논파한다(對治邪執)'·'발심이란 무엇인가?(分別發趣道相)'이다.

이 세 부분 가운데에서도 첫 번째의 '대승의 정의를 밝힌다'라는 부분이 가장 중요하며, 분량도 제일 많다. 해석분의 3분의 2를 여기에 할애하고 있다. 그러므로 본론 전체의 2분의 1, 바로『대승기신론』의 절반은 '대승의 정의를 밝힌다'가 차지하고 있다. 여기에서 심진여문·심생멸문을 해석하고 있으며, 진여와 여래장, 각(覺)과 불각, 본각과 시각, 삼세(三細)·육추(六麤), 훈습설과 그 밖의 본론의 중요한 교리를 논술하고 있다.

두 번째의 '그릇된 주장을 논파한다(對治邪執)'는, 사집(邪執)의 대치(對治)·논파(論破)이며, 사집이란 아견을 가리킨다. 이것을 인아견과 법아견으로 나누어서, 여래장과 '아(我)'를 혼동해서는 안 된다는 것을 해설하고 있다.

세 번째의 '발심이란 무엇인가?(分別發趣道相)'는, 도(道)에 발취(發趣)하는 자세를 분별하는 의미이다. 도에 발취한다는 것은, '발심(發心)'을 가리키는 것이다. 여기에서 믿음(信)을 성취하고 나서 하는 발심, 행(行)의 입장에서의 발심, 증오(證悟)의 입장에서의 발심, 이렇게 세 가지로 발심의 자세를 밝히고 있다.

이상으로 '제3장의 근본사상을 해설한다(解釋分)'를 마치고, 다음은 제4장으로 넘어간다. 정종분의 제4장은 '무엇을 믿고, 어떻게 수행할 것인가?(修行信心分)'이다. 이 부분은 '대승기신' 가운데의 '기신'을 해석하는 부분이다. 여기에서는 신심에 네 가지가 있으며, 수행에 다섯 가지가 있다고 해석한다. 사신(四信)·오행(五行)을 중심으로 하여 무엇을 믿고, 어떻게 수행할 것인가를 논술하고 있다.

정종분의 제5장은 '닦는 이익을 들어 실천을 권장한다(勸修利益分)'이다. 대승(大乘)과 기신(起信)의 결론이다. 정신(正信)을 권장하며, 비방(誹謗)을 징벌하고, 수학(修學)을 적극적으로 권하고 있다.

이상으로 '정종분'을 마치고, 최후의 한 송이 있다. 이 글을 쓴 공덕을 회향하여, 모든 중생을 이롭게 하려는 발원(發願)을 표명한다. 이 한 송을 '유통분(流通分)'에 배당한다. 일반적으로 경론(經論)에서는 서분·정종분·유통분의 세 부분으로 구성되어 있다고 하기 때문에,『대승기신론』을 분석하여 이상과 같이 해석하는 것이다.

대승기신론의 구조

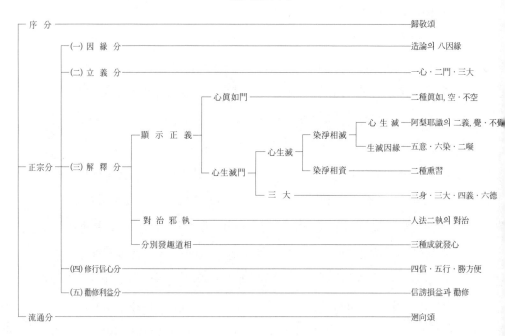

5.『대승기신론』은 어떻게 전파·수용되었는가?

위에서 서술한 것과 같이,『대승기신론』은 빠라마르타 삼장이 양(梁) 대청(大淸) 4년(550)에 번역하였다고 전하여지고 있다. 설령 이것이 번역이 아니라 중국에서의 성립이라고 하더라도, 그로부터 불과 몇 년 사이에 중국의 불교계의 심장부를 파고들어 대단한 위치를 차지하게 되었다.

'마명의 저작'으로 승인을 받고 수용되어, 수지(受持)·독송(讀誦)·설법(說法)·서사(書寫)·공양(供養)·교계(敎誡)·청문(聽聞)을 하여, 교종과 선종에 지대한 영향을 미쳤다. 예를 들면 정영사(淨影寺) 혜원(慧遠, 523~592)의『십지경론의기(十地經論義記)』및 길장(549~623)의『승만보굴(勝鬘寶窟)』등에, '마명언(馬鳴言)'·'마명론(馬鳴論)' 등으로『대승기신론』을 인용하고 있다. 혜원의『대승의장(大乘義章)』에도『대승기신론』에서의 인용이 많은 것이 사실이다. 담연(曇延)(516~588)은『대승기신론의소(大乘起信論義疏)』2권(상권만 현존)을 저술하였는데, 이것도 마명의 저술인 것을 인정하고 있다. 혜원에게도『대승기신론의소(大乘起信論義疏)』2권의 저술이 있다. 그러나 이 가운데에는 '원사해운(遠師解云)' 등의 말이 있기 때문에, 후대의 위작이라는 학설도 있다. 그렇지만『십지경론의기(十地經論義記)』와『승만보굴(勝鬘寶窟)』의 인용은 확실한 것이기 때문에, 빠라마르타의 역출로부터 50년 이내에『대승기신론』은 마명 조(馬鳴造)·진제 역(眞諦譯)으로서, 중국의 불교계에 널리 퍼져, 교종과 선종에 지대한 영향을 끼친 것은 역사적인 사실이다. 특히 화엄종과 선종의 이론적 기반을 형성하는 데에 미친 영향은 말할 수 없이 크다. 그러나 동시에 수대(隋代) 개황(開皇) 14년(594)에, 법경(法經) 등에 의하여 저술된『중경목록(衆經目錄)』에서는,『대승기신론』의 진제 역에 대하여 의혹이 제기되었으며,『대승기신론』은 '중론의혹(衆論疑惑)' 속에 들어 있다는 것도 주목해야 한다.

그러나 그 뒤에 신라 원효(617~686)에 의하여『대승기신론소』 2권이 저술되고, 더욱 그 뒤에 당 법장(643~712)에 의하여『대승기신론의기』 3권이 저술되어, 중국의 불교계에서의『대승기신론』의 위치는 확고부동한 자리를 차지하게 되었다. 한편 원효에게는『대승기신론별기』 2권이 있으며, 법장에게도『대승기신론별기』 1권이 있다.

『대승기신론』의 연구는 이상의 주석서를 지침으로 하고 기본 텍스트로 삼아 이루어지는 것이 보편화되어 있다. 혜원에서 원효로, 원효에서 법장으로 이어지는데, 특히 법장은 문지(文持)라는 별명이 따를 만큼 문장의 설명적 서술에 주력하였고, 게다가 원효의 것을 숙지하고 또 그대로 인용하여 서술해서 내용이 풍부하여 연구자들이 가장 많이 활용하고 있다.

본디『대승기신론』은, 중생심 바로 사람의 마음에 관한 해명을 목적으로 하며, 그것을 일심(一心, ekacitta) · 진여(眞如) · 여래장(如來藏) · 각(覺) · 자성청정심(自性淸淨心) · 알라야식으로 서술하기 때문에, 커다란 범주로서는『대방광불화엄경』계통의 사상에 포함되는 것으로 본다. 이것을 교리적으로 기초를 세운 것이 원효와 법장의 주석이다. 뿐만 아니라 원효는 필요할 때에는 어느 계통의 경전인가를 가리지 않고 자유롭게 활용하는 주석의 태도를 보이고 있다. 그래서 알라야식의 8식설을 활용하여 삼세(三細) · 육추(六麤)를 해설하고 있음을 볼 수 있다.

6.『대승기신론』의 기준 교본은?

『대승기신론』의 기준이 될 수 있는 교재는 대단히 많다. 그 가운데에서도 가장 중심이 되는 것은 해인사 8만대장경 속에 들어 있는『대승기신론』이다.

그러나 세계의 불교학자들이 한역경전(漢譯經典)을 인용할 때에는 『대정신수대장경(大正新脩大藏經)』에 수록되어 있는 것을 인용하는 것으로 공인(公認)되어 있기 때문에, 필자도 그 원칙을 따른다. 그리고 『대정신수대장경』은 해인사의 판본을 그대로 수록하고 있다.

대승기신론
강설 ———————— 머리글·序分

예배를 드리는 말씀(歸敬頌)

歸命盡十方　最勝業徧知

色無碍自在　救世大悲者

及彼身體相　法性眞如海

無量功德藏　如實修行等

爲欲令衆生　除疑捨邪執

起大乘正信　佛種不斷故

　나는 온 누리에서 가장 거룩하고 훌륭한 까르마(karma)를 베푸시며, 지혜를 두루 갖추시고, 님을 드러내심은, 걸림이 없으시고 자유자재이신, 세상을 구제하시는 님·대자대비하신 님이신 거룩한 붓다께 귀명하나이다.

　나는 온 누리에서 거룩한 붓다의 본질과 특질, 그리고 법성과 진여의 바다인 다르마에 귀명하나이다.

　나는 온 누리에서 헤아릴 수 없이 많은 공덕을 갖추시고, 진실하게 수행하시는 쌍가에 귀명하나이다.

　내가 이 논문을 쓰는 까닭은, 모든 사람들이 거룩한 붓다의 가르침에 대한 의혹을 깨끗이 씻어 버리고, 그릇된 집착을 떨쳐버림으로써, 대승에 대한 올바른 믿음을 갖도록 하여 거룩한 붓다의 정법이 끊어지지 않기를 바라기 때문이오이다.

| 강설 |

　논주인 아슈와고샤 보디쌋뜨와는, 붓다(buddha-ratna, 佛寶)·다르마(dharma-ratna, 法寶)·쌍가(saṅgha-ratna, 僧寶)의 삼보(三寶, tri-ratna)에 예배를 드리는 것으로부터 이 글을 시작한다.

귀경게송은, 세 개의 게송(偈頌)으로 구성되어 있으며, 앞의 두 게송은 삼보에의 지순한 귀명·예배이며, 뒤의 한 게송은 논주가 이 글을 쓰는 까닭을 밝힌 것이며, 아울러서 논주의 발원(發願)을 표명한 것이기도 하다.

그런데 고래로 『대승기신론』의 삼대 해설서라고 할 수 있는, '기신론삼소(起信論三疏)'의 저자들은 귀경게송에서의 삼보를 분류하는 방법이 서로 다르다. 그것이 어떻게 다른가를 도표를 만들어 살펴보기로 한다. 그리고 귀경게송의 분석적 이해를 위하여 아래와 같이 각 행에 번호를 붙인다.

◎ 歸命盡十方　① 最勝業徧知　② 色無碍自在　③ 救世大悲者
④ 及彼身體相　⑤ 法性眞如海　⑥ 無量功德藏　⑦ 如實修行等

• 혜원의 귀경게송에 관한 삼보의 분류방식

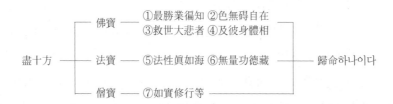

혜원은 ① 最勝業徧知 ② 色無碍自在 ③ 救世大悲者 ④ 及彼身體相을 불보, ⑤ 法性眞如海 ⑥ 無量功德藏을 법보, ⑦ 如實修行等을 승보로 이해하고 있다.

• 원효의 귀경게송에 관한 삼보의 분류방식

원효는 불보를 심덕(心德), 색덕(色德) 그리고 붓다를 받들어 찬탄을 매듭짓는다는 내용으로, 다음과 같이 해석하고 있다.

최승업변지(最勝業徧知)를 심덕(心德), 색무애자재(色無碍自在)를 색덕(色德), 구세대비자(救世大悲者)를 붓다로 받들어 매듭짓는다는 것이라고 해석한다. 그리고 법보를 해석함에 있어서 법성을 니르와나로 해석하며, 끝으로 승보에 관한 해석은, 무량공덕장(無量功德藏)은 공덕을 들어 붓다를 취하며, 여실수행등(如實修行等)은 여실수행(如實修行)과 등(等)을 분류하여 전자는 깨달음의 원(願)을 일으켜서 지혜를 만족시키는 것까지를 모두 포섭하며, 후자인 등(等)은 불방일을 취함으로써 깨달음의 원을 만족하고 모든 법을 희론하지 않는 것까지를 모두 포섭하는 것이라고 해석한다.

• 법장의 귀경게송에 관한 삼보의 분류방식

법장은 불보를 다음과 같이 해석하고 있다.

최승업변지(最勝業遍知)를 거룩한 붓다의 의업(意業), 색무애자재(色無碍自在)를 거룩한 붓다의 신업, 구세대비자(救世大悲者)를 거룩한 붓다의 어업이라고 해석한다. 그리고 법보를 법신으로 해석하고 있다. 피신체상(彼身體相)의 체(體)와 상(相)을 체대와 상대로 보고 법신이라고 해석하면서 법성진여해(法性眞如海)를 체대, 무량공덕장(無量功德藏)을 상대로 풀이하고 있다. 끝으로 쌍가보인 여실수행등(如實修行等)을 지상(地上)의 보디쌋뜨와쌍가로 해석한다.

저자인 아슈와고샤 보디쌋뜨와는, 먼저 삼보(tri-ratna)에 귀명·예배를 드리는 것으로부터 이 글을 쓰기 시작한다.

첫 번째, 시방삼세(十方三世)에 계시는 모든 거룩한 붓다께 귀명·예배를 드린다. 가장 훌륭한 몸으로 짓는 까르마·말로 짓는 까르마·마음으로 짓는 까르마, 이 세 가지 까르마(tri-karman)를 베풀어 중생의 삶을 이롭고 편리하게 하여 주시며, 완전한 지혜를 갖추고 계시며, 번뇌애(煩惱碍, kleśa-āvaraṇa: 煩惱障)·지애(智碍, jñeyaya-āvaraṇa: 所知障)의 두 가지 장애를 모두 소멸하고 인무아(人無我, pudgala-nairātmya)·법무아(法無我, dharma-nairātmya)를 증득하여 몸과 마음에 걸림이 없기 때문에, 붓다의 신체적·정신적 활동과 작용은 자유자재로우시고, 세간을 구제하는 님이시며, 모든 중생에게 대자대비를 베푸시는 님이기 때문에 귀명·예배를 드리는 것이다.

두 번째, 시방삼세에 보편하는 모든 거룩한 다르마에 귀명·예배를 드린다. 불신(佛身)의 체대(體大)와 상대(相大)를 이루는 법성과 진여는 바다와 같이 깊고 넓기 때문이다.

세 번째, 시방삼세에 계시는 모든 거룩한 쌍가에 귀명·예배를 드린다. 혜아릴 수 없이 많은 공덕을 쌓고 있는 쌍가이며, 진리에 딱 들어맞는 수행을 하고 있는 쌍가이고, 또한 그들은 초지로부터 십지에 이르기까지의 보디쌋뜨와이기 때문이다.

그럼, 다음에는 『대승기신론』의 불신설(佛身說)을 종합적으로 해설하여 보기로 한다. 『대승기신론』은 '합진개응(合眞開應)'의 불신론을 전개하고 있다. 법신을 '이지불이(理智不二)'로 삼고 있기 때문이다.

후대의 불신론에서는 주로 이(理)를 법신, 지(智)를 보신으로 보려고 하지만, 『대승기신론』에서는 그와 같은 불신론을 수용하고 있지 않다. 그러므로 법신은, 진여를 깨달은 니르와나와 원융하게 계합하여 한 몸으로 통일된 붓다의 지혜의 몸(智身)을 의미하고 있다. 그러므로 법(일심)이라고 할 때의 법은 지(智)와 원융하게 계합한 법이다.

『대승기신론』에서의 법신은, 체대와 상대를 하나로 묶어서 완전히 합일한 여래의 법신으로 인식하며, 용대를 둘로 나누어 수용신과 변화신으로 삼고 있으므로 '합진개응(合眞開應)'이라고 한다. 수용신은 보신, 변화신은 화신이다. 후대에 성립한 '개진합응(開眞合應)'의 불신론에서는 수용신과 변화신, 이 둘을 원융하게 계합하여 응신으로 삼는다.

그리고 마지막 게송에서, 아슈와고샤 보디쌋뜨와는 이 논문을 저술하는 까닭을 서술한다. 논문을 쓰는 까닭은 중생들로 하여금 불교가 행복과 평화를 얻게 해 줄 수 있는 종교인가 아닌가에 대한 의혹을 제거하고, 자아에 대한 집착(我執)과 법에 대한 집착(法執)을 끊으며, 대승이라고 하는 인간이 본디 가지고 있는 일심·여래장에 대한 올바른 믿음을 불러일으키고, 거룩한 붓다의 가르침을 이어가는 쌍가의 단절로 인한 불교의 정법과 전통이 소멸되지 않기를 바라는 마음이 간절하기 때문에 이 논문을 쓰게 되었다는 것이다.

왜 삼보에 귀의하는가

삼보(三寶, tri-ratna)란 붓다(buddha-ratna, 佛寶)와 다르마(dharma-ratna, 法寶) 그리고 쌍가(saṅgha-ratna, 僧寶), 이 세 가지를 말한다. 삼보는 붓다의 아들·딸(buddha-putra, 佛子)의 귀의처이다. 왜 삼보에 귀의하는가. 삼보 속에는 생명관·철학관·종교관·세계관·인생관·가치관, 말하자면 모든 진리가 다 들어 있기 때문이다. 그러므로 모든 인류가 삼보에 귀의함으로써 깨달음을 얻어 행복을 공유하면서 평화의 세계를 건설할 수 있다. 삼보에 귀의해야만 붓다의 아들·딸이 될 수 있다. 삼보에 귀의하는 것이야말로 붓다의 아들·딸이 되는 필요·충분조건이라는 의미이다. 우리가 불교의식이나 불교행사를 집행할 때 먼저 삼보에 예배를 드리는 이유가 여기에 있다.

Buddhaṁ saraṇaṁ gacchāmi	거룩하신 붓다께 귀의하나이다.
Dhammaṁ saraṇaṁ gacchāmi	거룩하신 다르마에 귀의하나이다.
Saṅghaṁ saraṇaṁ gacchāmi	거룩하신 쌍가에 귀의하나이다.

삼보의 내용을 논리적이고 합리적으로 이해할 필요가 있다. 일반적으로 종교로서 갖추어야 할 세 가지 요소를 충족하였을 때, 비로소 종교라고 말할 수 있다. 그 세 가지 요건이란 교조와 교리 그리고 교도를 가리킨다. 젊은 나이에 출가한 고따마 씻다르타는 6년 동안 어렵고 힘든 수행을 한 끝에 위대한 진리를 발견하였다. 이와 같은 '위대한 진리의 발견'을 우리는 깨달음 또는 해탈이라고 한다. 그럼 무엇을 발견하였을까. 다르마를 직관으로 발견한 것이다.

깨달음을 이루었기 때문에, 이제까지 부르던 '고따마 씻다르타 보디쌋뜨와'라는 이름을 세속의 것으로 돌리고, 출세간의 이름인 '샤끼야무니붓다(Śākyamuni-Buddha, 釋迦牟尼佛)'라고 부른다. 샤끼야무니붓다는 불교의 교조이고, 님께서 발견한 위대한 진리인 다르마는 불교의 교리이다. 샤끼야무니붓다의 위대한 발견이란, 우주 안에서 벌어지는 존재의 실상에 관한 이치를 가리킨다. 저마다의 존재는 저 홀로 존재할 수 없으므로 남에게 서로 기대고 의지해야 하는 사실의 발견, 현대과학으로 이어져 아인슈타인의 상대성원리의 이론의 길을 터준 셈이다.

정신적 원리인가, 그렇지 않으면 물질적 원리인가, 오랜 세월 여러 패로 갈리어 서로 헐뜯고 치열하게 다투던 인디아의 지성사회에 새로운 바람을 불러일으키기에 충분한 사건이었다고 본다. 이렇게 이치에 딱 들어맞고 앞뒤로 이어지는 논리가 명징(明澄)하므로, 그 신선한 부르짖음은 당시의 진부한 논쟁으로 염증을 앓던 지성들의 가슴 속으로 파고들지 않을 수 없었을 것이라고 본다. 꿀이 있으면 벌이 모여들고, 플랑크톤이 많으면 물고기가 떼를 지어 오듯이 샤끼야무니붓다에게도 그렇지 않았을까. 그렇게 해서 모여든 이들, 그들은 샤끼야무니붓다가 발견한 위대한 진리인 다르마를 수지 · 해설 · 봉행하는 수행자이며 실천자가 된 것이다. 첫 번째 모인 붓다의 아들 · 딸이 안냐따 까운디니야(Aññāta-Kauṇḍinya, 阿若憍陳如) · 아슈와지뜨(Aśvajit, 阿濕波誓) · 바드리까(Bhadrika, 跋提梨迦) · 마하나마(Mahānāma, 摩訶那摩) · 와쉬빠(Vāṣpa, 婆敷), 이렇게 다섯 사람이며, 이들을 불교사에서 5빅슈(Pañca-bhikṣu, 五比丘)라고 한다. 이들은 샤끼야무니붓다를 공경 · 공양 · 존중 · 찬탄 · 예배하는 참된 붓다의 아들 · 딸이며, 그들이 바로 불교도(佛敎徒)이고, 출가하여 수행에만 전념하는 집합체인 쌍가인 것이다.

불교에서의 붓다와 다르마 그리고 쌍가의 삼보는 종교의 세 가지 요소인 교조와 교리 그리고 교도와 궤도를 같이 한다는 것을 인식하였을 것이다. 불교가 있는 곳에는 삼보가 있고 삼보가 있는 곳에는 불교가 있다. 삼보에 귀의하는 것은 불교도가 되는 첫 번째 관문이며, 죽을 때까지 이 문 안에서 생활을 한다는 점에서 마지막 문이기도 하다.

　인디아의 성지를 순례해 본 붓다의 아들·딸이라면 이와 같은 종교 체험을 충분히 겪었을 것이라고 생각한다. 샤끼야무니붓다의 출현, 한 인간의 힘이 이렇게 위대하고 찬란할 수 있을까. 그렇지만 한편으로는 쓸쓸하고 안타까운 감정의 늪에 빠진 불자도 있었을 것이다. 왜냐하면 오늘날은 하나의 문화재로, 또는 관광자원으로서의 역할밖에 못하고 있는 현실, 거룩하신 붓다를 공경·공양·찬탄·예배하면서 다르마를 실천할 쌍가가 서 있어야 자리가 텅 비어 있기 때문이다. 어느 때·어느 곳의 불교이든, 대승·소승이든 가릴 것 없이 삼보를 수호하고 잘 보존하는 것은 전적으로 붓다의 아들·딸의 몫이라는 인식이 절실하다.

　불교학적으로는 삼보의 정의도 다양하다. 첫째, 현전삼보(現前三寶)이다. 샤끼야무니붓다 스스로가 불보(佛寶, buddha-ratna), 님께서 말씀하신 가르침이 법보(法寶, dharma-ratna), 샤끼야무니붓다의 아들·딸로서 출가하여 수행에만 전념하는 빅슈(bhikṣu)·빅슈니(bhikṣuṇī)의 집합체가 승보(僧寶, saṅgha-ratna)라는 이론이다.

　둘째, 주지삼보(住持三寶)이다. 샤끼야무니붓다는 꾸쉬나가라(Kuśinagara)에 와상(臥床)의 모양으로 서 있는 샬라 나무(sāla, 沙羅雙樹, 鶴林) 아래에서 마하빠리니르와나(Mahāparinirvāṇa, 大般涅槃)에 드시었다. 그 뒤에 실제로는 붓다가 계시지 않는 시대를 맞이한 것이다. 그럼 어떻게 대처했을까. 인간은 사유하는 동물이기 때문에 합리적인 대안을 마련할 수 있는 힘을 가지고 있다. 그러므로 그 시대마다 그 시대의 상황에 맞는 불보를 섬긴 것이다. 이와 같은 정신에 입각하여 그 시대의 불교에서 삼보로 섬긴 것은 무엇이든 다 삼보라는 이론이다.

　예를 들면, 샤끼야무니붓다가 강탄하신 곳인 룸비니(Lumbinī)·깨달음을 성취하신 곳인 붓다가야(Buddhagayā) · 최초로 설법을 하신 곳인 와라나씨(Vārānasī) · 마하빠리니르와나에 드신 곳인 꾸쉬나가라(Kuśinagara)를 불교의 4대 성지로 삼고 불보로 섬기는 것이다. 불교의 성지를 자연스럽게 불보로 인식하고, 불교도가 모여들어 예배의 대상으로 삼은 것이다. 뿐만 아니라 불상이 출현하기 이전에는 붓다의 발자국이라든가, 보디 나무(bodhi tree)라든가, 법륜(dharmacakra)이라든가, 불탑(stūpa)이라든가를 불보로 섬기고 예배를 드렸다. 그리고 후대에는 그리스의 조각예술을 수용하여 금속이나 돌 또는 나무에 붓다의 형상을 새긴 불상을 모시거나 종이와 천에 불상을 그려서 불보로 모시고 예배를 드렸다. 오늘날처럼 IT산업이 발달한 시대에는 인터넷 법당에 모신 불상도 훌륭한 불보라고 볼 수 있다.

법보로는, 나뭇잎이나 나무껍질, 직물이나 종이에 쓴 경전, 후세에는 인쇄된 서책 등의 불교경전을 법보로 섬긴 것이다. 해인사의 팔만대장경을 훌륭한 법보로 섬기는 것은 그와 같은 이유에서이다. 전자대장경까지 출현한 오늘날은 법보의 개념을 외연을 넓혀서 생각해야 할 것이다.

빅슈 · 빅슈니의 출가교단이 쌍가로서 인식되어 불교신앙공동체의 중심축이 된 것이다.

셋째, 일체삼보(一體三寶)이다. 붓다 · 다르마 · 쌍가의 삼보를 철학적인 이론의 관점에서 하나로 보는 것이다. 그러므로 이 세 가지를 별개의 것으로 보는 것이 아니라 일체(一體)라고 인식하는 관점이다.

삼보에 관한 마지막 글이므로 이제는 정리를 해야 할 것 같다. 붓다와 다르마 그리고 쌍가를 삼보라고 정의하고, 각각에 부여된 개념을 풀이하였다. 삼보는 각자의 고유성과 독자성을 가지면서도, 서로 떼어 놓으려고 해도 떼어 놓을 수 없는 밀접한 관계를 맺고 있다는 것을 인식해야 한다.

예를 들면 붓다는 직관으로 다르마를 발견하고, 지혜로 다르마를 깨달으며, 그리고 종교적으로 다르마를 체득함으로써 붓다가 되었다고 선언하였기 때문에, 다르마를 떼어 놓고서는 붓다는 존재할 수 없는 것이다. 붓다는 다르마를 본질로 하고 본성으로 있기 때문에, 법성(法性, dharmatā)이야말로 붓다의 본체인 것이다.

또한 다르마는 붓다의 직관에 의해서 발견되고, 붓다의 선언으로 말미암아 비로소 붓다의 가르침(敎法)이 되기 때문에, 붓다를 의지하지 않고서는 다르마가 존립할 수 있는 근거를 찾을 수 없다는 것을 꼭 알아야 한다.

마지막으로 쌍가는 붓다를 대신하며, 수행력과 실천성을 근거로 하여 붓다의 대리자가 되는 것이다. 그 결과 다르마를 중생에게 전수하는 역할을 띠고 있는 것이다. 쌍가는 붓다와 다르마를 떼어 놓고서는 그 존재성을 찾을 수 없다는 것을 알 수 있다.

이와 같은 논리는 서로가 서로에게 통용되는 공통분모이기 때문에 붓다와 다르마는 쌍가에 의존할 수밖에 없다. 그 결과 불교의 문화적 가치와 종교적 의의가 드러나게 되며, 쌍가의 힘을 빌려서 비로소 붓다와 다르마의 존재 이유라든가 종교적 기능이 나타나기 때문에, 붓다와 다르마 그리고 쌍가의 삼보는 떼어 놓으려고 해도 떼어 놓을 수 없는 아주 밀접한 관계를 가지고 있다. 이는 마치 근·경·식(根境識)의 삼사화합(三事和合)에 따른 의식의 형성과정이나, 시자(施者)·수자(受者)·시물(施物)의 삼륜청정(三輪淸淨)에 입각한 보시의 성립 과정, 또는「갈대단의 비유」를 예로 들어 연기법의 공리를 해석하는 논리와 같다고 볼 수 있다.

물론 시대의 흐름에 따라서 붓다에 관한 학설·다르마에 관한 이론·쌍가에 관한 구성요소를 어떻게 볼 것인가라는 여러 가지 주장이 새로이 전개되는 것도 사실이다. 이와 같은 것은, 부파불교·대승불교·소승불교와 대승불교 사이에서의 해석학적 입장, 시대적인 상황에 따른 인민의 요구, 그리고 다른 종교와의 논쟁을 겪으면서 이론과 논리를 개발하지 않으면 안 되었던 것이다. 그렇게 함으로써 그 시대와 장소에 맞는 이론과 논리를 담은 새로운 언어로 태어난 것이다.

붓다도 룸비니 동산에서 강탄하고 꾸쉬나가라에서 마하빠리니르와나에 드신 역사적인 인물로서의 샤끼야무니붓다만이 아니라, 과거 · 현재 · 미래의 시세(時世)에 따른 붓다라든가, 법신 · 보신 · 응신의 불신설(佛身說)에 따른 거룩한 붓다관이 전개될 수밖에 없는 상황을 맞이하게 된 것이다. 남방의 상좌부에서는 역사적인 샤끼야무니붓다만을 예배하지만, 대승불교의 법화경에서는 그리드라꾸따(Gṛdhrakūṭa, 靈鷲山)에서 『법화경』을 말씀하신 법신으로서의 샤끼야무니붓다를 예배하고 있다. 정토교에서는 아미따바/아미따유쓰(Amitābha/ Amitāyus, 無量光/無量壽) 붓다를, 밀교에서는 마하와이로짜나(Mahāvairocana, 大毘盧遮那) 붓다를 예배하고 있음은 긴 불교의 역사 속에서 형성된 신앙 현상의 일부라고 볼 수 있다.

다르마도 붓다가 자신의 깨달음을 말씀으로 드러낸 것이며, 말씀으로 드러난 가르침은 이고득락(duḥkha vighāta, sukha prāpti, 離苦得樂)의 이상세계를 얻을 수 있는 길을 가르쳐 주려는 것이다.

우리가 사는 세상이 평화롭고, 모든 사람이 누구나 다 행복을 누릴 수 있는 길을 담고 있는 다르마는, 바로 쌍가의 힘을 빌려서 대중에게 전달된다.

|용어 해설|

귀경게송(歸敬偈頌): 서분(序分) · 정종분(正宗分) · 유통분(流通分)은 본론을 해설함에 있어서 강설자가 편의적으로 붙인 것이다. 논문을 저술할 때, 논주는 먼저 붓다(Buddha) · 다르마(Dharma) · 쌍가(Saṃgha)의 삼보에 귀명(귀의, 예배)을 표명하면서, 공경 · 존중 · 예배를 드리는 게송을 바치는 것이 거의

정형으로 되어 있다. 가타(gāthā, 頌, 詩)의 형태로 되어 있다. 한문경전에서는 gāthā를 게타(偈陀), 게(偈)라고 음역하며, 시(詩) 송(頌), 시송(詩頌)이라고 번역하고, 게송(偈頌)은 반음사 반의역이다.

귀명(歸命, namas): 귀명은 namas의 번역어이다. 한문경전에서는 나무(南無)·나모(曩謨)·나막(曩莫)이라고 음역하며, 귀명(歸命)·귀의(歸依)·예배(禮拜)·경례(敬禮)·귀경(歸敬)·귀례(歸禮)·신종(信從)이라 번역한다.

원효는 그의 『원효소(元曉疏)』에서 '귀명'을 종교적·철학적·실천적으로 다음과 같이 해설하고 있다.

namas(예배)는 언어로는 표현하기가 아주 힘들며, 우리의 분별적인 생각으로는 도달할 수 없는 종교적인 권능과 거룩한 정신을 가지고 있는데, 그 함의를 두 가지로 요약할 수 있다.

첫째, 둘도 없는 목숨을 바쳐서 거룩한 붓다를 섬기겠다는 의지를 담고 있다. 생각해 보면 목숨은 생명의 근원일뿐더러 살아 있는 모든 생명체의 감각기관을 지배하고 다스리는 힘을 가지고 있다. 그러기 때문에 살아 있는 생명체는 목숨을 요체로 삼으며 또한 목숨을 주인으로 삼고 있다. 생명이 있는 모든 것들이 소중히 여기는 것 가운데에 목숨보다 앞서는 것이 없다. 이 둘도 없는 목숨을 받들어 가장 거룩한 붓다를 섬김으로써 신심의 극치를 드러내는 것이 namas(귀명/예배)이다.

누구를 거룩한 붓다로 섬길 것인가. 진리를 붓다로 섬기는 것이다. 먼저 자신을 붓다로 섬긴다. 붓다만이 붓다를 알기 때문이다. 자기를 진실로 붓다로 섬기는 이는 남도 붓다로 섬긴다. 붓다로 섬김을 받으려면 스스로가 붓다가 되어야 한다는 것은 공리이다. 붓다가 된 이는 나와 남을 분별하지 않는다. 지혜를 바탕으로 하고 자비를 본원으로 하는 삶이기 때문에 도리에서 벗어나는 일이 없다. 이것이 첫 번째 namas(귀명/예배)의 뜻이다.

둘째, 내 스스로 몸과 마음을 갈고 닦아 깨달음을 성취하려는 의지를 담고 있다. 본디 자기 자리로 되돌아온다는 것이다. 안·이·비·설·신·의의 육근은 어디서 발생하였는가? 일심을 근원으로 하여 일어났다. 그러나 지혜가 성숙하지 못한 사람들은 그것을 모르고 일심을 배반하여 버린다. 그리고 그것을 밖에서 찾으려고 색·성·향·미·촉·법의 육진(六塵)을 이리저리 찾아 헤맴으로써, 세진(世塵)으로 더럽혀져 탐욕의 그물에 갇혀 버린다. 병 가운데에서 가장 큰 병은 무슨 병인가? 알면서도 못 고치는 병이 제일 큰 병이다. 붓다는 가장 가까운 내 속에 있는데, 육진 속에서 찾을 수 있겠는가. 미혹에 미혹을 거듭 쌓아 주인인 나를 잃어버리고 밖에서 찾으려고 할 뿐이다.

그러므로 목숨을 걸고 안·이·비·설·신·의의 육정(六情)을 잘 다스려야 한다. 육정은 들에서 자란 야생마와 같아서 길들이는 것이 참으로 힘들지만 목숨을 걸고 선의지를 살려서 노력을 거듭하면 야생마는 곧 주인을 따른다. 이 자리가 자신의 본디 자리인 일심 바로 그 자리이다. 바로 깨달음을 연 자리이다. 이것이 두 번째 namas(귀명/예배)의 뜻이다. 〔敬順義是歸義. 趣向義是歸義. 命謂命根. 總御諸根. 一身之要, 唯命爲主. 萬生所重, 莫是爲先. 擧此無二之命. 以奉無上之尊. 表信心極. 故言歸命. 又復歸命者還源義. 所以者, 衆生六根, 從一心起, 而背自原, 馳散六塵. 今擧命總攝六情, 還歸其本一心之原, 故曰歸命.: 『大正藏』44-203b12〕

진시방(盡十方): 온 누리, all the ten directions.

'진(盡)'은 시방(十方)을 꾸미는 수식어로 온, 모든(=all)이라는 뜻이며, 시방은 공간을 의미하는 것으로, 동·남·서·북의 네 쪽, 그 사이 남동·남서·북서·북동의 네 쪽과 상·하 두 쪽을 가리키는 것으로 결국 우주 전체인 '온 누리'를 말한다. 그리고 이 문장에서는 삼보를 모두 꾸미고 있다.

최승업(最勝業): 가장 거룩하고 훌륭한 까르마(karma), One of most excellent deeds.

업은 karma의 번역어이다. 까르마라는 말은 동 · 서양에 불교용어로서 보편화되어 있기 때문에 업을 까르마라고 번역한다. 불교에서는 크게 몸으로 짓는 까르마(kāya-karman, 身業) · 말로 짓는 까르마(vāk-karman, 語業) · 마음으로 짓는 까르마(manas-karman, 意業)의 세 까르마를 설정한다. 거룩한 붓다가 짓는 까르마와 범부가 짓는 까르마는 그 질과 양이 다르다. 여기에서는 거룩한 붓다의 까르마를 찬양하고 있기 때문에 가장 거룩하고 훌륭한 까르마라고 번역한다.

불교는, 힌두교의 혈통을 따르는 인습을 부정하고, 오로지 까르마를 따르는 행위주의를 채택하고 있다. 그러므로 까르마를 어떻게 짓고 삶을 사느냐에 따라서 행복과 불행이 결정되며, 세상에서의 차별도 철저하게 까르마에 따르는 것이라고 가르치고 있다. 우리의 일상생활 속에서의 삶이 바로 까르마이기 때문이다. 까르마에 따르는 과보가 어떻게 나타나는가를 도표로 표시하면 아래와 같다.

	aśubha-karma 不善業	Sahā-loka-dhātu 娑婆世界	saṃsāra 輪廻
karma 業	śubha-karma 善業	deva-janmam 生天	
		mokṣa 解脫 Sukhāvatī 極樂世界	니르와나Nirvāṇa 涅槃

『대방광불화엄경』에서는 거룩한 붓다의 몸으로 짓는 까르마 · 말로 짓는 까르마 · 마음으로 짓는 까르마의 세 까르마에 관하여 각각 열 가지 비유를 들어 말씀하고 있으므로, 그 내용을 인용하여 소개하면 다음과 같다.

• 『대방광불화엄경』,「여래출현품」 37, 몸으로 짓는 까르마.

"거룩한 붓다의 아들·딸이여, 모든 보디쌋뜨와마하쌋뜨와는 어떻게 여래·응공·정등각의 몸으로 짓는 까르마(kāya-karman, 身業)를 보아야 하는가? 붓다의 아들·딸이여, 모든 보디쌋뜨와마하쌋뜨와는 헤아릴 수 없이 많은 곳에서 여래의 몸으로 짓는 까르마를 보아야 하느니라. 왜 그런가 하면, 모든 보디쌋뜨와마하쌋뜨와는 마땅히 한 가지 법·한 가지 일·한 몸·한 국토·한 중생에게서 여래를 보아서는 안 되며, 마땅히 모든 곳에서 여래를 두루 보아야 하기 때문이니라."〔佛子, 諸菩薩摩訶薩, 應云何見如來應正等覺身. 佛子, 諸菩薩摩訶薩, 應於無量處. 見如來身. 何以故. 諸菩薩摩訶薩, 不應於一法·一事·一身·一國土·一衆生, 見於如來. 應遍一切處.見於如來:『大正藏』10-266a〕.

몸으로 짓는 까르마의 열 가지 비유

    (1) 허공주편(虛空周遍)의 비유

    (2) 공무분별(空無分別)의 비유

    (3) 일광요익(日光饒益)의 비유

    (4) 일광등조(日光等照)의 비유

    (5) 일익생맹(日益生盲)의 비유

    (6) 월광기특(月光奇特)의 비유

    (7) 범왕보현(梵王普現)의 비유

    (8) 의왕연수(醫王延壽)의 비유

    (9) 마니이물(摩尼利物)의 비유

    (10) 보왕만원(寶王滿願)의 비유

• 『대방광불화엄경』, 「여래출현품」 37, 말로 짓는 까르마.

"붓다의 아들·딸이여, 보디쌋뜨와마하쌋뜨와는 어떻게 여래·응공·정등각의 음성을 알아야 하느냐?

붓다의 아들·딸이여, 보디쌋뜨와마하쌋뜨와는 꼭 알아두어야 하느니라. '여래의 음성은 두루 모든 곳에 이르러서, 헤아릴 수 없이 많은 모든 음성에 두루하기 때문이라는 것을.' 그리고 또 꼭 알아두어야 하느니라. '여래의 음성은 그들의 마음이 원하는 것을 따라서 모두 환희하게 하나니, 법을 말씀하시는 것이 명료하기 때문이라는 것을.' 그리고 또 꼭 알아두어야 하느니라. '여래의 음성은 그들의 믿음과 이해를 따라서 모두 환희하게 하나니, 마음이 청량을 얻었기 때문이라는 것을.' 그리고 또 꼭 알아두어야 하느니라. '여래의 음성은 교화해야 할 때를 놓치지 않나니, 들어야만 할 것을 듣지 못함이 없기 때문이라는 것을.' 그리고 또 꼭 알아두어야 하느니라. '여래의 음성은 생성하고 소멸하는 일이 없나니, 메아리와 같기 때문이라는 것을.' 그리고 또 꼭 알아두어야 하느니라.

'여래의 음성은 주재(主宰)가 아닌 것이니, 온갖 까르마를 닦아서 일어나기 때문이라는 것을.' 그리고 또 꼭 알아두어야 하느니라. '여래의 음성은 매우 심오하고 미묘한 것이니, 헤아리기 어렵기 때문인 것을.' 그리고 또 꼭 알아두어야 하느니라. '여래의 음성은 도리에 어긋나거나 왜곡됨이 없는 것이니, 법계로부터 태어나기 때문이라는 것을.' 그리고 또 꼭 알아두어야 하느니라. '여래의 음성은 끊어짐이 없는 것이니, 법계에 두루 들어가기 때문이라는 것을.' 그리고 또 꼭 알아두어야 하느니라. '여래의 음성은 변화하여 바뀌는 일이 없는 것이니, 사리(事理)를 추구하여 성취하기 때문이라는 것을 알아두어야 하느니라.'"〔佛子. 菩薩摩訶薩. 應云何知如來應正等覺音聲. 佛子. 菩薩摩訶薩. 應知如來音聲遍至普遍無量諸音聲故. 應知如來音聲. 隨其心樂. 皆

令歡喜. 說法明了故. 應知如來音聲. 隨其信解. 皆令歡喜. 心得淸涼故. 應知如來音聲
化不失時. 所應聞者. 無不聞故. 應知如來音聲無生滅. 如呼響故. 應知如來音聲無主.
修習一切. 業所起故. 應知如來音聲甚深. 難可度量故. 應知如來音聲無邪曲. 法界所
生故. 應知如來音聲無斷絶. 普入法界故. 應知如來音聲無變易. 至於究竟故.：『大正
藏』10-268a〕

말로 짓는 까르마의 열 가지 비유
　(1) 겁진창성의 비유
　(2) 향성수연의 비유
　(3) 천고개각의 비유
　(4) 천녀묘성의 비유
　(5) 범음급중의 비유
　(6) 중수일미의 비유
　(7) 강우자영의 비유
　(8) 점강성숙의 비유
　(9) 강주난사의 비유
　(10) 편강종종의 비유

• 『대방광불화엄경』, 「여래출현품」37, 마음으로 짓는 까르마.
"붓다의 아들·딸이여, 모든 보디쌋뜨와마하쌋뜨와는 어떻게 여래·응
공·정등각의 마음을 알아야 하는가. 붓다의 아들·딸이여, 여래의 심(心,
citta)·의(manas)·식(vijñāna)은 모두 얻을 수 없느니라. 다만 지혜를 갖춤
이 헤아릴 수 없이 많을 때, 여래의 마음을 아느니라."〔佛子, 諸菩薩摩訶薩,
應云何知如來應正等覺心. 佛子, 如來心意識. 俱不可得. 但應以智無量故. 知如來心.：

마음으로 짓는 까르마의 열 가지 비유

    (1) 허공은 무의(無依)를 의(依)로 하는 비유

    (2) 법계담연의 비유

    (3) 대해잠익(大海潛益)의 비유

    (4) 대보출생의 비유

    (5) 주소해수(珠消海水)의 비유

    (6) 허공함수(虛空含受)의 비유

    (7) 약왕생장(藥王生長)의 비유

    (8) 겁화진소(劫火盡燒)의 비유

    (9) 겁풍지괴(劫風持壞)의 비유

    (10) 진함경권(塵含經卷)의 비유

변지(徧知, parijñāna): 지혜를 두루 갖추시고, sarva-jña, omniscient.

거룩한 붓다의 깨달음의 지혜를 변지라고 말한다. 진여를 깨달은 근본지와 차별의 세계를 아는 후득지를 모두 포함한다. 붓다의 지혜가 완전함을 서술하려고 하는 의도이다.

무애(無碍, anāvaraṇa): 걸림이 없으시고, omnipotent.

번뇌애(煩惱碍, kleśa-āvaraṇa: 煩惱障) · 지애(智碍, jñeyaya-āvaraṇa: 所知障)의 두 가지 장애를 모두 소멸하여 버렸기 때문에 무애라고 한다. 대승불교에서는 번뇌애(煩惱碍, kleśa-āvaraṇa: 煩惱障) · 지애(智碍, jñeyaya-āvaraṇa: 所知障)의 두 가지 장애를 모두 소멸하고, 인무아(人無我, pudgala-nairātmya) · 법무아(法無我, dharma-nairātmya)를 증득하여야 수행을 완전하게 성취한 것이

라고 정의를 내리고 있다.

자재(自在, Īśvara): 자유자재이시며, vaśitā, omnipresent.

『대방광불화엄경』「불부사의법품」제33에서는 거룩한 붓다의 자재에 관하여 열 가지 비유를 들어 말씀하고 있으나, 그 내용을 모두 인용하여 소개하면 문장이 너무 길므로, 다음과 같이 여덟 번째 것을 인용하여 소개한다. "모든 거룩한 붓다는, 눈으로 귀가 하는 불사를 잘 지으시며, 귀로 코가 하는 불사를 잘 지으시고, 코로 혀가 하는 불사를 잘 지으시며, 혀로 촉감이 하는 불사를 잘 지으시고, 촉감으로 마음이 하는 불사를 잘 지으시며, 마음으로 모든 세계 속에서 세간의 여러 경계와 출세간의 여러 경계에 안주하시면서 낱낱의 경계 속에서 무량하고 광대한 불사를 잘 지으시느라. 이것이 모든 거룩한 붓다의 여덟 번째 자재법이노라."〔一切諸佛. 能以眼處. 作耳處佛事. 能以耳處. 作鼻處佛事. 能以鼻處. 作舌處佛事. 能以舌處. 作身處佛事. 能以身處. 作意處佛事. 能以意處. 於一切世界中. 住世出世間種種境界. 一一境界中. 能作無量廣大佛事. 是爲諸佛第八自在法.: 『大正藏』10-245a06~245b26〕

또한 『대반열반경』에서는 거룩한 붓다의 자재에 관하여 여덟 가지 비유를 들어 말씀하고 있으므로, 그 내용을 인용하여 소개하면 다음과 같다.

"여덟 가지 자재가 있으므로 나라 하나니, 무엇이 여덟인가?

첫째, 한 몸으로 여러 몸을 나타내는데, 몸의 크기가 티끌과 같아서 시방의 한량없는 세계에 가득하며, 여래의 몸은 티끌이 아니지만, 자재하므로 티끌 같은 몸을 나타내는 것이니, 이렇게 자재하므로 큰 나라 하느니라.

둘째, 한 티끌 같은 몸이 삼천대천세계에 가득하나니, 여래의 몸은 실로 삼천대천세계에 가득한 것이 아니지만 걸림이 없는 까닭이며, 자재함으로써 삼천대천세계에 가득한 것이니, 이렇게 자재하므로 큰 나라 하느니라.

셋째, 삼천대천세계에 가득한 몸으로 훨훨 날아서 갠지스 강의 모래알처럼 헤아릴 수 없이 많은 세계를 지나가도 장애가 없느니라. 여래의 몸은 가볍고 무거움이 없건만 자재한 연고로 가볍기도 하고 무겁기도 한 것이니, 이렇게 자재하므로 큰 나라 하느니라.

넷째, 자재한 연고로 자재하게 되나니 어떻게 자재한가. 여래는 한 마음이 편안히 머물러 동하지 않지만 변화하여 나타내는 한량없는 종류들로 하여금 제각기 마음이 있게 하며, 여래는 어떤 때에 한 가지 일을 짓지만, 중생들로 하여금 각각 마련하게 하며, 여래의 몸은 언제나 한 세계에 있지만, 다른 세계로 하여금 모두 보게 하나니, 이렇게 자재하므로 큰 나라 하느니라.

다섯째, 근(根)이 자재한 까닭이니, 어떤 것을 근이 자재하다 하는가. 여래는 하나의 근으로 보고 듣고 맡고 맛보고 촉감을 지각하고 법진(法塵)을 알기도 하거니와, 여래의 여섯 가지 근은 보지도 않고, 듣지도 맡지도 맛보지도 촉감을 지각하지도 법진을 알지 않기도 하느니라. 이렇게 자재하는 까닭으로 근으로 하여금 자재케 하나니, 이렇게 자재하므로 큰 나라 하느니라.

여섯째, 자재한 까닭으로 온갖 법을 얻거니와, 여래의 마음에는 얻었다는 생각이 없나니, 왜냐하면 얻은 바가 없는 연고니라. 만일 있는 것이라면 얻었다 말하려니와 실제로 있는 바가 없는데, 무엇을 얻었다 하겠는가. 만일 여래께서 얻었다는 생각이 있다면, 거룩한 붓다들이 니르와나를 얻는다 할 수가 없지만, 얻음이 없으므로 니르와나를 얻었다 하느니라. 자재함으로써 온갖 법을 얻고, 모든 법을 얻었으므로 큰 나라 하느니라.

일곱째, 말씀이 자재하므로, 여래가 한 게송의 뜻을 연설할 때에 한량없는 겁을 지내어도 그 뜻을 다하지 못하나니, 계행이거나 선정이거나 보시거나 지혜 따위니라. 그러나 여래는 조금도 내가 연설하고 상대가 듣는다는 생각을 내지 않으며, 한 게송이라는 생각도 일으키지 않지만, 세상 사람들이 네 글귀를 한 게송이라 하므로, 세상을 따라서 게송이라 말하는 것이며,

모든 법의 성품을 말할 곳이 없지만, 자재함으로써 여래가 연설하는 것이며, 연설하므로 큰 나라 하느니라.

여덟째, 여래가 모든 곳에 두루함이 마치 허공과 같나니, 허공의 성품을 볼 수 없는 것처럼 여래도 볼 수 없건만, 자재함으로써 모든 이들로 하여금 보게 하는 것이니, 이렇게 자재한 것을 큰 나라 하는 것이요, 이렇게 큰 나를 마하니르와나(大涅槃)라 이름하며, 이런 이치로 마하니르와나라 하느니라.〔云何名爲大自在耶. 有八自在則名爲我. 何等爲八. 一者能示一身以爲多身. 身數大小猶如微塵. 充滿十方無量世界. 如來之身實非微塵. 以自在故現微塵身. 如是自在則爲大我. 二者示一塵身滿於三千大千世界. 如來之身實不滿於三千大千世界. 何以故. 以無礙故. 直以自在故滿三千大千世界. 如是自在名爲大我. 三者能以滿此三千大千世界之身. 輕擧飛空過於二十恒河沙等諸佛世界. 而無障礙. 如來之身實無輕重. 以自在故能爲輕重如是自在名爲大我. 四者以自在故而得自在. 云何自在. 如來一心安住不動. 所可示化無量形類各令有心. 如來有時或造一事. 而令衆生各各成辦. 如來之身常住一土. 而令他土一切悉見. 如是自在名爲大我. 五者根自在故. 云何名爲根自在耶. 如來一根亦能見色聞聲嗅香別味覺觸知法. 如來六根亦不見色聞聲嗅香別味覺觸知法. 以自在故令根自在. 如是自在名爲大我. 六者以自在故得一切法. 如來之心亦無得想. 何以故. 無所得故. 若是有者可名爲得. 實無所有. 云何名得. 若使如來計有得想. 是則諸佛不得涅槃. 以無得故名得涅槃. 以自在故得一切法. 得諸法故名爲大我. 七者說自在故如來演說一偈之義. 經無量劫義亦不盡. 所謂若戒若定若施若慧. 如來爾時都不生念我說彼聽. 亦復不生一偈之想. 世間之人四句爲偈. 隨世俗故說名爲偈. 一切法性亦無有說. 以自在故如來演說. 以演說故名爲大我. 八者如來遍滿一切諸處猶如虛空. 虛空之性不可得見. 如來亦爾實不可見. 以自在故令一切見. 如是自在名爲大我. 如是大我名大涅槃. 以是義故名大涅槃:『大正藏』12-746c〜747a〕

구세자(救世者, tāyin): 세상을 구제하시는 님, the Savior of the world.

대비자(大悲者, mahākāruṇika): 대자대비하신 님, the greatly Compassionate One.

피신체상(彼身體相): 피신(彼身)에서의 피(彼)는 앞에서 서술한 붓다를 가리키는 지시대명사이므로 거룩한 붓다의 몸, 바로 거룩한 붓다를 가리킨다. 붓다를 가리키는 지시대명사 피(彼)를 쓴 것은 붓다와 다르마가 불리일체(不離一體)인 것을 분명하게 밝히려고 한 것이다. 붓다의 본질은 지혜이지만, 그 지혜의 내용은 다르마이다. 이 다르마를 여기에서는 법보로 삼은 것이다. 그리고 체·상은 체대와 상대를 가리킨다. 일반적으로는 다르마(法)라고 하면, 교(敎)·이(理)·행(行)·과(果)의 네 가지의 방식으로 존재한다. 거룩한 붓다의 가르침으로서의 법을 교법이라 하며, 거룩한 붓다의 깨달음을 말씀으로 드러낸 것을 가르침이라 한다. 그 가르침이 나타내는 진리가 이(理)로서의 법, 즉 이법이다.

이와 같은 가르침을 엮은 것을 경전이라고 한다. 그러므로 경전은 재미로 그냥 읽는 것이 아니라 실천을 지도하는 지침서이다. 교법을 사람이 실천하는 가운데에 진리를 깨닫는 행(行)으로서의 법, 즉 행법이 성립한다. 그 결과, 다르마가 사람의 품격과 합일한 것이 거룩한 붓다라고 하는 과법이다. 이 인격에서 실현한 과법이 진실한 법보이다.

법성진여해(法性眞如海): 거룩한 붓다가 갖추고 있는 법을 법성(dharmatā)과 진여(tathatā)로 나타내고 있으며, 그것이 너무도 크고 넓고 깊기 때문에 바다에 비유한 것이다. 법성이란 모든 존재의 본성을 가리키며, 현상의 본질을 말한다. 원효는 니르와나를 지칭하는 것이라고 해석하고 있다. 법성은 불변의 진리이기 때문에 진여라고 한다.

• 법성(法性, dharmatā) Reality, 법의 본성, 진리의 본성, 진리의 본질. 원효는『원효소』에서 법성을 니르와나로 풀이하는 독특한 해석을 하고 있다.

- 진여(眞如, tathatā) suchness, 본디는 그냥 그대로임, 있는 그대로의 것이라는 뜻이다.

무량공덕장(無量功德藏): the boundless storehouse of excellencies.

거룩한 붓다가 지니고 있는 무량한 공덕, 바로 지혜를 가리킨다. 공덕은 붓다에게서는 드러나 있지만, 범부에게서는 감추어져 있으면서 아직 드러나지 않은 상태이다. 드러나지 않았을 뿐 잃어버린 것은 아니다. 그러므로 범부에게서의 법신을 여래장이라고 한다. 모든 중생은 여래를 자신 속에 지니고 있다. 거룩한 붓다의 법신이 무량한 공덕을 지니고 있기 때문에 장(藏)·장고(藏庫)·저장고라고 하며, 무량한 공덕이라고 한다. 『대승기신론』에서는 체대와 상대를 뭉쳐서 법신이라고 부른다. 이와 같은 논리를 근거로 하여 법신은 이지불이(理智不二)임을 알 수 있다. 이 법신이 범부에게서는 여래장의 존재방식으로 머물고 있다. 논자는, 무량공덕에 관한 것을 심생멸문의 삼대에서 자세하게 해설하고 있다. ('제4절 체·상·용 삼대에 대하여'에서 상세하게 논술한다.)

여실수행등(如實修行等): 여실수행이란 진리에 꼭 들어맞는 수행으로서, 초지(初地)로부터 십지에 이르기까지의 보디쌋뜨와의 까르마를 가리키며, 진리에서 벗어나지 않는 삶을 살기 때문이다. 대승불교에서는 초지 이상의 수행자를 성자(聖者)라고 부르며, 그 전까지의 수행자는 범부라고 부른다. 불교에서는 출가자의 교단을 쌍가(Saṃgha)라고 부른다. 쌍가에서는 범부 쌍가와 성자 쌍가를 모두 포함하지만, 쌍가보(Saṃgha-ratna, 僧寶)라고 할 때에는 성자 쌍가만을 가리킨다. 다만, 여기에서는 대승불교의 경전이므로 소승의 쌍가보인 사향사과(四向四果)는 포함되지 않는다.

여실수행등(如實修行等)에서의 '등(等)'은 무엇을 의미할까. 그 이유는 지전(地前)의 범부 쌍가와 깨달음을 성취한 붓다까지도 포함하려는 의도를 품고 있는 것으로 풀이할 수 있다.

의(疑, vicikitsā): doubts, 거룩하신 붓다의 가르침에 대한 의혹, 어떤 것을 확실하게 결정하지 못하고 주저하는 것, 마음으로 결정하지 못하고 망설이는 것, 사성제 등 불교에서 말씀하는 진리를 믿지 않고 그럴까 그렇지 않을까 하고 의혹을 품는 것.

이에 대하여는 '제2단 근본사상을 제시한다'와 '제3단 근본사상을 해설한다' 속의 '제1장 대승의 정의를 밝힌다' 부분에서 자세하게 논하고 있다.

원효는, 이것을 두 가지 의혹으로 분석하여 상세하게 서술하고 있다.

"첫째는 법에 대한 발심을 가로막음을 의심한다.

둘째는 문(門)에 대한 수행을 가로막음을 의심한다(『大正藏』 44-204b)."

그리고 이에 대하여 다음과 같이 명쾌한 답을 제시하고 있다.

"법을 의심한다고 하는 것은, 이른바 이런 의혹을 만든다.

대승의 법체는 하나인가, 여럿인가? 이와 같이 그것이 하나라면 곧 이법(異法)은 없다. 그러므로 모든 중생이 없다. 보디쌋뜨와는 누구를 위하여 널리 서원을 일으키는가? 만일 이것이 다법(多法)이라면 곧 일체(一體)가 아니다. 그러므로 물(物)과 아(我)는 각각 다르다. 어떻게 동체의 대비를 일으킬 수가 있는가. 이런 의혹으로 말미암아 발심할 수가 없다.

문을 의심한다고 하는 것은, 여래가 건립하는 바의 교문(敎門)은 대단히 많다. 어느 문에 의지하여 처음에 수행을 일으키는가? 만일 모두 의지해야 한다면 돈입(頓入)하지 못할 것이다. 만일 하나나 둘에 의지한다면, 무엇을 버리고, 무엇을 취할 것인가? 이런 의혹을 갖는 까닭에 수행을 일으킬 수가 없다.

그러므로 이제 이 두 가지의 의혹을 버리기 위하여, 일심의 법을 세워서 두 가지의 문을 연다. 일심의 법을 세운다고 하는 것은, 저 처음의 의혹을 버리는 것이다. 대승의 법을 밝히는 데 오직 일심이 있다. 일심 밖에 나아가서 다른 법이 없다. 다만 무명이 있어서 스스로의 일심에 헤매어, 모든 파랑을 일으키고, 육도(六道)에 유전한다. 육도의 물결을 일으킨다고 하더라도 일심의 바다를 나오는 것이 아니다. 참으로 일심이 움직여서 육도를 만드는 까닭에 홍제(弘濟)의 서원을 일으킬 수가 있다. 육도는, 일심을 벗어나지 않기 때문에 능히 동체의 대비를 일으킨다. 이와 같은 의혹을 버리고 대비심을 일으킨다.

이종의 문(門)을 연다고 하는 것은, 제이의 의혹을 버린다. 모든 교문을 밝히는 데 여러 가지가 있다고 하더라도, 처음으로 수행에 들어가는 데 두 문을 벗어나지 않는다. 심진여문에 의거하여 지행(止行)을 닦고, 심생멸문에 의하여 관행(觀行)을 일으킨다. 지(止)와 관(觀)을 쌍운(雙運)하여, 만행(萬行)을 이에 갖춘다. 이 이문(二門)에 들어가면, 모든 문은 모두 요달한다. 이와 같이 의심을 버리고, 능히 수행을 일으키는 것이다.(『大正藏』 44-204b)

사집(邪執, agrāha): evil attachments, 그릇된 집착.

이에 대하여는 '제3절 모든 집착을 논파한다' 부분에서 자세하게 논술하고 있다.

대승(大乘, mahāyāna): mahāyāna는 대승(大乘)이라고 번역하며, 마하연(摩訶衍)이라고 음역한다. mahāyāna는 hīnayāna의 상대어이다.

커다란 대량 운송 기관, 많은 사람을 실어 나를 수 있는 커다란 운송 기구. 본디 대승불교운동을 일으킨 쪽에서 비판의 대상으로 삼은 소승불교의 상대어로 쓴 용어이다. 그렇지만 이곳에서의 대승은 중생심 또는 일심을 가리킨다. 믿음에도 소승적인 믿음(信)과 대승적인 믿음이 있으며, 지금은 대승적인 믿음을 서술하려고 하는 것이다.

정신(正信, adhimukti, śraddhā, prasāda): 산스끄리뜨에는 신(信)을 나타내는 용어에

adhimukti · śraddhā · prasāda의 세 가지가 있다. adhimukti는 마음에 수
승한 이해가 생겨나서 거룩한 붓다가 될 때까지 작용하는 믿음을 의미한
다. 예를 들면 우물을 팔 때, 축축한 흙이 나오면 아직 물은 보이지 않지만
틀림없이 물이 가까이 있다는 이치를 지혜로 요해하여 믿는 것과 같은 것
이다. śraddhā는 마음이 맑고 깨끗하게 되는 깊은 믿음을 의미한다. 아직
까지 속인 일이 없는 거룩한 붓다의 말씀이기 때문에, 거룩한 붓다의 교설
을 모르는 것은, 거룩한 붓다의 말씀의 오류가 아니라, 자기의 미망 때문
이라고 여기는 마음, 사물에 의지하거나 사람에 의지하는 믿음으로, 본각
인 불성 또는 스스로의 마음의 청정함에 대한 믿음을 의미한다. adhimukti
에 의하여 더욱 용맹스럽게 정진에 몰두하기 때문에 śraddhā는 더 한층 깊
고 견고하게 되는 것처럼, adhimukti와 śraddhā는 서로가 서로를 심오하
고 미묘하게 하는 관계에 있다. prasāda는 마음이 맑고 깨끗하게 되어, 정
화하는 힘이 있는 것을 가리킨다. 여기에서는 맹목적이며 불합리한 것을
믿는 것을 말하는 것이 아니라, 대승(일심)을 믿음으로 말미암아 마음이 맑
고 깨끗하게 되어 깨달음을 성취할 수 있다는 사실을 정신(正信)이라고 서
술하려고 하는 것이다.

『대방광불화엄경』「현수품」 제12에서는 믿음의 중요성에 대하여 다음과 같
이 말씀하고 있다.

"믿음은 도의 으뜸이며 공덕의 어머니, 모든 착하고 선한 법을 길러내며,
의혹의 그물 끊고 갈애에서 벗어나 열어 보이네. 니르와나, 가장 높은 진
리!(信爲道元功德母 長養一切諸善法 斷除疑網出愛流 開示涅槃無上道:『大正藏』
10-072b)"

『대승기신론』은 10신의 계위로부터 출발하는 논서이다. 무엇을 믿으라는
것인가. 대승(大乘, mahāyāna)을 믿으라는 것이다. 여기에서 논하는 대승은

무엇을 의미하는가. 사람의 마음을 가리키는 것이며, 마음의 청정함을 믿고 정진에 정진을 거듭하면 깨달음의 과보를 얻을 수 있다는 것이다.

신심(信心)prasāda-citta · 염심(念心) · 정진심(精進心) · 혜심(慧心) · 정심(定心) · 불퇴심(不退心) · 회향심(廻向心) · 호심(護心) · 계심(戒心) · 원심(願心)인 10신daśa-śraddhā의 계위에서, 제1 신심으로부터 순차로 믿음을 닦아서 제10 원심에 이르면 믿음이 완성된다. 그리고 초주(初住)의 계위에 들어감으로써, 신근을 성취하여 믿음(信)에서 물러나는 일이 없어진다. 근(根, indriya)이란 사람을 성장시키는 힘을 가리킨다. 신근을 가지고 노력 · 이해력 · 지혜 등을 증진할 수 있다.

『대승기신론』은 부정취중생을 구제하는 것을 목표로 하는 논서이다. 그러므로 10신에서의 신을 불러일으키는 것으로부터 출발하기 때문에 『대승기신론』이라고 부르는 것이다.

불종(佛種, buddhavaṃsa): buddhavaṃsa, 불교의 정법과 전통, 한편 원어를 buddha-putra로 보면 거룩한 붓다의 아들과 딸, 말하자면 불교도로도 볼 수 있다. 왜냐하면 불교도가 모두 끊어지면 따라서 불교도 소멸할 수밖에 없기 때문이다.

대승기신론
강설 ——————— 본디글 • 正宗分

論曰. 有法, 能起摩訶衍信根. 是故應說. 說有五分. 云何爲五. 一者
因緣分, 二者立義分, 三者解釋分, 四者修行信心分, 五者勸修利益
分.

법(法, dharma)이 있으므로, 마하야나(mahāyāna, 大乘)에 대한 믿음(śraddhā, 信)
의 싹이 트게 하려고 이 글을 논술한다. 이를 다음과 같이 다섯 부문으로 나누
어 논술한다. 첫째, 왜 논문을 쓰는가?(因緣分), 둘째, 근본사상을 제시한다(立義
分), 셋째, 근본사상을 해설한다(解釋分), 넷째, 무엇을 믿고, 어떻게 수행할 것
인가?(修行信心分), 다섯째, 닦는 이익을 들어 실천을 권장한다(勸修利益分).

| 강설 |
이제부터 논문의 서론을 마치고 본론으로 들어가 해석을 하려고 한다. 일
심(一心), 말하자면 여래장이라고 하는 Dharma(法)가 있으므로, 대승(一心)에
관하여 확고부동한 신근을 일으켜서 거룩한 붓다의 가르침을 따라 수행을 하
면 틀림없이 좋은 과보를 얻을 수 있음을 깨닫도록 한다. 그러므로 이제부터
Dharma에 관하여 서술하려고 한다. 이 논문은 커다랗게 다섯 부분으로 구성
되어 있다.

첫째, 왜 논문을 쓰는가?(因緣分)
둘째, 근본사상을 제시한다(立義分)
셋째, 근본사상을 해설한다(解釋分)

넷째, 무엇을 믿고, 어떻게 수행할 것인가?〔修行信心分〕

다섯째, 닦는 이익을 들어 실천을 권장한다〔勸修利益分〕

|용어 해설|

법(法, dharma): 법(法)은 dharma의 번역어이며 달마(達磨)라고 음역한다.

법이라는 용어를, 임지자성(任持自性)·궤생물해(軌生物解, 법은 자성을 잘 보존하며, 궤범이 되어 사람에 관한 이해를 생겨나게 한다)라고 풀이하고 있다. dharma는 본디 기체(基體, dharmin)에 대한 특질의 의미로 쓰였는데, 유부에서는 고유의 특질을 호지하기 때문에(sva-lakṣaṇa-dhāraṇāt) 법이라고 해석되었다. 언제나 같은 특질〔自性〕을 유지하고 있으며, 그것에 의하여 사람(人物)에게 그 자체의 이해를 생겨나게 하는 것이라고 정의하고 있다. 가르침, 습관, 도덕, 법률, 진리, 특성을 법이라고 이해하고 있다. 여기에서 말하는 법은, 대승에 대한 믿음을 일으키는 근거가 되는 법이며, 중생심 또는 일심을 가리킨다.

신근(信根, śraddhendriya): 이곳에서의 '기마하연신근(起摩訶衍信根)'과 귀경게송에서의 '기대승정신(起大乘正信)'은 같은 내용의 글이므로 앞의 정신(正信)을 참조하기 바란다.

제1단 왜 논문을 쓰는가?(因緣分)

初說因緣分

問曰, 有何因緣而造此論.

答曰, 是因緣有八種. 云何爲八.

一者因緣總相. 所謂, 爲令衆生離一切苦, 得究竟樂, 非求世間名利

恭敬故.

二者爲欲解釋如來根本之義, 令諸衆生正解不謬故.

三者爲令善根成熟衆生於摩訶衍法, 堪任不退信故.

四者爲令善根微少衆生修習信心故.

五者爲示方便消惡業障, 善護其心, 遠離痴慢, 出邪網故.

六者爲示修習止觀, 對治凡夫二乘心過故.

七者爲示專念方便, 生於佛前必定不退信心故.

八者爲示利益勸修行故.

有如是等因緣, 所以造論.

처음은 인연(대승기신론을 설하게 된 동기)을 설하는 부분이다.

묻는다: 무슨 까닭으로 이 논문을 쓰는가?

대답한다: 이 논문을 쓰는 데에는 여덟 가지 이유가 있다.

첫째, 전체적인 까닭을 말하자면, 모든 사람들이 인생에 있어서의 괴로움
에서 벗어나서, 깨달음의 공덕으로 가장 큰 즐거움을 얻게 하기 위함이요, 논
자 자신이 세속적인 명예와 이익을 얻고 존경을 받으려는 것이 아니다.

둘째, 여래의 근본적인 가르침을 이해하기 쉽게 해석하여 줌으로써 모든

사람들이 바르게 알아 오류를 범하지 않도록 하기 위함이다.

셋째, 선근이 무르익은 중생이 대승의 가르침을 잘 지켜서 믿음이 흔들리지 않게 하기 위함이다.

넷째, 선근이 아직 모자란 중생이 믿음을 실천하도록 하기 위함이다.

다섯째, 과거에 나쁜 짓을 저질러서 생겨난 장애를 소멸시키고, 착한 마음을 잘 지켜 어리석음과 교만함을 물리치며, 몹쓸 굴레로부터 벗어날 수 있도록, 그 방법을 가르쳐 주기 위함이다.

여섯째, 마음을 갈고 닦음으로써 올바른 지혜를 낳는 샤마타·위빠쉬야나를 수행하는 것을 가르쳐서, 아직 불교를 전혀 모르는 사람이나 성문·연각의 그릇된 생각을 고치도록 하기 위함이다.

일곱째, 오로지 한 마음으로 염불을 하는 방편을 제시함으로써 그 인연으로 거룩한 붓다의 나라에 바뀌어 태어나, 믿음이 결단코 물러서는 일이 없는 단계에 도달하는 방법을 가르쳐 주기 위함이다.

여덟째, 이 논문에 실린 가르침의 이익을 모든 사람들에게 알려 꼭 수행을 하도록 권장하기 위함이다.

이와 같은 까닭이 있으므로 이 논문을 쓴다.

| 강설 |

제일 먼저 '논문을 쓰는 까닭(因緣分)'을 서술하려고 한다. '논문을 쓰는 까닭'이란, 본론을 서술하는 까닭을 말하는 부분이다. 그 까닭은 여덟 가지인데, 첫째, 총체적이고 총합적인 까닭을 서술하며, 둘째 이하는 본론에서 각부분을 논술하는 까닭을 서술한다. 이 논문은 **부정취**(不定聚) – 아직 신근이 확립되어 있지 않은 10신(信)의 계위 – 중생의 구제를 목적으로 쓴 것이지만, 아울러서 정정취(正定聚) – 10주(住) 이상의 계위 – 중생과 사정취(邪定聚) – 무신

자 · 이교도 – 중생까지도 구제의 대상으로 삼아 이익을 주려는, 인민의 · 인민에 의한 · 인민을 위한 불교인 것을 명시하고 있다.〔Buddhism of the people, by the people, for the people, shall not perish from the world.〕

묻는다: 무슨 까닭으로 이 논문을 저술하려고 하는가?

대답한다: 그 까닭은 여덟 가지가 있다. 여덟 가지 까닭이란 다음과 같다.

첫째, 총체적이고 총합적인 까닭이다. 모든 중생에게 일체의 고뇌를 벗어나게 하고, 니르와나 · 해탈 · 성불의 안락이라고 하는 궁극적인 안락을 얻게 하려는 대자대비의 정신에 뿌리를 두고 있다. 논자의 세간적인 명예나 이익을 얻으려고 하는 것이 아니며, 존경을 받으려고 논문을 쓰는 것이 아니다.

둘째, 거룩한 붓다가 말씀하신 다르마의 근본적인 의미, 일심(一心) · 이문(二門) · 삼대(三大) · 사신〔(四信)〕 · 오행(五行), 여래장 · 알라야식(阿梨耶識, ālaya-vijñāna)의 참뜻을 명쾌하게 밝혀서, 모든 사람들에게 올바른 이해를 하게 하고, 잘못된 이해가 없도록 하려고 하는 것이다. 이것은 이 논문 가운데에서 '근본사상을 제시한다〔立義分〕'와 '근본사상을 해설한다〔解釋分〕' 가운데의 '대승의 정의를 밝힌다〔顯示正義〕'와 '그릇된 주장을 논파한다〔對治邪執〕'의 부분을 해설하는 까닭을 제시한다. 이 부분의 해설과 인연을 맺는 대상은 정신(正信)을 확립한 중생, 말하자면 10주(十住) · 10행(十行) · 10회향(十廻向)의 30계위(3賢)의 보디쌋뜨와이다. 그들은 신근을 확립하고 더 나아가 진여를 깨달으려고 하는 것이다.

셋째, 선근을 성숙시킨 중생, 말하자면 10신(信)의 계위를 다 채우고 초주(初住)의 계위에 나아간 보디쌋뜨와를 대상으로 하여 대승의 법, 말하자면 일심 · 여래장 · 알라야식에 대한 이해를 잘할 수 있도록 하여 물러섬이 없는 믿음을 얻게 하려고 하는 것이다. 이 부분은 '근본사상을 해설한다〔解釋分〕' 가운데의 '발심이란 무엇인가?〔分別發趣道相〕'의 부분을 해설하는 까닭을 제시한다.

넷째, 선근이 아직 확립되어 있지 않으므로 믿는 힘이 미약한 중생, 말하자면 10신의 계위에서 제8신까지의 계위를 대상으로 하고 있다. 여래장에 대한 신심을 세계 하는 수행을 하게 하려고 하는 것이다. 이 부분은 '무엇을 믿고, 어떻게 수행할 것인가?[修行信心分]' 가운데의 '무엇을 믿을 것인가?(4信)'를 해설하는 부분과 '어떻게 수행할 것인가?(5行)'를 해설하는 부분 가운데의 앞의 4행을 해설하는 까닭을 제시한다.

다섯째, 10신의 중도에도 미칠 수 없는 수행이 미숙한 중생, 말하자면 10신의 초심에 안주하는 중생 가운데에서도 특별히 악업의 장애가 무거운 사람들(icchantika, 無善根人)에게는, 모든 거룩한 붓다에게 예배를 하고, 성심으로 참회를 하도록 하는 방편을 가르쳐서 악업의 장애를 소멸하며, 그들의 선심을 지키도록 해서 어리석은 마음이나 교만한 마음을 제거하고, 사견(邪見)의 그물에 얽매여 있는 굴레로부터 벗어나게 하려고 하는 것이다. 이 부분은 '무엇을 믿고, 어떻게 수행할 것인가?[修行信心分]' 중의 '어떻게 수행할 것인가?(5行)'를 해설하는 가운데 앞의 4행을 해설한 다음, 최후에 문장을 정리하면서 까닭을 제시한다.

여섯째, 누구를 위한 지·관의 수행인가? 범부는 물론 성문승과 연각승의 이승이다. 그들까지도 구제의 대상으로 삼은 것은, 철저하게 『법화경』에서의 일승사상(一乘思想)의 정신을 실현하려는 발원을 표명하였다는 점이다. 범부·성문·연각으로부터의 출발은 다음에 이어지는 보살승까지도 포함하는 것이며, 이는 끊임없이 수행을 실천하여 드디어는 일승으로 귀입(歸入)하는 것을 전제로 하는 것이라고 볼 수 있다.

소승을 구제할 수 없는 대승불교로서는 완전한 대승(大乘)이라고는 말할 수 없다. 『대승기신론』은, 대·소의 대립에 의하여, 대승의 수승한 점을 밝히려는 것이 아니라, 모든 중생을 대상으로 해서 지·관을 닦도록 가르치려는 의지의 발로인 것이다. 지(止)는 śamatha, 관은 vipaśyanā의 번역이다. 지는 산란한 마음을 멈춰서, 정신을 대상에 집중하는 것이며, 관(觀)은 관찰로서, 집중한 마음으로 진리를 관찰하는 것을 말한다. 샤마타와 위빠쉬야나를 실천하는 방법을 가르치는 까닭은 무엇일까?

범부와 이승이 저지른 심과(心過) 때문이다. 심과란 마음으로 저지른 과오, 과실 또는 오류, 말하자면 의업이 저지른 잘못이다. 그럼 마음이 저지른 잘못은 무엇인가? 범부는 유(有)에 집착하는 아집을 가지고 있으며, 이승은 무(無)에 집착하는 법집을 가지고 있는 것을 가리킨다. 범부는, 인간을 구성하는 다섯 가지 요소(pañca skandha, 五蘊)가 가화합하여 인간이 구성된 것임을 모르고, 우리의 신체 속에 아뜨만(ātman)이 실재하는 것처럼 헛된 생각을 하는 인아견에 빠져 있고, 이승은, 인간을 구성하는 다섯 가지 요소가 실체가 아닌 것임을 모르고, 실체로서의 법(dharma)이 집합하여 성립된 것처럼 헛된 생각을 하는 법아견에 빠져 있다. 생사의 고뇌도 논리적으로 보면 실재가 되기 때문에, 이승에게는 고뇌가 두려움의 존재일 수밖에 없다.

이와 같이 성문·연각의 2승은, 법무아를 알지 못하고, 오온이 실제로 생성·소멸하는 실체적 존재라고 생각한다. 그래서 태어남과 죽음의 고뇌가 실재한다고 생각하며, 태어남과 죽음을 두려워하고, 잘못 이해하여 니르와나를 얻으려고만 한다. 말하자면 생사의 세계 가운데에서 니르와나를 추구하는 것이 아니라 생사의 밖에서 니르와나를 추구하기 때문에, 그 니르와나는 허무한 것으로 되어버린다.

무자성공(無自性空)의 입장에 서면, 세간은 그대로가 니르와나이므로, 성문·연각과 같이 세간을 염리하고 니르와나를 추구하지 않는다. 그러나 성문·연각의 2승은 니르와나를 성취해야 세간에서의 생사가 끊어져버릴 것이라는 헛된 생각을 하고 있으므로 무(無)에 집착한다고 논술하는 것이다.

그러나 그것은 대승에서의 진실한 니르와나가 아니기 때문에, 생사의 세계 속에서 니르와나를 구하는 것이지 생사의 밖에서 니르와나를 구하는 것이 아니므로, 『대방광불화엄경』「이세간품」제38에서는 "니르와나를 얻으려는 수행을 삶과 죽음을 끊어버리지 않고 상속하면서 한다.〔涅槃行, 不斷生死相續故: 『大正藏』10-303b〕"라고 말씀하고 있다. 이 부분은 '어떻게 수행할 것인가?(5行)' 를 해설하는 부분 가운데 마지막의 지관문을 수습하는 것을 해설하는 까닭을 제시한다.

일곱째, 10신의 초심에서 안주하는 중생을 대상으로 해서 아미따바붓다의 구원을 받을 수 있도록 방편을 쓰는 가르침이다. 자력으로 깨달을 수 있는 이 근은 아니지만, 그렇다고 악업을 저질러서 쌓은 장애가 있는 것도 아닌, 열기 (劣機) 가운데에서 상품에 속하는 사람이기 때문이다. 이와 같은 사람에게 오로지 아미따바 붓다를 염불하도록 이끌어서 극락에 왕생하게 하는 수단을 가르쳐 주는 것이다. 그렇게 함으로써 서방정토의 아미따바 붓다 앞에 태어나서 구원을 받을 수 있다는 믿음을 심어준다. 그 결과 물러남이 없는 신심을 얻게 하려고 하는 것이다. 이 부분은 '무엇을 믿고, 어떻게 수행할 것인가?(修行信心 分)' 가운데 마지막의 퇴보를 막기 위한 방편인 권생정토(勸生淨土)를 해설하는 까닭을 제시한다.

여덟째, 대승의 법인 일심을 믿으면 커다란 이익을 얻을 수 있음을 제시하여, 사람들에게 수행을 권장하려고 하는 것이다. 이 부분은 '닦는 이익을 들어 실천을 권장한다(勸修利益分)'를 해설하는 까닭을 제시한다.

이상과 같은 까닭이 있기 때문에 이 논문을 저술하는 것이다.

｜용어 해설｜

인연분(因緣分): 논문을 저술하는 까닭을 나타내는 부분. 인연에는 연기(緣起)라는 의미도 있지만, 여기에서는 까닭 또는 이유를 말한다.

인연총상(因緣總相): 총체적인 까닭 · 이유를 밝히려는 것이다.

구경락(究竟樂, ayanta-sukha): 감각적인 안락이 아니라 궁극적인 안락. 감각적인 안락은 오래가는 것이 아니라 잠시 계속하다 고뇌로 바뀐다. 성불과 해탈을 했을 때의 안락을 궁극적인 안락이라고 한다. 이고득락(離苦得樂, duḥkha vighāta, sukha prāpti)은, 인(人) · 천(天)의 안락이 아니라 니르와나의 안락을 얻는 것을 궁극적인 목표로 하고 있다.

여래근본의(如來根本義): 거룩한 붓다의 가르침의 근본 정신, 근본 원리, 근본 사상, 근본 종지, 근본 취지.

선근(善根): 선을 생겨나게 하는 힘. 10신의 계위를 넘어 초주(初住)에 도달하면, 선근이 성숙하여 선을 실천하는 힘이 파괴되는 일이 없다고 한다.

감임불퇴신(堪任不退信): 감임(堪任)은 감인(堪忍)과 같은 뜻이며, 감인에는 법인(法忍)과 생인(生忍)의 두 가지가 있다. 생인은 분노를 참고 견디어 내는 것이며, 법인은 인가결정의 의미로서 신심이 확립된 것을 말한다. 10신의 계위를 원만하게 성취하여 초주(初住)에 들어가면 신심(信心)이 안정되어 후퇴하는 일이 없는 수행의 단계에 도달한다. 이러한 단계에 도달하였을 때를 감임불퇴(堪任不退)라고 말한다.

선근미소(善根微少): 선을 실천하는 힘이 확립되어 있지 않은 중생. 10신 가운데 8신(信)까지의 중생을 선근(kuśalamūla)이 매우 적은 것으로 본다.

방편(方便, upāya): 쁘라갸(prajñā, 般若, 智慧)가 진실의 지혜인 것에 대하여 방편을 권지(權智)라고 말한다. 거룩한 붓다에 대한 예배 또는 참회 등에 의하여 선근을 쌓는 것을 말한다. 수행하는 마음이 빈약한 사람이 진보할 수 있는 수단이 방편이다.

악업장(惡業障): 과거의 악업(pāpa-karman)이 장애(āvaraṇa)를 하기 때문에, 선도

(善道)를 향하여 가려고 하더라도 갈 수 없는 것을 말한다.

치만(痴慢): 어리석음과 교만.

사망(邪網): 사견(邪見)과 사마(邪魔)를 사물을 포착하는 그물에 비유한 것이다.

지관(止觀): 지(止)는 śamatha, 관(觀)은 vipaśyanā의 번역이다. 지는 산란한 마음을 멈춰서 정신을 대상에 집중하는 것이며, 관은 관찰로서 집중한 마음으로 진리를 관찰하는 것을 말한다.

범부(bāla, 凡夫): 성자의 계위에 이르지 못한 사람. 소승에서는 4향4과(四向四果)에 도달하지 못한 사람을, 대승에서는 10지에 도달하지 못한 사람을 가리킨다.

이승(二乘, dvitīyayāna): 성문승(śrāvakayāna)과 연각승(緣覺乘, pratyekabuddhayāna)을 말한다. 성문승은 거룩한 붓다의 인도를 받아 깨달은 사람이며, 연각승은 자신의 힘으로 깨달은 사람을 의미한다. 성문이나 연각이나 모두 자신의 깨달음에 전심전력할 뿐 중생의 문제에 대하여 별로 관심이 없다.

심과(心過): 심과란 마음으로 지은 과오, 과실 또는 오류, 말하자면 의업(意業)이 저지른 잘못이다. 그럼 마음이 저지른 잘못은 무엇인가? 범부는 유(有)에 집착하는 아집을 가지고 있으며, 성문과 연각, 2승은 무(無)에 집착하는 법집을 가지고 있는 것을 가리킨다. 범부는, 인간을 구성하는 다섯 가지 요소(pañca skandha, 五蘊)가 가화합(假和合)하여 인간이 구성된 것임을 모르고, 우리의 신체 속에 아뜨만(ātman)이 실재하는 것처럼 헛된 생각을 하는 인아견(人我見)에 빠져 있고, 성문과 연각, 2승은 인간을 구성하는 다섯 가지 요소(pañca skandha, 五蘊)가 실체가 아닌 것임을 모르고, 실체로서의 법이 집합하여 성립된 것처럼 헛된 생각을 하는 법아견(法我見)에 빠져 있다. 생사의 고뇌도 논리적으로 보면 실재가 되기 때문에, 성문과 연각, 2승에게는 고뇌가 두려움의 존재일 수밖에 없다. 다시 말하면 성문 · 연각은, 법무아를 알지 못하고, 오온이 실제로 생성 · 소멸하는 실체적 존재라고 생각한다. 그래서 태어남과 죽음의 고뇌가 실재한다고 생각하며, 태어남과 죽음을 두려워하고, 잘못 이해하여 니르와나를 얻으려고만 한다. 말하자면 생사의 세계 가운데에서 니르와나를 추구하는 것이 아니라, 생사의 밖에서 니르와나를 추구하기 때문에, 그 니르와나는 허무한 것으로 되어버린다. 무자성공(無自性空)의 입장에 서면 세간은 그대로가 니르와나이므로, 성문 · 연각과 같이 세간을 염리하고 니르와나를 추구하지 않는다. 그러나 성문 · 연각의 2승은 니르와나를 성취하면 세간에서의 생사가 끊어져버릴 것이라는 헛된 생각을 하고 있으므로 무(無)에 집착한다고 논술하는 것이다.

그렇지만 그것은 대승에서의 진실한 니르와나가 아니기 때문에, 생사의 세계 속에서 니르와나를 구하는 것이지, 생사의 밖에서 니르와나를 구하는 것이 아니므로, 『대방광불화엄경』「이세간품」제38에서는 "니르와나를 얻으려는 수행을 삶과 죽음을 끊어버리지 않고 상속하면서 한다.(涅槃行, 不斷生死相續故: 『大正藏』10-303b)"라고 말씀하고 있다.

전념방편(專念方便): 오로지 아미따바 붓다를 염불(念佛)하여 정토에 왕생하기를 기원하는 방법.

問曰, 修多羅中, 具有此法, 何須重說.
答曰, 修多羅中, 雖有此法, 以衆生根行不等受解緣別. 所謂, 如來在世, 衆生利根, 能說之人, 色心業勝, 圓音一演, 異類等解, 則不須論.

若如來滅後, 或有衆生能以自力廣聞而取解者. 或有衆生亦以自力

少聞而多解者. 或有衆生無自心力因於廣論而得解者. 自有衆生復

以廣論文多爲煩, 心樂總持少文而攝多義能取解者.

如是, 此論, 爲欲總攝如來廣大深法無邊義. 故應說此論.

묻는다: 이런 가르침이 경전 속에도 실려 있는데 거듭 논술할 필요가 있겠는가?

대답한다: 이와 같은 대승의 가르침의 내용이 경전 속에 있음에도 불구하고 거듭 논술하는 까닭은, 그 가르침을 받아들일 사람들의 수행능력(修行能力)이 서로 같지 않고, 또 이들이 그 가르침을 받아들여 이해하는 조건이 서로 다르기 때문이다.

샤끼야무니(Śākyamuni)붓다가 살아 계시는 동안에는, 그 가르침을 받아들일 모든 사람들의 수행할 능력이 빼어났으며, 또 그 가르침을 말씀하신 거룩한 붓다의 몸으로 짓는 까르마와 마음으로 짓는 까르마도 성스럽고 거룩하시어 자비로운 음성으로 한번 진리를 말씀하시면, 소질과 성격이 서로 다른 사람들일지라도 직접 그 말씀을 들음으로써 모두 똑같이 님의 참뜻을 알 수 있었다.

그러나 샤끼야무니붓다가 돌아가신 뒤에는, 님의 가르침을 받아들일 모든 사람들의 소질이나 능력에 우열의 차이가 나타났다.

어떤 사람들은 자기 스스로의 힘으로 많은 경전들을 널리 읽고 거룩한 붓다의 참뜻을 이해하기도 하고 깨닫게 되기도 하였다.

또 어떤 사람들은 자기 스스로의 힘으로 약간의 경전들만을 읽고도 님의 참뜻을 모두 이해하기도 하고 깨닫게 되기도 하였다.

또 어떤 사람들은 자기 스스로의 힘만으로는 경전 속에 담겨진 의미를 이해할 수 없으므로, 보디쌋뜨와(bodhisattva)가 상세하게 풀어서 쓴, 긴 논문들을 많이 읽고 거룩한 붓다의 참뜻을 이해하기도 하고 깨닫게 되기도 하였다.

또 어떤 사람들은 자기 스스로의 힘으로 하되, 보디쌋뜨와가 상세하게 풀어서 쓴, 긴 논문은 번거로우니 싫다 하고, 문장이 간결하면서도 그 내용이 오묘한 논문을 읽고서 거룩한 붓다의 참뜻을 이해하기도 하고 깨닫게 되기도 하였다.

이와 같은 사실에 따르면, 사람들을 구제하여 인간의 행복과 평화를 이룩한다는 당위성에서 볼 때, 님의 가르침을 전개하는 데에도 여러 가지 방편이 있기 마련이다. 이 논문은, 문장이 간결하면서도 그 내용이 풍부하고 오묘한 것을 바라고 원하는 사람들을 위하여, 붓다의 광대무변하면서도 심심미묘한 가르침의 뜻을 정리하려고 하는 것이며, 그것이 또 이 논문을 쓰게 된 까닭이기도 하다.

| 강설 |

이상으로 이 논문을 쓰는 까닭을 서술하였는데, 더 나아가 이 논문의 특색인 짧은 글 속에 많은 의미를 함축하고 있다는 것을 드러내려고 자문자답의 형식으로 서술하는 것이다.

묻는다: 거룩한 붓다가 말씀하신 경전 가운데에, 이 논문에서 말하려고 하는 법(法), 말하자면 여래장사상을 벌써 말씀하였는데, 무엇 때문에 다시 말하려고 하는가?

대답한다: 틀림없이 여래가 말씀하신 경전 가운데에, 벌써 이 다르마는 포함되어 있다. 그러나 가르침을 받을 중생의 근기에는 이근과 둔근의 차별이 있으며, 수행의 방법도 서로가 각각 다르다. 누구로부터 가르침을 받을까라고 하는 기연(機緣)도 같은 것이 아니다. 수행자의 희망, 그리고 기호나 취향도 서

로 다른 것이다. 그러므로 말씀하는 내용은 같더라도 말씀하는 방식에는 많은 종류가 있는 것이 좋다. 말하자면 샤끼야무니붓다가 재세하실 때에는 중생의 기근(機根)·근기(根機)·능력·소질이 아주 빼어났었다. 그 위에 설법자는 샤 끼야무니붓다이며, 입멸하신 뒤의 설법자가 제자인 것에 비교하여, 다르마를 말씀하는 여래의 몸으로 짓는 까르마와 말로 짓는 까르마도 성스럽고 거룩하 셨다. 거룩한 붓다가 다르마를 한 번 말씀하시면, 그 자비로운 말씀에 의하여 여러 부류의 사람들이 똑같은 이해를 하였다. 그러므로 한 번의 가르침만으로 사람들을 만족하게 하고 충족시킬 수 있었기 때문에, 그 위에 논문을 서술할 필요가 없었다. 말하자면 가르침을 듣는 사람들의 근기도 빼어났기 때문이라 고 말할 수 있다.

그러나 여래의 멸후에는 이근인 사람도 있지만 둔근(鈍根)인 사람도 있다. 중생의 근기도, 가르침을 받아 이해하는 기연도 모두 좋지 않은 것이다. 그러 므로 이와 같은 조건에 맞춰 주기 위해서는 경과 논이 모두 필요하다. 그와 같 은 조건에 따라서 사람들을 분류하면 네 부류로 나누어진다.

앞의 두 부류는 경을 필요로 하는 부류이며, 뒤의 두 부류는 논문을 필요로 하는 부류이다.

첫째 부류, 자력으로 하되 넓게 많은 경전을 듣고서 거룩한 붓다의 가르침 을 이해하는 사람이다.

둘째 부류, 자력으로 하되 약간의 경전을 듣고서도 거룩한 붓다의 가르침 을 많이 이해하는 사람이다.

이 두 부류의 사람들은 경전에 의지하여 거룩한 붓다의 가르침을 이해하는 것이다.

셋째 부류, 일부의 사람들은 자력으로는 경전을 이해할 수 없기 때문에 다 른 사람이 해석한 논문을 필요로 하는데, 그 가운데에는 많은 논문을 읽고 연구하여 거룩한 붓다의 가르침을 이해하는 사람이 있다.

넷째 부류, 다른 사람이 해석한 논문을 필요로 하되, 문장이 길고 번잡한 것은 싫어하기 때문에, 문장이 간결하면서도 오묘한 내용을 담고 있는 논문을 통하여 거룩한 붓다의 가르침을 이해하는 사람이다.

이 두 부류의 사람들은 논문에 의지하여 거룩한 붓다의 가르침을 이해하는 것이다.

이상과 같이 네 부류로 분류할 수 있는데, 이 논문은 짧은 논문이며, 문구도 많은 것은 아니지만, 여래의 광대하고 오묘한 가르침의 모든 의미를 모두 다 지니고 있기 때문에, 넷째 부류의 사람들이 요구하고 있는 것에 맞춰서 논술한 것이라고 말할 수 있다. 그러므로 『대승기신론』을 저술한다.

|용어 해설|

쑤뜨라(sūtra, 修多羅): 본디는 날실(經絲, 縱絲)을 의미하며, 경(經)이라고 번역하며, 수다라(修多羅)라고 음역한다. 거룩한 붓다의 제자의 저작을 논(論)이라고 부르는 데 대하여, Śākyamuni붓다의 다르마에 관한 말씀을 정리한 것을 경이라고 한다.

근행(根行): 근과 행, 근(根)은 기근(機根), 근기(根機), 능력, 소질을 의미하며, 행(行)은 수행 또는 노력을 의미한다.

수해연(受解緣): 가르침을 받아 이해하는 기연 또는 기회를 의미한다.

이근(利根): 소질이나 능력이 아주 빼어난 것을 말한다. 둔근(鈍根)의 상대어이다.

능설지인(能說之人): 가르침을 말하는 사람, 여기서는 거룩한 붓다를 가리킨다.

색심업(色心業): 색업(色業)과 심업(心業), 거룩한 붓다가 몸으로 짓는 까르마와 마음으로 짓는 까르마를 가리킨다.

원음(圓音): 원(圓)은 완전하다는 뜻으로, 거룩한 붓다의 자비로운 말씀을 말한다. 일음(一音)이라고도 말한다. 『대방광불화엄경』 「부사의법품」 제33에서는 일음을 다음과 같이 말씀하고 있다.

"붓다의 아들 · 딸이여, 모든 거룩한 붓다는 한 몸에서 말할 수 없이 많은 거룩한 붓다 나라의 티끌 수만큼의 머리를 화현(化現)하고, 하나하나의 머리에서 말할 수 없이 많은 거룩한 붓다 나라의 티끌 수만큼의 혀를 화현하며, 하나하나의 혀에서 말할 수 없이 많은 거룩한 붓다 나라의 티끌 수만큼의 차별하는 음성을 내는데, 법계의 중생들이 듣지 못하는 이가 없다. 하나하나의 음성은 말할 수 없이 많은 거룩한 붓다 나라의 티끌 수만큼의 쑤뜨라(Sūtra, 修多羅)를 연설하신다."〔佛子. 一切諸佛. 能於一身. 化現不可說不可說佛刹微塵數頭. 一一頭. 化現不可說不可說佛刹微塵數舌. 一一舌. 化出不可說不可說佛刹微塵數差別音聲. 法界衆生. 靡不皆聞. 一一音聲. 演不可說不可說佛刹微塵數修多羅藏.: 『大正藏』10-249b06〕

이류(異類): 여러 부류의 사람

총지(總持, dhāraṇī): 총지는 dhāraṇī의 번역어이다. 한문경전에서는 다라니(陀羅尼, 多羅尼)라고 음역하며, 총지(總持), 주문(呪文), 주(呪), 진언(眞言)이라고도 번역한다. 한 글자 혹은 한 구(句)에 오묘한 의미를 담고 있으며, 기억하기에도 아주 편리한 점을 가지고 있다.

제2단 근본사상을 제시한다(立義分)

已說因緣分, 次說立義分.

摩訶衍者, 總說, 有二種. 云何爲二. 一者法, 二者義.

논문의 주제는 마하야나(Mahāyāna, 大乘)이며, 마하야나를 통틀어 두 가지 관점에서 고찰한다. 첫째, 마하야나의 본질(dharma, 法)이며, 둘째, 마하야나라고 하는 까닭(artha, 義)에 관한 것이다.

| 강설 |

벌써 '논문을 쓰는 까닭(因緣分)'에 관한 서술을 마쳤기 때문에, 다음에는 『대승기신론』의 근본사상이 무엇인가를 해설하는 '근본사상을 제시한다(立義分)'로 들어가려고 한다.

마하야나(mahāyāna, 大乘)라는 특성을 한마디로 표시하면, 법(法, dharma)과 의(義, artha)의 두 가지라고 말할 수 있다. 법이란, 대승의 본질, 본성 또는 근본을 가리킨다. 다르마에는 교법(敎法)·이법(理法)·행법(行法)·과법(果法)의 구별이 있으나, 여기에서는 마하야나라는 본체를 다르마라고 주장하면서 논리를 펴려는 것이다. 이 다르마는 우리가 보통 말하는 사람의 마음·중생심·일심(eka-citta)이다.

그리고 이어서 중생심이라고 하는 다르마가, 어떻게 해서 마하야나일까라는 의의를 나타내는 것이 의(義, artha)이다. 여기에서는 대승의 법, 말하자면 중생심(ekacitta, 一心)을 심진여문과 심생멸문의 2문으로 전개하며, 대승의 의(義, artha)를 대(大, Mahā)와 승(乘, yāna)으로 분류하여 서술한다. 먼저 대의 의미를 체대 · 상대 · 용대의 3대(大)로 나누어 전개하여 서술하며, 삼대를 설명한 다음에는 승의 의미를 능(能) · 소(所)의 입장으로 전개하여, 태워주는 님(所乘)으로서의 Buddha와 타는 이(能乘)로서의 Bodhisattva의 능 · 소로 '승(yāna)'을 해설하고 있다.

일반적으로 대승(mahāyāna)이라고 말하면, 대(mahā)란 "크다(大) · 많다(多) · 수승하다(勝)"의 세 가지 뜻이 있으며, 승(yāna)이란 운반 · 운재(運載)라는 뜻으로 풀이하고 있다. 그리고 또 대승이란, 대승의 교법의 의미로 해석되는 것이 일반적이다. 말하자면 소승불교가 자리(自利)만 중시하며, 치열한 수행을 하지 않으면 깨달을 수 없기 때문에, 선택받은 사람의 구도인 데 대하여, 대승불교는 이타(利他)를 중심으로 하며, 난행도(難行道)도 있긴 하지만 이행도(易行道)를 열어놓고 있다. 그래서 이근인 사람도 둔근인 사람도, 선한 사람도 악한 사람도, 어진 사람도 어리석은 사람도 빠짐없이 사회 전체로서 구제할 수 있는 것을 목적으로 하고 있다는 점에서, 이 가르침은 소승에 대하여 그 우월성 · 우수성 · 수월성을 말할 수 있는 것이다. 소승이란 비칭(卑稱)으로서 비열한 가르침이라는 뜻이다. 그러나 이와 같은 대승은, 대 · 소가 대립하는 의미에서의 대이며, 소를 거두어들이지 못하는 대일 뿐이다. 소승을 구제할 수 없는 대승불교로서는 완전한 대라고는 말할 수 없다. 이와 같이 대 · 소의 대립에 의하여, 대승의 수승한 점을 밝히려는 것이 전간문(全揀門: 전체 가운데에서 핵심 · 정수 · 요체만을 골라서 주체로 삼는 입장)인데, 『대승기신론』은 이와 같은 대승의 의미를 채택하지 않는다.

말하자면 『대승기신론』은, 대 · 소를 모두 포함한 대, 비교를 끊어버린 대의 입장이며, 이것을 전수문(全收門: 전체를 여러 부분으로 나누지 않고 모두 한 덩어리로 묶어서 통섭通攝 · 전일全一 · 포용을 하여 주체로 삼는 입장)이라고 한다. 이 사상은 『묘법연화경』의 일승사상에서 유래한다. 『묘법연화경』에서는 성문승 · 연각승에 대립하는 보살승을 말씀하고 있는 것이 아니라, 성문·연각·보살의 삼승 모두가 성불할 수 있는 길, 말하자면 일불승을 제시하고 있다.

이 일승사상(ekayāna)은 『수리말라데위씽하나다경』(Śrīmālādevī-siṃha-nāda-sūtra, 勝鬘師子吼一乘大方便方廣經) 「일승장」제5(『大正藏』12-219b04) 등을 통하여 『대승기신론』에서 이어받고 있는 것이다.

그리고 더 나아가 여기에서는 대승의 체(體)를 '교조(教條)'로 삼지 않고, '중생심'으로 제시하고 있는데, 이 중생심은 3대(大)의 설명으로 명확하게 드러난 것처럼, 법신·여래장이다. 이 법신·여래장을 대승이라고 부르는 사상은 『수리말라데위씽하나다경』「섭수정법장(攝受正法章)」제4(『大正藏』12-218a) 등에서 볼 수 있는 것이며, 여래장사상의 계통을 이어받고 있다. 그래서 그 근원은 『대방광불화엄경』에서, "마음이 그러한 것처럼 거룩한 붓다도 또한 그러하시며, 거룩한 붓다가 그러하신 것처럼 중생도 그러하느니라. 마음과 거룩한 붓다 그리고 중생, 이들 셋은 아무런 차별이 없느니라(如心佛亦爾 如佛衆生然 心佛及衆生 是三無差別: 『大正藏』9-465c)"의 말씀을 이어받은 것으로 보인다. 중생이라고 말하여도 심(心), 마음이 중생이다. 자기도 세계도 마음에 인식되어 존재하며, 마음에 무한하게 풍부한 능력이 있기 때문에, 객관의 세계를 무한하게 넓게 그리고 깊게 개척할 수 있다. 그런데다 마음이 무한하게 풍부한 능력을 가지고 있을 뿐 아니라, 그 본성은 영원히 변화하지 않는 순수하고 청정한 것이다. 그러한 성품을 가지고 있기 때문에 범부가 수행을 하여 거룩한 붓다가 될 수 있는 것이다. 범부에게 거룩한 붓다일 수 있는 자질/성품이 갖추어져 있지 않다면, 거룩한 붓다가 되는 것은 영원히 불가능할 것이다. 그러므로 『대방광불화엄경』에서는 "초발심시 변성정각"이라고 말씀하며, 신만성불(信滿成佛)을 말씀하는 것이다. 따라서 마음에 착안하면 심(心)·불(佛)·중생(衆生)의 셋은 차별이 없는 것을 알 수 있다.

그러나 현실에서는 범부에게는 번뇌가 있으며, 자성청정심은 맑고 깨끗한 상태이면서도, 또 한편으로는 번뇌에 더럽게 물들어 있다는 것이다. 이 자성청정심을 번뇌와 결연(結緣)을 시켜 교리를 체계화한 것이『대방등여래장경』·『불설부증불감경』·『슈리말라데위씽하나다경』등의 여래장 계통의 글이다. 이 여래장사상은 한편으로는『구경일승보성론』에서 조직화되어 있으며, 다른 한편으로는『대승기신론』에서 유식사상과 미묘하게 조합되어 체계화되었다. 여래장사상과 유식사상과의 결연(結緣)은『능가경』에도 나타나 있으며, 『대승기신론』은 이 사상을 이어받으면서도, 그것을 한 걸음 진보시켰다는 점에서 높은 평가를 받는 것이다.

|용어 해설|

입의분(立義分): 정의를 밝히는 근본사상을 제시하는 부분이다. 의(義, artha)는 정의 또는 근본사상, 근본주장을 가리킨다.

마하야나(Mahāyāna, 摩訶衍): 대승이라고 번역하며, 마하연(摩訶衍)이라고 음역한다. 이 자리에서는 일심(一心)·이문(二門)·삼대(三大)에 의하여 대승을 나타내고 있다. 대승·소승에서의 소승까지도 대승에 흡수하는 '절대의 대승'을 전수문(全收門)이라고 말하며, 소승에 대하여 대승의 빼어난 점을 밝히는 것을 전간문(全揀門)이라고 말한다.『대승기신론』은 전수문의 입장으로 보는 대승의 의미를 채택하며, 이것을 마음, 중생심 또는 일심으로 나타낸다.

법(法, dharma)**과 의**(義, artha): 마하야나를 벌려서 법(法, dharma)과 의(義, artha)로 전개하여 해설한다.

법(法, dharma)이란, 대승의 본질, 본성 또는 근본을 가리킨다. 법은 특질이 바뀌지 않는 것이라고 정의하고 있다.『원효소』에서는 "법이란 대승의 법

체이다[法者, 是大乘之法體 : 『大正藏』44-206a]"라고 해석하고, 『법장의기』에서
는 더 자세하게 "법은, 자체이기 때문에, 지혜에 대하기 때문에, 의의를 나
타내기 때문에[法者. 出大乘法體. 謂自體故. 對智故. 顯義故. : 『大正藏』44-250b04]"
라고 세 가지로 해석하고 있다. 자체란, 대승의 본체(중생심)가 진리를 갖추
고 있는 점을 법이라고 보는 것이다. 그리고 법은 자성을 가지고 있으므로
사람에게 이해(지혜)를 생겨나게 하는 작용이 있는 것을 말한다. 『대승기신
론』에서는 특별히 '기신(起信)', 말하자면 신앙의 지혜를 일으키게 하는 힘
을 중생심에 함장되어 있음을 일깨워 주려고 하는 데에 중점을 두고 있다.
의(義, artha)란, 대승이라고 불리는 까닭, 이유 또는 의의를 말한다. 중생심
이 빼어난 힘을 갖추고 있다는 점을 밝힘으로써, 대승이라고 불리는 까닭
이 명확하게 드러나기 때문이다.

所言法者, 謂衆生心. 是心則攝一切世間出世間法, 依於此心, 顯
示摩訶衍義.

'마하야나의 본질(dharma, 法)'이란, 모든 사람들이 지니고 있는 한마음(一心)
을 가리키며, 이 한마음은 세간적인 현상과 출세간적인 진리를 모두 포섭하
며, 그리고, 이 한마음을 바탕으로 하여 '마하야나라고 하는 까닭(artha, 義)'을
명료하게 드러낼 수 있다.

| 강설 |
여기에서 말하는 법(dharma)이란 중생심을 가리킨다. 중생심은, '근본 사상
의 해석(解釋分)'에서, "대승의 정의를 밝히기 위하여 '한 마음'의 존재방식을 두

가지 관점에서 고찰하기로 한다(依一心法, 有二種門)"라고 논술하는 것처럼, 일심(ekacitta)이라고도 부른다. 그래서 이 마음에, "이 한 마음은 세간적인 현상과 출세간적인 진리를 모두 포섭한다(是心則攝一切世間出世間法)"라고 논술한다.

세간이란 생사의 세계, 윤회하는 세계, 싸하세계(sahā, 娑婆), 미망의 세계, 시간적인 변화의 세계, 상대적인 차별의 세계를 가리키며, 출세간이란 생사를 벗어난 깨달음의 세계, 니르와나(nirvāṇa)를 이룬 세계, 극락세계, 진실의 세계, 시간을 초월한 세계, 절대적인 평등의 세계를 가리킨다. 여기에서 말하는 법이란 존재라는 뜻이다.

이것은 마음에 인식되어 자기와 세계가 있다고 하는 의미인데, 범부가 사고하는 자기와 세계는 세간법일 뿐이다. 세간법은 그것이 선이라고 하더라도 번뇌에 더럽게 물들어 있다. 그러므로 불각이다. 그러나 중생심의 오묘한 자리에는 순수하고 청정한 출세간법이 있다. 이것은 자성청정심이다. 이와 같은 중생심은, 세간과 출세간, 염(染)과 정(淨)이 의지하는 곳이다. 말하자면 무명과 번뇌도 중생심을 벗어나서는 존재할 수 없는 것이다. 그러나 중생심의 본성은 청정한 본각이기 때문에, 중생심인 대승의 까닭(artha, 義)을 나타낼 수 있는 것이다.

좀 더 부연하면, 중생심에는 생사의 세계와 깨달음의 세계가 동시에 함께 포함되어 있다. 인간의 마음은, 선(淨)과 악(染)으로 구별할 수 있는데, 동시에 이들이 하나로 화합하여 인격을 형성하고 있다. 이들을 하나로 묶어서 일심(ekacitta)이라고 한다. 보는 견해에 따라서 염법(染法)과 정법(淨法)은 불이(不二)라고도 볼 수 있으며, 별개라고도 볼 수 있다. 범부의 마음, 중생심을 문제로 삼을 때는 염법과 정법이 함께 포함되어 있다. 그렇지만 범부가 수행을 하여 거룩한 붓다가 되면 염법은 사라지기 때문에, 범부의 중생심을 총체적으로 볼 때, 그 현상심(現象心)으로는 선(淨)과 악(染)을 함께 가지고 있지만, 그러나 그 근본의 본성으로는 자성청정이라고 보지 않으면 안 된다는 논리이다. 이것이 『대승기신론』의 입장이며, 요가행파의 유식설과 다른 점이다.

요가행파에서는, 일상심의 근저로서의 알라야식은 망식(妄識)이라고 본다. 『대승기신론』에서는, 알라야식(阿梨耶識, ālaya-vijñāna)을 진망화합식(眞妄和合識)이라고 본다. 그러나 어디까지나 진망화합인 상태로 있는 것이 아니라, 거룩한 붓다가 되면 망식은 소멸하여 진식이 된다고 주장하는 것이다. 이 진식이 범부에게 있어서는 자성청정심이며, 번뇌와 함께 있을 때를 여래장(如來藏, tathāgatagarbha)이라고 부른다. 중생이라고 말하면, 넓은 의미로 볼 때는 거룩한 붓다도 포함되기 때문이다.

따라서 중생심에는, 세간법(染法)과 출세간법(淨法)이 화합하여 있는 상태와 그리고 세간법은 소멸하고 출세간법만 있는 상태의 두 가지의 존재방식을 생각할 수 있다. 후자는 '마하야나의 체(體)'를 나타내며, 전자는 '마하야나의 의(義)'를 나타내는 것이다.

그러므로 『대승기신론』에서, "이 한마음은 세간적인 현상과 출세간적인 진리를 모두 포섭하며, 그리고, 이 한마음을 바탕으로 하여 '대승이라고 하는 까닭(artha, 義)'을 똑똑하게 드러낼 수 있다(是心, 則攝一切世間出世間法, 依於此心, 顯示摩訶衍義)"라고 논술하며, 이어서 다음에, "마음 그대로의 모습(心眞如相)은 대승의 본체를 바로 드러낸다(是心眞如相, 卽示摩訶衍體故)"라고 논술한다.

세간법과 출세간법을 모두 포섭하여 화합하면 염법과 정법의 화합의 존재방식이 되며, 시간적인 변화의 세계를 전개한다. 여기에서 '마하야나의 의(義)'가 나타나는 것이다. 그러나 염법·망법이 사라져버리면, 그대로 진여의 세계이며, 이것은 영원한 세계이며, 깨달음의 세계이고, 여기에 '마하야나의 체(體)'가 저절로 드러나는 것이다.

중생심(衆生心): 보통 사람의 마음, 범인의 마음. 이 마음에 무량무변한 아주 거룩하고 훌륭한 특질을 갖추고 있기 때문에, 이 마음을 대승이라고 부른다. 『원효별기』에서는, "일체의 모든 법은 모두 스스로의 체가 없다. 아울러서 일심을 가지고 그 스스로의 체로 삼는다. 그러므로 법이란 중생심을 가리킨다(一切諸法. 皆無自體. 並用一心. 爲其自體, 故言法者, 謂衆生心: 『大正藏』44-226c06)"라고 서술하고 있다. 일체제법은 마음에서 존재하는 것이다. 『법장의기』에서는, "여래장심이 화합·불화합의 두 문을 포함하는 것은, 중생의 계위에 있기 때문이며, 만일 불지에 있다면 화합의 뜻은 없어진다. 지금은 염오를 따르는 중생의 계위를 중심으로 한다(初衆生心者. 出其法體. 謂如來藏心, 含和合不和合二門. 以其在於衆生位故. 若在佛地, 則無和合義……今就隨染衆生位中故. 得具其二種門也: 『大正藏』44-250b14)"라고 서술하고 있다.

何以故. 是心眞如相, 卽示摩訶衍體故, 是心生滅因緣相, 能示摩訶衍自體相用故.

왜냐하면 '마음 그대로의 모습(心眞如相)'은 마하야나(Mahāyāna, 大乘)의 본체를 바로 드러내며(卽示), '마음의 현상적인 모습(心生滅因緣相)'은 마하야나 스스로의 본체, 스스로의 특질 그리고 스스로의 작용을 잘 드러낼 수 있기(能示) 때문이다.

|강설|
이것은 왜 그런가 하면, 이 중생심의 진여(있는 그대로)의 모습은, 그냥 그대

로 마하야나의 체를 나타내고 있다. 그리고 또 이 중생심의 생멸인연의 모습은 마하야나의 자체(自體)·자상(自相)·자용(自用)을 나타낼 수 있기 때문이다. 심진여의 모습은 불기문을 나타내는 것이라고 말할 수 있으며, 마음의 영원한 모습인 것이다. 마음의 실재성은 영원히 바뀌지 않기 때문이다. 이것은 비교를 끊어버렸기 때문에, 절대적 진리인 대승의 체만을 서술한다. 체에 대한 상과 용은 거론하지 않는다. 마음 그 자체는 염·정의 두 얼굴을 갖지만, 심진여의 모습은 청정이다. 왜 그런가 하면, 염법은 영원성이 없으므로, 미망은 드디어 소멸하는 것이기 때문이다. 혜원은 이 심진여상을 제9식(無垢識)이라고 보고 있다. 이것으로 명확해지는 것처럼, 진여는 영원한 존재이면서도 작용성을 가지고 있다. 지(智)라고 볼 수 있다. 진여는 무위이며 영원이지만, 그러나 그것은 동(動)을 떠난 정(靜)이 아니고, 동에 포함되어 있는 정이다. 유위와 하나로 되어 있는 무위이다. 진여라고 말할 수 있다면, 인격을 초월한 것이긴 하지만, 그러나 인격과 결연을 시켜서 생각할 수 있다.

이것에 대하여 유식설의 진여는, 유위를 벗어나서, 인격을 초월한 '이(理)' 그 자체를 가리키고 있다. 똑같은 진여라도 유식과 여래장에서의 사유체계가 서로 다르다. 여래장사상에서는, 유식설의 진여를 논평하기를, "응연진여(凝然眞如)·부작제법(不作諸法)"이라고 말한다. 이것은, 진여는 활동성을 전혀 갖지 않으며, 제법, 말하자면 현상세계와는 교섭하지 않는다. 진여는 제법의 본체이지만, 그러나 제법과는 관계가 없다는 의미이다. 이에 대하여 『대승기신론』에서 서술하는 진여는, 심진여이기 때문에 제법의 세계에 개입하는 진여이다. 절대로 마음을 떠나지 않는다. 그렇기 때문에 그것이 무위인 상태를 관철할 수 없는 난점이 있다.

인간의 사회에는 선·악이 공존하고 있는 현실을 볼 때, 심성의 생득적 요인과 의식의 환경적 요인을 함께 생각할 수 있다. 그러므로 무위인 상태를 관철할 수 없는 것은 환경적 요인에 따른 현상적 상황에 따른 것이지, 심성은 어디까지나 변화하지 않는 것으로 보는 것이 『대승기신론』의 입장이다. 이제까지 불기문(不起門)인 심진여상에 관한 서술을 하였다.

이에 대하여 심생멸인연상은 대승의 자체(自體)·자상(自相)·자용(自用)을 나타내는 것이라고 서술한다. 심생멸인연상이란, 시간의 세계 속에서의 중생심의 존재방식이다. 심생멸문은 절대가 배후에 숨겨져 있으면서, 상대가 표면으로 드러난 존재방식이다. 여래장은 순수청정심이며, 상대를 끊어버린 것이지만, 번뇌를 짊어진 잡염심(雜染心)은 상대적이며, 생멸심이다. 여래장이 번뇌와 결연하여 있는 관계 속에서 볼 수 있는 것이 심생멸문이다. 이 심생멸문의 체는 상대적이기 때문에 자체(自體)라고 말한다.

심진여문에서는 여래장은 화합하지 않는 것으로 보이지만, 그러나 여래장은 염심(染心) 가운데에 있는 상태이기 때문에, 화합을 하지 않을 수 없는 조건·환경을 피할 수 없다. 심생멸문에서의 여래장은 인격이 표면으로 나와 있으므로, 체(體)에 대하여 상(相)과 용(用)이 구별되는 것이다. 그러므로 "마음의 현상적인 모습[心生滅因緣相]'은 마하야나 스스로의 본체, 스스로의 특질 그리고 스스로의 작용을 잘 드러낼 수 있기(能示) 때문이다"라고 서술한다. 『원효소』에 의하면, 이 경우의 체란 심생멸문 가운데의 본각이라고 서술하고 있다. 이것은 말하자면 번뇌와 화합하여 있으면서도 번뇌로부터 벗어나려고 하는 청정한 특질이 있다. 이것이 맑고 깨끗한 체·상·용의 특질[相]이다. 더욱 이 본각에는 '수염(隨染)의 업용(業用)'이 있다고 서술한다. 이것이 체·상·용의 작용[用]이다. 혹은 번뇌와 화합하기도 하며, 혹은 거룩한 붓다가 중생에게 바른 행위를 하게 하는 작용이 수염(隨染)의 업용(業用)이다. 이상은 중생심의 심생멸문에서의 자체·자상·자용이기 때문에 대(大, mahā)라고 말하지 않는다. 범부의 경우에도, 심생멸문에서는 자체·자상·자용이지만, 어쨌든 체대 · 상대 · 용대라고 할 때에는, 그 거룩하고 위대한 작용이 나타나고 있는 경우에 한해서이기 때문에, 거룩한 붓다의 경우를 가리킨다고 보아도 좋을 것이다. 말하자면 3대(大)란, 인위의 범부가 아니라, 과위의 거룩한 붓다에 대한 서술이라고 볼 수 있다.

|용어 해설|

심진여상(心眞如相): 심(心)은 중생심을 가리키며, 진여는 본디 있던 그대로의 것 · 본디 그대로의 것 · 있는 그대로의 것을 가리키고, 상(相, lakṣaṇa)은 특질, 특성, 성능을 가리킨다. 중생심의 있는 그대로의 특질이 심진여상이다. 진여는 진리의 존재방식으로 표현되어 있으며, 이법을 의미하는 것이다. 최종적으로는 온 세계에 가득 차 있는 진리를 유심론의 차원에서 표현하여 심진여라고 부르는 것이다. 그리고 심진여는 대승불교에서의 최고의 이상인 가장 높고 가장 완전한 깨달음(an-uttarā-samyak-saṃbodhi)을 성취한 법신의 자리이며, 극락세계이고, 그지없이 맑고 깨끗하며, 지혜와 자비이고, 성(聖) · 진 · 선 · 미 그 자체이므로 언어로는 표현할 길이 없다.

마음의 진실한 존재방식이란, 마음에서 무명(染法)이 소멸하고, 거룩한 붓다의 마음이 된 상태이다. 중생심에서의 무명은 실체가 없는 것이며, 궁극적으로는 소멸해야만 하는 것이다. 거룩한 붓다의 마음은, 니르와나와 합일하여 영원한 실상(實相)으로 되어 있지만, 동시에 중생을 구제하기 위하여 자비를 몸소 베풀고 있으며, 시간적인 변화상과 시간을 초월한 영원성과의 두 가지 얼굴을 함께 가지고 있다. 심진여상이란, 시간을 초월한 영원성을 말하고 있는 것이며, 여기에서 대승의 본체가 나타나게 되는 것이다. 이것이 심진여문이며, 뒤에 심진여문을 개설하여, 그 핵심을 미묘하고 섬세하게 밝힐 것이다.

『혜원의소』에서는, 이 심진여상을 제9식〔無垢識〕이라고 부르고 있다〔心眞如相者, 卽是第九識: 『大正藏』44-179a21〕. 심법은 하나라고 하더라도 두 얼굴을 가지고 있기 때문이며, 두 번째는 심생멸문이다.

심생멸인연상〔心生滅因緣相〕: 여기에서 말하는 심(心)도 앞의 심진여상에서의 심과 똑같이 중생심을 가리키며, 생멸은 기동(起動) · 변화(變化)이고, 인연은 이 경우에는 연기와 같은 뜻이며, 마음이 연기의 도리에 따라서 생성하고 소멸하는 변화의 모습이 심생멸인연상이다. 『법장의기』에서는, 심진여문이 불기문(不起門)인 데 대하여, 심생멸인연문은 기동문이라고 말한다〔以眞如, 是不起門……生滅, 是起動門: 『大正藏』44-250c21〕. 시간적인 존재방식이다. 『혜원의소』에서는, 이것을 자성청정심이 염연(染緣)을 따르고 있는 상태이며, 이것을 제8식이라고 서술하고 있다〔是心生滅因緣相者, 是第八識. 第八識, 是其隨緣轉變. 隨染緣故, 生滅因緣相也: 『大正藏』44-179a23〕. 본론에서는, "여래장이 존재함으로 말미암아 생성하고 소멸하는 현상적인 마음이 있다〔依如來藏故, 有生滅心〕."라고 논술하고 있는데, 이 여래장이 심생멸인연상을 연출하는 주체이다. 자성청정심은 번뇌에 물들어 더럽게 되는 것이 아니다. 그러므로 자성청정심이다.

그렇지만 범부는 현실적으로 번뇌에 물들어 더럽혀진 상태이다. 이 상태를 『슈리말라데위씽하나다경』에서는, "자성청정심이지만, 그런데도 염오가 있다고 말하는 것은 요지하기 어렵다〔自性淸淨心而有染者. 難可了知: 『大正藏』12-222b28〕라고 말씀하고 있다. 자성청정심이면서도 번뇌에 물들어 더럽혀진 상태라고 하는 것을 범부의 지혜로써는 알 수 없다는 것이다. 중생심은 자성청정심이지만, 그러나 범부에게 있어서는 여래장(번뇌를 따르는 상태)으로 되어 있다.

자체상용(自體相用): 자성청정심은 범부에게 있어서는 번뇌를 따르고 있다. 여기에서 중생심은 체·상·용의 차별상으로 나타난다. 왜냐하면 각자 다른 개체의 까르마[業]를 따르기 때문이다. 그러나 거룩한 붓다에게 있어서는 번뇌는 소멸하여 버리고 자성청정심만 작용하는, 말하자면 마하야나인 것이 전부 드러나고 있다. 그러므로 체·상·용은 체대(體大)·상대(相大)·용대(用大)로 표현되어 있다. 이와 같은 것은 논리로 보면, 체대·상대·용대는 거룩한 붓다에게서의 심생멸인연상이다. 그러나 범부의 경우도 포함되어 있기 때문에, 여기에서는 자(自)를 붙여 자체상용(自體相用)이라고 서술한다. 자(自)라고 말하는 것은, 한 사람씩 한 사람씩이라는 뜻이므로 개별적으로 형성되어 있다는 것을 가리킨다. 심진여문에서는 마하야나의 체(體)만을 말하는데, 심진여문의 체는 전수문(全收門)이며, 비교를 끊어버린 절대적인 진리이다. 그러나 심생멸문에서는 그것이 인격적으로 나타나는 것으로 된다. 따라서 개인적으로 되어 있다. 범부의 경우는 말할 것도 없고, 거룩한 붓다의 경우에도 특정한 이름을 갖는 거룩한 붓다로서의 활동이다. 그렇기 때문에 자를 일부러 붙여서 자/체상용(自/體相用)이라고 서술한 것이다. 그렇지만 자를 다르게 해석할 수도 있다. 말하자면 상(相)과 용(用)에 대한 체(體)이기 때문에 자를 체에만 걸리는 것으로 해석할 수 있다. 어쨌든 체는 심진여문에서의 체와 심생멸문에서의 체는 다른 것이 아니라 같은 것이다. 동일한 체를 심진여문에서 보느냐, 심생멸문에서 보느냐의 차이일 뿐이다.

『혜원의소』는, 심생멸문의 체를 제8식으로 하는데, 이것은 거룩한 붓다의 계위가 아니라, 범부의 계위에 대하여 서술하는 것이다. 제8식이란, 자성청정심이 번뇌로 더럽게 물들어 있다는 점에 중점을 둔 것이다. 『법장의기』는 "자체상용(自體相用)의 체는 생멸문 가운데의 본각"이라고 서술한다. 이것은 더럽게 물들어 있지 않는 점에 중점을 둔 것이다. 비록 번뇌 속에 있다고 하더라도, 그것은 본각이며, 청정이다. 그러나 본각에는 "번염(飜染)의 정상(淨相)"과 "수염(隨染)의 업용(業用)"과의 두 가지가 있다고 서술한다. 본각이기 때문에 번뇌로부터 벗어나려고 하는 것이 본성이다. 이것이 번염(飜染)의 정상(淨相)이다. 말하자면 이것이 본각(體)의 '상(相, lakṣaṇa)'이다. 그러나 범부에게 있어서는 현실적으로 번뇌를 따르고 있다. 이것이 수염(隨染)의 업용(業用), 말하자면 본각의 '용(用)'이다. 거룩한 붓다에게 있어서는, 본각에 헤매는 중생에게 무엇인가를 하게 하는 작용이 있다. 그러므로 이것도 수염(隨染)의 업용이다. 진여문에서는 체만을 서술하며, 생멸문에서는 체·상·용을 서술하는 이유를,『법장의기』에서는, 진여문은 불기문(不起門)인데, 불기(不起)는 반드시 기(起)를 필요로 하지 않는다. 그렇기 때문에 체만을 서술한다. 그러나 생멸문은 기동문이며, 기(起)는 반드시 불기(不起)를 포함한다.

즉시(卽示)와 능시(能示): 심진여상은 마하야나의 본체를 즉시(卽示)하며, 심생멸인연상은 마하야나의 자체(自體)·자상(自相)·자용(自用)을 능시(能示)한다. 그 까닭은, 전자는 심진여상과 대승의 본체는 실제로 동일한 것이기 때문에 '즉시(卽示)'라고 논술하고 있다. 그리고 심진여상은 깨달음의 세계, 진리의 세계, 윤회를 벗어난 세계이기 때문에 마음의 생성과 소멸이 일어나지 않으므로 불기문(不起門)이다. 심생멸인연상에서는 본각과 번뇌가 서로 관계를 맺고 있으며, 능현(能顯)의 심(心)과 소현(所顯)의 3대(大)를 '능시(能示)'라고 논술한다.

所言義者, 則有三種. 云何爲三. 一者體大, 謂一切法眞如, 平等不增減故. 二者相大, 謂如來藏, 具足無量性功德故. 三者用大, 能生一切世間出世間善因果故.

'대승이라고 하는 까닭(artha, 義)'이란, 세 가지로 고찰할 수 있다.

첫째, 대승, 그 본체의 위대함이니, 세간적인 현상이나 출세간적인 진리가 그대로의 모습이며, 깨달은 거룩한 붓다나 깨닫지 못한 중생이나 모두 다 평등이며, 미혹으로 말미암아 줄거나 깨달음으로 말미암아 늘거나 하는 일이 없기 때문이다.

둘째, 대승, 그 특질의 위대함이니, 여래장(tathāgatagarbha)은 무량한 공덕을 갖추고 있기 때문이다.

셋째, 대승, 그 작용의 위대함이니, 모든 세간과 출세간에서의 善의 원인과 善의 결과를 생겨나게 하기 때문이다.

| 강설 |

대승(mahāyāna)의 '의(義, artha)'에는 대(大, mahā)와 승(乘, yāna)의 두 가지가 있다. 대는 체·상·용, 3대로 전개하여 논술하며, 승은 능(能)·소(所)로 전개하여 논술한다. 체·상·용, 3대를 빌려서 중생심이 갖추고 있는 대승의 의의를 명료하게 밝히려고 한다.

첫째, 체대란 일체법의 진여는 평등이며, 줄거나 늘거나 하는 것이 아니라는 것이다. 심진여문에서의 본체(體)는, 깨달음의 세계이므로 시간을 초월한 불기문(不起門)의 본체이다. 그러므로 범부의 상태와 거룩한 붓다의 상태를 일관하는 진여이다. 이것은 절대이기 때문에 본체만을 가리키며, 특질(相)·작용(用)은 가리키지 않는다. 그래서 "'마음 그대로의 모습(心眞如相)'은 마하야나의 본체를 바로 드러낸다(卽示)"라고 서술한 것이다. 심생멸문에서의 본체는, 무상(無常) 속에서 유전(流轉)을 하고 있는 가운데의 영원성을 가리킨다. 이것은 심진여문의 본체와 다른 것이 아니기 때문에 '일체법의 진여'라고 말한다.

　이 진여는 인위의 범부에게 있어서도 과위의 거룩한 붓다에게 있어서도 다른 것이 아니기 때문에 "평등이면서 줄지도 않고 늘지도 않는다"고 서술한다. 그러나 이 경우에는 '대(大)'를 현현하는 것이기 때문에, 그 힘을 모두 발휘하는 과위인 거룩한 붓다를 중심에서 보는 것으로 된다. 말하자면 중생심의 본체인 진여는, 인위인 범부에게 있어서도 줄어들지 않으며, 과위인 거룩한 붓다에게 있어서도 늘어나지 않는다.

　『법장의기』에서는, "체란, 진성은 심오하고 광대하여 범(凡)·성(聖)·염(染)·정(淨)이 모두 의지처로 삼는다"라고 서술한다. 그러므로 대(mahā)라고 부르게 된 것이다. 이어서 진여는, "수류(隨流)하여 염오를 더하여도 늘지 않으며, 반류(反流)하여 염오를 제거하여도 줄지 않는다. 반류하여 청정을 더하여도 늘지 않으며, 수류하여 청정이 덜어도 줄지 않는다"라고 서술한다. 중생심의 체는 심생멸문에서도 바뀌지 않는다. 그러므로 대라고 부르는 것이다.

　둘째, 상대란, 여래장이 무량의 성공덕을 구족하고 있는 것을 말한다. 여래장이란, 진여가 미혹한 세계에 갇혀 있을 때, 그것을 여래장이라고 부른다. 진여가 바뀌어 미혹한 세계의 사물이 될 때에는, 그 본성인 여래의 덕성이 번뇌와 망상에 뒤덮이게 된다는 점에서 여래장이라고 한다. 또 미혹한 세계의 진여는 그 덕성이 숨겨져 있을지라도 아주 없어진 것이 아니고 중생이 여래의 덕성(德性)을 함장하고 있으므로 여래장이라고도 한다.

　『슈리말라데위씽하나다경』「법신장」제8에서는, "여래의 법신이 번뇌장을 벗어나지 못하는 것을 여래장이라고 부른다(世尊, 如是如來法身, 不離煩惱藏, 名如來藏:『大正藏』12-221c10)"라고 말씀하고 있다. 번뇌로 뒤덮여 있는 법신이 여래장이기 때문에, 여래장을 재전위(在纏位)의 법신이라고 부른다. 이것은 여래를 태아에 비유한 것이다. 법신은 청정성을 잃지는 않지만 번뇌에 더럽게 물들어 있다.

『불성론』에서는 여래장에 소섭장(所攝藏)·은복장(隱覆藏)·능섭장(能攝藏)의 세 가지 뜻이 있다고 서술한다(復次, 如來藏義, 有三種. 應知. 何者爲三. 一所攝藏, 二隱覆藏, 三能攝藏:『大正藏』31-795c23). 소섭장이란, 일체중생이 여래의 지혜 속에 저장되어 있다고 하는 의미이다. 이 경우의 중생을 여래장이라고 말하며, 여래에게 섭수(攝受)되어 있는 존재라고 하는 의미이다. 중생은 여래의 자궁에 저장되어 있기 때문에, 중생은 여래의 아들·딸이다. 그러므로 중생과 여래의 동질성·동일성·상속성을 주장할 수 있는 근거이다. 은복장이란, 여래가 스스로 숨어서 나타나지 않는 것을 뜻한다. 여래성은 범부에게 있어서는 번뇌에 은복(隱覆)되어 있으므로, 중생은 이것을 볼 수 없기 때문에 장(藏)이라고 말한다. 중생이 여래를 저장하고 있다는 의미로서, 중생 속에 여래가 자리를 잡고 있다는 뜻이다. 이는 여래가 될 가능성을 지니고 있음을 말한다. 능섭장이란, 여래의 모든 공덕을 중생이 섭수하고 있기 때문이며, 여래가 되었을 때 모두 나타난다고 하는 의미이다. 중생은 여래의 공덕을 모두 저장하고 있다는 의미이다. 이 모든 공덕을 상(相)이라고 말한다.

『원효소』는,『대승기신론』에서 논술하는 여래장은, 능섭여래장이라고 서술한다(言如來藏具足無量性功德者, 二種藏內, 不空如來藏, 二種藏中, 能攝如來藏:『大正藏』44-206b27). 그러므로 "무량의 성공덕을 구족한다"고 말씀하는 것이다.『슈리말라데위씽하나다경』에서는, 공여래장(空如來藏)과 불공여래장(不空如來藏)을 말씀하는데, 공여래장이란 여래장에는 번뇌가 공(空, 0%)이라는 뜻이며, 불공여래장이란 여래장이 무량의 성공덕을 갖추고 있으므로 공이 아니라는 뜻이다(世尊, 空如來藏, 若離, 若脫, 若異, 一切煩惱藏. 世尊, 不空如來藏, 過於恒沙不離不脫不異不思議佛法:『大正藏』12-221c16). 여래가 갖추고 있는 성공덕(性功德)이란, 여래의 지혜·자비와 같은 법신의 덕성을 가리킨다. 이 덕성은 체대와 다른 것이 아니기 때문에 성덕(性德)·성공덕(性功德)이라고 하며, 그것이 위대하기 때문에 상대라고 말한다.

　셋째, 용대란, 여래의 모든 공덕의 작용이 위대하다는 말이다. 체대와 상대를 하나로 묶어서 이지불이(理智不二)인 여래의 법신으로 삼기 때문에, 용대는 이 거룩한 붓다가 세간으로 오셔서 중생을 구제하는 보신과 응신(화신)을 가리킨다.

　『법장의기』에서는 수염(隨染)의 업환(業幻)·자연(自然)의 대용(大用)이며, 보신과 화신의 2신(二身)을 가리킨다고 서술한다. 말하자면 체대인 진신(法身)이 중생에게 무엇인가를 하게 할 때의 보신과 응신이 용대이다. 거룩한 붓다의 활동이기 때문에, 그로부터 "모든 세간과 출세간에서의 선의 원인과 선의 결과를 생겨나게 한다"라고 서술하는 것이다. 체대의 경우에는, 모든 다르마를 가리키므로 선과 불선을 모두 포함하지만, 용대의 경우에는 선(善)만을 선택하며, 불선을 포함하지 않는다. 진여는 모든 다르마의 진여이다. 진여 이외의 것은 없으므로, 무명이라고 하더라도 진여를 의지처로 삼아 일어난다. 체대는 이(理)이기 때문에 제법에 편재한다. 진여 밖에 무명이 있는 것이 아니다. 만일 진여 밖에 무명이 있음으로 해서, 그것이 미혹의 근거가 된다고 하면, 무명은 실재·실체가 되는 것이며, 실재를 소멸시키는 것은 불가능하게 된다. 무명도 진여를 벗어날 수 없다는 점에서, 무명은 소멸시키기 어려운 것이며, 또 그 힘이 강력한 것이고, 그것이 마음을 강하게 속박하여 미혹에 유전하게 하는 것이다. 그러나 여전히 그것은 허망이며, 실체가 없는 것이라고 하지 않으면 안 된다. 왜냐하면 무명을 진여의 직접적인 특성으로 볼 수 없기 때문이다. 예를 들어 말하면, 무명은 꿈속에서 벌어진 것과 같은 것이기 때문이다. 꿈속에서 벌어진 것은 실재는 아니지만, 꿈을 꾸고 있는 동안, 그것은 사실이 바뀔 수 없는 것이며, 마음을 강하게 속박하고 있다. 그러나 그것이 꿈이라는 사실을 알아차리게 되면, 꿈의 내용은 그 자리에서 바로 소멸하여 힘을 잃게 된다. 이것과 똑같이 무명은 진여에 기대어 존재하지만, 그러나 허망한 것이라고 본다.

『혜원의소』는 용대의 작용을, 염과 정의 둘로 나누어 해석한다. 염이란 진여와 무명의 관계이며, 이것에 의거하는 용(用)과 연기에 의거하는 용이 있다고 서술한다. 무명도 진심에 의거하여 존재할 수 있다. 이것이 진심에 의거하는 용이다. 연기에 의거하는 용이란, 진심 가운데에서 무명이 일어나는 관계를 말한다. 꿈의 내용은 허망한 것이라고 하더라도, 꿈 그 자체는 마음의 작용이며, 그 작용은 연기의 이법에 따라서 일어나고 있다. 이것이 진심과 무명과의 관계이며, 진심의 연기에 의거하는 용이다.『혜원의소』가 용대의 용을 염 · 정을 둘로 나누어 해석하는 두 번째의 것은, 정(淨)에 의거하는 용이다. 이것을 다시 둘로 나누어 해석한다. 그것은 수연현용(隨緣顯用)과 수연작용(隨緣作用)이다. 전자는, 진심은 본정(本淨)이지만, 그러나 그 작용은 수행 · 대치에 의하여 비로소 나타난다는 것이다. '현현(顯現)'이란 언어를 빌려, 본정(本淨, 無作因果)을 나타낸다. 수연작용이란, 수행 · 대치에 공과(功果)가 있음을 말한다. 범부와 거룩한 붓다 사이에서의 인과관계로 풀이한다. 이것은 보신에 관한 것을 말한다. 말하자면, 법신에 관하여 말하면 '정'인 것은 무인무과(無因無果)이지만, 보신에 관하여 말하면 '유작(有作)의 인과'이며, 이것을 수연작용이라고 풀이한다. 어쨌든 무명과 진여의 관계는,『대승기신론』에서는 말할 것도 없고 불교 자체가 쉽게 해답을 제시할 수 없는 난점의 하나로 되어 있다. 기독교의 전지전능한 신은 사탄과 싸워야 하는 것처럼, 불교의 본성이 청정한 인간은 무명과 싸워야 하기 때문이다.

| 용어 해설 |

의(義, artha): 대승(mahāyāna)이라고 부르게 된 의의, 까닭 또는 이유라는 말이

다. 그리고 여기에서는 대승을 대(mahā)와 승(yāna)으로 분석하여 논술한다. 대는 체 · 상 · 용, 3대로 전개하여 논술하며, 승은 능(能) · 소(所)로 전개하여 논술한다. 승은 자비를 실현하는 현장이며, 태워주는 님(거룩한 붓다)으로서의 소승(所乘)과 타는 이(보디쌋뜨와)로서의 능승(能乘)이 교호(交互)하고 있다. 시자(施者) · 수자(受者) · 시물(施物)의 보시에서의 삼륜청정처럼, 소승(所乘) · 능승(能乘) · 자비(慈悲)를 보시에서의 삼륜청정의 논리로 해석할 때, 승의 의미가 더욱 잘 살아날 수 있다. 왜냐하면 거룩한 붓다는 태워주는 님으로서, 자비를 베푸는 님이며, 보디쌋뜨와를 태워서 인위(因位)인 범부의 경지에서 과위(果位)인 여래의 경지로 실어 나르는 일을 하는 님이다. 그런 의미에서 거룩한 붓다가 범부를 등에 업어서, 차안에서 피안으로 데려다주는 구제의 현장을 유추할 수 있다.

본체의 위대함(體大): 심진여문의 본체(體)는 깨달음의 세계이므로 시간을 초월한 불기문(不起門)의 본체이다. 그러므로 범부의 상태와 거룩한 붓다의 상태를 일관하는 진여이다. 이것은 절대이기 때문에 본체만을 가리키며, 특질(相) · 작용(用)은 가리키지 않는다. 그러므로 '심진여상(心眞如相), 즉시마하연체(卽示摩訶衍體)'라고 서술한 것이다. 심생멸문의 본체는 무상(無常) 속에서 유전(流轉)을 하고 있는 가운데의 영원성을 가리킨다. 이것은 심진여문의 본체와 다른 것이 아니기 때문에 '일체법의 진여'라고 말한다. 이 진여는 인위의 범부에게 있어서도 과위의 거룩한 붓다에게 있어서도 다른 것이 아니기에 "평등이면서 줄지도 않고 늘지도 않는다"고 서술한다. 그러나 이 경우에는 '대(mahā)'를 현현하는 것이기 때문에, 그 힘을 모두 발휘하는 과위인 거룩한 붓다를 중심에서 보는 것으로 된다. 과위인 불위(佛位)의 진여도 인위인 범부의 진여도 줄거나 늘어나거나 하는 일이 없다고 하는 의미이다.

평등부증감(平等不增減): 일체법의 진여는, 인위의 범부에게 있어서나 과위의 거룩한 붓다에게 있어서나 다르지 않기 때문에, "평등이며, 줄거나 늘거나 하는 것이 아니다"라고 서술한다. 그러나 이 경우에는 '대(mahā)'를 현현하는 것이기 때문에, 그 힘을 모두 발휘하는 과위인 거룩한 붓다를 중심으로 해서 보는 것이 타당하다고 본다. 과위인 불위(佛位)의 진여도 인위인 범부의 진여도 줄거나 늘거나 하는 것이 아니라고 하는 의미이다.

특질의 위대함(lakṣaṇa, 相大): 상(相)은 lakṣaṇa를 번역한 것이며, 특질, 특성, 성능을 의미한다. 본체의 위대함(體大)인 진여가 갖추고 있는 특질을 가리킨다. 거룩한 붓다에게서는 깨달음의 지혜와 자비를 가리키는 것이지만, 여기에서는 '여래장'을 가리킨다.

여래장(如來藏, tathāgatagarbha): 붓다의 마음자리, 모태(母胎), 자궁(子宮), 장(藏), 애기 보, 태아(胎兒). 자궁의 특성은 열 달 동안 태아를 키우는 것을 본질로 하기 때문에 태아라고도 번역한다. 여래장이란, 진여가 미혹한 세계에 갇혀 있을 때, 여래장이라고 부른다. 진여가 바뀌어 미혹한 세계의 사물이 될 때에는, 그 본성인 여래의 덕성이 번뇌와 망상에 뒤덮이게 된다는 점에서 여래장이라고 한다. 또 미혹한 세계의 진여는 그 덕성이 숨겨져 있을지라도 아주 없어진 것이 아니고 중생이 여래의 덕성(德性)을 함장(含藏)하고 있으므로 여래장이라고 한다.

• 여래장사상(tathāgatagarbha-vāda)

『슈리말라데위씽하나다경(Śrīmālādevī-siṃha-nāda-sūtra, 勝鬘師子吼一乘大方便方廣經)』「법신장」제8에서는, "여래의 법신이 번뇌장을 벗어나지 못하는 것을 여래장이라고 부른다(世尊, 如是如來法身, 不離煩惱藏, 名如來藏 : 『大正藏』12-221c10)라고 말씀하고 있다. 번뇌로 뒤덮여 있는 법신이 여래장이기 때문에, 여래장을 재전위(在纏位)의 법신이라고 부른다. 이것은 여래를 태아에 비유한 것이다. 법신은 청정성을 잃지는 않지만 번뇌에 더럽게 물들어 있다.

『불성론』에서는 여래장에 소섭장(所攝藏) · 은복장(隱覆藏) · 능섭장(能攝藏)의 세 가지 뜻이 있다고 서술한다(復次, 如來藏義, 有三種. 應知. 何者爲三. 一所攝藏, 二隱覆藏, 三能攝藏: 『大正藏』31-795c23). 소섭장이란, 일체중생이 여래의 지혜 속에 저장되어 있다고 하는 의미이다. 이 경우의 중생을 여래장이라고 말하며, 여래에게 섭수(攝受)되어 있는 존재라고 하는 의미이다. 중생은 여래의 자궁에 저장되어 있기 때문에, 중생은 여래의 아들 · 딸이다. 그러므로 중생과 여래의 동질성 · 동일성 · 상속성을 주장할 수 있는 것이다. 은복장이란, 여래가 스스로 숨어서 나타나지 않는 것을 뜻한다. 여래성은 범부에게 있어서는 번뇌에 은복(隱覆)되어 있으므로, 중생은 이것을 볼 수 없기 때문에 '장(藏)'이라고 말한다. 중생이 여래를 저장하고 있다는 의미로서, 중생 속에 여래가 자리를 잡고 있다는 뜻이다. 이는 여래가 될 가능성을 지니고 있음을 말한다. 능섭장이란, 여래의 일체 공덕을 중생이 섭수하고 있기 때문이며, 여래가 되었을 때 모두 나타난다고 하는 의미이다. 중생이 여래의 과덕을 모두 저장하고 있다는 의미이다.

작용의 위대함(用大): 용(用)은 공능(功能) · 작용을 말한다. 여기에서는 여래의 활동을 가리키기 때문에 용대(用大)라고 하는 것이다. 『법장의기』에서는 수염(隨染)의 업환(業幻) · 자연(自然)의 대용(大用)이며, 보신과 화신의 2신(二身)을 가리킨다고 서술한다. 말하자면 체대(體大)인 진신(眞身, 法身)이 중생에게 무엇인가를 하게 할 때의 보신과 응신이 용대(用大)이다. 거룩한 붓다의 활동이기 때문에, 그로부터 "모든 세간과 출세간에서의 선의 원인과 선의 결과를 생겨나게 한다"라고 서술하는 것이다. 체대의 경우에는, 모든 다르마를 가리키므로 선과 불선을 모두 포함하지만, 용대의 경우에는 선만을 선택하며, 불선을 포함하지 않는다.

진여는 모든 다르마의 진여이다. 진여 이외의 것은 없으므로, 무명이라고 하더라도 진여를 의지처로 삼아 일어난다. 체대는 이(理)이기 때문에 제법에 변재(遍在)한다. 진여 밖에 무명이 있는 것이 아니다. 만일 진여 밖에 무명이 있음으로 해서, 그것이 미혹의 근거가 된다고 하면, 무명은 실재 · 실체가 되는 것이며, 실재를 소멸시키는 것은 불가능하게 된다. 무명도 진여를 벗어날 수 없다는 점에서, 무명은 소멸시키기 어려운 것이며, 또 그 힘이 강력한 것이고, 그것이 마음을 강하게 속박하여 미혹에 유전하게 하는 것이다. 그러나 여전히 그것은 허망이며, 실체가 없는 것이라고 하지 않으면 안 된다. 왜냐하면 무명을 진여의 직접적인 특성으로 볼 수 없기 때문이다. 예를 들어 말하면, 무명은 꿈속에서 벌어진 것과 같은 것이기 때문이다. 꿈속에서 벌어진 것은 실재는 아니지만, 꿈을 꾸고 있는 동안, 그것은 사실이 바뀔 수 없는 것이며, 마음을 강하게 속박하고 있다. 그러나 그것이 꿈이라는 사실을 알아차리게 되면, 꿈의 내용은 그 자리에서 바로 소멸하여 힘을 잃게 된다. 이것과 똑같이 무명은 진여에 기대어 존재하지만, 그러나 허망한 것이라고 본다. 『혜원의소』는 용대의 작용을, 염(染)과 정(淨)의 둘로 나누어 해석한다. 염(染)이란 진여와 무명의 관계이며, 이것에 의거하는 용과 연기에 의거하는 용이 있다고 서술한다. 무명도 진심에 의거하여 존재할 수 있다.

이것이 진심에 의거하는 용이다. 연기에 의거하는 용이란, 진심 가운데에서 무명이 일어나는 관계를 말한다. 꿈의 내용은 허망한 것이라고 하더라도, 꿈 그 자체는 마음의 작용이며, 그 작용은 연기의 이법에 따라서 일어나고 있다. 이것이 진심과 무명과의 관계이며, 진심의 연기에 의거하는 용이다. 『대승기신론의소』가 용대의 용을 염 · 정을 둘로 나누어 해석하는 두 번째의 것은, 정(淨)에 의거하는 용이다. 이것을 다시 둘로 나누어 해석한다. 그것은 수연현용(隨緣顯用)과 수연작용(隨緣作用)이다. 전자는, 진심은 본정(本淨)이지만, 그러나 그 작용은 수행·대치(對治)에 의하여 비로소 나타난다는 것이다. '현현(顯現)'이란 언어를 빌려, 본정(本淨, 無作因果)을 나타낸다. 수연작용이란, 수행·대치에 공과(功果)가 있음을 말한다. 범부와 거룩한 붓다 사이에서의 인과관계로 풀이한다. 이것은 보신에 관한 것을 말한다. 말하자면, 법신에 관하여 말하면 '정(淨)'인 것은 무인무과(無因無果)이지만, 보신에 관하여 말하면 '유작(有作)의 인과(因果)'이며, 이것을 수연작용이라고 풀이한다. 어쨌든 무명과 진여의 관계는,『대승기신론』에서는 말할 것도 없고 불교 자체가 쉽게 해답을 제시할 수 없는 난점의 하나로 되어 있다. 기독교의 전지전능한 신은 사탄과 싸워야 하는 것처럼, 불교의 본성이 청정한 인간은 무명과 싸워야 하기 때문이다.

一切諸佛本所乘故. 一切菩薩皆乘此法, 到如來地故.

모든 거룩한 붓다들은 본디 '한마음'을 타고 있는 바이며, 보디쌋뜨와들은 모두 이 '한마음'을 타고 거룩한 붓다의 경지에 오른다.

| 강설 |

앞에서는 중생심에는 대(mahā)의 의미가 있다고 서술하였다. 그러나 중생심에는 대의 의미만을 가지고 있는 것이 아니라, 그것이 청정한 3대(三大, tri-mahā)로 나타나는 것이기 때문에, 미혹으로부터 오도(悟道)로 나아가는 힘도 이 중생심 속에 함께 갖추고 있다고 생각하지 않으면 안 된다. 이것이 중생심

에 갖추어져 있는 승(乘, yāna)의 의미이다. 과거의 모든 거룩한 붓다도 이 중생심이 갖고 있는 이 힘에 의하여 거룩한 붓다가 된 것이며, 모든 보디쌋뜨와도 이 한마음을 타고서 여래의 경지에 도달하는 것이다. 이 과거도 현재의 실례에 의하여, 중생심에 승(yāna)의 의미가 있는 것을 알 수 있다.

이곳은 자비를 실천하는 무대이다. 『대승기신론』에서는 보디쌋뜨와 진지(盡地) 위에 여래지를 서술하고 있다. 거룩한 붓다=진여=진리이므로, "모든 거룩한 붓다들은 본디 '한마음'을 타고 있다(一切諸佛本所乘故)"라고 하는 것이다. 이는 거룩한 붓다 스스로가 실어 나르는 기구(乘物)라는 의미이다. 예를 들면 아기를 등에 업고 가는 엄마와 같은 역할이라고 볼 수 있다.

어디에서 어디로 싣고 가는가? 거룩한 붓다는 보디쌋뜨와를 차안에서 피안으로, 싸하세계에서 극락세계로 태워다 준다. 자비를 실천하는 무대이며, 중생을 구제하는 무대이고, 보디쌋뜨와가 거룩한 붓다의 등에 업혀 여래의 경지에 들어갈 수 있도록 끊임없이 진여가 무명을 훈습하는 것이라고 볼 수 있다.

'정의를 밝히는 근본사상의 제시(立義分)'의 분석표

Mahāyāna 大乘	Dharma 法	衆生心 (一心) eka citta	心眞如相	出世間法包攝 卽示摩訶衍體
			心生滅因緣相	世間法包攝 能示摩訶衍自體相用
	Artha 義	大 māha	體大	一切法眞如平等不減不增
			相大	如來藏具足無量性功德
			用大	生世間出世間善因果
		乘 yāna	Buddha	태워주는 님(所乘) 諸佛本所乘
			Bodhisattva	타는 이(能乘) 菩薩皆乘此法到如來地

보디쌋뜨와는 깨달음을 얻으려는 수행자이다. 그러므로 자신의 자의지적인 노력이 절대적으로 요청되는 것은 말할 것도 없지만, 더 나아가 거룩한 붓다의 힘에 의지함으로써 – 아기가 엄마의 등에 업혀 먼 곳을 갈 수 있는 것처럼 – 그렇게 하여, "보디쌋뜨와들은 모두 이 '한마음'을 타고 거룩한 붓다의 경지에 오른다[一切菩薩皆乘此法, 到如來地故]라고 하는 것이다. 한마음을 타지 않고서는 누구도 깨달음을 성취할 수 없다. 불교는 마음을 믿고, 마음을 갈고 닦아서, 마음과 진리가 계합하는 것을 깨달음이라고 하며, 그와 같은 상태를 여래의 경지에 도달하였다고 말하는 것이다.

|용어 해설|

본소승(本所乘): 모든 거룩한 붓다가 본디 인위인 보디쌋뜨와였을 때, 이 법(dharma, 중생심)에 타고서 성불한 것을 가리킨다. 시각(始覺)의 지(智)인 보디쌋뜨와는 능승(能乘)이며, 본각의 이(理)인 법신은 소승(所乘)이라고 말한다.

여래지(如來地): 여래의 경지를 가리킨다. 지(地)는 bhūmi를 번역한 것이다. 대지가 식물을 성장시키며, 사물을 산출하는 것처럼, 수행의 지(地, bhūmi)에도 위의 지(bhūmi)로 비약하는 힘을 축적하고 있다. 지는 입장, 경지, 단계, 작용 등의 뜻이 있다. 『대방광불화엄경』에서는 보디쌋뜨와의 10지(十地)를 말씀하며, 그 위에 불지(佛地)를 말씀하는데, 『대승기신론』에서는 보디쌋뜨와 진지(盡地) 위에 여래지(如來地)를 서술하고 있다.

제3단 근본사상을 해설한다(解釋分)

已說立義分, 次說解釋分.
解釋分有三種. 云何爲三. 一者顯示正義, 二者對治邪執, 三者分
別發趣道相.

이미 '근본사상의 제시'에 관한 논술이 끝났으니, '근본사상의 해설'로 들어
간다. 이를 다음과 같이 셋으로 나누어 논술한다.

첫째, 대승의 정의를 밝힌다(顯示正義)
둘째, 그릇된 주장을 논파한다(對治邪執)
셋째, 발심이란 무엇인가?(分別發趣道相)

|강설|

위의 세 부분 가운데에서, '첫째, 대승의 정의를 밝힌다(顯示正義)'가 가장 중
요하다고 볼 수 있으며, 내용의 분량도 제일 길다. '근본 사상의 제시'에서 제
시한 정의, 말하자면 '마하야나(大乘)의 본질'과 '마하야나라고 하는 까닭'을 해
설하는 부분이다. 중생심(대승), 말하자면 일심의 법을, 심진여문과 심생멸문으
로 나눈 다음, 심진여문에서는 이언진여 · 의언진여, 그리고 의언진여를 또 둘
로 나누어 공진여 · 불공진여를 설명한다. 심생멸문에서는 '마하야나의 본질'
과 '마하야나라고 하는 까닭'으로 나누고, '마하야나의 본질'의 광범위한 해석
에서 각 · 불각 · 오의(五意) · 육염(六染) · 염법훈습 · 정법훈습 등을 설명하며,
'마하야나라고 하는 까닭'의 광범위한 해석에서 3대(大)를 설명한다. 다음에는,

'둘째, 그릇된 주장을 논파한다(對治邪執)'에서는, 진여법성에 대한 사견(邪見)으로서, 인아견과 법아견을 해설한다. 이것은, 여래장을 아(我)라고 생각하는 오류를 범한 사람이 있기 때문에, 이것을 논파하는 것이다. 이에 의하여 진여에 대한 올바른 이해를 얻는다. 끝으로, '셋째, 발심이란 무엇인가?(分別發趣道相)'에서는, 발심을 신성취발심·해행발심·증발심의 세 가지 발심으로 설명한다. 첫째와 둘째는 이론적인 부문인 데 대하여, 셋째는 실천적인 부문이다.

|용어 해설|

해석분(解釋分): 교법을 광범위하게 해석하는 부분이다. '근본 사상의 제시(立義分)'의 의미를 상세하게 해설한다.

현시정의(顯示正義): 여기에서 정의란 중생심이 대승이라는 것을 말하는 것이다. '근본 사상의 제시'에서는, 이것을, '마하야나(mahāyāna, 大乘)의 본질'과 '마하야나라고 하는 까닭'으로 제시하였기 때문에, '마하야나의 본질'과 '마하야나라고 하는 까닭'을 설명하는 부분이 현시정의이다. 이 부분은 분량이 가장 많으며, 해석분의 3분의 2를 차지하고 있다. 『대승기신론』 전체의 절반의 분량에 해당하며, 『대승기신론』의 중요한 교리는 이 가운데에 포함되어 있다.

대치사집(對治邪執): 사집(邪執, asad-graha)이란, 자아에 대한 집착과 법에 대한 집착이다. 앞에서 정의를 현시하였기 때문에, 이것에 의하여 사견을 논파하는 것이다.

분별발취도상(分別發趣道相): 사집(邪執)이 제거되면, 『대승기신론』의 가르침을 따라서 수행을 하려고 하는 착한 의지가 일어나기 때문에 실천과 수행의 도정(道程)을 서술하는 부분이 분별발취도상이다.

제1장 대승의 정의를 밝힌다(顯示正義)

顯示正義者, 依一心法有二種門. 云何爲二. 一者心眞如門, 二者
心生滅門. 是二種門, 皆各總攝一切法. 此義云何. 以是二門不相
離故.

대승의 정의를 밝히기 위하여 '한마음'의 존재방식을 두 가지 관점에서 고
찰하기로 한다. 첫째, '마음 그대로의 모습을 관찰하는 부문(心眞如門)'이며, 둘
째, '마음의 현상적인 모습을 관찰하는 부문(心生滅門)'이다. 이 두 문 안에서,
마음의 세계가 각각 모든 세간적인 현상으로부터 출세간적인 진리에 이르는
여러 가지 마음의 존재방식을 포섭한다. 왜냐하면, 이 두 문은 본디 서로 떨어
질 수 없는 동일한 마음의 존재양상이기 때문이다.

| 강설 |

'근본사상의 제시(立義分)'에서 제시한 기본적인 입장은, 중생심, 말하자면
우리가 경험하는 것은 모두 일심이라고 표현할 수 있다. 이 일심은 두 얼굴로
이해할 수 있다. 첫째, 심진여문이며, 둘째, 심생멸문이다. 전자는 영원한 모습
으로서의 마음을 이해하는 방법이며, 여기에서 마음의 진실한 모습을 파악할
수 있다. 마음을 영원의 모습으로 관찰하면, 시간의 변화에서 나타나는 마음
의 변화·다양성은 소실하며, 평등일미의 본질이 나타난다. 이것은 선악을 일
관하는 마음의 통상(通相), 말하자면 마음의 본래적인 모습이다. 이것이 마음
의 진여이다.

이에 대하여 심생멸문은 마음의 인식론적 접근방법이며, 마음의 생성하고

소멸하는 변화, 또는 마음의 차별하는 모습을 매개로 하여 마음의 진실한 존재방식을 탐구하는 것이다. 심생멸문은 염(染)·정(淨)의 별상(別相)이다. 이 두 얼굴은 방법은 다르지만, 목적은 동일하며, 어느 쪽이나 모두 마음의 전체상을 파악하는 연구의 방식인 것이다.

일심법의 도표 – 『원효소』·『원효별기』를 중심으로

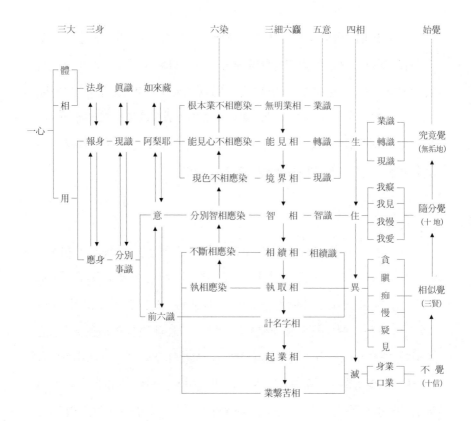

심생멸문에서는, 마음이 자성청정이며, 불변임에도 불구하고 무엇 때문에 선과 악으로 변화하는가를 탐구하는 것이 첫 번째 문제로 되어 있다. 『대승기신론』에서는, 그런 까닭을 훈습의 이론으로 설명하고 있다. 무명이 진여에 훈습하며, 진여가 무명에 훈습한다. 불변임에도 불구하고 연(緣, 條件)에 따라서 염·정으로 되는 것이 진여이다. 이 진여의 존재방식을 제시한다. 『법장의기』에서는, 진여는 민상현실문(泯相顯實門, 相은 깨뜨리고 實을 나타내는 문)이며, 생멸은 남리성사문(攬理成事門, 理를 의지하여 事를 이루는 문)이라고 설명하고 있다. 진여는 영원한 모습이기 때문에 차별하는 모습을 파괴하여 진실을 나타내는 것이며, 생멸은 이(理, 不變)를 파괴하지 않으면서도 현실의 선악·생사에 진실이 있는 것을 밝히는 것이다.

심진여문과 심생멸문은, 똑같은 중생심의 두 얼굴이기 때문에, 각각 삼라만상의 모든 것을 통섭(通攝)하고 있다. 두 얼굴이 서로 갈라설 수 없는 관계에 있기 때문이다.

| 용어 해설 |

일심법(一心法, ekacitta): 『대승기신론』에서는 마하야나와 다르마를 중생심이라고 전제하고, 중생심을 일심(一心, ekacitta)과 같은 말로 쓰고 있다. 일심이 두 얼굴을 가지고 있는데, 심진여상(心眞如相)과 심생멸인연상(心生滅因緣相)이 그것이다. 그것을 여기에서는 심진여문과 심생멸문이라고 부른다. 일심이란 2·3·4·5에 대응하는 1이 아니며, 전체를 하나로 본다는 의미이다. 그러므로 유심(唯心)과 같은 의미로 볼 수 있으며, 우리가 경험하는 모든 것을 말한다. 경험·체험이란 마음 이외의 것이 아니다. 자아의식만 마음이 아니라, 외계도 마음에 인식되어야, 비로소 외계일 수 있다. "신(神)도 마음에 인식되어야 비로소 신일 수 있다."

마음이 끊임없이 변화하여 가고 있는 것은 명료한 사실인데, 그 변화하여 가고 있는 마음에 불변의 특질(淸淨性)이 있다고 보는 것이 『대승기신론』의 입장이다. 그 변화하지 않는 것이 무엇인가를 제시하여 주려고 하는 것이 『대승기신론』의 목표인 것이다. 예를 들면 우리는, 자아(ātman)는 변화하는 것이 아니라고 생각하지만, 있는 것은 자아의식이며, 자아 그 자체는 아니다. 그러므로 자아에 대한 해석은 사람에 따라서 다르다. 그런데다 우리의 자아의식은 끊임없이 변화하면서 존재하고 있다. 따라서 『대승기신론』에서는, 이와 같은 자아의식을 초월하는 영원한 것을 탐구한다.

영원한 것은 진리뿐이다. 진리는 영원하며 하나뿐이므로, 사람에 따라서 나의 진리니, 너의 진리니라고 하는 식으로 구별하는 것은 잘못이다. 진리는 보편자이어야 한다. 그러므로 일심에서의 영원한 모습은, 분별을 일삼는 자아의식을 초월하여 있다.

이와 같은 마음에는, 영원한 모습과 생멸하는 모습의 두 얼굴이 있다. 이 두 얼굴을 중심으로 하여 일심을 해석하는 것이 『대승기신론』의 입장이다. 『법장의기』에서는 전자를 '약체절상(約體絶相)의 정의'라고 부르며, 후자를 '수연기멸(隨緣起滅)의 정의'라고 부르고 있다.

일심 속에 펼쳐지는 『대승기신론』의 세계는, 세간법과 출세간법을 모두 통섭(通攝, consilience)하고 있기 때문에 아주 심층적이고 미묘하여 난지난해한 요소를 지니고 있다.

심진여문(心眞如門): 따타따(tathatā, 眞如)란 '있는 그대로임'이라고 하는 의미이며, 문(門)이란 입구를 가리킨다. 이는 이해의 수단이며, 마음의 있는 그대로의 모습을 이해하는 수단이 심진여문이다. 『법장의기』가 이것을 '약체절상의 정의'라고 말하는 것은, 진여는 체(體)는 있지만, 상(相, 特質, 特性)을 서술할 수 없다고 하는 의미이며, 마음의 존재론적 접근방식을 제시한다.

마음의 영원한 모습에서는 마음의 선악·생멸·변화 등은 모두 사라져버리고, 평등한 실재만을 얻을 수 있다. 이 일미(一味)의 실재가 진여이다.

심진여문은 진제와 속제에서의 진제와 같은 맥락으로 이해할 수 있다. 사람에게서 탐·진·치의 삼독을 말끔하게 소멸시켜 버리고 나타난 마음의 상태를 심진여라고 언표하며, 그 문(門) 안은 상대를 초월한 절대의 세계이므로 평등이며 일미라고 말한다.

심생멸문(心生滅門): 마음이 생성하기도 하며 소멸하기도 하는, 말하자면 변화하는 쪽에서 마음을 이해하려는 사유체계의 방식이다. 마음의 상대적인 쪽에서 마음을 이해한다. 심진여문이 심체·심성을 논의하는 데 대하여, 심생멸문은 마음의 상(相, 現象)을 문제로 삼는다. 이 경우의 상(相)은 체(體)·상(相)·용(用)의 상이 아니며, 성(性, 理, 本性, 本質)의 상대어로서의 상(相, 事, 現象, 森羅萬象)이다. 『법장의기』는 심생멸문을 '수연기멸(隨緣起滅)의 정의'라고 설명한다. 마음의 생멸이란 단순한 생성과 소멸이 아니라, 마음이 훈습에 의하여 더러워지기도 하며 깨끗하여지기도 하는 것을 의미한다.

심성은 본각이며, 언제나 부동이면서도 선심이 되기도 하며 악심이 되기도 하는데, 이와 같이 여러 가지로 변화하는 것은 훈습에 의한 것이다. 심성은 부동〔自性淸淨〕이라고 하지만, 그런데도 더러워지기도 하며 깨끗하여지기도 하는 점을, 『슈리말라데위씽하나다경』에서는, "불염이면서도 염오이며, 염오이면서도 불염이다"라고 말씀하고 있다. 심진여문에서의 본체〔體〕는 비인격적으로 파악되지만, 심생멸문에서의 자체는 본각으로 파악된다.

심생멸문에서 생성하기도 하며 소멸하기도 하는 것이 무엇인가, 더러워지기도 하며 깨끗하여지기도 하는 것이 무엇인가라고 할 때, 마음이 그렇다는 것이다. 마음 그 자체의 본성은 잃지 않으므로 심성은 부동이라고 말할 수 있다.

제1절 마음 그대로의 모습을 관찰하는 부문[心眞如門]

제1항 말로 드러낼 수 없는 진여[離言眞如]

心眞如者卽是一法界, 大總相法門體. 所謂心性不生不滅. 一切諸法
唯依妄念而有差別. 若離心念則無一切境界之相. 是故一切法, 從本
已來, 離言說相, 離名字相, 離心緣相, 畢竟平等. 無有變異, 不可破
壞, 唯是一心, 故名眞如.

以一切言說, 假名無實, 但隨妄念, 不可得故. 言眞如者, 亦無有相,
謂言說之極, 因言遣言. 此眞如體, 無有可遣, 以一切法, 悉皆眞故.
亦無可立, 以一切法, 皆同如故. 當知, 一切法不可說, 不可念故, 名
爲眞如.

問曰, 若如是義者, 諸衆生等云何隨順, 而能得入.

答曰, 若知一切法, 雖說, 無有能說可說, 雖念, 亦無能念可念, 是名
隨順, 若離於念, 名爲得入.

진여(tathatā)라고 하는 것은, 유일·절대의 세계[一法界]이고, 모든 세간적인
현상과 출세간적인 진리를 모두 포섭하는 총체적인 모습이며, 모든 세간적인
현상과 출세간적인 진리를 생겨나게 하는 본바탕이다.

이른바 마음의 본성은 생겨나는 일도 없으려니와 소멸하는 일도 없다. 마
음에 떠오르는 모든 현상적 존재는, 다만 헛된 망념에 의해서 차별되는 것뿐
이며, 본디 존재 그 자체가 차별을 지니고 있는 것은 아니다. 만일 마음이 이
헛된 망념을 벗어나면 모든 차별되어지는 객관세계는 성립하지 않는다. 그러
므로 헛된 망념을 벗어나면, 모든 현상적 존재는 본디 모습에서의 차별을 나

타내면서도, 이를 초월한 전체자이기 때문에 말로써는 표현할 수 없는 것이며, 이름이나 문자로도 나타낼 수 없고, 또 사유나 분별로써도 파악할 수 없으니, 마침내 평등하다고 말하지 않으면 안 된다. 요컨대, 차별을 벗어나서 평등하며, 변역(變易)하는 일이 없고, 파괴되는 일도 없다. 한마음의 경지는 이와 같이 우리의 사유와 언표(言表)의 한계를 넘어선 곳이기 때문에, 여기에서는 특별히 진여(tathatā)라고 부르기로 한다. 세간에서 쓰는 모든 말은, 어디까지나 가설(假說, upacāra)일 뿐, 실체를 지니고 있는 것이 아니며, 다만 헛된 망념을 따라서 붙여진 이름에 지나지 않으므로, 그것을 빌려서 마음의 진실한 모습을 파악할 수 없다.

따라서 진여라고 하여도, 그 모습 그대로를 나타내는 것은 아니다. 그럼에도 불구하고 우리가 진여라고 하는 말을 빌려서 절대 진리를 표현하려고 하는 것은, 말로써는 도저히 표현할 수 없는 경지를, 억지로 진여라고 하는 말을 빌려 말을 떨쳐버리려고 하는 것이다.

진여라고 하는 말도 마침내 버려야 할 것이지만, 그러나 진여 그 자체는 하나도 부정해야 할 것은 없다. 왜냐하면, 진여라고 하는 실체가 따로 있는 것이 아니라 '모든 현상적 존재'의 본성이 그대로 진여이기 때문이다. 또 진여라고 하는 말도 마침내 버려야 할 것이지만, 그러나 진여 그 자체는 아무것도 긍정해야 할 것은 없다. 왜냐하면, '모든 현상적 존재'의 본질이 실재이며, '모든 현상적 존재' 밖에 실재가 따로 있는 것이 아니기 때문이다. 이와 같은 관점에서 볼 때 '모든 현상적 존재'는 본디 사유와 언표의 한계를 넘어선 것이므로 억지로 말을 빌리자면 진여라고 말하는 수밖에 없다.

묻는다: 만일 이와 같이 진여가 사유와 언표의 한계를 넘어선 것이라면, 어떻게 그것을 따를 수 있으며, 깨달음을 얻을 수 있는가?

대답한다: 이 '모든 현상적 존재'를 일상적인 말로 표현한다고 하더라도, 말

을 하는 '나'라고 하는 주관과 말하여지는 '모든 현상적 존재'라고 하는 객관이 본디 따로따로 존재하는 것이 아니라고 생각한다. 또 '모든 현상적 존재'를 사유한다고 하더라도, 사유를 하는 '나'라고 하는 주관과 사유되어지는 '모든 현상적 존재'라고 하는 객관이 본디 따로따로 있는 것이 아니라고 생각한다. 이렇게 하면 진여를 따르는 것이 되며, 이 수행에 의해서 망념이 완전히 소멸되면 주관과 객관의 분열이 해소되어 깨달음을 얻었다고 말할 수 있다.

| 강설 |

심진여, 말하자면 일심의 '있는 그대로의 모습'을 사유하여 보니, 이것은 일법계이다. 자기가 경험하는 세계의 모두는 마음에 저장하고 있기 때문에, 마음은 전체자이며, 비교를 끊어버린 것이다. 이 점을, '일(一)'이라고 서술하는 것이다. 그런데다 마음은 무한하게 풍부한 특질을 갖추고 있으며, 깨달음의 지혜의 성법(聖法)을 낳는 인(因, 界, dhātu)이다. 이런 의미에서 심진여는 일법계이다. 그래서 일체제법을 포함하며, 그 총상(總相)으로 되어 있기 때문에 대총상이라고 부르며, 일체제법을 출산하는 문으로 되어 있기 때문에 법문의 체라고 한다.

이 심진여에서의 마음의 본성은 실재이기 때문에, 영원한 시간을 보내더라도 변화하는 일이 없다. 그러므로 심성은 불생불멸이다. 그러나 이것은, 마음에 생멸·변화가 일어나지 않는다고 하는 것은 아니다. 마음이 무한하게 풍부한 힘이기 때문에, 불변의 실재이지만, 그러면서도 생멸·변화의 세계에서 활동하는 존재이다. 그러나 그 생멸·변화 속에서 활동하는 진여(거룩한 붓다의 중생 구제)와 망념에 의하여 성립하는 일체법과는, 똑같이 생멸하는 세계의 일이지만 그 성격이 다르다. 범부의 경험세계를 구성하는 일체법은 무명인 망념에 의하여 만들어지는 것이다. 범부는 망념에 바탕을 두고 인식의 세계를 형성하기 때문에, 인식의 내용에, 자타(自他)·정사(正邪)·선악(善惡)·우열(優劣) 등의 차별이 생기는 것이다. 인식의 세계를 주객으로 분열시키는 망념·아집이 없어지면, 주객 분열 형태로의 대상의 세계는 사라진다. (다만 그곳에서는 아집에 바탕을 두지 않은 거룩한 붓다의 인식세계, 있는 그대로의 인식세계는 존재한다. 진여는 실재이기 때문에 세계의 영위營爲를 멈추지는 않는다).

이상과 같기 때문에, 현상세계인 일체법은 범부의 인식에서는 망념이 아집을 일으켜, 나와 너라고 하는 차별의 세계를 만들어낸다. 자아를 중심으로 하는 가치 인식을 하기 때문에, 그것에 바탕을 두는 차별의 세계가 되어 있는 것에 지나지 않는다. 만일 망념이 사라지면, 일체법은 그 본디의 모습에 있어서 차별을 나타내면서도 차별을 초월한 전체자이기 때문에, 언어에 의한 표현을 끊어버린 것이며, 이름으로 파악할 수 없는 것이며, 사유에 의한 인식 이상의 것이며, 차별을 초월한 평등성을 본성으로 하고 있는 것이다. '나와 너'의 차별을 가능하게 하는 근저에는, 양자를 연결하는 전체적인 장소가 있다. 이 '장소'는, 시간적으로도 공간적으로도 온전하게 연결되어 있다. 이 존재방식이 진여이다. 이 진여의 모습은 자타를 초월하여 있기 때문에, 자기의 인식의 대상이 되지 않는 것이다. 자기의 인식의 대상에는, 주관의 자기는 제외되어 있다. 그러나 그것으로는 '전체'가 되지 않는다. 전체의 인식·절대자의 인식은 주관과 객관이 합일한 존재방식을 채택하는 것이다.

그러므로 그것은 분별적 인식의 대상이 되지 않는 것이며, 언어에 의한 표현을 초월하여 있다. 언어로 설명하면 그만큼 내용이 한정되며, 특수자가 된다. 전체자는 아니다. 그러므로 본디 존재방식에서의 모든 존재는, 잡다성을 벗어난 필경평등이 아니면 안 된다. 그러므로 변화를 초월한 존재이다. 또한 평등의 본성은 파괴되는 것이 아니다. 이와 같은 평등을 본성으로 하고 있는 인식의 세계는 일심에 귀착하는 것이다. 그러므로 일체법은 그대로 진여라고 말할 수 있는 것이다. 범부의 인식은 주관과 객관의 분열, 분별의 인식이기 때문에, 이 인식으로는 '진여'를 영원히 알 수 없는 것이다. 범부의 마음은 망념이며, 일심의 존재방식이 아니기 때문이다.

모든 언어는, 가명(假名, upacāra: 假說)이며 상대적 시설일 뿐, 실체가 없는 것이다. 예를 들면 서쪽이 있으므로 동쪽이 있다. 북쪽에 의하여 남쪽이 결정된다. 이와 같은 상대를 버리고 동·남·서·북이라고 하는 실체가 있는 것이 아니다. 또 '책상'이라고 하는 말로 모든 종류의 책상이 표시되는데, 하나하나의 책상은 모두 어딘가가 조금씩 다르다. 완전히 동일한 책상은 하나도 없다. 그와 같은 잡다한 것들을 '책상'이라고 하는 하나의 말로 표시하기 때문에, 책상이라고 하는 말에 대응하는 실체는 존재하지 않는다.

언설은 망념에서 생겨난 것이며, 말로는 '진실한 것'을 어느 것도 얻을 수 없는 것이다. 예를 들면 'nirvāṇa'라고 하는 말을 알고 있어도, 그것에 의하여 범부의 마음이 Buddha의 깨달은 nirvāṇa의 진리에 푹 젖는 것은 아니다. '진여'라고 말하더라도 똑같은 것이다. 진여라고 하는 말이 진여의 사실을 나타내는 것은 아니다. 오히려 진여라고 하는 말로 한정되는 것에 의하여, 진여라고 하는 전체적인 진리에서 벗어나 버리고 마는 모순을 포함하고 있다. 그러나 말을 쓰지 않고는 진리를 상대방에게 전할 수 있는 길이 없다.

그러므로 진여라고 하는 이름을 쓰는 것은 언어의 궁극적인 수단이며, 말을 빌려서 말을 논파하려는 의도를 가지고 있는 것이다. 예를 들면, 초등학교 때 담임선생이 급한 교무회의와 같은 일로 교실을 비울 때가 있을 것이다. 그때 반장에게 자습시키도록 지시한다. 담임선생이 교실을 나가자마자 교실은 금방 시끄러워진다. 그때 학생들은 교실 출입구에 한 명의 보초를 세우고, 담임선생이 교실로 돌아오는 것을 망보게 하는 것이다. 저쪽에 담임선생이 등장하면 바로 교실 쪽을 향하여 알릴 것을 미리 약속하는 것이다. 학생들은 신나게 장난을 치고 노래를 하고 떠들어 댄다. 그때 망을 보는 학생이 교실을 향하여, "얘들아, 저기 담임선생님 오신다!"라는 외침은, 그만큼 시끄러움을 더하지만, 교실은 금방 조용해진다. "얘들아, 저기 담임선생님 오신다!"라고 외치지 않는다면, 시끄러운 교실은 조용해지지 않을 것이다.

인언견언(因言遣言)은 바로 이와 같은 이치이다. 사견을 논파하기 위해서는 언어를 빌리지 않을 수 없는 실제 사실을 말하는 것이다. 이와 똑같이 진여라는 말은, 그 이상의 보편자를 나타내는 말이 없기 때문에, 언설의 극한·언설의 최후수단으로서, 언어를 빌려서 언어를 논파하는 방법에 의하여 진여를 나타낸다는 의미이다.

이와 같은 가명·가설·가짜의 입장은, 『대승기신론』에서만이 아니라 『유식삼십송』의 제1게송의 첫 줄에서도 제시하고 있음을 볼 수 있다.

"ātma dharma upacāra; 由假說我法; 꾸며서 我·法이라고 말한다."

대승불교의 수행의 종점은 아집(인아견)과 법집(법아견)을 벗어나서, 인무아와 법무아를 요해함으로써 깨달음을 얻을 수 있다고 한다. 그럼에도 불구하고 불교의 교리를 논의하기 위해서는 아(我, ātman)와 법(法, dharma)을 시설하지 않을 수 없는 것이 실제의 상황이다. 그러므로 인간이 집착을 할까 봐 먼저 upacāra(가명·가설·가짜)라고 전제를 하고 시작하는 섬세함을 보여주고 있는 것이다. 서양의 팝송에서도 이와 같은 내용의 의미를 찾아볼 수 있다. 대중가요이긴 하지만, 어떤 팝송의 내용을 잘 들어보면 때때로 의외의 것을 발견할 수 있다. 노랫말 속에 아주 심오한 불교적인 사유 체계와 일치하는 종교적·철학적 감응을 불러일으키는 대목이 있는 것이다. Nat King Cole이 부르는 'Too Young'에서도 이와 같은 감응을 읽을 수 있다.

Too Young // *Nat King Cole* (냇 킹 콜)

They try to tell us we're too young(사람들은 우리가 어리다고 말하려 하죠)

Too young to really be in love(진짜 사랑을 하기에는 너무 어리다고요)

They say that love's a word(사람들이 사랑은 한마디 말이라 해요)

A word we've only heard(우리는 그 말을 들을 뿐이래요)

But can't begin to know the meaning of(그 뜻을 알기엔 아직도 멀었다는 거예요)

And yet we're not too young to know(하지만 우리가 그걸 모를 만큼 어리진 않아요)

This love will last though years may go(세월이 흘러도 이 사랑 변함없을 거예요)

And then some day they may recall(언젠가 사람들은 다시 생각하게 될 거예요)

We were not too young at all. (우리가 조금도 어리지 않았다고요)

나에게 감응을 준 대목은 바로 밑줄을 친 곳이다. 『대승기신론』에서 "일체
언설(一切言說), 가명무실(假名無實)"이라고 하는 문장과 완전히 일치하기 때문
이다. 요즘 세상 사람들이 가장 흔히 쓰는 말 가운데의 하나가 love/사랑이다.
실제로 사랑은 하지 않으면서 사랑한다는 말만 하는 것은 가치적으로나 윤리
적으로 의미가 없다. 그것은 오직 말일 뿐이기 때문이다. 백 마디 말보다 하나
의 선행이 더 아름답다고 하는 것은 그러한 것을 잘 말해 주고 있다.

'진여'라는 말도 최후에는 버려야만 하는 것이지만(언어에 집착해서는 진여를 얻
을 수 없다), 그러나 진여 그 자체는 부정해야 할 것이 아무것도 없다. 그러나 진
여라고 하는 실체가 따로 있는 것은 아니고, 일체법의 본성이 그대로 진여이
다. 범부의 망념에 비치는 일체법은 허망이지만, 거룩한 붓다의 인식의 세계
에서는 차별의 제법이 그대로 영원한 모습을 간직하고 있는 것이며, 거기에서
는 한 법도 버려야만 할 것이 없는 것이다. 그러므로 범부의 망념의 인식세계

에서는 바로 그 망념이야말로 단멸시켜야 하는 것이다. 그 일체법까지도 부정하는 것은 진여도 부정하는 것이 되며, 허무론·단멸론에 떨어져버리는 것이다. 이와 같이 생성하고 소멸하는 일체법이 그대로 진여이기 때문에, 그것과는 별도로 진여를 세울 필요는 없다. 일체법 밖에 진여가 따로 있는 것이 아니다. 현상계의 본질이 실재인 것이며, 현상의 밖에 실재가 따로 있는 것은 아니기 때문이다. 진여를 추구하는 것이라면, 하나하나의 법(존재)에서 영원한 모습을 추구해야 한다.

이와 같이 보는 것이라면, 일체법에서의 각각의 법[現象]이, 그대로 절대를 품고 있는 것이기 때문에 하나하나의 법(존재)도 언어로 표현할 수 없는 것이며, 분별의 대상이 되는 것이 아니다. 하나하나의 법(존재)은 차별상을 나타내면서도 영원에 이어지는 것이다. 그러므로 하나하나의 법(존재)도 굳이 언어로 표현하는 것이라면, '진여'라고 말할 수밖에 없다.

묻는다: 만일 이와 같이 진여도 범부의 사려분별로는 인식할 수 없고, 하나하나의 법(존재)의 진실상도 범부의 사려분별로는 인식할 수 없다는, 그런데도 범부의 인식은 망념분별 이외의 것이 아니라면, 범부중생은 어떻게 진여에 수순하며, 어떻게 해서 진여를 깨달을 수 있을까.

대답한다: 망념을 근저에 깔고 있는 범부가 망념이 있으면서도 진여에 수순하며, 진여에 수순하는 것에 의하여 거꾸로 망념을 소멸하여 진여에 증입(證入)하기 위해서는 다음과 같은 방법이 있다. 말하자면 범부는 일체법을 말할 때, 망념에 바탕을 두고 있기 때문에 말하는 자기라고 하는 주관(能說)과 소설의 일체법이라고 하는 대상[可說]을 자각하고 있지만, 그러나 이 능설(能說)과 가설(可說)은 본디 없는 것이라고 사유하며, 또 일체법을 마음에 떠올리면서도 마음에 떠오르는 자기라고 하는 능념(能念)과 마음에 떠올려지는 가념(可念)의 일체법은 본디 존재할 수 없는 것이라고 사유하며, 이것을 반복해서 수

행하여 그 진상(眞相)을 알게 되면, 가령 망념이 있다고 하더라도 그것은 진여에 꼭 들어맞는 상태이며, 그것을 '수순'이라고 한다. '수순'에 따르는 수행방법을 방편관이라고 한다.

그래서 이 수행에 의하여, 망념이 완전히 없어져버리면, 주관과 객관의 분열은 해소(解消)하며, 있는 그대로의 인식의 세계(거룩한 붓다의 인식세계)가 열리는 것이며, 이것은 진여에 증입한 '득입(得入)'의 단계라고 말해도 좋을 것이다. '득입'에 이르는 수행방법을 정관(正觀, yoni-vicaya)이라고 한다. 이와 같이『대승기신론』의 교리를 수행하면, 망념이 있기는 하지만 점차로 그것을 소멸하는 방법이 있는 것이다.

"若知一切法, 雖說, 無有能說可說, 雖念, 亦無能念可念"이라는 문장은, 아래와 같이 두 가지로 읽을 수 있다. 위의 해설은 첫째 것을 따른 것이다.

"첫째, 만일 일체의 법은, 말한다고 하더라도 능설과 가설이 있는 것이 아니며, 염(念)한다고 하더라도, 또 능념과 가념이 없다는 것을 안다면."

"둘째, 만일 일체의 법은, 말한다고 하더라도 능설을 말해야만 할 것이 있는 것이 아니며, 염한다고 하더라도, 또 능념을 염해야만 할 것이 없다는 것을 안다면,"

이렇게 두 가지 방법으로 읽을 수 있으며, 읽는 법에 따라 해석이 달라진다.

『원효소』에서 이에 대하여 독특한 해석을 하고 있다. "수설(雖說)과 수념(雖念)은 법이 없지 않음을 밝혀서, 악취공견을 버리려는 것이며, 무유능설가설(無有能說可說)과 역무능념가념(亦無能念可念)은 법이 있지 않음을 나타내어, 유견(有見)의 집착을 버리려는 것(言雖說. 雖念者. 明法非無. 以離惡取空見故. 無有能說可說等者. 顯法非有. 離執著有見故:『大正藏』44-207c)"이라고 설명한다.

이언진여 · 의언진여(離言眞如 · 依言眞如): 범부의 마음인 중생심의 본질을 심진여

(마음의 진실한 존재방식)로써 나타낸다. 그러나 "마음이 마음을 본다"라고 하

는 방법으로는 진여의 실상을 알 수 없다. 마음이 주관과 객관으로 분열되

어 있는 것이 범부의 마음인데, 그것으로는 마음의 진실상을 알 수 없다.

마음의 '보이는 부분'은 알 수 있어도, '보는 부분'은 보이지 않으므로 알 수

없다, 암흑이기 때문이다. 도끼가 장작을 팰 수는 있으나, 자기 자신은 팰

수 없는 것과 같다. 보이는 마음은 조금밖에 안 된다. 보이지 않고 숨겨져

있는 부분이 더욱 중요하다. 주관의 숨겨져 있는 부분까지도 달관하여야

심진여의 실상이 명료하게 된다. 그러기 위해서는 마음이 주관과 객관으

로 분열하는 상태를 벗어나야 한다.

『대승기신론』에서는 마음이 분열한 상태를 염(念) · 심념(心念) · 망념(妄

念) · 분별(分別)이라는 말로 표현하고 있다. 염에는, 일념(一念), 말하자면 1

끄샤나(kṣaṇa, 刹那)의 의미도 있지만, 이 경우에는 분별을 의미한다. 마음

이 주관과 객관으로 분열돼 있는 상태를 벗어나서, 마음 전체가 맑고 고요

하게 되어 찬란하게 빛나는 상태가 심진여의 모습이다. 이와 같은 마음의

상태는 체험에 의하여 알 수 있을 뿐이다. 주관에 대한 집착(我執)과 객관

에 대한 집착(法執)을 벗어나는 실천수행에 의해서만 실현할 수 있는 것이

다. 그것이 심진여이다. 심진여를 실현한 마음은 거룩한 붓다의 마음이다.

그러나 범부에게도 벌써 이 심진여가 갖추어져 있다고 보는 것이, 『대승

기신론』의 입장이다. 그것은 범부의 마음의 깊숙한 곳에서 용솟음쳐 나오

는 힘이며, 깨달음(聖法)을 실현하는 인(因, 界)의 작용을 가지고 있다. 그러

므로 진여를, '법계(聖法을 출생하는 因)'라고도 말한다. 범부의 마음을 이와

같이 고귀한 것으로 받아들인다. 이 주관과 객관을 끊어버린 진여의 법계

는 본디 언어로 표현할 수 없는 것이다. 체험의 세계이며 깨달음의 세계이다. 이와 같은 정신세계가 '말로 드러낼 수 없는 진여(離言眞如)'이다. 불교에서의 진리는 분별을 벗어난 것이어서 언어와 문자를 끌어들이면 진리성을 상실할 수 있다는 위험성을 인식하는 계기로 삼아야 한다.

다만 언어와 문자를 빌리지 않으면 진여를 다른 사람에게 전달할 수 없기 때문에, 억지로 언어와 문자를 끌어들여 설명한 것이 '말로 드러낸 진여(의언진여)'이다. 더 나아가 '말로 드러낼 수 없는 진여'조차도 언어와 문자를 빌려 표현하고 있는 스스로의 모순을 어떻게 해결할 것인가의 문제를 지니고 있다.

심진여(心眞如): 마음의 있는 그대로의 존재방식이다. 마음이 주관과 객관으로 분열하는 상태를 벗어난, 가장 순수하고 아주 고요하게 그리고 밝게 깨어 있는 상태여서 존재의 실상을 있는 그대로 볼 수 있는 경지이다. 이에 대응하는 것이 심생멸(心生滅)이다.

일법계(一法界): 일법계의 1은 2·3·4·5에 대응하는 1이 아니며, 비교를 끊어버린, 그리고 전체를 하나로 통합한 절대를 의미하는 1이다. 세계의 전체를 마음에 모두 담아버리기 때문에 마음에 대응할 수 있는 것이 없다. 이 점을 1이라고 말한 것이다. 『법장의기』에서는, "여리(如理)·허융(虛融)·평등(平等)·불이(不二)이므로 일(一)이라고 부른다"라고 해석한다.

법계(法界, dharmadhātu)란, 법(dharma)의 계이며, 이 경우의 법은 이법·이치·진리 말하자면 깨달은 법이다. 계(dhātu)는 여기에서는 인(因, hetu)을 의미한다. 중생심은 성법출생(聖法出生)의 인자이기 때문에 일법계라고 한다. 그것이 심진여이다. 『부증불감경』에서는, "일체의 우치범우는 여실히 일법계를 모르기 때문에"라고 말씀하며, 『대승기신론』은 이 '일법계'의 사상을 받은 것으로 보인다. 『중변분별론』에서, "법계란 성법의 인(因)을 뜻으로 삼는다"라고 서술하는데, 이것과도 합치하는 사상이다. 『원효소』에서는 '진여문이 의지하는 체'라고 서술하며, 『법장의기』에서는 '일법계란 둘도 없는 진심(眞心)'이라고 서술하고 있다.

대총상(大總相): 마음은 일체제법을 포함하며, 그 총상으로 되어 있다. 생멸문에 서는 마음은 생멸·변화하여 별상을 보이는데, 진여문에서는 생멸을 초월한 총상을 나타낸다. 생멸문은 별상인 데 대하여 총상을 말한다. 『혜원의 소』는, "마음은 갠지스 강의 모래알만큼 많은 불법을 통합하며, 여러 가지 제법을 취하여서 모든 마음을 이룬다"라고 해석하고 있다.

법문체(法門體): 법문이란 일반적으로는 교법을 말하지만, 여기에서는 체란 진여를 가리키는 것으로 해석하고 있으므로, 그것이 일체제법을 낳는 문이라고 하는 점을 법문이라고 보고 있다. 『혜원의소』에서는, "이 마음, 여러가지 법을 낳기 때문에 법문의 체라고 말한다"라고 서술하고 있다.

심성(心性): 마음의 본성, 말하자면 심진여를 가리킨다. 법문의 체와 같다. 시간의 측면에서 보면 마음은 끊임없이 변화하고 있지만, 그러나 영원한 모습에서 보면 심성은 불변이기 때문에 불생불멸이라고 말한다.

일체제법(一切諸法): 생멸·변화 속에서 이루어지는 현상계의 개별적 존재. 일체제법이 이루어지는 근거는 망념에 있다.

망념(妄念): 심성은 하나이며 전체이지만, 이 심성이 무명에 의하여 주관과 객관으로 분열하여 인식계가 성립한다. 이 무명이 망념이다. 무명은 마음에 기생할 뿐, 그래서 객진(客塵)이며 실재가 아니다. 객진(客塵, āgantuka)은 번뇌(煩惱, kleśa)이다. 객(客)은 정주(定住)하지 않고 진지(眞智)에 의하여 불식되는 것이므로 객이라고 하며, 진(塵)은 미세하여 그 수가 헤아릴 수 없이 많으므로 진이라고 한다. 그러므로 무명은 마음이 분열하게 하는 기회인이다. 분열하는 것은 마음(眞識) 그 자체이기 때문에, 『혜원의소』는, "이 법계, 오도(五道)에 윤전하는 것을 중생이라고 한다"라고 설명하고 있다. 『원효소』는, 성인에게는 망념이 없다고 서술할 뿐, 망념의 근거를 명료하게 밝히지 않고 있다. 일체제법은 망념의 소산이며, 근거가 없는 것(상대적 존재)인데, 그러나 제법의 질료인은 진여이며, 진여가 형태를 바꾼 것이라는 점을 잃어버려서는 안 된다.

심념(心念): 『혜원의소』는 이것을 7식(七識)으로 본다. 안이비설신(眼耳鼻舌身)의 전5식(前五識, 感覺), 제6 의식(사유·추리·판단)과, 그 깊숙한 곳에 자리를 잡고 있는 마나쓰(manas, 識: 자연히 일어나는 자아의식)을 말한다. 이 7식으로 범부의 표면심이 성립되어 있다. 『법장의기』는, 이것을 망념과 같은 것으로 보고 있다. 범부의 사려분별을 가리킨다.

경계상(境界相): 경계란 인식의 대상을 가리킨다. 보려고 하는 분별이 있기 때문에 인식의 대상계가 성립하며, 일체제법이 '있다(有)'라고 인식된다. 이것이 경계상이다. 망념이 대상을 차별이 있는 형상으로 나타내기 때문이다. 차별계가 그 전부터 있었던 것은 아니다.

언설상(言說相): 언어에 의하여 표현할 수 있는 모든 것. 일체법은 무엇 하나라도 언어에 의하여 표현할 수 있는 것이 없다. 언어로 표현할 수 있다고 생각하는 것은 자기 스스로가 그렇게 생각하고 있을 뿐이라는 것이다. 예를 들면, 비행기를 탄 체험을 해 본 일이 없는 사람에게 전하려고 하여도, 그것은 언어로 표현할 수 없다. 자기 스스로도 상대방도 함께 경험하고 있는 것만을 언어로 전달할 수 있는데, 그 경우에도 상대방은 자기 자신의 경험을 자기 스스로 생각해내고 있는 것에 지나지 않는다. 언어로 타인의 경험을 알 수 없다.

명자상(名字相): 이름으로 나타내는 모든 것.

심연상(心緣相): 마음에 떠오르는 모든 것. 연(緣)이란, 소연(所緣)을 가리키며, 인식의 대상을 말한다.

필경평등(畢竟平等): 일체법은 생멸·변화하는 각각의 경우를 보면, 우·열도 있으며 선·악의 차이도 있지만, 영원한 시간의 입장에서 보면, 차별상은 소멸하며, 평등한 본성이 나타난다. 평등이란 둘도 없다(無二)라고 하는 뜻이다.

불가파괴(不可破壞): 이 평등의 본성은 파괴될 수 없는 것이다.

일심(一心, ekacitta): 일체법은 일심, 말하자면 중생심에 귀착한다. 『원효소』에서는 "일심이 바로 일법계이다"라고 서술하며, 『법장의기』는, 이것을 진심(眞心)은 부동이라고 서술하고 있다.

가명(假名, upacāra): 가설(假說, prajñapti, upacāra), 세간에서 쓰는 모든 말은 어디까지나 가설일 뿐으로, 실체를 지니고 있는 것이 아니며 가명(假名, upacāra)이란 상대적으로 명명된 것을 가리키며, 오른쪽에 의하여 왼쪽이 성립하며, 남편에 의하여 아내가 성립하고, 긴 것에 의하여 짧은 것이 성립하는 것과 같은 이치이다. 악이 소실되면 선도 그 이름을 잃게 된다. 그러므로 불변의 실체를 가지지 않는 것이 모든 존재의 진실한 모습이다.

모든 말은 가명이며, 상대적 시설(施設)일 뿐이고, 실체를 지니고 있는 것이 아니다. 예를 들면 서쪽이 있으므로 동쪽이 있다. 북쪽에 의하여 남쪽이 결정된다. 이와 같은 상대를 버리고 동·남·서·북이라고 하는 실체가 있는 것이 아니다. 또 '책상'이라고 하는 말에 의하여 모든 종류의 책상이 표시되는데, 하나하나의 책상은 모두 어딘가 조금씩 다르다. 완전히 동일한 책상은 하나도 없다. 그와 같은 잡다한 것들을 '책상'이라고 하는 하나의 말로 표시하기 때문에, 책상이라고 하는 말에 대응하는 실체는 존재하지 않는다.

언설은 망념에서 생겨난 것이며, 말에 의해서는 '진실한 것'을 어느 것도 얻을 수 없는 것이다. 예를 들면 'nirvāṇa'라고 하는 말을 알고 있어도, 그것에 의하여 범부의 마음이 붓다가 깨달은 nirvāṇa의 진리에 푹 젖는 것은 아니다. '진여'라고 말하더라고 똑같은 것이다. 진여라고 하는 말이 진여의 사실을 나타내는 것은 아니다. 오히려 진여라고 하는 말로 한정되는 것에 의하여, 진여라고 하는 전체적인 진리에서 벗어나 버리고 마는 모순을 포함하고 있다. 그러나 말을 쓰지 않고는 진리를 상대방에게 전할 수 있는 길이 없다. 그러므로 진여라고 하는 이름을 쓰는 것은 언어의 궁극적인 종점(終點)이며, 말에 의해 말을 버리려는 의도를 가지고 있는 것이다.

불가득(不可得): 파악할 수 없는 것. 상대적 인식이기 때문에 진정한 인식은 아니다.

언설지극 인언견언(言說之極 因言遣言): 진여에 대하여 무엇인가라고 설명하면 진여는 그만큼 한정되며, 특수한 것으로 되고, 진여는 전체자로서의 자격을 잃게 된다. 언어는 망념의 소산이기 때문에, 진여에는 알맞은 것이 아닌데도 언어를 빌리지 않고서는 표현할 수 없기 때문에, 언설의 극한·언설의 최후수단으로서, 언어를 빌려서 언어를 논파하는 방법에 의하여 진여를 나타낸다. 진여는 전체자, 말하자면 일체법 그 자체이다. 일체법의 진실한 존재방식이 진여이다. 『원효소』에서는 이것을, "소리로써 소리를 멈추게 하는 것과 같다(以聲止聲, 『大正藏』 44-207b)"라고 서술하여, 달을 가리키는 손가락과 같은 해석을 하고 있다.

무유가견(無有可遣): 망법은 부정하지만 진여 그 자체는 부정해야 할 것이 아무 것도 없다. 『원효소』는, "진여의 체는 부정해야 할 것이 없다는 것은, 진여라 하여 세속의 법을 부정하는 것이 아니기 때문이며, 모든 존재는 모두 진실이기 때문이다"라고 서술하고, 『법장의기』는, "허망한 명상(名相)은 부정하여도 진여는 부정할 것이 없다"라고 서술한다. 일체법도 진여 그 자체에 의하여 성립하고 있는 것이기 때문에, 그 점에서는 생성하고 소멸하는 일체법도 부정해야만 할 것은 없다.

무가립(無可立): 생성하고 소멸하는 일체법이 그대로 진여이기 때문에, 그것과는 별도로 진여를 세울 필요는 없다. 일체법에 그대로 진여가 성립되어 있다. 『법장의기』는, "부정해야 할 것이 없다"는 "심생멸문을 파괴하지 않고 심진여문을 논술한다"는 것이며, "긍정해야 할 것이 없다"는, "심진여문을 파괴하지 않고 심생멸문을 논술한다"는 것이라고 설명하고 있다. 이 두 문은 오로지 일심이다.

수순(隨順): 언어를 끊어버린 진여에 꼭 들어맞는 것을 가리킨다. 취입의 방법을 제시한다. 진여에 합치하는 수행의 방편을 제시한다. 이것을 방편관이라고 말한다. 혹은 중도에 수순하며, 법성에 수순하는 것을 말한다.

득입(得入): 증입한다는 뜻이다. 개오(開悟)·해탈(解脫)과 같은 말이다. 이언절려(離言絶慮)·언어도단(言語道斷)의 진여를 깨닫는다는 의미이다. 수순(隨順)은 방편관(方便觀)이며, 득입(得入)은 정관(yoni-vicaya, 正觀)이다. 정관이란, 오랫 동안 수행을 하면 망념을 끊어버리게 되고, 무념의 진리와 합일하기 때문에, 이것을 정관이라고 말한다. 망념을 끊어버리면 자기와 진여가하나로 되며, 모든 것은 진여가 되고, 자기는 해체된다. 자기가 있는 한 그것은 특수자이며, 보편자와 합치할 수 없다.

능설·가설(能說·可說): 『혜원의소』는, "능설은 논주의 말, 가설은 소설의 법이다"라고 설명하고 있다. 『원효소』에서는 이에 대하여 독특한 해석을 하고있다. "수설(雖說)과 수념(雖念)은 법이 없지 않음을 밝혀서, 악취공견을 버리려는 것이며, 무유능설가설(無有能說可說)과 역무능념가념(亦無能念可念)은 법이 있지 않음을 나타내어, 유견(有見)의 집착을 버리려는 것[言雖說. 雖念者. 明法非無. 以離惡取空見故. 無有能說可說等者. 顯法非有. 離執著有見故. 『大

131

正藏』44-207c]"이라고 설명한다. 『법장의기』는, "능소가 없다"라고 서술하고
있다.

제2항 말로 드러낸 진여[依言眞如]

復次, 眞如者, 依言說分別, 有二種義. 云何爲二. 一者如實空, 以
能究竟顯實故. 二者如實不空, 以有自體具足無漏性功德故.

또한 진여는 사유와 언표의 한계를 넘어선 것이긴 하지만, 말에 기대지 않
으면 달리 도리가 없으므로 말을 빌려서 드러내면 두 가지 뜻이 있다.

첫째, 진여에는 번뇌가 전혀 없다(śūnyaṃ, 空, 0%)는 의미인데, 이는 진여 그
자체가 마침내 진실한 모습임을 밝힐 수 있기 때문이다.

둘째, 진여는 번뇌를 벗어나서 맑고 깨끗한 덕성이 언제나 갖추어져 있다
(aśūnyaṃ, 不空, 100%)는 의미이니, 다시 말하면 어떤 것으로부터도 부정(否定)을
당하는 일이 없는 자체(自體)가 있고, 본디 번뇌가 없는 거룩한 덕성을 갖추고
있는 것임을 밝힐 수 있기 때문이다.

|강설|

심진여는 언어로는 표현할 수 없는 것이지만, 그러나 언어를 빌리지 않으
면 다른 사람에게 전달할 수 없다. 그러므로 일부러 진여를 분별에 의하여 언
어로 나타내려고 하면, 의언진여에는 두 가지 의미가 있다. 첫째, 공진여이며,
둘째, 불공진여이다. 이언진여(離言眞如)는, 제일의제(第一義諦)의 언어도단(言
語道斷) · 이언절려(離言絶慮)의 세계이지만, 이것을 나타내는 의언진여는 가

명 · 가설(假名 · 假說, prajñapti, upacāra)의 입장으로서의 세속제(世俗諦)라고 말해도 좋을 것이다.『중론』에서도 "제불은 2제(二諦)에 의하여 중생을 위하여 법을 말씀하신다. 첫째는 세속제를 가지고 하며, 둘째는 제일의제이다. 만일 사람이, 이제를 분별하는 것을 알 수 없다면, 바로 불법에 있어서의 진실한 정의를 알지 못하며, 만일 속제에 의하지 않으면 제일의제를 얻을 수 없다. 제일의를 얻지 못하면 바로 니르와나(nirvāṇa)를 얻지 못한다"라고 논술하고 있다. 말하자면 세속제를 빌리지 않고서는 제일의제를 얻을 수 없는 것이며, 그래도 제일의제를 얻어야 비로소 니르와나를 깨달을 수 있는 것이다. 여기에서 꾸마라지와(Kumārajīva, 344-413, 鳩摩羅什)가 '분별'이라고 번역하고 있는 원어는 vijānāti이며, '구별하여 알다'라고 하는 의미이다. 허망분별인 vikalpa와는 의미가 다르다.

첫째, 공진여란 무엇인가? 심진여에는 번뇌가 공(śūnyaṃ, 0%)이다, 번뇌가 없다(śūnyaṃ, 0%), 탐 · 진 · 치의 삼독이 0%라고 논술하고 있는 것이 여실공(如實空)이다. 심진여는 불지(佛智)이기 때문에, 그곳에는 번뇌가 전혀 없으며, 순수청정이다. 공이란 번뇌의 공이며, 거꾸로 진여 자체는 구극에 있어서는 실재인 것을 나타내는 것이다.

둘째, 불공진여란 무엇인가? 심진여는 실재이며, 번뇌를 벗어난 청정 · 불변의 공덕을 갖추고 있음을 가리킨다. 공덕은 불공(aśūnyaṃ, 100%)이다, 지혜는 유(aśūnyaṃ, 100%)이다, 자비는 100%라고 논술하고 있는 것이 여실불공(如實不空)이다. 말하자면 진여가 번뇌를 품고 있지 않으며, 불변의 수승한 특질을 갖추고 있다는 논리를 전개하여 진여를 나타내려고 하는 것이다.

심진여를 번뇌와 성공덕, 악과 선의 상대적 개념으로 대치시켜서 진여가 참으로 진여인 것을 나타내려는 것이다. 그러므로 의언진여는 상대적 가설일수밖에 없다. 무엇인가를 빌리지 않고서는 진여의 수승한 점을 드러낼 수 없기 때문이다. 그러나 목표로 하는 바는 '말을 빌려서 말을 논파한다'는 것이며, 의언진여의 설명에 있어서도 그와 같은 취지를 잃지 않고 있다는 것이다.

이와 같은 공진여 · 불공진여의 논리는, 『슈리말라데위씽하나다경』 「공의 은복진실장(空義隱覆眞實章)」 제9의 공여래장 · 불공여래장의 사상을 이어받은 것으로 추론한다. 『슈리말라데위씽하나다경』에서 말씀하는 공여래장 · 불공여 래장의 내용과 『대승기신론』의 공진여 · 불공진여의 내용을 비교하여 보면 일 치하는 것을 볼 수 있다.

"세존이시여, 여래장이 공성을 나타내는 데에는, 다음 두 가지가 있나이다. 세 존이시여, 공여래장은 본디 법신과 관계가 없으며, 깨달음의 지혜로부터 분리 된, 모든 번뇌의 은폐가 결여되어 있나이다, 말하자면 공이옵니다. 세존이시 여, 불공여래장은, 법신과 밀착 · 불가분이며, 깨달음의 지혜와 분리할 수 없 는 바의, 갠지스 강의 모래알처럼 헤아릴 수 없이 많은, 불가사의한 거룩한 붓 다의 덕성을 본디 갖추고 있나이다. 말하자면 불공(aśūnyaṃ, 100%)이옵니다(世 尊, 有二種如來藏空智. 世尊, 空如來藏. 若離若脫若異, 一切煩惱藏. 世尊, 不空如來藏, 過 於恒沙不離不脫不異不思議佛法: 『大正藏』 12-221c16)."

| 용어 해설 |

의언진여(依言眞如): 마음의 진여는 절대이기 때문에 언어로 표현할 수 없지만, 다른 사람에게 이해시키기 위해서 억지로 그것을 언어로 표현하려고 하 는 작업이다. 이것을, 진여에는 번뇌가 공(空, śūnyaṃ, 0%)이다, 번뇌가 없다 (śūnyaṃ, 0%), 탐 · 진 · 치의 삼독이 0%라고 논술하는 것이 여실공(如實空) 이며, 공덕은 불공(不空, aśūnyaṃ, 100%)이다, 지혜는 유(有, aśūnyaṃ, 100%)이 다, 자비는 100%라고 논술하는 것이 여실불공(如實不空)이다.

공진여 · 불공진여의 논리는, 『슈리말라데위씽하나다경』 「공의은복진실장」 제9의 공여래장 · 불공여래장의 사상을 이어받은 것으로 추론한다. 『슈리말라데위씽하나다경』에서 말씀하는 공여래장 · 불공여래장의 내용과 『대승기신론』의 공진여 · 불공진여의 내용을 비교하여 보면 일치하는 것을 볼 수 있다.

"세존이시여, 여래장이 공성을 나타내는 데에는, 다음 두 가지가 있나이다. 세존이시여, 공여래장은 본디 법신과 관계가 없으며, 깨달음의 지혜로부터 분리된, 모든 번뇌의 은폐가 결여되어 있나이다. 말하자면 공(śūnyaṃ, 0%)이옵니다. 세존이시여, 불공여래장은 법신과 밀착 · 불가분이며, 깨달음의 지혜와 분리할 수 없는 바의, 갠지스 강의 모래알처럼 헤아릴 수 없이 많은, 불가사의한 거룩한 붓다의 덕성을 본디 갖추고 있나이다, 말하자면 불공(aśūnyaṃ, 100%)이옵니다(世尊, 有二種如來藏空智. 世尊, 空如來藏. 若離若脫若異, 一切煩惱藏. 世尊, 不空如來藏, 過於恒沙不離不脫不異不思議佛法: 『大正藏』 12-221c16)."

분별(分別): 일반적으로 분별은 허망분별(vikalpa)을 의미하므로 망념과 같은 뜻이지만, 이 경우의 분별은 좋은 의미의 분별이며, 이(理) · 사(事)의 사를 해설하려는 것이다.

여실공(如實空, śūnyaṃ): 진여=여실=진실 가운데에는, 번뇌가 공(空, śūnyaṃ, 0%)이다, 번뇌가 없다(śūnyaṃ, 0%), 탐 · 진 · 치의 삼독이 0%라는 뜻이다. 법의 본성이 공(空, śūnyatā)이라고 주장하는 것은 『반야경』의 입장이며, 『대승기신론』의 공(空, śūnyaṃ)의 의미는 『반야경』의 입장과는 다르다. 번뇌의 본성이 공이다, 번뇌가 공이다, 번뇌가 없다, 탐 · 진 · 치의 삼독이 0%라는 것이며, 법의 본성은 실재라고 본다. 무명번뇌가 소멸하여 버리면 '번뇌가 공·번뇌가 없음·탐진치의 삼독이 0%', 진여의 무루의 본성으로서의 공덕이 발현하기 때문이다.

현실(顯實): 진리를 드러내는 것을 가리킨다.

여실불공(如實不空, aśūnyaṃ): 진여는 실재라는 것을 말한다. 진여=여실=진실 가운데에는, 공덕은 불공(不空, aśūnyaṃ, 100%)이다, 지혜는 유(有, aśūnyaṃ, 100%)이다, 자비는 100%라는 의미이다. 인간의 마음에 손님처럼 기생하는 번뇌(탐·진·치)가 모두 사라져버리면, 아주 맑고 깨끗한 순수한 마음만 남는다. 그 상태가 여실불공(如實不空, aśūnyaṃ)이고, 니르와나(nirvāṇa, 涅槃)이며, 안웃따라쌈약쌍보디(anuttarasamyaksaṃbodhi)이고, 깨달음이며, 지혜(prajñā)와 자비(maitrī-karuṇā)가 100%인 것이다.

자체(自體): 진여를 가리킨다. 진여는 실재이기 때문에 자체라고 보는 것이다.

무루성공덕(無漏性功德): 무루란 번뇌가 0%인 것을 말하며, 여래의 지혜를 일컫는다. 성공덕의 '성(性)'은 본성을 의미하여, 불변인 것을 전제하려는 것이다. 거룩한 붓다의 공덕(자비)은 진여에 애초 부처가 갖추어져 있다는 것이다. 그 점을 불공진여 또는 여실불공으로 드러낸 것이다.

제1목 진여는 공이다〔如實空〕

所言空者, 從本已來, 一切染法不相應故, 謂離一切法差別之相, 以無虛妄心念故. 當知, 眞如自性非有相, 非無相, 非非有相非非無相, 非有無俱相, 非一相, 非異相, 非非一相非非異相, 非一異俱相. 乃至, 總說, 依一切衆生以有妄心念念分別皆不相應故, 說爲空. 若離妄心, 實無可空故.

진여에는 번뇌가 전혀 없다(śūnyam, 空, 0%)는 의미를 자세하게 논술하면, 그것은 본디부터 모든 번뇌와 서로 어울리는 것이 아니기 때문이다. 진여는, 모든 현상적 존재를 주관적인 존재방식과 객관적인 존재방식으로 나누어 보는 차별적인 모습을 벗어나서, 거기에는 허망한 망념이 없기 때문이다. 진여의 본성은, 존재[有]도 아니며·비존재[無]도 아니고·존재가 아닌 것도 아니고 비존재가 아닌 것도 아니며·존재이면서 비존재도 아니다. 또 같은 것[一]도 아니며·다른 것[異]도 아니고·같은 것이 아닌 것도 아니며 다른 것이 아닌 것도 아니며·같은 것이면서 다른 것도 아니다.

위의 존재·비존재·같은 것·다른 것이라는 개념은 '모든 현상적 존재'를 나누어 보는 차별적 모습인데, 이와 같은 차별적 모습이 일어나는 이유는 깨닫지 못한 중생에게 망념이 있기 때문이다. 망념이, '나'라는 주관과 '대상'이라는 객관을 설정하여 순간순간 분별하기 때문에 차별세계가 생겨나며, '마음 그대로의 모습[心眞如]'과 서로 어울리지 않는다. 이와 같이 진여를 번뇌가 없다는 의미에서 '공(空, śūnyam, 0%)'이라고 부른다. 따라서 만일 망심을 벗어나 버리면 진여에는 참으로 부정되어야 할 것이 아무것도 없다.

| 강설 |

공진여란 무엇을 의미하는가? 심진여는 본디 모든 염법과는 어울리지 않기 때문이라는 것이다. 모든 염법과 어울리지 않는다는 것은, 객관적인 존재방식과 주관적인 존재방식이 아무런 관계를 맺지 않고 서로 떨어져 있다는 것을 의미한다. 심진여는 전체자인데, 일체법의 차별상이라고 하는 것은 객관적 존재방식을 말한다. 범부의 인식주관에, 세계는 차별상으로 나타나 있기 때문이다.

그러나 심진여는, 주관·객관을 모두 포함한 전체자이기 때문에, 주관을 탈락시킨 객관만의 일체법의 차별상이 진여일 수 없다는 것을 명시하고 있는 것이다. 그런데다 범부의 주관은, '허망한 심념' 말하자면 망념·망심이다. 대상을 인식하면서도, 무명에 의하여 움직여지는 망심이기 때문에, 대상을 바르게 인식할 수 없다. 이 망심이 진여일 수 없는 것은 너무나도 자명한 것이다. 그러므로 이 일체법의 차별상을 벗어나서, 허망한 심념을 제거한 곳에, 진여의 세계가 펼쳐지는 것이다.

일체법의 차별상을 자세하게 서술하면, 먼저 진여의 본성은, '유(有)라는 존재방식'·'무(無)라는 존재방식'·'유도 아니며 무도 아니라는 존재방식(俱非)'·'유이기도 하며 무이기도 하다는 존재방식(俱許)'이 아니라는 것이다. 있다든가(有), 없다든가(無)라고 하는 것은, 주관과 객관이 분열한 인식계의 존재방식이다. 범부는, '있다(有)·없다(無)'는 범주로 대상을 인식하는데, 그러나 대상은 이들의 범주에 적용될 수 없다는 것이 명백한 사실이기 때문이다.

그럼 첫째, 비유상(非有相)에 관한 불교적 논리는 무엇인가. '있다(有)'라고 하는 존재방식은 무엇이 문제인가. 진여는 '있다'라고 하는 존재방식으로는 파악되지 않는다. 범부가 인식하는 '유(有)'는 유한이다. 무한한 것인 진여(tathatā)는 유상(有相)으로는 인식할 수 있는 것이 아니다. 지금 '있다'고 생각한 것도 다음 시간에는 없어져서 없다. 제행(諸行)은 무상(無常)이며, 영원히 존재하는 것은 아무것도 없다. 따라서 '있다'고 하는 범주로 인식한 것은 존재의 실상이 아니다. 그러므로 tathatā를 비유상(非有相)이라고 말한다.

이와 같이 주장하는 학파는 어느 학파일까? 쌍키야학파(Sāṃkhya, 數論)이다. 존재의 본성과 존재와는 동일한 것이라고 하기 때문에 유(有)에 해당한다. 원효는, 『대승기신론』의 공 가운데서, 비유상(非有相)은 이 쌍키야학파의 유(有)의 사견(邪見)을 논파하는 것이라고 비판한다.

그렇다면 쌍키야학파의 학설의 내용은 어떠한가. 이 학파의 창시자는 까삘라(Kapila, BCE 350-250경)라고 전해지고 있다. 우빠니샤드의 철인 웃다라까 아루니(Uddālaka Āruṇi)의 유의 사상을 개혁하여 두 가지의 실체적 원리를 상정한 이원론의 입장이다. 그 이원론이라고 하는 것은 정신적 원리와 물질적 원리를 상정하여 존재를 설명한다. 정신적 원리로서의 순수정신을 뿌루샤(puruṣa, 神我)라고 부르며, 아뜨만(ātman, 我)이라고도 부른다. 그것은 동력인이며, 남성적 원리이다. 물질적 원리로서의 근본원질을 쁘라끄리띠(prakṛti, 自性)라고 부른다. 그것은 질료인이며, 여성적 원리이고, 현상세계를 전개하는 원리가 된다. 쁘라끄리띠는 순질(純質, sattva)·격질(激質, rajas)·예질(翳質, tamas)이라고 하는 세 가지의 구성요소로서 이루어져 있다. 순수정신의 관조를 기회인(機會因)으로 해서, 근본원질이 순수정신의 관조를 받아서 세 가지의 구성요소 사이의 평형이 깨지면 활동하는 상태로 들어간다. 거기에서 근원적 사유기능이 생겨, 순서에 따라 전개된다. 순수정신은 본래 순수하고 청정한 것이기는 하지만, 물질에 의해서 제한되어 있는 까닭에 이 생존이 고(苦)가 되어 있는 것이다. 순수정신이 근본원질을 관조하여 물질을 결합하고 있는 사이에는 윤회가 존재한다. 근원적 사유기능·자아의식·다섯 가지의 미세한 요소에 의해서 '미세신(微細身)'이 형성되고, 육체가 소멸한 뒤에도 영속적으로 존재하여, 윤회의 주체가 되어 다음 생존 가운데로 옮겨간다. 후세에 이르러서는 쌍키야학파의 내부에서 일아설(一我說)이 성립하기에 이른 것이다. 쌍키야학파는 최고아(最高我)를 궁극의 원인으로 보고, 유신론적 일원론의 경향을 드러내고 있다.

불교에서는 이와 같은 주장을 다음과 같이 비판한다. 인(因)인 자(自)라고 하는, 현재에 이미 자체를 가지고 존재하는 것이, 나아가 자체를 얻기 위하여 생겨나서, 과가 되는 것의 모순을 지적한다. 자(自)라고 하는, 현재에 존재하는 것이, 다시 생겨나는 것의 필연적 이유를 묻지 않으면 안 된다고 논파한다. 자(自)로부터 자의지적으로(Self-willingly) 생긴다면, 그것에 아무런 제약이 없기 때문에, 무궁하게 생기지 않으면 안 된다고 하는 과오가 수반되는 것이라고 비판한다. 이것은 인·과의 일체관(一體觀)과 같은 입장에 대한 비판인 것이다. 그러한 비판은 실제로 쌍키야학파의 인중유과설(satkārya-vāda, principle of identity between cause and effect)에 화살을 겨누는 것인데, 자재신이 자기의 의지에 맡겨서 자의지적으로(self-willingly) 세계를 생겨나게 한다는 사상으로 이어진다.

둘째, 비무상(非無相)에 관한 불교적 논리는 무엇인가? '없다(無)'라고 하는 존재방식은 무엇이 문제인가. '있다'라고 하는 형태로 파악한 것이 존재의 실상이 아니라면, '없다(無)'라고 하는 형태로 파악한 것도 존재의 실상이 아닌 것은 명백한 것이다. '유'에 대칭되는 것으로서의 '무'는, 대상으로는 파악되는 것이 아니다. '무가 있다'라고 말하는 것은 자기모순이다. 그러나 '무는 없다'라고 말하는 것도 이치에 맞지 않는다. 예를 들면 '이것이 없다'라고 하는 경우, 벌써 여기에는 '이것'이 있었던 것이며, '이것'은 '있다'라고 하는 것을 내포하고 있다. '선우는 없다'라고 하는 경우, 선우는 지금 여기에 없는 것에 지나지 않는 것이며, 어딘가 다른 곳에 있는 것을 예상하고 있다.

또는 '과거에 살고 있던 선우가 지금은 죽어서 없다'라고 하는 의미이며, '과거에 있었다'라고 하는 것이, 여기에 포함되어 있다. 일시적으로라도 '이것'으로 건립되어 있는 이상, 전혀 무(無)일 수는 없다. '둥근 삼각형은 없다'·'토끼뿔은 없다'라고 하는 건립조차도, 무엇인가 유(有)를 그곳에 포함하고 있다. 전혀 존재하지 않는 것에 대하여, 그 비존재를 묻는 것은 불가능하다. 모든 존재는 연기에 의하여 존재한다. 연기에 의하여 존재하는 것은, 무조건 있다고는 말할 수는 없지만, 그렇다고 전혀 없다고도 말할 수 없다. 그러므로 초기불교의 경전에서도, "세간은 대다수가 유(有)와 무(無)의 두 극단으로 나누어져 있지만, 그러나 올바른 지혜에 의하여, 있는 그대로 세간의 생기를 관찰하다 보면, 세간에 있어서 무(無)인 것은 존재하지 않는다. 또 올바른 지혜에 의하여, 있는 그대로 세간의 소멸을 관찰하다 보면, 세간에 있어서 유(有)인 것은 존재하지 않는다"라고 말씀하고 있다.

대상·객관으로 파악된 '무(無)', 범부가 주장하는 '무'는 참으로 '무'가 아니라는 것을 깨달은 것이다. tathatā는 이와 같이 '무상(無相)'으로는 파악되지 않으므로 '비무상(非無相)'이라고 한다.

이와 같이 주장하는 학파는 어느 학파일까? 와이쉐쉬까학파(Vaiśeṣika, 勝論)이다. 존재의 본성과 존재와는 다른 것이라고 하기 때문에 무(無)에 해당한다. 원효는, 『대승기신론』의 공 가운데의 '비무상(非無相)'은 이 와이쉐쉬까학파의 비유(非有)(=無)의 사견을 논파하는 것이라고 한다.

그렇다면 와이쉐쉬까학파의 학설은 어떻게 전개되어 있는가. 와이쉐쉬까학파의 개조는 까나다(Kaṇāda, BCE 150-50경)이다. 이 학파의 특색은 경험적·분석적 자연철학으로, 과학적·상식적 입장에 서서 일종의 범주론을 전개하는 데에 있다. 이와 같은 철학적 경향은, 정통 브라흐마나(brāhmaṇa, 婆羅門) 고유의 그것과 다르기 때문에, 이 사상의 원류를 브라흐마나나 우빠니샤드(upaniṣad, 奧義書)에서 찾는다는 것은 거의 불가능하다고 생각된다. 오히려 거룩한 붓다 시대의 육사외도의 사상 가운데 그 선구가 보인다고 생각하는 편이 나을 것이다. 같은 시대의 도시사회의 발전에 따라서 발생한 것이기 때문에 빠꾸다-깟차야나(Pakudha-kaccāyana), 막칼리-고쌀라(Makkhali-Gosāla), 니간타-나따뿟따(Nigaṇṭha-Nātaputta) 등의 영향을 받은 것으로 보인다. 원자는 부분을 가지지 않고, 분할할 수 없으며, 파괴할 수도 없는 것이며, 그 자체는 지각되기 힘들지만 집합하면 현실에서 지각될 수 있는 물질을 형성한다. 그러한 원자론은 인도에서는 자이나교가 최초로 주장한 것이며, 와이쉐쉬까학파의 원자설은 이것을 받아들인 것이라고 생각해도 좋을 것이다. 그의 근본 성전인

『Vaiśeṣika Sūtra』의 제9권은 인중무과(因中無果) · 유무(有無)의 관계 등에 대하여 다루고 있다. 한 사물 혹은 현상을 객관적으로 고찰하면 그 특질 · 수량 · 형상 · 위치 · 운동 · 작용 등이 드러나 있는데, 이것들은 단지 드러나 있을 뿐이며, 이것들이 바로 사물 그 자체 곧 실체 혹은 주체는 아니다. 곧 이것들을 소유하여, 이것들로서 나타나는 것이 주체이다.

그들의 실체론은 아홉 실체 가운데, 허공 · 시간 · 방위(方位)는 장소적 · 조건적인 비심비물(非心非物)로서, 이 가운데에 지 · 수 · 화 · 풍 · 아(我) · 의(意)가 존재하여, 이것이 심(心)과 물(物)로 나누어지는 것이다. 그런 까닭에 이 학파의 근본 사고방식은 이원론이며, 동시에 또한 다원론이다. 그리고 근본 요소로서는 이것들은 어느 것이나 독립적으로 서로 생기고 생겨지는 일 없이 상주이다. 이것들의 마음과 물이 어느 것이나 활동성을 가지며, 결합 · 집적하여 우주의 모든 것을 구성하고 있다고 하는 것이기 때문에 분명히 적취설(積聚說)이며, 정통 브라흐마나(brāhmaṇa, 婆羅門)사상과는 다른 것이라고 생각된다.

불교에서는 이 주장을 다음과 같이 비판한다. 인(因)이 되는 타(他)라고 하는 것이 어디엔가, 과(果)가 생겨나기 이전에 존재성을 가지고 있다면, 타(他)로부터의 생겨남이 허락될 것이지만, 그러한 일은 있을 수 없다. 그러한 것이 존재하고 있다면, 알려질 것이며, 또한 이미 존재하고 있다면 발생하여 나올 필요는 없을 것이라고 본다. 이것은 바로 앞의 인중유과론에서 지적된 것과 똑같은 난점이 그 곳에 배태되어 있는 것을 힐난하는 것이다. 혹은 또한 인과이체(因果異體)에의 비판이 이곳의 소론(所論)과 같은 것이라고 하는 것도 알 수 있다. 곧 타(他)의 인에서 과가 나오는 것이 되면, 그러한 인과 과라고 하는 것은 전연 무관계한 사이에 있는 것이며, 그러한 것이라고 하면 타(他)로부터 생겨난다고 하는 것은, 어떤 것으로부터든지 어떤 것이라도 생겨난다. 만일 그렇다면 일체(一切)의 것에서 일체(一切)의 것이 생겨난다고 하는 논리이다.

그것은 비인(非因)인 것 외에도 타성(他性)이 동등하게 존재하고 있기 때문이라고 하는 것과 같이 힐난을 받게 된다. 이것은 와이쉐쉬까학파(Vaiśeṣika, 勝論)에 있어서, 지·수·화·풍의 특질의 어느 일극미(一極微)와, 그러한 일극미가 두 개 결합한 이극미과(二極微果)와, 나아가 그것이 다른 일극미와 합한 삼극미과(三極微果) 등의 순서에 의한 인(因)의 전전(展轉)의 경과를 가지면서, 거기에 다른 사물이 될 수 있는 과가 되는 실물을 현성(現成)한다고 주장하고 있는 것이 대표적인 타인생론(他因生論)으로서 간주되고 있다. 그곳에는 인과 과가 따로따로 실체로서 보이고 있기 때문이다.

지금까지 쌍키야학파의 철학사상과 와이쉐쉬까학파의 철학사상에 대해서 그들의 사상 내용을 고찰해 본 것이다. 불전을 보면 쌍키야학파와 와이쉐쉬까학파는 인도에 있어서의 이대철학파(二大哲學派)로 되어 있다. 두 학파는 어느 것이나 주장하는 바에 특징을 갖기 때문에 그 점에 대하여 요약해 보고자 한다. 본론부터 말하자면 쌍키야학파의 학설은 전변설(轉變說, pariṇāma-vāda)·인중유과론(因中有果論, satkārya-vāda)이며, 와이쉐쉬까학파의 학설은 적취설(積聚說, ārambha-vāda)·인중무과론(因中無果論, asatkārya-vāda)이다. 전자의 인중유과론의 학설은 존재의 본성과 존재와는 동일하다고 하는 것이기 때문에 인과의 일체성이라고 추론할 수 있다. 인과의 일체관(一體觀)이란, 예를 들면, 종자와 싹과의 일체를 이으려고 하는 것이며, 혹은 아버지와 아들과의 일체를 이으려고 하는 것과 같은 것으로, 그 곳에서는 종자인 인이 과라고 하는 싹의 위태가 되어도, 싹과 똑같이 종자도 존속하고 있는 것이 되며, 종자의 위태에 있어도 종자 스스로도 똑같이 싹이 구유(具有)되어 있는 것이 된다. 그것에서는 종자의 파괴는 인정되지 않는 것이기 때문에 종자인 인(因)의 상주성을 인정하는 것이 되는 것이라고 볼 수 있는 것이다. 후자의 인중무과론은 유일한 근본의 인(因)이 선주하는 것을 인정하지 않고, 잡다한 과를 대하여 이것들을 유

143

지하는 중심이 되는 것을 인으로 삼는다. 이 경우에는 한 인에서 많은 과가 생기는 것이 아니라, 인과 과와는 전적으로 다른 것이라고 보이기 때문에 이 견해는 일반적으로 인중무과론이라고 부른다. 인과의 이체성(異體性)을 주장하고 있으나, 그것은 예를 들면, 종자가 없이도 싹은 튼다고 하는 것이 되어, 인과의 관계가 무시되는 것이라고 논파하는 것이다.

셋째, 유무구상(有無俱相)에 관한 불교적 논리는 무엇인가. '유(有)'와 '무(無)'가 진실한 인식이 아니라고 모두 부정을 당한 사람이 '유무구상(有無俱相)'을 주장하여도, 그것은 말로만 있는 것이다. '유무구상'은, 유와 무를 보탠 것으로, 유와 무를 부정하면, '유(有)'이면서 무(無)'를 주장하는 것이다.

예를 들면 자기는, 태어나서부터 이제까지 생명이 이어지고 있기 때문에, 자기는 연속(常住)이라고 생각한다. 그러나 자기는 동시에 끊임없이 변화하고 있다. 우리가 학문을 연구하기도 하고 수행을 하기도 하는 것은, 현실의 자기를 벗어나서, 보다 높은 자기로 진보하기 위함이며, 그 경우에는 자기 전체가 진보·향상하는 까닭이다. 자기의 진보·향상이 있는 한, 자기는 그때그때에 '단절(斷絶)'이 있다고 말하지 않으면 안 된다. 따라서 자기는 한편으로는 '연속(連續)'이라고 말하면서, 다른 한편으로는 '단절'이라고 말하지 않으면 안 된다. 그러므로 자기는 '단절이면서 연속이다'라고 말하든가, '비연속(非連續)의 연속이다'라고 표현한다. 그러나 연속과 단절은 서로 모순되고 상반되는 개념이다. 자기 존재의 실상은 연속이나 단절의 범주로는 파악되는 것이 아니다. 자기 존재의 실상은 자기에 대한 집착을 벗어난 '무분별지' 즉 쁘라갸(prajña, 智慧)에 의해서만 이해된다. 그러나 쁘라갸에 의하여 자기의 실상을 요지(了知)하였다고 하더라도, 그 실상을 언어로 표현할 때에는, '상주가 아니다·단절이 아니다' 등으로 표현하는 길밖에는 다른 방법이 없다. 좋은 의미의 분별이라고 말할 수 있다. 그러나 이 '불상(不常)·부단(不斷)'은 앞의 '유무구상(有無俱相)'과 표

면적으로는 별로 다른 것이 아니다. 따라서 쁘라갸를 체달(體達)하고 나서 '불
상·부단'이라고 말하는 것과, 이 경지에는 다다르지도 못한 상태에서 '자기는
단절이면서 연속이다'라고 말하는 것은, 언어의 표현방식으로는 거의 구별이
없다. 여기에서 말하는 '유상(有相)·무상(無相)'도 그와 사정이 다를 것이 없다.
'유'라고 하여 부정되고, 바꾸어서 '무'라고 주장하여 부정되는, 그렇다고 하면
유와 무를 보태면 될 것이 아니냐고 말하는 것이 유무구상의 입장이다. 그러
나 유와 무가 같은 차원에서 주장되는 유무구상은 문제를 해결하는 데에는 아
무런 실마리를 제공하지 못한다. 그러므로 따타따(tathatā, 眞如)를 '비유무구상
(非有無俱相)'이라고 한다.

이와 같이 주장하는 학파는 어느 학파일까? 아흐리끼야외도(Āhrīkya, 無慚外
道)이다. 존재의 본성과 그 존재와는 동일한 것이기도 하며, 동일한 것이 아니
기도 하다고 집착하기 때문에 '역유역비유(亦有亦非有, 俱許)'에 해당한다. 원효
는 『대승기신론』의 공 가운데의 '비유무구상(非有無俱相)'은 아흐리끼야외도(無
慚外道)의 '구허(俱許)'의 사견을 논파하는 것이라고 한다.

그렇다면 아흐리끼야외도의 학설은 어떻게 전개되어 있는가. Āhrīkya(無
慚)란 자이나교를 비칭(卑稱)하는 용어이다. 자이나교에서는 불교의 5계에 해
당하는 불살생·불투도·불음행·불망어·무소유의 5대서(五大誓, mahāvrata)
를 지켜야 한다. 그런데 무소유의 정신에 따라서 모든 옷을 벗어버리고 나체
로 고행을 하기 때문에, 불교에서는 그런 행위를 부끄럽게 생각하지 않는다고
비판하여 무참외도(無慚外道)라고 부르는 것이다.

자이나교의 창시자는 와이샬리(Vaiśālī) 부근에서 BCE 6세기경에 태어난
Vardhamāna(Nigaṇṭha Nātaputta)이다. 대오하고 나서 마하위라(mahāvīra, 大雄)
또는 jina(勝者)라고 불렸다. 불교의 중도설에 대하여 상대주의를, 고행의 부정
에 대하여 고행주의를, 무아설에 대하여 요소실재설을 주장하였다.

자이나교의 우주론에 관한 도표

宇宙	非世界(理想世界)		
	世界	Jīva(영혼)	地·水·火·風·動物·植物
		Ajīva(비영혼)	dharma운동의 조건 adharma정지의 조건 ākāśa허공 pudgala물질

　　자이나교의 주장에 따르면, 우주는 세계와 비세계(非世界, 理想世界)로 구성되어 있으며, 세계는 다섯 가지 실체로 구성되어 있다고 믿는다. 다섯 가지 실체는 커다랗게 jīva(靈魂)와 ajīva(非靈魂)로 분류한다. jīva는 지·수·화·풍·동물·식물에 존재하므로 여섯 종류의 영혼이 있는 것처럼 보이지만, 결과적으로 모든 존재 속에 내재하고 있다는 논리로 귀착된다. ajīva에는, dharma(운동의 조건)·adharma(정지의 조건)·ākāśa(허공)·pudgala(물질)의 네 가지 실체가 있다. dharma는 고기를 헤엄치게 하는 물과 같이 다른 것을 운동시키는 조건이며, adharma는 낙하물을 정지시키는 대지와 같이 운동하고 있는 것을 정지시키는 조건이고, ākāśa(虛空)는 다른 여러 실체가 존재하는 장소이며, pudgala(物質)는 무수하게 존재하며 많은 물체를 구성하고, 장소를 점유하며, 색·향·미·촉의 특질을 갖는다. pudgala는 aṇu(미립자) / paramāṇu(극미립자)로 구성되어 있다. jīva는 본래는 다 같으며, 무한한 지(知, jñāna)·견(見, darśana)·역(力, vīrya)·낙(樂, sukha)의 성품을 가지고 있으나, 신·어·의의 삼업으로 인하여 이러한 성품이 가려지게 되고, karma에 따라서 서로 차별된다고 한다. karma를 jīva에 달라붙는 일종의 미세한 pudgala로 간주한다. 그리고 이 물질 때문에 jīva가 제 성품을 제대로 발휘하지 못하게 된다고 한다. 이

것을 속박(bandha)이라고 한다.

불교에서는 이와 같은 주장을 다음과 같이 비판한다. 자인(自因)·타인(他因)의 합작이라는 점에서, 자인(自因)·타인(他因)을 부정하는 과정에서 이미 논증을 마친 것이라고 할 수 있다. 그리고 공인생론(共因生論)의 대표자는 아흐리끼야학파(Āhrīkya, 無慚外道)라고도 불리는 자이나교이다. 자이나의 주장은, 금과 불 등에 의해서 금고리가 만들어지는 것과 같이, 자(정신적인 것)와 타(물질적인 것)와의 두 인(因)에서 세간이 생성된다는 것이다.

넷째, 비비유상비비무상(非非有相非非無相)에 관한 불교적 논리는 무엇인가. 앞에서 쌍키야학파의 유상(有相)과 와이쉐쉬까학파의 무상(無)相을 모두 논파하였다. 진여는 유상도 아니며 무상도 아니라는 논증을 한 것이다. '비유상비무상'은, 둘을 묶어서 모두 부정해버리면 된다는 주장이다. 유상과 무상이 모두 논파되어버렸기 때문에 그와 같은 주장은 전혀 이치에 맞지 않는 것이다.

이와 같이 주장하는 학파는 어느 학파일까? 아지위까 외도(Ājīvika, 邪命外道)이다. 유 등의 본성과 그의 제법과는, 같지도 않으며 다르지도 않다고 집착한다. '비유비비유(非有非非有: 俱非)'에 해당한다. 원효는 『대승기신론』의 공(空) 가운데의 '비비유상비비무상(非非有相非非無相)'은 아지위까 외도(Ājīvika, 邪命外道)의 '구비(俱非)'의 사견을 논파하는 것이라고 한다. 그들의 주장은 진실이 아니다. 무슨 까닭인가. 만일 유(有) 등의 본성과 법이 동일하지 않다면 와이쉐쉬까학파의 과실과 같으며, 유 등의 본성과 법이 다르지 않다면 쌍키야 학파의 과실과 같기 때문이다.

그렇다면 아지위까 외도의 학설은 어떻게 전개되어 있는가. 불교에서는, 인도 과도 없어져버려 세간의 질서가 무시되는 것이라고 무인론(無因論)을 비판하는 것이다. 이 무인론을 주장하는 학파는, 막칼리-고쌀라(Makkhali Gosāla)에 의해서 개창된 미티야-아지와(Mithyā-Ājīva, 邪命)라고 비판을 받고 있는 로 까야따(Lokāyata, 順世派)이다. 그들은 지·수·화·풍의 4대종(catvāri mahā-bhūtāni, great elements)의 실체만을 인정한다. 인간의 지각인식은 그들 대종(大種)이 성숙하는 것에 의해서만 일어난다고 주장한다. 선악에 관한 업의 과보, 따라서 피안의 세계와 영혼을 거부하는 유물론을 주장하고 있는 것이다. 그들이 주장하는 무인론(無因論)이란 도덕상의 허무론이라고 하는 것이지만, 그러한 사상이 고집된다고 하는 곳에는, 실체가 있다고 요득(了得)하여 분별하는 소론(所論)과 같이, 그것이 희론인 성격을 벗어날 수 없는 것이다. 결과적으로 불교에서는, '구비(俱非)'도 존재의 실상에 도달할 수 없는 사견이라고 논파한 것이다.

망심이 있는 한, 어떠한 주장도, 심진여를 알 수 있는 것이 아니다. 이와 똑같은 의미로, '일(一)'·'이(異)'·'비일비이(非一非異: 雙非)'·'일이구상(一異俱相: 雙許)'도 존재의 실상을 나타내는 것이 아니다.

앞의 '유'·'무'로부터 '일이구상(一異俱相)'에 이르기까지는, 일체법의 차별상을 구체적으로 나타낸 것인데, 이와 같은 차별상이 일어나는 것은, 범부에게 '망심'이 있기 때문이다. 망심이 자신의 주체적인 영역을 확보하고 있으면서, 대상을 구별하여 인식한다. 말하자면 한 끄샤나(eka-kṣaṇa, 一刹那) 한 끄샤나의 분별이기 때문에, 차별하는 세계의 인식이 일어나며, 진여와 어울리지 못하게 되는 것이다. 만일 망심이 소멸하면, 있는 그대로의 인식의 세계, 말하자면 진여와 딱 들어맞는 인식의 세계가 성립하는 것이다. 망심의 배후에는, 무명·번뇌가 있기 때문이며, 진여의 세계에서는 이 망심은 공(空, śūnyaṃ, 0%)인 것이다. 그것이 '공진여(空眞如, 如實空)'의 의미이다. 그러므로『대승기신론』에서, "만일 망심을 벗어나버리면 진여에는 참으로 부정되어야 할 것이 아무것도 없다"라고 논술하고 있는 것이다.

|용어 해설|

염법(染法): 정법의 상대어이다. 미혹, 미망, 번뇌를 말한다.

불상응(不相應): 상응이란 꼭 들어맞는다는 뜻이다. 그러므로 불상응이란 번뇌
가 진여와 합치하지 않는 것, 진여가 번뇌와 서로 어울리지 않는 것을 말
한다. 진여에 무명이 작용을 할 때, 염법이 생기지만, 염법의 활동은 진여
에 거스르는 것이다. 그러므로 염법은, '정유리무(情有理無)'라고 말한다.

일체법차별상(一切法差別相): 범부가 보고 있는 차별 세계에 나타나는 모습. 주관
에 대한 대상계가 '차별상'인데, 진여는 '소취(所取, 客觀)'라고 하는 존재방
식으로는 파악할 수 없기 때문에 차별상이 될 수 없다는 것을 말한다.

허망심념(虛妄心念): 망념과 같은 말이다. 진여에는 '능취(能取, 主觀)'라고 하는 존
재방식은 없는 것을 나타낸다. 진여는 법계일상(法界一相)이기에, 주관·객
관이라고 하는 존재방식으로는 파악할 수 없는 것을 나타낸다.

자성(自性): 자체(自體)와 같은 말이다. 특질을 바꾸지 않고 실재하는 것을 가리
킨다.

비유·비무·비유무구·비비유상비비무상의 사비(四非)와 그 학파들

大乘起信論	四執見	四邪見	四種外道
非有相	有	–	數論外道
非無相	非有	非–	勝論外道
非有無俱相	俱許	雙許	無慙外道
非非有相非非無相	俱非	雙非	邪命外道

- 비유상(非有相, Neither with Marks)

'있다(有)'라고 하는 존재방식이다. 진여(眞如, tathatā, Suchness)는 '있다'라고
하는 존재방식으로는 파악되지 않는다. 범부가 인식하는 '유(有)'는 유한이

다. 무한한 것인 진여(tathatā)는 유상(有相)으로는 인식할 수 있는 것이 아니다. 지금 '있다'고 생각한 것도 다음에는 없어져서 없다. 제행(諸行)은 무상(無常)이며, 영원히 존재하는 것은 없다. 따라서 '있다'고 하는 범주로 인식한 것은 존재의 실상(實相)이 아니다. 그러므로 tathatā를 '비유상(非有相)'이라고 말한다.

이와 같이 주장하는 학파는 어느 학파일까? 쌍키야학파(Sāṃkhya, 數論)이다. 존재의 본성과 존재와는 동일한 것이라고 하기 때문에 '유(有)'에 해당한다. 원효는,『대승기신론』의 공(空) 가운데서, '비유상(非有相)'은 이 쌍키야학파의 유(有)의 사견(邪見)을 논파하는 것이라고 한다.

그렇다면 쌍키야학파의 학설의 내용은 어떻게 되어 있는가. 이 학파의 창시자는 까삘라(Kapila, BCE 350~250경)라고 전해지고 있다. 우빠니샤드의 철인 웃다라까 아루니(Uddālaka Āruṇi)의 유(有)의 사상을 개혁하여 두 가지의 실체적 원리를 상정한 이원론의 입장이다. 그 이원론이라고 하는 것은 정신적 원리와 물질적 원리를 상정하여 존재를 설명한다. 정신적 원리로서의 순수정신을 뿌루샤(puruṣa, 神我)라고 부르며, 아뜨만(ātman, 我)이라고도 부른다. 그것은 동력인(動力因)이며, 남성적 원리이다. 물질적 원리로서의 근본원질을 쁘라끄리띠(prakṛti, 自性)라고 부른다. 그것은 질료인(質料因)이며, 여성적 원리이고, 현상세계의 전개의 원리가 된다. 쁘라끄리띠는 순질(純質, sattva)·격질(激質, rajas)·예질(翳質, tamas)이라고 하는 세 가지의 구성요소로서 이루어져 있다. 순수정신의 관조를 기회인(機會因)으로 해서, 근본원질이 순수정신의 관조를 받아서 세 가지의 구성요소 사이의 평형이 깨지면 활동하는 상태로 들어간다. 그때 근원적 사유기능이 생겨 순서에 따라 전개된다. 순수정신은 본래 순수하고 청정한 것이기는 하지만, 물질에 의해서 제한되어 있는 까닭에 이 생존이 고(苦)가 되어 있는 것이다. 순

150

수정신이 근본원질을 관조하여 물질을 결합하고 있는 사이에는 윤회가 존재한다. 근원적 사유기능·자아의식·다섯 가지의 미세한 요소에 의해서 '미세신(微細身)'이 형성되고, 육체가 소멸한 뒤에도 영속적으로 존재하여, 윤회의 주체가 되어 다음의 생존 가운데로 옮겨간다. 후세에 이르러서는 쌍키야학파의 내부에서 일아설(一我說)이 성립하기에 이른 것이다. 쌍키야학파는 최고아(最高我)를 궁극의 원인으로 보고, 유신론적 일원론의 경향을 드러내고 있다.

불교에서는 이와 같은 주장을 다음과 같이 비판한다. 인(因)인 자(自)라고 하는, 현재에 이미 자체를 가지고 존재하는 것이, 나아가 자체를 얻기 위하여 생겨나서, 과(果)가 되는 것의 모순을 지적한다. 자(自)라고 하는, 현재에 존재하는 것이, 다시 생겨나는 것의 필연적 이유를 묻지 않으면 안 된다고 논파한다. 자(自)로부터 자의지적으로(self-willingly) 생긴다면, 그것에 하등의 제약이 없기 때문에, 무궁하게 생기지 않으면 안 된다고 하는 과오가 수반되는 것이라고 하는 것을 비판한다. 이것은 인·과의 일체관(一體觀)과 같은 입장에 대한 비판이다. 그러한 비판은 실제로 쌍키야학파의 인중유과설(satkārya-vāda, principle of identity between cause and effect)에 화살을 겨누는 것인데, 자재신(自在神)이 자기의 의지에 맡겨서 자의지적으로 세계를 생겨나게 한다는 사상으로 이어진다.

- 비무상(非無相, Nor without Marks)

'유(有)'에 대칭되는 것으로서, '무(無)'는 대상(對象)으로는 파악되는 것이 아니다. '무(無)가 있다'라고 말하는 것은 자기모순이다. 그러나 '무(無)는 없다'라고 말하는 것도 이치에 맞지 않는다. 이 점에서도 대상·객관으로 파악된 '무', 범부가 주장하는 '무'는 참으로 '무'가 아니라는 것을 깨달은 것이다. tathatā는 이와 같이 '무상(無相)'으로는 파악되지 않으므로 '비무상(非無相)'이라고 한다.

이와 같이 주장하는 학파는 어느 학파일까? 와이쉐쉬까학파(Vaiśeṣika, 勝論)이다. 존재의 본성과 존재와는 다른 것이라고 하기 때문에 '무'에 해당한다. 원효는, 『대승기신론』의 공(空) 가운데의 '비무상(非無相)'은 이 와이쉐쉬까학파의 비유(非有, 無)의 사견을 논파하는 것이라고 한다.

그렇다면 와이쉐쉬까학파의 학설은 어떻게 전개되어 있는가. 와이쉐쉬까학파의 개조는 까나다(Kaṇāda, BCE 150~50경)이다. 이 학파의 특색은 경험적·분석적 자연철학으로, 과학적·상식적 입장에서 일종의 범주론을 전개하는 데에 있다. 이와 같은 철학적 경향은, 정통 브라흐마나(brāhmaṇa, 婆羅門) 고유의 그것과 다르기 때문에, 이 사상의 원류를 브라흐마나나 우빠니샤드(Upaniṣad, 奧義書)에서 찾는다는 것은 거의 불가능이라고 생각된다. 오히려 거룩한 붓다시대의 육사외도의 사상 가운데 그 선구가 보인다고 생각하는 편이 나을 것이다. 같은 시대의 도시사회의 발전에 따라서 발생한 것이기 때문에 빠꾸다깟차야나(Pakudhakaccāyana), 막칼리고쌀라(MakkhaliGosāla), 니간타나따뿟따(NiganṭhaNātaputta) 등의 영향을 받은 것으로 보인다. 원자는 부분을 가지지 않고, 분할할 수 없으며, 파괴할 수도 없는 것이며, 그 자체는 지각되기 힘들지만 집합하면 현실에서 지각될 수 있는 물질을 형성한다. 그러한 원자론은 인도에서는 자이나교가 최초로 주창한 것이며, 와이쉐쉬까학파의 원자설은 이것을 받아들인 것이라고 생각해도 좋을 것이다. 그의 근본 성전인 『Vaiśeṣika Sūtra』의 제9권은 인중무과(因中無果)·유무(有無)의 관계 등에 대하여 다루고 있다. 한 사물 혹은 현상을 객관적으로 고찰하면 그 특질·수량·형상·위치·운동·작용 등이 드러나 있는데, 이것들은 단지 드러나 있을 뿐이며, 이것들이 바로 사물 그 자체 곧 실체 혹은 주체는 아니다. 곧 이것들을 소유하여, 이것들로서 나타나는 것이 주체이다.

그들의 실체론은 아홉 실체 가운데, 허공·시간·방각(方角)은 장소적·조건적인 비심비물(非心非物)로서, 이 가운데에 지·수·화·풍·아·의(地水火風我意)가 존재하여, 이것이 심(心)과 물(物)로 나누어지는 것이다. 그런 까닭에 이 학파의 근본 사고방식은 이원론이며, 동시에 또한 다원론이다. 그리고 근본 요소로서는 이것들은 어느 것이나 독립적으로 서로 생기고 생겨나는 일 없이 상주(常住)이다. 이것들의 마음과 물이 어느 것이나 활동성을 가지며, 결합·집적하여 우주의 모든 것을 구성하고 있다고 하는 것이기 때문에 분명히 적취설(積聚說)이며, 정통 브라흐마나(brāhmaṇa, 婆羅門)사상과는 다른 것이라고 생각된다.

불교에서는 이와 같은 주장을 다음과 같이 비판한다. 인(因)이 되는 타(他)라고 하는 것이 어디엔가, 과(果)가 생겨나기 이전에 존재성을 가지고 있다면, 타(他)로부터의 생겨남이 허락될 것이지만, 그러한 일은 있을 수 없다. 그러한 것이 존재하고 있다면 알려질 것이며, 또한 이미 존재하고 있다면 발생하여 나올 필요는 없을 것이라고 본다. 이것은 바로 앞의 인중유과론에서 지적된 것과 똑같은 난점이 그 곳에 배태되어 있는 것을 힐난하는 것이다. 혹은 또한 인과이체(因果異體)에의 비판이 이곳의 소론(所論)과 같은 것이라고 하는 것도 알 수 있다. 곧 타(他)의 인(因)에서 과(果)가 나오는 것이 되면, 그러한 인과 과라고 하는 것은 전연 무관계한 사이에 있는 것이며, 그러한 것이라고 하면 타로부터 생겨난다고 하는 것은, 어떤 것으로부터든지 어떤 것이라도 생겨난다. 만일 그렇다면 일체(一切)의 것에서 일체(一切)의 것이 생겨난다고 하는 논리이다.

그것은 비인(非因)인 것 위에도 타성(他性)이 동등하게 존재하고 있기 때문이라고 하는 것과 같이 힐난을 받게 된다. 이것은 와이쉐쉬까학파에 있어서, '지·수·화·풍의 특질의 어느 일극미(一極微)와, 그러한 일극미가 두 개 결합한 이극미과(二極微果)와, 나아가 그것이 다른 일극미와 합한 삼극미과(三極微果) 등의 순서에 의한 인(因)의 전전(展轉)의 경과를 가지면서, 거기에 다른 사물이 될 수 있는 과가 되는 실물을 현성(現成)한다고 주장하고 있는 것이 대표적인 타인생론(他因生論)으로서 간주되고 있다. 그곳에는 인과 과가 따로따로 실체로서 보이고 있기 때문이다.

- 비유무구상(非有無俱相, Nor is it both with and without Marks simultaneously) '유(有)와 무(無)'를 보탠 것으로, '유와 무'를 부정하면, '유이면서 무'를 주장하는 것이 범부이다. 예를 들면 자기는, 태어나서부터 이제까지 생명이 이어지고 있기 때문에, 자기는 연속(常住)이라고 생각한다. 그러나 자기는 동시에 끊임없이 변화하고 있다. 우리가 학문을 연구하기도 하고 수행을 하기도 하는 것은, 현실의 자기를 벗어나서, 보다 높은 자기로 진보하기 위함이며, 그 경우에는 자기 전체가 진보·향상하는 까닭이다. 자기의 진보·향상이 있는 한, 자기는 그때그때에 '단절(斷絶)'이 있다고 말하지 않으면 안 된다. 따라서 자기는 한편으로는 '연속'이라고 말하면서, 다른 한편으로는 '단절'이라고 말하지 않으면 안 된다. 그러므로 자기는 "단절(斷絶)이면서 연속(連續)이다"라고 말하든가, "비연속(非連續)의 연속이다"라고 표현된다. 그러나 연속과 단절은 서로 모순되는 개념이다. 자기 존재의 실상은 연속이나 단절의 범주로는 파악되는 것이 아니다. 자기 존재의 실상은 자기에 대한 집착을 벗어난 '무분별지(無分別智)' 즉 prajñā에 의해서만 이해된다. 그러나 prajñā에 의하여 자기의 실상을 요지(了知)하였다고 하더라도, 그 실상을 언어로 표현할 때에는, '상주(常住)가 아니다·단절(斷絶)이 아니

다' 등으로 표현하는 것밖에 다른 방법이 없다. 좋은 의미의 분별이라고 말할 수 있다. 그러나 이 '불상(不常)·부단(不斷)'은 앞의 '유무구상(有無俱相)'과 표면적으로는 별로 다른 것이 아니다. 따라서 prajñā에 체달(體達)하여 '불상·부단'이라고 하는 것과 이에 다다르지 못한 상태에서 '자기는 단절이면서 연속이다'라고 말하는 것도, 언어의 표현으로는 거의 구별이 없다. 여기에서 말하는 '유상(有相)·무상(無相)'도 그와 사정이 다를 것이 없다. '유'라고 하여 부정되고, 바꾸어서 '무'라고 주장하여 부정되는, 그렇다고 하면 '유와 무'를 보태면 될 것이 아니냐고 말하는 것이 '유무구상(有無俱相)'의 입장이다. 그러나 유와 무가 같은 차원에서 주장되는 '유무구상(有無俱相)'은 하등에 문제를 해결하는 실마리를 제공하지 못한다. 그러므로 tathatā를 '비유무구상(非有無俱相)'이라고 한다.

이와 같이 주장하는 학파는 어느 학파일까? 아흐리끼야 외도(Āhrīkya, 無慚外道)이다. 존재의 본성과 그 존재와는 동일한 것이기도 하며, 동일한 것이 아니기도 하다고 집착하기 때문에 '역유역비유(亦有亦非有: 俱許)'에 해당한다. 원효는 『대승기신론』의 공 가운데의 '비유무구상(非有無俱相)'은 아흐리끼야 외도의 '구허(俱許)'의 사견을 논파하는 것이라고 한다.

그렇다면 아흐리끼야 외도의 학설은 어떻게 전개되어 있는가. Āhrīkya(無慚)란 Jaina교를 비칭(卑稱)하는 용어이다.

일상(一相): 이 경우의 '일(一)'은 다른 것을 배제하는 의미의 '일(一)'이며, '이상(異相)'의 상대어이다. 진여는 이와 같이 유한한 의미의 '일(一)'에 의하여 파악될 수 없다는 것을 가리킨다. 앞에서 언급한 쌍키야학파(Sāṃkhya, 數論)를 논파하려는 논리이다.

망심(妄心): 망념과 같은 말이다. 허망분별을 하는 작용을 말한다. 그러므로 진리에 도달할 수 없다. 분별작용을 하는 인식으로는 스스로가 분별을 하면서도 스스로의 미망성을 알아채지 못한다. 예를 들면 꿈속에서의 인식은 진실이 아닌데도, 꿈을 꾸고 있을 때는 스스로는 그것이 진실이 아니라는 것을 모르는 것처럼, 범부의 인식은 미망이 사로잡혀 있기 때문에, 범부로 있는 한은, 자신이 미망에 사로잡혀 있다는 것을 모른다는 뜻이다.

제2목 진여는 불공이다(如實不空)

所言不空者, 已顯法體空無妄故, 卽是眞心. 常恒不變淨法滿足, 則 名不空. 亦無有相可取, 以離念境界唯證相應故.

진여는 번뇌를 벗어나서 맑고 깨끗한 덕성이 언제나 갖추어져 있다는 의미를 자세하게 논술하면, 이미 진여 그 자체에는 번뇌가 모두 없어져서 어떤 망념도 존재하지 않음이 밝혀졌기 때문에, 이것을 '진실한 마음'이라고 부른다. 또, 이것은 언제나 끊임이 없으며, 변화하지 않고, 맑고 깨끗한 덕성이 넘쳐흐른다는 의미에서 '불공(不空, aśūnyaṃ, 100%)'이라고 부른다. 그러나 진여는 절대이고 영원하기 때문에 그 자체로서는 '한 모습'이니 형상으로는 나타낼 수 없다. 망념을 소멸시킨 마음의 경계에는 집착되는 '나'도 없으려니와 인식하는 대상도 없으며, 오직 '깨달음'과 어울리는 세계만이 있을 뿐이다.

|강설|

마지막으로 불공진여(不空眞如)란 무엇을 의미하는가? 망심이 0%(śūnyaṃ, 空)인 상태의 인식의 세계, 말하자면 불지(佛智)로서의 심진여에는 갠지스 강의 모래알처럼 헤아릴 수 없이 많은 본성으로서의 공덕을 본디 갖추고 있다는 의미이다. 법체, 말하자면 심진여는 실재이며, 번뇌를 벗어난 청정·불변의 공덕을 갖추고 있음을 가리킨다. 번뇌는 공(空, śūnyaṃ, 0%)이다, 공덕은 불공(不空, aśūnyaṃ, 100%)이다, 지혜는 유(有, aśūnyaṃ, 100%)이다, 자비는 100%라고 논술하고 있는 것이 여실불공(如實不空, 不空眞如)이다. 말하자면 진여가 번뇌를 품고 있지 않으며, 불변의 수승한 특질을 갖추고 있다는 논리를 전개하여 진여를 나타내려고 하는 것이다. 망심이 무(śūnyaṃ, 空, 0%)인 것이 명확하게 되었기 때문에, 진심(眞心) 말하자면 심진여는 그 본성이 언제나 불변이며, 그 자리에는 깨달음의 지혜로서의 청정한 특질(dharma, 法)이 가득 차 있다. 바로 불공이라는 것이다.

그러나 마음의 본성에는 헤아릴 수 없이 많은 공덕이 갖추어져 있다고 하더라도, 그것을 일체법의 차별상이라고 하는 형상으로는 인식할 수 있는 것이 아니다. '상(相) · 형상'으로 인식할 수 있는 것이 아니라는 의미이다. 그것은 망념의 인식이기 때문이다. 이념(離念), 말하자면 망념을 소멸시킨 인식의 세계에서는, 집착을 당하는 자기도 없으려니와, 자기가 인식하는 대상도 없으며, 다만 깨달음과 어울리는 세계만 있다. 진여의 인식은 깨달음의 지혜에 의하여 실현한다. 그래도 진여는 깨달음의 지혜와 다른 것이 아니기 때문에, 깨달음의 지혜가 스스로 빛을 발휘하는 것이 진여의 인식이 된다. 이(理, 眞如)와 지(智, 佛智)의 둘이 아닌 법신이 바로 진여이다.

심진여문(tathatā)의 구조

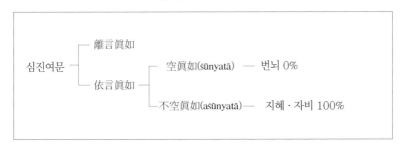

157

불공(不空, aśūnyaṃ, 100%): 진여는 실재이며, 본성으로서의 헤아릴 수 없이 많은 공덕을 갖추고 있음을 말한다. 탐·진·치의 삼독, 말하자면 번뇌가 0%(śūnyaṃ, 空)인 마음자리는 지혜와 자비가 100% 가득하게 채워져 있다는 논리, 그것을 불공(aśūnyaṃ)이라고 말하는 것이다.

법체(法體): 진여는 실재라는 것을 말한다. 법체가 공이라고 하는 것은, 진여에는 망법이 0%라는 논리이다. 심진여는 전체가 진실이며 무루의 성공덕으로 이루어져 있다. 그러나 진여는, '자성을 지키지 못한다'라는 것이며,『대승기신론』에서도, 진여가 무명의 훈습을 받아서 진여에 망법이 나타나는 것이라고 서술하고 있다. 진여는 자체가 청정성·순수성을 이어가면서도, 무명에 염오되어 망령되게 현현한다고 하는 점이,『대승기신론』의 진여관이 유식설의 진여관과 다르다는 점이다. 유식설에서는 진여는 무위이며, 항상 불변의 특질만을 보여주는 것으로 되어 있기 때문에, 진여가 무명의 훈습을 받는다는 것을 받아들이지 않는다.

진심(眞心): 진여를 가리킨다. 진여는 마음의 진여이며, 이 상태를 진심이라고 말한다.

상항불변(常恒不變): 진여는 언제나 불변이다. 진여는 불변이지만, 동시에『대승기신론』에서는 '수연진여(隨緣眞如)'를 받아들이고 있으며, 불변이면서 수연(隨緣)인 것을 수용한다. 말하자면 진여는 한편으로는 연(緣, 環境條件)을 따라서 변화하고 있다는 것이다.

정법만족(淨法滿足): 정법(淨法)이란 청정한 공덕을 가리킨다. 불지(佛智)가 헤아릴 수 없이 많은 청정한 공덕을 갖추고 있다는 것을 말한다. 진여가 불공이라는 것은 정법만족을 가리키며, 앞에서 서술한 것과 같이 지혜·자비가 100%라는 것이다.

무유상(無有相): 진여는 절대이며 영원한 것이기 때문에 그 자체로는 일상(一相)이다. 그러나 상(相)은 상(相)으로 세울 수 없다. 예를 들면 한 가지 색만 있으면 색이라고 말할 수 없다. 두 가지 이상의 색이 있을 때, 비로소 공통성으로서 색이라고 하는 개념을 얻을 수 있다. 맹인에게도 한 가지 색은 있을지 모르지만, 한 가지 색으로는 색이라는 것을 파악할 수 없다. 그러므로 일상(一相)은 상(相)이라고 말할 수 없다. 일체법에는 잡다상이 있는데, 모든 상의 구극의 보편자가 진여이다. 이것은 유상(有相)이 아니다.

이념경계(離念境界): 경계란 인식의 대상을 가리킨다. 주객이 분열한 인식의 대상은 '유념(有念)'이지만, 진여의 인식은 주관과 객관이 합일한 전체적 인식이며, 인식 그 자체이기 때문에 '이념(離念)'이라고 부른다. 보려고 해서 보는 것이 아니라, 있는 그대로의 인식의 세계가 성립할 때, 진여의 인식이 있다.

증상응(證相應): 증(證)은 깨달음을 뜻한다. 불지의 작용이다. 진여의 인식은 깨달음의 지혜에 의하여 실현한다. 그래도 진여는 깨달음의 지혜와 다른 것이 아니기 때문에, 깨달음의 지혜가 스스로 빛을 발휘하는 것이 진여의 인식이 된다. 이(理, 眞如)와 지(智, 佛智)의 둘이 아닌 법신이 바로 진여이다.

제2절 마음의 현상적인 모습을 관찰하는 부문〔心生滅門〕

心生滅門
染淨生滅: 心生滅 · 生滅因緣 · 生滅相
染淨熏習: 染法熏習 · 淨法熏習 · 染淨盡不盡

먼저 심생멸문의 사상적 내용에 대하여 간략하게 언급하고 본문으로 들어가기로 한다. 심진여문은 시간을 초월한 입장에서 '일심'을 보기 때문에, 일심의 체(體, 實在)·본질·본성을 관조하게 되는 것이다. 생멸·거래하는 것은 영원한 모습 앞에서는 소멸하며 실재만이 보이기 때문이다. 예를 들면 범부의 중생심에 있어서는 번뇌가 현재 있는 것이지만, 그러나 그것은 보디쌋뜨와의 수행을 멈추지 않고 계속하여 닦으면 드디어는 소멸하여 버리는 것이다. 그리고 또 범부의 중생심에 있어서는 마음의 청정한 본성은 감추어져 나타나 있지 않지만, 언젠가는 그것은 나타나게 되는 것이다. 이와 같이 영원한 모습 앞에서 마음을 관조하는 것이 '심진여문'이며, 그것은 일심의 체(體)를 관조하게 되는 것이다.

이에 대하여 '심생멸문'은, 일심의 '상(相)'·변화·현상을 문제로 삼는다. '생멸'이란 시간의 세계이다. 마음은 본디 시간적 존재이다. 말하자면 끊임없이 생멸·변화하고 있다. 생멸·변화하고 있다고 하는 것은, 마음이 번뇌와 어떤 관계를 맺고 있다는 것이다. 붓다의 마음은, 내적으로는 번뇌를 지니고 있지 않지만, 그러나 밖으로부터 중생에게 작용을 하고 있다. 그렇게 작용하는 가운데에 중생의 번뇌와 서로 관계를 맺게 되는 것이다. 그러한 상황에서 붓다는 스스로는 시간을 초월하였으면서도, 시간의 세계와 관계를 맺게 되는 것이다. 이에 대하여 범부의 마음은, 자성청정심이 번뇌와 결합하여 있는 것이므로, 생멸심으로 되어 있다. 이 생멸심이 시간을 엮어내는 근원이다. 불교에서는 시간을 독립된 실체로 보지 않는다. 『구사론』에서도, "시간에 따로 체가 없다. 법에 의지하여 그 위에 건립한다."라고 서술하고, 끄샤나에 사라지는 법이 생성하고 소멸하는 가운데에 '시간'이 성립한다고 보고 있다. 이에 대하여 유심설·유식설에서는, 마음의 생멸, 마음의 분별에 의하여 시간이 생산된다고 생각하고 있다. 범부의 마음은, *끄샤나*(kṣaṇa, 刹那) *끄샤나*에 무엇인가를 사유하고, 무엇인가를 분별하고 있다. 사유를 버리고 분별을 벗어날 수 없다. 이 분별작용을 하고 있는 가운데 시간을 만들어 내고 있는 것이다. 말하자면 『대승기신론』의 입장으로 보면, 망념이 시간의 근원이다. 그러나 마음은 한편으로는 생멸심이지만, 다른 한편으로는 불생불멸이라고 주장한다. 따라서 우리가 자기 주체성의 입장을 마음의 불생불멸에 두는 것이라면, 망념은 멈추고 영원의 세계가 열리게 될 것이다. 우리는 스스로 알아차리지 못하지만, 마음은 언제나 '영원한 현재'에서 살고 있는 것이다.

우리가 여느 때 자기를 반성하여 보아도, 언제나 '현재'에 자기가 있는 것을 안다. 우리는 과거에도 미래에도 한 발자국도 내디딜 수 없다. 어느 때 보아도 자기는 '현재'에서 생존하고 있다. 깨달은 때가 '현재'이며, 식사를 할 때가 '현재'이다. 무슨 일을 할 때에도 그것을 할 때는 '현재'이다. 말하자면 우리는 시간적으로 움직여서 가는 '현재'와 시간을 움직이게 하여 가는 '현재', 두 가지 의미의 '현재'를 생각할 수 있다. 전자의 '현재'는, 과거와 미래와의 관계 위에 성립하는 '현재'이다. 이 '현재'는 일 끄샤나의 길이밖에는 되지 않는다. '현재이다'라고 생각할 때, 벌써 과거로 들어가 버린 '현재'이다. 그러나 후자의 '현재'는, 언제나 지금 있는 '현재', 움직이지 않는 '현재'이다. 전자는 망념이 만들어 내는 '현재'이며, 윤회를 만들어내는 미망의 시간이다. 유동하는 시간이다.

이에 대하여 후자의 '현재'는, 불생불멸하는 마음에 자리를 잡은 세계이며, 그곳에는 시간은 없다. 하루 종일 말하여도 한 마디도 말하지 않은 세계이다. 만일 우리가 유전하여 가고 있는 대상에 집착하지 않으면 시간에 흘러들어가지 않고, 이 '현재'에서 살 수 있다. 붓다의 세계는 일심의 세계이기 때문에 본디 시간은 없는 것이다. 시간을 초월한 세계에서 마음은 살고 있다. 붓다가 중생을 구제하기 위하여 중생에게 작용을 걸 때에도 그 작용은 노력을 하지 않고 저절로 이루어지기 때문에, 그것은 시간적 양상을 취하지 않는 것이다. 그러나 그것에 접하는 중생 쪽에서 보면, 붓다도 마치 시간의 세계에서 사는 것과 같이 받아들여지는 것이다. 이것은 붓다가 중생을 구제하려는 선교방편이다.

『구사론』에, "시간에 따로 체가 없다. 법에 의지하여 그 위에 건립한다"의 시간은, 자연계나 환경의 변화, 생물 등의 생장을 중심으로 하여 '시간'을 시설하는 입장이다. 말하자면 '제행무상(諸行無常)'을 시간의 근원으로 보는 견해이다. 이것은 물리적 시간이라고 말하여도 좋을 것이다. 이에 대하여 유심설·유식설은, 의식의 흐름이나 의식의 변화에서 시간의 근원을 찾는 입장이다. 우리가 아주 칠흑 같은 동굴에 갇혀서 외계의 변화로부터 차단되어도 역시 시간의 경과를 알 수 있다. 심장의 고동이나 배가 고픈 것을 통하여 시간의 경과를 아는데, 그때 바탕을 두는 것은 '의식의 변화'이다. 우리는 의식을 같은 상태로 머물러 있게 하려 해도 머물러 있게 할 수 없다. 의식은 피할 수 없이 변화하여 간다. 앞의 의식과 다음의 의식과의 차이 사이에서 시간을 경험한다. 이 의식이 피할 수 없이 변하여 가는 것이 '망념'이다.

우리의 일상적인 마음은 기쁨이나 슬픔의 거친 파도가 일 때에 움직이고 있는데, 선정에 들어가서 마음을 가라앉히면 그와 같은 거친 감정의 기복은 가라앉는다. 그러나 그 가라앉은 마음에도 역시 미세한 의식의 생성과 소멸이 있다. 그래서 마음을 극한의 단계까지 가라앉혔을 때의 가장 미세한 의식의 기복이 '염(念)'이다. '망념'이다. '염(念)'에는 끄샤나의 의미도 있지만, 끄샤나는 극소의 시간의 단위이다. 그리하여 의식 변화의 가장 미세한 것이, 끄샤나로서 인식되는 것이다. 말하자면 '끄샤나(kṣaṇa, 刹那)'라고 하는 시간의 단위가 있고, 그것에 의하여 의식의 미세한 변화가 알려지는 것이 아니고, 의식을 머물러 있게 하려고 해도 머무르지 않고, 의식을 최대한도로 가라앉혀도 그래도 역시 거기에서 일어나는 미세한 식의 변화에 있어서, 끄샤나를 알 수 있다고 하는 의미이다.

마음의 본성은 자성청정심이며, 이것은 깊은 바다의 물처럼 적정이며, '무념(無念)'이다. 그러므로 "마음의 본성은 언제나 망념이 없는 경계이기 때문에 변화가 없다고 말씀한다. 그런데도 이 '유일·절대의 세계'를 알지 못하므로 마음의 본성과 서로 어울리지 못하여 홀연히 망념을 일으키는데, 이것을 무명(無明, avidyā)이라고 말한다"라고 서술하는 것과 같이, 본디 '무념의 심성(心性)'인데도, 범부에게는 홀연히 망념이 일어나는 것이다. 이것이 범부의 분별심이며, 그 망념이 일어나는 근거는 무명이다. 그러나 왜 '망념'이 일어나는가는 설명할 수 없기 때문에, '뜻밖에 갑자기 망념이 일어나다(忽然念起)'라고 말하는 것이다. 이것이 범부의 현실이고, 이 '염(念)'에서, 범부에게 시간의 세계가 전개하며, 생사의 세계가 반복하여 펼쳐지는 것이다.

그러므로 생사를 초월하여 시간을 뛰어넘기 위해서는 망념을 소멸하는 것이 요구된다. 『대승기신론』의 목적도 거기에 있다고 생각된다. 그러나 '염'을 소멸하기 위해서는, '염'의 본질을 끝까지 밝힐 필요가 있다. '염'에는 집착이 포함되어 있다. 특히 자아에 대한 집착이 있으며, 이것이 망념을 만드는 근거의 하나이다. 제행무상(諸行無常)이 현상의 진실한 모습이라고 하면, 스스로 흐르는 대로 흘러가는 것에 의하여, 오히려 흐름에서 벗어난다고 하는 일도 있을 수 있다. 말하자면 의식의 흐름대로 의식하여 가는 것이라면, 그 곳에서 의식에 집착하지 않는다. 즉 염이 일어나지 않는 마음의 세계가 실현하는 것은 아닐까라고도 사유할 수 있다. 예를 들면 지구는 맹렬한 빠르기로 움직이고 있다고 하는데, 그러나 지구와 함께 움직이고 있는 우리에게는 그 움직임은 감지되지 않는 것에 비교될 수 있을 것이다.

생멸심에서 시간의 세계가 만들어지는 것인데, 이 마음의 생멸변화에 즉응(卽應)하여, 심진여의 존재방식을 탐구하는 것이 심생멸문이다. 심생멸문에서는 마음은 어디까지나 변화하여 머무는 일이 없기 때문에 마음의 '체(體)'를 문제로 삼을 수 없다. 마음의 '상(相)'을 묻는 것으로 된다. 말하자면 성(性)·상(相)에서의 '상(相)'으로 인간의 마음을 파악하려고 하는 것이다. 또는 심진여문이 마음의 총상(總相)을 묻는 것이라면, 심생멸문은 마음의 별상(別相)을 드러내는 것으로 된다. 심생멸문은 번뇌와의 관계에 있어서 자성청정심을 해명하기 때문에 완전히 상대적 입장에 서 있다. 심진여문은 불기불변의 절대적정(絶對寂靜)의 존재방식을 묻는데, 그 절대적정은 조건을 따라서 움직임을 일으키는 동성(動性)을 떠난 것은 아니다. 시간 가운데에 있으면서 시간을 초월한 것이 진여이다. 절대적정의 진여가 뒤로부터 시간과 결합하는 것이 아니다. 이와 같은 상황으로 '일심(一心)의 법'에서는, 심진여문과 심생멸문의 두 문이 필연적으로 시설될 수밖에 없다.

심생멸문은 크게 두 부문으로 나누어진다. '염(染)과 정(淨)의 생멸'과 '염과 정의 훈습(染淨相資)'이다. 심생멸문은 '염'과 '정' 또는 '각(覺)'과 '불각(不覺)'의 이원론의 세계이다. '일심(一心)의 법'은 심진여의 일원론의 세계이다. 무명은 체가 없음(無體)으로 진여에 발붙일 자리를 가질 수 없는 것이다. 무명은 공이므로 소실하는 것이다. 그러나 현실에서의 우리의 마음에는, 공무(空無)인 무명이 힘을 가지고 있으며, 불생불멸인 진여가 생멸하는 무명과 화합하여 알라야식을 형성하고 있다. 이 번뇌(染·不覺)와 지혜(淨·覺)와의 이원론의 세계가 우리의 마음이다. 그 곳에서는 두 가지가 서로 힘을 뻗치고 있기 때문에, 필연적으로 마음의 생멸이 일어나는 것이다. 이 번뇌와 지혜와의 관계로 마음의 생멸하는 상태를 나타내는 것이 첫 번째의 '염과 정의 생멸'이며, 이 부분은 더욱 세분되어 세 부분으로 되며, 그것은 심생멸(心生滅)·생멸인연(生滅因緣)·생멸상(生滅相)이다.

다음에 번뇌와 지혜와의 관계를 사유하여 보면, 번뇌와 지혜는 서로 모순이며, 배반하는 것인데, 동시에 양자는 서로 돕고 있는 점도 있다. 번뇌도 보다 강력한 번뇌로부터 보면 얼마쯤은 지혜의 성격이 있는데, 번뇌와 지혜는 하나로 되어 있는 점이 있기 때문이다. 그 점을 나타내는 것이 '염과 정의 훈습〔染淨相資〕'이다. 무명이 진여에 훈습하며, 거꾸로 진여가 무명에 훈습한다. 이 양자의 훈습을 다섯 가지로 나누어 설명하고 있다.

최후에 훈습의 단절과 부단(不斷)에 대하여 명확하게 서술한다. 무명의 훈습은 무시이래로 이루어지고 있다. 그러나 그것은 드디어 단절하는데, 성불할 때 무명의 훈습이 끊어지는 것이다. 그렇지만 진여의 훈습은 영원히 단절하는 일이 없다. 이 점을 명확하게 밝히려고 하는 것이 '염과 정의 훈습'에서의 끝부분의 '염과 정의 훈습'의 '진과 부진(盡·不盡)'이다.

제1항 마음의 현상적인 모습〔心生滅〕

心生滅者, 依如來藏故有生滅心. 所謂, 不生不滅與生滅和合, 非一
非異, 名爲阿梨耶識.
此識有二種義, 能攝一切法, 生一切法. 云何爲二. 一者覺義, 二者
不覺義.

마음의 현상적인 모습은 어떻게 해서 존재하게 되었을까? 여래장이 존재함으로 말미암아 생성하고 소멸하는 현상적인 마음이 있다. '한마음'은 그 자체로 봐서는 절대 진실이고 망념을 벗어나버린 경계여서 생겨나는 일도 없고 소멸하는 일도 없다고 말하지만, 또 한편으로 그것은 동시에 여러 가지로 전개하여 생성과 소멸을 반복하고 있는 세계이기도 하다.

따라서 현실에 있어서의 마음의 존재방식은, 생겨나는 일도 없고 소멸하는 일도 없는 '붓다의 마음자리(如來藏)'가 생겨나기도 하고 소멸하기도 하는 '현상적인 마음'과 화합하여 있다. 그런데도 그 둘은 현상적으로는 같은 것도 아니고 본질적으로는 다른 것도 아니다. 현실에 있어서 이러한 마음을 알라야식이라고 부른다.

이 알라야식에는 두 가지 뜻이 있는데, 하나는 마음의 본성에 대한 깨달음의 상태이고, 다른 하나는 깨달음을 얻지 못한 상태를 뜻한다. 그리고 이 알라야식은 세간적인 현상으로부터 출세간적인 진리에 이르는 모든 것을 포섭하며, 또 그러한 것들을 생성한다.

| 강설 |

일심이란 한편으로는 불생불멸(시간의 초월)이지만, 현실에서의 범부의 마음은 생멸(시간적)하는 것이다. 이 마음의 생멸, 곧 시간의 세계는 어떻게 해서 일어나는가를 묻는다.

여래장이 존재함으로 말미암아 생성하고 소멸하는 현상적인 마음이 있다. 마음의 본성은 진여이며, 그 자체로 보아서는 절대 진실이고 망념을 벗어나버린 경계이어서 생겨나는 일도 없고 소멸하는 일도 없다고 말하지만, 그러나 현실에서는 그 진여는 번뇌로 뒤덮여 있다. 이 번뇌로 뒤덮여 있는 진심을 '여래장'이라고 부른다. 여래장은 진여와 다른 것은 아니지만, 그러나 법신·불지가 번뇌로 뒤덮여서 그 지혜의 광명이 드러나질 못한다. 이것이 범부에게 있어서의 자성청정심의 현실의 실상이다. 진여라고 말하면, '비인격적'인 존재방식이며, 우주에 충만한 실재이다. 그러나 여래장이라고 말하면 인격적이다. 진여의 인격화이며, 그러면서도 그것은 번뇌와 상관관계를 맺고 있는 것으로 보아야 한다. 여래장은 윤회하고 있는 중생의 근본이다. 여래장이 없으면 윤회하고 있는 중생은 존재하지 못한다.

그러므로 『슈리말라데위씽하나다경』「자성청정장」 제13에서는, "세존이시여, 여래장이 있기 때문에 삶과 죽음이 있다고 말씀을 드립니다(世尊, 有如來藏故說生死 : 『大正藏』 12-222b06]"라고 말씀하고 있다. 『대승기신론』에서도, "여래장이 존재함으로 말미암아 생성하고 소멸하는 현상적인 마음이 있다"라고 논술하고 있다. 그러나 이러한 현상은 여래장이 윤회의 원인이라고 말하는 것은 아니다. 중생이 헤매고 있는 원인은 무명에 있으며, 여래장이 아니다. 그러나 무명이 어떻게 하여 일어났는가를 묻는다면, 그 점은 경험 이전의 문제이며, 묻는 것은 불가능이다. 원시불교의 경전에서도, "무명은 시작이 없는 것이며, 그 시원은 알 수 없다"라고 말씀하고 있다. 그러나 무명의 시원은 알 수 없는 것이라고 하여도, 무명을 소멸할 수는 있는 것이다. 『대승기신론』의 목적도 여기에 있다.

무명은 밖으로부터 온 것이지만, 이것에 의하여 마음이 생멸심으로 된 것이다. 마치 바람이 불어서 물에 파도가 일어나는 것과 같은 것이다. 바람은 밖으로부터 온 것이지만, 그러나 그것에 의하여 고요한 물에 파도의 움직임(動性)이 일어난다. 파도는 물의 움직임이지만, 그러나 그것에 의하여 물의 고요함(靜性, 絶對靜)을 잃어버리는 것은 아니라고 본다. 왜냐하면 바람이 멈추면 물에 다시 고요함이 되돌아오기 때문이다.

이와 같은 것이기 때문에 진여인 불생불멸과 현실의 생멸심이 다른 것은 아니다. 불생불멸과 생멸이라고 하는 두 가지가 있어서, 하나로 화합한다고 하는 것은 아니다. 불생불멸이 그대로 생멸심이다. 두 가지가 체는 같은 것이지만, 존재방식이 다르기 때문에, 생겨나는 일도 없고 소멸하는 일도 없는 '붓다의 마음자리(如來藏)'가 생겨나기도 하고 소멸하기도 하는 '현상적인 마음'과 화합하여 있다. 그런데도 그 둘은 현상적으로는 같은 것도 아니고 본질적으로는 다른 것도 아니다.

여래장이 번뇌에 뒤덮여 있다고 하여도, 고정적인 여래장이 있어서, 그 주변을 번뇌가 에워싸고 있다는 것은 아니며, 생겨나는 일도 없고 소멸하는 일도 없는 '붓다의 마음자리'가 생겨나기도 하고 소멸하기도 하는 '현상적인 마음'과 화합하여, 현상적으로는 같은 것도 아니고 본질적으로는 다른 것도 아닌 존재방식으로 되어 있는 것이 여래장과 번뇌와의 관계이다. 그러므로 마음의 본성은 불지이지만, 그런데도 그 빛은 중생에게는 보기 어려운 것이다. 진여의 본성은 고요함이지만, 여래장은 동성(動性)에 대한 정성(靜性)이다. 그것은 움직임을 예상한 고요함이기 때문에, 여래장의 불생불멸은 생멸과 화합하여 비일(非一)·비이(非異)가 되는 것이다. 이러한 마음을 알라야식이라고 부른다. 그러므로 알라야식을 '진망화합식(眞妄和合識)'이라고 해석한다.

이 알라야식은, 헤매고 있는 범부의 생존의 근저이기 때문에, 우리의 경험의 모든 것(一切法)을 포섭하고 있으며, 그로부터 경험의 일체가 생성하는 것이다. 그러므로 "알라야식은 세간적인 현상으로부터 출세간적인 진리에 이르는 모든 것을 포섭하며, 또 그러한 것들을 생성한다"라고 서술한다. 이것이 알라야식의 '장(藏)'의 의미이다. 동시에 알라야식에는 두 가지 뜻이 있는데, 하나는 마음의 본성에 대한 깨달음의 상태(覺)이고, 다른 하나는 깨달음을 얻지 못한 상태(不覺)를 뜻한다.

불생불멸인 진심(眞心)·여래장의 특질이 알라야식에서 나타나면 '깨달음(覺)'이 된다. 이것은 영원한 심성의 활동이 마음의 표면에 나타난 모습이다. 그러나 생멸심은 망심이다. 이것은 무명에 의하여 마음이 동요하고 있는 상태이기 때문이다.

이 작용이 나타난 경우는, 마음은 불각으로 활동한다. 마음이 깨달음으로 작용할 때에는 불각이 은몰(隱沒)하며, 마음이 불각으로 작용할 때에는 깨달음이 은몰한다. 깨달음은 깨달은 지혜의 나타남이며, 정법(淨法)·청정법·불생불멸이다. 불각은 염법무명의 나타남이며, 부정법(不淨法)·염오법(染汚法)·생멸이다. 깨달음이 있을 때는 불각은 없고, 불각이 있을 때는 깨달음은 없기 때문에, 이것을 가리켜 '심생멸'이라고 말하며, 또는 '염정생멸(染淨生滅)'이라고도 말한다.

이와 같이 깨달음과 불각은, 선과 악처럼 서로가 서로를 배척하는 것인데, 그러나 어디까지나 모순되는 것은 아니다. 불생불멸과 생멸은 체가 같은 것으로부터 명확하게 알 수 있는 것처럼, 깨달음과 불각도 같은 마음의 나타남이며, 깨달음은 정법(淨法)의 입장에서 보면서 마음의 생멸을 가리키는 것이며, 불각은 염법의 입장에서 보면서 마음의 생멸을 가리키는 것이다. 이것은 진여에 불변과 수연(隨緣)의 두 가지 뜻이 있기 때문이다.

여래장사상은, 무명을 밖으로부터 온 것으로 보고, 자성청정심·객진번뇌의 입장에 서 있다. 이것은 번뇌가 최후에는 소멸되어야 하는 것이며, 소실되어야 하는 것이기 때문이다. 이 때문에 알라야식도 이 입장에서 사유해야 하는 것으로 된다. 그러나 현실의 자기의 체험으로부터 말하면, 번뇌야말로 자기 자신이라고 말하는 편이 진실에 가까운 것처럼 생각된다. 우리의 종교체험으로서는 번뇌를 밖으로부터 온 것이라고 처리해 버릴 수는 없다. 여래장사상에 있어서도, 자기에게 여래장이 있는 것을 자력으로는 볼 수 있는 것이 아니며, 다만 거룩한 붓다의 가르침을 믿을 뿐이다. 그러므로 이 '믿음(信)'의 입장이 『대승기신론』에서 중요한 의미를 갖게 되는 것이다.

|용어 해설|
알라야식의 구조적 이해: 『대승기신론』에서 서술하는 알라야식의 두 가지 뜻을 바로 알아볼 수 있도록 만든 도표이다.

알라야식의 구조

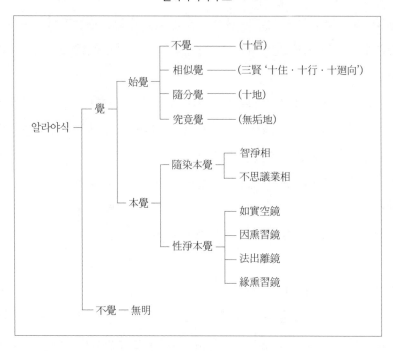

심생멸(心生滅): 마음이 생성하고 소멸하여 변화한다는 것이다. 진여문에 대하여 마음의 현상적 작용을 설명한다.

여래장(如來藏, tathāgatagarbha): tathāgatagarbha direction how to attain to the inconceivable subject of the tathāgata's qualities and knowledge, 여래장(如來藏), 붓다의 마음자리. 여래장이란, 진여가 미혹한 세계에 갇혀 있을 때 여래장이라고 부른다. 진여가 바뀌어 미혹한 세계의 현상이 될 때에는, 그 본성인 여래의 덕성이 번뇌와 망상에 뒤덮이게 된다는 점에서 여래장이라고 한다. 또 미혹한 세계의 진여는 그 덕성이 숨겨져 있을지라도 아주 없어진 것이 아니라, 중생이 여래의 덕성을 함장하고 있으므로 여래장이라고 한다.

- 여래장사상 (tathāgatagarbha-vāda)

tathāgatagarbha를 그대로 번역하면 여래의 모태 · 자궁 · 태아라는 의미이다. 중국에서 한역을 할 때 종교의 정신을 살리려고 여래장이라고 번역하였다. 자궁의 특성은 열 달 동안 태아를 키우는 것을 본질로 하기 때문에 태아라고도 번역한다. 중생은 여래의 태아라는 해석을 할 수 있고, 또한 중생이 여래를 태아로서 품고 있다는 해석도 할 수 있다. 여래장을 '재전위(在纏位)의 법신'이라고 이해하고 있으며, 이는 번뇌로 뒤덮여 있는 깨달음의 지혜를 가리킨다. 번뇌와 깨달음의 지혜의 혼합을 여래장이라고 말하는 것이 아니라, 번뇌로 뒤덮여 있으면서도 번뇌에 물들지 않은 자성이 청정한 심성을 여래장이라고 부른다. 진여가 번뇌와 관계를 맺게 되면 그때는 진여라고 부르지 않고 여래장이라고 부른다. 그리고 자성청정심이 번뇌를 벗어나면 그때는 여래장이라고 부르지 않고, 법신이라고 부른다. 법신은 여래인 것이다.

『슈리말라데위씽하나다경(Śrīmālādevī-siṃha-nāda-sūtra, 勝鬘師子吼一乘大方便方廣經)』「법신장」제8에서는, "여래의 법신이 번뇌장을 벗어나지 못하는 것을 여래장이라고 부른다(世尊, 如是如來法身, 不離煩惱藏, 名如來藏:『大正藏』12-221c10)."라고 말씀하고 있다. 번뇌로 뒤덮여 있어도 여래의 지혜는 무량 공덕을 갖추고 있으며, 그것이 인간의 본성 그 자체라고 보는 것이다. 『불성론』에서는 여래장에 소섭장(所攝藏) · 은복장(隱覆藏) · 능섭장(能攝藏)의 세 가지 뜻이 있다고 서술한다(復次, 如來藏義, 有三種. 應知. 何者爲三. 一所攝藏, 二隱覆藏, 三能攝藏:『大正藏』31-795c23). 소섭장이란, garbha가 모태 · 자궁의 의미이기 때문에 일체중생이 여래의 지혜 속에 저장되어 있다고 하는 의미이다. 이 경우의 중생을 여래장이라고 말하며, 여래에게 섭수(攝受)되어 있는 존재라고 하는 의미이다. 중생은 여래의 모태 · 자궁에 저장되어 있기 때문에 중생은 여래의 아들·딸이다. 그러므로 중생과 여래의 동질성·동일성·상속성을 주장할 수 있는 것이다.

은복장이란, 여래의 지혜가 범부의 본성이라 하더라도, 여래가 스스로 숨어서 나타나지 않는 것을 뜻한다. 여래성은 범부에게 있어서는 번뇌로 은복(隱覆)되어 있으므로, 중생은 이것을 볼 수 없기 때문에 'garbha, 藏'이라고 말한다. 중생이 여래를 저장하고 있다는 의미로서, 중생 속에 여래가 자리를 잡고 있다는 뜻이다. 이는 여래가 될 가능성을 지니고 있음을 말한다.

능섭장이란, 미래에 성불을 하였을 때의 무량의 공덕이 본유의 성덕(性德)으로서 모든 중생에게 섭장되어 있는 것을 가리킨다. 여래의 일체의 공덕을 중생이 섭수하고 있기 때문이며, 여래가 되었을 때 모두 나타난다고 하는 의미이다. 중생이 여래의 과덕을 모두 저장하고 있다는 의미이다.

『원효소』는, 『대승기신론』에서 논술하는 여래장은, 능섭여래장이라고 서술한다(言如來藏具足無量性功德者, 二種藏內, 不空如來藏, 二種藏中, 能攝如來藏: 『大正藏』44-206b27)' 그러므로 "무량의 성공덕을 구족한다"고 말씀하는 것이다. 『슈리말라데위씽하나다경』에서는, 공여래장(空如來藏)과 불공여래장(不空如來藏)을 말씀하는데, 공여래장이란 여래장에는 번뇌가 공이라는 뜻이며, 불공여래장이란 여래장이 무량의 성공덕을 갖추고 있으므로 공이 아니라는 뜻이다(世尊, 空如來藏, 若離若脫若異, 一切煩惱藏. 世尊, 不空如來藏, 過於恒沙不離不脫不異不思議佛法:『大正藏』12-221c16).

그래서 모든 중생이 여래장을 갖추고 있는 것을 천명하는 것이 여래장사상이다.

생멸심(生滅心): 생겨났다, 소멸하였다 하기를 반복하는 범부의 일상적인 마음. 『원효소』에서는, "무명이란 바람으로 인하여 움직여서 생성과 소멸을 지으므로, 생겨나는 마음과 소멸하는 마음이 여래장에 의한다(『大正藏』44-208b)"

라고 서술하면서, 『원효별기』에서는 "불생불멸심과 생멸심은 뜻이 두 가지일 뿐 심체(心體)는 둘이 아니다(『大正藏』 44-228b)"라고 서술하여 일심사상(一心思想)을 명확하게 제시하고 있다. 『법장의기』에서는, "불생불멸인 마음, 무명이란 바람에 의하여 생멸심이 된다"라고 서술하고 있다.

불생불멸(不生不滅): 진여 또는 여래장을 가리킨다. 진여는 진리이므로 그 자체로서는 늘 존재하기 때문에 불생불멸심(不生不滅心)으로 보는 것이다.

화합(和合, saṃnipāta): 청정심으로서의 여래장이 움직여서 생멸심이 되는데, 무명과 관계를 맺고 서로 헤어지지 못하는 현상을 화합이라고 한다. 그러나 불생불멸하는 마음과 생멸하는 마음이 모두 마음이기 때문에, 마음이라는 점에서는 체가 하나이며 따로 있는 것이 아니다. 『원효별기』에서, "불생불멸심과 생멸심이 뜻은 두 가지이지만 심체는 둘이 아닌 것을, 정수(靜水)와 동수(動水)의 비유를 들어 모양은 다르지만 바닷물의 체는 하나(『大正藏』 44-228b)"라고 서술하고 있다. 『법장의기』에서, "이 두 마음은 끝가지 체가 둘이 아니다"라고 서술하고 있다. 생멸은 따로 있으며, 진여와 합하는 것은 아니다. 마음의 본성은 불변의 진성(眞性)인데, 그런데도 그 마음이 전적으로 생멸하고 있는 것이다. 이 관계를 불생불멸심이 생멸심과 화합한다고 말한다. 마음에 무명에 의한 생멸이 일어나기 때문에 체로 보아서는 불생불멸과 생멸은 다른 것이 아니지만, 현상적(相)으로 보아서는 양자는 같은 것이 아니다. 그런 점에서 진망화합이라고 한다.

알라야식(阿梨耶識, ālaya-vijñāna): 여래장 계통에서는 아리야식(阿梨耶識)·아리야식(阿黎耶識)이라고 음표하며, 유식 계통에서는 아뢰야식(阿賴耶識)이라고 음역한다.

알라야(ālaya)를 한자로 음사할 때, 음사하는 방식이 학파의 성격에 따라서 다르다. 현장의 신유식 계통에서는 아뢰야식(阿賴耶識)으로 통일되어 있지만, 진제(眞諦, Paramārtha, 499~569)의 여래장 계통에서는 아리야(阿黎耶)의 【리】를 【梨·棃·黎】의 세 가지 글자를 빌려 음사하고 있다. 【棃】는 梨와 같은 글자이기 때문에, 한글로 읽을 때, 모두 【리】로 읽으므로 이의를 제기할 것이 없다. 그러나 【黎】는 한글로 읽을 때, 【리·려】의 두 가지 소리 값을 가지고 있으므로, 어느 쪽을 선택하느냐라는 문제가 발생한다. 한국에서 발행한 『大漢字辭典』에도 【黎】는 분명히 【리·려】의 두 가지 소리 값을 표기하고 있다. 중국에서 발행한 『中國語辭典』에는 【黎】는 오로지 【리】로만 읽고 있다. 그러나 우리나라의 일부의 불교학자는, 【黎】를 【려】의 소리 값으로 읽고 있으나, 그것은 잘못 읽는 것이다. 이것은 알라야(ālaya)를 한자로 음사할 때, 중국에서 채택한 것이기 때문에, 한자의 소리 값대로 읽으려면, 【黎】는 【리】로 읽어야 한다. 【리】로 읽는 것이 【려】로 읽는 것보다 발음하기도 쉬우며, 어감도 좋고, 부드럽고 자연스럽다. 또한 【梨】로 표기한 것과도 잘 부합한다고 생각한다. 그러므로 필자는, 【梨·棃·黎】의 세 가지 글자를 모두 다 【리】로 읽는다.

알라야식은 일체법을 포섭하며, 일체법을 생성한다. 다만 혜원은, 이 식(識)은 윤회에 유전하여 사라지지 않으므로 무몰식(無沒識)이라고 해석한다. 『대승기신론』에서는 알라야식을 '진망화합식(眞妄和合識)'으로 보며, 현장의 유식설에서는 '망식'으로 본다. 양자는 같은 용어를 사용하고 있지만, 교리의 해석에서는 서로 해석을 다르게 하고 있다.

각(覺): 깨달음을 가리킨다. 지혜·영지(靈知)로서, 심성이 하나인 것을 깨닫는 지혜를 말한다.

불각(不覺): 깨닫지 못한 것을 가리킨다. 무명·망념을 중심으로 하는 심리작용이며, 미혹한 인식 그 자체를 말한다.

진여(眞如)·자성청정심(自性淸淨心)·여래장(如來藏)·각(覺) 같은 것을 가리키지만, 존재방식이 다른 것이다. 그 때문에 이름이 다르게 되어 있다.

진여는 심진여이기 때문에, 마음을 벗어난 것은 아니지만, 그것은 진리의 존재방식을 나타내고 있는 것이다. 말하자면 이(理)·이치(理致)·이법(理法)·진리(眞理)의 의미가 강하다. 온 세계에 변만하여 있는 진리를, 유심론의 차원으로 표현하여 심진여라고 부른 것이다.

이에 대하여 자성청정심은 진여의 인격화라고 말하여도 좋다. 인격으로 나타난 진여가 자성청정심이다. 심진여는 마음의 본성이므로, 그것을 개인적인 마음의 차원에서 포착할 수 있다. 오히려 종교적으로는 그렇게 되는 것이 당연하다. 그래서 개인의 마음의 차원으로 진여를 사유하면, 마음의 본성은 청정한 것이라고 파악할 수 있기 때문에, 자성청정심으로 포착되는 것이다. 이것은 마음의 본성이 불변의 진리성이라고 하는 의미이다. 진여라고 말하면 이(理)·이치(理致)·이법(理法)·진리(眞理)의 의미가 강하지만, 마음이라고 말하면 지(智)·불지(佛智)의 의미가 강하게 된다. 적어도 마음을 이(理)·이치·이법·진리로만 이해하는 것은 곤란하다. 그렇기 때문에 『대승기신론』과 같은 사유방식은, 이(理)·이치·이법·진리를 지(智)·불지(佛智)와 불이(不二)의 입장으로 이해하는 것으로 된다. 이(理)·이치·이법·진리는 이(理)·이치·이법·진리만이 아니라, 필연적으로 지·불지로서 활동한다고 생각한다. 그 지·불지는 이(理)·이치·이법·진리의 발현이기 때문에 진리에 꼭 들어맞는 지·불지라고 생각하지 않을 수 없다. 그렇기 때문에 지·불지는 깨달음에 꼭 들어맞는 지·불지이며, 여래의 법신이라고 생각하게 되는 것이다. 이(理)가 지(智)로서 활동한다고 하는 것이 『대승기신론』에서의 사유체계의 커다란 특색이다. 왜냐하면 이(理)는 지(智)와 결합하지 않아도, 그 이전부터 존재하고 있다고 생각할 수 있기 때문이다.

심진여로부터 자성청정심으로 사유의 틀을 진행하면, 이와 같은 이(理)의 인격화, 이(理)가 지(智)로서 활동한다고 하는 사고방식으로, 저절로 발전하여 간다고 생각한다. 이에 대하여 유식설과 같이 개인의 마음을 처음부터 문제로 삼으면, 사정이 다르게 전개된다. 개인의 마음에는 번뇌가 있는 것이 커다란 문제이다. 이 때문에 마음의 본성이 지·불지라고 하는 주장에는 쉽게 도달할 수 없다. 그런데도 그 마음이, 이(理)와 같다고 말하는 것은 더욱 이해하기가 힘들다. 번뇌를 소멸한 마음의 본성은 지(智)라고 주장하여도, 마음은 인격적인데, 이(理)는 비인격적이며, 마음을 초월하여 존재하고 있다. 더욱 넓고 큰 것이다. 이렇기 때문에 이(理)는, 마음의 관찰로부터 출발하는 유식설에서도, 지(智)는 이(理)의 인격화라고 하는 사유체계가 있기는 하지만, 『대승기신론』과 같은 교리의 골격으로 되어 있는 것은 아니다.

『대승기신론』에서는 심진여로부터 자성청정심으로 진행하는데, 이것은 개인의 마음의 차원이다. 그렇지만 그것이 마음의 본성의 문제이기 때문에 번뇌에 관한 것은 고려하고 있지 않은 것이다. 그러므로 이것은 '여래의 법신'이라고도 말할 수 있다. 순수하고 청정한 모습으로 마음의 본성을 포착한 것이다.

이에 대하여 '여래장'은, 자성청정심이 번뇌와 관계를 맺었을 때 얻은 이름이다. 그러므로 『슈리말라데위씽하나다경』 「법신장」 제8에서는, "여래의 법신이 번뇌장을 벗어나지 못하는 것을 여래장이라고 부른다(世尊, 如是如來法身, 不離煩惱藏, 名如來藏: 『大正藏』 12-221c10)"라고 말씀하고 있다. 여래장은, 번뇌로 뒤덮여 있는 상태의 자성청정심이다. 그러면 그것은 어떤 존재방식으로 있는가라는 문제로 옮겨간다. 알라야식을 서술하는 길을 열게된 것이다. 자성청정심이 번뇌로 뒤덮여 있다고 말하여도, 양자가 이원론적으로 나뉘어서 따로따로 존재하는 것은 아니다. 또 범부에게 자성청정심이 비춰지는 것도 아니다. 여기에 현실에서의 자기의 마음으로서의 알라야식이 진여·자성청정심의 배경에 투영(投映)되어서 고찰되는 것으로 된다. 유식설이 처음부터 알라야식에서부터 고찰을 시작하는 것과 입장이 다른 것이다. 유식설에서는 결론이 나 있는 진여가, 『대승기신론』에서는 처음부터 전제되어 있기 때문이다. 알라야식은 망식·망념이면서, 그런데도 한편으로는 그 본성은 자성청정심이다. 진망화합식이라고 말하여도 이원론은 아니며, 전체가 망식이면서 동시에 그 전체가 심성으로서는 청정한 것이다. 알라야식은 '식(識)'이라고 불리는 것처럼, 주체적이다. 자각적으로 인식하며, 생활하는 주체로서의 마음이 포착되어 있다. 자성청정심이나 여래장이라고 하는 경우에는 인격적이지만, 아직 주체적이라고까지는 말할 수 없다. 자기의 인식을 문제로 하는 경우에는, 심성보다도 번뇌가 표면에 나와 있기 때문이다. 아집·아견을 중심으로 하는 추한 자기가 주체로 되어 있다. 자성청정심이 알라야식의 중심이라고 생각할 수 없다.

이와 같이 주체의 입장에서 심성을 생각할 때, 각(覺)과 불각의 문제가 나오는 것이다. 각과 불각이란 자각적이며 주체적이다. 자기의 인식의 문제, 자기의 미혹의 문제, 그 미혹으로부터 벗어나는 관점에서 자성청정심이 어떠한 역할을 달성할 수 있을까를 문제로 할 때, 각과 불각의 문제로 된다. 현실에서의 자기의 미혹은 불각의 존재방식이다. 그러나 그 불각 가운데에 불각 자신을 부정하는 각의 활동이 자각된다. 그 자리에 발(發)보디심(bodhicitta)이나 수행의 문제로서의 시각(始覺)이 논의될 필연성이 있다. 그래서 그 시각의 근저로서 본각이 있는 것을 발견할 수 있다. 이와 같이 각은 주체적 존재방식인 진여의 지적(智的)인 활동이다.

이상과 같이 진여·자성청정심·여래장·각을, 진여인 이(理)로서의 존재방식에서부터, 인격적 존재방식으로서의 자성청정심, 번뇌와 관계를 맺고 있는 인간적 존재방식으로서의 여래장, 주체적 존재방식으로서의 각이라고 하는 내용을 살펴보았다.

제1목 깨달음의 지혜라는 의미〔覺義〕

所言覺義者, 謂心體離念. 離念相者, 等虛空界, 無所不徧, 法界一相, 卽是如來平等法身. 依此法身說名本覺. 何以故. 本覺義者對始覺義說, 以始覺者卽同本覺.

깨달음의 지혜〔覺〕라는 뜻은, 마음의 본체는 망념을 벗어났으며, 망념을 벗어난 모습이란 허공계와 같아 존재하지 않는 곳이 없으며, 마음 전체가 오로지 완전한 지혜의 모습 하나뿐이다. 이 깨달음의 지혜는 붓다의 지혜이며, 진리를 깨달은 지혜이므로 이것을 거룩한 붓다의 법신이라고 한다. 그런데 이 거룩한 붓다의 법신은 번뇌로 뒤덮여 있는 '붓다의 마음자리〔如來藏〕'에 있어서나 번뇌를 떨쳐버린 거룩한 붓다 자신에게 있어서나 변함이 없으므로 평등하다고 말할 수 있다. 이와 같이 법신은 마음에 본디 갖추어져 있는 것이기 때문에 본각이라고 말한다.

그러면 법신을 왜 본각이라고 하는가? 본각이라는 말을 쓸 수 있는 것은 시각(始覺)이 있기 때문에 그렇게 말한다. 번뇌의 망념을 깨뜨리면 깨달음의 지혜가 드디어 나타나기 시작하여 그로부터 수행이 무르익어 깨달음의 작용이 점차 완전하게 되어, 그것이 완성되었을 때 시각은 본각과 하나로 합쳐진다.

|**강설**|

알라야식은 염정의 이원적 체계로 구성되어 있지만, 정법(淨法)의 입장에서 마음의 생멸을 설명하면, 그것은 각의 활동으로 제시할 수 있다. 각이란 알기 쉽게 설명하면, 우리의 마음에 있어서의 향상적 성격, 진리를 추구하는 마음이라고 하여도 좋은데, 엄밀하게 말하면, 각이란 깨달음의 지혜를 가리킨다. 그래서 이 지혜는, 그 본디의 존재방식으로는 '심체의 이념(離念)'인 것을 말하는 것이다. 말하자면 여래장·진여가 그대로 각이다. 이것이 알라야식에 나타나서 시각(始覺)이 된다. 심체리념(心體離念)은 각의 체를 나타낸 것이다.

마음이 보는 마음과 보이는 마음으로 분열하면, 보는 부분은 볼 수 없기 때문에 암흑이 된다. 그러나 이념(離念)이 되면, 마음의 분열은 없기 때문에, 마음 전체가 쁘라갸의 지혜로 빛나며, 마음 전체에 암흑의 장해가 없다. 그러므로 깨달은 마음은 허공계에 비유할 수 있다. 깨달음의 지혜가 마음 전체에 골고루 퍼져 있으며 편재하지 않는 곳이 없다. 그러므로 세계(心) 전체가 쁘라갸의 지혜 일색으로 되기 때문에, 법계일상이라고 말할 수 있다. 『법장의기』에서는, "각은, 범부의 계위에서나 성자의 계위에서나 같기 때문에 무소불변(無所不偏)이며, 미혹에 빠져 있어도 미혹에서 빠져나와도 불변이기 때문에 법계일상(法界一相)이다"라고 설명하고 있다.

어쨌든 각은 여래의 지혜이며, 이(理, 眞理)를 깨달은 지(智, 理智不二)이기 때문에, 이것을 여래의 법신이라고 말한다. 이 법신은, 번뇌에 뒤덮여 있는 여래장의 계위이든 또는 번뇌를 벗어난 여래의 법신의 계위이든 변화가 없기 때문에, '평등한 법신'이라고 말한다. 이와 같이 법신은, 마음에 본디부터 있는 고유의 것이기 때문에 본각이라고 부른다. 여래의 법신에는, 이(理)를 법신으로 보는 해석과 지(智, 그 가운데에 理는 당연히 포함되어 있다)를 법신으로 보는 해석이 있다. 『대승기신론』은, 지(智, 理智不二)를 법신으로 보는 입장인데, 그 밖에도 무성석(無性釋)『섭대승론』에서는, "무구무가애(無垢無罣碍)의 지(智)를 법신으로 삼는다"라고 해석하고 있으며,『금광명경』에서는, "대원경지(大圓鏡智)를 법신으로 삼는다"라고 말씀하고 있다. 이런 것들도 똑같이 지(智)를 법신으로 보는 입장이다.

그렇다면 법신을 왜 본각이라고 부르는가 하면, 시각(始覺)이라고 하는 실상이 있기 때문이다. 범부가 불교의 수행을 실천하여 멈추지 않으면, 어느 날 홀연히 깨달음의 지혜가 현성(現成)한다고 하는 실상이 있다. 이때부터 범부의 계위를 벗어나서 성자의 계위에 들어간다. 이 깨달음의 지혜는 그때까지는 나타나지 않았던 것이기 때문에 '시각'이라고 부르지 않을 수 없다. 그렇기 때문에 이 시각에 대하여 법신을 본각이라고 부르게 되는 것이다. 그러나 이 시각도 드디어는 본각에 귀입(歸入)하는 것이다. 성자의 단계는, 초지(初地)부터 수행이 진행됨에 따라서 시각의 각(覺)의 작용이 차례로 힘을 강화하여 완전하게 되어 간다. 그래서 제10지에 이르러 각행(覺行)이 충만하면, 전부 다 오로지 각(覺) 그 자체로 되어버린다. 그때 시각은 본각과 합체하는 것이다. 그러므로 성자의 수행의 시발점으로부터 종료에 이르기까지를 시각이라고 부르게 된 것이다. 이와 같이 각은 범부에게 있어서는 불각이지만, 성자의 단계에 이르러 시각으로 되어도 그것은 아직 번뇌와 공존하고 있다. 그래서 차례로 번뇌를 단멸하여 각의 독존으로 되었을 때, 시각은 본각과 동체가 되는 것이다.

이상과 같이 본각과 시각은 본디 서로 다른 것이 아니지만, 그러나 일본의 천태종에서는 본각문의 불교와 시각문의 불교로 나뉘어 특이한 발달을 하게 된 것이다. 제18대 천태좌주(天台座主) 양원(良源, 912-985)의 문하에 혜심원(慧心院) 원신(源信, 942-1017)과 단나원(檀那院) 각운(覺運, 1007沒)이 있었는데, 원신은 본각문을 내세우고, 각운은 시각문을 주장하였다. 시각법문은 '종인향과(從因向果)'의 법문이며, 수행의 인을 쌓고, 그 결과로서 깨달음의 지혜로 향하는 방법인데, 일반 불교의 수행은 이와 같은 사고방식이다. 이에 대하여 본각법문은 '종과향인(從果向因)'의 법문이며, 범부의 본성이 붓다와 다른 것이 아니라고 하는 '과(果)'의 자각에 서 있는 것으로서, 이 과(果)에 이르는 길을 생각하는 것이다. 이와 같은 사고방식으로부터, '범부도 벌써 성불하여 있다, 범부 그대로 구제되어 있다'라는 사고를 하고 있는 것이다. 본각문과 시각문은, 수행에 대한 마음의 준비 또는 접근방식이 서로 전혀 다른 것이다. 중고천태(中古天台)에서 신겸창(新鎌倉, shinkamakura) 불교의 출현을 생각할 경우, 이 두 가지의 교리의 차이를 무시할 수는 없다.

| 용어 해설 |

각(覺): 깨달음을 가리킨다. 지혜 · 영지(靈知)로서, 심성이 하나인 것을 깨닫는 지혜를 말한다. 『법장별기(法藏別記)』에서는, 각이란 각조(覺照)라는 뜻이며, 또는 각찰(覺察)이라는 뜻이라고 풀이하고 있다. 번뇌에 염오되어 있지 않은 것이 각찰이며, 자체에 일체법을 현조하는 성격이 있는 것이 각조이다.

심체리념(心體離念): 심체란 여래장 · 자성청정심을 가리킨다. 이것은 주객의 분열이 없는 전체적 직관이다. 이것은 쁘라갸(prajñā, 智慧)이다. 그러므로 각은 알라야식에 속하면서도 알라야식의 망념을 벗어난 특질의 것이다.

이념(離念): 망념을 벗어난 것을 가리킨다. 마음이 보는 마음과 보이는 마음으로 분열하지 않고, 전체적 직관인 상태인 때를 말한다. 이때 지혜는 마음의 전체에 미친다.

법신(法身, dharma-kāya): 법(眞理)을 깨달은 여래의 지혜를 가리킨다. 그러므로 법신은 이지불이(理智不二)이다.

본각(本覺): 마음에 본디 구유하고 있는 지혜를 가리킨다. 법신이 마음의 본성이므로 각도 본각이 된다. 법신이란 본각을 가리킨다.

시각(始覺): 번뇌의 망념을 깨뜨리고 깨달음의 지혜가 나타나는 것을 말한다. 실천수행에 의하여 깨달음의 지혜가 드러나는 최초의 단계이다. 이것은 시각의 제1보이다. 이로부터 수행이 진전하여 각의 작용이 차례로 완전하게 되며, 수행이 완성된 곳에서 시각은 본각과 합체·합일한다. 그러므로 시각이란 수행에 있어서 깨달음의 지혜의 진전을 말한다.

1. 번뇌의 망념을 깨뜨리고 나타나는 깨달음의 지혜(始覺)

始覺義者, 依本覺故而有不覺, 依不覺故說有始覺. 又, 以覺心源故名究竟覺. 不覺心源故非究竟覺. 此義云何. 如凡夫人覺知前念起惡故, 能止後念令其不起, 雖復名覺, 卽是不覺故. 如二乘觀智初發意菩薩等 覺於念異, 念無異相. 以捨麤分別執著相故, 名相似覺. 如法身菩薩等. 覺於念住, 念無住相, 以離分別麤念相故, 名隨分覺. 如菩薩地盡滿足方便, 一念相應, 覺心初起, 心無初相. 以遠離微細念故, 得見心性, 心卽常住, 名究竟覺.

是故, 修多羅說若有衆生能觀無念者則爲向佛智故. 又, 心起者無有初相可知, 而言知初相者, 卽謂無念. 是故, 一切衆生不名爲覺, 以從本來念念相續未曾離念故, 說無始無明. 若得無念者, 則知心相生住異滅, 以無念等故. 而實無有始覺之異, 以四相俱時而有皆無自立本來平等同一覺故.

시각이 나타나는 실상은, 마음에 본디 갖추어져 있는 지혜가 있으므로, 그것에 바탕을 두고 불각이 있으며, 그 불각의 현상에 바탕을 두고서 시각이 있음을 말하는 것이다.

현실에서 여러 가지로 전개되고 있는 우리의 마음을 깊이 파고들어, 그 본원을 깨달으면 완전한 깨달음 '구경각(究竟覺)'이라고 한다. 따라서 마음의 본원을 깨닫지 못하면 완전한 깨달음이라고 말할 수 없다.

시각을 완전한 깨달음과 불완전한 깨달음으로 나눈 이유를 고찰하면, 미혹한 생존으로부터 깨달음으로 향하는 원인과 결과의 두 깨달음을 임시로 네 가지 모습을 빌어서 해석하려는 것이다.

첫째 단계는 불각이다. 깨닫지 못한 중생은 과거에 스스로가 저질러온 여러 가지 나쁜 짓을 해서는 안 된다는 것을 자각함으로써 그 짓을 멈춰서 다시는 일어나지 못하게 한다. 그러므로 일단은 깨달음의 지혜라고 말할 수 있지만, 그들은 아직까지 그 나쁜 짓의 근원을 자각하는 데에는 이르지 못하였기 때문에, 이 단계를 일러서 멸상(滅相)이 단멸하는 불각의 단계에 있다고 말하는 것이다.

둘째 단계는 상사각이다. 성문 · 연각의 단계에서 관법(觀法)의 지혜를 얻은 사람들과 대승에 대한 신심을 일으킨 단계로부터 더 나아가 그 결의를 굳혀서 불도에 진취하고 있는 보디쌋뜨와들은 자기의 망념에 의하여 그려낸 이름과 형상의 차별을 관찰하여 그것들을 자각한다. 그들은, 여러 가지 이름과 형상의 차별은 모두가 망념에 의해서 그려내어진 환상에 지나지 않는다는 것을 자각하고 있으므로, 이와 같은 차별의 서로 다른 모습에 얽매이지 않고 또 망념에 바탕을 두고 생겨난 차별적 인식과 차별적 인식에 의하여 생겨나는 경계에의 집착을 떨쳐 버림으로써 한 걸음 더 나아가 마음의 본원을 자각하는 데까지 가까이 가 있기 때문에, 이 단계를 일러서 이상(異相)이 단멸하는 상사각의 단계에 있다고 말하는 것이다.

셋째 단계는 수분각이다. 더욱 수행을 거듭 쌓은 결과 진여의 진실함을 조금씩 증득하고 있는 보디쌋뜨와들은, 모든 현상적 존재에 대하여 집착하고 있는 마음의 양상을 자각하고 있으므로 그것을 고정적인 존재로 생각하는 일이 없다. 그러한 집착을 떨쳐버린 상태이고, 조금씩 진여의 진실함을 증득하고 있기 때문에, 이 단계를 일러서 주상(住相)이 단멸하는 수분각의 단계에 있다고 말하는 것이다.

넷째 단계는 구경각이다. 이와 같이 진여의 진상에 도달하기 위한 모든 체험적 노력을 다한 보디쌋뜨와의 경지(菩薩盡地)는, 여기에 이르러 진여의 진상과 상응하여, '한마음(一心)'이 비로소 알라야식으로 되어 일어났다는 것을 깨달을 수 있다. 다시 말하면 그들은 모든 미혹한 생존의 근원을 깨달을 수 있다. 한마음이 처음으로 일어나는 것을 알아차려 모든 미혹한 생존의 근원을 깨닫게 되면, 거기에는 이미 미혹한 생존의 근원은 존재하지 않는다. 이는 아주 조그마한 망념의 심상마저도 떨쳐버림으로써, 차별이 없는 평등한 마음의 본성을 드러내어, 바로 한마음이 상주하는 경지(境地)이기 때문에, 이 단계를 일러서 생상(生相)이 단멸하는 구경각의 단계에 있다고 말하는 것이다. 그러므로 경전 속에서 다음과 같이 말씀하신다.

"어떤 사람이든지 무념의 경계를 잘 관찰하는 일이야말로 거룩한 붓다의 깨달음을 향하여 나아가는 바른 지혜이다."

또 위에서 '한마음이 처음으로 일어나는 것'이란, 알아차려야 할 대상으로서의 미혹한 생존의 근원이 존재한다는 뜻이 아니다. 그런데도 '한마음이 처음으로 일어나는 것을 알아차린다고 말하는 것'은 말하자면 종래에는 존재하고 있던 것처럼 잘못 알고 있던, '한마음이 처음으로 일어나는 것'이라고 하는 망념은, 한번 미혹의 근원을 깨닫게 되면, 전혀 근거가 없는 무(無)와 다를 것이 없다. 따라서 무념의 경계에 도달한 깨달은 사람을 제외하고, 그 밖의 모든 사람들은 모두가 다 마음의 본성에 대한 깨달음의 지혜를 가지고 있다고 말할 수 없다. 그들은 시작을 모르는 무한한 과거세로부터 망념에서 망념으로 이어지는 것을 아직까지 떨쳐버린 일이 없다. 이 점을 특별히 강조해서, 여기에서는 깨닫지 못한 중생의 마음을 시작을 모르는 무명(avidyā)이라고 말한다.

만일 그들이 모든 망념을 떨쳐버리고 무념의 경계에 도달하면, 깨닫지 못한 중생의 미혹한 심상에 자리 잡고 있는 망념의 생상(生相)·주상(住相)·이상(異相)·멸상(滅相)의 네 가지 모습을 알 수 있다. 마음의 네 가지 모습을 안다는 것은, 무념이 되는 것과 같기 때문이다.

'깨달음의 지혜' 그 자체의 본성으로서는, 위의 시각에서 나타낸 것과 같은 네 단계가 실제로는 존재하지 않는다. 네 가지 모습의 차별은 본래 존재하는 것이 아니다. 이와 같은 차별은 본디부터 깨달음의 지혜 그 자체의 본성에 소속되는 것이 아니고 어디까지나 우리의 차별적 인식에 의한 것이다. 생상·주상·이상·멸상의 네 가지 모습(四相)은 동시에 존재하며, 모두 자립할 수 있는 것이 아니라 서로서로 도와서 이루어지는 것이고, 본디 시각은 본각과 평등이며, 동일한 깨달음이다.

| 강설 |
알라야식은 각과 불각의 두 가지를 내포하고 있으며, 그 가운데에서 각에는 본각과 시각의 두 가지 성격으로 구별된다. 먼저 시각에 대하여 서술하면, 시각이란 깨달음의 진행과정에 따라서 붙인 이름이다. 보디쌋뜨와의 수행에 있어서 깨달음의 지혜의 진전을 가리키는 것이다. 범부에게는 시각의 지혜는 없지만, 그러나 망심 가운데에서 수행에 의하여 시각의 지혜가 나타나는 것이다. 시각의 지혜는, 여래장의 본성인 본각에 바탕을 둔 것은 사실이지만, 그러

나 현실에서는 망심·불각에서 생겨나는 것이다. 그러므로 『대승기신론』에서는, "시각이 나타나는 실상은, 마음에 본디 갖추어져 있는 지혜가 있으므로 그것에 바탕을 두고 불각이 있다"라고 논술하고 있다. 이것은, "여래장이 존재함으로 말미암아 생성하고 소멸하는 현상적인 마음이 있다"라고 논술하는 것과 같은 것이다. 그런데도 현실에서는 이 불각에서 시각이 생겨난다. 그러므로 『대승기신론』에서는, "불각의 현상에 바탕을 두고서 시각이 있음을 말하는 것이다"라고 논술하는 것이다. 불각과 시각 사이에는 명확한 구별이 없다. 시각의 지혜도 그것보다 상위의 시각에서 보면 불각이라고 볼 수 있으며, 불각이라고 부르는 것도 그것보다 하위의 불각에서 보면 시각이라고 볼 수 있다. 깨닫는 작용에는 약간 깨닫는 단계도 있으며, 많이 깨닫는 단계, 완전히 다 깨닫는 단계도 있다. 시각에는 초발심(初發心)에서부터 전각(全覺)에 이르기까지의 무수한 단계가 있다.

그러나 시각이 완전히 발휘되는 것은 붓다의 지혜이며, 이 이상의 시각은 없기 때문에 이것을 구경각이라고 부른다. 구경각은, '심원(心原)'을 깨닫는 단계에서 성립한다. 여래장에 무명이 작용하여, 일심이 망념으로 전락하는 그 시원을 심원이라고 말하는 것이다. 왜냐하면 여래장은 영원이며 무시무종이기 때문에, 그곳에는 심원이 없다. 심원이 있다고 하면 청정심이 망념으로 굴러 떨어지는 끄샤나를 말한다고 하지 않으면 안 된다. 그러나 이것은 시간적으로 이와 같이 여래장으로부터 망념으로 굴러 떨어지는 시원이 있다고 하는 의미는 아니다. 그렇게 말하는 시간적 시원은 물을 수 없는 문제이다. 여기에서는 논리적으로 우리의 미망의 근거를 추구하여 가면, 청정심에 무명이 작용하여 미혹에 떨어졌다고 생각하지 않을 수 없다. 그 점을 끝까지 밝힌다고 하는 의미로, "심원을 깨닫는다"라고 표현한 것이다. 그러므로 이것은 시간적으로 말하면, 미혹의 종지부를 찍는 것으로 될 수도 있다. 심원을 깨달으면, 그

때 미망은 끝나버리고 성불이 실현되기 때문이다.

심원을 깨닫는 것이 구경각이며, 그 이전의 시각의 단계는 비구경각이다. 이 비구경각으로부터 구경각까지의 시각의 단계를 여기에서는 네 단계로 나누어서 제시한다. 그것은, 불각·상사각·수분각·구경각이며, 각각의 단계에서 끊는 번뇌를 멸상(滅相)·이상(異相)·주상(住相)·생상(生相)의 4상(四相)으로 특징을 짓는 것이다. 생·주·이·멸(生住異滅)의 4상은 소승불교에서 유위법이 1끄샤나 동안에 경과하는 것이며, 유위법의 모습으로 논술된 것인데, 본론에서는 그것을 차용하여, 번뇌를 끊는 계위를 나타내는 것이다.

첫째, 시각을 구경각과 비구경각으로 나눈 이유는 무엇일까. 그것은, 이 인과의 두 깨달음을 사상에 의탁하여 네 계위로 해석하기 위함이다. 제1단계는 불각이다. 이것은 범부 가운데의 내범의 계위이다. 내범은 10신의 계위이다. 그들은 삼보에 대한 믿음(信)을 확립하여 인과의 도리를 믿고 있기 때문에, 바로 앞 끄샤나의 마음이 소멸한 상태이며, 그래서 그 마음이 악하다는 것을 깨닫고, 후념(後念)에 똑같은 악이 일어나지 않도록 노력한다. 따라서 외범에 속하는 사람이 인과를 믿지 않고 악을 저질러도 반성하지 않는 것에 비교하면, 내범은 '각(覺)'의 작용이 있다. 그러나 그들은 악을 멈추는 것뿐이며, 악이 일어나는 원인인 번뇌를 끊은 것이 아니기 때문에, 이 계위는 아직 '불각'이라고 말하는 것이다.

둘째, 성문승·연각승의 이승이 닦는 지혜와 십주·십행·십회향의 삼현 보디쌋뜨와의 단계를 상사각이라고 부른다. 그는 악이 일어나는 원인인 인아견 및 탐·진·치·만·의·악견의 여섯 가지의 근본번뇌를 끊은 것이다. 그러므로 이것은, "망념의 이상(異相)을 깨닫는다"라고 말할 수 있는 것이다. 그 결과 그들에게는 이상(異相)은 없는 것이다. 탐·진·치·만·의·악견을 일으키는 거친 번뇌(麤分別)와 자아의 집착(人我見)을 떼어버린 상태이기 때문에,

깨달음이라고 말하여도 좋지만, 아직 보디쌋뜨와의 10지에 도달한 것은 아니므로 공에 대한 지혜가 완전한 것은 아니다. 아공에는 도달하여 있지만 법공을 모른다. 그러므로 그들의 깨달음은, 깨달음이긴 하지만 진실한 깨달음은 아니므로 상사각이라고 부른다.

셋째, 초지 이상 십지까지의 보디쌋뜨와는, 일체법의 공을 깨닫고 있으며, 제법의 모습(相)은 모두 유심의 나타남인 것을 깨닫고 있고, 전혀 법에 대한 집착이 없다. 그래서 거룩한 붓다의 법신을 깨달으며, 법신 보디쌋뜨와라고 부른다. 그들은 법의 공을 깨닫고, 법아견을 벗어난 상태이기 때문에, 법이 자성으로 실재한다고 하는 악견을 벗어난 것이다. 이것은 망념의 주상을 깨달았다고 말하여도 괜찮으며, 그들에게는 주상이 없다. 그들은 법집이라고 하는 미세한 분별을 가지고 있다. 그러나 생상에서의 근본무명과 비교하여 보면 추대(麤大)·조대(粗大)하므로 망념이지만, 이 법집을 떼어버렸기 때문에, 진실한 깨달음을 부분적으로 얻은 것이다. 이렇게 부분적으로 진여를 깨닫는 계위이므로 수분각이라고 한다.

넷째, 마지막으로 보디쌋뜨와의 제10지의 최후의 단계인 만지(滿地)에 있어서는, 금강유정에서 가장 미세한 번뇌를 끊기 위하여 모든 방편이 모두 완성되어 있다. 그래서 그 번뇌를 끊는 무간도의 1끄샤나에 시각은 본각에 귀입(歸入)한다. 이것을 '일념상응(一念相應)'이라고 한다. 그때, 무시이래로 미혹을 계속하게 하고 있던 미망의 근원을 꿰뚫는다. 그것은 망념이 일어나는 근원이기 때문에 '심(心)의 초기(初起)'라고 말한다. 그래서 이것을 망념의 생상을 안다고 말한다. 이 '심의 초기'를 깨닫기 때문에 이제는 망념·분별이 일어나지 않는다. 망념은, 그것이 망념인 것을 앎으로써 비로소 소실하는 것이다. 마치 꿈을 꾸고 있을 때, 꿈을 꾸고 있는 동안은, 그것이 꿈인 것을 알아차리지 못한다. 그러나 그것이 꿈인 것을 알아차리면, 꿈은 거기서 끝나는 것이다. 무명도, 무명의 실체를 알아차렸을 때 그것은 무명이 아닌 것이다. 속임을 당하고 있는 것을 알아차리지 못하는 동안은 속임을 당하는 것이지만, 속임을 당하고 있다는 것을 알아차렸을 때는 벌써 속임을 당하는 상황에서 빠져나온 것이다. 망념·무명도 이와 똑같이, '망념의 초기(初起)'를 꿰뚫었을 때 망념을 멈춘다. 망념분별을 일으키고 있는 사람이, 망념분별을 벗어나려고 하여도 그것은 불가능하다. 망념분별의 실체를 꿰뚫는 것이 필요하다. 그러나 이 미세한 망념을 꿰뚫는 것은 보디쌋뜨와의 경지를 다 채운 보디쌋뜨와나 거룩한 붓다만이 가능하다. 이와 같이 '망념의 초기'를 깨닫는다는 것은 망념의 초상(初相)이 없다는 의미이다. 망심의 최후의 미세한 염에서도 벗어나서 무념을 실현하는 것이다. 이 때, 마음의 본성인 자성청정심이 스스로 힘을 발휘하는 것이다. '심성을 본다'는 것은, 그 의미이다. 그러므로 이것은 심성의 본성이 발휘되는 것이기 때문에, '심성을 나타낸다'고 말하여도 좋다. 이 때 마음은 분별을 멈추고, 마음의 생멸하는 현상은 없어지며, 마음은 상주(常住)로 된다. 이 최후의 순간 시각이 완성되기 때문에 구경각이라고 한다.

이상 시각의 진전을 생주이멸의 사상(四相)의 변화에 의탁하여 나타냈는데, 그 목적은 일상심의 망념분별에 있어서의 추대(麤大)·조대(粗大)한 마음의 작용에서부터 미세한 분별로 옮겨가는 것을 나타내려고 하는 것이다. 거칠고 추대한 번뇌에 의한 마음의 격렬한 움직임은 쉽게 멈출 수 있다. 그러나 미세한 마음의 분별은 쉽게 멈출 수 없다. 선정에 들어서 아무리 마음을 멈추려고 해도 미세한 망념의 상속은 남아 있다. 이와 같은 망념을 어떻게 하여 단멸시킬까를, 이상의 네 단계로 제시하여 나타낸 것이다. 그러므로 경전 가운데에서도, "어떤 사람이든지 무념의 경계를 잘 관찰하는 일이야말로 거룩한 붓다의 깨달음을 향하여 나아가는 바른 지혜이다"라고 말씀하고 있다.

경전에서 말씀하려고 하는 것은, 우리의 현실의 마음은 허망분별의 상속이며, 망념을 멈추려고 하는 노력은 새로운 망념으로 되어 있는 것이다. 망념을 멈추게 되는 것은 아니지만, 그러나 이 허망분별을 하는 마음의 진실한 모습은 본디 무념이라고 관찰하면, 거기에는 아직 무념이 실현된 것은 아니지만 그 노력은 바르게 거룩한 붓다의 깨달음을 향하여 나아가는 지혜라고 하는 의미이다.

　앞에서 보디쌋뜨와진지(菩薩盡地)의 경지에서, "한마음이 처음으로 일어나는 것(初起)을 자각한다—'한마음(一心)'이 비로소 알라야식으로 되어 기동하였다는 것을 자각할 수 있다—"고 서술하였는데, '심기(心起)—한마음이 처음으로 일어난다(心起)'라고 말하여도, 거기에 망심이 일어나는 초상(初相)을 알 수 있는 것은 아니다. 초상을 알면 망심은 일어날 수 없게 되는 것이기 때문이다. 그러므로 초상을 안다고 하는 것은, 무념을 아는 것이 된다. 말하자면 '한 마음이 처음으로 일어난다는 것을 안다'고 하는 것은, 시간적으로 자기가 미혹하는 최초의 망심의 초기(初起)를 안다고 하는 의미는 아니고, 망념이 일어나는 구조를 꿰뚫는 것에 의하여, 망념이 일어나는 것을 끊는 것이며, 그것에 의하여 무념인 일심의 상속에 들어가는 것을 말하는 것이다. 그러므로 초상(初相)을 안다고 하는 것은, 시각의 지혜의 완성을 말하는 의미이다. 무념이란 망념이 없는 것이며, 마음이 주객으로 분열하지 않고, 자성청정심 그 자체로서, 있는 그대로 인식의 세계를 나타내는 것을 말한다. 불지(佛智)에는 전체의 세계가 있는 그대로 투영되어 있다. 그곳에는 어떠한 선입견도 없고, 편견도 없으며, 세계에서 일어난 일과 불지의 인식계가 완전히 합치되어 있다. 그래서 그것에 어울리는 올바른 지혜의 활동을 전개한다. 이 거룩한 붓다의 세계를, 대해의 해면이 세계를 있는 그대로 투영하고 있는 것에 비유하여, 『대방광불화엄경』에서는, 이것을 '해인싸마디'라고 부르고 있다.

　'초기를 안다'고 하는 것은, 이상과 같은 의미이므로, 무념은 거룩한 붓다만의 세계이다. 모든 중생은 망념의 세계를 나타내고 있으며, 시각의 완성이란 아주 먼 길이다. 그러므로 모든 중생을 '깨달았다(覺)'라고 말할 수 없다. 모든 중생은 영원한 과거로부터 망념이 상속하고 있으며, 아직까지 망념을 끊은 일이 없다. 무념을 실현한 적이 없다. 그러므로 모든 중생에게는 시작을 모르는 무명이 있다고 말씀하는 것이다. 망념이 있기 때문에 중생이라고 불리는 것이다. 만일 사람이 무념을 깨달으면, 마음이 전변하는 모양인 생주이멸의 차별을 알 수 있다. 말하자면 시각의 지혜의 진전에 따라서, 멸상(滅相)에서부터 이상(異相)·주상(住相)·생상(生相)에 이르기까지 순차적으로 단멸하여 가는 것에 의하여, 망념의 구조를 모두 알게 된다. 『원효소』에서는, "멸상·이상·주상의 세 계위에서는 심원(心源)에 아직 이르지 못하여 생상이 아직 다 없어지지 않고, 마음이 오히려 무상이었다. 이제 이 구경각의 계위에 이르러 무명이 영원히 다하고, 일심의 근원에 돌아와서 다시는 동념(動念)을 일으키지 않으므로 심성을 볼 수 있다고 말한다. 마음은 바로 상주이며, 더 나아갈 바가 없는 것을 구경각이라고 부른다(『大正藏』44-210b)"라고 서술하여, 구경각을 성취하면 일심의 근원에 돌아와서 수행을 완성한 것임을 밝히고 있다.

그래서 사상(四相)을 아는 것에 의하여 무념을 실현하는 것이다. 『원효소』에서는, "심원에 이르러 무념을 얻으면 바로 모든 중생의 일심이 동전(動轉)하는 사상의 차별을 두루 잘 알 수 있다(『大正藏』44-210c)"라고 서술하고 있다. 따라서 마음의 사상을 안다는 것은, 무념이 되는 것과 같다. 그 의미는, 거룩한 붓다는 심원을 깨달아 무념에 들어갔으나, 중생은 유념에 머물러 있는 것이다. 붓다는 무념을 얻고 중생은 망념이 있으므로, 유와 무가 엄청나게 현격한 차이가 있는데, 어떻게 해서 무념인 붓다가 중생의 유념을 알 수 있을까라고 하는 의미이다.

이에 대하여 『원효소』에서는, "중생의 유념은 본디 무념이다. 무념을 얻으면 저것과 평등이기 때문에, 무념과 평등하다고 말한다. 이것은 벌써 평등한 무념을 얻었기 때문에 모든 망념의 사상을 두루 잘 알 수 있다(『大正藏』 44-210c)"라고 대답하여 의문을 풀어주고 있다. 현실은 유념이지만, 무념을 실현해야 하는 것이며, 유념과 무념의 본성은 동일하다. 붓다는 벌써 무념을 수득하였기 때문에, 무념과 유념과는 본디 평등이다. 이 점을 본론에서, "마음의 사상을 안다는 것은, 무념이 되는 것과 같기 때문이다"라고 논술한 것이다.

　그러나 이것은 유념이 그대로 무념이라고 하는 의미는 아니다. 본각의 입장에서 말하면, 시간의 간격을 소멸시켜버리고, 그 본성에 대해서만 말하기 때문에, 번뇌 즉 보리(煩惱卽菩提, bodhi)와 같은 의미이며, 중생의 유념이 바로 거룩한 붓다의 무념이라고 말할 수 있는데, 이것은 시각의 입장이며, 수행을 하여 한 걸음 한 걸음 거룩한 붓다를 향하여 나아가는 입장이다. 그러므로 유념 즉 무념(有念卽無念)이라고 말하여도, 그것은 거룩한 붓다의 경지에 도달하여, 비로소 말할 수 있는 것이다. 무념을 수득한 붓다의 입장에서는 무념과 유념이 본디 평등이라고 말할 수 있으나 중생의 입장에서는 이와 같이 말할 수 없다. 무념을 알 수 없는 범부가 무념과 유념이 평등이라고 말할 수 있는 까닭이 없기 때문이다. 이와 같이 『대승기신론』에서는, 본각문의 입장도 제시하고 있지만 동시에 시각의 수행이 중요하다는 것을 설파하고 있음을 놓쳐서는 안된다. 이것을 놓치면 『대승기신론』의 이해가 바르지 못하게 될 것이다.

　이상과 같이 시각이 불각에서 시작하여 차례로 상승해서 본각에 귀일하는 것을 서술하였는데, 그러나 본각과 합일한 시점에서 본다면 시각과 본각은 다른 것이 아니며, 따라서 시각을 네 단계로 나누는 것도 이 입장에서는 인정할 수 없다.

　그러므로 『대승기신론』에, "깨달음의 지혜 그 자체의 본성으로서는 어디까지나 본디 평등하여 완전히 같은 '깨달음의 지혜'의 작용이라고 해야만 하고,

거기에는 어떠한 차별도 인정할 수가 없다"라고 논술하고 있는 것이다. '시각지이(始覺之異)'란, 시각의 네 단계를 가리키는 것이라고 사유할 수 있는데, 이 한 구절이 '시본불이(始本不二)'를 천명하는 점에서 말하면, '시각지이'란 시각과 본각의 구별이라고 하는 의미로도 받아들일 수 있다. 그와 같이 해석하는 학자도 있다. '시본불이'가 되면, 시각의 네 단계도 인정할 수 없다는 것이 명확한 논리이다.

그러한 이유를, 『대승기신론』에서는, "생·주·이·멸상의 네 가지 모습은 동시에 존재하며, 모두 자립할 수 있는 것이 아니라 서로서로 도와서 이루어지는 것이다"라고 제시하고 있다. 『대승기신론』에 의하면, 생·주·이·멸상의 네 가지 모습(四相)이란 네 종류의 번뇌를 가리키는 것이며, 표면적인 거칠고 추대(麤大)·조대(粗大)한 강력한 번뇌로부터 내면적인 미세한 번뇌에 이르도록 설명되어 있다. 그러나 이들 번뇌는 모두 무명에 의하여 생겨난 것이며, 서로서로 도와서 번뇌로 활동하고 있다. 그러므로 논리적으로는, 가장 미세한 번뇌로부터 추대·조대한 번뇌로 번져나간다고 말할 수 있지만, 현실에서는 동시에 서로서로 도와서 망념을 형성하고 있는 것이다.

그러나 동시에 존재하는 생상·주상·이상·멸상의 네 가지 모습을 네 단계에 의하여 아는 것은 무엇 때문일까. 『법장의기』에서는, "그런데 아직 이 깨달음의 계위에 이르지 못한 사람은 그 지력(智力)에 따라서 깨달음에 앞뒤가 있다"라고 서술하고 있다. 깨닫는 사람의 지력에 깊고 얕음이 있기 때문에 생상·주상·이상·멸상의 네 가지 모습(四相)을 깨달음에 앞뒤가 있다는 것이다. 그렇지만 시각이 본각에 합일한 입장에서 보면, 생상·주상·이상·멸상의 네 가지 모습은 동시에 존재하며, 모두 자립할 수 있는 것이 아니라 서로서로 도와서 이루어지는 것이고, 본디 시각은 본각과 평등이라고 각지(覺知)하기 때문에, 동일한 깨달음이라고 논술하고 있다. 『대승기신론』에서, "본디 시각은 본각과 평등이며, 동일한 깨달음이다"라고 논술하고 있는 것은, 생상·주상·이상·멸상의 네 가지 모습이 본디 평등이라는 의미이지만, 동시에 시각도 네 단계로 나누어서, 열등한 시각에서 수승한 시각으로 진전한다고 하는 의미는 평면적인 것이며, 시각의 본질은 어디까지나 같은 것이고, 본디 평등이라고 하는 의미도 있다. '동일각(同一覺)'이란, 본디 시각과 본각은 동일한 깨달음이라고 하는 의미이다. 깨달음의 지혜의 본질은, 어디에 있더라도 같다는 것이다. 그런 의미에서, '시본불이(始本不二)'라고 말한다.

원효는 시각의 4위 하나하나의 계위에 네 가지의 의의가 있다고 하여, 그것에 의해서 분석하여 논술한다. 그런데 법장도 원효의 학설을 거의 그대로 답습하고 있기 때문에 양자의 설을 비교하기 위해 표를 만들면 다음과 같다.

시각의 네 단계

		能覺人	能覺相	覺利益	覺分齊
불각	원효	如凡夫人	覺知前念起惡	能止後念 令其不起	雖復名覺 卽是不覺
	법장	如凡夫人	覺知前念起惡	能止後念 令其不起	雖復名覺 卽是不覺
상사각	원효	二乘觀智 初發意菩薩等	覺於異念	念無異相	捨麤分別執着 相故名相似覺
	법장	二乘觀智 初發意菩薩等	覺於異念	念無異相	捨麤分別執着 相故名相似覺
수분각	원효	法身菩薩等	覺於念住	念無住相	離分別麤念相 故名隨分覺
	법장	法身菩薩等	覺於念住 念無住相	以離分別 麤念相	隨分覺
구경각	원효	如菩薩地盡 滿足方便 一念相應	覺心初起	心無初相	遠離微細念故 得見心性心卽 常住名究竟覺
	법장	如菩薩地盡 滿足方便 一念相應	覺心初起	心無初相以遠 離微細念故得 見心性心卽常住	名究竟覺

불각(不覺): 불각에는 두 가지가 있다. 첫 번째 불각은 무명 망념을 가리킨다. 그러나 불생불멸이 생멸과 다른 것이 아니라고 말하는 것처럼, 불각도 각의 틀을 뒤집어서 나타난 것이라고 본다. 수분각의 단계까지의 시각은, 시각이지만 붓다의 눈으로 보면 불각이며, 시각도 비교의 방법에 따라서 불각이 된다. 본각이 존재함으로 말미암아 불각이 있다고 하는 것은, 여래장이 존재함으로 말미암아 생성하고 소멸하는 현상적인 마음이 있다고 말하는 것과 같다.

두 번째 불각은 불각–상사각–수분각–구경각의 시각에서의 네 단계 가운데 첫 단계의 불각을 가리킨다. 여기에서의 불각은, 내범이 전념(前念)에서 범한 악업을 알고 다시는 반복하지 않을 것이라고 생각하기 때문에, 외범에 비교하면 '각(覺)'의 단계라고 말할 수 있다. 그러나 악의 원인으로서의 번뇌를 끊어버린 것은 아니기 때문에 불각이라고 말하는 것이다.

심원(心原): 마음의 본원, 자성청정심을 가리킨다.

구경각(究竟覺): 궁극적인 깨달음, 시각이 본각에 합체된 계위를 가리킨다. 거룩한 붓다를 말한다. 깨달음에는 초보적인 단계로부터 진전하여 무수한 단계가 있다. 구경각에 도달하기 이전에는 '비구경각'이다. 이 가운데에 모든 보디쌋뜨와를 포함한다.

차의운하(此義云何): 구경각과 비구경각을 구별하는 이유를 묻는 질문이다.

범부인(凡夫人): 초지(初地)에 이르기 전까지의 수행자, 말하자면 십신(十信) · 십주(十住) · 십행(十行) · 십회향(十廻向)의 40계위는 모두 넓은 의미의 범부라고 볼 수 있다. 여기에서는 십신(十信)의 계위에 있는 수행자를 가리킨다. 십신위의 범부를 내범(內凡)이라고 하고, 그 전의 범부를 외범(外凡)이라고 한다. 외범은 불교를 알지 못하며, 인과의 도리를 믿지 않는 사람, 말하자면 비불교도를 가리킨다. 이에 대하여 내범은 불교에 귀명한 범부를 가리키며, 삼보에의 믿음이 확립되어 있다. 신(信)에 열 단계를 시설하여 십신이 이루어진다. 그들은 불교의 가르침인 인과의 도리를 믿으며, 악을 벗어나서 선을 행하려고 노력하고 있다. 불교에서는 십주·십행·십회향을 삼현(三賢)이라고 부르며, 초지(初地) 이상을 성인(聖人)이라고 부른다.

전념기악(前念起惡): 바로 앞(前) 끄샤나의 마음이 일으킨 악을 가리킨다. 이것은 번뇌가 소멸하여 버린 바로 뒤의 일로서, 그 악을 인식하기 때문에 생·주·이·멸(生住異滅)의 사상(四相)에서 멸상에 배당하고 있다. 4상은 소승의 설일체유부 등이, 유위법은 1끄샤나에 생·주·이·멸의 사상을 경과한다고 주장하는 교리이다. 유위법은 생상(生相)에 의하여 미래세로부터 현재세에 생겨나며, 주상(住相)에 의하여 1끄샤나 동안 현재세에 머무르고, 이상(異相)에 의하여 법의 작용을 잃으며, 멸상(滅相)에 의하여 과거세로 떨어진다고 한다. 유위법이 1끄샤나에 4상을 경과하는 것이 존재(dharma, 法)의 끄샤나 소멸(끄샤나 무상)의 이론이다.

『대승기신론』은 이 4상의 교리를 차용하여 번뇌를 소멸하는 네 단계로 이용하는 독특한 해석을 펼치고 있다. 그러므로 1끄샤나의 마음을 약분(約分)하여 4상을 서술하는 것이 아니다.

멸상(滅相)은 가장 추대(麤大)·조대(粗大)한 번뇌를 멸상이라고 한다. 가장 추대한 번뇌란, 살생·투도·간음의 신업과 망어·양설·악구·기어의 어업이 짓는 악업에 의한 번뇌를 가리킨다. 이것은 선업·악업의 과보를 받는 것이라고 보며, 내범의 계위인 십신을 성취하였을 때 모두 단멸하며, 이 계위를 시각에서의 불각이라고 한다.

이상(異相)은 인아견 및 탐·진·치·만·의·악견의 여섯 가지의 근본번뇌를 가리킨다. 십주·십행·십회향을 성취하였을 때 모두 단멸하며, 이 계위를 시각에서의 상사각이라고 한다.

주상(住相)은 법아견 및 아치·아견·아애·아만의 네 가지의 근본번뇌를 가리킨다. 십지를 성취하였을 때 모두 단멸하며, 이 계위를 시각에서의 수분각이라고 한다.

생상(生相)은 업상·전상·현상에 의한 근본번뇌로, 무명에 의하여 일심이 망령스럽게 바뀐 첫 단계의 미세한 번뇌를 가리킨다. 청정한 마음(淸淨心)이 망령스럽게 바뀐 최초의 상태이기 때문에 생상에 배당한 것이다. 제10지의 최후의 단계인 무구지를 성취하였을 때 모두 단멸하며, 이 계위를 시각에서의 구경각이라고 한다. 이 미세한 번뇌는 깨달음을 성취한 거룩한 붓다만이 알 수 있다.

이승관지(二乘觀智): 성문과 연각, 이승이 수행을 하여 얻은 지혜를 가리킨다. 관(觀, vipaśyanā)은 선정에서의 관찰을 말하며, 초기불교의 수행법은 위빠쉬야나(vipaśyanā)이다.

초발의보디쌋뜨와(初發意菩薩): 비로소 보디심(bodhicitta, 菩提心)을 일으킨 보디쌋뜨와를 가리킨다. 십주위(十住位)의 초위를 초발심주라고 부른다. 초발의 보살은 이 계위에 해당한다. 따라서 십주·십행·십회향의 삼현보디쌋뜨와까지도 모두 초발의보살에 포함한다.

염이(念異): 망념의 이상(異相)을 가리킨다. 인아견 및 탐·진·치·만·의·악견의 여섯 가지의 근본번뇌를 이상(異相)에 배당한다.

추분별집착(麤分別執着): 탐·진·치·만·의·악견을 일으키는 거친 번뇌를 발생시키는 분별망심을 가리킨다.

상사각(相似覺): 시각에서의 두 번째 계위이며, 아직 성지(聖智)를 얻을 수 없기 때문에, 각이긴 하지만 진실한 각은 아니므로 상사각이라 부른다.

법신보디쌋뜨와(法身菩薩): 초지 이상 십지까지의 보디쌋뜨와를 가리킨다. 초지 이상은 성자의 계위이며, 유심의 이치를 깨닫기 때문에 법신보디쌋뜨와라고 부른다.

염주(念住): 망념의 주상(住相)을 가리킨다. 여기에서는 법아견 및 아치 · 아견 · 아애 · 아만의 네 가지의 번뇌를 주상에 배당하고 있다. 법집이 견고하게 자리를 잡고 있으므로 주상이라고 하며, 제법은 실체로서 존재한다고 생각하는 집착을 가리킨다.

분별추념(分別麤念): 미세한 분별과 거친 망념을 가리킨다. 법아견을 앞의 인아견과 비교하여 보면 미세하므로 미세분별이며, 다음 생상에서의 근본무명과 비교하여 보면 추대(麤大) · 조대(粗大)하므로 추념(麤念)이라고 한다.

수분각(隨分覺): 시각에서의 세 번째 계위이며, 부분적으로 진여를 깨닫는 계위이므로 수분각이라고 한다.

보살지진(菩薩地盡): 제10지의 최후의 단계인 만지(滿地)를 가리킨다. 이에는 방편도 · 무간도(無間道) · 구경도가 있으며, 가장 미세한 번뇌를 끊고 거룩한 붓다가 된다.

만족방편(滿足方便): 방편도를 가리킨다. 최후의 번뇌를 끊기 위한 모든 방편(준비)이 완성되었다는 의미이다.

일념상응(一念相應): 무간도(無間道)를 가리킨다. 이 일념 속에서 최후의 번뇌를 끊는다. 이 때 화합식(알라야식, ālaya-vijñāna, 阿梨耶識)의 상(相)이 깨지고, 망념을 멈추며, 진심이 되고, 시각은 본각에 합일하기 때문에 상응이라고 말한다. 이 일념은 다른 것과 비교할 것이 아니기 때문에 무념(無念)이라고 말하는 것과 같은 말이다.

심초기(心初起): 망심이 일어나는 최초의 순간을 가리킨다. 무명업상이며, 생상(生相)이 형성되는 순간이다. 이것을 자각하는 것에 의하여 망념은 종지부를 찍는다.

미세념(微細念): 앞에서 서술한 심초기의 망념을 가리킨다.

심성(心性): 여래장 또는 자성청정정심을 가리킨다.

관무념(觀無念): 현실에서 자기에게는 허망분별·망념이 멈추지 않지만, 그러나 그것은 무념인 것이 올바른 모습이라고 관조하는 것을 말한다.

향불지(向佛智): 거룩한 붓다에게로 향하는 지혜라고 읽으면, 무념을 관조하는 것만으로는 거룩한 붓다가 아니지만, 그러나 그것은 거룩한 붓다의 깨달음을 향하여 나아가는 지혜라고 하는 의미이다. '불지로 향하다'라고도 읽을 수 있다.

심기(心起): 생상을 가리킨다. 망념이 일어나는 최초의 염상을 말한다. 이것을 자각하는 마음은 참된 시각의 마음이다.

무시무명(無始無明): 무명의 시원은 밝혀낼 수 없다는 것을 가리킨다. 시간적으로 윤회의 시작을 구하여도 그것은 얻을 수 없다. 이를 무시무명이라 말한다. 그러나 논리적으로 말하면, 여래장이란 진심이 먼저 있으며, 여기에 무명이 장난을 걸어서 망심으로 바뀌었다고 말하지 않으면 안 된다. 그러므로 시간적 시원과 논리적 시원은 의미가 같은 것이 아니다.

『대승기신론』에서, 모든 중생은 망념이 끄샤나 끄샤나 상속하여 아직 한 번도 망념을 벗어난 일이 없기 때문에 '무시무명(無始無明)'이 있다고 말한다. 무시무명이란, 무명에는 시작이 없다고 말하는 것이다. 무명의 변제(邊際)는 알 수 없다고 말하는 것은, 원시불교 이래의 통설이며, 『대승기신론』도 그것을 따르고 있다. 현재 우리는 헤매고 있기 때문에, 헤매기 이전의 것은 알 수 없는 것이다. 만일 그것을 알면, 헤맴으로부터 바로 해탈할 수 있다. 마치 잠에서 깨어났을 때와 마찬가지이다. 자고 있는 사람이, '자, 나는 잠을 깨어야지!'라고 생각하고 잠을 깨는 것은 아니다. 만일 그렇게 생각한다면, 그때는 벌써 잠에서 깨어나 있는 것이다. 따라서 몇 번이나 잠에서 깨어나도, 잠을 깨기 전의 것은 모르는 것이다. 이와 똑같이 헤매고 있는 우리는, 헤매기 전의 것을 묻는 것은 불가능한 것이다. 그러나 이론적으로 헤맴을 캐물어 간다면, 헤맴의 안티테제로서, 헤맴의 부정태로서의 깨달음을 상정할 수는 있다. 『대승기신론』에서, 자성청정심에 무명의 바람이 작용하여 망심의 파도가 일어난다고 하는 것은, 이런 논리적 시원을 나타낸 것이라고 이해할 수 있다. 그러나 고래로 이 관계가 혼동되어, 무명이 무시(無始)인 것과 자성청정심과 무명과의 관계가 논란거리로 되어 있다. 예로부터 이것이 정리되어, 『대승기신론』의 '육난(六難)'으로 되어 있다. 그것을 참고로 제시하면 다음과 같다. 이와 같이 육난으로 정리하여 제시한 학자는 당나라의 복례(復禮) 법사이다. 그는 이와 같이 육난으로 정리하여 천하에 제시하고 누구든지 답변하여 주기를 바란다고 하였던 것이다.

(1) 무명의 기원을 설명할 수 없다는 점에 대한 것이다. 마음이 본디 자성청정심·진여라 한다면, 어떻게 하여 망법·무명이 생겨났을까. 무명이 진여로부터 생겨났다고 하면, 진여는 염법을 구유하고 있다는 모순이 생긴다.

(2) 무명이 진여로부터 생겨났다고 한다면, 무명도 진여도 똑같이 상주가 되며, 멸진할 때가 없다는 것으로 된다.

(3) 예를 들어 무명을 단멸하여도, 진여에 의하여 다시 무명이 생겨나서, 오후재미(悟後再迷)의 논란이 된다.

(4) 무명이 무시라고 하여도, 자성청정심도 무시이다. 그런데도 양자의 관계에 있어서는, 무명에 의하여 진여가 일어난다고는 허용되지 않는다. 거꾸로 자성청정심에 의거하여 무명이 일어난다고 한다. 이것으로, '진전망후(眞前妄後)'를 인정하는 것이 된다.

(5) 만일 '진전망후(眞前妄後)'를 인정한다고 하면, 무명이 무시라고는 말할 수

없게 된다.

(6) 무시인 것은 무위법이기 때문에 끝이 있을 수 없다. 말하자면 무시는 무종이다. 무명이 무시무종이라면 성불할 수 없는 것으로 된다. 만일 무명이 유종이라면, 그것에 의하여 시작이 있는 것으로 되며, 무명을 단멸한 뒤에도 다시 무명이 시작할지도 모른다. 이것은 앞의 오후재미의 논란과 같은 것이다.

복례 법사는 이상의 여섯 가지 논란을 다음과 같은 게송으로 정리하여 천하의 학자들에게 널리 답변을 구하였다.

진여의 법성은 본디 청정, 망념은 왜 일어나는가?
진여에서 망념이 생겨난 것이라면, 이 망념을 어찌 버려야 하는가.
시작이 없으면 종말이 없고, 종말이 있으면 시작이 있어야 한다.
시작이 없는데도 종말이 있다 하니, 오랫 동안 이(理)를 가슴에 품는다.
원하옵건대 현묘를 열어서, 이것을 가려 생사를 벗어나게 하여 주소서.

眞法性本淨 妄念何由起
從眞有妄生 此妄安可止
無始卽無末 有終應有始
無始而有終 長懷懷玆理
願爲開玄妙 析之出生死

시각지이(始覺之異): 시각의 네 단계의 구별을 가리킨다.

2. 마음에 본디 갖추어져 있는 지혜(本覺)

본각이란, 자성청정심의 본성인 지혜를 말하는 것이다. 여래장은 재전위(在纏位)의 법신이라고 말하는 것처럼, 심성이란 법신을 가리키는 것이다. 법신은 '이지불이(理智不二)'이지만, 본각이라고 말하는 경우에는, 이것을 지(智)의 시각으로 바라본 것이다. 본각은 알라야식의 두 가지 뜻 가운데의 하나인 '각(覺)'을 가리키는 것이기 때문에, 이 점에서는 알라야식을 벗어날 수는 없는 것이다. 그러나 알라야식은, 불생불멸(진여)이 생멸(무명)과 화합(和合)한 것이므로, 그 화합을 깨뜨려버리고 불생불멸에 귀일하는 성격을 가지고 있다. 본각은 이것을 나타내기 때문에, 알라야식을 벗어나지 못하는 속성과 알라야식을 벗어나도 존속하는 속성을 가지고 있다.

그래서 '본각'이란, 한마디로 말하면 거룩한 붓다를 가리키는 것이다. 『혜원의소』는, "본각은 불과의 근원을 천명한다"고 설명하고 있다. 『대승기신론』에서는 본각을, 수염본각과 성정본각의 두 가지 존재방식으로 나타내고 있다. 수염본각은, 본각을 무명과의 관계로 나타내는 것이며, 이것은 본각의 작용을 나타낸다. 본각의 수승한 작용은 무명과의 관계로 나타내지 않을 수 없기 때문이다. 이에 대하여 성정본각은 본각의 체·주체, 말하자면 지를 나타낸 것이다. 수염본각은 무명·번뇌와의 관계로 나타낸 본각인데, 이 경우에는 본각이 무명으로부터 이탈하는 존재방식과 이탈한 본각이 거꾸로 무명에 작용하는 존재방식의 두 가지가 있다. 전자는 성불을 실현하는 존재방식으로서 지정상(智淨相)이라고 부른다. 이 본각은 시각과 같은 형태로 나타나 있지만, 양자는 보는 방법이 다르다. 시각의 경우는, '향상문(向上門)'의 깨달음을 나타낸 것이며, 보디쌋뜨와의 깨달음의 단계를 설명하는 것이다. 이에 대하여 본각의 경우는, 붓다의 깨달음 그 자체를 나타내는 것이기 때문에, 불지(佛智)가 번뇌로부터 이탈하는 형태로 파악된다. 그렇기 때문에 '환귀(還歸)한다'고 하는 의미가 포함되어 있다. 『법장의기』는, 지정상을 "본각수염환정(本覺隨染還淨)의 상(相)을 밝힌다"라고 설명하고 있는 것도, 보디쌋뜨와의 시각(始覺)의 입장이 아니라, 붓다의 입장에서 각의 작용을 이해하였을 것이기 때문이다. 그러므로 지정상은 지(智)가 번뇌를 이탈하는 점에서 시각과 같은 존재방식을 나타내고 있지만, 그러나 시각이 아니라 본각의 존재방식이다.

다음에 부사의업상(不思議業相)은, 번뇌를 이탈한 불지가 번뇌에 작용을 하는 것이며, 이것은 붓다의 중생을 구제하는 일 밖의 다른 것이 아니다. 『법장의기』는, 이것을 "환정본각업용(還淨本覺業用)의 상을 밝힌다"고 설명하고 있다. 『혜원의소』는, "지정상이란, 이것은 법불의 본성이다"라고 제시하며, "부사의업상이란, 이것은 보불의 본성이다"라고 제시하고 있다. 『혜원의소』는, 법불과 보불을 합하여 법신으로 하며, 이 밖에 응불을 세우고 있다. 체(體)·상(相)·용(用)의 삼대로 말하면, 법불은 체, 보불은 상, 응불은 용이다. 이 체와 상을 합하여 법신으로 삼는 것이 『대승기신론』의 입장이다.

그러므로 보불은 지상(地上)의 보디쌋뜨와에게 법을 말씀하는 붓다이며, 『혜원의소』는 부사의업상(不思議業相)을 법신의 지(智)의 공덕을 나타내는 것이라고 해석하고 있다. 이에 대하여 『법장의기』는, 지정상과 부사의업상을 십문(十門)을 열어서 설명하고 있는데, 지정상이란 지의 정(淨)을 말하며, 부사의업상이란 덕화의 작용을 말한다고 해석하고 있다. 그래서 이것을 삼신설로 분별하여 나타내면, 두 가지로 해석할 수 있다고 한다. 첫째, 지정상은 보신이며, 부사의업상은 화신이라고 하는 견해이다. 둘째, 지정상은 법신과 자수용신을 겸한 것이며, 부사의업상은 화신과 타수용을 겸한 것이라고 해석하는 견해이다. 지정상은 지신(智身)이기 때문에 보신이라고 보는 것도 가능하지만, 그러나 이것은 이지불이(理智不二)의 법신으로 보고, 그 지는 자수용지(自受用智)라고 보아도 좋을 것이다. 그래서 부사의업상에는 보신에 응신(應身)·화신(化身)의 작용도 포함한다고 보는『법장의기』의 학설이 타당하다고 생각한다.

(1) 더럽게 물든 마음의 상태에 따라서 작용하는 본각〔隨染本覺〕

復此, 本覺隨染分別, 生二種相, 與彼本覺不相捨離. 云何爲二. 一者智淨相, 二者不思議業相. 智淨相者, 謂依法力熏習, 如實修行滿足方便故, 破和合識相, 滅相續心相, 顯現法身, 智淳淨故. 此義云何. 以一切心識之相皆是無明, 無明之相不離覺性, 非可壞, 非不可壞, 如大海水因風波動, 水相風相不相捨離, 而水非動性, 若風止滅, 動相則滅, 濕性不壞故. 如是, 衆生自性淸淨心因無明風動, 心與無明俱無形相, 不相捨離, 而心非動性, 若無明滅, 相續則滅, 智性不壞故. 不思議業相者, 以依智淨, 能作一切勝妙境界. 所謂無量功德之相, 常無斷絕 隨衆生根自然相應, 種種而現得利益故.

또 이 본각은, 사람들의 무명이나 더럽게 물든 마음과의 관계 속에서 고찰하면, 한 가지는 지정상 또 다른 한 가지는 부사의업상과의 두 가지 관점에서 고찰할 수 있다. 이것은 앞에서 서술한 시각과 완전히 동일한 상태를 가리키는 것인데, 근본적으로는 본각 자체의 작용에 지나지 않는 것이며, 그 자체를 떠난 다른 그 어떤 것도 아니다.

지정상이란, 사람의 안으로부터는 모든 사람의 본성인 '붓다의 마음자리〔如來藏〕'가 그 스스로 본디 갖추고 있는 힘에 의하여 깨달음의 작용을 일으킨다. 동시에, 밖으로부터는 거룩한 붓다나 보디쌋뜨와들이 선지식이 되어 사람을 교화하여 깨달음의 작용을 유발시켜 줌으로써, 진실한 모습 그대로 불도를 수행하여 진여의 진상에 도달하기 위한 모든 노력을 온전히 다 한다. 그 결과 미혹한 생존의 근원인 알라야식은 파괴되므로, 그에 바탕을 두고 일어나고 있는 모든 어리석은 마음의 상속도 차단되며, 거룩한 붓다의 법신이 드러나시어 어떠한 더러운 마음도 지니지 않는 맑고 깨끗한 지혜의 작용이 나타난다.

그러면 어떠한 의미에서 그렇게 말할 수 있을까?

모든 차별적 인식은 그 본원을 찾아보면 모두 한결같이 무명에서 비롯되고 있다. 그러면서도 무명 그 자체는 진여에 미혹하여 나타나게 된 허망한 환상에 지나지 않는 것이며, 본각을 떠나서 따로 실체가 있는 것이 아니다. 따라서 모든 차별적 인식은 근본인 본각과 다르지 않다고 하는 관점에서 보면 파괴해야만 할 것도 아니지만, 그것이 본각과 같은 것이 아니라고 하는 관점에서 보면 진여의 진상이 지각되는 것에 의하여 파괴해서는 안 될 것도 아니다.

예를 들면, 큰 바다의 물이 바람으로 말미암아 커다란 물결을 일으키고 있을 때에는 물결의 출렁거리는 모습과 바람결의 움직이는 모습은 서로 떼어놓을 수 없는 관계에 있으므로, 이것을 구별하는 것은 불가능하다. 그러나 물 자체는 움직이는 특질을 가지고 있는 것이 아니므로 만일에 바람이 멈추게 되면 물결의 출렁거리는 모습만 멈출 뿐이며, 본디의 축축한 특질은 파괴되는 것이 아니다. 그와 마찬가지로 모든 사람들이 본디 갖추고 있는 '자성이 맑고 깨끗한 마음'이 무명이란 바람으로 말미암아 큰 물결을 일으키고 있을 때에는, '자성이 맑고 깨끗한 마음'과 무명과는 완전히 융합하여 있으므로, 양자는 구별할 수 없기 때문에 형상을 잃으며, 서로 떼어놓을 수 없는 관계에 있다.

그러나 '자성이 맑고 깨끗한 마음' 자체는 움직이는 특질을 가지고 있는 것이 아니므로, 만일 무명이 멈추어 소멸하게 되면, 무명에 바탕을 둔 미혹한 마음의 출렁거림은 멈추게 되지만, 물의 축축한 특질에 비유되는 '마음의 본성으로 갖추고 있는 지혜의 작용'인 지성(智性)은 결코 파괴되는 일이 없다.

다음에, 부사의업상이란, 앞에서 서술한 지정상에 바탕을 두고, 빼어나게 미묘한 모든 경계를 잘 짓는다. 깨달음의 완성에 도달한 사람의 마음에 나타난 헤아릴 수 없는 거룩한 덕성은 과거 · 미래 · 현재의 삼세에 걸쳐 단절되는 일이 없다. 깨달은 사람의 거룩한 지혜의 작용은 사람마다의 소질이나 능력에 잘 맞추어 주면서도 전혀 작위를 부리지 않고, 자연스럽게 여러 가지 모습이나 형태로 자기 자신을 드러내어 사람들에게 이익을 주는 구제의 활동을 멈추는 일이 없다.

| 강설 |

본각은 수염본각과 성정본각으로 구별된다. 전자는 본각의 작용 · 기능을 나타낸 것으로 이를 분석하여 설명하면 두 가지로 된다. 수염본각은 두 가지 존재방식으로 나타나며, 그 어느 것도 본각을 벗어나지 않는다. 성정본각은 본각의 체 · 주체이므로 '생겨난다'라고는 말할 수 없지만, 수염본각은 본각의 작용이므로 두 가지 모습(相)을 생겨나게 한다고 말한다. 작용은 나타나는 것이기 때문이다. 그러나 그것은 본각이 구유한 작용이기 때문에, 이러한 작용은 "저 본각을 서로 사리(捨離)하지 않는다"고 주의하여 나타낸 것이다.

그러면 두 가지 모습이란 무엇인가. 지정상과 부사의업상이다. 수염본각이란 '번뇌를 따르는 본각'이라는 의미이며, 무명 · 번뇌와의 관계에 있어서 힘을 발휘하는 본각을 가리키는 것이다. 본각 · 불지의 수승한 작용도 다른 것과 비교하지 않고서는 나타낼 수 없는 것이다. 번뇌와 관련된 본각에는, 번뇌를 이탈한 존재방식의 본각과 본각이 번뇌에 작용을 하는 경우와의 두 가지가 있으므로, 두 가지 모습을 논의한다. 전자는 지정상이며, 후자는 부사의업상이다.

지정상은, 본각이 번뇌의 오염에서 벗어나서 본래의 본각으로 환원하는 모습이기 때문에, '본각수염환정지상(本覺隨染還淨之相)'이라고 불리며, 진행형식으로서는 시각의 지혜가 불각 가운데에서 나타나서, 차례로 지혜의 광채를 증장하여, 드디어 본각에 합체하는 것과 같은 형태로 보인다. '지정상'은 본각의 지혜가 청정하게 되는 모습이다.

부사의업상이란, 불가사의한 작용이라는 의미이다. 여래의 법신이 응신 · 화신을 나타내어 중생에게 작용하는 것으로서, 구제하는 활동은 범지(凡智)를 초월하여 있기 때문에, '부사의(不思議)'라고 부른다. 혹은 붓다의 교화작용은 저절로 발휘되기 때문에 '부사의'라고도 해석된다.

먼저 지정상에 대하여 설명하면, 범부의 본성인 여래장은 그 자신이 본디 가지고 있는 힘에 의하여 깨달음의 작용을 일으키는 것이다. 인간에게는 본성으로서 '향상하고 싶다'고 하는 서원이 있다. 이것은 인간 내부에 자리 잡고 있는 본각의 작용이며, 이것을 진여의 내훈이라고 한다. 더 나아가 밖으로부터는 붓다 · 보디쌋뜨와 등이 선지식이 되어 중생을 가르쳐서 인도하며, 외부로부터 깨달음의 작용을 유발한다. 이것은 진여의 외훈의 힘이다. 이 내훈력과 외훈력을 법력훈습이라고 한다. 이 '법력훈습'은, 본각의 힘이 아직 충분하지 않은 내범 · 삼현위 등의 지전(地前)의 단계에 있는 본각의 활동을 말한다.

그보다 더욱 진전하여, 초지 이상의 본각을 '여실수행'이라고 말한다. 이것은 진리에 딱 들어맞는 수행을 실행하는 것이며, 십지의 만위(滿位)까지를 말한다. 십지의 만심에서의 모든 방편은 모두 충만하게 된다. 이것을 '방편만족'이라고 한다. 이 만심의 금강유정에서 최후의 번뇌를 끊기 때문에, 이 때 망념의 근원 · 심원(根源 · 心源)을 달관하여 알라야식이라고 하는 화합식의 양상(樣相)을 깨뜨리고 불생불멸이 생멸과 화합하여 있는 존재방식이 없어지며, 불생불멸의 본성을 나타낸다. 이것에 의하여 근본무명이 끊어지게 되는 것이다.

그러므로 근본무명으로부터 바뀌어 업식·전식·현식 등과 미혹의 생활을 전개하는 '상속심'의 양상이 소멸한다. 말하자면 '방편만족'까지는 본각의 향상문(向上門)이며, '상속심을 소멸하는 것'은 그 향하문(向下門)이다. 이것에 의하여 심성은 번뇌로부터 이탈하여 법신의 작용이 현현하며, 미망의 생활이 사라지고 깨달음의 세계를 전개하며, 지혜가 순정(淳淨)하게 된다. 이것이 본각의 지정상이다.

그러나 여기에 의문이 생긴다. 앞에서 각과 불각과는 알라야식의 두 가지 뜻으로 제시되었다. 알라야식에 각과 불각과의 두 가지 뜻이 있다고 논설하였기 때문에, 본각은 알라야식의 특성이다. 이 본각이 어떻게 하여 어머니격인 알라야식(화합식)을 부정할 수 있을까라고 하는 의문이다. 그래서 "이 뜻은 무엇인가(此義云何)?"라고 묻는 것이다.

이 의문을 푸는 것은 아주 곤란하며, 앞의 '무시무명(無始無明)'의 경우와 똑같은 난점이 있다. 그러나 알라야식은 단일한 실체가 아니라 화합식이다. 여래장에 의하여 생멸심이 있는 것이며, 불생불멸이 생멸과 화합한 것이 알라야식이다. 그래서 본각은 여래장에서 나타나는 힘이기 때문에, 여기에서 알라야식을 부정하는 계기가 있다고 생각하여도 좋다. 본론의 설명에 의하면, 앞의 화합식이나 상속심 등의 모든 심식의 양상은 모두 무명의 작용이다(본각의 작용이 아니기 때문에, 본각에 의하여 깨뜨려지는 것이다). 말하자면 알라야식에 상(相)과 성(性)을 나누어서 생각할 수 있다. 알라야식은 심식의 상이며, 허망분별의 현현은 무명의 상이다. 이것이 미망의 인식계 말하자면 생멸심을 나타내고 있다. 이 무명이 소멸하면 심식의 작용이 소멸하기 때문에 생멸심이 소멸한다. 그러나 생멸심이 소멸하기 때문에, 동시에 불생불멸심도 소멸하는 것은 아니다. 본론에서, "무명의 상은 각성(覺性)을 떠나지 않는다"라고 설명하고 있는데, 각성은 마음의 본성이며, 이것은 소멸하는 일이 없다.

그러나 생멸심은 소멸하여도 불생불멸심은 소멸하지 않는다고 하면, 진망별체라고 하는 난점이 제기될 수 있다. 이상의 두 가지 난점을 회피하기 위하여, 상(相)과 성(性)을 가설(假說, upacāra)하여 나누어서 활용하는 것이, "무명의 상(相)은 각성(覺性)을 떠나지 않는다"라고 서술한 것이며, 각성 곧 본각과 무명과는 상과 성의 관계이기 때문에, 전혀 같은 것이라고도 말할 수 없지만, 그러나 다른 것이라고도 말할 수 없다. 양자는 각과 불각의 관계이기도 하며, 각과 불각과는 본질적으로 다른 것이라고는 생각하고 있지 않다.

앞의 시각의 설명에 있어서도, 예를 들면 멸상을 인지하는 첫 단계의 내범은, 외범에 비하면 깨달은(覺) 상태이지만, 그러나 번뇌를 끊은 것이 아니기 때문에 불각이라고 불리고 있는 것이다. 제2의 상사각에 대하여도 똑같은 것이라고 말할 수 있을 것이다. 밑에서 보면 깨달은(覺) 상태이지만, 위에서 보면 불각이라고 하는 관계인 것이다. 우리의 종교체험에 있어서는, 번뇌 그 자체가 자기 자신이며, 그 이외에 자기가 있다고는 말할 수 없다. 그러나 동시에 자기의 본성은 여래장·불성이라고 하는 것도 받아들여야 한다. 『대승기신론』에서 서술하는 불각과 각의 관계는, 번뇌가 소멸하여 깨달음으로 변하여 가는, 말하자면 전화(轉化)하여 가는 것을 의미하고 있는 것으로 보인다. 그렇기 때문에 본론에서는, "무명의 상은 각성을 떠나지 않는다"라고 논술한 뒤에, "모든 차별적 인식은 근본인 본각과 다르지 않다고 하는 관점에서 보면 파괴해야만 할 것도 아니지만, 그것이 본각과 같은 것이 아니라고 하는 관점에서 보면 진여의 진상이 지각되는 것에 의하여 파괴해서는 안 될 것도 아니다(非可壞, 非不可壞)"라고 논술하고 있다. 무엇이 파괴되고 무엇이 파괴되지 않는가에 관하여는 명확하게 제시되어 있지 않지만, 『법장의기』에서는, 이것은 무명과 각성의 관계를 가리킨다고 보고 있다. 무명의 상과 본각의 성과는 비일비이(非一非異)이기 때문에 파괴한다고도 말할 수 없지만, 파괴하지 않는다고도 말할 수 없다고 해석하고 있다. 명과 무명과의 사이에는 무명즉 명(無明卽明)이라고 하는 관계와, 무명과 명은 다르다고 하는 관계와의 두 가지가 있다고 하는데, 이것은 언어로 표현하기 때문에 이와 같이 두 가지로 되는 것이며, 실제로는 그 어느 것도 아니다. 양자를 초월한 것을 나타내려고 하는 것이다.

여기에서 무명과 본각과 알라야식과의 관계를, 본론에서는 바람과 바닷물과 파도의 관계로 나타내고 있다. 『원효소』에 의하면, "물은 동성(動性)이 아니라고 한 것은, 지금 움직이는 것은 자성이 움직이는 것이 아니라, 다만 바람을 따라서 움직이는 것을 설명한 것이다. 만일 자성이 움직인다면 동상(動相)이 없어질 때 습성(濕性)도 따라서 없어져야 할 것이지만, 바람을 따라서 움직이기 때문에 동상은 없어질지라도 습성은 파괴되지 않는 것이다"라고 서술하고 있다. 『법장의기』에 의하면, 대해의 해수(海水)가 바람에 의하여 파동(波動)하는 것은 진여가 망심에 따라서 바뀌는 비유라고 하며, 다음에 수상(水相)과 풍상(風相)이 서로 사리(捨離)하지 않는다고 하는 것은 진여와 망심이 서로 의지하고 있는 비유라고 한다. 다음의 물은 동성(動性)이 아니라고 하는 것은 진체불변(眞體不變)의 비유이며, 만일 바람(風)이 멈추면 동상(動相)이 바로 소멸하여도 습성(濕性)은 파괴되지 않는다고 하는 것은 망심이 멈추면 진여가 나타나는 비유라고 서술하고 있다. 이것은 본각이 무명이란 바람에 의하여 알라야식으로 된 점을, 물과 바람과 파도를 비유로 하여 나타낸 것이라고 말할 수 있다. 파도는 물과 바람이 하나로 된 상태이며, 이것에 의하여 무명과 본각과는 비이(非異)인 점을 나타내며, 그런데도 물은 동성(動性)이 아니라고 하여 무명과 본각의 비일(非一)을 나타내려고 하는 것이다.

이 비유를 수용하여, 중생의 자성청정심이 무명이란 바람에 의하여 움직여서 알라야식이 된다. 이것을 『법장의기』에서는, "진심, 훈습에 따라서 완전히 식랑(識浪)이 된다"라고 표현하고 있다. 이 경우의 훈습은 무명의 훈습을 가리킨다. 이 식에 있어서, '자성이 맑고 깨끗한 마음'과 무명과는 완전히 융합하여 있으므로, 양자는 구별할 수 없기 때문에 형상을 잃으며, 서로 떼어놓을 수 없는 관계에 있다고 서술하는 것이다. "모든 차별적 인식은 근본인 본각과 다르지 않다고 하는 관점에서 보면 파괴해야만 할 것도 아니다(非可壞)"라고 하는 것은 이 관점에서 서술하는 것이다. 그러나 그 알라야식에서의 본각의 작용을 잃어버린 것이 아니기 때문에, "'자성이 맑고 깨끗한 마음' 자체는 움직이는 특질을 가지고 있는 것이 아니다"라고 말하는 것이다. 무명이 소멸하면 업식 등의 상속이 소멸하여, 지성(智性)이 홀로 반짝반짝 빛나는 것으로 된다. "'마음의 본성으로서 갖추고 있는 지혜의 작용(智性)'은 결코 파괴되는 일이 없다"라고 하는 것은, "그것이 본각과 같은 것이 아니라고 하는 관점에서 보면 진여의 진상이 지각되는 것에 의하여 파괴해서는 안 될 것도 아니다(非不可壞)"를 받은 글이다.

이상의 파도의 비유는 아주 유명한 비유로서, 알라야식과 본각과의 관계를 나타내는 데에는 아주 절묘한 비유라고 말해도 좋다. 그러나 이 비유에서는, 무명이 어떻게 존재하는 것인가라고 하는 점은 나타나 있지 않다. 그렇기 때문에 문제가 이해되는 것 같으면서도 이해되어 있지 않은 것이다. 이 난점은 확실한 것인데, 그러나 자성청정심이 왜 있는가라고 하는 점도, 여기에는 제시되어 있지 않다는 것을 주의해야 한다. 우리는 자성청정심의 존재는 자명한 것처럼 생각하기 쉬운데, 실제로는 그렇지 않다. 우리에게 자성청정심은 밝혀져 있지 않은 것이다. 이 점을 확실히 자각해야 한다. 본론에서도, "'자성이 맑고 깨끗한 마음'이 무명이란 바람으로 말미암아 큰 물결을 일으키고 있을 때에는, '자성이 맑고 깨끗한 마음'과 무명과는 완전히 융합하여 있으므로, 양자는 구별할 수 없기 때문에 형상을 잃으며, 서로 떼어놓을 수 없는 관계에 있다(心與無明俱無形相, 不相捨離)"라고 제시하고 있다. 우리가 자기의 알라야식을 반성하였다고 하여도 거기에 형상이 없는 무명과 자성청정심을 발견할 수는 없는 것이다. 만일 이 점을 납득한다면, 수파(水波)의 비유가 무명의 근거를 제시하지 않는 것을 비난해야만 하는 것은 아니다. 자성청정심의 근거도 제시되어 있는 것은 아니다. 다만 우리에게는, 자성청정심은 밝혀지기 쉬운 것, 무명은 밝히기 어려운 것이라고 하는 선입관이 있는 것처럼 생각된다. 그렇기 때문에 무명의 근거만을 문제로 삼기 쉬운 것이다. 그러나 문제는 특별한 것이 아니며, 자성청정심이 밝혀지면, 동시에 무명도 밝혀지는 것이다. 무명이 밝혀지면, 동시에 자성청정심도 밝혀지는 것이다.

다만 거기서 커다란 차이는, 무명은 밝혀짐으로써 소멸되는 것이라고 하는 것이다. '밝혀진다'고 하는 것은, 명(vidyā)을 얻는 것이기 때문에, 거기에는 무명은 없는 것이다. 자성청정심은 그 반대이며, 그때까지 감추어져 있던 것이 명확하게 되는 것이다. 우리는 무명의 어두운 그림자 속에 있는 것이지만, 그런데도 그 가운데에 있으면서 무명 그 자체를 찾아내지 않으면 안 된다. 그 계기가 진여의 내훈(內熏)과 붓다 · 보디쌋뜨와의 외훈과의 법력훈습이다.

다음에 부사의업상은 이해가 비교적 용이하다. 본각의 지혜가 청정하게 되고 나서 부사의업상이 나타난다. 법신의 지혜, 지정상에 바탕을 두고서 붓다의 보신 · 응신 등의 중생구제가 일어나는 것이다. 『법장의기』에서는 이것을, '환정본각업용(還淨本覺業用)의 상(相)'이라고 표현하고 있다. 그 거룩한 붓다의 작용을, 본론에서는, "빼어나게 미묘한 모든 경계를 잘 짓는다(能作一切勝妙境界)"라고 표현하고 있다. 그것은 중생의 안 · 이 · 비 · 설 · 신 · 의, 6근의 인식력에 대하여 거룩한 붓다가 보신으로서의 모습을 드러내기도 하며, 또는 응신 · 화신의 모습을 드러내기도 하고 허공이 무상(無相)인 것처럼, 또는 32상 · 80종호 등의 미묘한 색을 드러내기도 하고 묘음을 내기도 하며, 거룩한 붓다의 계향(戒香)을 맡게 하기도 하고 붓다의 묘법의 맛을 부여하기도 하며,

싸마디의 촉감을 깨닫게 하기도 하고 심오하고 오묘한 법을 알게 하는 것들이 승묘의 경계(色聲香味觸法)를 달성하는 것이다. 결론적으로 깨달은 사람은 보통 사람들의 신앙의 대상이 되며 또 미묘한 방편을 나타낼 수 있음을 말하는 것이다.

이 붓다의 적극적인 작용에 있어서, 붓다가 갖추고 있는 무량한 공덕은 단절하는 일이 없다. 그래서 중생의 기근(機根)·능력에 맞춰서 붓다의 교호작용은 자유자재로 상대방의 능력에 적합한 방법으로 베풀어진다. 그래서 여러 가지 변화신을 나타내어, 중생에게 이익을 얻게 한다. 이 부사의업상은 진여의 외훈의 작용을 가리키고 있다.

|용어 해설|

본각(本覺): 자성청정심의 본성, 불지(佛智)·법신을 가리킨다. 붓다가 자증(自證)한 정체근본지(正體根本智). 여기에서는 이것을 수염본각과 성정본각의 두 가지로 나타낸다. 전자는 본각의 작용·기능을 나타내며, 후자는 본각의 본질·체를 나타낸다.

수염본각(隨染本覺): 본각의 작용을 나타내기 위해서는 무명·불각과의 대비를 취하지 않으면 안 된다. 선을 나타내기 위해서는 악과 비교하는 것과 같다. 무명·번뇌와의 비교에 있어서 본각을 제시하는 경우, 번뇌로부터 본각이 이탈한다고 하는 형식과 본각이 번뇌에 작용을 한다고 하는 형식의 두 가지를 생각할 수 있다. 전자는 지정상이며, 후자는 부사의업상이다. 전자는 성불의 행을 의미하며, 후자는 거룩한 붓다의 중생구제를 의미한다. 본각이란 거룩한 붓다의 법신을 가리키는 것이기 때문이다.

지정상(智淨相): 지혜가 순정(純淨)하게 된 모양. 불지가 무명을 벗어나서 청정하게 되는 차제를 나타낸다. 지정상은 붓다의 근본지를 가리킨다.

부사의업상(不思議業相): 부사의란 범부의 사고로는 미칠 수 없는 것, 업(karma)이란 작용을 의미한다. 거룩한 붓다가 중생을 구제하는 불가사의한 작용을 말한다. 부사의업상은 붓다의 후득지를 가리키는 것이다. 본각의 지혜가 중생에게 작용을 하는 불가사의한 구제작용이다. 거룩한 붓다의 이타행이며, 보신·응신을 가리킨다.

법력훈습(法力熏習): 법이란 진여를 가리킨다. 진여의 힘이 내부로부터 그 본래의 힘을 발휘하는 것과 진여의 힘이 외부로부터 붓다·보디쌋뜨와의 교화작용으로서 발휘하는 것을 가리킨다. 전자를 내훈(內熏)의 힘, 후자를 외훈(外熏)의 힘이라고 말한다. 훈습이란 강력한 힘이 다른 것에 작용을 하여, 상대를 동화시키는 것을 말한다. 꽃 향기가 의복에 옮겨 퍼지는 것을 비유로 들 수 있다. 이 경우는 알라야식으로서의 자기에게, 진여가 내훈과 외훈으로 작용하여 알라야식에 깨달음의 힘을 증대시키는 것을 말한다.

여실수행(如實修行): 진여에 딱 들어맞는 수행을 말한다. 초지 이상의 보디쌋뜨와의 수행을 가리킨다.

방편만족(方便滿足): 제10지의 만심(滿心)을 가리킨다. 깨달음을 위한 수행이 완성된 상태를 말한다.

화합식(和合識): 알라야식을 가리킨다. 알라야식은 불생불멸이 생멸과 화합하여 있기 때문에 화합식이라고도 부른다.

상속심(相續心): 망념이 상속하고 있는 마음. 알라야식이 미세한 상태로부터 추대(麤大)한 상태로 전변하는 무명업상의 등의 9상, 또는 근본업불상응염 등의 6염의 순서로 상속하는 마음을 말한다.

현현법신(顯現法身): 법신은 본각과 같은 말이다. 『혜원의소』는, 지정상을 법신으로 보고 있다.

일체심식(一切心識): 알라야식에서 생기는 여러 가지 식(識)을 가리킨다. 업식(業

識)·전식(轉識)·현식(現識)·지식(智識)·상속식(相續識)·의식(意識). 이
들 구상(九相)·육염(六染)·육식(六識) 등은 불각을 해석하는 부분에서 설
명한다.

무명(無明, avidyā): 명(明, vidyā), 말하자면 지혜가 결여된 상태를 가리킨다. 적극
적으로 미혹의 근본이 되어 있는 심적(心的)인 힘을 가리킨다. 모든 번뇌의
근본이다.

각성(覺性): 본각을 가리킨다. 무명은 본각과 다르지만 각성을 이탈한 것이 아
니다. 불각과 본각의 관계이다.

지성(智性): 본각을 가리킨다. 마음의 청정한 본성은 지(智)·지혜이다.

승묘경계(勝妙境界): 수승한 인식의 대상. 불신은 32상·80종호를 갖추고 있으
며, 광명을 갖추고 있고, 미묘한 향기를 갖추고 있으며, 그 밖에 수승한 자
세를 나타내어, 중생의 안(眼)·이(耳)·비(鼻)·설(舌)·신(身)·의(意)의 승
묘한 인식의 대상이 되는 것을 가리킨다. 여기에서 경(境)이란 인식의 대상
인 색(色)·성(聲)·향(香)·미(味)·촉(觸)·법(法)의 6경을 말한다.

근(根): 능력을 가리킨다. 근에는 안·이·비·설·신·의의 6근을 비롯하여
여러 가지 근이 있지만, 여기에서는 기근(機根)을 가리킨다. 중생의 능력에
맞춰서 거룩한 붓다가 교화를 베풀고 있는데, 그 능력을 근이라고 한다.

(2) 맑고 깨끗한 깨달음 그 자체(性淨本覺)

復此, 覺體相者有四種大義. 與虛空等, 猶如淨鏡. 云何爲四.

一者, 如實空鏡. 遠離一切心境界相, 無法可現, 非覺照義故.

二者, 因熏習鏡, 謂如實不空. 一切世間境界悉於中現, 不出不入,

不失不壞, 常住一心. 以一切法卽眞實性故. 又一切染法所不能染,

智體不動, 具足無漏, 熏衆生故.

三者, 法出離鏡, 謂不空法. 出煩惱碍智碍, 離和合相, 淳淨明故.

四者, 緣熏習鏡. 謂依法出離故, 徧照衆生之心, 令修善根, 隨念示

現故.

깨달음의 본체와 특질에는 네 가지 위대한 의미가 있는데, 그 참 모습은 마치 허공이 존재하는 것을 그 가운데에 모두 품을 수 있는 것과 같으며, 또는 티 없이 맑은 거울이 존재하는 모든 것을 그 가운데에 비추어 주는 것과 같다. 여기에서는 깨달음의 본체와 특질의 참 모습을 티 없이 맑은 거울의 영상작용에 비유하여 네 가지로 나타내기로 한다.

첫째, 맑고 깨끗한 거울처럼, 깨달음에는 번뇌가 조금도 없다. 진여는 모든 미혹한 마음과 이 미혹한 마음에 대응하여 비치는 경계의 모습을 떨쳐버렸으므로 허망성은 깨달음 위에 나타날 아무런 근거가 없으며, 또한 비쳐질 자격도 없는 것이다.

둘째, 맑고 깨끗한 거울처럼, 진여가 인자(因子)가 되어 안으로부터 중생을 훈습한다. 진여는 번뇌를 벗어나서 맑고 깨끗한 덕성을 언제나 갖추고 있다. 모든 세간의 경계는 모두 다 진여 가운데에서 나타나며, 무엇인가 따로 실체를 가진 존재가 진여의 내부로부터 나오는 일도 없고, 그의 외부로부터 들어오는 일도 없다. 모든 존재는 연기에 의하여 생겨난 것이기 때문에, 그 범위 안에서는 실재이므로 잃어버리지 않는 것이라 하고, 연기에 의하여 생겨난 모든 존재는 진여와 다르지 않기 때문에, 파괴되지 않는 것이라 하며, 전체가 그냥 그대로의 모습으로 있으므로, 영원한 '한마음'이라고 해야 한다. 여기에서 모든 현상적 존재는 다 진실한 마음의 본성대로 나타나 있고, 우리의 작위에 바탕을 둔 미혹된 환상에 의하여 더럽혀지는 일이 없다. 거룩한 지혜의 본체인 깨달음은 본디 조금도 움직이는 일이 없고, 깨끗하고 위대한 덕성을 소유하여 중생의 마음에 끊임없이 훈습을 하고 있는 것이다.

셋째, 맑고 깨끗한 거울처럼 모든 장애를 벗어난 상태인 마음 그대로의 모습으로서, 불공(不空)의 진여를 말한다. 헤아릴 수 없이 많은 거룩한 덕성을 소유한 깨달음은 자아에의 집착에 의한 장애((kleṣa-āvaraṇa, 煩惱碍)와 올바른 지혜가 작용하지 못하게 하는 장애(jñeya-āvaraṇa, 智碍)를 극복하고, 알라야식이라는 미혹한 생존에서 벗어남으로써 덕성이 드러나 순수·청정하며 명철하다.

넷째, 맑고 깨끗한 거울처럼 깨달음은 외연이 되어 중생을 훈습한다. 모든 미혹한 생존으로부터 벗어난 상태에 있는 깨달음은 깨닫지 못한 중생의 마음에 작용하여, 그들이 본디 갖추고 있는 빼어난 덕성을 드러나게 한다. 그래서 그 지혜는 중생에게 선행을 닦게 하고, 또 그들 한 사람 한 사람의 정념에 맞추어 여러 가지 모습으로 자신을 시현하게 한다.

|강설|

앞에서 수염본각을 설명하였으므로, 다음은 성정본각에 대하여 설명한다. 성정본각이란 본각의 본성이 청정인 것을 말하는 것이며, 이 본각의 본성을 명경에 비유하여 나타낸 것이다. 거울은 외계의 것을 어떠한 것이라도 있는 그대로 비추며, 호(好)·오(惡)를 나타내는 일이 없다. 외물을 있는 그대로 바르게 비추는 점은, 본각의 지혜의 진리성을 비유하는 데에 적합한 것이다. 그리고 거울은 스스로는 아무 것도 소유하지 않으면서도 어느 것도 비추지 않는 것이 없다. 무한히 풍부한 것을 비추어낼 수 있다. 이 점이, 진여가 무념·일심이면서 무한히 풍부한 성공덕(性功德)을 소유한 점을 비유하는 데에 적합한 것이다. 그 때문에 본각의 지혜를 명경에 비유한다.

여기에서는, 본각을 공경(空鏡)·불공경(不空鏡)·정경(淨鏡)·수용경(受用鏡)의 네 가지의 명경에 비유하고 있다. 먼저 본론에 의하면, 본각의 체와 상, 말하자면 체대(體大)와 상대(相大)에는 네 가지의 위대한 의미가 있다. 최초에 나타낸 것과 같이 체대는 진여이며, 상대는 그 무량의 공덕이고, 양자가 합하여 붓다의 법신을 형성한다. 본각은 붓다의 법신 그 자체이다. 이 본각은 허공과 같이 모든 것에 빠짐없이 고루 미치고 있으며, 그 지혜는 청정한 거울과 같다.

　첫째, 여실공경(如實空鏡)이다. 여실이란 진여의 의미이며, 진여에는 망념이 공무(空無, 0%)인 점을 공경이라고 부르고 있다. 본각은, 재전위(在纏位)의 번뇌 가운데에 있으면서도, 번뇌에 더럽게 물드는 일이 없다. 그러므로 중생의 마음 가운데에 있더라도, 중생의 마음에는 희(喜)·노(怒)·애(哀)·락(樂)의 능연(能緣)의 심상(心相)과, 그것에 대응하는 천차만별의 대상의 경계가 있지만, 그러나 본각은 그들 일체의 마음과 경계의 상을 벗어나 있다. 이 경우의 심(心)과 경계란, 망념이 일으키는 변계소집성(遍計所執性)의 세계를 말하는 것이다. 변계소집성의 사물은, 주관의 자아도 객관의 제법도 모두 망심의 소산이기 때문에 허망한 것이며, 마치 토끼의 뿔과 같이 실체가 없는 것이다. 그러므로 그들의 허망성은 본각에 나타날 것이 아무것도 없다. 그들은 본각에 비춰질 자격이 없는 것이다. 진여에 비춰진다면 제거될 성격의 것이다. 그러므로 '각조(覺照)의 뜻이 아니다(非覺照義)'라고 해설하고 있다.

　둘째, 인훈습경(因薰習鏡)이다. 인(因)이란 진여가 인자(因子)가 되어 연기의 세계에서 펼쳐지는 모든 존재를 나타내는 것이며, 훈습이란 진여가 중생의 내부로부터 내훈으로서 중생에게 적극적으로 작용하여, 중생이 불도를 구하게 하며, 시각의 지혜를 완성시키는 것을 말한다. 이 점은 본각이 번뇌 속에 있으면서도 그것에 더럽게 물들지 않고, 무량의 성공덕(性功德)을 갖추고 있는 것을 나타내는 것이며, 이 점을 여실불공(如實不空)이라고 한다. 여실이란 진여를 가리키는 것이며, 진여에 무량의 성공덕(性功德)이 갖추어져 있는 것을 가리키는 것이다. 진여가 만법을 출현하게 하는 인자이지만, 그러나 진여는 법계일상(法界一相)이며, 일심무념(一心無念)이기 때문에, 진여만으로는 만법을 나타나게 할 수 없다. 여기에 무명의 망법훈습이 작용하는 것에 의하여, 의타기의 세계·연기의 만법이 유심의 세계에 나타난다. "모든 세간의 경계는 모두 다 진여 속에서 나타난다[一切世間境界, 悉於中現]"라고 표현하고 있다. 그러나 이 의타기의 제법은, 무명의 훈습을 기다려서 생겨난 것이기 때문에 진여로부터 직접 생겨난 것이 아닌 점을 '불출(不出)'이라고 서술하며, 그렇지만 무명은 유심(唯心) 밖에 있는 것이 아니기 때문에, 만법도 외부로부터 들어온 것이 아니므로 '불입(不入)'이라고 서술한다. 이들 모든 존재는 연기에 의하여 생겨난 것이기 때문에, 그 범위 안에서는 실재이므로 '잃어버리지 않는 것[不失]'이라고 서술한다. 그런데도 연기(緣起)에 의하여 생겨난 모든 존재는 진여가 변현(變現)한 것이기 때문에, 그 점에서는 진여와 다르지 않으므로 '파괴되지 않는 것(不壞)'이라고 서술한다.

본각인 진여 가운데에서 현현하는 제법은, 본각을 벗어나서 존재하는 것이 아니므로 진여와는 별도로 체성이 따로 있는 것은 아니다. 체성이 없기 때문에 본래 평등이며, 제법은 제법으로서 성립되어 있으면서도 본성은 하나이며, 상주하는 일심에 지나지 않는다. 일체의 법, 말하자면 모든 존재는 그대로 진여와 똑같이 진실이다.

이와 같이 본각은 일체제법을 현현하지만, 그러나 본각은 현현한 제법에 의하여 더럽게 물드는 일은 없다. 마치 청정한 거울이 더러운 것을 투영하여도 거울이 더럽게 물들지 않는 것과 같다. 왜 염법(染法)에 더럽게 물들지 않는가? 그 이유는 본각의 지체는 부동이며, 성품은 늘 청정하기 때문이다. 그래서 청정한 특질을 갖추어서, 중생의 내부로부터 언제나 중생에게 훈습하여 보다

심(bodhi-citta, 菩提心)이 일어나게 한다. 이것이 인훈습경의 성격이다.

셋째, 법출리경(法出離鏡)이다. 법이란 본각진여를 가리키며, 무명번뇌로부터 출리한 본각을 거울에 비유한 것이다. 말하자면 무루의 성공덕을 갖춘 불공의 본각은, 6염 등의 번뇌애(煩惱礙)와 그 근거로 되어 있는 무명이라고 하는 지애(智礙)를 벗어나서, 업식·전식·현식 등 알라야식의 화합의 상을 벗어나는 것에 의하여, 본각의 덕성이 나타나며, 순수청정한 지혜가 명료하게 되기 때문이다. 이것은 수염본각의 지정상을 성정본각의 입장에서 나타낸 것이다.

넷째, 연훈습경(緣薰習鏡)이다. 연(緣)이란 본각으로서의 붓다가 중생을 위하여 연(緣)이 되어 시각의 지혜를 일으키게 하는 것이다. 그렇기 때문에 밖으로부터 중생에게 적극적으로 작용하는 점을 훈습이라고 말한 것이다. 본각이 이와 같은 외연(外緣)의 힘이 되는 점을 연훈습경이라고 부른 것이다. 이것은 앞의 법출리(法出離)에 의하여 본각의 지혜가 순정(淳淨)하게 되고, 붓다로서의 활동을 발휘한다. 그래서 밖으로부터 중생의 마음을 모두 비추어서 일체중생의 소질과 능력에 맞추어, 법을 말씀하고 가르쳐 인도하며, 선근을 실행하게 하고, 중생의 사념(思念)에 응하여 그 앞에 모습을 나타내어 외연의 힘이 되기 때문이다. 이것은 수염본각의 부사의업상에 상당하는 것이다.

첫째의 여실공경과 둘째의 인훈습경은 재전위(在纏位)에 있어서의 본각의 성정(性淨)을 나타낸 것이며, 셋째의 법출리경과 넷째의 연훈습경은 출전위(出纏位)에 있어서의 본각의 체상(體相)을 나타낸 것이다. 둘째의 인훈습경은 진여의 내훈을 나타내며, 넷째의 연훈습경은 진여의 외훈을 나타낸 것이다. 둘째와 넷째는 진여의 빼어난 작용을 나타낸 것임에 대하여, 첫째의 여실공경과 셋째의 법출리경은 본각의 체상(體相)과 덕성(德性)을 나타낸 것이라고 볼 수 있다. 첫째와 둘째는 재전위(在纏位)의 본각을 나타내고, 셋째와 넷째는 출전위(出纏位)의 본각을 나타낸 것이기 때문에, 『법장별기』에서, "앞의 둘은 염오

(染汚)이므로 재전(在纏), 유구진여라고 부르며, 뒤의 둘은 청정(淸淨)이므로 출전(出纏), 무구진여라고 부른다"라고 서술하고 있다.

또한 성정본각(性淨本覺)을, 의언진여(依言眞如)·수염본각(隨染本覺)과 관계를 맺어, 그것을 내용적으로 비교하여 서술하면 아래와 같이 말할 수 있다.

여실공경(如實空鏡)…의언진여(依言眞如)의 여실공(如實空): 번뇌가 전혀 존재하지 않는 상태

인훈습경(因熏習鏡)…의언진여(依言眞如)의 여실불공(如實不空): 진여가 인이 되어 중생을 훈습, 진여의 내훈이다.

법출리경(法出離鏡)…수염본각(隨染本覺)의 지정상(智淨相): 번뇌애(煩惱碍)·지애(智碍)로부터 벗어난 본각의 상태

연훈습경(緣熏習鏡)…수염본각(隨染本覺)의 부사의업상(不思議業相): 붓다의 자비가 연이 되어 중생을 훈습, 진여의 외훈이다.

또한 성정본각에서 둘째의 인훈습경과 넷째의 연훈습경을 내용적으로 비교하여 서술하면 아래와 같이 말할 수 있다. 인훈습경과 연훈습경은 예를 들면 줄탁동시(啐啄同時)와 같은 비유라고 볼 수 있다. 스스로 번뇌로부터 벗어나려는 자발적인 자의지(自意志)와 그 자의지를 잘 발현할 수 있도록 도와주지 않으면 인격을 완성할 수 없다. 무정란(無精卵)이나 곤달걀은 아무리 어미닭이 지성으로 품고 있어도 병아리가 태어나지 않으며, 건강한 씨눈을 가진 유정란(有精卵)이라도 어미닭이 인내를 가지고 지성으로 품어주지 않으면 또한 병아리가 태어날 수 없다. 유정란을 자비로운 어미닭이 인내를 가지고 잘 품어주어야 병아리가 태어나는 것처럼 인훈습경과 연훈습경의 관계도 유정란과 어미닭의 관계와 같은 비유로 이해할 수 있는 것이다. 스스로 번뇌로부터 벗어

나려는 자발적인 자의지와 그 자의지를 잘 발현할 수 있도록 붓다와 보디쌋뜨와의 가피를 입지 않으면 깨달음을 성취할 수 없다는 의미를 담고 있다.

깨달음의 구조

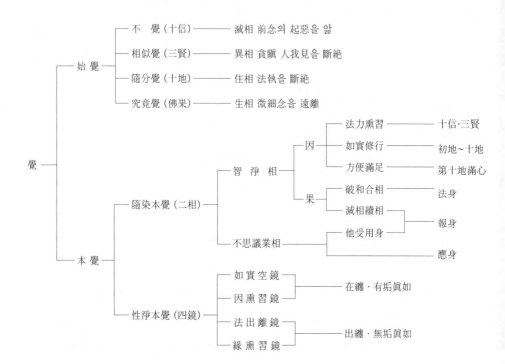

|용어 해설|

성정본각(性淨本覺): 앞의 수염본각(隨染本覺)에 대하여, 이 부분은 본각 그 자체를 나타내는데, 성정본각이란 용어는,『원효소』·『법장의기』에 나온다. 여기에서는 본각을 명경(明鏡)에 비유하여 나타낸다. 본각의 체를 나타낸다고 말하여도 그 특질을 떼어놓을 수 없기 때문에, 체(體)와 상(相)을 합해서 서술하고 있다. 본각의 지혜를 거울에 비유하고, 공경(空鏡)·불공경(不空

鏡)·정경(淨鏡)·수용경(受用鏡)의 네 방면에서 나타내고 있다. 앞의 둘은 체(體), 뒤의 둘은 상(相)을 나타낸다.

여실공경(如實空鏡): 본각진여에 번뇌가 없는 것, 다시 말하면 번뇌가 0%인 것을 가리킨다. 공이란 앞의 '의언진여(依言眞如)'에서 여실공(如實空)을 서술한 것과 같은 의미이며, 번뇌가 본디 공이라는 의미이다. 여실은 진여를 가리킨다. 말하자면 본각은 재전위(在纏位)에 있어도, 번뇌가 완전히 공(空, 0%)이며, 명경과 같은 지혜가 있음을 말한다.

심경계상(心境界相): 주관의 심(心)과 대상계의 상(相)을 가리킨다. 망심과 그 대상으로 되어 있는 차별의 만상(萬象)을 말한다. 소취·능취의 존재방식은 본각에는 없음을 인지해야 한다.

법(法): 여기에서는 망법(妄法)을 가리킨다.

비각조의(非覺照義): 망법(妄法)은 공이기 때문에, 본각의 명경에 비치지 않음을 의미한다. 또는 망법은 본각에 위배되는 것이기 때문에 각조(覺照)의 뜻이 없다고 풀이할 수도 있다.

인훈습경(因熏習鏡): 본각이 현재의 모든 인(因)이 되는 것과 본각이 안으로부터 중생에게 적극적으로 작용하여 내훈의 인이 되므로, 인훈습경이라고 말한다. 『원효별기』에서는, "본각의 성덕(性德)이 아주 잘 정인(正因)이 되어 중생의 마음에 훈습하며, 염락(厭樂)과 그리고 모든 가행을 일으켜서 바로 불과에 도달하는 것을 인훈습(因熏習)이라고 말한다"고 설명하고 있다.

여실불공(如實不空): 본각진여에는, 무루의 성공덕(性功德)을 구유하고 있음을 의미한다. 앞의 진여의 여실불공과 같다. 재전위(在纏位)에 있어도 본각은 무루의 성공덕을 갖추고 있다.

이상의 여실공경(如實空鏡)과 인훈습경(因熏習鏡)의 둘은, 재전(在纏)의 본각에 대하여, 그 자성이 청정이라는 것을 서술하고 있는 것이다.

세간경계(世間境界): 연기에 의하여 성립하는 모든 현상을 가리킨다. 이것은 의
타기성(依他起性)의 세계인데, 이것이 마음에 나타나는 데에는 본각의 성
공덕이 인(因)이 되어 있다. 그러나 본각은 상주일심(常住一心)이기 때문에,
본각만으로는 일체 세간의 모습(相)은 마음에 나타나지 않는다. 세간의 경
계가 나타나기 위해서는 무명의 망훈(妄熏)이 필요하다.

불출(不出): 세간의 경계가 나타나는 데에는, 본각이 인이지만, 무명의 망훈에
의지하기 때문에 불출(不出)이라고 말한다. 본각에서 나온 것이 아니라는
의미이다.

불입(不入): 무명은 본각을 떠나서는 존재하는 것이 아니기 때문에, 세간법도
밖으로부터 들어온 것이 아닌 것을 가리킨다.

부실(不失): 이들 모든 존재는 연기에 의하여 생겨난 것이기 때문에, 그 범위 안
에서는 실재이므로 '잃어버리지 않는 것(不失)'이라고 서술하고, 부실(不失)
이므로 무로 떨어지지 않음을 가리킨다.

불괴(不壞): 연기(緣起)에 의하여 생겨난 모든 존재는 진여가 변현(變現)한 것이
기 때문에, 그 점에서는 진여와 다르지 않으므로 '파괴되지 않는 것(不壞)'
이라고 서술한다.

지체(智體): 본각진여의 체를 가리킨다.

훈습(熏習, vāsanā): 훈습이란, 꽃의 향기가 의복에 옮기는 것과 같은 비유에 의
하여, 강력한 힘을 갖는 것이 다른 것에 적극적으로 작용하여, 그것을 동화
시키는 작용을 말한다.

법출리경(法出離鏡): 여기에서 법이란 진여를 가리킨다. 체대와 상대를 합친 법
신을 의미한다. 번뇌애(煩惱碍) · 지애(智碍)를 벗어난(出離) 본각을 거울에
비유한 것이다. 이것은 앞의 지정상과 같은 것이다.

번뇌애(煩惱碍, kleśa-āvaraṇa): 『대승기신론』에서 번뇌애는 근본업불상응염 등의

6염을 의미한다.

지애(智碍, j ñeya-āvaraṇa): 『대승기신론』에서 지애는 6염의 의지처로 되어 있는 무명을 의미한다.

화합상(和合相): 업식(業識)·전식(轉識)·현식(現識) 등이 화합식의 모습이다.

순정명(淳淨明): 화합의 상을 벗어난 것이 순(淳), 번뇌가 없는 것이 정(淨), 무명을 탈출한 것이 명(明)이라고 해석할 수 있다.

연훈습경(緣熏習鏡): 본각이 밖으로부터 중생에게 연(緣)이 되어 적극적으로 작용해서, 중생에게 시각의 지혜를 일어나게 하는 것을 가리킨다. 이 외연의 활동을 연훈습이라고 한다. 법출리(法出離)와 연훈습(緣熏習)은 출전(出纏)의 본각에 대하여, 그 체(體)와 상(相)을 나타낸 것이다. 전자는 지정상, 후자는 부사의업상에 해당한다.

선근(善根): 선의 과보를 얻기 위하여 선의 행위를 할 수 있는 힘을 가리킨다.

염(念): 중생의 사념(思念), 망념이지만 붓다를 사념한다.

제2목 마음의 본성에 대한 미혹〔不覺義〕

이제까지 심생멸문에서의 알라야식의 두 얼굴인 각(覺)과 불각(不覺) 가운데에서 각에 관하여 서술하였기 때문에, 이제부터 불각에 관하여 간략하게 언급하고 본문으로 들어가기로 한다.

자기 자신의 망심이 알라야식인데, 이 알라야식은 미망 쪽에서 보면, 그 모두가 미망이다. 그곳에는 한 조각의 진실도 찾아낼 수 없을 정도로 미망이다. 마음의 작용을 이런 입장에서 보면 불각이다. 자기가 헤매고 있는 것, 헤매는 생활을 하고 있는 것이 불각이다. 알라야식은 불각 쪽에서 보면 전체가 불각이지만, 그러나 이 알라야식 가운데에 불각을 타파할 수 있는 각의 힘이 있다.

이 환멸문의 입장에서 보면 알라야식은 깨달음을 위하여 노력하고 있는 주체로 파악된다. 이 입장에서 보면 알라야식 전체가 각의 진전인 것으로 보인다.

불각은 '불각무명(不覺無明)'이라고 말하는 것처럼 무명이라고 말하는 것과 같은 것이다. 마음의 헤매는 활동이 불각이다. 범부의 마음은 주관과 객관으로 분열되어 있는데, 그 주관은 단순한 인식주관은 아니다. 자아로서 자각되어 아집의 성격을 가지고 있다. 불교에서는 이 주관과 객관을, 능취(能取, grāhaka)·소취(所取, grāhya)라고 부르며, 집착하는 쪽과 집착당하는 쪽이라는 것을 확실히 하고 있다. 상식적으로는 실재하는 주관이 있어서, 이미 존재하는 대상을 인식한다고 하는 식으로 이해하고 있다. 상식적인 이해는 이것으로 충분하지만 그러나 엄밀하게 말하면 이와 같은 이해에는 문제가 있다.

첫째로 인식 이전에 자아가 있는 것은 알 수 없다. 예를 들면 자고 있을 때에는 자아가 있는 것은 자각되지 않는다. 잠을 깨어서 인식활동이 일어나게 되면 자아가 자각된다. 이러한 사실은, 자아가 인식에서 발견되는 것임을 나타내고 있다. '인식에서 발견되는 것'이란, 그것이 '객관'이라고 하는 의미이다. 자아가 객관이라고 말하는 것은 우스꽝스러운 표현이지만, '자아가 있다'라고 하는 표현이 자아가 발견된 것, 인식의 대상인 것을 나타내고 있다. 그때 자아를 보고 있는 쪽이 그것과 똑같은 자아라고 하는 것은, 추론에 바탕을 두고 있는 것이다. 말하자면 '자아가 알다'라고 하는 것은, '자아가 안다고 하는 의식이 있다'라고 하는 의미이다.

그러므로 의식의 세계가 주관과 객관으로 분열하는 것이다. 이 '주관을 성립시키는 상식의 세계'를 성립하게 하고 있는 것은, 여기에서는 알려져 있는 것이 아니다. 불교에서는 이 '의식의 세계'를 그저 식(識, vijñāna)이라고 부른다. 그 이유는, 여기에서는 의식만이 아니고, 안·이·비·설·신의 전오식(前五識)과 의식의 배후에 manas란 7식이 있기 때문이다. 이 7식은 현상심(現象心)

이다. 이 현상심은 능식(能識)과 소식(所識)으로 분열되어 있다. 그래서 이 현상심을 성립시키는 것으로서 잠재심의 알라야식(阿賴耶識)을 상정하는 것이다. 불교에서 문제로 하는 자아는 번뇌와의 관련으로 취급되는 자아이기 때문에, 서양철학에서의 자아와는 내용이 다르다. 서양철학의 자아는 이성에 중점을 두고 있다.

따라서 현상심의 7식은 주관과 객관으로 분열되어 있으며, 이 현상심을 객관으로서 유지하고 있는 '볼 수 없는 주관'이 알라야식(阿賴耶識)이라고 말할 수 있다. 그러나 유식설에서는 알라야식(阿賴耶識)을 '주관'이라고 하는 형식으로 취급하지 않는다. 잠재심과 현상심과의 관계를 '전변(轉變, pariṇāma)'이라고 하는 형식으로 설명하고 있다.

그렇지만 『대승기신론』에서 서술하는 알라야식은, 현상심과 잠재심이라고 하는 것과 같이, 양자를 소전변(所轉變) · 능전변(能轉變)의 형식으로 묶는 잠재심이라고 하는 형태로 생각하고 있는 것이 아니다. 『대승기신론』의 알라야식(阿梨耶識)에서는, 유식설에서 말하는 전변의 개념은 찾을 수 없다. 우리가 자아라고 하든가 주관이라고 말하고 있는 것은, 인식의 세계에서 일어난 일이며, 인식에 의하여 구상된 것이라는 점을 주의하지 않으면 안 된다. 말하자면 범부가 생각하고 있는 자아는 망념의 소산이어서 진실한 자아가 아니라고 하는 것이 불교의 사유체계이다.

범부가 인식하고 있는 자아에는, 자아에 대한 애착(愛着, 我愛) · 만심(慢心, 我慢) · 집착(執着, 我見) 등이 따라다니고 있기 때문에, 객관적인 자아 그 자체의 인식은 아니다. 말하자면 자아에 대한 무지(無知, 我癡)가 있다. 이와 같은 자아는 변계소집성(遍計所執性)에 속하는 것이며, 인식하는 것처럼 그것이 실재하는 것은 아니다.

이에 대하여, 식(識)의 활동에서 형성되는 자아가 있다. 이 자아는 앞의 자아와 같은 것이 아니다. 이 자아는 인식활동에 있어서 심리법칙에 따라서 성립하는 인식주관이다. 이것은 연기의 도리에 의하여 성립하는 자아이기 때문에 의타기성(依他起性)에 속한다. 이 인식주관에 대하여는 객관이 성립한다. 이 관계를 불교에서는 '능식(能識)'과 '소식(所識)'이라고 표현한다. 그러나 이 자아는 고정적인 자아는 아니다. 인지하는 작용이 있으므로 인지하는 주체가 있다. 마치 달리는 작용이 있기 때문에 주자(走者)가 있으며, 도둑질을 하는 행위가 있기 때문에 도둑이 있는 것과 같은 것이다. 말하자면 인지하는 작용이 없어지면 인지하는 주체도 소실하기 때문이다. 이것이 중요하다. 만일 그렇지 않으면 도둑질을 하지 않은 사람도 도둑이 되며, 이전에 열심히 공부한 사람은 아무리 게으름을 피워도 열심히 공부하는 사람으로 되어 버린다. 그러므로 소리를 들은 뒤에도 소리를 듣는 주체는 남아 있다고 생각하는 것은 독단이다. 그것은 인식론을 일탈한 사고이다. 그러므로 보는 것에 의하여 보는 주관이 성립하며, 듣는 것에 의하여 듣는 주관이 성립한다고 이해하여야 한다. 거기에 보이는 대상이 성립하며, 들리는 객관이 성립한다. 보는 쪽·보이는 쪽·보는 작용, 이 셋은 어느 것이 먼저라고 말할 수 없다. 보는 사람이 없이 보는 작용은 없지만, 그러나 상술한 바와 같이 보는 작용이 없이 보는 주관은 확립되지 않는다. 보는 쪽·보이는 쪽·보는 작용, 이 '삼자(三者)'는, 상호관계 속에서 성립하는 연기의 원리를 나타낸 것이다. 이 문제는 나가르주나의 『중론』에서 자세하게 해명하고 있으며, 『대승기신론』은 물론 이와 같은 견해를 소화하여, 그 견해에 서서 논술을 전개하고 있는 것이다. 『대승기신론』의 '망념(妄念)'이라고 하는 명칭이 이것을 잘 나타내고 있다.

범부의 인식의 세계가 변계소집성(遍計所執性)인 것과 무명(無明)에 바탕을 두는 의타기성(依他起性)인 것이 여기에서 말하는 불각(不覺)이다. 그러나 불각이란 앞에서도 언급한 것처럼 인식의 세계이며, 우리의 인식의 미망성(迷妄性),

아집에 바탕을 두는 인식을 불각이라고 하는 것이다. 인식으로서는, 각·불각이지만, 존재로서는 알라야식(阿梨耶識)이며, 그 알라야식(阿梨耶識)의 성격으로서 각과 불각이 있다고 하는 의미이다. 문제는 이 불각이 왜 일어나는가라고 하는 것이다. 이것은 불각 그 자체로서는 대답을 할 수 없다. 본론에서는, "여실히 진여의 법이 하나인 것을 알지 못하기 때문에, 불각의 마음이 일어나서 그 염(念)이 있다"라고 논술하여, 불각의 기원을 천명하고 있다. '그 염이 있다'의 '그'란, 불각을 가리키는 것이며, '염'은 망념을 가리키므로 앞의 불각과 같은 것이다. 망념이란 분별을 가리키는 것이며, 마음이 능취(能取)와 소취(所取)로 나뉘어서 인식하는 것을 말한다. 망념은 바로 불각이지만, 그러나 망념이 일어나는 근원조차도 불각이라고는 말할 수 없다. "여실히 진여의 법이 하나인 것을 알지 못하기 때문에, 불각이 일어나서 그 염이 있다"라고 논술하므로, 일어난 마음은 불각이지만, 진여의 법이 하나인 것을 알지 못하는 것까지도 불각이라고는 말할 수 없다. 불각의 마음을 일어나게 한 힘은, 불각과 같은 특질의 것이지만, 그러나 불각이라고는 말할 수는 없다. 그것을 불각으로 하면 그것은 또 근원의 것까지도 불각이 되며, 제한(際限)이 없기 때문이다. 각과 불각은 자각의 문제, 인식의 세계이다. 불각이란, 그 이전의 것과의 관계는, 자고 있던 사람이 깰 때의 관계로 비교할 수 있다. 잠을 깨는 힘은 이미 잠을 자는 가운데에 준비되어 있다. 그렇지 않고서는 잠을 깨는 일이 일어날 수 없다. 그러나 '잠을 깼다'고 하는 것은 어디까지나 잠을 깨고 나서부터의 문제이다.

그것과 마찬가지로 각과 불각은 마음의 작용이기 때문에, 망념이 일어난 때부터가 불각이다. 또 거기에 각의 시작도 들어 있다. 우리는 매일 아침 잠을 깨지만, 그러나 몇 번 잠에서 깨어남을 반복하여도, 잠에서 깨어나기 전의 마음의 작용은 알 수 없다. 알아차렸을 때에는 벌써 마음은 잠을 깨어 있는 상태이다. 이와 같이 망념은 불각인데, 그러나 망념을 만드는 힘은 불각적(不覺

的)이기는 하지만 불각이라고는 말하지 않는다. 이 불각적인 힘을, 본론에서는 무명(avidyā)이라고 부른다. 불교도가 수행하여 해결해야 할 최대의 과제는 무명을 소멸시키는 일이다. 불각의 시원(始源)은, 무명에서 비롯된 것이다. 넓은 뜻으로는, 무명도 불각이지만, 그러나 불각의 시원이라고 보아야 한다. 또한 본론에서는, 불각을 '근본불각(根本不覺)'과 '지말불각(枝末不覺)'으로 나누어서 논술하고 있다. 근본불각이란 불각 그 자체의 성격을 나타낸 것이며, 지말불각이란 불각이 어떠한 순서로 분열하여 우리의 인식의 세계가 성립하는가를 나타낸 것이다. 이러한 논점도 『대승기신론』의 특색 있는 학설의 하나이며, 불교사상사에서 아주 유명한 이론이다.

1. 마음의 본성에 대한 근본적 미혹[根本不覺]

所言不覺義者. 謂不如實知眞如法一故. 不覺心起而有其念. 念無自相. 不離本覺. 猶如迷人依方故迷. 若離於方則無有迷. 衆生亦爾. 依覺故迷. 若離覺性則無不覺. 以有不覺妄想心故. 能知名義爲說眞覺. 若離不覺之心. 則無眞覺自相可說.

이상에서 '깨달음의 지혜[覺]'를 고찰하였으므로, 이제부터는 불각을 논술한다. 불각이란 무엇인가?

진실 그대로 진여의 법이 하나인 것을 알지 못하기 때문에, 불각의 마음이 생겨나서 더욱 여러 가지 망념이 있다. 그렇다고 하더라도, 망념은 어디까지나 깨달음인 마음의 본성에 바탕을 두고 있을 뿐, 그 스스로의 존재방식을 가지고 있지는 않으며, 본각(本覺)을 떠나서 홀로 존재할 수는 없다.

예를 들면, 어떤 사람이 길을 잃고 헤매는 것은 자기가 가려고 하는 일정한 방향감각을 잃었기 때문이다. 그러나 방향을 잡지 못하고 헤맨다는 것은 근본적으로는 동쪽이라든가, 서쪽이라든가 하는 방향을 설정했기 때문이다. 만일 처음부터 방향이라는 것을 설정하지 않으면 방향감각을 잃고 헤매는 일이 있을 수 없다. 깨닫지 못한 중생도 불교를 전혀 모르는 사람도 그와 마찬가지이다. 본디 평등하여 한맛이며, 차별이 없는 깨달음을 새삼스러이 차별함으로 말미암아, 헤매는 세계가 생겨난다. 그러므로 만일에 깨달음의 본성을 떠나서 논술한다면, 그에 대하여 헤맨다고 하는 일도 성립하지 않는다. 그렇지만 불각으로 인하여 늘 우리의 마음에 망상이 그려져 나온다.

그로 말미암아 오히려 헤매는 세계에 대응하는 깨달음의 세계를 추구하여 진여의 이름과 의미를 알게 되고, '진실한 깨달음의 지혜'를 표현하여 말로 나타낼 수 있다. 따라서 '진실한 깨달음의 지혜'인 상태의 마음이 우리의 마음에 현전하고 있지 않다면, 이에 대하여 이것이야말로 모든 사려와 언설을 초월한 '마음에 본래 갖추어져 있는 지혜'라고 표현하여 말로 나타낼 것도 없다.

| 강설 |

이상으로 '각(覺)'에 대하여 논술하였기 때문에, 이제부터 '불각(不覺)'에 대하여 논술한다. 본론에서는, 불각을 '근본불각(根本不覺)'과 '지말불각(枝末不覺)'으로 나누어서 논술하고 있다. 근본불각은 '진미(眞迷)'라고 말할 수 있으며, 진여를 중심으로 헤매는 것이 근본불각, 다음에 지말불각은 '기망(起妄)'이라고 말할 수 있으며, 미망의 인식세계를 전개하는 과정을 지말불각이라고 한다. 『원효소』는 이 부분을 셋으로 나누어, 첫째, 근본불각을 밝히고, 둘째, 지말불각을 설명하며, 셋째, 근본불각과 지말불각을 통틀어 결말을 짓는다. 그리고 『법장의기』는 첫째, 불각의 체(體)를 밝히며, 둘째, 불각의 상(相)을 밝히고, 셋째, 상을 묶어서 체로 동화(同化)시킨다고 해석한다. 불각의 체를 밝힌다고 하

여도 불각에는 각과 같은 의미에서의 체는 없는 것이다. 각이 환귀하는 곳은 자성청정심이다. 그러므로 각이 환귀하는 체는 있지만, 불각은 무명으로부터 생겨나더라도, 무명은 체가 없는 것이다. 따라서 불각도 없는 것으로 되며, 각과 똑같이 진여에 의하여 생겨나는 것으로 된다. '근본불각'에서는 이것을 제시한다.

각이란 심체가 망념을 벗어나 있는 것을 깨닫는 것이지만, 불각이란 진여의 법이 하나인 것을 진실 그대로 알지 못하기 때문에 불각의 마음이 일어난다. 심진여는 한 모습(一相)이어서, 보는 쪽과 보이는 쪽과의 분열이 없는 것이다. 그러나 무명의 작용에 의하여 일법계의 이(理)에 도달하지 못하기 때문에, 불각의 마음이 일어난다. "진실 그대로 알지 못한다"라고 말하는 것이 무명의 작용을 가리키는 것이다. "진실 그대로 알지 못한다"라고 말하는 것이 근본불각이며, "불각의 마음이 생겨나서 더욱 여러 가지 망념이 있다"라고 논술하는 부분이 지말불각이라고도 말한다. "알지 못한다"라고 말하면, 이미 식(識)의 작용이므로 불각이 되는 것이다. 마음이 자기를 알지 못하기 때문에, 자기의 마음을 자기의 마음 자신이 배반하여 헤매는 작용을 나타낸다고 하는 의미이다. 그 마음에는 벌써 무명이 예상되어 있는 것이다.

그러나 무명은 실체가 없는 것이기 때문에, 본문에 "망념은 어디까지나 깨달음인 마음의 본성에 바탕을 두고 있을 뿐, 그 스스로의 존재방식을 가지고 있지는 않으며, 본각(本覺)을 떠나서 홀로 존재할 수는 없다"라고 논술하여, 망념은 존재하지만, 그러나 본각을 떠나서 있는 것은 아니라고 한다. 마치 '속임을 당하고 있는 마음'은 속임을 당하지 않는 마음의 작용과 다른 것이 아니기 때문에, 속임을 당하였다라고 알아차리면, 속임을 당하고 있던 것은 소실하고, 속임을 당하지 않는 마음에 환귀한다.

그와 마찬가지로 망념에는 자상(自相), 말하자면 그 스스로의 존재방식이 있는 것이 아니기 때문에, 불각의 작용은 본각을 벗어나지 못하는 것이다. 본론에서는 이 관계를 방향을 잃고 헤매는 마음으로 나타내고 있다. 방향을 잃고 헤매는 사람은 방향에 집착하기 때문에 헤매는 것이다. 방향이라고 하는 생각을 벗어나면, 방향을 잃고 헤맨다고 하는 일도 일어나지 않을 것이다.

그와 마찬가지로 중생에게는 각이 있으므로, 그에 반대되는 불각이 일어난다. 만일 각성(覺性)을 벗어나면 불각도 존재할 수 없다.

그러나 실제로는 불각이 존재하며, 또 불각이 존재하기 때문에, 그 불각의 미혹을 자각하는 일도 일어난다. 말하자면 불각이 있기 때문에 깨달음이 존재할 수 있다. 『법장의기』에서는 이것을, "망념에 기정(起淨)의 공용(功用)이 있다"라고 진술하고 있다. 불각의 망상심이 있기 때문에, 진여의 이름과 의미를 알게 되고, 그래서 진여본각을 설명할 수 있다. 만일 불각의 마음이 없으면, 진여본각의 의미를 나타내는 것조차 할 수 없다. 진여본각은 절대적인 것이기 때문에, 그 자신으로는 모습(相)을 말할 수 없다. 불각과 비교하여 비로소 각의 존재방식을 나타낼 수 있다. 이와 같이 불각에 의지하여 각을 나타낼 수 있는 것은 불각이 진여에 의지하여 일어나며, 불각에 별도의 체가 없기 때문에 불각을 고찰하는 것이, 오히려 진여를 명료하게 하는 것이다.

이상으로 전반(前半)에서는 "본각에 의지하기 때문에 불각이 있다"를 논술하고, 후반(後半)에서는 "불각에 의지하기 때문에 시각이 있다"를 논술한 것을 해설한 것이다.

|용어 해설|

불각(不覺): 망념을 가리킨다. 인식의 진실한 모습은 주객합일의 인식이지만, 그 것을 알지 못하고 주객으로 분열한 인식을 하는 것이 불각이다.

염(念): 망념을 가리킨다. 중국 선종에서의 이론정립의 기초를 닦는 데 많은 영향을 미친다.

본각(本覺): 자성청정심의 지혜가 알라야식에 나타나서 지적 활동(知的活動)을 전개하고 있는 것이 본각이다.

방(方): 방향·방각을 가리킨다.

각성(覺性): 지혜를 가리킨다.

망상심(妄想心): 망념과 같은 말이다.

명의(名義): 명칭과 의미, 진여의 이름과 의미를 아는 것을 말한다.

진각(眞覺): 불각에 대하여 각(覺)을 진각이라고 부른 것이다.

2. 마음의 본성에 대한 지말적 미혹〔枝末不覺〕
(1) 미세한 마음의 상태에서 일어나는 정신분열〔三細〕

復次依不覺故. 生三種相與彼不覺相應不離. 云何爲三. 一者無明業相. 以依不覺故. 心動說名爲業覺則不動. 動則有苦. 果不離因故. 二者能見相. 以依動故能見. 不動則無見. 三者境界相. 以依能見故. 境界妄現. 離見則無境界.

우리의 마음은 진여를 모르고, 그에 대한 미혹으로 인하여 세 가지 모습의 분열 현상이 미세한 상태로 생겨난다. 분열현상인 이 세 가지 모습은 '마음의 본성에 대한 미혹'의 존재방식이므로 '한 마음'과 서로 떨어질 수 없는 처지에 있다. 세 가지란 무엇인가?

첫째, 무명업상이다. '마음의 본성에 대한 미혹'으로 인하여 마음이 분열을 일으키는 것을 가리킨다. 근본무명에 의하여 마음이 움직이는 것(분별을 일으키는 작용)을 업(karma)이라고 부른다. 깨달음을 이루면 마음의 움직임이 멈춘다.

그러나 마음이 주관과 객관으로 분열하면, 그것이 근본 원인이 되어 현실의 고뇌에 찬 생존을 일으킨다. 왜냐하면 현실에 있어서 고뇌의 생존은, 근본원인으로서의 마음의 움직임인 까르마(karma)와 밀접한 관계가 있기 때문이다.

둘째, 능견상이다. '마음의 본성에 대한 미혹'으로 인하여 마음이 분열을 일으킬 때, 우리의 마음 가운데에는 대상을 비추어 바라보는 주관인 분별작용이 활동하고 있다. 본디부터 진여의 진실한 존재방식이 평등하여 한 맛이며, 차별이 없는 것임을 깨달아 마음이 분열을 일으키지 않으면, 우리의 마음 가운데에 대상을 비추어 바라보는 그와 같은 주관인 분별작용의 활동이 존재하지 않는다.

셋째, 경계상이다. '마음의 본성에 대한 미혹'으로 인하여 마음이 분열을 일으킬 때, 우리의 마음 가운데에는 대상을 비추어 바라보는 주관인 분별작용이 활동하고 있는 반면, 그에 대응하여 비추어지는 객관인 대상이 존재한다. 그것은 정신분열의 현상에 따르는 주관인 분별작용 쪽에서 바라보는 차별상이다. 헛된 거짓 모습에 지나지 않으며, 진여의 본성과 서로 관계하는 것이 아니다. 따라서 만일 정신분열의 현상에 따르는 주관인 분별작용의 활동이 멈추면, 거기에 비추어 바라다 보이는 객관인 대상 또한 존재하지 않는다.

| 강설 |

이제부터는 '지말불각(枝末不覺)'의 삼세(細)에 관하여 설명한다. 이것은 '지말무명(枝末無明)'이라고도 부른다. 이들은 근본무명의 활동의 결과이므로, 그 결과도 무명에 소속하기 때문에, 지말무명이라고 부른다.

진여의 법이 하나인 것을 알지 못하는 것으로부터, 불각의 망심이 일어나는데, 이 망심이 일어나는 구조는 삼세·육추로서 나타내는 것이다. 앞에서, "불각의 마음이 생겨나서 더욱 여러 가지 망념이 있다"라고 논술하였는데, 이

'망념(妄念)'은 무명업상·능견상·경계상의 세 가지의 존재방식을 가지고 있다. 그래서 이 세 가지 모습(三相)은 불각의 마음과 상응하고 있으며, 이들 세 가지 모습은 불각의 마음의 존재방식이기 때문에, 마음과 서로 떨어지지 않는다고 논술하는 것이다. 삼세·육추는 근본불각에서 미망의 마음이 전개하는 순서를 나타내는 것이며, 말하자면 유전문(流轉門)·유전연기(流轉緣起)이다. 본론에서는 유전문을 논술하면서 동시에 그에 대응하는 환멸문(還滅門)·환멸연기(還滅緣起)도 제시하고 있다.

세 가지란 무엇인가?

첫째, 무명업상이다. 무명업상이란 불각 말하자면 근본무명에 의하여 일심(一心)이 기동하는 것을 가리킨다. 일심이 망념으로 변화하는 점을 말하는 것이다. 마음이 움직이는 것을 '업(karma, 業)'이라고 부른다. 불각 곧 근본무명에 의하여 마음이 움직이기 때문에, 무명업상이라고 부른다. 여기에서 '업'이란 기동(起動)의 의미인데, 이 움직임이 원인이 되어 고뇌의 생존이 일어나는 것이므로, 업에는 인(因)의 의미도 있다.

그러므로 본론에서는, "깨달음을 이루면 마음의 움직임이 멈춘다"라고, 망념불각이 움직임인 것을 나타내며, 깨달음에 의하여 움직임이 멈춘다고 논술하여, 그에 관한 환멸(還滅)의 방법도 제시하고 있다. 본론에서는 그 뒤에, "마음이 주관과 객관으로 분열하면, 그것이 근본 원인이 되어 현실의 고뇌에 찬 생존을 일으킨다"라고 논술하는 것은, 업(業)에 인(因)의 의미가 있는 것을 나타내는 것이다. 왜냐하면 과(果)는 인(因)을 벗어나지 못하기 때문이다. 다시 말하면 현실에 있어서의 고뇌의 생존은, 근본원인으로서의 마음의 움직임인 업과 밀접한 관계가 있기 때문이다. 인과 과는 서로 결합되어 있다. 여기에도 초기불교의 정신이 살아 있음을 볼 수 있다.

둘째, 능견상(能見相)이다. 마음이 움직인다는 것은, 마음이 주관과 객관으로 분열하는 것을 가리킨다. 본론에서는 이 주관을 능견상이라고 부른다. 능견이란 '보는 작용'을 가리킨다. 본론에서는, "'마음의 본성에 대한 미혹'으로 인하여 마음이 분열을 일으킬 때, 우리의 마음 가운데에는 대상을 비추어 바라보는 주관인 분별작용이 활동하고 있다"라고 제시하고 있다. 마음이 움직인다는 것은, 마음이 분열하는 것이며, 보는 쪽과 보이는 쪽으로 분열하여 분별하는 활동을 하는 것을 말한다.

따라서 '마음의 움직임'이 없어지면 능견(能見)도 없는 것이다. 다시 말하면 본디부터 진여의 진실한 존재방식이 평등하여 한 맛이며, 차별이 없는 것임을 깨달아 마음이 분열을 일으키지 않으면, 우리의 마음 가운데 대상을 비추어 바라보는 그와 같은 주관인 분별작용의 활동이 존재하지 않는다.

셋째, 경계상(境界相)이다. 능견상에 대응하는 것이 경계상이다. 범부가 '외계(外界)'라고 생각하고 있는 것은, 실제의 외계가 아니라, 마음이 '외계의 형태로 나타나 있는 것'이다. 마음은 직접 외계를 볼 수 없으며, 마음이라고 하는 거울에 비친 외계를 보고 있는 것이다.

예를 들면 외계는 먼저 눈의 망막에 비치고 있다. 그리고 망막에 비친 영상을, 주관(主觀, 眼識)이 보는 것이다. 그 사이 눈의 메커니즘(mechanism)에 의하여 영상은 제약을 받는다. 영상은 외계 그 자체가 아니다. 외계에는 빛의 파동이 있는데, 안식(眼識)이 보는 것은 색깔이다. 빛에는 적외선이랑 자외선이 있는데, 눈은 적색에서 자색(紫色)까지의 일곱 가지 색깔을 분별하는 능력만을 가지고 있다. 그러므로 '외계'란, '색깔과 형태의 인식의 세계'와는 다르다. 이와 같이 외계에는 공기의 파동이 있다. 이것을 소리로 인식하는 것은 귀이다. 따라서 소리가 그대로 외계에 있는 것은 아니다.

그러나 범부는 색깔이랑 소리가 그대로 외계라고 생각하고 있다. 그렇지만 그들은 마음속의 존재이다. 색(色)·성(聲)·향(香)·미(味)·촉(觸)의 5경은 감각이며, 외계가 아니다. 이와 같은 의미로, 안식(眼識)·이식(耳識)·비식(鼻識)·설식(舌識)·신식(身識)·의식(意識)의 6식이 작용하는 대상은, 외계의 존재방식으로 나타나 있는 마음이다. 그러므로 본론에서는 "경계는 망령스럽게 나타난다"라고 논술하고 있다.

본론의 설명에서는, 능견이 경계보다 먼저인 것처럼 되어 있지만, 이것은 설명의 순서 때문에 이와 같이 논술한 것에 지나지 않는 것이며, 능견과 경계는 동시에 성립한다고 보아야 한다. 마음이 망념으로 전화(轉化)한다는 것은, 보려고 하는 마음과 보이는 형태의 마음으로 분화하는 것이며, 능견과 경계는 서로 도와서 성립한다고 생각해야 한다.

그러므로 무명업상·능견상·경계상은 망념의 논리적 구조를 나타낸 것이다. 마음이 무명으로부터 생겨난 시간적 경과를 논술한 것이라고 생각해서는 안 된다. 무명의 시원을 모르기 때문에 그 시간적 경과를 포착하는 것은 불가능한 것이다. 끄샤나 끄샤나의 망념이 이와 같은 구조에 의하여 성립하여 있다고 보아야 한다. 무명업상·능견상·경계상의 세 가지 미세한 마음의 상태에서 일어나는 정신분열은 알라야식을 구성하는 것으로 본다.

삼세육추(三細六麤)에 8식설을 배대한 도표

삼세육추	담연	혜원	원효	법장
무명업상	7	7	8	8
능견상	7	7	8	8
경계상	7	7	8	8
지상	6	7	7	6
상속상	6	7	6	6
집취상	6	6	6	6
계명자상	6	6	6	6
기업상	6	6	6	6
업계고상	6	6	6	

|용어 해설|

삼종상(三種相): 무명업상·능견상·경계상을 가리킨다. 불각의 형태로 바뀌어
서 나타난 것이다.

무명업상(無明業相): 삼세(三細)·육추(六麤)의 첫 번째이다. 무명이란 근본무명
을 가리킨다. 무명에 의하여 마음이 움직이는 것(분별을 일으키는 작용)을 업
(業, karma)이라고 한다. 혹은 업이란 인(因)의 의미라고도 말한다. 이 움직
임(動)에 의지하여 고(苦)가 일어나기 때문에, 고의 인이 움직임(動)이다. 근
본무명에 의하여 마음이 움직이는 제일보를 무명업상이라고 부른다.

능견상(能見相): 마음이 움직인다는 것은, 분별을 하는 작용, 인식을 하는 작용
을 가리킨다. 마음이 주관과 객관으로 나누어진 것이다. 이 주관의 존재방
식을 능견상 또는 전상(轉相)이라고 부른다.

경계상(境界相): 객관의 존재방식을 경계상이라고 부른다. 현상이라고도 부른
다. 경(境, 對象)이란 위사야(viṣaya)의 번역어이다. 일반적으로 안(眼)의 대상
인 색(色), 이(耳)의 대상인 성(聲), 비(鼻)의 대상인 향(香), 설(舌)의 대상인
미(味), 신(身)의 대상인 촉(觸), 의(意)의 대상인 법(法)을 육경(六境)이라고
부른다. 위사야(viṣaya, 境)란 인식의 대상, 영역의 의미이며, 경계라고도 말
한다. 그러나 여기에서는 육경으로 분화하기 이전의 마음이 보는 쪽과 보
이는 쪽으로 분화한 시점을 가리키는 것이다.

'육경'은 원시불교와 부파불교에서는 외계의 존재라고 보고 있다. 그렇지
만 유식설이나 여래장설에서는 마음 가운데의 객관으로 본다. 다시 말하
면 마음이 주관과 객관으로 분열한 것으로 인식하며, 그 객관 쪽을 경계상
이라고 부르는 것이다.

능견상과 경계상은 동시에 존재하는 것이지만, 논리적인 설명을 하기 위
하여 순서를 매긴 것이다. 따라서 삼세·육추는, 불각이 전개하는 시간적

순서를 나타낸 것이 아니고, 그 논리적 구조를 나타낸 것이라고 해석해야 한다. 무명은 무시(無始)이며, 그 시원(始源)을 알 수 없기 때문에, 무명업 상이 실제로 일어난 시간은 말할 수 없는 것이다. 범부의 *끄샤나*(kṣaṇa, 刹 那) *끄샤나* '분별'의 논리적 구조의 근저가 무명업상이며, 그 위에 능견상과 경계상이 존재한다고 생각해야 한다. 이 삼상(相)은 망념의 미세한 활동이 기 때문에, '삼세(三細)'라고 부른다. 이상의 삼세(三細)는 알라야식에 소속 한다. 이에 대하여 '지상(智相)' 이하의 육상(相)은 삼세(細)와 비교하여 추조 (麤粗)한 마음의 활동이므로 '육추(六麤)'라고 부른다.

(2) 성긴 마음의 상태에서 일어나는 정신분열(六麤)

以有境界緣故. 復生六種相. 云何爲六. 一者智相. 依於境界心起分 別愛與不愛故. 二者相續相. 依於智故. 生其苦樂覺心. 起念相應不 斷故. 三者執取相. 依於相續緣念境界. 住持苦樂心起著故. 四者計 名字相. 依於妄執分別假名言相故. 五者起業相. 依於名字尋名. 取 著造種種業故. 六者業繫苦相. 以依業受果不自在故. 當知, 無明能 生一切染法. 以一切染法皆是不覺相故.

마음이 분열을 일으킬 때 우리의 마음 가운데에는 보려고 하는 마음인 주 관과 보이는 모습의 마음인 객관으로 분화한다. 그 보이는 모습의 마음인 객 관에 대하여, 현실에 있어서의 우리의 마음은 미혹을 거듭함에 따라 다음과 같은 여섯 가지 모습의 분열현상으로 나타난다.

첫째, 지상이다. 마음이 분열을 일으킬 때 우리의 마음 가운데에 보이는 모 습의 객관인 대상에 대하여 애착과 혐오를 차별하는 마음이 생겨난다.

둘째, 상속상이다. 애착을 가지는 객관인 대상에 대하여는 향락의 감정을, 혐오를 가지는 객관인 대상에 대하여는 고뇌의 감정을 일으킨다. 이와 같이 한번 생겨난 망념은 다음에서 다음으로 새로운 망념을 일으키며 끊임없이 계속한다.

셋째, 집취상이다. 이와 같이 망심이 상속함에 따라서 망심에 비추어진 대상에 마음을 팔아, 향락의 감정과 고뇌의 감정을 고집한다. 이로 인하여 마음에 집착하는 생각을 일으키게 된다.

넷째, 계명자상이다. 객관인 대상을 집착하므로 하나하나의 대상에 거짓 이름이나 개념을 붙여서 분별한다. 그런 뒤에 그들이 마음 밖에 있는 것처럼 잘못 생각하여 더욱 더 집착하는 생각을 증대시킨다.

다섯째, 기업상이다. 하나하나의 객관인 대상에 붙여진 거짓 이름이나 개념 위에 더욱 더 많은 거짓 이름이나 개념을 씌운다. 그것들을 붙들려고 하는 집착심은 정신적 · 신체적인 여러 가지 까르마를 저지르게 한다.

여섯째, 업계고상이다. 집착에 뿌리를 박은 여러 가지 까르마를 저지름에 따라서, 그들 여러 가지 까르마에 의하여 생겨나는 과보를 받는다. 그리하여 고뇌의 생존에 빠지며, 우리의 마음은 그 본래의 자유스러움을 잃고 속박되어 버리는 것이다.

위에서 논술한 대로 미세한 마음의 상태에서 일어나는 정신분열현상의 세 가지 모습과 거칠고 성긴 마음의 상태에서 일어나는 정신분열현상의 여섯 가지 모습-모두 아홉 가지 모습-으로 나타난 더럽게 물든 모든 세간적인 현상들은 다 한결같이 무명의 작용으로 인해 생겨난 것이다. 더럽게 물든 모든 세간적인 현상들은 진여의 진실한 존재방식이 평등하여 한 맛이며, 차별이 없는 것임을 깨닫지 못하는 정신분열의 현상에 지나지 않기 때문이다.

| 강설 |

첫째, 지상(智相)이다. "경계에 의하여 마음이 분열을 일으킬 때, 우리의 마음 가운데에 보이는 모습의 객관인 대상에 대하여 애착과 혐오를 차별하는 마음이 생겨난다"라고 논술한다. 지(智)는 지혜를 가리키는데, 『원효별기』에서는, "혜의 심소와 상응하여 아와 아소를 분별하는 것"이라고 서술하고 있다. 본론에서는, "애와 불애(不愛)를 분별한다"라고 논술하는데, 애·불애는 '호오(好惡)'의 감정이라고 말할 수 있다. 우리의 인식에는, 선험적으로 호오가 따라다니고 있다. 경험을 한 뒤에 좋다·싫다는 감정이 일어나는 것이 아니고, 선천적인 성격에 의하여 경험 내용의 호오가 결정된다고 하는 의미이다. 예를 들면 토마토를 좋아하는가 사과를 좋아하는가는 각자의 성격에 의하여 결정된다. 지상이란 단순한 이성이 아니라, '좋다·싫다'를 결정하는 실천적 판단을 가리키고 있는 것이다. 이것을 "애와 불애를 분별한다"라고 논술한 것이다. 『원효소』는, 이 지상을 제7식에 배당하고 상속식을 제6식에 배당하고 있다.

원효는 『대승기신론』의 삼세육추 가운데의 지상(智相)을 제7식에 해당하는 것이라고 단정한다. 그리고 그 7식의 존재 증명을 위하여 『슈리말라데위씽하나다경(Śrīmālādevī-siṃha-nāda-sūtra, 勝鬘師子吼一乘大方便方廣經)』의 심법지(心法智)는 물론, 『대승장엄경론』·『금광명경』·『대승아비달마집론』·『능가경』 등을 인용하여 논증하는 것이다. 특히, 형식적인 논증 외에 논리학을 도입하여 그것을 적극적으로 논증하고 있다. 그 존재를 증명하려고 3종의 인식수단인 현량(現量, pratyakṣa)·비량(比量, anumāna)·성교량(聖教量=聖言量=證言, śabda=āgama=āptopadeśa)의 3량(三量)을 활용하고 있다.

원효가 중요시한 것은 제6 의식의 소의는 단지 의근뿐이라는 것이다. 의식이 성립했을 때, 만약 의근이 색·성·향·미·촉·법의 모든 것을 대상으로 하여 인식을 성립하게 하면, 그 의근은 불공의 소의라고는 할 수 없는 것이다.

그러나 의근은 단지 법경만을 대상으로 하기 때문에 그것은 불공의 소의이며, 그런 의미에 있어서는 의근은 반드시 존재하는 것이다. 이 의근은 대승불교에 있어서는 제7식인 마나스(manas)이다. 제7 마나스가 존재하지 않으면 제6의식은 이루어질 수가 없게 된다. 이런 의미에서는 제7 마나스의 존재는 확실하며, 『대승기신론』은 여래장설과 알라야식설을 조화시킨 논서이기 때문에 마나스를 말했다고 하는 원효의 논조는 타당하다고 생각된다.

둘째, 상속상이다. "애착을 가지는 객관인 대상에 대하여는 향락의 감정을, 혐오를 가지는 객관인 대상에 대하여는 고뇌의 감정을 일으킨다"라고 논술함으로, 좋아하는 대상에는 낙수(樂受)를, 싫어하는 대상에는 고수(苦受)를 일으키는 것이다. 우리가 위험물을 피하려는 경우, 대상을 명확하게 인식하고 나서 피한다고는 말할 수 없다. 뱀이라고 생각하고 깜짝 놀라 펄쩍 뛰어올랐다가 잘 보니까 새끼줄이었다고 하는 것과 같은 일이 있다. 우리에게는 본능적으로 대상에 대응하는 경계심이 있다. 이 경계심이 먼저 있고, 대상을 선택하며, 판단이 그 뒤를 따라 그에 대응한다. 그것이 다음의 집취상이다. 호오의 분별이나 고락의 감수를 지각하는 것이 먼저 있고, 대상의 명확한 인식은 그 뒤를 따르는 것이라고 본다. 한적한 밤길을 혼자서 걷고 있을 때, 대상은 확실한 것도 아닌데 공포(苦受)를 느낀다. 이들은 상속상이다. 우리의 인식은 먼저 대상을 확실히 알아차린 뒤에 그것에 대하여 선택한다고 하는 것은 아니다. 인식하기 이전에, 벌써 주관에 대상을 자기의 기호에 맞도록 받아들일 틀이 형성되어 있다고 하는 의미이다. 『대승기신론』이 인식의 프로세스를, 지상·상속상·집취상·계명자상의 순서로 제시하며, 대상에 개념을 적용하여 판단하는 '계명자상'을 호오나 고락보다 뒤에 놓는 것은 그 때문이다. 이것이 우리의 인식의 프로세스를 바르게 나타낸 것이라고 생각한다.

상속상의 또 하나의 작용은, 대상에 대하여 고락의 수온을 일으켜, 이것을 상속하는 것이라고 한다. "이와 같이 한번 생겨난 망념은 다음에서 다음으로 새로운 망념을 야기하며 끊임없이 계속한다"라고 논술하는 것은, 그러한 의미이다. 이 경우의 망념은 망념을 전제로 한 기억이며, 경험이 기억의 형태로 마음에 축적되는 것이 상속상이다.

셋째, 집취상이다. 이것은 낙수(樂受)의 대상에 대하여는 이것을 유지하려고 하며, 고수(苦受)의 대상에 대하여는 이것을 회피하려고 하여 집착을 일으키는 것이다. 그러므로 본론에서, "망심이 상속함에 따라서, 망심에 비추어진 대상에 마음을 팔아 향락의 감정과 고뇌의 감정을 고집한다. 이로 인하여 마음에 집착하는 생각을 일으키게 된다"라고 설명하고 있다. '이로 인하여 마음에 집착하는 생각을 일으키게 된다'라는 부분이 집취상이다. '연념(緣念)'이란, 대상에 마음을 파는 것, 또는 대상을 마음속에 떠올리는 것이다.

넷째, 계명자상이다. 예전부터 집착하고 있던 대상을 판단하는 것이다. '계명자(計名字)'란, 대상에 개념을 적용하여 판단하는 것이다. 예를 들면 '이것은 책상이다' · '이것은 의자이다'라고 인식내용에 개념을 적용하여 판단하는 것이 계명자상이다.

이것은 대상을 사고하고 선택하는 것이기 때문에, 그 배후에는 탐욕 · 성냄 등의 번뇌가 예상된다. 그 때문에 『혜원의소』에서는, 계명자상이란 "5견(見) 추기(麤起)의 번뇌"라고 주석하고 있다. 순수한 학적 판단은 이성만의 활동이며, 합리성으로 일관하고 있기 때문에 그곳에는 탐욕이나 성냄이 개입할 여지가 없을 것이다.

그러나 우리의 일상적 · 사회적 생활 속에서의 판단은, 이해가 대립할 때, 손득이나 정사(正邪) 등의 판단을 내리기 때문에, 판단이 탐(貪) · 진(瞋) · 만(慢) · 의(疑) · 무명(無明) · 견(見) 등의 번뇌에 커다랗게 영향을 받는 것은 명백한 사실이다. 그렇기 때문에 계명자상은 번뇌와의 관계로 생각할 수 있다. 본론에서는 "객관인 대상을 집착하므로, 하나하나의 대상에 거짓 이름이나 개념을 붙여서 분별한다"라고 논술하여, 객관인 대상을 집착(妄執)하는 가운데에 번뇌의 의미가 내재되어 있는 것으로 보고 있다. '거짓 이름이나 개념(假名)'의 '가(假)'는 심진여문의 이언진여에서의 '가명무실(假名無實)'과 같이 실체가 없다는 의미이다.

대상에 개념을 적용할 경우, 대상과 개념은 엄밀하게는 일치하지 않는다. 예를 들면 '이것은 책상이다'라고 하여, '이것'에 '책상'이라고 하는 개념을 적용하여 이해한다. 그러나 하나하나의 책상은 천차만별이며, 모형이나 크기가 여러 가지이며, 길고 짧음도 여러 가지이다. 완전히 똑같은 책상은 하나도 없다. 그와 같은 천차만별의 사물에, '책상'이라고 하는 똑같은 개념을 적용하는 것이기 때문에, 책상이라고 하는 개념은 특별한 실체가 아닌 것이다. '거짓 이름이나 개념(假名)'이란 이와 같은 것을 나타내는 것이다.

다섯째, 기업상이다. 기업상이란 앞의 대상의 이해에 바탕을 두고 행동을 일으키는 것이며, "하나하나의 객관인 대상에 붙여진 거짓 이름이나 개념 위에 더욱 더 많은 거짓 이름이나 개념을 씌운다. 그것들을 붙들려고 하는 집착심은 정신적·신체적인 여러 가지 까르마를 저지르게 한다"라고 논술하고 있다. '그것들(거짓 이름이나 개념)을 붙들려고(尋名)'란, 언어로 표현된 대상을 찾아 헤매는 것이다. 본디 지상(智相) 이하는, 유심(唯心)의 소현(所現)인 경계상을 실제의 외계인 양 망상하여 이해한 인식내용이기 때문에, 그것에 입각한 까르마가 올바를 것이라고 바랄 수는 없다. 여기에서 '정신적·신체적인 여러 가지 까르마를 저지르게 한다'란, 언어(語業)나 신체(身業)에 의하여 까르마를 저지르는 것을 가리킨다.

여섯째, 업계고상이다. 업계고상이란 까르마를 저지른 결과 그 까르마의 과보에 속박되어 고뇌를 받는 현상이다. 본론에서는 "집착에 뿌리를 박은 여러 가지 까르마를 저지름에 따라서, 그들 여러 가지 까르마에 의하여 생겨나는 과보를 받는다. 그리하여 고뇌의 생존에 빠지며, 우리의 마음은 그 본래의 자유스러움을 잃고 속박되어 버리는 것이다"라고 논술하고 있다. 까르마의 인과에 속박되어 마음은 자유를 얻을 수 없다. 자유를 얻을 수 없는 것을 '고뇌'라고 표현한 것이다. 여기에서 '우리의 마음은 그 본래의 자유스러움을 잃고 속박되어 버리는 것이다'라고 번역하였는데, 불교에서는 예로부터 '자유'보다는 '자재'라는 말을 써왔지만 현대의 언어로 바꾼 것이다.

이상으로 삼세(三細)·육추(六麤)를 서술하였으므로, 다음에는 결론으로서 지말(枝末)을 포섭하여 본원인 근본무명으로 귀입하는 것을 서술한다. 이것을 본론에서는, "미세한 마음의 상태에서 일어나는 정신분열 현상의 세 가지 모습과 거칠고 성긴 마음의 상태에서 일어나는 정신분열 현상의 여섯 가지 모습 - 모두 아홉 가지 모습 - 으로 나타난 현상들은 다 한결같이 무명의 작용으로 인해 생겨난 것이다. 더럽게 물든 모든 세간적인 현상들은 진여의 진실한 존재방식이 평등하여 한 맛이며, 차별이 없는 것임을 깨닫지 못하는 정신분열의 현상에 지나지 않기 때문이다"라고 제시하고 있다. 삼세·육추의 해석에 의하여, 범부의 일상생활에서의 고뇌의 실상이 제시되고, 그들이 모두 근본무명으로부터 생겨나는 것이 명확하게 밝혀졌다. 모든 염법(染法, 迷惑의 生存)은 무명에서 생겨난 것이다. 염법은 여러 가지이고 여러 양상이지만, 그러나 모든 것은 불각의 차별상이다. 그러므로 현상에서의 미혹의 생존의 근거는, 근본무명에 있다고 하는 의미이다.

· 『대승기신론』과 전변(轉變, pariṇāma)
이상의 삼세·육추의 9상(相)은, 『대승기신론』으로서는 유명한 일절이지만, 그러나 그 설상은 유식설의 알라야식 연기설과는 그 내용이 아주 다르다. 양자의 상이한 점을 간단하게 검토하여 보기로 한다.

　유식설에서는 잠재심인 알라야식과 현상심인 7식(안식·이식·비식·설식·신식·의식·마나스)과의 사이에 '전변(轉變, pariṇāma)'의 관계를 서술한다. 이 '식의 전변'의 이론은, 세친(世親, Vasubandhu, 400~480)에 의하여 확립되었다고 생각되지만, 세친의 『유식30송(Triṃśikāvijñaptimātratāsiddhi)』은 게문(偈文)만 있기 때문에, 세 가지 식전변을 말하는 것뿐이며, 그 자세한 설명은 없다. 그 설명은 『유식30송』에 대한 안혜(安慧, Sthiramati)의 주석서와 『성유식론(成唯識論)』에 서술되어 있다.

　안혜에 의하면, 전변이란, "인(因)의 끄샤나가 소멸함과 동시에, 과(果)가 인(因)의 끄샤나와 다르게 생겨나는 것"이라고 정의되어 있다. 제18송의 주석에도, "전변이란 앞의 상태와는 다르게 되는 것"이라고 정의되어 있다. 과의 끄샤나가 인의 끄샤나와 다른 경우, 그 '다르게 하는 힘'은 어디서 왔느냐가 문제로 되어 있다. 만일 그 힘이 전(前) 끄샤나에 있다고 한다면, 그것은 쌍키야학파의 '인중유과론(因中有果論, satkāryavāda)'의 전변설(pariṇāmavāda)과 같게 될 것이다. 인 가운데에 과를 변화시키는 힘이 있다고 하기 때문이다. 불교는 연기설을 채택하기 때문에 인중유과론을 채택하지 않음은 말할 것도 없다. 그러므로 '식전변(識轉變)'을 서술하는 경우에도, 연기적인 식전변이 아니면 안 된다. 따라서 인전변(因轉變, hetupariṇāma)의 경우에도, 과전변(果轉變, phalapariṇāma)의 경우에도, 연기의 이념이 거기에 살아 있어야 하는 것은 너무나도 당연한 것이다.

　그런데 인전변(因轉變, hetupariṇāma)은, 안혜의 주석에 의하면 "인전변이란, 모두 알라야식 가운데에서, 이숙(異熟)과 등류(等流)의 습기(習氣)가 증장하는 것이다"라고 정의되어 있다. 이 경우 '증장(增長, paripuṣṭi)'이라고 하는 단어를 어떻게 이해하느냐가 문제인데, 전변이란 '다르게 되는 것(anyathātva, anyathṇābhṇāva)'이라고 정의하는 점에서 생각하면, 이 증장이란, 단순하게 업이 무르익는 것을 말하는 것이 아니라, '달라진 상태'가 나타나는 것을 의미한다. 알라야식 가운데에서 종자의 활동으로서는, '종자생종자(種子生種子)'가 있는데, 종자의 잠재력이 끄샤나의 소멸로 지속되어 가는 것만을 나타내는 것이다. 그 사이에 '까르마(karma)가 무르익는다'라고 하는 것은 있겠지만, 그러나 그것은 어디까지나 '인과동질(因果同質)'로 보아야 한다. 여기에서 '다르다'라고 하는 개념이 들어가지 않으면, 위에서 서술한 것과 같이 인중유과론(因中有果論)이 되기 때문이다.

그런데다 제18송의 주석에서는, "전변이란, 교호(交互)의 힘으로부터 이와 같이 실행된다"라고 하는 문구를 인용하여, 이 문구를 주석하고 있기 때문에, 이 전변의 정의는 안혜 이전부터 있었던 정의여야 하며, 혹은 세친의 것인지도 모른다. 여기에서 '교호(交互)의 힘으로부터 아니요니야와샤드(anyonyavaśād)'라고 서술하고 있으므로, 전변이란 상호관계에 의하여 '자기 가운데에서 일어난 달라진 상태'라고 생각하지 않으면 안 된다. 그래서 '교호의 힘'이란, 유식설의 경우에는, 종자와 현행(現行)과의 상호관계라고 생각하지 않으면 안 된다. 이러한 사실은, 제18송에 대한 안혜의 주석 가운데에도 명확하게 나타나 있다. 말하자면 "안(眼) 등의 식(識)이 알라야식의 전변의 인이 되고, 그 알라야식의 전변이 또 안 등의 식의 인이 된다"라고 하는 것이, '교호의 힘'이라고 서술하고 있다.

『성유식론』에서도 인능변(因能變)을 설명하여, "인능변이란, 제8식 가운데의 등류(等流)와 이숙(異熟)과의 두 인(因)의 습기(習氣)를 가리키며, 등류습기(等流習氣)란 7식 가운데의 선과 악과 무기에 의하여 훈습해서 생장시키며, 이숙습기(異熟習氣)란 6식 가운데의 유루의 선과 악에 의하여 훈습해서 생장시킨다"라고 설명하고 있다. 여기에서 '훈습해서 생장시킨다'라고 서술하고 있는 것을 봐도, 이것이 '현행훈종자(現行熏種子)'의 관계를 나타내는 것이 명확하다. 그래서 '생장(生長)'이란, 생은 신훈(新熏)으로, 장은 본유(本有)의 종자를 증장 시키는 것이라고 해석하고 있다.

그러므로 '종자생종자(種子生種子)'의 경우에, 이미 존재하는 종자가 무르 익는데도, 혼자의 힘으로 무르익는 것은 아니고, 현행(現行)으로부터의 작용 이 있는 것을 알 수 있다. 따라서 인전변에 관하여는, 안혜의 주석과『성유식 론』과의 사이에 본질적인 차이는 없다. 인전변(因轉變)이란, 종자 가운데 있어 서의 전변이지만, 그러나 이것은 현행(現行)을 매개로 하여 실행되는 것이다.

다음에 과전변(果轉變)에 관해서는, 안혜의 주석과『성유식론』과의 사이 에 차이가 있다.『성유식론』은, 식(識)의 4분설을 세워, 견분(見分)・상분(相分) 을 세우기 때문에 설명이 복잡하게 되며, 견분・상분을 세우지 않는(다만 안 혜에게도 견분・상분에 해당하는 용어는 있다) 안혜의 주석과는 이해와 설명이 다르 다. 그러나 여기에서는 유식의 전변을 해설하는 것이 목적이 아니므로 과전 변에 대하여는 이 이상의 언급을 피한다. 다만 유식의 전변이 "종자생현행(種 子生現行)・현행훈종자(現行熏種子)"에 관계하여 일어나는 것을 명확하게 밝혀 주면 충분할 것으로 보인다. 문제는 여기에서 왜 '다르게 되는 것(anyathātva, anyathnābhnāva)'이 일어나는가라고 하는 점이다. 전변의 본질은 여기에 있다. 알라야식의 이론이 '알라야식 연기설'이라 말할 수 있는 것도, 인과 과 사이에 '다르게 되는 것(anyathātva, anyathnābhnāva)'이 가능하기 때문이다.

앞의 '종자생현행(種子生現行)・현행훈종자(現行熏種子)'에 있어서, 최초의 종자와 현행에 의하여 훈습된 다음의 종자가 다른 것이라는 것은, "삼법전전 (三法展轉)・인과동시(因果同時)"라고 말하여, 종자-현행-종자가 '삼법(三法)'으 로서, 앞의 종자와 뒤의 종자는 서로 다른 것으로 세워져 있는 것으로부터도, 명료하게 자각되어 있는 것이다.

그러나 종자가 현행이 되고, 그 현행이 또 종자로 되돌아오는 것이기 때문에, 앞의 종자와 뒤의 종자가 다르다는 것은 이해하기가 곤란하다. 그렇지만 현행을 만들기 위하여 종자는 하나가 아니라 다수이다. 다수의 종자가 현행이 되는데, 그러나 이와 같이 성립한 현행은 하나이다. 현행은 전칠식(前七識)의 인식계이기 때문에, 안에 잡다(雜多)를 포함하면서도, 식으로서는 하나이다. 종자는 다수이지만 현행은 하나라는 점에서, '종자생현행(種子生現行)'으로 그곳에 연속이 있으면서도, 그렇지만 종자와 현행과는 다르다고 하는 관계가 이루어지는 것이다. 예를 들면 수소와 산소가 화합하여 물이 되면, 그곳에 지금 서술한 것과 같은 관계가 일어난다. 물에는 수소에도 산소에도 없는 특질이 있다. 따라서 수소 · 산소와 물과의 사이에는 연속의 관계와 단절의 관계가 있다. 그리고 이 물을 분해하는 경우, 분해하는 방법에 따라서는 앞의 것과 똑같은 수소와 산소로 되돌아오지 않는 경우도 있을 것이다. 특히 많은 원소가 복잡하게 결합한 화합물의 경우에는, 앞의 것과 똑같은 원소로 환원되지 않는 경우도 있을 것이다. 이 경우 최초의 수소와 산소는 제1의 종자, 물은 현행, 그것을 분해한 것은 제2의 종자로 볼 수 있을 것이다. 혹은 석탄이나 가솔린이 연소하여 유독가스가 되는 경우, 연소를 현행으로 볼 수도 있을 것이다. 그와 똑같이 '현행훈종자(現行熏種子)'의 경우에도 복잡한 현행이 분해되어 종자가 되는 것이기 때문에, 앞의 종자와 똑같은 종자가 되는 것은 아니다.

그러면서도 종자와 현행은 잠재심과 표면심의 관계로 있으며, 동일한 마음의 속과 겉의 관계로 있다. 따라서 현행과 종자를 동일한 차원에서의 별체로 볼 수는 없기 때문에, 수소와 산소가 화합하여 물이 된다고 하는 비유는, 이 경우에는 엄밀하게는 적용할 수 없는 것이라는 것은 말할 것도 없다. 그러나 어쨌든 '종자생현행'과 '현행훈종자'의, 앞의 종자와 뒤의 종자가 다르다는 점에, 알라야식 가운데에 전변이 가능하게 되는 것이다. 말하자면 '종자생현행'

의 경우에도, '현행훈종자'의 경우에도, 전변은 종자에 있는 것이며, 현행에 있
는 것은 아니라고 하는 의미이다. 종자의 전변은, 종자가 한 번 현행을 경과함
으로써 가능하게 되는 것이며, 단순하게 '종자생종자(種子生種子)'에서는 전변
이 일어나지 않는다. 따라서 유식의 전변설에서 중요한 것은, '종자생현행'·
'현행훈종자'의 관계에 있어서, 표면심과 잠재심 사이에 힘의 수수가 실행되
고, 그것을 통하여 까르마가 축적되며, 성숙하고, 그 과보가 현재화(顯在化)하
는 것이다. 이 표면심과 잠재심과의 상호관계가 중요하다. 여기에서, 결정론
과 숙명론, 혹은 우연론의 결함을 면하게 되어 과거의 축적을 중요시하면서도
창조적인 미래를 설명할 수 있는 연기설이 생생하게 숨을 쉬고 있는 것이다.

그러면서도 여기에서, 종자가 현행에서 생겨나는 것이 어떻게 하여 일어나
는가라고 하는 문제가 있다. 물론 까르마가 무르익고, 인연이 화합하여 특정
의 종자가 현행이 되는 것인데, 그러나 이것을 나타내기 위해서는, 명언종자
(名言種子)나 업종자(業種子)의 성격, 아울러 소연연(所緣緣)의 성격 등에 대하
여 상설(詳說)할 필요가 있다.

여기에서 이 전변의 문제를 끄집어 낸 것은, 『대승기신론』에는 이 전변의
사상이 없다는 것을 명료하게 하기 위해서이다.

상기의 『대승기신론』의 '삼세·육추'의 학설도, 일종의 전변설이라고 하여
도 좋지만, 그러나 무명업상에서 능견상·경계상·지상·상속상·계명자
상·집취상·기업상·업계고상의 전개는 일방적이며, '교류적(交流的)'이 아니
다. 무명업상·능견상·경계상의 삼세는 알라야식이며, 지상 이하는 표면심
에 해당하는데, 양자의 사이에 상호관계는 고려되어 있지 않다. 그렇지만 『대
승기신론』에는, 후단(後段)에서 '훈습설(熏習說)'을 논술하여, 진여의 훈습과 무
명의 훈습을 논술하며, 진여와 무명과의 사이에 힘의 수수와 상호관계를 논술
하지만, 그러나 그곳에는 앞의 '다르게 되는 것(anyathātva, anyathṇābhṇāva)'이라

고 하는 전변의 이론이 명확하지 않다. 그렇기 때문에, '까르마'가 어떻게 보존되며, 과(果)를 감수(感受)하는가라고 하는 점도 『대승기신론』에서는 명확하지 않다. 『대승기신론』에는 이것보다 조금 뒤에, '의(意)와 의식(意識)'을 논설하여, 업식(業識)·전식(轉識)·현식(現識)·지식(智識)·상속식(相續識)의 오의(五意)를 밝히며, 최후의 상속식을 의식이라고도 한다. 그래서 이 상속식이, "과거의 헤아릴 수 없이 많은 선업·악업을 주지(住持)하여 잃지 않게 한다"라고 논술하고 있기 때문에, 까르마를 주지(住持)하는 것은 알라야식이 아니라, 상속식인 것이다. 그것에 이어서, 까르마의 과보를 성숙시키는 것도 상속식의 작용으로 되는 것이며, 더욱이 과거를 생각해 내기도 하고, 미래의 계획을 설계하는 작용도 상속식이 하는 것으로 되어 있다. 이와 같이 『대승기신론』에서는 상속식에 광범위한 작용을 인정하고 있는데, 상속식은 표면심의 일부이다. 그러나 5식(識)은 '의(意)'로서는 하나이기 때문에, 그 점에서는 표면심과 잠재심의 구별이 없는 것이며, 그렇게 볼 때, 유식의 전변사상은 『대승기신론』에서는 찾아볼 수 없다고 생각한다.

여래장연기(如來藏緣起)와 알라야식연기(阿賴耶識緣起)의 입장이 다르므로, 『대승기신론』에는 전변사상이 없는 것은 당연하다고 할 수 있다. 그렇지만 『대승기신론』에서는, 알라야식설과 훈습설과 같은 유식의 중요한 관념이 도입되어 있으며, 능견상·경계상은 유식설의 아뢰야식의 견분(見分)·상분(相分)에도 대비할 수 있는 것이다. 따라서 『대승기신론』은 와쑤반두(Vasubandhu, 世親) 유식의 영향을 받지 않고 저술된 것으로 보아도 좋을 것이다.

|용어 해설|

지상(智相): 육추의 제1상. 지(智)는 지혜를 가리키며, 대상의 존재에 대하여 좋아하는가 싫어하는가(好惡)를 판단하는 것이다. 그러므로 지상이 일어나기

전에 벌써 경계상이 확립되어 있다. 지상은, 이 경계상이 외계의 사물이라고 망상하여, 그것에 대하여 애(愛)와 불애(不愛)를 분별하는 것이다.

상속상(相續相): 앞의 지상을 바탕으로 하여 애의 대상에 대하여는 낙수(樂受)를, 불애(不愛)의 대상에 대하여는 고수(苦受)를 일으켜, 이 인식을 지속하여 일으키므로 상속상이라고 한다. 『원효소』에서는, 상속상을 오온 가운데의 식온(識蘊)이라고 해석하고 있다. 식온은 분석하면 6식이 된다.

집취상(執取相): 앞의 고락(苦樂)의 대상에 대하여 집착을 일으키는 것을 말한다. 『원효소』에서는, 이것을 수온(受蘊)이라고 해석하고 있다. 고락을 주지(住持)하여 버리지 않기 때문이다.

계명자상(計名字相): 계(計)는 횡계(橫計)의 의미로서, 잘못 생각하는 것을 가리킨다. 낙수(樂受)의 대상에 대하여는 집착을 일으키고, 고수(苦受)의 대상에 대하여는 혐오를 일으켜서, 이들의 대상에 대하여 여러 가지 명언 곧 이름이나 개념을 적용하여 분별하는 것을 말한다. 『원효소』에서는, 이것을 상온(想蘊)이라고 해석하고 있다. 위(違, 相違)와 순(順)의 명언을 분별하기 때문이다. 이와 같은 분별의 근저에는 번뇌가 있으므로, 『혜원의소』에서는, 계명자(計名字)란 오견추기(五見麤起)의 번뇌라고 보고 있다.

기업상(起業相): 대상에 대하여 일상의 행위를 일으키는 것을 가리킨다. 계명자상이 의업(意業)인 데 대하여, 기업상은 신(身)·어(語)의 업이다. 이 업의 근저에는 번뇌가 있다. 번뇌에 의하여 업을 일으키는 것이다.

업계고상(業繫苦相): 앞의 선악의 업에 대하여 계박·속박을 당하는 것을 가리킨다. 고락의 과보를 받는데, 특히 고(苦)를 받으므로 고상(苦相)이라고 한다.

염법(染法): 번뇌를 가리킨다.

제3목 깨달음과 불각의 같은 모습과 다른 모습﹝染淨同異﹞

復次, 覺與不覺 有二種相. 云何爲二. 一者同相. 二者異相.

言同相者. 譬如種種瓦器. 皆同微塵性相. 如是, 無漏無明種種業幻. 皆同眞如性相. 是故, 修多羅中. 依於此眞如義故, 說一切衆生, 本來常住, 入於涅槃, 菩提之法, 非可修相, 非可作相, 畢竟無得. 亦無色相可見, 而有見色相者, 唯是隨染業幻所作. 非是智色不空之性, 以智相無可見故.

言異相者. 如種種瓦器各各不同, 如是, 無漏無明隨染幻差別. 性染幻差別故.

위에서 알라야식의 두 가지 뜻인 깨달음(覺)과 불각을 따로따로 설명하였기 때문에, 여기에서는 이 두 가지를 함께 묶어 그들의 서로 같은 모습과 다른 모습을 고찰하기로 한다.

첫째, 깨달음과 불각의 서로 같은 모습이라 함은 무엇인가? 질그릇을 예로 들어보자. 비록 질그릇의 모양은 여러 가지로 저마다 같지 않지만, 그것들 모두가 한결같이 진흙을 본체로 하며 진흙의 특질을 살려서 만들어졌다는 관점에서 보면 결코 다름이 없다. 이처럼 깨달음의 세계에 있어서의 사람들을 구제하는 여러 가지 작용과, 깨닫지 못한 무명에 의하여 생겨나는 미망의 작용은 한데 어우러져 무한한 활동상을 나타낸다. 그러나 그 한량없는 활동상들은 하나같이 진여를 본체로 하며, 본성으로 삼는다. 곧 모든 활동상은 그러한 바탕 위에서 전개하고 있는 실체가 없는 작용이라고 말할 수 있다. 이러한 뜻에 따라서 경전에서는 다음과 같이 말씀하신다.

"모든 사람들은 진여를 본성으로 삼고, 늘 본성대로 존재할 따름이다. 그런 까닭에, 비록 삶과 죽음 사이를 맴돌지만 그 본질에 있어서는 도무지 변화가 없다. 이미 시작이 없는 과거로부터 '니르와나'에 들어가 있음이 거룩한 붓다나 다를 바 없다. 그러므로 깨달음의 지혜라고 하는 것도 실천 수행에 의하여 비로소 본성을 나타내는 것이 아니며, 행위를 지어 새로이 만들어 내는 것도 아니다. 본래 갖춰져 있는 까닭에 결국 얻어질 수 있는 그 무엇이 아닌 것이다. 또 깨달음의 세계는 우리의 감각기관이나 의식에 의해 파악되지 않는다.

그 까닭은 무엇인가? 진리의 본성은 아직 불교를 전혀 모르는 사람들의 감각기관이나 의식으로는 파악할 수가 없기 때문이다. 그럼에도 이와 같은 깨달음의 세계가 우리의 감각기관의 대상으로서 그 모습을 드러냄은 무슨 까닭일까? 아직 불교를 전혀 모르는, 번뇌에 더럽혀진 사람들의 마음을 염려하시는 거룩한 붓다께서 짐짓 방편을 사용하여 실체가 없는 작용으로 분별해 내시기 때문이다. 붓다의 지혜에는 물질적 존재의 특질이 있는 것이 아니다. 본각의 지혜는 볼 수 있는 것이 아니다."

둘째, 깨달음과 불각의 서로 다른 모습이라 함은 무엇인가? 질그릇들을 예로 들어보자. 그들이 모두 한결같이 진흙으로 빚어진 질그릇들이라도 저마다의 모양이나 쓰임새는 서로 다르다. 이와 마찬가지로 깨달음의 지혜로만 이루어진 거룩한 붓다의 세계에는 본래 차별이 없다. 그러나 아직 불교를 전혀 모르는 사람들의 번뇌 망상에 각각 차별이 있으므로, 그러한 사람들의 구제를 위하여 짐짓 실체가 없는 환상과 같은 차별의 모습으로 나타내게 된다. 또 무명으로부터 빚어지는 불각도 그 특질상 마땅히 차별이 있지만, 그러나 무명은 실체가 없으므로 그로부터 빚어지는 더럽게 물든 행위의 차별도 결국 환상에 지나지 않는 것이다.

앞에서 알라야식의 두 가지 의의인 각과 불각을 따로따로 설명하였으므로, 여기에서는 두 가지를 묶어서 차원을 달리한 입장에서 고찰하여 각·불각의 문제를 결말을 지으려는 것이다. 심진여문의 입장과 심생멸문의 입장을, 동상(同相)·이상(異相)으로 하여, 동일한 것의 다른 관점으로 나타내는 것이다. 그러나 여기에서 말하는 '동일한 것'이라고 하는 것은, 언어로 표현할 수 없는 것이다. 위에서 서술한 각과 불각에는 두 가지 모습이 있다. 그것이 바로 동상(同相)과 이상(異相)이다.

먼저 동상(同相)에 관하여 해설한다.

이것을 예를 들어 나타내면 다음과 같이 말할 수 있다. 도기(陶器)에는 다완(茶碗), 다관(茶罐), 찻잔 등 여러 가지가 있다. 그렇지만 그들은 모두 미진, 말하자면 진흙(性)으로 만들어져 있으며, 진흙의 특질인 점착력이나 구우면 단단하게 되는 특질(相)의 소산이다. 도공(陶工)의 의도에 따라서 여러 가지 모양으로 나타난 것이다. 이와 같이 무루의 시각·본각과 무명의 불각은 모두 여러 가지 작용을 나타내고 있지만, 그들은 실체가 없는 작용(業幻)이다. 각(覺)도 무명도 함께 진여를 성(性)으로 하며, 진여를 체(體)로 하고 있다. 그것이 각과 무명이라고 하는 두 가지 상으로 나타나 있는 것이다. 염(染)·정(淨)의 두 법은 진여를 체로 하고, 진여는 이 두 법을 상(相)으로 하고 있다. 여러 가지 와기(瓦器)는 각과 무명에 해당하며, 미진은 진여를 비유한 것이다. 심생멸문의 상태에서는 인연화합에 의하여 각과 불각으로 나뉘어서 각각의 작용을 가지고 있다. 그것이 진실이며 실상이지만, 그렇다고 심생멸문은 심진여문을 떨어져 있는 것은 아니다. 심진여문에서 보면 각·불각은 모두 진여인 것이다.

그러므로 경전 가운데에서 다음과 같이 말씀하고 있다. 모든 중생은 진여를 성(性)으로 하고 있기 때문에, 그 점에서 말하면, 모든 중생은 본디 상주이며, 생사에 유전하여도 그 본성에 어떤 변화도 없다. 벌써 영원한 과거에 니르와나에 들어가 있는 것이다. 모든 붓다와 동일하다. 붓다의 깨달음이라고 하여도 수행을 인(因)으로 하여 수행의 결과 보신으로 나타난 것이 아니고(니르와나는 了因의 修顯이 아니다), 또 수행에 의하여 새로이 만들어 낸 것도 아니다(Bodhi는 생인의 所作이 아니다). 그러므로 니르와나·보디는 필경 모두 무득(無得)이다.

이와 같이 중생은 본디 상주이면서 니르와나에 안주하고 있는 것이기 때문에, 온전히 모든 붓다와 동일하다. 만일 그렇다면, 중생에게는 붓다의 상호(相好), 말하자면 와이로짜나 붓다와 같은 보신의 백복상호(百福相好)나 응신의 32상(相)·80종호(種好) 등이 어찌하여 없을까라고 하는 의문이 생길 것이다. 그렇지만 법성은 본디 그와 같이 볼 수 있는 것이 아니다. 불신(佛身)의 본질은, "색상(色相)으로는 볼 수 있는 것이 아니다"라고 하는 것이 진리이다. 그러므로 『금강경』에서, "약이색견아 이음성구아 시인행사도 불능견여래(若以色見我 以音聲求我 是人行邪道 不能見如來: 『大正藏』 8-752a)"라고 말씀하는, 진리는 색·성·향·미·촉과 같은 물질적·감각적으로는 파악할 수 있는 것이 아니라는 가르침과 일치한다.

그러나 그렇다면 보신불은 지상의 보디쌋뜨와에게 빼어난 불신을 나타내며, 응신불도 중생에게 32상·80종호를 나타내는 것은 무슨 까닭일까? 모든 붓다가 중생에게, "색상을 나타내는 일이 있는 것"은, 이것은 수염업환(隨染業幻)의 소작이다. 이 경우의 '염(染)'은 중생의 번뇌를 말한다. 중생을 구제하기 위하여, 모든 붓다는 중생의 번뇌의 정도에 따라서, 붓다가 가짜로 나타난 모습이다. 예를 들면 하나의 달이 만수(萬水)에 그림자를 비추는 것과 같은 것이다. 큰 바다에 비친 달도 조그만 물웅덩이에 비친 달도, 똑같은 달이라도 각각의 물에 의하여 드러나는 방식이 다르다. 이와 똑같이 중생은 붓다 그 자체를 보고 있다고 생각하지만, 실제는 자심소현(自心所現)의 붓다를 보고 있는 것이다. 예를 들면 달을 보고 있는 경우에도 슬픈 마음에 비친 달은 슬프게 비치고, 기쁜 마음에 비친 달은 기쁘게 비치는 것과 같다. 각각의 사람이 보는 달은 같은 것이 아니다. 그러므로 수염업환(隨染業幻)은 이상문의 사고방식이다. 동상문으로 한정하면, 붓다의 지혜에는, 색(色) 곧 물질적 존재의 특질은 없는 것이다. 진여는 차별을 단절한 세계이기 때문이다. 본각의 지혜는 볼 수 있는 것이 아니다.

이와 같이 동상문(同相門), 진여의 입장에서 붓다와 범부는 불이(不二)인 것을 나타냈다(不二라고 하는 것은, 붓다와 범부가 일체라고 하는 것과는 의미가 다르다. 一이라고 하는 경우에는 부정의 계기가 탈락되어 있다. 不二는, 異相을 인정하면서, 그것을 부정하여 동상을 말하는 것이며, 반성의 계기를 내부에 포함하는 입장이다).

다음에는 이상(異相에) 관하여 언급한다.

예를 들면 도기(陶器)에는 다완(茶碗), 다관(茶罐), 찻잔 등 여러 가지 질그릇이 각각 서로 다른 모형을 가지고 있는 비유와 같다. 이와 똑같이 심생멸문의 시간의 세계에서는, 모두가 연기의 도리에 따라서 천차만별로 성립되어 있으며, 다르게 있는 것이 진실인 것이다. 그러나 다르게 있는 것이, 절대의 사실인 것은 아니다. 무루의 시각은, 보신·응신 등의 여러 가지 불신으로 나타나 있지만, 그것은 '수염환(隨染幻)'이다. 중생의 번뇌에 따라서 나타나는 차별이다. 근본은 하나이지만, 중생을 구제하기 위하여 가짜로 다불(多佛)로서 나타나는 것이다.

이에 대하여 무명은 본디 차별이 있는 것이다. 자아를 절대자로부터 떼어놓고 조작하는 것이 무명이다. 그러므로 무명의 다양성은 그 본성에 바탕을 두고 있다. 그러므로 이것을 '성염환(性染幻)'이라고 한다. 그러나 무명의 다양성도 환상이다. 그 이유는 무명은 본디 독자의 실체성을 가지고 있는 것이 아니라, 진여가 형태를 바꾼 것이다. 그러므로 영원한 모습에서 보면 무명은 실체가 없으며, 환상이라고 하는 의미이다.

이와 같이 동상과 이상을 서술하였는데, 동상 · 이상은 서로 다른 것이지만, 그러나 떼려고 해도 뗄 수 없는 것이다. 동상만으로 보면, "모든 중생은 본디 상주이며, 니르와나에 들어 있다"라고 하여, 이것에만 안주하면 이것은 불교가 아니다. 이것에서는 본각만을 인정하며, 시각의 수행을 잃는 것이다. 『혜원의소』는, 이 니르와나를 '이니르와나(理涅槃)'를 해석한 것이라고 서술한다. 이(理)로서의 니르와나, 니르와나의 이(理)는 범부에게도 갖추어져 있다. 그러나 범부에게는 지(智)가 실천에 의하여 갈고 닦은 상태가 아니기 때문에, 니르와나의 이(理)가 이(理)로서의 작용을 결여하고 있는 것이다. 그러므로 이 점을 무시하고, 이(理)에만 의지하여 '번뇌즉보디(煩惱卽菩提, bodhi)'라고 하면, 이것은 불교의 입장이 아니다.

그러나 그렇다고 하여도, 어떤 의미에서도 '번뇌즉보디(煩惱卽菩提, bodhi)'가 인정되지 않는다면, 범부가 구제될 수 있는 길이 없는 것으로 된다. 그러므로 각(覺)과 무명이 불이(不二)라고 하는 것은, 심진여문의 사실만이 아니라 우리의 종교적 입장에서도 요청되지 않으면 안 된다.

범부의 종교적 입장에서 보면, 각(覺)과 무명의 동일한 피안의 세계가 사실로서 받아들여질 수 있다. 그래서 현실에서 자기는 번뇌를 지니고 있으며, 구제되어 있지 않다는 것은 차안의 사실이다. 이 두 가지를 연결시켜 주는 것이, 자력문에서는 수행이지만 타력문에서는 믿음(信)이다.

『대승기신론』에는 이 두 가지의 길이 개설되어 있는데, 그러나 '기신(起信)'이라고 하여, 믿음을 제목으로 제시하고 있는 점에서, 『대승기신론』의 목적이 믿음에 있다는 것이 추론된다. 『대승기신론』에서는 믿음의 문제는, 권말에 조금 논술되어 있을 뿐이다. 이것은 믿음의 위치가, 수행의 단계에 있어서 낮은 것이기 때문이다.

그러나 『슈리말라데위씽하나다경』 등의 여래장사상에서는 '믿음(信)'이 중요한 것으로 받아들여지고 있으며, 이 전통을 『대승기신론』이 수용하고 있는 것이다. 그런데도 동상과 이상을 피안의 정토와 차안의 예토의 형태로 받아들이는 것은, 『대승기신론』에 아미타불(阿彌陀佛)의 신앙이 논술되어 있는 것으로부터도 추론되는 것이다. 아미타불의 신앙은 예토와 정토를 믿음에 의하여 연결시키는 것이며, 그 믿음의 근저는 불성의 자각에 있다.

| 용어 해설 |

각불각동이(覺不覺同異): 앞에서 각과 불각을 구별하여 논술하였기 때문에, 여기에서는 두 가지를 함께 논술하여, 그 동이(同異)를 밝히려고 한다.

동상이상(同相異相): 동상(同相)은 평등문(平等門), 이상(異相)은 차별문(差別門)을 가리킨다. 취지는 전자는 심진여문, 후자는 심생멸문을 논술하려는 것이다. 진여의 입장에서 보면 모든 존재는 평등이며 동상이다, 심생멸문의 입장에서 보면 모든 존재는 각각 개체의 고유한 인연에 따라서 성립하여 있으므로 이상이다.

미진(微塵): 미(微)는 미세한 물질로서 극미(極微)를 가리킨다. 진(塵)은 일반적으로는 경(境)과 같은 의미로서 인식의 대상을 말하지만, 여기에서 미진은 미세한 진흙을 가리킨다.

성상(性相): 성(性)은 체(體)를, 상(相)은 특질·특성·성능을 가리킨다. 예를 들면 다완(茶碗)의 성은 진흙이며, 상은 진흙의 점착력과 구우면 단단하게 되는 특질을 가리킨다.

무루(無漏): 루(漏)는 마음속에서 새는 더러운 것으로 번뇌를 가리킨다. 무루는 번뇌가 없는 것을 말하며, 깨달음의 지혜, 여기에서는 각(覺)을 가리킨다.

업환(業幻): 까르마는 작용, 환(幻)은 환상을 가리킨다. 환상과 같은 실체가 없는 작용을 의미한다.

니르와나(nirvāṇa, 涅槃): 열반(涅槃)은 니르와나(nirvāṇa)의 음역이다. 본디 사라져 버리는 것, 생명의 빛이 꺼져버리는 것이라는 뜻이다. 그러나 이것이 불교 사상을 드러내는 용어로 수용되면서 완전한 해탈을 의미하게 된 것이다. 한역경전에서는 열반, 열반나(涅槃那), 니원(泥洹)이라고 음사하며, 멸(滅), 적멸(寂滅), 멸도(滅度), 원적(圓寂), 무위(無爲), 무생(無生), 무작(無作) 등이라고 번역한다. 탐욕(rāga)·성냄(dveṣa)·어리석음(mohā)의 삼독(tri-viṣaṃ, 三毒)을 소멸하여 모든 번뇌의 속박에서 벗어나 진리를 체득한 경지를 의미하는 말이다.

보디(bodhi, 菩提): 보디(菩提)는 bodhi의 음역이다. 인간이 붓다가 되는 완전한 지혜, 붓다의 깨달은 지혜. 한역경전에서는 '보디(菩提)' 또는 '모지(冒地)'라고 음사하며, 우리는 또 이것을 '보리'라고 읽으며, 『반야심경』의 끝 부분에 있는 "bodhi svāhā"에서는 '모지'라고 읽고, 각(覺), 오(悟), 도(道), 오도(悟道), 깨달음이라고 번역한다.

비가수상(非可修相): 수행·실천에 의해 본성을 나타낼 수 없다는 의미다.

비가작상(非可作相): 행위에 의하여 새로이 만들어 낼 수 없다는 뜻이다.

무득(aprāpti, 無得): 본디 갖추어져 있는 특질이기 때문에 무득이라 말한다.

색상(色相): 붓다의 보신이나 응신·화신은 32상 등에 의하여, 물질적인 가견(可見)의 모습을 가지고 있으므로 색상이라고 말한다.

수염업환(隨染業幻): 붓다가 중생의 번뇌에 더럽게 물든 마음에 수순하여 나타나는 것을 가리킨다.

시지(是智): 본각의 지혜를 가리킨다.

색불공(色不空): 물질에는 형상이나 질료가 있으므로 색불공이라 말한다.

지상(智相): 여기에서는 본각의 지혜를 가리킨다.

이상(異相): 각과 불각의 차이를 말한다.

수염환(隨染幻): 무루의 본각은 본디 차별이 없는 것이지만, 염법(染法)에는 각각 차별이 있기 때문에, 그것에 수순하므로 차별이 있는 것처럼 나타나는 것을 가리킨다.

성염환(性染幻): 이에 대하여 무명의 근본불각·지말불각은 그 특질 때문에 차별이 있다. 그러나 무명은 실체가 있는 것은 아니므로, 무명염법의 차별도 환상과 같은 것임을 말한다.

제2항 마음의 현상적인 작용을 일으키는 조건[生滅因緣]

심생멸문을 본론에서는 염정생멸(染淨生滅)·염정상자(染淨相資)·염정진부진(染淨盡不盡)의 세 절로 나누어서 논술하고 있다. 그리고 제1절의 염정생멸(染淨生滅)을 심생멸(心生滅)·생멸인연(生滅因緣)·생멸상(生滅相)의 세 부분으로 나누어 논술한다. 이제까지 최초의 '심생멸'을 논술하였기 때문에, 다음에는 '생멸인연'을 논술한다. 이것은 '근본사상의 제시[立義分]' 가운데의 "마음의 현상적인 모습[是心生滅因緣相]"이라고 하는 부분의 해석이다. 이 경우의 인연은, '인연분(因緣分)'이라고 하는 경우의 인연과는 다르며, 연기의 의미이다. 알라야식의 경험세계의 연기적 구조를 나타내는 것이다. 범부의 경험세계, 마음이 왜 번뇌에 염오되어 활동하고 있는가를 묻고, 경험계가 무명으로부터 일어나는 것을 나타내며, 그것에 바탕을 둔 심식(心識)의 전개를 의(意)와 의식(意識)으로 설명하고 있다. 의(意)는 5의(五意)로 구별되어, 그들의 작용을 나타내는 것에 의하여, 우리의 경험세계가 '유심소현(唯心所現)'인 것이 명료하게 드러나 있다.

삼계유심(三界唯心)에 관한 말씀은 모든 경론에서 말씀하고 있지만, 본론만큼 명료하게 논술되어 있는 것은 거의 없다. 한편 이 의와 의식에 관한 학설은, 앞의 삼세(三細)·육추(六麤)의 학설과 조직적인 면에서는 같지만, 입장이 다르다. 여기에서는 심식의 연기적 구조를 나타내는 것이 주(主)이기 때문에, 전개의 순서를 논술하려는 것이 아니라 식의 작용을 중심으로 하여 설명이 이루어져 있다. 그 근거로부터, "삼계는 허위(虛僞)이며 유심소작(唯心所作)이다" 라고 하는 결론을 얻을 수 있는 것이다.

더욱 그 뒤에 무명의 근거를 묻고, 범부는 물론 보디쌋뜨와라고 하더라도 무명의 근원을 알 수 없으며, 오로지 붓다만이 잘 알 수 있는 것으로서, 무명의 홀연염기(忽然念起)를 밝히고 있다.

그런 다음에 의와 의식의 세계를 염심(染心, 煩惱心)으로 취급하며, 여섯 가지로 나누어 6염심으로 논술하고 있다. 말하자면 번뇌를 여섯 가지로 나누어, 어떤 단계에서 어떤 번뇌를 단멸하는가를 나타내고 있다. 그러므로 삼세(三細)·육추(六麤)가 유전문인 데 대하여, 육염(六染)에 관한 학설은 환멸문이다.

제1목 조건에 의해서 일어나는 마음의 현상적인 모습[生滅因緣義]
1. 붓다의 마음자리[所依心]

復次生滅因緣者. 所謂衆生. 依心意意識轉故. 此義云何. 以依阿黎
耶識. 說有無明.

여기에서는 생겨나고 소멸하는 마음이 어떠한 조건으로 말미암아 일어나며, 어떠한 구조로 활동하는가를 논구한다. 진여에는 변화하지 않는 특질이 있는가 하면, 동시에 조건을 따라서 기동하여 자성을 지키지 못하는 특질이 있다. 이 조건에 따르는 진여를 씨앗으로 하고 근본 무명을 조건으로 하여, 생겨나고 소멸하는 마음이 이루어진다. 이 마음이 '알라야식'이다.

이제 알라야식의 작용을 자세히 구명(究明)하기 위하여, '붓다의 마음자리〔如來藏〕'를 바탕으로 하여 생겨나는 여러 가지 망념과 이 망념으로 말미암아 생겨나는 집착하는 마음으로 나누어, 그들이 어떻게 활동하고 있는가를 밝히려고 한다. 왜냐하면 앞에서 살펴본 바와 같이 알라야식은 생겨나는 일도 소멸하는 일도 없는 '붓다의 마음자리'와 생겨나기도 하고 소멸하기도 하는 '현상적 마음'이 화합하여 이루어지며, 이 알라야식에 바탕을 두고서 무명이 있다고 말하여지기 때문이다.

| 강설 |

생멸하는 마음이 어떤 인연으로 일어나며, 어떠한 구조로 활동하는가를, 다음에 밝히려고 한다. 생멸의 연기적 구조의 문제는 중생의 문제, 범부로서의 자기의 마음의 문제이다.

생멸의 인연이란, 한마디로 말하면 마음〔心〕에 의지하여 의(意)와 의식(意識)이 작용하는 것이다. 여기에서 말하는 마음이란, "여래장에 의지하여 생성하고 소멸하는 마음이 있다"라고 하는 경우의 여래장을 말하는 것이다. 불생불멸의 진여가 한편으로는 자성을 지키지 못하고, 무명의 훈습에 의하여 수연(隨緣)·기동(起動)하여 알라야식이 된다. 이 알라야식을, 여기에서는 그 작용을 상세하게 논술하기 위하여, '의(意)와 의식(意識)'으로 나눈 것이다. "마음에 의지한다〔依心〕"란, 여래장이 무명에 응하는 것을 가리키는 것이다. 여기에서는 여래장이 인(因, 質料因)으로, 무명이 연(緣)으로, 알라야식이 과(果)로 되어 있는 것을 나타내고 있다. 그러나 더욱 '의와 의식'을 분석적으로 나타내는 것에 의하여, 다음에 알라야식에 있어서 무명이 인(因)으로, 인식의 대상인 망경계(妄境界)가 연(緣)으로, 경험의 세계가 일어나는 것이 과(果)로 되는 것이 제시되어 있다.

"마음(tathāgatagarbha, 如來藏)을 바탕으로 하여 의(意)와 의식(意識)이 일어난다"를 자세하게 설명하면 다음과 같다. 말하자면 "알라야식에 바탕을 두고 무명이 있다"라고 말하는 것은, 무명은 알라야식을 의지처로 하여 작용한다는 의미이다. 알라야식이 없으면 무명은 작용할 장소가 없는 것이다. 알라야식에 있어서 범부의 경험의 세계가 성립하는 원인은 무명이다. 그러나 이것은 무명이 알라야식에서 생겨났다고 하는 의미는 아니다. 무명의 시원은 파악할 수 없는 것이며, 논리적으로는 일심에 훈습하여 알라야식을 일으키는 연(緣)으로 되어 있고, 무명은 논리적으로는 알라야식보다 먼저 있는 것이다. 그렇지만 무명이 활동하는 것은 알라야식에서 하기 때문에, "알라야식에 바탕을 두고 무명이 있다"라고 서술하고 있는 것이다.

|용어 해설|

생멸인연(生滅因緣): 마음의 생성과 소멸이 일어나는 연기를 말한다. 여기에 두 가지가 있다. 첫째는 진여에는 불변의 특질이 있지만, 동시에 수연기동(隨緣起動)하여 자성을 지키지 못하는 특질이 있다. 이 수연진여를 인으로 하고, 근본무명을 연으로 하여 생성하고 소멸하는 마음, 곧 알라야식이 생겨나는 것이 첫째이다. 이것은 진(眞)과 망(妄)의 연기이다. 이것은 "여래장에 의지하므로 생멸심이 있다"라고 하는 것의 설명이다. 둘째는 무명을 인으로 하고 색·성·향·미·촉의 외연(外緣)을 연으로 해서, 이 인연이 화합하는 것에 의하여 알라야식에서 경험의 세계가 전개하는 것이 둘째이다. 이것은 망념의 세계에서의 연기이다. 첫째는 생성하고 소멸하는 마음이 성립하는 연기, 둘째는 생성하고 소멸하는 마음이 주관·객관의 대립하는 개인적인 경험의 세계에서 변화하는 연기이다.

중생(衆生): '입의분(立義分)'의 "법(法)이란 중생심을 말한다"의 중생을 가리킨다. 중생이란, 일반적으로는, '많은 생명을 받기 때문에 중생이라고 한다'라고 어의적으로 해석하지만, 여기에서는 많은 망상심이 쌓여 생겨나기 때문에, 중생이라고 부른다고 해석하고 있다. 말하자면 범부의 마음을 가리킨다.

심(心, citta): 여기에서는 여래장을 가리킨다. "여래장에 의지하므로 생멸심이 있다"라고 하는 경우의 여래장·진여를 '심(心)'으로 표현한 것이다.

의(意, manas): 원시불교에서는 심(心)·의(意)·식(識)이라고 병기하여 같은 의미라고 보는 경우도 있고, 의를 의근으로 하여 의식의 작용하는 의지처로 해석하는 경우도 있다. 유식설에서는 집기(集起)이므로 심(心)이라고 부르고, 사량(思量)하므로 의(意)라고 부르며, 요별(了別)하므로 식(識)이라고 부른 것이다. 그러므로 '생각하는 것'이 의의 특징이라고 볼 수 있다. 또 제7 마나쓰(manas)는 의를 의미한다. 이와 같이 의의 내용은 복잡하지만, 여기에서는 마음의 미세한 작용을 의라고 부르고 있다. 그래서『대승기신론』에서는, '5의(五意)'로 하여, 의(意)는 업식(業識)·전식(轉識)·현식(現識)·지식(智識)·상속식(相續識)의 5식으로 분화한다고 설명한다.

의식(意識): 안(眼)·이(耳)·비(鼻)·설(舌)·신(身)의 5식이 감각인 데 대하여, 제6의 의식은 직접 지각을 하는 것 밖에 추론(推論)과 판단을 한다. 그러나 여기에서는 의(意)에 바탕을 두고 일어나는 추대(麁大)한 심(心)의 작용을 의식(意識)이라고 부르고 있다.

전(轉): 전변(轉變)이라는 의미가 아니라 일어나다, 작용하다의 의미, 전개한다는 의미로 해석할 수도 있다.

2. '붓다의 마음자리'에 미혹하여 생겨나는 망념〔意展轉〕

不覺而起. 能見能現. 能取境界. 起念相續. 故說謂意.

진여의 진실한 존재방식은 본래 평등하여 한 맛이며, 차별이 없다. 그러나 깨달음에 대하여 알 수 없는 미망으로 망상심이 일어나면, 이와 동시에 마음 가운데에는 대상을 비추어주는 의지적 작용과 의지적 작용에 의해서 비추어지는 바의 대상의 모습이 생긴다. 이어서 대상의 모습을 보고 나면 차별적인 집착하는 마음이 일고, 그 차별적 대상 하나하나에 대한 애착의 망상분별이 끊이지 않는다. 이와 같이 미혹한 마음을 통틀어서, '붓다의 마음자리(여래장, 如來藏)'에 미혹하여 생겨나는 여러 가지 망념이라고 부른다.

│ **강설** │

알라야식에서의 무명의 활동을 나타내면, 불생불멸의 진심(眞心)이, 바로 일심(一心)이라는 것을 깨닫지 못하기 때문에, 일심에 주객의 분열이 일어난다. 일심인 것을 깨닫지 못하는 것이 무명의 작용이다. 일심이 주객으로 분열하여, 주관적인 능견(能見)과 객관적인 능현(能現)이 성립한다. 능현(能現)이란, 마음이 객관의 형태로 나타난다고 하는 의미이다. 불각인 상태로 일어나면, 능견과 능현까지가 알라야식이 성립하는 것이다. 알라야식은 '식(識)'이기 때문에, 요별(了別, 判斷)을 실행하는 것이다. 그것은 미세한 식(識)의 작용이지만, 어쨌든 식이기 때문에, 보는 쪽과 보이는 쪽으로 분열하여 있는 것이다.

이와 같이 알라야식에 능현(能現) 말하자면 경계상이 나타나 있기 때문에, 다음에 그것을 외계라고 망상하는 식의 작용이 나타난다. 곧 "경계를 잘 취한다"라고 하는 바의 지식(智識)이 일어나며, 다음에 지식의 심작용(心作用)을 상속하여 가는 식이, "염을 일으켜서 상속한다"는 상속식이다.

이상의 다섯 단계를 주체적으로 표현하면 '의(manas)'라고 불리어진다. '의(意)'에는, 인식의 의미 말고도 또 사유작용(思惟作用)과 의지작용(意志作用)의 의미가 포함되어 있다.

|용어 해설|

불각이기(不覺而起): 불각인 상태로 일어난다. 생겨나기도 하고 소멸하기도 하는 마음이 일어나는 것을 가리킨다. 구체적으로는 무명업상을 말한다. 식(識)의 작용으로서는 업식(業識)이라고 부른다.

능견(能見): 능견상(能見相)을 가리키며, 전식(轉識)이라고 부른다.

능현(能現): 대상의 세계가 나타나는 것으로, 경계상(境界相)을 가리키며, 현식(現識)이라고 부른다.

능취경계(能取境界): 경계를 잘 취한다. 현식이 나타낸 경계를 인식하는 것을 가리킨다. 지상(智相), 지식(智識)의 작용이다.

기념상속(起念相續): 염을 일으켜서 상속한다. 대상에 대하여 고락의 감각을 일으키고, 집착하여 분별망상을 전개하는 것을 가리킨다. 상속상, 상속식의 작용이다.

此意復有五種名. 云何爲五. 一者名爲業識. 謂無明力. 不覺心動故. 二者名爲轉識依於動心. 能見相故. 三者名爲現識. 所謂能現一切境界. 猶如明鏡現於色像. 現識亦爾. 隨其五塵對至. 卽現無有前後. 以一切時任運而起常在前故. 四者名爲智識. 謂分別染淨法故. 五者名爲相續識. 以念相應不斷故. 住持過去無量世等善惡之業. 令不失

故. 復能成熟現在未來苦樂等報. 無差違故. 能令現在已經之事忽然
而念. 未來事不覺妄慮.

또 이것들은 그 작용에 따라 아래와 같이 다섯 가지 이름으로 불리어진다.

첫째, 업식이다. 진여의 진실한 존재방식은 본래 평등하여 한 맛이며 차별
이 없지만, 그것을 그대로 깨달을 수 없는 무명 때문에 미혹한 망상심이 일어
나는 것을 말한다.

둘째, 전식이다. 깨닫지 못한 망상심이 일어남과 동시에 마음 가운데 따라
서 생기는, 대상을 비추어주는 의지적 작용이다.

셋째, 현식이다. 대상에 작용하는 의지적 활동이 있는 곳에는 그와 더불어
서 - 마치 맑고 깨끗한 거울에 현전하는 모든 사물이 비치듯이 - 우리의 마음
의 경계가 모두 비추어진다. 따라서 대상에 작용하는 의지적 활동이 감각기관
의 대상인 빛깔이나 형태, 소리, 냄새, 맛, 접촉의 다섯 가지 외계와 대응하게
되면 모든 대상은 그 자리에서 비추어져서, 어느 것이 먼저이고 어느 것이 나
중이라 할 수 없다. 대상의 비침은 언제 어디서나 주관적인 노력이 없이 저절
로 이루어진다. 대상에 작용하는 의지적 활동이 있는 곳에는 그와 더불어 언
제나 대상이 비치고 있다.

넷째, 지식이다. 비춰진 대상에 대하여, 더럽게 물든 것과 맑고 깨끗한 것을
분별하는 마음이 생겨난다.

다섯째, 상속식이다. 한번 야기된 망념은 다음에서 다음으로 새로운 망념
을 야기하여 단절하는 일이 없다. 무한한 과거로부터 오늘에 이르기까지 선·
악의 행위를 잘 보존해서 꼭 붙들고 있으므로, 우리의 모든 선·악의 행위의
영향력을 소멸시키는 일이 없다. 과거의 선악의 행위에 의해 미래에 어김없는
과보가 주어진다. 곱고 착한 행위에는 열락(悅樂)의 과보를, 짓궂고 못된 행위

에는 고뇌의 과보를 성숙시켜 원인과 결과의 관계를 틀림없이 들어맞게 한다. 또 이런 작용은 지금 발생하는 것과 지나가버린 과거에 있었던 것들을 홀연히 망상할 뿐만 아니라 아직 일어나지도 않은 미래의 것들까지 끌어들여 헛되이 망상하고 분별한다.

| 강설 |

이 의(意)를 자세하게 서술하면, 다섯으로 나눌 수 있다. 그러나 "이 의(意)에 다섯 가지 이름이 있다"라고 말하고 있는 것처럼, 의는 서로 다른 측면에서 다섯 가지 이름으로 불리어진다는 의미이다. 의가 5식(五識)으로 분화한다는 의미는 아니다. 말하자면 『대승기신론』은, 의(意) 곧 5식의 작용은 합하여 하나라고 보고 있는 것이며, 이 점은 법상종이 알라야식(阿賴耶識) 등의 8식의 체(體)가 별도라고 보는 것과 입장이 다르다. 그러면 의의 다섯 가지 이름이란 무엇인가. 그것은 업식(業識)·전식(轉識)·현식(現識)·지식(智識)·상속식(相續識)이다.

첫째, 의(意)를 부르기를 업식이라고 한다. 그 이유는, 무명의 힘에 의하여 불각의 마음이 움직여서 생겨나기도 하고 소멸하기도 하는 마음이 되기 때문이다. 일심은 불생불멸이며, '법(dharma)'이다. '업(karma)'이 아니다. 업(業)은 인과의 관계를 가지고 있는 것이며, 무명에 의하여 생겨나기도 하고 소멸하기도 하는 마음이 일어나는 것의 시작이다. 이것을 가리켜서 업식(業識)이라고 부른다. 업식은, 불각인 상태로 일어나는 것이다.

둘째, 의(意)를 부르기를 전식이라고 한다. 앞의 동심(動心)에는 능견(能見)의 상이 있기 때문이다. 마음이 움직인다는 것은 곧 분별작용을 한다는 것이며, 주관의 작용이 그곳에 나타나는 것을 가리킨다. 그 작용을 여기에서는 전식이라고 부르고 있는 것이다. 이 전식에는 두 가지 의미가 있다. 첫 번째는 무명에 움직여서 전식이 된다는 의미이다. 이 전식은 알라야식 가운데에 있다. 두 번째는 대상(능현상)에 움직여서 전식이 된다는 의미이다. 이 전식은 마음의 표면에 있는 인식주관, 말하자면 지식(智識)이다. 여기에서 말하는 전식은 첫 번째 경우의 전식이다.

셋째, 의(意)를 부르기를 현식이라고 한다. '현(現)'이란 나타낸다고 하는 의미이다. 앞의 전식에 대응하여 알라야식 가운데에 객관으로서의 세계가 나타나는 것을 가리킨다. 객관이지만 이것도 식(識)의 작용이다. 식이 아닌 것은, 식에 의하여 알아차릴 수가 없기 때문이다. 본론에서는 현식을 다음과 같이 설명하고 있다. 현식이란, 모든 경계를 나타내는 것이다. 그것은 마치 맑고 깨끗한 거울이 색상(色像)을 나타내는 것과 같다. 이와 마찬가지로 현식이 외계의 5진(五塵, 五境)에 대응하면, 사물이 거울에 비치는 것처럼 노력을 하지 않더라도 저절로 시간적 전후가 없이, 바로 외계가 현식에 비추어지며, 마치 눈앞에 있는 것과 같다. 5진(五塵)이란, 색·성·향·미·촉의 다섯 가지를 가리킨다. 실제로 외계에 있는 것은 색(色, rūpa)이 아니라, 빛의 파동이며, 소리가 아니라 공기의 파동이지만, 그러나 『대승기신론』 시대에는 그러한 것을 알지 못하였기 때문에, 색·성·향·미·촉이 외계에 실재하고 있으며, 그들이 거울에 사물이 비치는 것처럼, 마음에 비추어진 것이라고 생각하고 있었던 것이다. 그 비추어진 부분이 현식이라고 하는 의미이다. 5진(5경)에서의 첫 번째인 색에는, 빛깔과 형태가 포함된다. 눈으로 보는 것은 빛깔과 형태이며, 결코 책상이나 집과 같은 개체적 사물이 아니다. 다섯 번째의 촉(觸)이란, '접촉되어진 것'의 의미이며, 촉각(身根)의 대상을 가리킨다. 말하자면 견고함·무거움·매끄러움·따뜻함·차가움·움직임 등과 같은 것이다.

색·성·향·미·촉은 5근(五根)에 의하여 각각 개별적으로 지각된다. 따라서 색깔이나 형태, 냄새, 맛, 무게, 딱딱함 등을 합성하여 성립하는 책상이나 과실, 사람 등은 감관에 의하여 직접 지각할 수 없는 것이다. 모든 감관에 의하여 얻은 인식의 결과를 의식이 총합하여 구상한 것이다. 어쨌든 의식의 대상은 말할 것도 없이, 더욱 안식·이식·비식·설식·신식 등의 5식(五識)이 인식하는 것은 외부의 세계 그 자체가 아니라, 외계(5진)를 현식이 내재화시킨 마음속의 5경(境)이라고 하는 의미이다. 안식에서 의식까지의 6식은, 언제나 일어나 있는 것은 아니다. 예를 들면 안식이 휴지(休止)할 때는 보는 작용은 없다. 그러나 현식은 중단하는 일이 없이 언제나 외계를 비추어주고 있다. 그러기 때문에 안(眼)·이(耳)·비(鼻)·설(舌)·신(身)·의(意)의 6식(識)은, 현식이 나타내고 있는 것을 외계 그 자체라고 잘못 이해하고 있는 것이다.

한편 『대승기신론』에서는, 안·이·비·설·신·의의 6식이나 그 배후에 있는 제7 마나쓰(manas)를 구체적으로 언급하고 있지는 않다. 『대승기신론』은 이들 식(識)이 별체(別體)라고 보지 않고, 일체(一體)로 보고 하나의 식의 다른 작용이라고 보고 있는 것 같기도 하다. 그러기 때문에 여기에서도 업식 등의 다섯을 의(意)라고 하는 하나의 것을 다섯 개의 이름으로 부르고 있는 것이다.

넷째, 의(意)를 부르기를 지식이라고 한다. 이상의 업식(業識)·전식(轉識)·현식(現識)의 3식(三識)은 알라야식 가운데의 작용이지만, 이 현식이 나타내고 있는 것을 마음 밖의 실재라고 생각하고, 거기에 개물에 대하여 허망한 분별을 하는 것이 지식(智識)이다. 이것은 삼세·육추로 말하면 지상(智相)이라고 부르는 것이다. 지상은 "애(愛)와 불애(不愛)를 분별한다"고 논설하고 있는데, 지식은 "염정(染淨)의 법을 분별한다"고 논설하고 있다. 요지는 외계에 '대상존재'가 실재한다고 판단하고, 그것에 대하여, 호·오를 감지하며, 혹은 선·악의 판단을 하는 것을 가리킨다. 이것은 "사식(事識) 가운데의 세분별(細分別)"이라고 말하며, 개물(個物)을 인식하는 가운데의 미세한 분별이다.

다섯째, 의(意)를 부르기를 상속식(相續識)이라고 한다. 이것은 삼세·육추로 말하면 상속상이라고 부르며, 지식에 바탕을 두고서 고(苦)·락(樂)의 지각을 생겨나게 하여, 염(念)을 일으켜서 상응함으로써 단절하지 않는다고 논설하고 있다. 여기에서는 '상속'의 의미가 더욱 상세하게 서술되어 있다. 먼저 "염(念)이 상응하여 끊어지지 않는다." 그러므로 상속식(相續識)이라고 부른다. 염(念)이란 망념이며, 끊임없이 허망한 분별을 일으켜서 식(識)이 지속되어 가는 것을 가리킨다. 식이 지속되는 것에 의하여 무한한 과거로부터의 선·악의 까르마(karma, 業)를 유지하고 있는 것이다.

까르마란, 행위가 뒤에 남긴 보이지 않는 힘을 말한다. 이것이 심리적 형태로 남아서 상속식에 보존되어 있다. 예를 들면 사람을 죽이기도 하고 물건을 훔치기도 하면, 그것이 마음의 상처가 되고, 마음의 심층의식의 영역에 보존되어 있다. 그런데도 까르마를 성숙시켜서, 고·락의 과보를 얻게 하는 것도 상속식이라고 한다. 고·락이나 행복·불행과 같은 것은 심리적인 것이기 때문에, 선·악의 까르마(karma, 業)의 과보는 마음에 나타나는 것이다. 다음에 과거의 경험을 기억하고, 그것을 생각해내는 것도 상속식의 작용이라고 한다. 더욱 미래에 이러저러한 일을 하려고, 돌연 마음에 생각이 떠오르게 하는 것도 이 상속식의 작용이라고 한다.

그 가운데에서 선·악의 까르마를 보존하는 것과, 까르마의 과보를 받게 하는 것은 알라야식에 속하며, 과거를 기억하고, 미래를 작의(作意)하는 것의 두 가지는 사식(事識)의 세분별이라고 한다. 사식(事識)은 분별사식이라고도 부르며, 말하자면 외계의 사물을 분별하는 식(識)이다. 상속식은 일상의 경험과 그 결과를 마음에 보존하는 작용을 하는 것인데, 그러나 자아에 대한 집착은 포함되어 있지 않다. 이 아집도 상속식의 작용이지만, 이 경우에는 상속식을 특별히 의식이라고 부른다. 따라서 아집을 제외한 법집을 저지르는 것이 지식(智識)과 상속식이다.

업식(業識): 무명에 의하여 생겨나는 일도 소멸하는 일도 없는 일심(tathāgatagarbha, 여래장)이 기동하여 생겨나기도 하고 소멸하기도 하는 마음으로 일어나는 것을 가리킨다.

전식(轉識): 생겨나고 소멸하는 마음이 주객으로 분열하여 주관으로서 작용하는 마음을 가리킨다. 능견상과 같다.

현식(現識): 생겨나고 소멸하는 마음이 주객으로 분열하여 객관으로 작용하는 마음을 가리킨다. 경계상과 같다.

오진(五塵): 색(色) · 성(聲) · 향(香) · 미(味) · 촉(觸)의 5경을 가리킨다.

임운(任運): 의지에 관계없이 저절로 일어나는 작용.

지식(智識): 현식(現識)의 경계상을 외계라고 망상하여, 그것을 여러 가지로 분별하는 작용을 가리킨다.

상속식(相續識): 지식(智識)의 결과를 유지하면서, 심작용을 지속시켜가는 식(識)이다. 과거의 까르마(karma, 業)를 임지(任持)하고, 그 과보를 무르익게 하며, 기억을 유지하는 등의 작용을 한다.

염상응(念相應): 망념의 분별작용이 분별 대상과 상응하는 것을 가리킨다.

보(報): 선업(善業)과 악업(惡業)의 과보

불각망려(不覺妄慮): 불각인 상태로 헛된 생각을 하게 한다. 이 불각은 알라야식을 가리키는 것이 아니라, 사유하지 않고 홀연(忽然)이라는 의미이다. 미래의 것을 무의식중에 생각한다고 하는 의미이다.

是故三界虛僞. 唯心所作. 離心則無六塵境界. 此義云何. 以一切法皆從心起. 妄念而生. 一切分別卽分別自心. 心不見心. 無相可得.

當知世間一切境界. 皆依衆生無明妄心而得住持. 是故一切法如鏡
中像無體可得. 唯心虛妄. 以心生則種種法生. 心滅則種種法滅故.

이와 같으므로 미혹한 삼계(三界)의 실상은, 허위이며 깨닫지 못한 마음의
장난으로 말미암아 조작된 것에 지나지 않는 것이다. 따라서 만일 망심을 온
전히 떨쳐 버리면, 미혹한 마음에 비추어지는 여섯 가지 더러운 대상은 무엇
하나 실재하는 것이 아님이 밝혀질 것이다.

그것은 무엇을 뜻하는 것일까?

모든 현상적 존재는 한결같이 무명을 따라서 생겨난다. 대상이 마음으로부
터 독립하여 마치 주관에 대한 객관의 세계로서 실재하고 있는 것처럼 생각
되지만, 실은 스스로 자신의 마음을 분별하고 있는 것에 지나지 않는다. 마음
그대로의 진실한 존재방식은 본래 평등하여 한 맛이며 차별이 없지만, 그것
을 그대로 깨달을 수 없는 어리석은 사람들의 허망한 생각이 그와 같은 잘못
을 저지른다. 그러므로 불교를 전혀 모르는 사람일지라도 마침내 마음이 마음
을 분별하는 모습으로 보지 않으면, 스스로 자신의 마음을 분별하여 망상하는
일이 없어진다. 그러면 거기에는 모든 것이 미혹의 심상으로서 실재하는 것은
아무것도 없다는 사실이 밝혀질 것이다.

그렇기 때문에 꼭 바르게 알아야 한다. 세간에 있는 모든 미혹의 대상은, 본
질적으로 진여로서 본래 평등하여 한 맛인 진실한 존재방식을 갖고 있다. 그
러나 그것을 그대로 깨달을 수 없는 무명과 무명에 의하여 야기된 허망한 생
각으로 말미암아 헛되이 바뀌어 나타나면서 존속된다. 모든 현상적인 존재는
다만, 망념에 의하여 나타나게 되는 모습에 지나지 않는다. 마치 거울에 비치
는 영상은 어디까지나 거짓 모습에 지나지 않으며, 거기에서는 어떤 실체도
찾아낼 수 없는 것과 같다.

이제 이 요체를 잘 간추려서 간결하게 표현하면 다음과 같다.

허망한 마음 생겨나면 모든 것 생겨나고,
허망한 마음 사라지면 모든 것이 사라진다.

| 강설 |

이상 우리의 인식의 세계, 경험의 세계를 업식(業識) · 전식(轉識) · 현식(現識) · 지식(智識) · 상속식(相續識)의 5식으로 분석하여 논술하였다. 그러나 이들 5식은 각각 독립한 것으로서의 체(體)가 있는 것이 아니라, 그들은 모두 무명의 활동의 결과이다. 모두 그들은 일심(一心)에 의지하여 있는 것이다. 일심이 무명을 따라서 동전(動轉)하기 때문에 다섯 가지 식이 되는 것이다. 그런데도 이 다섯 가지 식의 작용에 관한 설명에서 명료하게 밝힌 것처럼, 자기가 인식하고 판단하고 있는 것은, 모두 마음 가운데의 것이다.

그러므로 중생이 윤회하고 유전하는 삼계(三界)는, 실제는 그렇지 않은데도 겉을 꾸며 그럴듯하게 보이게 하는 것이며, 일심이 변작(變作)한 것이다.『대방광불화엄경』에서도, "삼계는 허망하며, 다만 이것은 일심이 만든 것이다. 12인연분 이것은 모두 마음에 의한다(『大正藏』 9-558c)"라고 말씀하고 있다. 따라서 이 마음을 떠나면, 6진(六塵, 六境)으로서 나타나는 세계는 존재하지 않는 것이다. 자기의 망심에 나타나 있는 세계가, 그대로 외계에 실재하는 것은 아니다.

범부는 자기의 망심에 인식된 외계(外界)를, 그대로 진짜 외계라고 망상하지만 그것은 잘못이다. 범부는 진짜 외계를 영원히 알 수 없는 것이다. 이것이 "삼계허위(三界虛僞) 유심소작(唯心所作)"의 의미이다. 다만 깨달은 붓다가 되면, 불지(佛智)는 외계를 있는 그대로 비추므로, 범부의 경우와는 사정이 다르다. 범부에게는 번뇌 · 아집이 내재하고 있기 때문에, 마음에 비친 외계가 망상으로 왜곡되어 있는 것이다.

그러나 삼계는 허위라고 말하지만, 우리의 외계의 인식에는 객관성이 있다고 생각된다. 매일의 외계의 인식에는 연속성이 있으며, 과거의 기억이나 경험을 새로운 사물에 적용하여도 타당하다. 이성의 판단에도 확실성이 있으며, 타인과의 교섭이나 상호 이해에도 연대성이 있다. 이들 일상의 경험을 왜 '유심소작(唯心所作)'이라고 말할 수 있을까.

이에 대하여 이렇게 말할 수 있다. 유심이라고 하여도 외계에 아무 것도 없다는 말은 아니다. 자기가 경험하고 있는 내용이, 마음의 나타남에 지나지 않는다는 의미이다. 앞에서도 서술한 것처럼 외계에 5진이 있으며, 그것이 현식에 비추어져 외계처럼 나타나고 있는 것이다. 그러므로 현식에 외계를 비출 힘이 없으면(예를 들면 시각장애자는 색은 없다), 그에게 있어서는 외계는 없는 것이다. 그러므로 "마음을 떠나면, 6진(六境)으로서 나타나는 세계는 존재하지 않는 것이다"라고 논술하는 것이다. 이와 같이 외계는 자기의 마음을 초월하여 존재하는 것이다.

그런데 그것을 비추는 인간의 마음에도 인간 상호간에 공통성이 있다. 대체적으로 보면 인간의 유전질(遺傳質)은 커다란 차이가 없기 때문이다. 우리에게는 두 사람의 부모가 있지만, 그 부모에게는 네 사람의 부모가 있다. 더욱 그 부모에게는 여덟 사람의 부모가 있다. 이와 같이 선조(先祖)를 거슬러 올라가면, 20대 정도에서 1억인 정도의 선조가 있는 것으로 된다. 100대로 거슬러 올라가 환산할 경우 10^{13}의 선조가 있는 것이다. 그 사이에는 동족혼도 있을 것이므로, 선조의 수에 약간의 차이가 있을 수는 있겠지만, 어쨌든 우리 선조를 거슬러 올라가면, 사람들이 같은 조상에 이어질 확률이 높은 것이다. 이와 같은 사실은 사람들의 유전자가 대체적으로 보면 커다란 차이가 없다는 것을 보여주는 것이다.

그러므로 감각이나 지각, 사고력, 성격 등에 공통성이 있다. 예를 들면 붉은 색을 현식이 나타내고 있을 때, 그 붉은 색은 모든 사람들이 거의 그렇게 느낀다. 그러나 엄밀하게 말하면 어느 누구도 다른 사람이 느끼고 있는 붉은 색을 알 수 있는 것은 아니다. 이러한 사실은 색맹인 사람이 보고 있는 붉은 색이 어떤 색일까, 다른 사람에게는 짐작이 가지 않는 것을 보아도 명확한 것이다. 또는 다른 사람의 마음이나 또는 개나 고양이의 마음이 어떤 상태인가를 알 수 있는 것은 아니지만, 우리는 자기의 마음에 비추어진 것으로 그들을 이해하고 있다. 이것은 개의 마음을 아는 것이 아니고, 자기 마음속에 개의 마음을 만들어 놓고 있는 것이다. 말하자면 그것은, '자기의 마음을 분별하고 있는 것이다'라고 볼 수 있다. 그러므로 『대승기신론』에서는, "모든 현상적 존재는 한결같이 무명을 따라서 생겨나서, 망념으로 되어 그로부터 생겨난다"라고 서술하며, 더 나아가 "모든 분별은 실은 스스로 자신의 마음을 분별하고 있는 것에 지나지 않는다"라고 논술하고 있다.

현식에 비추어지는 것이 모두 무명망념의 작용의 결과인데, 더욱 그것을 지식이나 상속식이 분별하여, 호오(好惡)·애증·희비의 여러 가지 가치의 세계를 구상하는 것이다. 현식이 성립하는 것은, 진여의 일심이 질료인(質料因)이 되고, 무명이 연이 되어 형성되는 것인데, 이 현식에 작용하는 지식의 경우의 원인은 무명이다. 인(因)은 무명이며, 현식이라고 하는 경계상은 연(緣)이다. 거기에 개인의 고뇌의 생활이 전개하는 것이다. 이와 같이 인과 연의 이중 구조 속에서, 무명이 능동적인 작용을 과(果)로 하여, 망념분별을 만들어내고 있는 것이다. 그러므로 무명이 없어지면, 무분별·일심의 세계가 실현한다. 그러한 결과 본론에서는, "마음으로 마음을 보지 않으면, 상(相)을 얻을 것이 없다"라고 논술하고 있는 것이다. 여기에서, "마음이 마음을 보지 않는다(心不見心)"라고 하는 것은, 전식과 현식으로 분화(分化)하지 않은 상태, 또는 현식을 지식이 대상으로 하지 않는다는 것이다. 그때에는 일심은 분열을 해소하고, 법계일상의 마음의 세계가 성립한다. 이것을 가리켜 "상을 얻을 것이 없다"라고 논술하는 것이다. 이것은 거룩한 붓다의 마음이며, 보려고 의지작용을 하지 않아도 외계가 있는 그대로 마음에 비추어지고 있는 세계이다.

그러므로 제대로 알아야 한다. 우리가 '세간 일체의 경계이다, 외계의 실재이다'라고 보고 있는 것, 그것은 모두 각자 여러 사람들의 무명망심에 의하여 변현되어, 유지되고 있는 마음 그 자체인 것이다. 분별의 지속은 멈추려고 하여도 멈추어지지 않는다. 이 분별에 의하여 외계의 인식이 연속하여 이어지는 것이다. 그러므로 우리가 경험하고 있는 일체법은 거울 속의 영상처럼 실체가 없는 것이다. 유심(唯心)일 뿐이며 허망이다. 생사는 무체(無體)이다. 60세 또는 70세가 되어 과거를 되돌아 생각하여 보아도 지난날은 모두 끝없이 넓은 바다이어서 꿈과 같은 것이다. 만일 경험이 실체로서 존재하는 것이라면 뒤에 형상을 남겨둘 것이다. 그러나 실제로는 그렇지 않다. 현식의 위에서 경험되는 것은 실체처럼 나타나 있는 것에 지나지 않는 것이다. 그것은 마음의 나타남이다. 그러므로 다음과 같이 논술하고 있다.

허망한 마음 생겨나면 모든 것 생겨나고,
허망한 마음 사라지면 모든 것 사라진다.

이 생멸인연이 거룩한 붓다가 깨달은 심오하고 미묘한 연기이다.

|용어 해설|

삼계(三界): 욕계(欲界)·색계(色界)·무색계(無色界). 욕계와 색계는 신체가 있는
세계이며, 무색계는 신체는 없고 마음만 있는 세계를 일컫는다. 욕계는 남

녀의 차별이 있으며, 식욕·성욕 등이 있는 세계이다. 색계는 선정에 들어간 세계이고, 마음이 통일되어 있으며, 외계의 인식은 없어지고, 신체의 안락을 감수하는 세계이다. 무색계는 선정의 체험이 더욱 심화되고, 육체의 인식도 사라졌으며, 마음만 경험되는 세계이다. 이것을 그대로 외계에 이와 같은 세 가지 세계가 있다고 보고, 이것으로 우주에 존재하는 모든 생물의 세계가 포함된다고 인식하는 것이다.

허위(虛僞): 실제는 그렇지 않는데도 겉을 꾸며 그럴듯하게 보이게 하는 것.

유심소작(唯心所作): 마음이 나타낸 것을 가리킨다. 이 마음(心)은 일심이며, 일상적인 경험하는 마음은 선악·희비·고락 등에 끊임없이 변화하는 마음(現象心)이지만, 그렇게 다양하게 변화하는 마음에, 그 다양성을 성립시키는 불변하는 특질이 있다. 이것이 이심(理心)이며, 일심이다. 이 이심에, 현상 세계가 나타나 비추어지는 것이다. 이것이 유심의 의미이다.

이심(離心): 여기에서의 심은 일심(一心), 진심(眞心), 이심(理心)을 가리킨다. 바로 진여이다.

육진(六塵): 색(色)·성(聲)·향(香)·미(味)·촉(觸)·법(法)의 6경(六境)을 가리킨다.

일체법(一切法): 자아의식과 외계의 현상을 모두 가리킨다.

종심(從心): 여기에서의 심은 생멸심(生滅心), 무명(無明)을 가리킨다.

망념(妄念): 생멸심과 같은 말이다. 마음이 생성하고 소멸한다는 말은, 주관이 대상을 분별하는 것을 말하며, 그것을 망념이라고 한다.

분별(分別): 사유분별, 망념과 같은 말이다.

경계(境界): 인식의 대상.

유심허위(唯心虛僞): 마음의 본성은 실재이지만, 분별하여 마음에 나타나는 제법(諸法)은 허망이라는 의미이다.

심생(心生): 망심이 생겨날 때, 모든 것이 생겨난다는 의미이다.

삼계의 구조

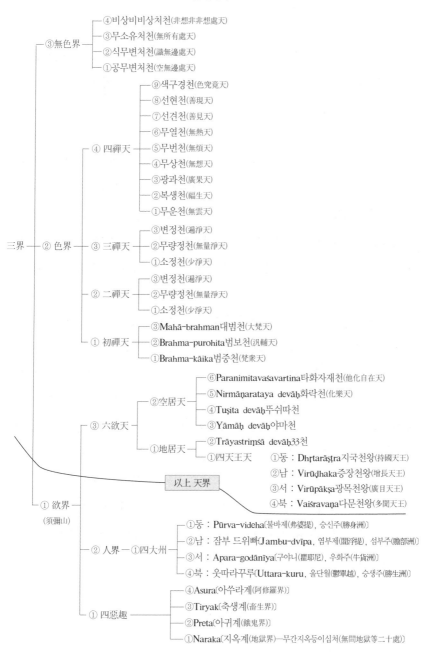

- ③ 無色界
  - ④비상비비상처천(非想非非想處天)
  - ③무소유처천(無所有處天)
  - ②식무변처천(識無邊處天)
  - ①공무변처천(空無邊處天)

- ② 色界
  - ④ 四禪天
    - ⑨색구경천(色究竟天)
    - ⑧선현천(善現天)
    - ⑦선견천(善見天)
    - ⑥무열천(無熱天)
    - ⑤무번천(無煩天)
    - ④무상천(無想天)
    - ③광과천(廣果天)
    - ②복생천(福生天)
    - ①무운천(無雲天)
  - ③ 三禪天
    - ③변정천(遍淨天)
    - ②무량정천(無量淨天)
    - ①소정천(少淨天)
  - ② 二禪天
    - ③변정천(遍淨天)
    - ②무량정천(無量淨天)
    - ①소정천(少淨天)
  - ① 初禪天
    - ③Mahā-brahman대범천(大梵天)
    - ②Brahma-purohita범보천(汎輔天)
    - ①Brahma-kāika범중천(梵衆天)

- ① 欲界
  (須彌山)
  - ③ 六欲天
    - ② 空居天
      - ⑥Paranimitavaśavartina타화자재천(他化自在天)
      - ⑤Nirmāṇarataya devāḥ화락천(化樂天)
      - ④Tuṣita devāḥ뚜쉬따천
      - ③Yāmāḥ devāḥ야마천
    - ① 地居天
      - ②Trāyastriṃśā devāḥ33천
      - ①四天王天
        - ①동：Dhṛtarāṣṭra지국천왕(持國天王)
        - ②남：Virūḍhaka증장천왕(增長天王)
        - ③서：Virūpākṣa광목천왕(廣目天王)
        - ④북：Vaiśravaṇa다문천왕(多聞天王)

  以上 天界

  - ② 人界 — ①四大州
    - ①동：Pūrva-videha〔불바제(弗婆提), 승신주(勝身洲)〕
    - ②남：잠부 드위빠(Jambu-dvīpa, 염부제(閻浮提), 섬부주(贍部洲)〕
    - ③서：Apara-godānīya〔구야니(瞿耶尼), 우화주(牛貨洲)〕
    - ④북：웃따라꾸루(Uttara-kuru, 울단월(鬱單越), 승생주(勝生洲)〕
  - ① 四惡趣
    - ④Asura〔아쑤라계(阿修羅界)〕
    - ③Tiryak〔축생계(畜生界)〕
    - ②Preta〔아귀계(餓鬼界)〕
    - ①Naraka〔지옥계(地獄界)—무간지옥등이십처(無間地獄等二十處)〕

3. 의식의 짓거리(意識展轉)

復次言意識者. 卽此相續識. 依諸凡夫取著轉深. 計我我所. 種種妄
執. 隨事攀緣. 分別六塵. 名爲意識. 亦名分離識. 又復說名分別事
識. 此識依見愛煩惱增長義故.

의식(manovijñāna)이라고 하는 것은 앞에서 말한 상속식을 가리킨다. 앞에
서 말한 대로 상속식은 '붓다의 마음자리'에 미혹하여 생겨나는 여러 가지 망
념에 속하는 것과 허망한 마음으로 말미암아 생겨나는 집착하는 마음에 속하
는 것으로 나뉜다. 앞의 것은 알듯 모를 듯한 인식하기 어려운 미세한 존재방
식이고, 이제 말하려고 하는 뒤의 것은 우리들이 명료하게 인식할 수 있는 성
긴 존재방식이다.

아직 불교를 전혀 모르는 사람들은 대상의 모습으로서 비춰진 허상에 대하
여 더욱 집착하는 생각을 심화시켜 간다. 그러한 가운데 영원히 존재하는 자
아가 있다고 하는 생각과 자아의 특질이 있다고 하는 그릇된 생각을 품고, 차
별의 모습에 낱낱이 고집하여 빛깔과 형상 등의 여섯 가지 대상에 대한 분별
을 계속한다. 그것이 바로 의식이다. 더욱이 위의 여섯 가지 대상을 분별할 때
에 허망한 마음으로 말미암아 생겨나는 집착의 작용은 눈 · 귀 · 코 · 혀 · 몸 ·
마음의 여섯 가지 감각기관으로 분리되어 인식한다. 이러한 관점에서, 분리식
이라고도 한다. 그런데다 이러한 의식은 진실한 도리를 등지고 헤매는 지적인
번뇌와 애착 · 탐욕에서 오는 정의적인 번뇌의 두 가지 번뇌에 의하여 더욱 더
증대되어진다.

| 강설 |

앞에서, "생멸인연이란, 마음에 의지하여 의(意)와 의식(意識)이 작용하는
것이다"라고 제시하였기 때문에, 여기에서는 의식에 대하여 논술하는 것이다.
의(意)의 하나의 나타남에 상속식(相續識)이 있었는데, 의식은 상속식의 나타
남의 하나이다. 상속식에는 미세한 존재방식과 추대(麤大)·조대(粗大)한 존재
방식이 있으며, 추대·조대한 존재방식을 의식이라고 부른다. 범부의 심작용
에 있어서는 집착이 강력하게 작용하고 있지만, 그 집착이라고 하는 것은, 아
(我, ātman)에 대한 집착과 아소(我所, ātmīya)라고 하는 집착이다. 전자는 아집
(我執), 후자는 법집(法執, 事物에 대한 집착)이다.

그런데 아집과 인식주관이 반드시 같은 것은 아니다. 붓다의 인식에 있어
서도, 일상의 분별심에 있어서는 자기와 제자를 구별하였을 것으로 추론되므
로, '나'라고 하는 인식은 있었을 것이다. 그러나 자기에 대한 집착은 존재하지
않았던 것이다. 범부에게 있어서는 자아의식과 아집으로 물들여져 있으며, 자
아의식이 아애(我愛)·아만(我慢)·아견(我見)·아치(我癡) 등의 번뇌와 함께 생
겨나서 존재한다. 거기에 탐욕이나 성냄, 만심(慢心), 아견 등의 강력한 번뇌가
일어난다. 자아의 인식과 아집이 범부에게 있어서는 함께 있는 것으로 되어
있지만, 불교에서 '무아'라고 하는 경우에는 아집을 부정하는 의미이다. 인식
의 주관이나 이성이 없다고 하는 의미는 아니다.

다음에 '아소(我所, ātmīya)'란 '나의 것, 나의 소유'라는 의미인데, 범부의 인
식에 있어서는, 자아 이외의 것의 인식에 있어서는, '이것은 나의 것이다, 이것
은 나의 것이 아니다'라고 하는, 두 가지 인식 가운데의 어느 것인가에 의하여
물들여져 있는 것을 가리킨다. 이것은 소유욕의 문제이다.

범부는 아와 아소를 구별하며, 여러 가지로 맹목적으로 집착하고, 인식하
는 대상에 따라서 어디까지라도 추구하여, 색·성·향·미·촉·법의 6경(六

境)을 분별한다. 이 점에서 의식이라고 부르는 것이다. 한편 6진(塵)을 분별할 때는, 6근(六根)으로 나누어서 분별하기 때문에, 분리식(分離識)이라고도 부른다. 더욱 개물(個物)로서의 대상을 인식하기 때문에 분별사식(分別事識)이라고도 부른다. 이 의식은 견혹(見惑)과 수혹(修惑), 말하자면 탐애번뇌에 의하여 그 세력이 강화되는 것이다.

이상에서 논술한 바와 같이 의식이란 자아의식에 바탕을 둔 일상경험의 심작용, 자아에 바탕을 둔 주객 대립의 세계인 것을 알 수 있다. 이것은 조대·추대한 심작용이므로, 범부에게도 그 작용이 명료하게 인식된다. 이것은, 아집에 바탕을 둔 대상을 인식한다는 점에서 의식이라고 부르며, 6근에 바탕을 두고 따로따로의 대상을 인식하기 때문에 분리식(分離識)이라고 부른다.

그러나 『대승기신론』은, 식(識)의 별체(別體)를 받아들이지 않기 때문에, 한데 묶어서 의식이라고 부르고 있으므로, 이것을 『법장의기』에서는 '일의식의(一意識義)'라고 부른다. 아집에 바탕을 둔 인식이, 견번뇌·애번뇌에 의하여 증장된다고 말하는 것도 잘 이해할 수 있다. 예를 들면 우리의 인식은 종교가 다르거나 이데올로기를 서로 달리함에 의하여 애착이나 증오를 키우지만, 이데올로기에 집착하는 것은 견혹의 하나이다. 더욱이 우리는 사물의 소유로 인한 다툼 때문에, 대립이나 증오를 심화시키는데, 탐욕은 수혹의 하나이다. 이데올로기의 주장이나 소유욕의 근저에는 자아에의 집착이 있다. 그러나 『대승기신론』은 모든 인식에 자아의식이 따르고 있다고는 보지 않는다. 상속식을 의식에 소속하게 하는 것과 의(意)에 소속하게 하는 것으로 나누는 것은, 그 때문이다. 의(意)에 소속하는 상속식의 작용은 자아의식을 수반하지 않는 것이다. 말하자면 '본능적인 인식', 예를 들면 눈앞에 돌연히 사물이 나타났을 때 무의식중에 눈을 감는다든가, 돌연히 위험이 닥쳐왔을 때 무의식중에 몸을 피하는 행위를 하는 경우에는 순식간의 행위이며, 자아의식을 수반하고 있지 않는 것이라고 보고 있다. 더욱이 기억을 보존하고 그것을 상기하는 경우에도, 그것은 자연히 상기할 수 있는 것이며 자아의 힘으로 생각해 내는 것은 아니라고 본다.

생각해 내지 못할 때에는 아무리 생각하여도 생각해 내지 못하는 것이다. 더욱이 '무엇인가를 할까 하고 문득 생각이 떠오르는 것', 이것도 돌연히 일어나는 것이며, 전부터 예측할 수 있었던 것은 아니다. 돌연한 신발견이라든가, 혹은 영감(inspiration)이나 신비적인 체험뿐 아니라 우리의 일상경험 속에서도 전혀 생각도 하지 않고 있었는데 생각하지도 않았던 것이 문득 생각이 떠오르는 것이다. 이들과 같은 경우에는 아이디어가 떠오르고 나서 그 뒤에 자아의 식이 그 아이디어와 결합하는 것으로 보인다. 그로부터 미래의 것을 이것저것 계획하는 것도 자아의식을 초월하여 있다. 『대승기신론』에서는 이상의 것을 "이런 작용은 지금 발생하는 것과 지나가버린 과거에 있었던 것들을 홀연히 망상할 뿐만 아니라 아직 일어나지도 않은 미래의 것들까지 끌어들여 헛되이 망상하고 분별한다(能令現在已經之事忽然而念. 未來事不覺妄慮)"라고 표현하고 있다. 더욱이 상속식의 작용으로서 과거의 선업·악업을 주지하는 것과 이들 까르마(karma, 업)의 고락의 과보를 성숙시키는 것을 들고 있는데, 이것도 자아의식을 초월하여 있다. 유식설에서는 이들의 작용은 알라야식(阿賴耶識)이 실행하는 것으로 되어 있으므로 잠재심의 작용이다.

이상은 상속식 가운데의 미세한 인식작용이며, 이것은 법집이라고 부른다. 법집이란 사물에 대한 집착이지만, 어쨌든 아집을 뺀 인식작용이라고 하는 것이다. 더욱 이들과 나란히 지식도 법집이라고 한다. 지식(智識)은 "애(愛)·불애(不愛)를 분별하는 것, 염법(染法)·정법(淨法)을 분별하는 것"이라고 서술하고 있는데, 예를 들면 '좋다·싫다'라고 하는 것은, 태어날 때부터 지니고 있는 특질이라는 점이 강하다. 이것은 자아의식에 의하여 바뀔 수 없는 것이다. 예를 들면 술을 좋아하는 사람이 술을 싫어한다고 판단하려고 하여도 그것은 불가능하다. 그런 의미에서 지식의 작용도 자아의식을 초월해 있다.

이상과 같이 『대승기신론』은, 표면적인 인식작용을 상속식으로 취급하며, 더욱 그것을 둘로 나누어서 자아의식에 바탕을 둔 조대·추대한 인식과 그 깊숙한 안쪽에 자리 잡고 있는 본능적·직관적 인식으로 나누고 있다. 그래서 그 미세한 상속식과 지식(智識)은 자아의식을 수반하고 있지 않다고 한다.

『법장의기』에 의하면, 의식이란 능기(能起)의 견애의 추혹(麤惑)과 상응하여 앞에서부터 일어나기 때문에 이와 같이 부른다고 서술하고 있다. 그래서 앞의 삼세·육추 가운데의 집취상(執取相)·계명자상(計名字相)·기업상(起業相)의 세 가지가 의식에 포함된다고 서술하고 있다. 집취상과 계명자상은 분별사식에 상당하기 때문에 의식에 포함되어도 문제는 없다. 그러나 기업상(起業相)은 행위를 일으키는 것이기 때문에 오히려 결과의 성격을 가지고 있으며, 앞의 두 가지와 다르지만, 과(果)를 인(因)에 포함하여, 의식에 포섭한 것이라고 본다.

의식의 추대(麤大)·조대(粗大)한 분별은 자아의식에 바탕을 둔 인식인데, 이것은 성인(聖人)에게는 존재하지 않는다. 소승의 아라한도 아집을 단절한 상태이기 때문에 아집에 바탕을 둔 인식은 존재하지 않는 것이다. 더욱 연각 및 지전(地前)의 보디쌋뜨와에게도 아집은 존재하지 않는다고 하므로 이런 수행체계로 보면 의식은 존재하지 않는 것으로 된다. 『대승기신론』에, "모든 범부, 취착이 더욱 깊어져서[諸凡夫取著轉深]"라고 논술하여, 특히 범부라고 지적하고 있는 것은, 성자(聖者)에게는 의식이 없는 것을 나타내기 위함이라고 본다. 『법장의기』에서는 이것은, "성인(聖人)은 의식을 간택한다"라고 서술하고 있으므로 성인에게도 의식은 있지만, 그 의식에는 아집을 수반하고 있지 않은 것이라고 해석하고 있음을 알 수 있다.

|용어 해설|

의식(意識): 의(意)의 작용 가운데에서 조대(粗大)·추대(麤大)한 마음 작용을 가리킨다.

아아소(我我所, ātma-ātmīya): 아(我, ātman)와 아소(我所, ātmīya). 아(我, ātman)는 아뜨만(ātman) 바로 자아의식을 가리키며, 아소(我所, ātmīya)는 나의 소유를 의미한다. 모든 존재는, 나(ātman, 我)와 나의 소유(ātmīya, 我所)라는 어느 것인가의 의식에 물들어 있다.

수사(隨事): 사(事)를 따르다, 사(事)는 사물, 현상을 가리킨다. 마음 안팎의 사물, 현상을 가리킨다.

반연(攀緣): 망념이 대상에 집착하여 여러 가지로 작용하는 것을 가리킨다.

분리식(分離識): 안식에서 의식까지의 6식(六識)에 분리하여 작용하기 때문에 분리식이라고 한다. 본론에서는 6식을 구별하지 않고, 6식 모두를 묶어서 의식이라고 부른다.

분별사식(分別事識): 사물을 분별하는 식(識)이라는 뜻이다. 의식은 마음 안팎의 사물을 분별하기 때문에 분별사식이라고 부른다.

견애번뇌(見愛煩惱): 견번뇌(見煩惱)와 애번뇌(愛煩惱)를 가리킨다. 도리에 미혹하는 번뇌를 견혹(見惑)이라고 부르며, 정서적인 애착·탐욕 등의 번뇌를 수혹(修惑)이라고 부른다. 견혹은 연기의 이치를 깨닫는 것에 의하여 단멸되지만 애욕이나 탐욕 등의 정의적인 번뇌는, 견혹을 끊은 뒤에도 더욱 끊임없는 수행에 의하여 단멸하기 때문에 수혹이라고 부른다. 전자는 이(理)에 미혹하는 번뇌, 후자는 사(事)에 미혹하는 번뇌이다.

제2목 마음의 현상적인 모습을 전개하는 연기의 본체〔所依因緣體〕
1. 오묘한 연기의 세계〔緣起略說〕

依無明熏習所起識者. 非凡夫能知. 亦非二乘智慧所覺. 謂依菩薩.
從初正信發心觀察. 若證法身得少分知. 乃至菩薩究竟地不能盡知.
唯佛窮了. 何以故. 是心從本已來. 自性淸淨. 而有無明. 爲無明所
染有其染心. 雖有染心而常恒不變. 是故此義唯佛能知.

생겨나는 일도 없고 소멸하는 일도 없는 진여가 무명(無明, avidyā)의 훈습
으로 말미암아 알라야식으로 되는 것을, 아직 불교를 전혀 모르는 사람은 조
금도 이해하지 못한다. 또 성문·연각의 지혜로도 깨달을 수 없다. 보디쌋뜨
와가 수행을 함으로써 대승에 대한 신심을 일으킨 계위에서 불도에 나아가는
결의를 굳게 하며, 여러 가지 것을 관찰하고, 더욱 더 진보를 거듭하여 붓다의
법신(dharma-kāya)의 참된 모습을 깨닫는 계위에서 비로소 일부분이나마 이해
하게 된다. 그러나 온전히 알게 되는 것은 보디쌋뜨와에게 있어서의 수행의
최후의 단계인 구경지에서조차 가능하지 못하다. 다만 깨달음의 완성에 다다
른 붓다의 지혜만이 이것을 완전히 알 수 있다.

그것은 무슨 까닭일까?

이 '한 마음'은 본디부터 그 스스로의 본성이 맑고 깨끗하다. 그런데도 그
스스로의 본성이 맑고 깨끗한 마음의 참된 모습을 올바르게 볼 수 없는 무명
이 있으며, '한 마음'은 무명으로 인하여 더럽게 물들어서 '더럽게 물든 마음'의
상태에 있다. 그렇다 하더라도 '한 마음' 그 자체는 더럽게 물든 마음의 상태에
있으면서도 그냥 그대로 그 스스로의 본성이 맑고 깨끗하며, 늘 그대로이므로
변화하는 일이 없다. 이와 같이 미묘하고도 불가사의한 '한 마음'의 존재방식

은 다만 깨달음의 완성에 다다른 붓다의 지혜에 의해서만 알 수 있는 것이다.

|강설|

심생멸의 연기의 상(相)을 이중(二重)의 인(因)과 연(緣)·과(果)의 구조로 제시하였다. 그러나 이 심생멸의 연기는 대단히 난해하여 천지(淺智)로는 알 수 있는 바가 아닌 것을 여기에서 제시한다. 무명훈습에 의하여 업식(業識)·전식(轉識)·현식(現識)·지식(智識)·상속식(相續識)이 일어나며, 알라야식이 되는 것을 범부로서는 알 수 있는 것이 아니다. 문제가 되는 것은 심진여는 자성청정심이다. 본디 청정할 뿐 아니라 번뇌에 더럽게 물들지 않으므로 자성청정인 것이다. 그럼에도 불구하고 그것에 무명이 작용하여서 염심이 된다. 이 두 가지 사실을 조화시켜서 이해하는 것은 지난한 것이며, 더군다나 그 사실을 꿰뚫어보는 것이 대단히 어려운 일임은 명확한 것이다. 『대승기신론』에서는 이것을 네 단계로 나누어서 나타내고 있다.

불생불멸의 심성(心性)이 근본무명의 훈습에 의하여 알라야식이 되는 것은, 첫 단계인 범부에게는 전혀 이해할 수 없다. 둘째 단계인 성문·연각의 지혜에 의해서도 깨달을 수 없다. 셋째 단계인 보디쌋뜨와의 수행의 의해서도 먼저 내범위(內凡位)에서 정신(正信)을 일으키고, 10주위(十住位)에 들어와서 보디심(bodhicitta)을 일으키며, 10행·10회향의 삼현위(三賢位)에서 사유관찰을 심화시키고, 초지에 이르러서 붓다의 법신을 깨달으면 불생불멸의 마음이 무명에 의하여 기동하는 것을 일부분 알 수 있다. 넷째 단계인 보디쌋뜨와의 구경지에서도 완전히 아는 것은 불가능하다. 다만 거룩한 붓다만이 이 이법(理法)을 남김없이 알고 있다.

그 이유는 무엇일까. 이 『대승기신론』에서 논술하는 이법(理法)은 심심미묘하며, 접근하기 어렵기 때문이다. 『슈리말라데위씽하나다경』에서도 다음과 같이 말씀하고 있다.

"여래장이 객진번뇌(客塵煩惱)·상번뇌(上煩惱)에 의하여 더럽게 물드는 것은, 불가사의이며, 여래의 경계이다. 왜냐하면 끄샤나의 선심(善心)은 끄샤나에 소멸하기 때문에 번뇌에 더럽게 물드는 일은 없다. 끄샤나의 불선심(不善心)도 끄샤나에 소멸하기 때문에, 번뇌에 더럽게 물드는 일은 없다. 따라서 번뇌는 마음에 접촉하는 일은 없다. 마음도 번뇌에 접촉하는 일은 없다.
그렇다면 어떻게 해서 접촉하지 않는 법이, 아주 잘 마음을 더럽게 물들일 수 있을까?"
"세존이시여, 그러나 현실에서 범부의 마음에는 번뇌가 있나이다. 번뇌가 마음을 더럽게 물들이는 것이 실제로 경험되고 있나이다. 그러므로 자성청정심이 있는데, 그런데도 그것이 어떻게 해서 더럽게 물드는가는, 요지(了知)하기가 어렵나이다. 다만 거룩한 붓다·세존만이 실안(實眼)·실지(實智)이며, 법의 근본이 되어 법에 통달하고, 정법의 의지처가 되어서 여실하게 지견하실 수 있나이다(『大正藏』 12-222)."

이와 같이 말씀하여 자성청정심이 자성청정이면서, 그런데도 번뇌에 더럽게 물드는 것은 범부·이승의 사유를 초월하여 있는 것이어서, 거룩한 붓다만이 이해할 수 있는 것이라고 제시하고 있다.
지금 이 『대승기신론』도 이 『슈리말라데위씽하나다경』의 사상을 이어받고 있다. 이 마음(是心), 바로 우리의 중생심은 그 본성으로부터 봐도 자성청정이다. 만일 이것을 인정하지 않으면 범부는 붓다가 될 수 없다. 이와 같이 심성은 자성청정이지만 그런데도 현실에서는 무명이 있다. 마음은 무명 때문에 더럽게 물들어서 염심이 되어 있다. 이에 대하여 『원효별기(元曉別記)』는, "청정이지만 그런데도 언제나 염오인 것을 밝힌다"라고 주석하고 있다. 현실에는 염심이 있으며, 마음이 헤매고 있지만, 그래도 심성은 언제나 불변이다. 『원효별기(元曉別記)』는 이 점을, "동(動)이지만 그런데도 언제나 정(靜)인 것을 밝힌다"라고 주석하고 있다. 자성청정심은 객진번뇌에 의하여 더럽게 물들게 된다고 하는 연기의 심오한 이법(理法)에 대하여, 만일 무엇인가를 이해할 수 있었다고 생각하면, 그것은 망상이라고 가르치려 하는 것이, 『대승기신론』의 취지이다. 이 여래장연기는, 붓다와 대력(大力)의 보디쌋뜨와만이 알 수 있는 것이다. 다른 사람은, 붓다의 말씀을 믿을 뿐이라고, 『슈리말라데위씽하나다경』에서 말씀하고 있다. 『대승기신론』이 '신(信)'을 겉으로 드러내놓고 있는 것도 그 때문일 것이다.

『대승기신론』 스스로가 이와 같이 논술하고 있기 때문에, 심성·무명·염심(染心)의 연기상의(緣起相依)의 관계를 합리적으로 설명하는 시도는 논주의 의도에는 부합되지 않는 것이다.

|용어 해설

훈습(熏習): 꽃이 옮기는 향기처럼, 세력이 강력한 것이 다른 것에 작용하여 자기의 힘을 옮겨 타게 하는 작용을 가리킨다. 여기에서는 무명이 진여에 훈습한다. 무명의 힘에 진여가 동화되어 생성하고 소멸하는 마음이 된다.

식(識): 업식(業識)·전식(轉識)·현식(現識)·지식(智識)·상속식(相續識)을 가리킨다.

범부(凡夫): 여기에서는 외도 등의 외범은 취하지 않고, 불교에 귀의한 범부, 내범(內凡) 10신(信)을 가리킨다.

초정신(初正信): 초위(初位)의 정신. 보디쌋뜨와의 최하위, 10신(信)의 만위(滿位)에 도달하여 신(信)이 완성됨으로써 정신(正信)을 일으킨다. 지금은 그보다

위의 십주(十住) · 십행(十行) · 십회향(十廻向)의 삼현위(三賢位)의 보디쌋뜨와를 가리킨다.

발심(發心): 십신위(十信位)에서 신(信)이 완성되어 보디심(bodhicitta)을 일으킨다. 10주(十住)의 초위를 초발심주(初發心住)라고 부른다.

관찰(觀察): 마음으로 관찰하는 것을 가리킨다. 추론에 의하여 사유하기 때문에, 비량관찰(比量觀察)이라고 부른다.

법신(法身, dharmakāya): 초지 이상이 되면, 붓다의 법신을 깨닫는다. 연기의 법은 우주에 변만하여 있는데, 그 이(理)와 합체(合體)한 붓다가 법신이다.

보살구경지(菩薩究竟地): 보디쌋뜨와의 최상위, 10지(地)의 만심(滿心)이다.

시심(是心): 이 마음, 일심(一心), 중생심을 가리킨다.

염심(染心): 번뇌에 더럽게 물들어 있는 마음, 무명에 의하여 생성하고 소멸하는 마음으로 변질된 마음을 가리킨다.

2. 무명, 홀연히 일어나다(無明忽然念起)

所謂心性 常無念故, 名爲不變. 以不達一法界故. 心不相應, 忽然念起, 名爲無明.

마음의 본성은 언제나 망념이 없는 경계이기에 변화가 없다고 말씀한다. 그런데도 이 '유일 · 절대의 세계'를 알지 못하므로 마음의 본성과 서로 어울리지 못해 홀연히 망념을 일으키는데, 이것을 무명(無明, avidyā)이라고 부른다.

|**강설**|
이상에서 유심연기가 심심난해인 것임을 논술하였으므로 이제 그 이유를

밝힌다.

　중생심은 한편으로는 염심이며, 생멸의 존재방식을 가지고 있지만, 그럼에도 불구하고 마음의 본성은 '무념(無念)'이다. 마음의 본성은 망념을 전혀 가지고 있지 않다. 번뇌에 더럽게 물들어 있는 마음의 본성이 순수하고 청정하다는 의미이다. 이것을 『법장의기』에서는 "거체동(擧體動)한다고 하더라도, 그럼에도 본래 정(靜)이기 때문에 언제나 무념이라고 말한다"라고 서술하고 있다. 망념이라고 하는 것은 상대의 존재방식이지만, 그 상대에 즉하여 절대가 있다고 하는 의미이다. 동(動)이면서 그럼에도 거기에 정(靜)이 있다고 하는 의미이며, 그 위에 정(靜)은 변화하지 않기 때문에 '불변'이라고 서술하고 있다. 불변이라고 하는 것은, 심생멸문의 첫 부분에서 "불생불멸이 생멸과 화합하여"라고 논술할 때의 '불생불멸'을 가리키는 것이다. 우리의 마음은 쉬지 않고 동요한다. 그럼에도 마음의 본성은 불변이다. 만일 우리가 그 마음의 본성의 불변을 깨달으면 당연히 마음의 동요는 머무는 것이다. 이것은 본성을 잊어버리고 있던 사람이 그 본성에 눈을 뜨게 된 것이다. 그러나 자기가 자기의 본성을 보고 있는 동안에는 자기와 자기의 본성은 분열하여 있는 것이며, 그런 상태에서는 본성에의 귀환을 실현하지 못한다.

　심성은 언제나 무념이며 불변이지만, 그러나 심성이 상대를 초월한 법의 세계(一法界)인 것을 마음 자체가 알지 못하기 때문에, 말하자면 여실히 진여의 법이 하나인 것을 알지 못하기 때문에 마음에 불상응의 움직임이 일어난다. 그 마음의 움직임은 심성의 유일성과도 상응하지 못하며, 더욱이 분별심이 되어버린 뒤의, '심과 심소의 상응'이나 '주관과 객관의 상응'이라고 말하는 것도 아닌, 최극미세(最極微細)인 '상응하지 않는 마음의 움직임'이 일어나 홀연히 그것이 망념이 된다. 이것이 바로 무명이다.

　이것이 무명연기의 이유를 나타낸 것이라고 한다. 그러나 무명의 시간적인 시원은 나타낼 수 없으며, 논리적으로도 무명의 시원은 불명(不明)이다. 이것을 '홀연염기(忽然念起)'라고 표현한 것이다.

| 용어 해설 |

심성(心性): 마음의 본성, 심진여를 가리킨다.

일법계(一法界): 심진여를 가리키며 일심이라고 말하는 것과 같다. 마음은 하나의 진리에 관통되고 있기 때문에 일법계라고 한다. 달일법계(達一法界)에서의 '달(達)'은 증오(證悟) 또는 깨달음을 의미한다. 마음이 마음의 본성을 알지 못하는 것이 미망의 원인이라는 것을 가리키고 있다.

불상응(不相應): 마음이 주관과 객관의 대응관계로 작용하기 직전의 상태를 불상응이라고 한다. 분별을 일으킨 것인데, 분별에 이르기까지의 마음의 상태를 가리킨다. 마음이 진여 일법계에 상응하지 않기 때문에, 동심(動心)이 되는 것을 말한다.

홀연(忽然): 무명이 일어나는 시원을 알 수 없기 때문에, 그것을 가리켜서 홀연이라고 표현하고 있다. 무명보다 근본이 되는 망법(妄法)은 없기 때문에, 무명이 일어나는 것을 아는 이가 없다. 마치 잠에서 깨어났을 때, 잠에서 깨어난 것을 알지 못하는 것과 같은 것이다. 그런 의미로 무명이 일어난 것을 각지(覺知)하는 이가 없는 것을 가리켜 홀연이라고 표현하고 있다. 무명이 일어나는 시간적 표현을 말하는 것이 아니라, 무명이 일어나는 상태를 나타낸 것이다.

3. 연기의 세계에 나타나는 여러 가지 모습들(緣起體相)

染心者有六種. 云何爲六. 一者執相應染. 依二乘解脫及信相應地遠

離故. 二者不斷相應染. 依信相應地修學方便. 漸漸能捨. 得淨心地.
究竟離故. 三者分別智相應染. 依具戒地漸離. 乃至無相方便地究竟
離故. 四者現色不相應染. 依色自在地能離故. 五者能見心不相應
染. 依心自在地能離故. 六者根本業不相應染. 依菩薩盡地. 得入如
來地能離故.

앞에서 '한 마음'은 무명으로 인하여 더럽게 물들어서 더럽게 물든 상태로
있다고 논술하였기 때문에, 여기에서는 그 '더럽게 물든 마음'을 여섯 가지로
나누어서 설명한다.

첫째, 집상응염이다. 이렇게 물든 마음은, 성문·연각의 깨달음과 대승에
있어서는 '믿음이 진실로 성취되어 후퇴하지 않는 계위'에서 벗어날 수 있다.

둘째, 부단상응염이다. 이와 같이 더럽게 물든 마음은, '믿음이 진실로 성취
되어 후퇴하지 않는 계위'에 있어서의 여러 가지 관법·실천을 수습함에 의하
여 부분적으로 벗어날 수가 있지만, 더욱 보디쌋뜨와의 수행의 계위에 있어서
10지의 제1지인 정심지(淨心地)에 다다르면 온전히 벗어날 수가 있다.

셋째, 분별지상응염이다. 이와 같이 더럽게 물든 마음은 10지의 제2지인 구
계지(具戒地)로부터 수행이 진행됨에 따라 부분적으로 벗어나며, 제7지인 무
상방편지(無相方便地)에 다다르면 완전히 벗어날 수가 있다.

넷째, 현색불상응염이다. 이와 같이 더럽게 물든 마음은 10지의 제8지인 색
자재지(色自在地)에서 벗어날 수가 있다.

다섯째, 능견심불상응염이다. 이와 같이 더럽게 물든 마음은 10지의 제9지
인 심자재지(心自在地)에서 벗어날 수가 있다.

여섯째, 근본업불상응염이다. 이와 같이 더럽게 물든 마음은 10지의 만지
(滿地)인 보디쌋뜨와로서는 수행을 모두 마쳐버린 계위로부터 여래의 경지에

다다름에 의하여 말끔히 벗어날 수가 있다.

| 강설 |

　삼세·육추의 논술이나 업식(業識)·전식(轉識)·현식(現識)·지식(智識)·
상속식(相續識)의 오의(五意)와 의식의 논술은, 마음의 미세한 상태로부터 조
대(粗大)·추대(麤大)한 상태의 방향으로 서술이 이루어져 있다. 말하자면 유
전문의 설상이다. 여기에서 서술하는 '6염(染)'은 번뇌를 단멸하는 서술이기 때
문에 조대·추대한 상태로부터 미세한 상태의 방향으로 서술이 이루어진다.
먼지를 털 때도 거친 먼지는 쉽게 털 수 있지만 미세한 먼지는 쉽게 털 수 없
는 것처럼, 번뇌를 끊을 때에도 거친 번뇌로부터 미세한 번뇌로 향한다. 이와
같은 방향을 환멸문이라고 부른다. 앞의 '오묘한 연기의 세계'의 부분에서 "이
'한 마음'은 본디부터 그 스스로의 본성이 맑고 깨끗하다. 그런데도 그 스스로
의 본성이 맑고 깨끗한 마음의 참된 모습을 올바르게 볼 수 없는 무명이 있으
며, '한 마음'은 무명으로 인하여 더럽게 물들어서 '더럽게 물든 마음'의 상태에
있다(是心從本已來. 自性淸淨. 而有無明. 爲無明所染有其染心)"라고 서술하였기 때
문에 여기에서는 그 염심을 해설하고 있다. 여섯 가지로 나누었으므로 '6염(六
染)'이라고 부른다. 삼세·육추의 최후에 있는 '업계고상'은 결과이기 때문에
단멸이 없다. 다음의 '기업상'도 까르마(Karma, 업)이어서 번뇌가 아니기 때문
에 이 두 상은 번뇌의 단멸을 해설하는 데에는 들어가지 않는다.

　앞에서 "'한 마음'은 무명으로 인하여 더럽게 물들어서 '더럽게 물든 마음'의
상태에 있다"라고 서술하였기 때문에, 그 염심을 설명한다. 염심이란 번뇌심
을 가리키는 것이며, 마음의 번뇌의 근원은 무명에 있다. 이 염심에는 여섯 가
지가 있다. 6염 가운데의 앞의 세 가지는 상응염이며, 뒤의 세 가지는 불상응
염이다. 이 여섯 가지의 내용은 다음과 같다.

첫째, 집상응염이다. 이것은 6상 가운데에서는 집취상과 계명자상의 번뇌이며, 상속식 가운데서는 특히 거친 의식이 일으키는 번뇌이다. 집취상이란 고뇌를 회피하고 안락을 집착하는 것이며, 계명자상이란 대상에 개념을 붙여서, 이것과 저것이라고 분별하는 것을 가리킨다. 두 가지 모두 다 근저에 자아의 의식이 작용하고 있다. 이것은 아집에 바탕을 두고 일어나며, 견번뇌와 애번뇌가 있고, 그 집착이 현저하기 때문에 집상응염이라고 부른다. 상응의 번뇌라고 하는 것은, 자아와 대상, 또는 심왕과 심소가 상응하여 일어나는 번뇌를 가리키는 것이다. 이 번뇌는 자아에 바탕을 두고 일어나기 때문에 아집을 단멸할 때에 끊어진다. 아집 등이 없어지게 되는 것은, 성문승에서는 아라한의 계위이며, 연각승에서는 그 수행을 완성하여 연각이 되었을 때이다. 더욱이 대승불교에서는 신상응지를 완성한 때이다. 신상응이란, 10신의 계위가 원만하게 되어 다음의 10주의 계위로 나아가면 신근이 성취되어 불교에서 후퇴하는 일이 없다. 신불퇴(信不退)의 계위에 도달하였기 때문에 신상응지라고 부른다. 10주·10행·10회향의 3현위는, 신근불퇴의 조건에서 수행이 진전하는 것이다. 이상과 같이 집상응념은 이승의 해탈과 보디쌋뜨와의 신상응지에서 떨어지는 것이다.

둘째, 부단상응염이다. 이것은 상속식에 있는 번뇌이다. 상속식은, 과거의 까르마를 주지하여 고락의 과보를 성숙시키며, 기억을 억념(憶念)하는 등의 작용을 하고, 망념이 상속하여 일어나며, 단절하지 않기 때문에 '부단(不斷)'이라고 한다. 이것은 미세한 분별(주관과 객관의 대응)에 바탕을 두고 일어나기 때문에 '상응'이라고 한다. 이것은 분별기(分別起)의 법집이다. 이것은 마음의 심층에서의 업과를 유지하는 등의 식(識)의 작용이 집착을 본성으로 하고 있는 것을 가리킨다. 이 부단상응염은, 앞의 신상응지에 바탕을 두고 수학(修學)하는 것에 의하여, 10주·10행·10회향의 30위를 차례로 진행하여, 그 사이에 이 번뇌를 순차로 끊어버리며, 보디쌋뜨와의 성위인 10지의 초위 정심지에 이르러서 완전히 이 번뇌를 사리(捨離)하는 것이다.

10주 이상의 계위에서는 유식의 도리를 관하고, 그렇기 때문에 4심사관(四尋伺觀)·4여실지관(四如實智觀) 등의 관법을 닦는다. 그것에 의하여 3무성(三無性)의 이(理)에 통달하며, 진여의 이(理)를 깨닫고, 법공을 깨닫는다. 그에 따라서 법집을 끊는 것이다. 아집은 앞에서 끊은 상태이므로, 인법이공(人法二空)에 의하여 나타나게 되는 진여를 깨닫는다고 서술하는 것이다. 이상은『법장의기』의 설명이지만, 유식관을 닦는 것은『성유식론』에서 서술하는 것이며, 지금의『성유식론』의 학설을 빌려서『대승기신론』의 수행을 나타내는 것이다.『대승기신론』에서는 신상응지에서 바로 정심지에 이르는 것을 서술하고 있으며, 그 중간에 어떠한 수행의 단계가 있는가는 불명이다.『대방광불화엄경』의「십지품」의 10지에서는 초지를 환희지라고 부른다.『대승기신론』에 서술하는 정심지가 환희지와 같은 것인지 아닌지도,『대승기신론』에서는 명언하고 있지 않다. 그러나 교리의 전체로부터 보면, 정심지를 초지에 비정(比定)하는 해석은 타당하다.『혜원의소』·『원효소』·『법장의기』가 모두 이 학설을 내세우고 있다.

셋째, 분별지상응염이다. 이것은 지식이 일으키는 번뇌이다. 지식은 갈애와 불애를 분별하며, 염법과 정법을 분별하기 때문에 이 번뇌를 분별지(分別智)라고 부른다. 이것은 본능적인 호오의 판단이나 본능적으로 '사물(現象)이 있다'고 생각하는 판단을 가리키는 것이다. 여기에 대상에의 집착이 있는데, 그러나 이것은, 일으키려고 생각하여 일어나는 것이 아니라 저절로 일어나는 것이다. '외계에 사물(現象)이 있다'라고 하는 판단은 추론이나 사유를 기다리지 않고, 당연한 것처럼 습관적으로 일어나는 판단이다. 그러므로 이것은 '임운(任運)하게 일어난다'라고 주석하고 있으며, 구생기(俱生起)의 법집이라고 설명되어 있다. 앞의 상속식이 일으키는 법집은 '분별기(分別起)'이며, 추론이나 판단을 기다려서 일어나는 '외계가 있다, 사물(現象)이 있다'라고 하는 집착인데, 지식이 일으키는 존재의 판단은 사유를 기다리지 않고 일어나기 때문에 구생기(俱生起)라고 부른다. 법집이란, 개개의 법(존재)이 실재한다고 하는 고정적 판단이다. 이 가운데에는 외계가 일자(一者)로서 실재한다고 하는 가장 광범위한 법집에서부터 빨강·파랑 등의 색깔이나 향기 등의 감각적 소재가 실재라고 하는 법집, 더 나아가 개개의 나무 또는 집, 사람 등이 실재한다고 하는 소박한 실재론에 이르기까지 여러 가지의 법집이 포함되어 있다. 이 가운데에서 '분별기의 법집'은 개개의 나무 또는 집, 개체로서의 사람 등을 실재라고 보는 법집이다.

구생기의 법집인 분별지상응염은, 구계지로부터 점차로 사리하여, 무상방편지에서 완전히 떼어버린다. 『대방광불화엄경』의 10지설에서는 제2지는 '이구지(離垢地)'라고 부르는데, 계율을 실행하는 것에 의하여 때(垢, 煩惱)를 벗어버리기 때문에 제2지를 이구지라고 부른다. 그러므로 『대승기신론』의 구계지는 이구지와 같은 것이라고 보아도 괜찮을 것이다. 유식 계통의 경론에서는, 대승의 계는 삼취정계(三聚淨戒)로 제시되어 있다. 말하자면 섭율의계(攝律儀戒)·섭선법계(攝善法戒)·섭중생계(攝衆生戒)이다. 다음의 무상방편지는, 주석을 따르면 제7지이다. 『대방광불화엄경』의 10지설에서는, 제7지는 원행지(遠行地)라고 부른다. 원행지에서 보디쌋뜨와는, 법은 무상이라고 하는 무상관을 수습하여 그 이해가 깊어지며, 세간과 성문·연각의 도를 멀리 떼어버리기 때문에 원행지라고 부른다. 그래서 제8지에서 무상관의 수득자재를 얻는다고 한다. 따라서 『대승기신론』의 무상방편지를 제7지에 배당하여도 모순되는 것은 아니다. 제2지로부터 제7지까지의 사이에, 분별지상응염을 차례로 버릴 것이라고 논술한다. 수행자가 선정에 들어 있을 때에는 아공·법공의 두 지혜가 나타나 있기 때문에 법집이 일어나지 않지만, 선관에서 빠져나와서 세속지를 일으키고 있을 때에는, 부지중에 법집이 일어나 있다. 그렇기 때문에 제2지로부터 제7지에 이르기까지 장시간에 걸쳐서 수행하여 비로소 이 염법을 단멸한다. 그러므로 '점리(漸離)'라고 설명하고 있다.

이상으로 '상응염'을 마친다. 지식은 앞의 현식을 보고, 그것이 마음의 나타남이라는 것을 알아차리지 못하고 그것이 외계 그 자체라고 보며, 그래서 외계가 있다는 허망분별을 일으키는 것이다. 거기에 지식이라고 하는 주관과 현식이라고 하는 객관 사이에 상응이 일어난다. 그러므로 상응염이 되는데, 이것은 상응염 가운데에서 가장 미세한 번뇌이다. 다음은 현식(現識)·전식(轉識)·업식(業識)이 일으키는 번뇌이며, 이것들은 불상응염(不相應染)이다.

넷째, 현색불상응염이다. 현색이란, 명경에 색상(色像)이 나타나는 것처럼 근본무명에 의하여 성립한 염심에 외계가 비치는 것을 가리킨다. 이것은 현식의 작용이다. 이것은 불상응염이다. 전식의 작용과 상응하여 현식이 나타나는 것이 아니기 때문이다. 이 번뇌는 색자재지에서 떨어진다. 색자재지란 제8지이며, 보디쌋뜨와는 정토의 자재를 얻고, 예토의 추색(麤色)은 나타내는 일이 없기 때문에 색자재지라고 부른다. 또는 제8지에 있어서는 유심의 이(理)에 도달하여, 색은 마음에 지나지 않는다는 것을 깨닫기 때문에, 색에 관한 장애를 벗어난다. 그러므로 색자재지라고 부른다. 제8지의 보디쌋뜨와는 유심의 이(理)에 도달하여 현식이 소멸하므로, 외계가 있는 그대로 마음에 비추는 것을 말한다.

다섯째, 능견심불상응염이다. 능견이란, 근본무명에 의하여 마음이 움직여서 나타나는 주관의 작용이다. 전식을 가리킨다. 망념의 주관적 부분을 말하는 것이다. 동심에 의하여 능견이 되는 것이다. 이 번뇌는 심자재지에서 단멸한다. 심자재지는 제9지에 해당한다고 한다. 제9지에서는 4무애지를 얻기 때문에, 망념의 주관은 현기하지 않는다고 한다. 전식은 깨달음의 지혜에 의하여 바뀔 수 있는 것이다. 여기에서 마음이 자재를 얻는 것이다. 또는 제9지의 보디쌋뜨와는, 중생의 심행(mentation, 마음의 활동)의 열 가지 조림(稠林)을 알기 때문에 심자재를 얻는다고도 말한다. 이 때 능견의 미세한 장애를 끊어버리는 것이다.

여섯째, 근본업불상응염이다. 근본업이란, 무명의 힘에 의하여 불각의 마음이 움직이는 것을 가리킨다. 현실에서 활동하고 있는 우리의 분별심의 근본을 말하는 것이다. 분별하고 있는 마음은, 분별이 일어나고 있는 근본을 알 수 없는 것이다. 마치 눈이 모든 사물을 보면서도 눈 그 자체를 볼 수 없는 것과 같은 것이다. 근본업불상응염은 우리의 현재의 상태에 있는 미혹한 마음의 근원이며, 끊임없이 미혹한 마음을 미혹하게 만드는 힘이다. 마치 꿈을 꿀 때 마음으로 하여금 계속하여 꿈을 꾸게 하고 있는 힘과 같은 것이다. 꿈을 꿀 때의 마음은 꿈을 계속하여 꾸게 하고 있는 힘을 알아차릴 수 없다. 이것은 가장 미세한 번뇌이므로, 제10지의 만심인 금강유정에서 최후의 번뇌의 습기를 끊고, 여래지에 들어가는 것에 의하여 벗어난다.

이상으로 6염심은, 조대한 번뇌로부터 미세한 번뇌의 방향으로 진행하면서 번뇌를 끊는 것을 나타내며, 범부로부터 순차로 진행하여 불지에 들어가는 것을 밝히고 있다.

| 용어 해설 |

염심(染心): 일심이 무명에 의하여 생멸심이 된 것을 가리킨다. "'한 마음'은 무명으로 인하여 더럽게 물들어서 '더럽게 물든 마음'의 상태에 있다(爲無明所染有其染心)"라고 하는 글을 설명하는 것이다. 염심이란 번뇌심을 가리킨다.

집상응념(執相應念): 집(執)은 집착을 가리키는 것으로, 아집(자기에 대한 집착)과 법집(현상·사물에 대한 집착)이 있는데, 여기에서는 아집을 가리킨다. 앞의 집취상과 계명자상, 곧 의식의 집착을 말한다. 이것은 견번뇌·애번뇌에 의하여 강력하게 된 것이다. 이 집착은 자아와 대상이라고 하는 형태로 주·객이 대응하여 일어나므로 '상응(相應)'이라고 부른다.

이승해탈(二乘解脫): 성문과 연각의 해탈에 도달한 사람. 해탈이란 마음이 번뇌의 속박을 벗어난 것을 가리킨다. 성문의 수행으로 해탈한 사람을 아라한이라고 부른다. 연각에는 미해탈(未解脫)과 이해탈(已解脫)에 명칭의 차이가 없다. 성문과 연각은 아집을 끊고, 인무아에 도달하여 견혹·수혹을 단멸한 상태이기 때문에, 집상응념을 원리(遠離)한 것이다.

신상응지(信相應地): 10주·10행·10회향의 삼현위를 가리킨다. 10주 이상은 신심(信心)이 순후하고, 신근(信根)을 성취하여 퇴타하는 일이 없기 때문에, 그들을 신상응지(信相應地)의 수행자라고 부른다. 성자에 진입하기 이전의 계위이므로 종성(種姓)이라고도 부른다.

부단상응념(不斷相應念): 부단(不斷)이란 단절하지 않고 망념이 연속하여 일어나는 것을 가리킨다. 망념이 부단이며, 그러면서 법집과 상응하여 일어나는 번뇌이다. 상속상(相續相)·상속식(相續識)에서의 염심을 말한다.

정심지(淨心地): 10지(地)의 초지를 가리킨다. 10주 이상의 계위에서 유식관을 닦고, 초지에 도달하여 법집의 분별이 나타나지 않기 때문에 정심지(淨心地)라고 부른다.

구경리(究竟離): 영원·영구히 완전하게 사라져버렸다는 의미이다. 번뇌를 끊어버려서 다시 퇴보하는 일이 없게 된 것을 가리킨다.

분별지상응념(分別智相應念): 세간과 출세간의 모든 존재의 염(染)·정(淨)을 분별하기 때문에 분별지(分別智)라고 부른다. 지식(智識)은 애(愛)·불애(不愛)를 분별하는 식(識)이며, 상응하는 분별 가운데에서 가장 미세한 것, 말하자면 법집 가운데의 수혹(修惑)이다. 수혹이란 습관적인 번뇌로서 의지와는 관계없이 저 홀로 일어나기 때문에 끊기가 힘들다.

구계지(具戒地): 계(戒) 특히 삼취정계(三聚淨戒)를 구족하는 계위이며, 제2지를 가리킨다.

무상방편지(無相方便地): 제7지이며, 이 계위는 무상관의 수습에 대하여 가행(加行, 준비)과 공용의 작용이 있기 때문에 무상방편지라고 부른다.

현색불상응념(現色不相應念): 현색(現色)이란, 거울에 물건이 비치는 것처럼 외계가 마음에 비치는 것을 가리킨다. 5진을 여기에서는 색으로 대표하고 있다. 현식은 무명에 움직여서 일어난 것이므로 색이 마음에 비추는 것으로 벌써 염오가 있는 것이다. 현색ㆍ경계상은 전식과 상응하는 관계가 없고, 현색은 단독으로 색을 나타내기 때문에 불상응념이라고 부른다.

색자재지(色自在地): 제8지를 가리킨다. 이 계위에서는 불토를 청정하게 잘 장엄하기 때문에 색자재라고 한다. 8지의 보디쌋뜨와에게는 예토가 나타나는 일이 없다.

능견심불상응념(能見心不相應念): 전식의 동심에 능견의 상이 나타나기 때문에 능견심불상응념이라고 부른다.

심자재지(心自在地): 제9지를 가리킨다. 9지에 이르면 중생의 마음 작용을 자유롭게 알 수 있기 때문에 심자재라고 부른다. 또는 이 계위에서는 4무애지를 얻어서 인식주체의 작용이 자유롭기 때문에 심자재지라고도 부른다.

근본업불상응념(根本業不相應念): 업상에서의 염심을 가리킨다. 무명에 의하여 불각의 마음이 움직이는 것을 말한다. 이것은 식(識, 망념)의 근본이므로 근본업이라고 부른다. 일심에 상응하지 않기 때문에 불각의 마음이 움직이므로 불상응념이라고 부른다.

보디쌋뜨와 진지(菩薩盡地): 제10지의 계위를 원만하게 성취한 경지를 가리킨다. 보디쌋뜨와의 경지를 모두 완성하였다는 의미이다. 10지의 종심(終心)을 금강유정이라고 부른다. 이 정(定)에서 미세한 번뇌의 습기를 끊어버리고, 보디쌋뜨와의 원행이 원만하게 되어 여래의 계위(등각·묘각)에 들어간다.

여래지(如來地): 여래의 계위를 가리킨다.

4. 근본무명에서 벗어나다〔根本無明斷滅〕

不了一法界義者. 從信相應地. 觀察學斷. 入淨心地. 隨分得離. 乃
至如來地能究竟離故.
言相應義者. 謂心念法異. 依染淨差別而知相緣相同故.
不相應義者. 謂卽心不覺常無別異. 不同知相緣相故.

위에서 논술한 여섯 가지의 '더럽게 물든 마음' 가운데에서, 앞쪽의 세 가지의 '더럽게 물든 마음'을 '서로 어울리는 더럽게 물든 마음'이라고 하였으며, 뒤쪽의 세 가지의 '더럽게 물든 마음'을 '서로 어울리지 않는 더럽게 물든 마음'이라고 하였는데, 이것은 무엇을 뜻하는 것일까?

앞쪽의 세 가지의 '더럽게 물든 마음'이 '서로 어울리는 더럽게 물든 마음'이라고 말한 이유는, 그 곳에서는 더럽게 물든 마음과 그것에 대응하는 바의 객관이 서로 다른 작용을 하여 구별되기 때문이다. 더럽게 물든 마음·맑고 깨끗한 마음은, 객관에 작용함에 따라서 여러 가지 차별적 인식을 낳고 있지만, 그러나 양자는 어느 것이나 무명에 의하여 생겨난 심리작용이라는 점에서는 동일하다고 말하지 않으면 안 된다.

다음에 뒤쪽의 세 가지의 '더럽게 물든 마음'이 '서로 어울리지 않는 더럽게 물든 마음'이라고 말하는 이유는, 그 곳에서는 더럽게 물든 마음이 마음의 본성에 입각하는 바의 깨닫지 못한 미혹의 모습이기 때문이다. 이들 더럽게 물든 마음은 '한 마음'을 떠나서는 따로 존재할 수 없다. 그러나 마음의 본성에 대한 미혹의 모습은, 이미 마음의 본성을 오인한 결과로써 나타나 있는 것이기 때문에 이런 점에서 보면 더럽게 물든 마음과 더럽게 물든 마음에 의하여 인식되는 바의 진여의 도리와는 서로 모순된 것이라고 말하지 않으면 안 된다.

| 강설 |

앞에서 6염의 순서로 번뇌를 소멸하는 것을 제시한 것은, 지말무명의 설명이었기 때문에, 여기에서는 근본무명을 어떻게 해서 소멸시킬 것인가를 제시한다.

일법계를 요달하지 못했다는 것은 여실하게 진여의 법이 하나인 것을 알지 못하는 것으로, 무명에 관한 것을 가리키는 것이다. 이 무명을 벗어나려면 제일 먼저 지전(地前)의 신상응지로부터 수행을 시작하여 마음을 관찰하고, 학해(學解)에 의하여 무명의 어느 정도를 단멸한다. 무명에 대하여 어느 정도라도 이해하였다면, 그만큼은 무명을 끊은 것으로 된다. 그러나 지전의 수행은 깨달음의 진지(眞智)에 의하지 않은 지적(智的) 이해이기 때문에, 무명을 끊어도 그 끊음은 진정한 끊음은 아니다.

그래서 초지의 정심지에 이르러서 성지(聖智)를 얻을 수 있으므로, 그로부터 부분적으로 무명을 벗어나는 것이 실현된다. 초지부터 10지의 만위까지 차례로 무명을 끊어서 여래지에 이르러 무명을 벗어나는 것이 완성된다.

이상의 설명은, 6염의 단멸과정과 어떠한 차이도 없는 것같이 보이는데, 그 이유는 염심은 지말무명이며, 무명의 나타남이기 때문이다. 그러므로 염심을 단멸하면 따라서 무명도 단절되어 있는 것인데, 그러나 염심이라고 말하는 것은 간접적이기 때문에 근본의 무명에 대하여 새롭게 바꿔서 제시한 것이다.

다음에 6염은, 앞의 셋은 상응이며, 뒤의 셋은 불상응이라고 논설하였으므로, 그 상위점을 제시한다. 상응이란, 심작용이 대응관계에 있다고 하는 의미이다. 그 의미는 심왕과 심소란, 그들이 각각 독자적인 심작용을 실행하지만, 그러나 선·악·무기의 삼성에 대하여는 상응하고 있다. 말하자면 심왕이 선이면 심소도 선, 심왕이 악이면 심소도 악이다. 그것을 가리켜 '왕수상응(王數相應)'이라고 부른다. "그 곳에서는 더럽게 물든 마음과 그것에 대응하는 바의 객관이 서로 다른 작용을 하여 구별되기 때문이다(心念法異)"라는 말은, 심왕과 심소가 각각 서로 다른 심작용을 하는 것을 가리킨다. 이와 같이 심작용은 서로 다르지만, 그러나 염정(染淨)의 차별에 있어서는 상응하고 있다. 더욱이 또 능연의 지상과 소연의 연상이 상응관계에 있으므로, 염법과 정법은 언제나 같은 흐름을 타는 대응관계로 되어 있다. 능연이 선이면 소연도 선이며, 능연이 염오이면 소연도 염오라는 것이다. 이 관계를 상응이라고 부른다.

또는 "그 곳에서는 더럽게 물든 마음과 그것에 대응하는 바의 객관이 서로 다른 작용을 하여 구별되기 때문이다"를 '심경상응(心境相應)'의 의미로 해석할 수도 있다. 이 경우에는, '심념'이란 심왕을 가리키며, '법'이란 소연의 경(境)을 가리키는 것으로서, 능연의 심과 소연의 경은, 주관·객관으로 나뉘어져 확연하게 차이를 나타내고 있지만, 그러나 능연의 심(心)의 힘에 끌려서 소연의 경(境)이 나타나므로 지상과 연상이 동일한 것이다. 이것을 가리켜 '심경상응(心境相應)'이라고 부른다.

지식·상속식·의식의 셋은, 알라야식의 경계상을 인식의 대상으로 하여 심작용을 일으키며 번뇌를 만들어내므로, 상응염(相應染)이라고 부르는 것이다. 이에 대하여 나머지 세 가지의 염(染)은 불상응이다. 이 불상응의 의미는, '마음에 즉(卽)하는 불각'이기 때문이다. 마음을 대상으로 하는 불각이라면, 불각과 마음 사이에 상응관계가 생겨날 수 있지만, 심(心)과 불각(不覺)이 즉(卽)하여 있으면 상응은 성립하지 않는다. 말하자면 업식·전식·현식의 세 가지의 활동은, 근본무명에 의하여 마음이 움직여서 알라야식이 된 것과 다를 것이 없는 것이다. 알라야식(動心)을 세 가지 작용으로 분석하여 나타낸 것에 지나지 않는다. 이것이 불각의 상(相)이기 때문에, 불각은 일심에 의하여 일어난 것이기 때문에, "언제나 별이(別異)가 없다"고 말하는 것이다.

그래서 이 세 가지의 식(識)에 있어서는, 심왕·심소의 분화도 이루어져 있는 것이 아니기 때문에, 심왕·심소가 능연과 소연을 같이 하는 것도 아니고, 이 단계에서는 전식과 현식은 성립한 단계일 뿐이며, 양자가 대응관계에 들어가 인식활동을 하는 것이 아니므로 지상과 연상도 같이 하는 것이 아니다. 이와 같은 의미로 알라야식에서 생겨나는 번뇌는 불상응이라고 하는 것이다.

| 용어 해설 |

불료일법계(不了一法界): 근본무명을 가리킨다. 심진여의 일법계에 요달하지 못한 것을 말한다.

신상응지(信相應地): 신근성취의 계위, 10신의 만위(滿位)를 가리킨다.

학단(學斷): 학해(學解)에 의하여 끊는 것을 가리킨다. 지전(地前)은 학단이며, 초지 이상은 이단(離斷)이라고 한다.

정심지(淨心地): 초지를 가리킨다.

상응(相應): 대응관계에 있는 것을 상응이라고 한다. 두 가지 의미가 있다. 첫째는 '왕수상응(王數相應)', 심왕(心王)과 심수(心數, 心所)의 상응이다. 심수란 심소유법을 가리키며, 여러 가지의 심리작용을 심왕(識)의 특성으로 보고 심소(心所, 心數)라고 부른다. 심왕과 심소는 작용은 다르다. 예를 들면 심왕(識)은 요별의 작용을 하지만, 심소의 염(念)은 기억, 상(想)은 표상작용, 수(受)는 감수작용(感受作用) 등 작용은 다르지만, 그러나 심왕이 선이면 심소도 선, 심왕이 악이면 심소도 악이 되어 염정에서는 같다. 자세하게는 오의(五義) 또는 사의상응(四義相應)이 있다. 이 대응관계를 왕수상응이라고 부른다. 둘째는 '심경상응(心境相應)', 능연[主觀]의 심(心)과 소연[客觀]의 경(境)이 대응관계에 있는 것을 가리킨다.

심념법(心念法): 이것은 두 가지로 읽을 수 있다. 첫째는 심법(心法)과 염법(念法)으로 읽는다. 심법은 심왕이며 염법은 심소로 해석하는 것이다. 둘째는 심념(心念)과 법(法)으로 읽을 수 있다. 심념은 능연의 심이며 법은 소연의 법으로 해석하는 것이다. 그래서 그들 사이에 상응하는 것으로 풀이한다.

염정차별(染淨差別): 염정의 차별. 염은 악, 정은 선의 의미이다. 심왕과 심소는 상응관계에 있으므로, 염정은 언제나 같은 흐름을 탄다는 것이다. 그래서 심왕이 선이면 심소도 선이며, 심왕이 악이면 심소도 악이라는 것이다.

지상연상(知相緣相): 능연의 주관과 소연의 객관을 가리킨다.

불상응(不相應): 알라야식에는 심왕과 심소가 분화되어 있지 않으며, 마음이 주관과 객관으로 분화하여 인식을 형성하기에는 이르지 못하였기 때문에, 왕수상응도 심경상응도 있을 수 없음을 말하는 것이다.

즉심불각(卽心不覺): 무명업상 · 능견상 · 경계상의 3상은 알라야식의 동심을 세 가지로 나누어서 나타낸 것일 뿐이므로 3상과 알라야식은 같은 것이다. 그러므로 3상은 불각(무명)에 의하여 일어나며, 그런데다 불각의 마음과 다르지 않기 때문에 즉심(卽心)의 불각이라고 말한다. 또는 이 마음을 심진여라고 생각하고, 불각은 진여에 의하여 생겨나지만 그런데도 양자는 같지 않기 때문에 즉심불각이라고 한다는 것이다.

又染心義者. 名爲煩惱碍. 能障眞如根本智故. 無明義者. 名爲智碍.
能障世間自然業智故. 此義云何. 以依染心能見能現. 妄取境界違平
等性故. 以一切法常靜. 無有起相. 無明不覺妄與法違故. 不能得隨
順世間一切境界種種知故.

바꿔서 말하면, 위에서 논술한 '여섯 가지의 더럽게 물든 마음'은, 진여근본
지가 각성하는 것을 방해하기 때문에 '번뇌에 의한 장애(kleśa-āvaraṇa, 煩惱碍)'
라고 부른다.

또 여섯 가지의 더럽게 물든 마음의 근원인 무명은, 세간자연업지가 생겨나
는 것을 방해하기 때문에, 이것을 '지혜의 장애(jñeya-āvaraṇa, 智碍)'라고 부른다.

이것은 무엇을 뜻하는 것일까?

무명에 의하여 생겨나게 된 '더럽게 물든 마음'은, 마음이 분열하여 주관으로
로 갈라서는 심리상태와 그 곳에 마음이 분열하여 객관으로 갈라서는 심리상
태로서 나타난다. 그리고 더욱 망념에 의한 분별을 거듭하여 객관의 모습에
집착하며, 평등을 근본으로 하는 진여근본지에 위배하므로, 이것을 '번뇌에 의
한 장애(kleśa-āvaraṇa, 煩惱碍)'라고 부른다.

또 일체의 모든 것은 본래 적정하며, 그 곳에는 망념에 의한 분별이나 출렁
거림이 존재하지 않는다. 그런데도 진여의 진실한 상태에 대한 무명이 존재하
는 것은 이와 같은 마음의 본성에 위배하는 것이며, 거룩한 붓다가 모든 미혹
하는 세계에 출현하여 많은 사람들의 여러 가지 특질에 맞춰 자비를 베푸는 지
혜의 작용을 방해하므로, 이것을 '지혜의 장애(jñeya-āvaraṇa, 智碍)'라고 부른다.

|강설|

더욱 염심에 대하여 논술하면, 이것은 번뇌애(煩惱障)에 관한 것이다. 번뇌

란 번요뇌란(煩擾惱亂)이기 때문에, 적조(寂照)의 묘혜인 진여의 근본지를 요란하는 것이다. 진여근본지란, 지혜가 진여에 계합하여, 합일한 지혜이다. 말하자면 진여와 근본지는 서로 다른 것이 아니다. 이것은 시각의 지혜가 완성되어 본각에 귀입한 상태, 말하자면 '지정상'이다. 이 근본지는 '근본무분별지'라고도 부른다.

이에 대하여 무명이라고 말하는 경우에는, 진지(眞智)를 결여하고 있는 것이며, 지애(所知障)라고 부른다. 무명이란, 세간과 출세간의 모든 문제에 대하여 지혜가 명료하지 않은 것을 의미한다. 말하자면 무명은 일체지를 장애하는 것이다. 일체지가 없더라도 해탈에 방해가 되는 것은 아니다. 말하자면 성문에게는 관계가 없지만, 그러나 붓다가 세간을 구제할 때에는 중생의 근기를 알고, 모든 방편을 활용하지 않으면 안 되므로 지애는 장애가 된다. 그러므로 여기에서 지애는 "세간의 자연업지를 장애한다"고 서술하는 것이다. 자연업지란, 붓다의 근본지로부터 임운자연(任運自然)히 나타나는 불가사의한 중생제도의 지혜를 가리킨다. 이 지혜에 의하여 붓다는, 모든 종류의 중생을 자유로이 제도하는 것이다. 무명은 이 지혜를 장애하는 것이다. 이 세간자연업지는 앞의 부사의업(不思議業)과 같은 것이며, 중생을 제도하는 지혜이므로 여량지(如量智)라고 부르며, 더욱이 세간에 대한 지혜이기 때문에 차별지이다. 이것은 근본무분별지로부터 생기는 것이므로 '후득지'라고도 부른다.

이상과 같이 본론에서는 염심이 진여근본지를 장애하고, 무명이 세간자연업지를 장애한다고 서술하지만, 그러나 염심은 추대·조대하며, 무명은 미세하다. 염심은 표면에 있으며, 무명은 근저에 있는 것이기 때문에, 무명이 근본지를 장애하며, 염심이 여량지(如量智)를 장애한다고 말해야 하는 것이 아닐까라고, 이렇게 묻는 것이다.

"이것은 무엇을 뜻하는 것일까?(此義云何)"

이 의문에 대하여 본론에서는 다음과 같이 대답한다.

무명은 근본불각이므로 근본지를 장애하며, 염심은 지말불각이므로 후득지를 장애한다고 사유하는 것도 이치에 맞는 것 같지만, 그러나 반드시 그러한 것은 아니다.

먼저 염심이라고 하는 것은 요란(擾亂)하는 특질이 있기 때문에, 진여를 요란하는 것이다. 그것에 의하여 능견상과 경계상이 있다. 또는 그 경계상에 대하여 지식이나 상속식이 잘못하여 대상을 세워서 능취·소취의 대립을 만들어 내는 것이다. 그러므로 진여의 평등성에 모순되는 것으로 되는 것이다. 이 번뇌애의 '요란'이라고 하는 특질에 의하여 번뇌애가 진여근본지에 모순된다고 하는 점이 있는 것을 알 수 있다.

다음으로 무명은 절대평등과 모순되는 것이므로 차별의 세계를 전개하는 것이다. 거기에 후득지와 모순되는 특질이 있다. 우리의 경험의 세계는 일체법의 세계이지만, 그러나 일체법은 일심이 나타난 것이기 때문에, 그 본성에 있어서는 언제나 적정이며, 생멸차별을 일으키는 현상은 없는 것이다. 그런데도 일심이 기동하여 차별의 일법계가 되는 것은, 무명의 근본불각이 망념이 되고, 진여의 법성에 모순하기 때문이다. 그래서 이 무명의 작용 때문에, 망심은 주객으로 분열하여, 지식·상속식·의식 등으로 되며, 범부가 보는 것과 같은 세간 일체의 경계를 출현하고, 외계가 실재한다고 믿는다. 이렇게 외계가 실재한다고 하는 미망에 수순하고, 그것에 구속되어 버려서 세계의 여실한 모습을 그냥 그대로 바르게 알 수 없는 것이다. 이와 같이 차별의 세계를 나타내는 것은 무명이기 때문에, 차별한 세계의 올바른 모습을 아는 여량지(如量智)를 장애하는 것은 무명이라고 하는 것이 올바른 견해이다.

염심(染心): 6염심을 가리킨다. 번뇌를 말한다.

번뇌애(煩惱碍): 『대승기신론』에서 번뇌애는 근본업불상응염 등의 6염을 의미한
다. 번뇌가 지혜를 장애하는 것을 가리킨다.

진여근본지(眞如根本智): 번뇌는 마음의 적정을 장애하기 때문에, 일심의 무념을
산란하게 한다. 이것을 가리켜 진여근본지를 장애한다고 말한다. 진여근
본지는 진여의 이치를 깨닫는 근본무분별지이다. 바꿔 말하면 지혜가 진
여에 계합하여 진여로 된 지혜이다.

지애(智碍): 『대승기신론』에서 지애는 6염의 의지처로 되어 있는 무명을 의미한
다. 소지장, 대상에 대한 지혜가 명료하지 못한 것이, 깨달음의 장애가 되
는 것을 가리킨다.

세간자연업지(世間自然業智): 붓다가 세간을 차별하는 중생을 구제하기 위하여,
차별에 대응하여, 자연히 저절로 불가사의한 업용(業用)을 베풀어 중생을
구제하는 지혜를 가리킨다. 근본지의 뒤에 일어나므로 후득지라고 부른
다. 전자가 무분별지인데 대하여, 이것은 차별지이다.

평등성(平等性): 진여가 본디 평등(平等) · 일상(一相)인 것을 가리킨다.

기상(起相): 생성하고 소멸한 차별이 일어나는 상(相)을 가리킨다.

여법위고(與法違故): 법과 위배하기 때문에, 무명이 진여의 법과 위배하는 것을
가리킨다.

제3항 마음의 현상적인 모습의 이모저모〔生滅相〕

復次, 分別生滅相者. 有二種. 云何爲二. 一者麤. 與心相應故. 二者細. 與心不相應故. 又麤中之麤. 凡夫境界. 麤中之細. 及細中之麤.
菩薩境界. 細中之細. 是佛境界.
此二種生滅. 依於無明熏習而有. 所謂依因. 依緣. 依因者. 不覺義
故. 依緣者. 妄作境界義故. 若因滅則緣滅. 因滅故不相應心滅. 緣
滅故相應心滅.

현실에 여러 가지로 생성 · 소멸을 전개하고 있는 마음의 모습은, 이것을
크게 나누어 보면 두 가지로 구분할 수 있다. 첫째, 거친 생성 · 소멸을 전개하
고 있는 모습이다. 이것은 앞의 '3. 연기의 세계에 나타나는 여러 가지 모습들'
에서 보인 여섯 가지의 더럽게 물든 마음 가운데에서 앞쪽의 세 가지의 서로
어울리는 더럽게 물든 마음이다. 둘째, 미세한 생성 · 소멸을 전개하고 있는
모습이다. 이것은 앞의 '3. 연기의 세계에 나타나는 여러 가지 모습들'에서 보
인 여섯 가지의 더럽게 물든 마음 가운데에서 뒤쪽의 세 가지 서로 어울리지
않는 더럽게 물든 마음이다.

이 가운데, 거친 생성 · 소멸을 전개하고 있는 속에서도 가장 거친 작용을
하는 것은 아직 불교를 전혀 모르는 사람의 소행이다. 거친 생성 · 소멸을 전
개하고 있는 속에서도 미세한 작용을 하는 것과 미세한 생성 · 소멸을 전개하
고 있는 속에서도 거친 작용을 하는 것은 보디쌋뜨와의 경계이다. 또 미세한
생성 · 소멸을 전개하고 있는 속에서도 가장 미세한 작용을 하는 것은 거룩한
붓다의 경계이다.

이와 같이 거친 모습이나 미세한 모습의 두 가지로 크게 나뉘어서 생성 ·
소멸을 전개하는 마음의 양상은, 모두 한결같이 무명의 훈습으로 말미암아 생
겨난 것이다. 이런 것을 더욱 자세히 알아보면, 안으로부터의 직접적인 원인
과 바깥으로부터의 간접적인 원인으로 말미암아 생겨난다고 하는 것은, 진여

는 본래 평등하여 한 맛이며, 차별이 없는 것임을 있는 그대로 깨달을 수 없는 무명 때문이라고 말한다. 바깥으로부터의 간접적인 환경으로 말미암아 생겨난다고 하는 것은, 그와 같은 무명에 바탕을 둔 차별적 인식에 의하여 경계의 모습을 비춰보고, 그것에 집착하는 것을 의미한다. 따라서 만일 안으로부터의 직접적인 원인인 무명이 소멸하면, 무명으로부터 기인하는 바의 바깥으로부터의 간접적인 환경인 경계도 소멸한다. 또한 안으로부터의 직접적인 원인인 무명이 소멸하면, 또 서로 어울리지 않는 더럽게 물든 마음도 소멸하며, 더욱 바깥으로부터의 간접적인 환경인 경계가 소멸하면, 또 서로 어울리는 더럽게 물든 마음도 소멸한다.

| 강설 |

앞의 단까지 '염정생멸(染淨生滅)'을 논술하는 가운데, 심생멸과 생멸인연을 서술하였기 때문에, 마지막으로 생멸상을 나타낸다. 생멸상(마음의 현상적인 모습의 이모저모)이란, 마음이 인식에 의하여 생멸하는 '모습'을 말하는 것이다. 이것은, 마음의 추대·조대한 모습과 미세한 모습으로 제시된다.

또 다음에 마음의 생멸하는 모습(相)을 구별하여 해설하면, 여기에는 두 가지가 있다. 이 두 가지란 무엇인가? 첫째는 마음의 거친, 추대·조대한 생멸상이다. 이것은 마음과 상응하는 생멸이며, 집상응염·부단상응염·분별지상응염의 세 가지가 포함된다. 둘째는 마음의 미세한 생멸상이다. 이것은 마음과 불상응하는 생멸이며, 현색불상응염·능견심불상응염·근본업불상응염의 세 가지가 포함된다.

상응염은 주관과 객관이 대응하며, 주관이 객관에 작용한다고 하는 형태로서, 마음이 작용(생멸)하므로, 마음의 활동이 명료하고, 활동의 진폭이 큰(조대 粗大) 것이다. 그런데도 이 경우에는 주관은, 심왕·심소로 분화하여 작용하며, 마음의 활동도 복잡하다. 이에 대하여 불상응의 염심은, 주객의 분열이 없는 상태, 말하자면 순수경험이라고 하는 것과 같은 상태의 심작용이기 때문에, 마음의 활동이 미세하다.

심작용을 이상에서 추대와 미세의 두 가지로 나누었는데, 이것을 더욱 두 가지씩 늘려서 나눈다. 첫째는 '추중지추(麤中之麤)'이다. 이것은 가장 추대·조대한 심작용이며, 범부의 마음을 가리킨다. 이것은 6염에서 말하면 제6의 '집상응염'이다. 이 단계에서는 자아의식이 있으며, 이것에 집착하고, 이 자아에 바탕을 두고 대상을 인식한다. 그래서 대상 하나하나의 개물이 그대로 외계에 실재한다고 사유하며, 그것에 대하여 애착을 일으키기도 하고 혐오를 품기도 하는 것이다. 여기에서는, 자기가 보고 있는 외계가 유심소작이라는 것을 전혀 모르는 상태이다. 이 집상응염은, 내범인 사람에 의하여 그것이 '염오'인 것을 알아차리게 되는 것이다. 그러므로 이것은 '범부의 경계'라고 말하고 있다.

둘째는 '추중지세(麤中之細)'와 '세중지추(細中之麤)'이다. 양자는 보디쌋뜨와의 경계이다. '추중지세'란 부단상응염과 분별지상응염을 가리킨다. 양자는 본능으로서의 인식이나 무의식의 영역까지도 포함하며, 자아에 바탕을 둔 표면심보다도 깊은 인식의 세계를 가리킨다. 여기에서는 자아의식은 없기 때문에, 인식은 자동적으로 이루어진다. 법집의 세계이다. 부단상응염은, 신상응지와 2승의 해탈에서 정심지에 이르는 사이에서 벗어난다. 정심지는 보디쌋뜨와의 초지이다. 다음의 분별지상응염은, 구계지에서 부분적으로 끊으며, 무상방편지에서 완전히 끊어버린다. 그러므로 양자를 포함한 '추중지세'는 보디쌋뜨와의 경계이다. 이상의 3염(三染)은, 어느 것이나 마음의 나타남인 '경계상'을 외계라고 망상하여 일어난 염심이다.

다음의 '세중지추'는 현색불상응염과 능견심불상응염을 가리킨다. 양자는 상응염에 비교하면 미세하지만, 근본업불상응염에 비교하면 추대·조대하므로 '세중지추'라고 말한다. 현색불상응염은, 무명에 의하여 움직인 마음이 외계를 비추어 나타낸 모습(相)이다. 경계상이다. 그러나 이것은 현식이며, 식(識)의 나타남이다. 이에 대하여 능견심불상응염은, 동심(動心) 가운데의 주관적인 존재방식이다. 전자의 염심은 색자재지에서 벗어나며, 후자의 염심은 심자재지에서 벗어난다. 이와 같이 '추중지세'와 '세중지추'는, 보디쌋뜨와의 수행의 단계에서 깨달을 수 있기 때문에, 보디쌋뜨와의 경계를 말한다.

넷째는 '세중지세(細中之細)'이다. 이것은 근본업불상응염을 가리킨다. 이것은 무명에 의하여 마음이 움직이는 것을 가리키는 것이다. '추중지추'·'추중지세'·'세중지추'까지는, 동심 가운데에서 미세한 동심이 추대·조대한 동심을 깨닫는다고 하는 형식으로, 마음의 동요를 벗어나는 것이었는데, 가장 미세한 동심에 대하여는, 그 동심을 소멸하는 보다 낮은 차원의 동심은 없는 것이다. 동심을 깨닫는 것도 동심이 아니면 안 되지만, 이 경우에는 그것은 불가능하다. 제10지의 만심, 말하자면 최후심인 보디쌋뜨와도 동심을 계속하여 깨닫고 미세한 동심이 있다. 따라서 최후의 동심을 깨닫는다고 말하기 보다는, 동심(動心)이 소멸하여 버린다고 하는 것이다. 이것은 여래지이다. 그러므로 "세중지세는, 붓다의 경계이다"라고 논술하고 있다.

이상의 두 가지의 추·세(麤·細)의 심생멸은 무명의 훈습을 원인으로 하여 존재한다. 근본무명이 불생멸의 진심에 훈습하여, 마음에 생멸의 파도가 생긴 것이다. 그것이 미세한 것에서부터 추대·조대한 쪽으로 진행한 것이다. 그러므로 심생멸에는, 인(因)과 연(緣)이 있다. 심생멸이 '인에 의한다'라고 하는 것은, 심생멸이 불각무명에 의하여 존재하기 때문이다. 다음에 '연에 의한다'라고 하는 것은, 무명의 움직임에 의하여, 생멸심에 경계상이 나타나는 것이다. 이것은 망념에 의하여 나타나기 때문에 '망작경계(妄作境界)'라고 말하는 것이다. 이 경계상을 외계라고 망상하여, 지식·상속식 등의 심생멸이 일어나는 것이다. 이와 같이 연(緣)은 경계상이기 때문에, 인(因)인 무명이 소멸하면, 연도 소멸하게 되는 것이다. 그래서 인(因)인 무명이 소멸하는 것으로부터, 근본업 · 능견심 · 현색의 세 가지 불상응의 염심이 소멸하는 것이다. 더욱 연(緣)인 경계상이 소멸하는 것으로부터 분별지상응염 · 부단상응염 · 집상응염의 세 가지 상응의 염심이 소멸하는 것이다.

|용어 해설|

생멸상(生滅相): 마음의 생성하고 소멸하는 추세(麤細)한 모습을 가리킨다. 생멸이란, 인식작용을 말한다. 상(相)은 상장(相狀), 나타나 있는 모습을 말한다. 마음의 현상적인 모습의 이모저모.

추(麤): 거친 마음의 생멸, 조대(粗大)한 마음의 생멸을 가리킨다. 주관과 객관, 또는 심왕 · 심소의 상응 속에서 마음이 인식활동을 하는 것을 의미한다.

세(細): 심작용이 미세하여, 상응하는 일이 없이 활동하는 것을 가리킨다.

무명훈습(無明熏習): 근본무명이 불생불멸의 진심에 작용하여, 마음에 생멸을 일으키는 것을 가리킨다. 일심에 무명의 작용을 물들이는 것이다.

인(因): 불각, 곧 무명을 가리킨다.

연(緣): 경계상을 가리킨다. 무명[因]에 의하여 일어난다.

불상응심(不相應心): 업식 · 전식 · 현식을 가리킨다.

상응심(相應心): 지식 · 상속식 · 의식을 가리킨다.

問曰. 若心滅者, 云何相續. 若相續者, 云何說究竟滅.

答曰. 所言滅者, 唯心相滅, 非心體滅. 如風依水而有動相, 若水滅者, 則風相斷絕無所依止, 以水不滅, 風相相續, 唯風滅故, 動相隨

滅, 非是水滅, 無明亦爾, 依心體而動, 若心體滅, 則衆生斷絶無所
依止, 以體不滅, 心得相續. 唯癡滅故, 心相隨滅, 非心智滅.

묻는다: 만일 안으로부터의 직접적인 무명이 소멸하면 어떻게 하여 존재가
상속할 수 있으며, 또 만일 존재가 상속할 수 있다고 하면 무명을 완전히 소멸
시켜 깨달음에 도달한다고 하는 것은 어떻게 하여 가능할까?

대답한다: 여기에서 마음의 소멸이라고 하는 것은, 다만 마음의 현상적인
모습이 소멸하는 것만을 의미하는 것이지 마음의 본바탕의 소멸을 의미하는
것은 아니다.

예를 들면, 파도의 출렁거림은, 물에 바람이 불어오니 물이 움직여 생겨나
는 것이므로 만일 물이 없어져 버리면, 바람의 동적인 모습은 의지할 곳을 잃
어 단절하지 않을 수 없는 것이다. 물 그 자체가 없어지지 않아야 바람의 동적
인 모습이 상속할 수 있다. 다만 바람이 사라지니 그에 따라서 물의 움직이는
모습도 없어지는데, 물 그 자체가 없어진다고 하는 일은 없다.

마찬가지로 존재에 도사리고 있는 무명은 마음의 본바탕에 의지하여 기동
하고 있는 것이므로, 만일 마음의 본바탕 그 자체가 없어져 버리면 모든 존재
가 의지할 곳을 잃어 영원히 단절해 버리고 말 것이다. 그러나 마음의 본바탕
은 없어져 버리는 일이 없으므로 우리의 마음도 상속할 수 있다. 여기에서 마
음의 소멸이라고 하는 것은, 다만 마음의 본성을 모르는 무명이 소멸하는 것
뿐이며, 그에 따라서 더럽게 물든 마음의 현상적인 모습도 소멸하지만, 마음
의 본성으로서 갖춰진 지혜의 작용은 영원히 소멸하는 일이 없는 것이다.

| 강설 |
묻는다: 왜냐하면 "마음이 소멸한다[心滅]"라고 서술하였기 때문에, 의문이

일어난 것이다. 만일 염심이 소멸하는 것에 의하여, 말하자면 무명의 움직임이 없어져 버리는 것에 의하여, 마음이 소멸하여 버린다면, 중생은 어떻게 존속할 수 있을까? 만일 무명의 동심(動心)이 없어져 버려도, 중생의 마음이 상속하여 작용을 하고 있다면, 마음이 소멸하였다고는 말할 수 없기 때문에(말하자면 심생멸이 존재하는 것으로 되므로), 염오가 완전히 소멸하였다고는 말할 수 없는 것으로 된다. 어떻게 완전한 소멸이라고 할 수 있을까?

대답한다: 여기에서 "마음이 소멸한다"라고 서술하였지만, 그것은 심상(心相)의 소멸이라고 하는 의미이며, 심체(心體)까지도 소멸한다고 하는 의미는 아니다. 심체는 심진여이며, 이것은 실재이며, 불생불멸이다. 그런데다 심체인 진여에는 진실인 지혜가 갖추어져 있다. 이 지혜는 무분별이다. 맑고 깨끗한 거울이 사물을 비추려고 의지적으로 작용하지 않아도, 저절로 사물이 거울에 비친다. 조금도 거짓 없이 있는 그대로 바르게 비춘다. 거기에는 작의(作意)가 없다. 이것을 가리켜 '무분별'이라고 말하는 것이다. 그러므로 심진여의 본성이 진여인 것과, 그것이 분별ㆍ망념을 벗어나 있는 것과는 모순되지 않는 것이다. "마음이 소멸한다"라고 하는 것은, 심상의 소멸이며, 심체의 소멸이 아닌 것을 비유로 제시한다.

예를 들면 바람은, 바람 자신에게는, 그 자신에게 동상(動相)이 있는 것을 알 수 없다. 우리는 신체(觸覺)에 의하여 바람을 지각하고, 그 동상을 알 수 있다. 말하자면 이 경우에는 촉각에 동상(動相)이 있는 것이다.

이와 같이 눈에는 바람이 보이지 않는 것이며, 그것을 볼 수 있는 것은 '파도'에 의한 것이다. 파도에 의하여 바람이 강하게 부느냐 약하게 부느냐를 알 수 있다. 이것을 가리켜 "파도의 출렁거림은, 물에 바람이 불어오니 물이 움직여 생겨나는 것이다(如風依水而有動相)"라고 논술하고 있는 것이다. 이때에 만일 물이 소멸하면, 풍상은 의지할 곳을 잃어버려 단절할 것이지만, 그러나 물이 없어지는 일은 없다. 물이 없어지지 않으므로, 바람이 부는 한 파도라고 하는 풍상도 계속하는 것이다. 그러나 바람이 언제까지나 불고 있는 것은 아니다. 언젠가는 바람은 사라지는 것이며, 바람이 사라지면, 풍상·동상인 파도도 사라진다. 그러나 그것은 물의 소멸을 의미하지 않는다.

무명의 경우도 이와 같은 것이다. 무명 그 자체는 인식할 수 없는 것이며, 무명이 심체에 훈습하여, 생멸심으로 된 상태에서, 무명이 존재하는 것을 알 수 있다.

그러므로 무명은 어디까지나 '마음에 즉하여' 존재하는 것이다. 그리하여 "심체에 의지해야만 움직인다"라고 말할 수 있다. 만일 그때 무명의 소멸에 의하여 심체까지도 소멸하여 버리면, 그때에는 중생도 의지할 곳을 잃어버려 단절할 것이다.

심생멸의 구조

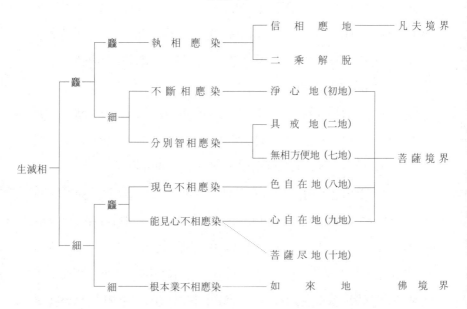

그러나 심체는 심진여이며, 불생불멸이므로, 심체의 소멸은 있을 수 없다. 그러므로 무명이 소멸하여도 심체는 존속한다. 다만 치암(無明)만이 소멸하는 것이다. 이때 마음의 생멸하는 모습은 그와 함께 소멸한다. 그러나 심체인 심지(心智, 無分別智)는 소멸하는 것이 아니다. 말하자면 마음의 생멸상의 변화에 의하여, 범부·이승·보디쌋뜨와로 변화하지만, 생멸상 그 자체가 소멸할 때, 거룩한 붓다가 되는 것이다.

| 용어 해설 |

심(心): 이 경우의 심은 염심이다.

구경멸(究竟滅): 완전한 소멸, 마음이 단멸하면, 붓다도 존재할 수 없게 되는 것이다.

심상(心相): 심체·심지(心智)에 대응하는 용어이다. 마음의 작용, 인식의 활동, 모습, 작용하는 마음의 현상을 가리킨다.

풍상수상(風相水相): 풍상과 수상, 모두 파도를 가리킨다. 무명을 비유하는 것인데, 무명은 심진여의 밖으로부터, 외래자로서 마음에 작용하는 것은 아니다. 마음의 움직임으로서 무명이 있기 때문에, 무명은 마음을 떠나지 못하는 것이다. 그러므로 풍상이라고 말하여도, 물을 떠나서 풍상은 파악할 수 없는 것이며, 파도에 의하여 바람이 있는 것을 알 수 있다.

제3절 진여와 무명이 서로 훈습한다〔染淨相熏〕

『대승기신론』에서는, 심진여는 순수청정이며, 그 본질은 지혜이고, 법신불이라고 보는 것이다. 이것은 붓다의 깨달음의 입장, '과(果)'로부터 범부의 존재방식(因)을 보면, 이와 같은 자성청정심을 전제하지 않을 수 없는 것이다. 이것을 거꾸로 범부의 현실에서 고찰을 시작하면, 현실에서는 번뇌·미망이 우선하고 있기 때문에, 어떻게 해서라도 '미망을 뒤집어서 깨달음을 얻는다'라고 하는 사고방식, 말하자면 '전식득지(轉識得智)'의 사고방식이 될 것이다. 이것은 유식설의 사고방식이다. 이에 대하여 화엄이나 여래장의 입장은, '과해전현(果海全現)의 법문'이며, 과(果)의 입장에 서서 인(因)을 보는 것이다. 그런데도 붓다의 깨달음은 완전하기 때문에 설명이 불가능하다. 완전한 것은 설명할 수 없는 것이다. 말하자면 '과분불가설(果分不可說)'이므로, 이 과를 나타내기 위하여, 임시로 인을 이용하는 것이다. 인은 미완성이므로, 언어를 빌려서 설명할 수 있다. 말하자면 '인분가설(因分可說)'이다. 그러나 여기에서 인을 논술하는 것은, 불가설인 과분(果分)을 나타내기 위한 것이다. 인은 보디쌋뜨와의 실행을 해명하는 것이 직접적인 목적은 아니다.

이와 같이 과분(果分)에 입장을 두기 위한 전제로서 '자성청정심'을 세우지 않을 수 없는 것이다. 그와 아울러서 현실에 번뇌가 있기 때문에, 그 근본원인으로서 '무명'을 인정하지 않을 수 없다. 이와 같이 자성청정심과 무명의 이원(二元)을 전제로 하지 않을 수 없는 것이지만, 그렇다고 무명을 실재로 하는 것은 절대로 받아들일 수 없다. 무명을 실재로 하는 것은, 성불을 도출하는 것이 불가능하기 때문이다. 그렇기 때문에 무명을 자성청정심에 대립하는 '타자'로 내세우면서도, 그런데도 '즉심(卽心)의 불각(不覺)'으로서, 마음에서 벗어날 수 없는 것이라고 정의한다. 그러나 이것이 진심에서 생겨났다고 말해서는 '자어

상위(自語相違)가 되기 때문에, 거기까지는 말하지 않지만 '불일불이(不一不異)'라고 표현한다. 『대승기신론』은 여래장사상의 계통에 속하기 때문에, 『대방광불화엄경』과 같은 입장에 서 있다. 따라서 '성해과분(性海果分)'의 붓다의 세계를 나타내기 위한 적절한 전제를, 현실 가운데에서 추출한 것이 자성청정심과 무명이다. 그래서 이 이원(二元)만을 취급하면, 거기에 여러 가지 논리적 모순이 있는 것은 피할 수 없다. 예를 들면 불생불멸의 진심이 지혜를 본성으로 하고 있는 것도 모순이다. 지혜는 생멸하는 것이다. 진여를 불생불멸이라고 규정한다면, 그것은 '이(理)'에만 한정되어야 할 것이다. 무명이 여러 가지 모순을 포함하고 있다는 것은 벌써 서술하였다. 그러나 『대승기신론』의 목적은, 붓다의 깨달음의 세계를 밝히고, 그것에 '믿음(信)'을 생겨나게 하려고 하는 것이다. 무명이나 진여를 서술하는 것이 궁극의 목표는 아니다. 그러한 전제에 입각하여 문제를 이해해야만 한다.

지금 여기에서 취급하는 '염정상자(染淨相資)'라고 하는 것도, 그것만으로는 대단히 이해하기 어려운 모순을 포함하는 이론이라고 본다. 말하자면 진여와 무명이, 서로 돕는다고 하는 것이 '염정상자(染淨相資)'의 의미이다. 이제까지 '염정생멸'과 '생멸인연'을 서술하여 왔다. 그래서 진여와 무명이 범부 · 보디쌋뜨와 · 붓다에게 있어서 어떠한 존재방식, 어떠한 상관관계를 나타내는가를 밝혀온 것이다. 그러나 진여와 무명은, 정법과 염법이어서, 서로 반발하는 것이다. 이원(二元)으로서 대립하는 것이며, 특질이 서로 다른 것으로 제시되어 왔다. 선과 악은 서로 모순되는 것이며, 차별되는 것이라는 점에서 명확하게 다른 것이다. 그러나 다른 한 편으로는 선과 악이 합일하여, 선악불이(善惡不二)의 특질을 가지고 있다. 예를 들면 인간의 선은 보디쌋뜨와의 선에는 미치지 못하지만, 보디쌋뜨와의 선도 거룩한 붓다의 선 앞에서는 빛을 잃고 말 것이다. 아집이나 이기심으로 물들어 있는 범부의 선은, 아무리 숭고하게 보여도 '잡해(雜海)의 선(善)'이다. 그런 의미에서는 범부의 선은 악을 포함한 선, 또는 더럽고 추하게 물든 선이며, 거기에 선악불이(善惡不二)의 성격이 제시되어 있다. 이것을 가리켜 본론에서는, 알라야식의 두 가지 뜻으로서의 각(覺)과 불각(不覺)의 관계에 대하여 고찰한 것과 같은 것이다.

그러나 이상과 같은 '염정생멸'이나 '생멸인연'이 가능하기 위해서는, 염법과 정법이 서로 상호관계를 맺는 것이 필요하며, 그 상호관계란 무엇인가라고 하는 것이 문제가 된다. 그것이 이 절에서 취급하는 '염정상자(染淨相資)'의 문제이다. 본론에서는 이것을 '훈습'을 빌려서 해석한다. 훈습이란 벌써 여러 차례 설명한 것처럼 다른 것에 작용하여, 자기의 힘을 상대에게 옮겨 싣는 것이다. 다른 것을 자기에게 동화시키는 것이다. 이것을, 꽃의 향기가 의복 등으로 옮겨지는 것을 비유로 제시하는 것이다. 훈습의 원어는 와싸나(vāsanā)이며, 이것은 습기(習氣)라고도 번역된다. 이 습기란, 훈습의 결과, 남게 된 힘을 말하는 것이다. 훈습하는 힘과 남게 된 힘은 다른 것이 아니기 때문에, 와싸나라고 하는 말이 두 가지로 쓰이는 것이다. 『성유식론』에서 "종자생현행(種子生現行), 현행훈종자(現行熏種子)"의 훈(熏)도 습기의 의미이다. 이 경우는 현행이 알라야식에 종자를 훈습하는 것이며, 그것은 알라야식에 현행의 습기가 남게 된 것을 가리킨다. 그렇기 때문에 알라야식은 '수훈처(受熏處)'라고도 불린다. 그러나 알라야식은 훈습을 받기 때문에, 무기(無記)의 식(識)이라고 해석되고 있다. 현행에는 선의 현행도 있고, 불선의 현행도 있다. 이들의 훈습을 모두 받아들이는 알라야식은, 그것을 가능하게 하기 위해서는 중성이 아니면 안 된다고 생각하고 있는 것이다. 종자는 모두 잠세태(潛勢態)이기 때문에, 선의 종자도 악의 종자도, 종자의 형태로는 힘을 나타내지 않는다. 그러므로 그 점에서는 무기와 다름이 없는 것이다. 그러한 형태로 종자는 알라야식에 보존된다. 그러나 종자가 알라야식에서 현행으로 전화(轉化)할 때에는, 선의 종자는 선의

힘을 발휘하며 악의 종자는 악의 힘을 발휘한다. 이와 같이 유식설의 입장을
정리할 수 있다.

따라서 유식설에서도 훈습을 논술하지만, 그러나 그것은, 동류인등류과(同
類因等流果), 이숙인이숙과(異熟因異熟果)의 법칙에 바탕을 두고 해설되어 있다.
그러나 지금『대승기신론』의 훈습설은 이것과 대단히 다른 것이며, 무명이 진
여에 훈습하고, 진여가 무명에 훈습하는 것을 허용하는 것이다. 진여는 한편
으로는 자성불변(自性不變)이며 순수청정이면서, 다른 한편으로는 자성을 지
키지 못하는 면이 있다. 그래서 무명의 훈습을 받아서, 무명의 성격이 진여에
나타나는 것이다. 진여는 불생불멸이며 무위법이지만, 무위법이 훈습을 받는
다고 말하는 것은, 유식설의 '종자의 6의(六義)'에서 말하면 모순이다. 그러나
『대승기신론』의 대전제로부터는, 이것을 인정하지 않을 수 없는 것이다. 이와
같이 진여는 무명의 훈습을 받는 것이지만, 거꾸로 무명도 진여의 훈습을 받
아서, 무명이면서도 무명을 배반하는 작용을 나타낸다고 서술한다. 이상과 같
은 입장에서 본론에는 염법훈습과 정법훈습의 두 가지 훈습을 논설하여, 진여
와 무명과의 관계를 나타내며, 두 가지를 합하여 진여와 무명의 성격도 밝히
고 있는 것이다.

제1항 훈습이란 무엇인가?〔熏習義〕

復次, 有四種法熏習義故. 染法淨法起不斷絶. 云何爲四. 一者淨法.
名爲眞如. 二者一切染因. 名爲無明. 三者妄心. 名爲業識. 四者妄境
界. 所謂六塵.

현실에 있어서 우리의 마음의 존재방식은, 깨달음으로 가거나 미혹으로 달려 여러 가지로 전개하고 있는데, 그것은 다음 네 가지의 마음의 작용이 서로 훈습함으로 말미암아 모든 미혹과 깨달음을 성립시켜, 끊어지게 하는 일이 없기 때문이다.

첫째, 맑고 깨끗한 마음의 작용에 의한 훈습, 또는 진여에 의한 훈습이라고도 부른다.

둘째, 마음을 더럽게 물들이는 근본 원인, 무명에 의한 훈습이라고도 부른다.

셋째, 허망한 마음에 의한 훈습, 또는 업식에 의한 훈습이라고도 부른다.

넷째, 허망한 경계에 의한 훈습, 곧 차별적 인식에 의하여 집착되는 여섯 가지의 경계에 의한 훈습이라고도 부른다.

| 강설 |

앞에서 염정(染淨)의 두 가지 법을 서술하였는데, 이 두 가지 법의 상호관계를 훈습으로 나타낼 수 있다. 염정의 두 가지 법을 훈습의 입장에서 보는 경우, 그 기점이 되는 것이 네 가지이다. 이 네 가지 법이 서로 훈습하기 때문에 염법과 정법이 생겨나서 단절하지 않는 것이다. 그 네 가지 법이란 무엇인가?

첫째, 정법이다. 미혹한 현실에 있어서 청정한 작용의 원점이 되는 것은 각(覺)이지만, 그 근거는 생멸문 가운데의 진여이다. 진여는 세 가지 뜻에 의해 청정이라고 서술한다. 첫째로 본성청정, 둘째로 청정한 훈습의 힘을 가지고 있는 것, 셋째로는 염법에 반대하여 정법으로 향하게 하는 힘, 이 세 가지에 의하여 정법이라고 서술한다. 이 진여가 미혹한 세계에 나타나서 각(覺)이 되는 것이기 때문에, 훈습의 작용을 실행하는 것은 진여라 말해도 좋다.

둘째, 모든 염인(染因)이다. 말하자면 미망의 인(因)이 되어 있는 것, 이것은 무명이다. 6염이나 삼세 · 육추는 모두 염인이지만, 여기에서는 그들의 근본을 취하여 무명을 내놓는 것이다. 이들은 무명에 의하여 존재하기 때문이다.

셋째, 망심이다. 망심이라고 하는 경우에는 식(識)을 말하는 것이다. 그러므로 이것은 업식 · 전식 · 현식에서 의식에 이르기까지를 모두 포함하는 것이다. 여기에서는 그 근본을 취하여 업식을 들고 있다.

넷째, 망경계이다. 경계란, 인식의 대상을 가리키는 것이기 때문에 지식 · 상속식 · 의식(분별사식)에 각각 망경계가 있는 것인데, 여기에서는 그 근본을 취하여 경계상을 내놓는 것이다. 다만 경계상은 외계가 마음에 나타난 것이므로 '5진'이다. 그 밖에 법진(法塵)이 있으므로, 그것도 포함하여 6진이 된다. 그러나 이 경우에는 마음 밖의 6진을 말하는 것이 아니라, 마음에 나타난, 그래서 인식의 대상이 되어 있는 6진을 말하는 것이다. 망경계(妄境界)의 '망(妄)'이라는 말이 그것을 나타내고 있다. 이들 네 가지 법은 다른 것에 작용하는 힘을 가지고 있는 것이다. 그 가운데에서, 첫째의 진여는 알라야식에서는 각(覺)이며, 나머지 셋은 모두 불각에 속한다.

| 용어 해설 |
염법(染法): 번뇌 또는 불각을 의미한다. 여기에서는 무명과 망심 · 망경계를 가리킨다.

정법(淨法): 알라야식의 각(覺)을 가리킨다. 진여이다.

熏習義者. 如世間衣服實無於香. 若人以香而熏習故, 則有香氣. 此亦
如是. 眞如淨法. 實無於染. 但以無明而熏習故, 則有染相. 無明染法.
實無淨業. 但以眞如而熏習故, 則有淨用.

훈습(vāsanā)이라고 하는 것은, 예를 들면, 의복은 본디는 향기가 없는 것인데, 만일 이것에 향내를 배게 하면 본디는 향내가 없었던 의복에도, 향내가 배기 마련이다. 그것과 마찬가지로 진여의 맑고 깨끗한 작용은 본디 때 묻지 않은 아주 고운 작용이며, 그곳에는 아무런 더러움도 존재하지 않는데, 만일 무명이 진여에 훈습하여, 그 작용을 발휘하게 되면, 본디 티 없이 맑고 깨끗한 진여도 무명에 동화되어서 더럽고 추한 모습이 나타나게 된다. 또 무명의 더럽고 추한 작용은, 본디 아무런 깨달음의 뜻도 가지고 있지 않았지만, 만일 진여가 무명에 훈습하여 그 작용을 발휘하게 되면 도리어 거기에 마음을 정화시키는 작용이 나타나게 된다.

| 강설 |

먼저 비유에 의하여 훈습의 의미를 나타낸다. 훈습이란, 꽃이 옮기는 향기가 의복에 배는 것에 비유된다. 세간에서 활용하고 있는 의복에는 실제로 향기는 없다. 그러나 사람이 이 의복에 향기를 훈습하면, 의복에 향기가 배는 것이다. 진여와 무명과의 관계도 이것과 같은 것이며, 진여는 순수청정이며 본디 평등일미이다. 일상(一相)이라면 무상(無相)이라고 말하여도 되는 것이다. 이 진여의 정법에는, 실제로는 염상(染相)은 없는 것이다. 그러나 무명을 가지고 이것에 훈습하면, 더러움(染)이 없는 곳에 염상이 나타난다. 본디 일상의 진여에 차별상이 나타나는 것이다. 이 차별상이 염상(染相)이다. 차별상은 상대적이지만, 상대적 선(善)은 상대적 악(惡)을 포함하고 있다. 여기에 차별상이 염상이 되는 이유가 있다.

다음에 근본무명과 그로부터 나타난 지말무명의 염법에는, 실제로는 정업(淨業)은 없다. 정화하는 힘은 없다. 그러나 그것에 진여가 훈습하면, 본각이 내부로부터 불각에 훈습하는 것으로 되며, 불각의 주체인 범부의 의식이, 생사의 괴로움을 싫어하고, 니르와나를 추구하는 정용(淨用)을 일으킨다. 이것은, 『슈리말라데위씽하나다경』에 "여래장이 있으므로 아주 생사의 괴로움을 싫어하고, 니르와나를 간절히 추구한다"라고 하는 사상과 완전히 일치한다. 여기에서 진여가 무명에 훈습한다고 서술하였는데, 이 진여는 생멸문의 진여이다. 알라야식에 '각(覺)'으로 나타나 있는 진여이다. 말하자면 상대의 장소에서 생각하고 있는 진여이다. 진여문의 입장에서는, 진여는 절대자이며, 일체가 진여이기 때문에, 그곳에서는 모든 차별상이 사라져버린다. 진여에는 특질이나 작용을 서술할 수 없다.

훈습을 서술하는 경우에는, 진여와 무명을 이원(二元)으로 받아들이기 어려운 점이 나타난다. 진여의 정법(淨法)에는 실제로는 염오가 없다고 말하는데, 진여에 염오를 받아들이는 소질이 전혀 없다면, 예를 들어 훈습을 한다고 하여도 염상이 나타나는 일은 없다. 그러므로 염상이 나타난 이상, 진여에도 염오의 특질이 있다고 말하지 않으면 안 된다. 예를 들면 나쁜 동무를 사귀어서 나쁘게 되는 것은, 나쁘게 되기 이전에도 나쁜 소질이 있었기 때문이라고 생각할 수 있다. 이와 같은 입장에서 사고하는 것은, 천태종의 성악(性惡)의 사고방식이다. 그러므로 천태종은, 거룩한 붓다에게도 성악은 존재한다고 생각했다. 만일 붓다에게 전혀 악이 없었다면, 악인의 행위를 이해할 수 없었을 것이라고 생각한다. 그러나 붓다에게는 '수악(修惡)'은 존재하지 않으므로, 악이 실제로 나타나는 일은 없다고 생각한다.

이상의 성악의 법문도, 현실에서 선악이 함께 존재하는 자기의 마음을 어떻게 받아들일까라고 하는 해석의 문제이다. 현실이 그것에 의하여 미묘하게 해석될 수 있고, 자기의 마음을 바르게 이해하며, 그 진행하는 방향을 바르게 꿰뚫어 볼 수 있다면, 그것으로 법문(敎理)의 역할은 다하였다고 보아야 한다. 이제 여기에서 『대승기신론』이 진여와 무명을 세우는 것도, 이 두 원리는 현실의 자기의 마음으로부터 추상되어 세워진 것이다. 구체적인 마음의 다양한 특질 가운데에서, 중요한 특질을 추상하여 세운 것이다. 따라서 진여와 무명이, 개별적 실재로서 각각 따로따로 존재한다고 생각해서는 안 된다. 그러나 이와 같은 원리를 세워서 현실의 마음을 설명하면, 마음의 바른 이해에 도움이 되는 것이다. 그러한 실용주의의 입장에서 말하면, 진여와 무명은 실재한다고 말하여도 좋다. 그러나 진여와 무명은 동등한 가치로 존재하는 것이 아니라 무명의 체는 없는 것으로서, 진여에 의존하여 존재하는 것이다. 그것은 마치 우리의 마음에 선과 악이 실재한다고 받아들이지 않으면 안 되는 것과 같은 것이다. 그러나 현실에 있는 것은 하나의 마음뿐이다. 선도 악도 추상된 것으로 생각되어진 것이다. 그러나 선악을 나누는 것에 의하여, 마음을 더욱 바르게, 더욱 깊이 있게 이해할 수 있는 것이다. 그러한 의미에서 진여와 무명은 가설이지만, 그러나 진실을 나타내는 효과를 가지고 있다. 따라서 이 이론에 논리적 모순이 있는 것을 크게 문제로 삼을 것은 없다.

우리의 현실의 마음을 중심으로 하여 생각하면, 진여는 알라야식의 각(覺)의 작용이며, 무명은 불각의 작용이다. 각과 불각은 서로 구별할 수 있는 것이면서, 그런데도 불각 가운데에 각이 존재하며, 시각(始覺) 가운데에도 불각이 있는 것은, 이미 본 대로이다. 요체는 진여의 각이란, 우리의 마음에 있어서의 '향상을 바라는 힘'이다. 이것을 반류(反流)의 힘이라고 부른다. 또는 환멸문이라고도 부른다. 이에 대하여 우리의 마음 가운데에 있어서의 타락의 힘, 이기심, 악의 힘을 불각으로 받아들인다. 이것은 유전(流轉)의 힘이라고 부른다. 이것은 다른 견해로 보면, 하나의 마음의 성격을 두 가지로 도출시킨 것이라고 말할 수도 있다. 불각이란 각(覺)의 염상(染相)이며, 각(覺)이란 불각에 머물고 있는 정화(淨化)의 힘이라고 말할 수도 있다. 『원효소』에서는 "진여정법이란 본각의 뜻이며, 무명염법이란 불각의 뜻인데, 하나의 식(識)에 이 두 가지 뜻을 포함하며, 더욱 서로서로 훈습하여 두루 염법과 정법을 생성한다(『大正藏』44-217b)"라고 설명하고 있다.

|용어 해설|

훈습(熏習, vāsanā): 이제까지 없었던 습성이, 반복하는 것에 의하여 자기의 습성이 되는 것을 가리킨다. 경험을 반복하면 습관성이 된다. 그 습관성을 외래적인 것으로 보고 훈습이라고 부른다.

염상(染相): 진여는 무상(無相, 一相)이지만 무명의 훈습을 받아서, 차별상 즉 염상이 나타난다는 의미이다. 여기에서 '상(相)'이라고 한 것은, 무명에는 '체(體)'가 없으므로 진여를 빌려서 모습을 나타내는 것뿐이라는 말이다.

정업(淨業): 정화(淨化)하는 활동력.

정용(淨用): 심생멸문 가운데의 진여의 작용을 가리킨다. 심진여문 가운데의 진여는 절대이기 때문에, 작용을 말할 수 없다. 본각이 내부로부터 불각에 훈습하여, 생사의 괴로움을 싫어하는 마음을 생겨나게 한다. 이 작용을 정용(淨用)이라고 부른다. 무명은 '염상(染相)'과 '상(相)'을 활용하는 데 대하여, 진여가 '정용(淨用)'과 '용(用)'을 활용하는 것은, 진여는 실재이며, 힘을 가지고 있기 때문이다.

제2항 더러운 냄새가 배다(染熏)

云何熏習起染法不斷. 所謂以依眞如法故, 有於無明. 以有無明染法因故, 卽熏習眞如. 以熏習故, 則有妄心. 以有妄心, 卽熏習無明. 不了眞如法故, 不覺念起, 現妄境界. 以有妄境界染法緣故, 卽熏習妄心. 令其念著, 造種種業. 受於一切身心等苦.

此妄境界熏習義. 則有二種. 云何爲二. 一者增長染熏習. 二者增長取熏習.

妄心熏習義有二種. 云何爲二. 一者業識根本熏習. 能受阿羅漢辟支佛一切菩薩生滅苦故. 二者增長分別事識熏習. 能受凡夫業繫苦故.

無明熏習義有二種. 云何爲二. 一者根本熏習. 以能成就業識義故. 二者所起見愛熏習. 以能成就分別事識義故.

그러면 그와 같은 훈습의 작용에 의하여 여러 가지 더럽게 물든 마음의 작용이 일어나, 세 단계로 펼쳐지는데, 그것은 어떻게 하여 설명이 가능할까?

첫째, 무명은 그 스스로 있는 것이 아니라 진여에 의존하여 존재한다. 염법의 근본원인인 무명이 있음으로 말미암아, 이것이 진여에 훈습하여, 허망한 마음이 생겨나는 것이다.

둘째, 무명의 훈습으로 말미암아 생겨난 허망한 마음은 거꾸로 무명으로 하여금 진여가 본디 평등하여 한 맛이며, 차별이 없는 것임을 더욱 더 깨닫지 못하게 만드는 것이다. 여기에 마음의 본성에 대한 미혹이란 허망한 경계가 생겨난다.

셋째, 허망한 경계는 모든 미혹한 염법을 낳게 하는 조건이 되며, 도리어 그것이 허망한 마음에 훈습하여, 허망한 마음으로 하여금 허망한 경계를 집착케 하는 것을 더욱 더 증대시킨다. 그것은 여러 가지 못된 행위를 짓고, 그 행위를 짓는 과보에 따라서 몸과 마음에 여러 가지 고뇌를 겪게 한다.

다음에는 위에서 논술한 세 가지 훈습을 더욱 세밀하게 설명한다. '셋째'의 허망한 경계에 의한 훈습을 고찰하면, 두 가지로 나눠 볼 수 있다. 하나는, 증장념훈습(增長念熏習)이며, 이것은 허망한 경계가 조건이 되어, 지상(智相)·상속상(相續相) 등의 더럽게 물든 마음을 일으켜, 허망한 법에 대한 집착을 증대시키는 것이다. 또 하나는, 증장취훈습(增長取熏習)이며 이것은 허망한 경계가 조건이 되어, 집취상(執取相)·계명자상(計名字相) 등의 더럽게 물든 마음을 일으켜, 자아에 대한 집착을 증대시킨다.

'둘째'의 허망한 마음에 의한 훈습을 고찰하면, 두 가지로 나눠 볼 수 있다. 하나는, 업식근본훈습(業識根本熏習)이며, 이것은 허망한 마음인 무명의 작용으로 말미암아 마음이 분열하는 현상이 무명에 훈습하는 것으로 말미암아, 성문·연각과 모든 보디쌋뜨와에게 생성과 소멸의 고뇌를 겪게 하는 작용이다. 또 하나는 증장분별훈습(增長分別熏習)이며, 이것은 허망한 마음이 의식에 훈습하여, 불교를 전혀 모르는 사람으로 하여금 그릇된 행위를 저질러 속박을 받고 많은 고뇌를 겪게 하는 작용이다.

'첫째'의 무명훈습을 고찰하면, 이것은 두 가지로 나누어 볼 수 있다. 하나는, 근본훈습(根本熏習)이며, 이것은 무명이 진여에 훈습함으로 말미암아 마음이 분열되기 시작하는 현상이 생겨나게 하는 작용이다. 또 하나는, 진실한 도리를 등지고 헤매는 지적인 번뇌와 애착·탐욕에서 오는 정의적인 번뇌를 일으키는 훈습(所起見愛熏習)이며, 이것은 무명으로 말미암아 생겨난 번뇌의 힘에 의하여 사물을 분별하는 의식이 생겨나게 하는 작용이다.

| 강설 |

망심훈습에는 두 가지가 있다. 첫째는 심체(진여)에 훈습하여 염정이 되는 것, 둘째는 지금 나타나 있는 망심이나 마음의 대상 등에 훈습하며, 또는 번뇌가 서로 돕는 것 등의 훈습이다. 이 두 가지의 훈습에 의하여, 마음의 염법이 일어나 끊어지지 않는 것이다.

본론에서 "진여의 법에 의하므로 무명이 있다"라고 서술한 것은, 훈습을 하는 능훈(能熏)의 무명과 훈습을 받는 법인 진여를 들고 있는 것이다. 무명은 능훈의 법이지만, 그러나 독존할 수는 없으며, 진여에 의존하여 존재할 수 있다. 그것을 가리켜 이와 같이 나타낸 것이다. 이와 같은 존재방식으로 미망을 만드는 원인인 무명이 있기 때문에, 이것이 진여에 훈습하는 것이다. 이것이 '무명훈습(無明熏習)'이다. 이것은, 무명은 능훈(能熏), 진여가 소훈(所熏), 그 결과는 망심이다. 이 무명이 진여를 훈습하는 결과, 망심이 일어난다. 말하자면 업식에서 의(意)와 의식에 이르기까지의 망심이 성립한다. 그러나 이 망심은 도리어 무명에 훈습하여, 무명의 힘을 키운다. 이 경우는 망심이 능훈, 무명이 소훈이며, 그 결과 진여의 법이 '하나'인 것을 요달하지 못하기 때문에, 불각의 망념이 일어나서 전식이 되며, 현식이 성립하여 망경계가 나타난다. 말하자면 결과는 전식(不覺念起)과 현식(妄境界)이다. 이것이 '망심훈습(妄心熏習)'이다.

셋째는 이 망경계가 출현하여 있기 때문에, 그것이 연(인식의 대상)이 되고, 망심이 작용하여 힘을 키운다. 이것을 가리켜 망경계라고 하는 염법(妄心)의 연(緣)이 있으므로, 이 망경계가 망심에 훈습하며, 망심으로 하여금, 염(念, 지상과 상속상의 작용)과 착(집취상과 계명자상의 작용)을 일어나게 하며, 여러 가지 업(起業相)을 저지르게 하고, 그 결과 일체의 신체적·정신적 고(苦, 業繫苦相)를 받게 되는 것이다. 이것은 좋아하는 색깔이나 향기가 있기 때문에, 주관이 그것에 집착하며, 업을 쌓아서 고뇌의 과보를 받는 것을 가리키는 것이며, 망경계에, 연(緣)으로서 작용하는 힘이 있다고 보는 것이다. 앞의 염(念)이란 법집, 착(著)이란 아집을 가리킨다고 보아도 좋다. 이것이 '망경계훈습'이다. 이 경우는 망경계가 능훈, 망심이 소훈, 지상(智相) 등의 6상이 결과이다. 훈습은 미세한 것에서 추대·조대한 쪽으로만 일방적으로 전개하는 것이 아니라, 무명에서 망심 쪽으로, 망심에서 거꾸로 무명 쪽으로, 상호관계에 있어서 힘을 강력하게 하는 작용인 것이다.

다음에 이상의 세 가지 훈습을 더욱 상세하게 논설한다.

셋째의 망경계훈습부터 나타낸다. 망경계훈습은 두 가지로 세분된다. 첫째는 증장념훈습이며, 둘째는 증장취훈습이다. 이것은 경계가 주관의 번뇌를 증장시키는 것이며, 거꾸로 주관의 번뇌가 강력해지면, 그것에 응하여 대상의 힘도 강력하게 되는 관계에 있는 것을 나타내는 것이다. 첫째의 증장념의 '염(念)'은 지식 · 상속식의 인식작용을 말하며, 법을 집착하는 망념(분별)을 말한다. 둘째의 증장취의 '취(取)'는 아집이나 견번뇌 · 애번뇌를 가리키는 것이다. 또는 욕취 · 견취 · 계취 · 아어취의 4취라고도 해석한다. 인식의 대상이, 일상적인 인식주관의 욕망을 강력하게 하는 작용을 훈습이라고 부르는 것이다.

둘째의 망심훈습도 두 가지로 나누어진다. 첫째는 업식근본훈습이며, 둘째는 증장분별사식훈습이다. 첫째는 업식이 무명에 훈습하여, 전식과 현식이 성립하는 것을 말하는데, 이것은 알라야식이 성립하는 것을 의미한다. 그래서 알라야식이 있는 한, 그 사람의 생존이 이어지는 것이다. 아라한이나 벽지불은 아집을 끊어 일체의 번뇌를 단멸한 상태이기 때문에, 윤회에 생사유전하는 일은 없다. 생사유전을 분단생사라고 하는데, 아라한 · 벽지불, 더 나아가 지상의 보디쌋뜨와는 윤회하는 삼계에서 벗어나 있는 것이므로, 분단생사의 고뇌를 받는 일이 없다. 그러나 알라야식이 있기 때문에, 삼계의 밖에 있어서의 부사의변역생사의 고뇌를 받는다고 말한다. 이것은 미세한 고뇌이지만, 그러나 생멸이 존재한다. 이것을, 『원효소』는 '변역하는 알라야식의 행고(行苦)'라고 서술하고, 『법장의기』는 '알라야식의 변역하는 행고'라고 서술하고 있다.

둘째의 증장분별사식훈습은 윤회의 고통을 생겨나게 하는 훈습이다. 망심이 지말무명에 훈습하여 분별사식의 힘을 키우는 것이다. 말하자면 범부는 업 · 전 · 현의 삼세만이 아니라, 육추를 전개하여, 아집 · 법집에 바탕을 둔 분별사식이 작용한다. 그 결과 기업상 · 업계고상이 있으며, 생사의 고를 받게 된다. 업식근본훈습은 '추중지세(麤中之細)'·'세중지추(細中之麤)'의 마음이 생멸하는 기인(起因)을 나타내며, 분별사식훈습은 '추중지추(麤中之麤)'의 마음이 생멸하는 기인(起因)을 나타내는 것이다.

첫째의 무명훈습도 두 가지로 나누어진다. 첫째는 근본훈습이며, 둘째는 소기견애훈습이다. 무명에는 근본무명과 지말무명이 있기 때문에, 훈습이 두 가지로 된 것이다. 근본무명이 진여에 훈습하는 것이 근본무명이며, 이것에 의하여 업식이 성립한다. 이것에 의하여 '세중시세(細中之細)'의 심생멸이 일어나는 원인을 나타내는 것이다. 소기견애훈습은, 지말무명인 견번뇌와 애번뇌 등의 번뇌에 의하여 의식이 성립하는 것을 나타내는 훈습이다. 앞에서 의식은 견번뇌·애번뇌에 의하여 증장한다고 서술하였는데, '증장'을 여기에서는 '훈습'이라고 표현한 것이다. 분별사식이란 의식의 다른 이름이다. 이상과 같이 염법훈습은 세 가지이며, 세분하면 여섯 가지로 된다.

한편 원효의 염법훈습과 삼세육추(三細六麤)·사상(四相)과의 관계를 도표로 표시하면 다음과 같다.

염법훈습의 구조

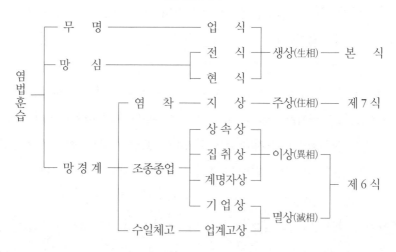

| 용어 해설 |

염법훈습(染法熏習): 무명이 인이 되어 일으키는 훈습을 염법훈습이라고 부른다. 이 훈습에 무명훈습·망심훈습·망경계훈습의 세 가지가 포함된다.

무명염법인(無明染法因): 염법의 인(因)인 무명을 의미한다. 무명이 염법의 제일 원인이 된다는 의미이다. 무명이 다른 염법의 인이 되는 것으로서, 이 작용이 무명훈습이다.

망심(妄心): 업식·전식·현식의 3세와 지식·상속식 등의 의(意)와 의식을 말한다.

훈습무명(熏習無明): 망심은 무명훈습에서 일어나지만, 거꾸로 무명에 훈습하여, 그 힘을 강력하게 하는 것을 말한다.

망경계(妄境界): 3세의 하나인 경계상을 가리킨다. 지식 등은 이것을 외계의 실재라고 망상하여, 자기 경계를 만든다. 이것은 훈습의 연(緣, 條件)이 된다. 그러나 망경계가 있는 것이, 망심의 힘을 강력하게 하기 때문에, 이것을 망경계훈습이라고 부른다.

염착(念著): 망념이 아집·법집을 일으키는 것을 가리킨다.

증장념훈습(增長念熏習): 망경계에 의하여 지식과 상속식의 세력을 강력하게 하며, 법집분별의 염(念)을 증장하는 것을 가리킨다.

증장취훈습(增長取熏習): 망경계의 힘에 의하여, 집취상·계명자상의 아집의 힘을 강력하게 하며, 취착이 증장하는 것을 가리킨다.

업식근본훈습(業識根本熏習): 업식이 무명에 훈습하여 무명의 힘을 강력하게 하며, 전식·현식이 나타나서, 알라야식이 성립하는 것을 가리킨다.

아라한(阿羅漢): arhat의 음역이다. 응공(공양을 받을 자격이 있는 성인)이라고 번역한다. 성문승의 수행이 완성된 계위이다.

벽지불(辟支佛): pratyekabuddha의 음역이다. 독각 또는 연각이라고 번역한다.

혼자의 힘으로 깨달았기 때문이다. 또는 12연기를 관하여 깨닫기 때문에 연각이라고 부른다.

증장분별사식훈습(增長分別事識熏習): 분별사식이란 의식의 다른 이름으로, 집취상과 계명자상을 가리킨다. 다만 이 경우는 지식(智識)과 상속식도 포함한다고 보아도 좋다. 이들 식(識)이 지말무명에 작용하여, 견번뇌 · 애번뇌를 일으키며, 신 · 어 · 의 업을 발동하고, 여러 가지 업을 만들어서 범부에게 업계고상을 받게 하는 것을 말한다.

근본훈습(根本熏習): 무명이 진여에 훈습하여, 업 · 전 · 현의 3세를 일으키게 하는 것을 말한다.

소기견애훈습(所起見愛熏習): 지말무명이 심체에 훈습하여, 분별사식을 성립시키는 것을 가리킨다.

제3항 향기로운 냄새가 배다(淨熏)
제1목 개괄적으로 논술한다(略說)

云何熏習起淨法不斷. 所謂以有眞如法故. 能熏習無明. 以熏習因緣力故. 則令妄心厭生死苦樂求涅槃. 以此妄心有厭求因緣故. 卽熏習眞如. 自信己性. 知心妄動無前境界. 修遠離法. 以如實知無前境界故. 種種方便. 起隨順行. 不取不念. 乃至久遠熏習力故. 無明則滅. 以無明滅故. 心無有起. 以無起故. 境界隨滅. 以因緣俱滅故. 心相皆盡名得涅槃成自然業.

향기로운 냄새가 옷에 배어드는 작용에 의한 것처럼, 훈습의 작용에 의하여 우리의 마음을 깨달음으로 향하게 하여 주는 맑고 깨끗한 작용이 생겨나는 것과, 그것이 상속하여 가는 차례는 어떻게 하여 설명할 수 있을까.

모든 사람들의 마음에 빠짐없이 갖추어져 있는 '마음 그대로의 모습'의 맑고 깨끗한 작용은, 무명에 향기로운 냄새를 배게 하는 것에 의하여, 그 헛된 마음을 깨뜨리려고 한다. 이 진여의 맑고 깨끗한 작용에 의한 훈습의 안쪽 원인과 바깥쪽 환경과의 힘은, 헛된 마음으로 하여금, 드디어는 생사의 괴로움을 싫어하고, 니르와나를 증득하여 열락(悅樂)을 얻으려고 하는 염원이나 희구가 생겨나게 한다.

왜 그런가 하면, 허망한 마음 위에, 생사의 괴로움을 싫어하고 니르와나를 증득하여 열락을 얻으려고 하는 염원이나 희구가 일어나기 시작하면, 그것이 직접적인 원인이 되고, 간접적인 조건이 되어, 거꾸로 진여에 훈습함에 따라서, 진여의 맑고 깨끗한 작용은, 스스로 본디의 맑고 깨끗한 모습으로 되돌아가려고 하는 내면적인 힘을 점차로 키워 나가기 때문이다. 이와 같이 해서 보디쌋뜨와는, 자기 자신의 스스로의 마음의 본성을 신뢰하고, 마음에 비치는 여러 가지 망상은, 한결같이 마음의 본성을 깨달을 수 없는 미혹한 마음의 움직임에 지나지 않는 것이며, 망상하는 마음에 나타나는 바의 경계를 실체가 없는 것이라고 각지하여, 그와 같은 망상하는 마음으로부터 벗어나도록 노력한다. 그는 마음의 본성을 깊이 관찰하여, 마음이 있는 그대로의 진실에 합당한 수행을 하므로, 망상하는 마음에 비치는 경계에 집착하는 일도 없고, 그것을 마음에 떠올리는 일도 없다.

이와 같이, 진여의 맑고 깨끗한 작용에 의하여 끊임없이 훈습하는 힘으로 말미암아, 마음 그대로의 모습이 평등하여 한 맛이며, 차별이 없는 것임을 깨닫지 못하는 무명은 소멸하여 버릴 것이다. 이미 무명이 소멸하여 버리면, 무명에 의하여 일어나게 된 망상심은 생겨날 리가 없고, 또 망상심에 의하여 비쥐지고 있던 경계의 모습도 모두 한결같이 소멸한다. 이렇게 해서, 현실에 있어서의 우리의 미혹의 생존을 불러 일으키는 무명의 직접적인 원인과 허망한 경계의 간접적인 조건이 함께 소멸할 때에는, 모든 미혹하는 마음의 현상적인 모습은 말끔히 사라지고, 니르와나의 깨달음을 증득하며, 그 곳에는 깨달음의 완성에 도달한 붓다의 지혜의 자비행으로서 모든 사람들을 구제하려고 하는 자유자재로운 행위가 나타나게 되는 것이다.

| 강설 |

앞의 염법훈습은, 범부의 미망의 세계가 어떻게 나타나는가를 나타낸 것이다. 다음에 정법훈습은 깨달음을 실현하는 순서를 나타낸 것이다. 첫째는 우리의 마음에, 진여의 훈습이 있으며, 이것에 의하여 심중에 청정한 작용이 일어나서, 단절하지 않는 것은, 왜 그럴까라고 묻는 것이다(현실에서 우리가 자기의 마음을 반성하여 보면, 이와 같은 청정한 힘이 심중에서 작용하고 있는 것을 부정할 수는 없다. 지금은 정법淨法이 끊어지지 않는 이유를 묻는 것이다).

그 이유는 다음과 같다. 이미 서술한 것처럼, 우리 마음의 본성은 진여이며, 그것이 인격화하여 자성청정심으로 되어 있다. 이것은 단순한 이(理)가 아니라 이(理)이면서 동시에 지(智)이기 때문에, 정화(淨化)의 힘을 가지고 있다. 자신에게 이 진여의 법이 있으므로, 이것이 끊임없이 무명에 훈습하고 있으며, 그것에 의하여 무명에 청정한 작용을 일으키게 하는 것이다. 이 무명에 대한 진여의 훈습이라고 하는 인(因)과 연(緣)의 힘에 의하여, 망심에 생사의 괴로움을 싫어하고, 니르와나를 간절히 희구하는 작용이 일어나는 것이다. 여기에서는, 진여가 능훈, 인(因)이며, 무명이 소훈, 연(緣, 무명에 일어난 淨用)이다. 그래서 그 결과는 염구심(厭求心)이다. 염구심(厭求心)은 망심에 일어나는 것이다. 이것을 '진여훈습(眞如熏習)'이라고 부르며, 체훈습(體熏習)이라고도 부른다(이에 대하여 둘째의 망심훈습을 용훈습이라고 부른다).

둘째는 첫째의 진여훈습에 의하여, 망심에 염구심(厭求心)이 일어난 것인데, 이 염구심이 능훈이 되고, 진여는 소훈이다. 그래서 그 결과는 수행이다. 망심에 일어나는 수행의 과정은 다음과 같다.

첫 단계는 자기의 본성은 자성청정심이라고 하는 믿음(信)이 일어난다. 이것은 신(信)이므로 10신위이다.

둘째 단계는 '지심망동(知心妄動)'이다. 범부는 자기가 인식하는 것이 외계 그 자체라고 생각하며, 그것에 대하여 집착을 일으키고, 까르마를 거듭 지으며, 고락을 받고 있는데, 그 외계라고 망상하고 있는 것은, 마음이 헛되이 움직일 뿐인 것이며, 마음이 인정하고 있는 경계는 실재는 아니라고, 추론(比量)에 의하여 이해한다. 이것이 '지심망동(知心妄動)'의 계위이다. 이것은 비량 말하자면 이론에 의하여 유식을 아는 것이며, 삼현위(三賢位)이다.

셋째 단계는 '수원리법(修遠離法)'이다. 사심사관(四尋伺觀)·사여실지관(四如實知觀) 등을 닦아서 유식무경의 이치를 실행한다. 그래서 여실하게 전경계(前境界)는 없다고 요달하는 것이다. 앞의 비량에 대하여, 이것은 여실지(如實知)이다. 그러므로 본론에서 "여실지(如實知)…"라고 논술하는 것이다. 이것은 진실의 지혜에 의하여 깨닫기 때문이며, 초지의 견도위이다. 여기에서 유식의 이(理)를 깨닫는 것이다. 그보다 더욱 3아쌍키예야깔빠(kalpa-asaṃkhyeya)의 긴 수행을 실천하고, 그 사이에 여러 가지 방편행을 닦으며, 진여의 이(理)에 수순하는 행을 실천하여, 집착이나 망념을 소멸하고, 소취(所取)는 무상(無相)이 되며, 능취의 망념은 불생이 되고, 이와 같이 하여 장시간에 걸친 수행, 말하자면 진여의 구원한 훈습력에 의하여, 드디어 무명이 소멸하는 것이다. 이 구원한 훈습력이란 10지의 수도위를 가리키는 것이며, 무명이 소멸한다고 하는 것은 제10지의 만위(滿位)인 금강유정에서 근본무명을 벗어나는 것을 가리킨다.

이 때 성불의 수행이 완성된다.

이와 같이 무명의 소멸이 끝나면, 망심이 일어나는 일은 없다. 망심이 일어나지 않기 때문에, 경계상도 그것에 따라서 소멸한다. 의(意)와 의식, 말하자면 법집이나 아집은 보디쌋뜨와의 계위에서 이미 소멸하여 있는 상태이기 때문에, 이 금강유정에서 근본무명이 소멸하므로, 생멸심인 알라야식이 소멸한다. 이와 같이 인(因)으로서의 근본무명과 연(緣)으로서의 망경계가 소멸하기 때문에, 모든 염법의 인과 연이 소멸하며, 심상(心相)도 모두 사라져 버려서, 니르와나를 실현한다.

그러나 여기에서 주의해야 할 것은, 마음이 소멸한다고 하여도, 그것은 마음 그 자체가 소멸하는 것이 아니라, 심상(心相), 말하자면 분별작용을 하는 망염(妄染)이 소멸하는 것이다. 심체는 소멸하는 것이 아니다. 이와 같이 마음의 생멸이 소멸하면, 마음은 적정을 실현하며, 마음의 본성인 청정성이 나타나고, 참된 지혜가 빛나는 것이다. 이 이지불이(理智不二)인 불생불멸의 세계가 니르와나이다. 이 니르와나에 안주하는 심성, 말하자면 거룩한 붓다는 욕구하지 않아도 저절로 중생을 구제하는 작용을 하는 것이다. 이것이 자연업(自然業)이다.

이상과 같이 정법훈습에는, 진여훈습과 망심훈습이 있으며, 전자를 더욱 세분하여 체훈습과 용훈습으로 쪼갠다. 다음의 망심훈습은 '염구심훈습(厭求心熏習)'이라고도 부른다. 그러나 이 염구심훈습은, "스스로 자기 자신이 성(性)을 믿고, 마음이 헛되이 움직이는 것뿐이며, 전경계(前境界)는 없음을 지각(知覺)한다"라고 하는 단계에까지 이르며, 다음의 "여실하게 전경계는 없음을 지각한다"라는 단계부터를 '유심훈습(唯心熏習)'이라고 보는 학설도 있다. 그러나 대략적으로 말하면 앞에서 서술한 것처럼, 진여훈습과 망심훈습의 두 가지로 보는 것이다. 이 두 가지를 또 다시 둘로 나누어서 서술한다.

정법훈습(淨法熏習): 진여가 무명·망심에 훈습하여 무명이나 망심이 정법(淨法)을 일으키게 하는 것을 가리킨다. 진여가 내부에서 무명·망심에 훈습하는 것은 진여의 내훈이다. 진여가 붓다·보디쌋뜨와로서 외부에서 중생의 무명에 작용하는 것을 용훈습이라고 부른다.

정법(淨法): 깨달음, 선(善)을 가리킨다.

훈습인연력(熏習因緣力): 진여가 무명에 훈습하여 정용(淨用)을 일으키게 하는 작용을 가리킨다. 이것을 본훈(本熏)이라고 부른다.

망심(妄心): 미망인 마음을 말하는데, 이것에서 생사의 괴로움을 싫어하는 힘이 일어난다.

염구인연(厭求因緣): 망심에, 생사를 싫어하며, 니르와나를 추구하는 정용(淨用)이 일어나는 것을 가리킨다. 이 정용이 거꾸로 진여에 훈습하여 진여의 힘을 증장하게 하므로, 이것을 신훈(新熏)이라고 부른다.

기성(己性): 자기의 본성이 자성청정심인 것을 가리킨다. 이것을 믿는 것은 10신의 계위에서이다.

지심망동(知心妄動): 유식무경(唯識無境)을 이해하는 것을 가리킨다. 삼현위(三賢位)에서 이루어진다.

수원리법(修遠離法): 유식무경의 이해를 자기의 것으로 하기 위하여 수행을 하는 것을 말한다. 이것을 완성하는 것은 초지 견도에서라고 한다.

수순행(隨順行): 진여의 이법(理法)에 수순하는 행을 가리킨다.

불취불념(不取不念): 집착이나 망념을 일으키지 않는 것을 가리킨다. 또는 소취와 능취가 일어나지 않는 것을 말한다.

구원훈습력(久遠熏習力): 오랜 세월에 걸쳐서 진여가 무명에 훈습하여 얻은 바의 힘을 가리킨다. 이것은 10지의 수도위(修道位)를 말한다.

무명멸(無明滅): 근본무명이 소멸하는 것을 가리킨다.

심무기(心無起): 망심이 모두 없어져버린 것을 가리킨다.

경계수멸(境界隨滅): 망경계가 소멸한 것을 가리킨다.

인연(因緣): 인(因)과 연(緣), 무명과 망심은 인이며, 망경계는 연이다.

자연업(自然業): 깨달음의 지혜가 저절로 중생을 구제하는 것을 가리킨다. 거룩한 붓다의 구제행이며, 이것을 증법(證法)의 공덕이라고 부른다.

제2목 허망한 마음에 의한 훈습〔妄心熏習〕

妄心熏習義有二種. 云何爲二. 一者分別事識熏習. 依諸凡夫二乘人
等. 厭生死故. 隨力所能. 以漸趣向無上道故. 二者意熏習. 謂諸菩薩.
發心勇猛速趣涅槃故.

허망한 마음에 의한 훈습에는 두 가지가 있는데, 첫째, 분별사식훈습(分別事識熏習)이며, 둘째, 의훈습(意熏習)이다.

분별사식훈습이란, 아직 불교를 전혀 모르는 사람들과 성문·연각의 이승에 속하는 사람들이 세간에서의 생사의 괴로움을 싫어하여, 그들 나름대로의 힘이 미치는 범위 안에서 노력하여, 한 걸음 한 걸음 깨달음을 향해 가는 것을 말한다.

의훈습이란, 모든 보디쌋뜨와들은 바로 앞에서 말한 사람들보다는 수행이 앞서 있기 때문에, 신속하게 니르와나를 향해 가는 것을 말한다.

|강설|

정법훈습을 진여훈습과 망심훈습으로 나누었는데, 먼저 뒤쪽의 망심훈습부터 해석한다. 망심훈습은, 망심에 진여의 정용이 나타나는 것인데, 이것은 다른 말로 표현하면, 미망 가운데에 있는 중생이 그 미망의 마음속에서 보디심(bodhicitta)을 일으키고, 수행을 하여 깨달음에 나아가는 '단혹증리(斷惑證理)'의 활동을 나타내는 것으로 된다. 따라서 이것은, 시각의 활동을 망심 쪽에서 서술한 것이라고 보아도 좋다.

망심은 의(意)와 의식으로 나누어지기 때문에, 망심의 훈습도 두 가지로 나누어진다.

첫째는 분별사식훈습이다. 분별사식은 의식을 달리 부르는 것이지만, 분별사식을 표면에 내놓은 것은, 이 식(識)이, 마음에 인식하는 개물이, 그대로 외계에 실재한다고 분별하는 것을 나타내기 때문이다. 말하자면 범부와 이승에 속하는 사람들은, 유심의 이치를 알지 못하기 때문에, 마음 밖에 경계가 실재한다고 생각하고 있다. 그러므로 발심하여 생사의 괴로움을 싫어하는 마음이 일어나도, 생사나 윤회의 괴로움이 실재라고 생각한다. 그래서 이 생사의 괴로움을 싫어하는 마음의 힘〔作意力〕에 의하여, 무상도(無上道) 말하자면 붓다의 깨달음을 목표로 하기 때문에, 그 발심을 '점(漸)=차츰'이라고 말한 것이다.

둘째는 의훈습(意熏習)이다. 의(意)의 가운데에 나타난 진여의 정용의 작용을 가리킨다. 이것은 초지 이상의 보디쌋뜨와의 수행심이다. 그들은 유식무경을 깨닫고 있기 때문에, 마음 밖에 명자(名字)를 꾀하거나, 명자의 집착을 갖는 일은 없다. 그러므로 발심은 용맹하고 강력하며, 전자(前者)의 발심의 '점(漸)=차츰'에 비하여, 이 보디쌋뜨와는 '빠르게' 니르와나에 취향할 수 있는 것이다. 의(意)는 업식에서 상속식까지의 5식을 포함하지만, 그 근본을 취하여 업식으로 의(意)를 나타낸다. 그들은 유심의 이치를 아는 것에 의하여, 알라야식의 본질을 알고 있다. 범부와 이승은 분별사식에 머물러 있기 때문에, 자기가 알라야식인 것을 알지 못한다. 보디쌋뜨와는 알라야식을 이해하며, 이 식에 나타난 진여의 정용에 의하여, 깨달음을 향해서 수행한다. 근본인 알라야식을 알고 있기 때문에, 마하보디(mahābodhi, 大菩提)로 향하는 힘도 강력하며, 그런데다 가깝기 때문에, '빠르게 니르와나에 취향한다'라고 서술하는 것이다.

|용어 해설|

망심훈습(妄心熏習): 망심에 진여가 훈습하여 정용(淨用)이 일어나는 것을 가리킨다. 이 정용(淨用)에 두 가지가 있다.

분별사식훈습(分別事識熏習): 망심은 의(意)와 의식으로 나누어지는데, 의식을 분별사식 · 분리식 등이라고도 부른다. 이 식(識)은, 개개의 사물이 인식하는 대로의 형상으로 외계에 실재한다고 생각하기 때문이다. 사(事, 個物/現象)를 분별하는 식(識)이라는 의미이다. 아직 유심의 이치를 알지 못하는 단계이다. 이 식(識)에, 진여의 훈습에 의하여, 염리(厭離)의 정용이 일어난다.

범부이승인(凡夫二乘人): 내범인 사람과 성문 · 연각의 2승을 말한다.

의훈습(意熏習): 의(意)에 생겨난 정용(淨用)을 가리킨다. 의(意)는 업식 · 전식 · 현식 · 지식 · 상속식의 5식으로 되어 있지만, 여기에서는 그 근본을 취하여 업식을 가리킨다. 의식의 단계를 벗어나면, 유식무경의 이치를 깨닫는다. 그래서 의(意)에 진여의 정용이 일어나 있기 때문에, 알라야식의 본질을 알고 있다. 그러므로 이것은 초지 이상의 단계이다.

제3목 마음 그대로의 모습에 의한 훈습〔眞如熏習〕

眞如熏習義有二種. 云何爲二. 一者自體相熏習. 二者用熏習.

'진여에 의한 훈습'은 두 가지가 있는데, 첫째, 자체상훈습(自體相熏習)이며,

둘째, 용훈습(用熏習)이다.

진여의 훈습에는 두 가지가 있다. 첫째는 자체상훈습이며, 둘째는 용훈습이다. 진여에는 체 · 상 · 용의 3대(大)가 있는데, 이 가운데에서 체대와 상대를 합한 진여의 작용이 자체상훈습이다. 여기에서 '자(自)'라는 말이 있는 것은, 진여가 인격화되어, 자성청정심으로 되어 있기 때문이다. 진여 자신에는 자타의 구별은 없지만, 자성청정심으로서는 자타의 구별이 있다. 그래서 심생멸문에 있어서는, 자성청정심으로서의 진여의 활동이 있기 때문에, 그 활동을 통하여, 진여의 체(體)와 진여의 상(相) 그리고 진여의 용(用)이 구별되는 것이다. 그러므로 진여의 자체상훈습과 용훈습이 서술되는 것이다. 진여의 자체상훈습은 범부나 보디쌋뜨와에 대하여 말할 수 있다. 붓다에게도 자체상훈습이 있지만, 벌써 진여가 전현(全現)하여 있기 때문에, 특별히 그 진여의 상태를 나타낼 필요가 없기 때문이다. 이에 대하여 용훈습은 거룩한 붓다나 마하보디쌋뜨와에 대하여 말할 수 있는 것이다. 진여의 작용이 자재하게 나타나 있는 것은, 거룩한 붓다나 마하보디쌋뜨와이기 때문이다.

|용어 해설|

진여훈습(眞如熏習): 진여의 본디 작용인 정화(淨化)의 힘을 말한다. 이것에는 내훈과 외훈이 있다.

자체상훈습(自體相熏習): 이 자체상은 '입의분'에서 "심생멸인연의 상(相)은 마하야나의 자체(自體) · 자상(自相) · 자용(自用)을 잘 나타내기 때문에"라고 서술한, 그 자체 · 자상을 가리킨다. 진여 그 자체는 법계일상이며, 자타의 구별이 없지만, 심생멸문에서 진여는 자성청정심으로 되어 인격화되어 있다. 개인적으로 되어 있으므로 '자체·자상'이라고 말하는 것이다. 말하자면 자기의 내부에서의 진여가 자체이며, 그 덕성인 지혜가 자상이다. 이것이 알라야식에서는 '각(覺)'으로 나타나 있다.

용훈습(用熏習): 진여의 활동을 말한다. 붓다나 법신의 보디쌋뜨와가 되어 비로소 그 힘이 충분하게 발휘된다. 그러므로 용훈습이란, 붓다·보디쌋뜨와가 밖으로부터 중생에게 작용하는 힘을 가리킨다.

1. 체대·상대의 훈습〔自體相熏習 - 內熏〕

自體相熏習者, 從無始世來, 具無漏法, 備有不思議業, 作境界之性.
依此二義. 恒常熏習, 以有力故, 能令衆生厭生死苦, 樂求涅槃, 自信
己身有眞如法. 發心修行.

평등하여 한 맛이며, 자성이 맑고 깨끗한 진여 그 자체는, 미혹한 생존을 끊임없이 반복하고 있는 우리의 내부세계에서 언제나 우리를 참된 깨달음으로 달리게 하고, 또 외부로부터 갖은 수단으로 작용하여 깨달음에의 길을 걷게 한다.

자체상훈습이란, 모든 사람들에게는, 무한한 과거의 세상으로부터 더럽게 물들지 않은 맑고 깨끗한 깨달음의 세계로 인도하는 불가사의한 작용이 존재한다. 그러나 그것은, 현실에 있어서 아직 불교를 전혀 모르는 사람들의 미혹한 마음에서 본다면, 궁극적으로 도달해야만 할 목표이며, 우러러보아야만 할 대상이라고 말하지 않을 수 없다.

우리의 내부로부터의 진여의 실태는, 이와 같은 두 가지 성격을 지니고 있기 때문에, 능란하게 사람들의 허망한 마음에 작용을 걸어, 세간에서의 생사의 괴로움을 싫어하고, 니르와나의 열락(悅樂)을 증득하려고 한다. 또, 사람들 스스로의 마음 안에 더럽게 물들지 않고 맑고 깨끗한 진여의 법이 존재하는 것을 믿게 하여, 구도의 염원을 일으켜 수행하게 한다.

|강설|

먼저 자체상훈습을 제시한다. 더럽게 물들지 않은 자성청정심인 진여를 갖추고 있다. 이 진여의 정화하는 힘이, 안으로부터 언제나 무명·망심에 작용하고 있다. 그러나 중생은 진여 본각의 힘을 알아차리지 못하기 때문에, 이것은 부사의한 작용이다. 이 힘이 중생의 망심에 나타나서 시각의 지혜로 되는 것이다. 이와 같이 진여의 훈습은, 중생의 능관의 지혜로 나타나 있다. 더욱 이 시각의 지혜가 진여를 관상(觀想)하여, 그 본질을 꿰뚫으려고 할 때에는, 진여는 소관(所觀)의 경계가 되는 것이며, 이 진여는 성정본각으로서의 진여이다. 이와 같이 진여는 중생에게 있어서 부사의업과 경계의 성(性)이라고 하는 두 가지 존재방식으로 중생에게 훈습하고 있다. 이것이 자체상훈습이다. 이 진여의 내훈이 무시이래로 존재하기 때문에, 그 힘에 의하여 중생은 불교를 깨닫게 되는 것이다. 말하자면 중생이 생사의 괴로움을 싫어하는 것은, 중생의 망심의 힘이 아니라, 진여의 힘에 움직여져서, 괴로움을 싫어하는 마음이 나타나는 것이다. 그래서 니르와나의 열락을 원하고, 자기에게 진여의 법이 있는 것을 믿어 발심수행을 하는 것이다.

|용어 해설|

무루법(無漏法): 순수하고 청정한 것을 말한다. 자기가 본디 구유(具有)하고 있는 자성청정심·성정본각을 가리킨다.

부사의업(不思議業): 진여가 안으로부터 중생에게 작용하고 있는데, 중생은 그것을 알아차리지 못하므로 '부사의(不思議)'라고 말하며, 이 훈습을 '명훈(冥熏)'이라고 부른다.

경계지성(境界之性): 진여가 관찰의 대상이 되는 것을 가리킨다. 보디심을 일으킨 사람의 지혜는 시각의 지혜이며, 이것은 진여가 능관의 지혜로 나타난 것이고, 앞의 '무루법(無漏法)'을 갖추어서 부사의업이 있다'고 서술한 것은, 이것을 가리키는 것이다. 이 능관의 지혜가 진여를 관찰할 때, 대상이 되는 것은 본각진여이다. 그러므로 진여는 능관(能觀)의 진여가 되며, 소관(所觀)의 경계가 된다. 이것이 진여의 자체상훈습이다.

차이의(次二義): 무루법을 갖추어서, 부사의업이 있는 것과 경계의 성(性)이 되는 것을 가리킨다.

問曰. 若如是義者. 一切衆生. 悉有眞如. 等皆熏習. 云何有信無信. 無量前後差別. 皆應一時自知有眞如法. 勤修方便等入涅槃.

答曰. 眞如本一. 而有無量無邊無明. 從本已來. 自性差別. 厚薄不同故. 過恒河沙等上煩惱. 依無明起差別. 我見愛染煩惱. 依無明起差別. 如是一切煩惱. 依於無明. 所起前後無量差別. 唯如來能知故. 又諸佛法. 有因有緣. 因緣具足乃得成辨. 如木中火性是火正因. 若無人知, 不假方便. 能自燒木. 無有是處.

衆生亦爾. 雖有正因熏習之力. 若不遇諸佛菩薩善知識等. 以之爲緣. 能自斷煩惱. 入涅槃者. 則無有是處. 若雖有外緣之力. 而內淨法未有熏習力者. 亦不能究竟厭生死苦樂求涅槃. 若因緣具足者. 所謂自有熏習之力. 又爲諸佛菩薩等慈悲願護故. 能起厭苦之心. 信有涅槃. 修習善根. 以修善根成熟故. 則値諸佛菩薩示敎利喜. 乃能進趣向涅槃道.

묻는다: 그런데 이와 같이 논술하면 의문이 생긴다. 곧 사람들의 마음속에 다 같이 진여가 갖추어져 있다면 - 그것은 평등하여 한 맛이며 차별이 없기 때문에 - 우리들은 똑같이 '마음 그대로의 모습의 훈습'을 받아서, 스스로에게 진여의 법이 갖추어져 있는 것을 각지하여, 수행을 발판으로 모두 다 니르와나의 세계에 들어가야만 하는 것이 도리이다. 그러나 현실에 있어서는 진여의 법을 믿는 사람도 있는가 하면, 믿지 않는 사람도 있고, 또 그것을 믿고 발심하여 수행하는 사람에게도 빨리 이루어지는 사람이 있는가 하면, 늦게 이루어지는 사람도 있어서, 많은 차별이 있는데 그것은 왜 그러할까?

대답한다: 진여 그 자체는 평등하여 한 맛이며, 차별이 없는 것인데, 그 마음 그대로의 모습의 본성에 대한 미혹에는 헤아릴 수 없는 차별이 있다. 그런데 무명은 생성 · 소멸하는 존재이므로, 때와 곳에 따라서 천차만별이다. 곧 사람에 따라서 그것이 두터운 사람도 있고 얇은 사람도 있다. 두터운 사람에게는 믿음이 없고, 얇은 사람에게는 믿음이 있다. 그런데 갠지스 강의 모래알처럼 헤아릴 수 없이 많은 번뇌는 모두 근본무명으로 인해서 발생하는 것이다. 따라서 무명의 차이에 의하여, 그것에 바탕을 두고 일어나는 큰 번뇌[上煩惱=智碍]도 사람의 나름에 따라서 다른 상태이고, 자아에 대한 집착 및 탐애하는 번뇌(煩惱碍)도 무명에 바탕을 두고서 일어나기 때문에 사람에 따라서 차이가 있다. 이와 같이, 모든 번뇌는 무명에 바탕을 두고 일어나기 때문에 그것이 먼저 일어나기도 하고 나중에 일어나기도 하며, 두텁기도 하고 얇기도 하여 천차만별이다. 이러한 차별이 있는 것을 다만 거룩한 붓다만이 온전히 아실 뿐이다.

또 붓다의 가르침 속에는, 안으로부터의 직접적인 원인(因)과 밖으로부터의 간접적인 조건을 말씀하고 계시며, 이 안으로부터의 그것과 밖으로부터의 그것이 함께 갖춰지지 않으면, 아무 것도 성취할 수 없다고 말씀하고 계신다. 아무리 사람들의 마음속에 진여에 의한 훈습하는 힘이 존재한다고 하더라도 만일에 거룩한 붓다나 보디쌋뜨와 또는 좋은 동무들(kalyāṇa-mitra ; 善知識)에 의한 밖으로부터의 자비나 원력에 의지하지 않으면, 중생은 스스로의 힘만으로는 도저히 번뇌를 끊어 버리고 니르와나의 경지에 들어갈 수 없다. 그에 대하여, 가령 거룩한 붓다나 보디쌋뜨와 또는 좋은 동무들에 의한 밖으로부터의 자비나 원력이 있어도 진여의 정법이 사람들의 마음속에서 훈습하는 일이 없으면, 우리들은 밖으로부터의 힘만으로는 도저히 세간에서의 생사의 괴로움을 싫어하고, 깨달음의 열락(悅樂)을 구할 수 없다.

그렇지만 안으로부터의 직접적인 원인과 밖으로부터의 간접적인 조건이 모두 함께 갖추어지는 것, 바꿔 말하면, 사람들은 스스로의 품에 '마음 그대로의 모습에 의한 훈습'의 힘을 갖추고, 또 밖으로부터는 거룩한 붓다나 보디쌋뜨와 또는 좋은 동무들의 자비와 원력에 의지하여 가호를 받음으로써, 비로소 세간에서의 생사의 괴로움을 싫어하는 마음을 일으키며, 니르와나의 경지가 틀림없이 존재한다는 것을 믿고서 깨달음에 도달하기 위한 여러 가지 노력을 할 수가 있다. 이와 같이 깨달음에 도달하기 위한 여러 가지 노력을 쌓고 쌓은 사람들은, 거룩한 붓다나 보디쌋뜨와 또는 좋은 동무들을 만나서, 그 가르침을 받아 이해하고, 진리에 대한 환희를 맛보기에 이른다. 이러한 정진은 점차로 진보에 진보를 거듭하고 향상에 향상을 거듭하여 니르와나의 길로 향하게 한다.

| 강설 |
묻는다: 그러나 이와 같이 서술하면 의문이 생긴다. 진여가 무시이래로 중생의 인격에 무루법으로 존재하여 언제나 훈습하고 있다면, 모든 중생은 모두 진여를 구유하고 있기 때문에, 그런데다 그 진여가 불변이면서 평등하게 똑같

이 중생에게 훈습하고 있을 터이다. 따라서 모든 사람이 한결같이 발심하고 수행하여 똑같이 니르와나에 들어가야만 하지 않을까. 그러나 현실에서는, 자기의 불성을 믿는 사람도 있지만, 믿지 않는 사람도 있다. 그리고 또 발심하고 수행하는 사람에게도, 빠른 사람이 있는가 하면 늦는 사람도 있으며, 유신무신(有信無信), 발심의 전후에도 헤아릴 수 없이 많은 차별이 있다. 이것은 무슨 까닭일까? 모든 사람이 한결같이 동시에 '자기에게 진여의 법이 있다'라는 믿음을 일으켜서, 정진노력하고, 여러 가지 방편을 활용하여 똑같이 니르와나에 들어가야만 하지 않는가라는 의문이다. '일체중생실유불성(一切衆生悉有佛性)'과 진여의 훈습을 논술하는 바라면, 이상의 의문은 당연히 일어날 것이다.

대답한다: 첫째는 진여는 본디부터 '하나'이다. 예를 들면 자성청정심의 형태에 있어서도 진여의 본성이 변할 리는 없다. 그러나 무명은 그렇지 않다. 진여와 무명은, 이런 점에서 커다란 차이가 있다. 진여는 불생불멸을 본성으로 하고 있지만, 무명은 생멸의 존재방식을 가지고 있다. 그러므로 무명은 각각의 때와 곳에 따라서 천차만별인 것이다. 무명은 무량무변의 차이가 있으며, 그 존재방식은 천차만별이다. 말하자면 사람에 따라서 무명이 두터운 사람도 있고, 얇은 사람도 있다. 두터운 사람에게는 믿음이 없지만, 얇은 사람에게는 믿음이 있다. 무명이 두터운 사람에게 있어서는, 진여의 빛도 밖으로 드러나지 않는다. 그런데다 갠지스 강의 모래알처럼 헤아릴 수 없이 많은 번뇌는, 모두 근본무명에 의하여 일어나는 것이다. 따라서 무명의 차이에 의하여, 그것에 바탕을 두고 일어나는 상번뇌·지애(所知障)도 사람에 따라서 각각 다른 상태이며, 더욱 아견 등의 견혹이나 삼계의 탐애 등의 4주지(住地)의 번뇌도 무명주지에 바탕을 두고 일어나는 것이기 때문에, 무명의 차이에 따라서, 이들 번뇌애(煩惱障)도, 사람에 따라서 차이가 있는 것이다.

이와 같이 모든 번뇌는, 무명에 바탕을 두고 일어나기 때문에, 그 전후나 상위에 대해서는, 무명의 차이에 따라서 천차만별이다. 그 차별은, 다만 거룩한 붓다만이 바르게 알 뿐이다. 따라서 인간의 본성은 진여이며, 그 점에서는 모든 중생이 평등이지만, 사람에 따라서 무명이 다르기 때문에, 발심하고 수행하는 차별이 일어나는 것이다. 이와 같은 사유방식은, 인간의 본성인 지혜는, 어떤 사람이라도 완전히 똑같지만, 그러나 그 지혜를 장애하는 무명이, 사람에 따라서 각각 다르게 되어 있다고 보는 방식이다.

둘째는 하나 더 주의해야 할 것이 있다. 중생에게 밖으로부터 작용을 미치는 붓다나 보디쌋뜨와의 연(緣)이 같지 않은 것이다. 모든 것은, 인(因)만으로 성취하는 것은 아니다. 인이 있어도, 연에 의하여 그것에 의하여 개발되지 않으면, 인은 힘을 나타내지 못하는 것이다. 그러므로 모든 붓다의 가르침에는, 반드시 인과 연이 함께 서술되는 것이다. 어느 것도 인과 연을 함께 갖추어야만, 목적을 달성하는 것이다. 다음과 같이 비유를 들어 보기로 한다.

예를 들어 나무가 타는 것을 생각하여 보니, 모든 나무속에 타는 특질, 말하자면 화성(火性)이 갖추어져 있다. 이 화성이 불의 정인(正因)이다. 그러나 사람이 그 나무에 불을 일으키는 방법을 알지 못하였다면, 나무가 스스로 탄다고 하는 것은 있을 수 없다. 중생의 경우에도 이와 똑같은 것이다. 진여의 내훈이라고 하는 인훈습력(因熏習力)은 누구에게나 다 있다. 이 훈습력은 누구에게나 다 있지만, 그러나 만일 거룩한 붓다·보디쌋뜨와·선지식 등의 지도자의 연의 도움을 얻지 못하면, 자력으로 번뇌를 끊고 니르와나에 들어간다고 하는 일은 있을 수 없다. 말하자면 인이 있더라도 연을 만나지 못하면, 일을 성취할수 없는 것이다. 또 종자가 발아의 힘을 가지고 있더라도, 땅에 뿌려서 물과 태양의 빛·열이 없다면, 싹을 틔우지 못한다. 말하자면 하나의 인으로는 일이 성취되지 않는다. 반드시 둘 이상의 힘이 서로 도와서 새로운 현상이 생겨난다. 이것이 연기의 도리이다.

거룩한 붓다·보디쌋뜨와의 연력(緣力)이 위대하기는 하지만, 그러나 연력만으로는 일이 성취되지 않는다. 밖으로부터 거룩한 붓다·보디쌋뜨와가 아무리 강력하게 작용해 주어도, 중생의 내부에 무명의 힘이 강성하기 때문에, 진여의 내훈인 정법의 힘이 충분하지 않으면, 그 중생이 생사의 괴로움을 싫어하고 니르와나를 간절히 추구하는 마음을 일으킬 수 없는 것이다. 이것은 인이 결여되어 있는 것이다.

셋째는 인과 연이 함께 있는 경우이다. 말하자면 안에서는 진여의 훈습력이 힘을 나타내고 있고, 도(道)를 구하려고 하는 마음이 성숙하여 있으며, 밖으로부터는 거룩한 붓다·보디쌋뜨와의 자비나 서원에 의하여 보호되고, 가르침을 받으며, 힘을 돋우어주고 있다. 이와 같이 내훈의 인과 외연의 힘이 모두 함께 갖추어졌을 때, 중생의 망심에 생사의 괴로움을 싫어하는 마음이 잘 일어나는 것이며, 니르와나가 진실로 있음을 믿고, 무탐(無貪)·무진(無瞋)·무치(無痴)의 세 가지 선근을 수행하기에 이르는 것이다. 이 선근이 성숙함에 따라서 시각의 지혜가 강해지며, 거룩한 붓다·보디쌋뜨와를 만나서, 그 가르침을 받고, 이해하며, 법의 환희를 얻게 되는 것이다.

이같이 하여 차례로 진보하고 향상하며, 니르와나의 도(道)를 향하여 나아가게 되는 것이다.

| 용어 해설 |

자성차별(自性差別): 무명이 사람에 따라서 각각 다르게 되어 있는 것을 말한다.

과항사(過恒沙): '항(恒)'은 Gaṅgā를 가리킨다. 갠지스 강의 모래알보다도 더 많은 것을 '과항하사(過恒河沙)'라고 말한다. 여기에서는 번뇌가 많은 것을 이것에 비유한 것이다.

상번뇌(上煩惱): 마음에 일어나 있는 번뇌를 말하며, 앞에서 든 '지애(智碍)'와 같은 것이다. 소지장을 가리킨다.

아견애염번뇌(我見愛染煩惱): 아견은 자아에 대한 집착, 견혹을 포함한다. 애염은 탐애의 번뇌로서 욕·색·무색의 삼계로 나눈다. 견혹은 묶어서 하나로 하기 때문에, 이상을 4주지의 번뇌라고 말한다. 번뇌애 또는 번뇌장을 가리킨다.

처(處): 여기에서는 도리(道理)·이유(理由)·근거·까닭을 의미한다. 예를 들면 '그럴 리 없다'의 '리'와 같은 말이다.

정인훈습력(正因熏習力): 진여정법의 작용, 이것은 진여의 내훈으로서, 인(因)의 힘이다.

선지식(善知識, kalyāṇa-mitra, 善友): 훌륭한 지도자 또는 스승을 의미한다.

외연(外緣): 붓다·보디쌋뜨와·선지식 등의 밖으로부터의 교도(敎導)를 가리킨다.

선근(善根): 선을 베푸는 힘을 가리킨다.

2. 용대의 훈습(用熏習 - 外熏)

用熏習者. 卽是衆生外緣之力. 如是外緣有無量義. 略說二種. 云何爲
二. 一者差別緣. 二者平等緣.

용훈습(用熏習)이란, 사람들에 대한 밖으로부터의 간접적인 조건에 의한 힘을 말하는 것이다. 수행자에게 작용을 걸어주는 거룩한 붓다나 보디쌋뜨와 또는 좋은 동무들이 헤아릴 수 없이 많은데, 지금 이것을 또 크게 나눠 보면, 하나는 차별적인 조건(差別緣), 다른 하나는 평등적인 조건(平等緣)의 둘이다.

| 강설 |

진여훈습에서의 둘째는 용훈습이다. 이것은 모든 붓다의 용대의 작용을 말하는 것이다. 용대란, 붓다의 보신과 응신을 가리킨다. 『대승기신론』에서는, 체대와 상대를 하나로 묶어 법신을 나타낸다. 진여의 정용이 붓다의 용대에 있어서의 완전한 나타남이며, 중생에 대하여 밖으로부터 작용하여, 돕는 활동을 한다. 그 활동을 용훈습이라고 부른다. 그러므로 "이것은 중생에의 외연의 힘이다"라고 하는 것이다.

수행자에게 작용하는 붓다 · 보디쌋뜨와의 힘은 무수하지만, 이것을 정리하여 서술하면 두 가지이다. 말하자면 첫째는 차별의 연이며, 둘째는 평등의 연이다. 차별의 연이란 개인에 따라서 그것이 각각 다른 연이며, 평등의 연이란 많은 사람에게 동등하게 작용하는 연이다. 평등의 연은 수행자의 수행이 10주 이상의 단계에 나아간 뒤에 받을 수 있는 것이다.

| 용어 해설 |

용훈습(用熏習): 체 · 상 · 용의 3대 가운데의 용대(用大)의 작용을 가리킨다. 진여의 작용이 거룩한 붓다의 구제 활동으로 되어, 중생을 밖으로부터 돕는 것을 말한다. 보신 · 응신의 붓다의 교도를 말한다.

차별연(差別緣): 중생 능력의 차별에 따라서, 그에 맞추어 붓다의 돕는 활동을 가리킨다. 범부 · 이승에 대한 붓다의 활동이다. 이것을 응신 · 보신의 활동이라고 말한다. 범부 · 이승의 분별지식에 훈습하는 것을 가리킨다.

평등연(平等緣): 평등의 기(機)에 대한 연(緣)이라는 말이다. 10주(住) 이상의 보디쌋뜨와에 대하여는, 거룩한 붓다는 동체의 지력(智力)을 가지고 교화한다. 그들은 똑같이 관불(觀佛)싸마디에 들어서 붓다를 볼 수 있기 때문에, 평등연이라고 부른다. 분별사식이 소멸한 보디쌋뜨와에게, 그의 업식에 훈습하는 것을 가리킨다.

(1) 차별적인 조건(差別緣)

差別緣者. 此人依於諸佛菩薩等. 從初發意始求道時. 乃至得佛. 於中
若見. 若念. 或爲眷屬父母諸親. 或爲給使. 或爲知友. 或爲怨家. 或
起四攝. 乃至一切所作. 無量行緣. 以起大悲熏習之力. 能令衆生增長
善根. 若見若聞得利益故.
此緣有二種. 云何爲二. 一者近緣. 速得度故. 二者遠緣. 久遠得度故.
是近遠二緣. 分別復有二種. 云何爲二. 一者增長行緣. 二者受道緣.

먼저, 차별적인 조건이라고 하는 것은, 사람이 비로소 보디심(bodhicitta, 菩
提心)을 일으켜 진리를 구하려고 하기 시작해서부터 점차로 정진하여 궁극의
깨달음을 얻을 때까지, 그 사이에 보이기도 하고 생각나게도 하는 붓다나 보
디쌋뜨와 또는 좋은 동무들을 가리킨다. 그러나 그들은 언제나 거룩한 붓다
나 보디쌋뜨와의 친근한 모습만을 가지고 나타나는 것은 아니다. 여러 가지로
모습을 바꾸어서, 때로는 수행자의 친족으로 태어나 접근하기도 하며, 때로
는 어버이가 되고, 때로는 언니·동생·아내·딸·아들로 태어나 접근하기도
하며, 때로는 노동자가 되고, 때로는 벗이 되며, 때로는 원수나 적이 되어 수
행자를 가르쳐서 인도하고 격려한다. 때로는 보시(布施)·애어(愛語)·이행(利
行)·동사(同事)의 사섭법(四攝法)을 실행하여, 수행자의 마음을 가꾸어서 거룩
한 붓다의 가르침으로 인도하는 등 그 밖의 여러 가지 기회와 관계를 만들어
서 작용한다.

이와 같이, 거룩한 붓다나 보디쌋뜨와의 거룩한 자비의 손길을 받음으로

인하여 모든 수행자는 스스로의 수행에 정진하고, 또 그들로부터 많은 가르침을 견문함에 따라서 이익을 받을 수 있다.

차별적인 밖으로부터의 힘은, 이것을 더욱 깊이 고찰하면, 첫째 가까이 작용하는 힘[近緣], 둘째 멀리서 작용하는 힘[遠緣]의 두 가지로 나누어 설명할 수 있다.

첫째, 가까이 작용하는 힘이란, 이미 불도의 수행을 상당히 쌓아온 사람이 장래에 신속하게 깨달음을 얻기 위한 밖으로부터의 간접적인 조건이 되는 것을 말한다.

둘째, 멀리서 작용하는 힘이란, 아직 불도의 수행을 별로 실천하지 않은 상태인 미숙한 사람이 먼 장래에나 깨달음을 얻기 위한 간접적인 조건이 되는 것을 말한다.

또 가까이 작용하는 힘과 멀리서 작용하는 힘이란, 이것을 다른 방면에서 고찰함에 따라, 하나는 더욱 수행을 증장시키는 밖으로부터의 간접적인 조건[增長行緣], 또 하나는 사람들로 하여금 거룩한 붓다의 가르침을 받게 하기 위한 밖으로부터의 간접적인 조건[受道緣]으로 설명된다.

| 강설 |

첫째의 차별연에 대하여 서술한다. 이것은 수행자가 비로소 보디심(bodhicitta, 菩提心)을 일으켜서 도를 구하려고 하는 것이기 때문에, 차례로 나아가 성불할 때까지, 그 중간과정에서 친견하기도 하고 정념하기도 하는 붓다·보디쌋뜨와 모두를 가리키는 것이다.

그러나 거룩한 붓다나 보디쌋뜨와 등은 언제나 붓다·보디쌋뜨와의 상호(相好)를 가지고 나타나는 것이 아니다. 여러 가지로 모습을 바꾸어서, 수행자의 친족으로 태어나서 가깝게 접근하기도 하고, 또는 부모가 되기도 하고, 또는 형제 · 아내 · 아들 · 딸이 되기도 하며, 또는 하인이 되기도 하고, 또는 동무가 되기도 하며, 또는 원수나 적이 되기도 하여 수행자를 가르쳐 이끌기도 하고, 또는 격려하기도 하며, 더 나아가 보시 · 애어 · 이행 · 동사의 사섭법을 실행하기도 하고, 수행자의 마음을 거두어 불교로 이끌어주기도 한다. 그리고 그 밖의 모든 기연을 만들어 수행자에게 작용한다. 수행자는, 그것을 부모나 친족 등의 교도(敎導)라고 받아들이고 있지만, 실제로는 붓다 · 보디쌋뜨와가 형상을 바꾸어서, 수행자에게 작용하고 있는 것이다. 이러한 것은, 진여가 세계에 변만(遍滿)하여 있는 실재이며, 그런데다 그것이 여래에 지나지 않는다는 것을 알게 되면, 쉽게 이해할 수 있는 것이다.

그러나 붓다 · 보디쌋뜨와가 이와 같이 모든 기연을 마련하여, 수행자에게 작용하는 것은, 대비(大悲)에 의한 훈습력이다. 이 대비의 훈습력에 의하여, 중생은 탐욕 · 성냄 · 어리석음 등이 괴로움의 원인이라는 것을 깨닫고, 탐욕을 억제하는 힘, 성냄을 억제하는 힘, 그리고 어리석음을 물리치는 힘 등의 무탐(無貪) · 무진(無瞋) · 무치(無痴)의 세 선근을 실행하게 된다. 그래서 더욱 그 힘을 강력하게 증진시킨다. 또는 그들을 견문시켜서 이익을 얻게 하는 것이다. 이들은 모두 중생의 능력이나 소질에 맞추어서 작용하는 것이기 때문에, 사람마다 서로 다른 이익을 얻고 있다. 그러므로 '차별연(差別緣)'이라고 부른다.

이 차별연을 다시 근연(近緣)과 원연(遠緣)의 둘로 나눈다. 근연이란, 기근이 성숙한 사람에게는 아주 빨리 깨달음을 얻을 수 있도록 연을 마련해 주는 것이다. 원연이란, 기근이 아직 성숙하지 않은 사람에게는 아주 천천히 미래의 오랜 세월 뒤에 구제를 받을 수 있도록 기연을 마련해 두고 있는 것이다.

이 근연 · 원연을 또 다시 각각 두 가지로 나눈다. 증장행연(增長行緣)과 수도연(受道緣)이 그것이다. 증장행연은, 행을 증장시키는 연이며, 6빠라미따 등의 수행을 증진시켜 주는 연이다. 이 행의 증진에 의하여 새로운 깨달음의 지혜를 얻을 수 있는 것이, 다음의 수도연이다. 도란 깨달음의 지혜를 말한다. 앞의 증장행연은 이 지혜를 얻는 방편이기 때문에, 『법장의기』에서는 이것을 '방편행'이라고 부르며, 수도연을 '정관상응(正觀相應)'이라고 부른다. 행에 의하여 승진(勝進)하여 새로운 지혜를 얻는 것을 말한다.

|용어 해설|

초발의(初發意): 발보리심을 가리킨다. 성불하겠다는 서원을 한 결심을 일으킨 것을 말한다. 10신의 만위(滿位)에서 신근이 확립되었을 때, 발심을 하여 10주의 초위인 초발심주로 나아간다.

사섭(四攝): 사섭사(四攝事) 또는 사섭법(四攝法)을 말한다. 중생의 마음을 다스리기 위한 네 가지 행위이다. 보시(布施) · 애어(愛語) · 이행(利行) · 동사(同事)를 가리킨다. 시물(施物)이나 가르침을 베풀어 상대의 마음을 붙잡고, 상대를 안위하는 언어, 상대의 이익을 꾀하는 것, 함께 일을 협동하여 하는 것(同事)의 네 가지 행위를 말한다.

근연(近緣): 기근(機根)이 성숙한 중생에게는 빨리 깨달음을 얻을 수 있도록 작용하는 것을 가리킨다.

원연(遠緣): 기근이 아직 성숙하지 않은 중생에게는 오랜 기간에 걸쳐 깨달음을 얻을 수 있도록 작용하는 것을 가리킨다.

증장행연(增長行緣): 수행을 증장시키는 연을 말한다. 6빠라미따 등의 행을 일으켜, 실행하도록 권장하는 것을 가리킨다.

수도연(受道緣): 깨닫게 하는 연을 말한다. 문(聞) · 사(思) · 수(修)를 일으켜서 정관상응(正觀相應)하는 것으로써 깨달음을 얻게 하는 것이다. 『혜원의소』에서는, 증장행연은 수행할 때의 이익, 수도연은 득과할 때의 이익이라고 풀이한다.

(2) 평등적인 조건[平等緣]

平等緣者. 一切諸佛菩薩. 皆願度脫一切衆生. 自然熏習常恒不捨. 以
同體智力故. 隨應見聞而現作業. 所謂衆生依於三昧. 乃得平等見諸
佛故.

다음으로 평등적인 조건이란, 거룩한 붓다와 보디쌋뜨와가 아직 불교를 전
혀 모르는 사람들에 대하여 참으로 평등하게 거룩한 붓다의 모습을 가지고 출
현하는 바의 밖으로부터의 간접적인 조건에 의한 작용이다. 거룩한 붓다와 보
디쌋뜨와는 모든 사람들을 평등하게 해탈시키려고 염원하여, 무애자재하게
훈습하며, 그러한 일을 결코 멈추는 일이 없다. 이와 같은, 거룩한 붓다와 보
디쌋뜨와의 염원이나 작용은, 미혹에 헤매는 사람과 깨달은 사람을 가리지 않
고 모든 사람은 똑같이 하나라고 하는 깨달음의 지혜에 바탕을 두고 있다. 모
든 사람은 모두 똑같이 하나라고 하는 깨달음의 지혜에 의하여, 거룩한 붓다
와 보디쌋뜨와는, 아직 불교를 전혀 모르는 사람들의 견문의 정도에 따라서
응현하며, 그들을 구제하기 위한 여러 가지 불가사의한 작용을 시현한다. 이
렇게 하여 사람들은 그들 한 사람 한 사람의 깊은 정신통일의 경지(samādhi, 等
持)에 들어 평등하게 모든 거룩한 붓다의 모습을 볼 수 있다.

| 강설 |
　둘째의 평등연에 대하여 서술한다. 이상과 같이 차별연은, 초발심에서부
터 성불할 때까지 계속하는 것인데, 그 중간과정에 평등연이 들어가는 것이
다. 평등연이란, '관불싸마디'를 가리키는 것이다. 말하자면 수행자의 수행이
진보하여, 10주 이상이 되면, 싸마디에 들어가, 그 선정체험에서 붓다를 볼 수

362

있게 되는 것이다. 이것은 수행자의 힘에 의하여 붓다를 볼 수 있는 것이지만, 동시에 붓다로부터 수행자에게 작용하고 있는 것이다. 말하자면 모든 붓다·보디쌋뜨와는 모두, 모든 중생을 도와서 생사의 고통으로부터 끌어내리고 서원을 세워 놓고 있는 것이다. 이 서원에 의하여, 작의(作意)하지 않고서도 저절로, 그런데도 끊임없이 중생에게 작용을 걸어 버리는 일이 없다. 그러면서도 모든 붓다·대보디쌋뜨와는 진여에 있어서는 모든 것은 다 동체라고 깨닫는다. 말하자면 동체의 지력(智力)에서 살고 있기 때문에, 수행자의 '보고 싶다, 듣고 싶다'라고 하는 서원에 맞춰서, 수행자의 앞에 작용을 나타낸다.

중생은 관불싸마디에 들어가서, 평등하게 모든 붓다를 친견할 수 있다. 관불싸마디의 힘을 얻은 사람은, 모두 평등하게 이 이익을 얻기 때문에, 이것을 평등연이라고 부른다.

|용어 해설|

자연훈습(自然熏習): 작의(作意)하지 않고서도 절로 작용하는 것을 말한다.

동체지력(同體智力): 지혜와 진여가 합일한 상태를 가리킨다. 거룩한 붓다는 이 지혜에 의하여 모든 범성(凡聖)의 체는 똑같이 진여인 것을 알기 때문에, 동체의 지혜라고 말한다.

작업(作業): 거룩한 붓다의 구제행위를 말한다.

삼매(三昧, samādhi: 等持): samādhi의 음역이며, 정(定), 등지(等持)라고 번역한다. 선정에 들어 마음의 통일을 얻은 상태를 말한다. 여기에서는 관불(觀佛)싸마디를 가리킨다. 붓다를 보려는 서원을 일으켜서, 싸마디에 들어가면, 선정을 하여 마음의 통일(統一)이 이루어졌을 때 붓다가 나타난다. 10주(住) 이상의 보디쌋뜨와는 이 싸마디에 들어갈 수 있다. 여기에서 보는 붓다의 신량(身量)은 평등이라고 말한다. 그러므로 '평등견(平等見)'이라고 부른다.

(3) 체와 용을 합하여 밝힌다〔體用合明〕

此體用熏習分別. 復有二種. 云何爲二. 一者未相應. 謂凡夫二乘初
發意菩薩等. 以意意識熏習. 依信力故. 而能修行. 未得無分別心. 與
體相應故. 未得自在業修行. 與用相應故. 二者已相應. 謂法身菩薩.
得無分別心, 與諸佛自體相應. 得自在業, 與諸佛智用相應. 唯依法
力自然修行. 熏習眞如滅無明故.

그런데, 위에서 논술한 자체상훈습과 용훈습은 수행자의 계위에 따라서 구
별하여 나타내면 두 가지로 된다. 그 두 가지란 무엇인가?

첫째, 아직 서로 어울리지 않는 단계〔未相應〕이다. 아직 서로 어울리지 않는
단계라고 하는 것은, 아직 불교를 전혀 모르는 사람과 성문·연각의 이승에
속하는 사람 및 이제 갓 발심한 보디쌋뜨와에 관하여 말하고 있는 것이다. 그
들은 아직 무명을 끊을 수 없으므로, 진여가 평등하여 한 맛이며, 차별이 없는
것임을 각지할 수 없는데, '붓다의 마음자리〔如來藏〕'에 미혹해서 생겨나는 여
러 가지 망념(manas, 意)과 허망한 마음으로 말미암아 생겨나는 집착하는 마음
(manovijñāna, 意識)과의 단계에서 정법의 훈습을 받아, 진여의 도리를 말씀 그
대로 믿는 것에 의하여 생겨나는 자유자재한 인간제도의 활용을 몸에 익혀,
진여의 거룩한 작용(kṛtya, 用)과 서로 어울릴 수가 없다.

둘째, 서로 어울리는 단계〔已相應〕이다. 서로 어울리는 단계라고 하는 것은,
이미 거룩한 붓다의 법신의 참 모습을 부분적으로 증득하고 있는 보디쌋뜨와
들은, 분별이 없는 마음을 얻어 모든 거룩한 붓다 스스로의 체와 서로 어울리
며, 자재한 까르마를 얻어 모든 붓다의 지혜·작용과 서로 어울릴 수가 있다.
또 이 계위의 보디쌋뜨와들은, 이미 마음 그대로의 모습의 이법을 체달하고

있으므로, 아무런 작위를 하는 일도 없이 다만 법력(法力)에 의하여 자연스럽게 수행에 정진하고, 진여에 훈습하는 것으로 말미암아 무명을 소멸시킬 수가 있다.

| 강설 |

이상, 진여훈습을 자체상훈습과 용훈습으로 나누어서 서술하였는데, 여기에서는 두 가지를 합해서 논술한다. 말하자면 진여의 체용훈습을, 수행자의 입장에서 구별하여 나타내면 두 가지로 된다. 이 두 가지란 무엇인가?

첫째는 '미상응(未相應)'의 단계이다. 미상응이란, 진여의 내훈이 자기 안에 있음에도 불구하고, 수행자의 마음이 그것을 깨달을 수 없는 단계이다. 말하자면 범부(내범)와 성문·연각의 2승, 그리고 초발의보디쌋뜨와 등은, 의훈습과 의식훈습에 의하여 수행이 진전하는 것이다. 의식이란 분별사식을 가리키며, 아집에 바탕을 둔 일상심을 말하는 것이다. 그런데 진여의 내훈에 의하여, 이 마음에 생사의 괴로움을 싫어하고 니르와나를 간절히 원구(願求)하는 마음이 일어난다. 이 마음에 바탕을 두고 수행을 하는 것이 의식훈습이다. 이것은 범부와 2승의 단계이다. 이 수행에 의하여, 아집을 끊고 의훈습으로 나아간다. 아집을 끊으면, 마음의 심층에서 진여의 내훈을 받아들일 수 있다. 이것은 3현위의 보디쌋뜨와의 수행이며, 그들에게는 아직 법집이 남아 있다.

범부·2승·초발의보디쌋뜨와 등은, 진여를 전혀 깨닫고 있지 못하기 때문에, 법력은 없지만, 붓다의 가르침에 의하여 자기의 본성이 진여라고 말할 수 있는 '신심(信心)'의 힘을 가지고 있다. 그래서 그 힘만으로 수행을 추진한다. 그러나 그들은 진여평등을 깨닫지 못하였기 때문에, 무분별지가 드러나 있지 않다. 가능성으로서는 무분별지를 가지고 있기는 하지만, 그러나 그것이 진여평등의 체와 상응하지 않고 있으므로, 무분별지가 그 힘을 나타내지 않는 것이다.

그러므로 그들은 진여와 상응하지 않고 있다. 더욱 그들은 근본무분별지를 얻지 못하였기 때문에, 그 뒤에 나타나는 '차별후득지'도 얻지 못한 것이다. 후득지는, 붓다의 깨달음의 지혜가 중생을 구제하기 위하여, 외계를 향하여 발현하는 지혜이며, 보신과 응신으로서의 붓다의 작용이다. 이 구제행은, 붓다의 지혜로부터 저절로 나타나기 때문에 '자연업(自然業)'이라고 부른다. 초발의 보디쌋뜨와 등에게도, 이 붓다의 자연업이 형상을 바꾸어서 나타나고 있다. 이것은 앞의 '용훈습'의 차별연이, 부모·권속·고용인·동무·아내·아들·딸·원수 등의 형상으로 나타난다고 논술한 것에서도 명확한 것이다. 그러나 그들에게 있어서는 이 붓다의 자재업이 아직 자각되지 않은 것이다. 알지 못하는 사이에 이루어지고 있는 것이다. 그렇기 때문에 '자재업의 수행'이, 진여의 용인 보신·응신의 존재방식을 취하지 않는다. 말하자면 보신·응신과 상응하지 않고 있는 것이다.

이상과 같은 의미로, 범부·이승·초발의보디쌋뜨와의 수행은, 진여훈습과 '미상응'이라고 말하는 것이다.

둘째는 '이상응(已相應)'의 단계이다. 이것은 수행의 마음이 진여와 상응하고 있는 단계이다. 보디쌋뜨와는 초지에 들어가면, 아집·법집을 벗어나서, 진여의 이치를 부분적으로 깨닫는다. 그렇기 때문에 초지 이상의 보디쌋뜨와를 법신보디쌋뜨와라고 부른다. 이것은 마음과 진여가 합일한 상태이며, 무분별지가 발현한 상태이다. 이 무분별지로 지혜와 진여의 이(理)가 합일하기 때문에, 이지불이(理智不二)라고 말하며, 법신이라고도 부른다.

그러므로 법신보디쌋뜨와는, 무분별지에서 붓다 자체인 평등의 진여와 상응하고 있다. 더욱 무분별지의 뒤에는, 그것이 사회에 작용하는 차별의 후득지가 일어난다. 이것은 차별지이지만, 그러나 무분별지에 바탕을 두고 일어나기 때문에, 작위를 포함하지 않는다. 지혜의 자연스러운 나타남이다. 그러므로 이 지혜의 작용을 '자연업(自然業)'이라고 부른다. 제10지까지의 보디쌋뜨와의 깨달음은 완전한 것은 아니지만, 그러나 그 무분별지는 진여와 상응하며, 진여가 자각적으로 활동하고 있는 것이다. 이것은 보디쌋뜨와에게 있어서는, 진여의 법력이 활동하고 있는 것이다. 이 보디쌋뜨와의 자재업은, 모든 붓다의 보신·응신의 지혜와 그 작용이 상응하고 있다. 그래서 진여의 법력이 나타나는 그대로, 저절로 수행하며, 이 보디쌋뜨와의 수행이 진여에 훈습을 해서 무명을 소멸시키는 것이다.

- **'미상응(未相應)·이상응(已相應)의 논리'에 대하여**

『대승기신론』에서는, '상응'이라는 용어에 의하여 교리를 논술하는 경우가 많다. 여기에서는 미상응과 이상응이 서술되고 있는데, 이상응은 수행자의 지혜와 진여와의 상응을 의미하고 있다. 이 경우의 지혜는 '증지(證智)'를 가리키며, 무분별심을 얻을 때, 지혜가 진여와 상응하는 것을 말한다. 이러한 사실은, 여기에서의 설명으로부터 명확한 것이다. 이 경우의 상응은, 두 가지가 있으며, 그것이 서로 감응한다고 말하고 있는 것은 아니다. 무분별심이란, 마음이 주객으로 분열되어 있지 않은 것을 말하기 때문에, 거기에서는 두 가지가 상응할 수 있는 것이 아니다.

말하자면 마음과 마음, 지(智)와 지(智)라고 말하는 것처럼, 병렬적인 두 가지의 상응이 아니라, 이와 지의 상응이며, 지혜가 자기의 본성을 깨닫는다고 하는 형태의 상응이다. 진여는 마음의 본성이며, 마음이 자기의 본성을 깨닫는 것이, 이 경우의 상응인데, 그러나 이 경우에도 마음과 진여가 분열하여 있다면, 마음이 본성을 깨달았다고 말할 수 없는 것이다. 따라서 이 경우의 상응은, 마음이 진여에 딱 들어맞는 작용을 하는 것이라고 말하지 않으면 안 된다.

이것은 바꾸어 말하면, 진여가 고유의 활동을 발휘하는 것이며, 그것이 무분별지이다. 무분별지는, 망념이 없는 것이라고 하여도 좋다. 앞의 '불공진여(不空眞如)'의 해설 가운데에서, "이념(離念)의 경계는 다만 깨달음(證)하고만 상응한다"라고 서술하였는데, 이 상응도 지금 서술하고 있는 상응과 같은 것이다. 망념을 벗어난 곳에, 지혜가 진여와 상응하는 세계가 열린다. 이것이 '깨달음'의 세계이다. 그래서 초지 이상의 보디쌋뜨와에게 '깨달음'이 있는 것이다. 그러므로 '미상응'이란, 이상응에 이르지 못한 '지전(地前)의 단계'라는 의미이다. 그러한 결과 범부·2승·초발의보디쌋뜨와의 지혜를 '미상응'이라고 부르고 있다.

이 경우의 상응은 여래장이 니르와나와 상응하고 있는 형태로 제시되어 있다. 뒷부분의 '대치사집(對治邪執)' 가운데의, 인아견(人我見)을 끊는 것을 논술하는 일절(一節)에서 "여래장에는 후제(後際)가 없다. 모든 붓다께서 얻는 바의 니르와나는 이것과 상응한다, 곧 후제가 없기 때문이다"라고 논술하고 있다. 이와 같이 진여는 니르와나라고 바꾸어 말할 수 있으며, 여래장은 '재전위(在纏位)의 법신'이라고 부르기 때문에, 그 본성은 무분별지와 다른 것이 아니다.

이상의 것은, 무분별지, 진여의 본성은 망념과 상응하지 않고 있는 것을 의미한다. '대치사집(對治邪執)'의 일단(一段)에서는, 번뇌염법이 "무시세로부터 그 이래로 아직까지 여래장과 상응하지 않는다"라고 논설하고 있는 것은, 그것을 나타내고 있다. 또는 '공진여(空眞如)'를 서술하는 일절에서는 "말하자면 공이란 본디부터 그 이래로 일체의 염법과 상응하지 않기 때문에…… 허망한 심념이 없기 때문에"라고 나타내고 있다. 여기에서도 진여가 염법과 상응하지 않고 있음을 말하는 것이다.

이것은 바꾸어 말하면, 망념·망심은 진여를 알 수 없다는 것을 말하는 것이다. 말하자면 범부는 자기의 본성인 진여를 알지 못하는 것이며, 그것이 '불상응'의 의미이다. 마음이 진여를 알지 못하기 때문에, 진여에 합치하지 않는 행동을 일으키는 것이다. 그 근원은 무명이다. 그러므로 무명에 대하여는, "일법계에 다다르지 못하였기 때문에, 마음과 상응하지 못한다. 홀연히 망념을 일으키는 것을 무명이라고 부른다"라는 유명한 말이 있다. '마음과 상응하지 못한다'에서의 '마음'은 무명이 일어나기 전의 진심, 진여라고 생각할 수 있는데, 동시에 일어난 뒤의 '마음'이 진여와 상응하지 못한다고도 해석할 수 있다. 이 경우의 마음은 무명의 마음이며, 망심이 된다. 이와 같이 무명은 불상응의 성격을 가진 것이다.

『슈리말라데위씽하나다경』에서, 견일체처주지·욕애주지·색애주지·유애주지의 사주지(四住地)의 번뇌에 대하여 무명주지를 세우는데, 이 무명주지는 불상응의 무명이다. 이 무명은, 다른 것에 의존하기도 하며, 다른 것에 대응하여 일어나는 것이 아니기 때문이다. 이와 같이 의존자를 갖지 않는 근원자이기 때문이다. 그러나 이 무명도 진여가 형상을 바꾼 것이기 때문에, 무인(無因)이라고 말하는 것은 아니다.

이상의 무명주지는, 다른 번뇌와 상응하여 일어나며, 다른 번뇌가 일어나는 것을 돕는 무명 이것을 '상응무명(相應無明)'이라고 부른다. 말하자면 무명에도, 불상응의 무명과 상응의 무명이 있다. 앞에서는 진여를 중심으로 하여 상응·불상응을 논술하였지만, 이와 같이 무명·번뇌에 대하여도 상응·불상응을 논술할 수 있다. 더욱 심왕·심소와 같이, 마음의 작용에 대하여도 상응을 서술할 수 있다. 심작용에 대한 상응은, 아비다르마불교나 유식설에서도 서술하지만, 진여나 무명에 바탕을 둔 상응·불상응의 학설은, 『대승기신론』의 독특한 학설이다.

무명은 진여와 상응하지 못하는 존재이지만, 이 무명이 알라야식에 나타난 것이 '불각'이다. '지말불각'을 논술하는 일절에서 "불각에 의하므로, 3상을 낳으며, 그 불각과 상응하여 서로 떨어지지 못한다"라고 서술하고 있다. 여기에서 '불각과 상응'이라고 말하는 데, 이때의 3상이란, 무명업상 · 능견상 · 경계상을 가리킨다.

이들 3상은 불각과 상응하고 있지만, 그러나 불각과 3상이 따로따로 있어서, 그렇게 하여 대응관계를 가지면서 활동한다고 하는 것은 아니다. 그렇기 때문에 이들 3상은 다른 관점에서는 '불상응'이라고 말할 수 있다. 그 의미는 불각과 이들 3상은 다른 것이 아니라고 하는 의미이다. 불각의 마음의 나타남이, 이들 3상의 형상을 취하는 것이며, 3상 밖에 따로 불각이 있는 것이 아니다. 그런 의미에서는 이들 3상은 불상응이다. 이에 대해서는 '육염(六染)'에 나타나 있다. 말하자면 6염 가운데에서, 근본업불상응염 · 능견심불상응염 · 현색불상응염의 셋은, 그 이름이 나타내고 있는 것처럼 '불상응'의 번뇌이다. 이들은 앞의 3상과 같은 것을 말하는 것이다.

이들은 왜 불상응이냐 하면, "불상응의 뜻이란, 마음에 즉하는 불각을 말한다"라고 서술하고, 즉심(卽心)의 불각이 불상응의 의미인 것을 말하고 있다. 앞에서는 3상은 불각과 상응한다고 말하고, 여기에서는 불상응이라고 말하는 것은, 6염 가운데의 나머지 3염과 비교하여 하는 학설이다.

말하자면 집상응염 · 부단상응염 · 분별지상응염의 셋은, 그 이름이 나타내고 있는 것처럼 '상응'의 번뇌이다. 이 상응의 3염에 대하여, 앞의 3염은 불상응이라고 부르는 것이다. 말하자면 마음의 심층에서의 불각의 작용은, 대상을 갖지 않는 그 자신의 활동이므로 불상응이라고 부르며, 이것은 불상응의 무명이라고 말하는 것과 같은 것이다. 이 즉심(卽心)의 불각을 3상으로 분석하여 나타낸 것이, 불상응의 3염이다. 이것에 대하여 상응의 3염은 마음의 표면의 활동이다.

그러나 이 경우의 상응이란 무엇을 말하는가가 문제이다. 말하자면 불각과

이 3염이 상응하는가라고 말하면, 그런 것은 아니다. 불각은 본디 상응하지 않는 것이다. 불각이 불각인 것을 깨달으면, 벌써 불각이 아닌 것으로 된다고 하는 모순이 있기 때문이다. 그러므로 표면심의 3염은, 불각의 나타남(지말불각)이며, 또는 근본불각에 의하여 움직여지고 있기 때문에, 그런 점에서는 불각과 상응하고 있다고 말하여도 좋지만, 불각의 맹목성 때문에, 그 관계를 상응이라고는 말하지 않는다.

표면심의 3염이 상응이라고 말할 수 있는 것은, 본론의 설명에 의하면, "상응의 뜻, 마음과 염법의 다름을 말한다. 염(染)과 정(淨)을 차별하여도, 그런데도 지상과 연상은 같기 때문에"라고 서술하고 있다. 그래서 여기에서 말하는 상응이, 심왕·심소의 상응, 주관과 객관의 상응인 것은, 이미 본론의 고찰 속에서 본 바와 같다. 이 '마음과 상응'에 관한 것은 '심생멸'의 설명에도 나온다. 말하자면 마음이 생멸하면서도, 그 생멸이 마음과 상응하고 있는 경우와 마음과 불상응의 경우가 있다. 표면심은 추대·조대하기 때문, 그 생멸은 마음과 상응한다. 그러나 마음의 심층에서의 생멸은 미세하기 때문에, 마음 스스로 그 생멸을 지각할 수 없다. 그러므로 마음과 불상응이라고 서술하고 있다.

심생멸에 대하여는, 생멸을, 추대(麤大)·미세(微細)의 두 가지로 나누고, 추대·미세를 또 다시 각각 두 가지로 나누어서 네 가지로 하고 있는 것은, 본론의 고찰에서 본 바와 같다. 그래서 이 추대·미세가, 불각에 의하여 일어난다는 것, 더 나아가 추대는 표면심의 3염에 상당하며, 미세는 심층의 3염에 상당한다는 것도, 이미 앞에서 본 바와 같다. 그리하여 여기에서, 본론에 '마음과 상응'이라고 서술하는 것도, 불각이나 염심의 상응·불상응이, 심왕·심소, 또는 주관·객관의 상응을 말하고 있는 것을 알 수 있다.

이상과 같이 『대승기신론』에서는, 상응·불상응이라는 용어가, 진여를 중심으로 하여 사용되고 있는 경우와, 무명·근본불각을 중심으로 하여 사용되고 있는 경우, 또는 마음을 중심으로 하여 사용되고 있는 경우가 있다. 그래서 복잡한 용법이 전개되고 있음을 볼 수 있다.

『대승기신론』에서의 상응이란, 진여를 발견하는 수단이며, 마음이 진여와 상응의 관계에 들어간 것을 목적으로 하여 수행을 하는 것이다. 말하자면 상응하면 진여를 발견하였다고 말할 수 있다. 그러나 마음은 진여와 상응하는 것에 의하여, 그 상응을 초월하는 것이다. 마음이 진여와 상응하고 있는 한, 그 상응은 진짜 상응이 아니다. 상응이 심화하는 것에 따라서, 마음이 진여 그 자체로 되어버리는 것이다. 그 때 그것은 상응이라고 말할 수도 없는 것이다.

|용어 해설|

체용훈습(體用熏習): 체훈습과 용훈습을 가리킨다. 진여의 내훈은 체훈습이며, 붓다·보디쌋뜨와의 외연은 진여의 용훈습이다.

미상응(未相應): 수행자의 마음이 진여·무분별지와 상응하지 않은 상태를 가리킨다.

의의식훈습(意意識熏習): 정법훈습을 망심훈습과 진여훈습으로 나누는데, 망심훈습을 다시 의훈습과 의식훈습(분별사식훈습)으로 나눈다. 양자는 모두 진여가 망심에 작용을 거는 훈습이지만, 의훈습(意熏習)은 망심의 심층부, 말하자면 업식에 진여가 작용하는 훈습이다. 분별사식은 마음의 표면의 작용이며, 그 곳에서 '생사의 괴로움을 싫어하고 니르와나를 간절히 원구하는 작용'을 의식훈습이라고 부른다. 범부·이승·초발의보디쌋뜨와 등은 유심의 이치를 아직 잘 모르기 때문에, 마음의 표면에서 진여의 훈습을 받아들이는 것이다. 의훈습은 붓다를 제외한 모든 보디쌋뜨와에게 존재하지만, 여기에서는 3현위의 보디쌋뜨와를 가리키는 것이다. 그들은 유심의 도리를 이론으로는 알고 있기 때문에, 마음의 심층부에서 진여의 훈습을 받아들이는 것이다. 그러므로 의식훈습 밖에 의훈습도 있는 것이다.

신력(信力): 마음의 본성이 진여·자성청정심이라는 것을 굳게 믿는 것을 가리 킨다.

무분별심(無分別心): 마음에 능취·소취의 분별이 없는 무분별지를 말한다. 정체 지(正體智)라고도 부른다.

체(體): 마음의 체, 진여 그 자체를 가리킨다.

자재업(自在業): 진여를 증득한 뒤의 거룩한 붓다는 자재로 중생을 교화·구제하 는 작용을 하는데, 이러한 활동을 자재업이라고 부른다. 일부러 노력을 하 지 않아도, 저절로 구제의 업을 베풀 수 있기 때문에 자재업이라고 한다.

용(用): 붓다의 지용(智用), 말하자면 보신·응신으로서 작용하는 붓다의 후득지 를 말한다.

이상응(已相應): 수행자의 마음의 작용이 진여와 상응하는 것을 가리킨다. 마음 이 진여가 되어버리면, 진여의 작용이 전현(全現)하는 것이다. 그러므로 이 경우에는, 마음과 진여가 따로따로 있으면서, 양자가 상응하는 것이 아니 라, 마음이 진여가 되어버리는 것을 말한다.

법신보디쌋드와(法身菩薩): 붓다의 법신을 깨달은 보디쌋뜨와를 가리킨다. 법신 말하자면 진여의 이(理)는 우주에 변만(遍滿)하여 있다. 이 이치를 깨달은 보디쌋뜨와를 말한다. 보디쌋뜨와는 초지에서 법신의 일부분을 깨닫기 때 문에, 초지 이상의 보디쌋뜨와를 법신보디쌋뜨와라고 부른다.

제불자체(諸佛自體): 모든 붓다의 자체, 이지불이(理智不二)의 체(體)를 말한다.

법력(法力): 진여의 힘을 가리킨다. 붓다의 근본지의 힘을 말한다.

제4항 삼세(三世)에 걸치는가, 걸치지 않는가?(染淨盡不盡)

復次染法. 從無始已來. 熏習不斷. 乃至得佛後則有斷. 淨法熏習. 則
無有斷. 盡於未來. 此義云何. 以眞如法常熏習故. 妄心則滅. 法身顯
現. 起用熏習故無有斷.

이제까지 우리는 사람들의 마음을 둘러싸고, 더러운 냄새가 배는 것과 향
기로운 냄새가 배는 것을 논술하여 여러 가지 진상을 밝혀 왔다.

그 가운데에서 더러운 냄새가 배는 것은 과거에서부터 단절한 일이 없는데,
깨달음에 도달하면 단절한다. 그에 대하여 향기로운 냄새가 배는 것은 과거에
서부터 단절한 일이 없을 뿐 아니라 미래에 있어서도 단절하는 일이 없다.

이것은 무슨 뜻인가?

진여의 이 법은, 과거 · 미래 · 현재의 삼세를 통하여 영원히 향기로운 냄새
가 배게 하는 작용을 계속하여 그만두는 일이 없다. 만일, 깨달음의 완성에 도
달해서 허망한 마음이 소멸되면, 법신이 출현하여 인간 구제에 대한 밖으로부
터의 간접적인 조건이 되고, 용훈습이 계속되기 때문에 향기로운 냄새가 배는
것은 미래에 있어서도 결코 단절되는 일이 없다.

| 강설 |

이상에서, 염법훈습과 정법훈습을 서술하였는데, 이들의 훈습이 어디까지
이어지는가를 고찰한다. 이것이 염(染) · 정(淨) 두 훈습의 진(盡) · 부진(不盡)의
의미이다.

그런데 다음에서, 근본무명에 바탕을 둔 염법훈습은 무시(無始) 이래로 훈
습이 끊어지지 않는다. 망념으로 헤매고 있는 동안에는, 무명의 훈습은 이어

지고 있다. 그러나 성불을 하였을 때, 무명의 훈습은 단절된다. 그러므로 이것은 '무시유종(無始有終)'이다. 이에 대하여 진여의 훈습력은 단절되는 일이 없다. 이 훈습은 미래제(未來際)를 다할지라도 멈추는 일이 없다.

그러나 여기에 문제가 있다. 예를 들면 악이 있을 때에, 그 악을 소멸하기 위하여 선의 힘이 작용하는 것이다. 그것과 마찬가지로 망념으로 헤맴이 있을 때, 그 미망을 파하기 위하여, 깨달음의 지혜가 일어난다. 정법훈습이란 정화하는 힘이다. 이 정화의 힘은 무명이 있는 한은, 그 무명을 파하기 위하여 작용할 것이지만, 그러나 무명이 소멸하여 버리면, 무엇 때문에 정법훈습이 일어날 필요가 있을까라고 하는 의문이 제기된다.

이것은, 소승불교에서 니르와나를 '회신멸지(灰身滅智)'라고 해석하는 것과도 관련이 있다. 소승불교에서는 번뇌를 단절하기 위하여 수행을 한다고 말한다. 그러나 번뇌를 단절하여 버리면, 단절하기 위한 지혜도 필요가 없게 된다. 지혜가 작용할 여지가 없어지기 때문에, 절대의 정지(靜止)의 세계가 그곳에 전개된다고 생각한다. 그리고 그것이 니르와나에 지나지 않는 것이라고 생각하였다. 이러한 사유방식에 젖게 되면, 염법훈습이 단절할 때, 따라서 정법훈습도 휴지하는 것으로 될 것이다. 그러므로 '이것은 무슨 뜻인가'라고 질문을 한 것이다.

이에 대하여, 『대승기신론』의 입장에서는, 정법훈습에는 끝이 없다고 주장한다. 그 이유는, 무명을 소멸하여 성불의 행이 완성되어도, 중생을 구제하는 일은 없어지지 않기 때문이라는 것이다. 말하자면 무명이 소멸하여, 붓다의 근본무분별지가 완성된 뒤에는, 후득지가 일어나서, 보신·응신의 모습으로 드러나 중생을 구제하는 일에 싫증을 내지 않는 것이다.

중생의 구제는, 『대승기신론』의 용어로 말하면 '용훈습'이다. 그러나 밖을 향하여 후득지가 활동하기 위해서는, 안쪽에 언제나 무분별지가 존재하지 않으면 안 된다. 따라서 진여의 내훈은, 무명이 소멸한 뒤에도, 전과 다름없이 계속하고 있다고 하지 않으면 안 된다. 그러므로 본론에서는 '이것은 무슨 뜻인가'라는 물음에 다음과 같이 대답하는 것이다.

"진여의 법은 언제나 훈습하기 때문이다"라고 대답한 것이다. 말하자면 진여의 내훈과 밖으로부터의 모든 붓다·보디쌋뜨와의 가르침과 인도에 의하여, 망심이 소멸하면 거룩한 붓다의 법신이 현현하는 것으로 된다. 그래서 이 붓다의 법신은, 중생을 구제하는 용훈습을 일으켜서, 보신·응신의 모습으로 드러나 미래제를 다할지라도 중생 구제행을 계속하는 것이다. 그러므로 염법에는 단절이 있지만, 정법에는 단절이 없는 것이다.

이상과 같은 해석을 전개하여 심생멸문(心生滅門) 가운데의 '법'의 설명을 마친다. 말하자면 '해석분(解釋分)' 가운데의 첫째인 '현시정의(顯示正義)'는 심진여문과 심생멸문으로 크게 둘로 나누어 해석하는데, 심생멸문은 그것을 더욱 '법(法, dharma)'과 '의(義, artha)'로 구별하여 해석한다. 이것은 '입의분(立義分)'에서, 마하야나(mahāyāna, 大乘)를 '법(法, dharma)'과 '의(義, artha)'로 나눈 것에 상응하는 것이다.

그래서 이 훈습론까지로 '법(法)'의 해석이 끝나는 것이다. 앞으로는 '의(義)'의 해석으로 들어가는데, 체대(體大)·상대(相大)·용대(用大)의 3대의 설명이며, 불신론으로 전개되고 있다.

| 용 어 해 설 |

염법(染法): 근본무명을 비롯한 모든 번뇌를 가리킨다.

정법훈습(淨法熏習): 진여의 훈습을 가리킨다. 진여훈습과 망심훈습의 두 가지로 나누어진다.

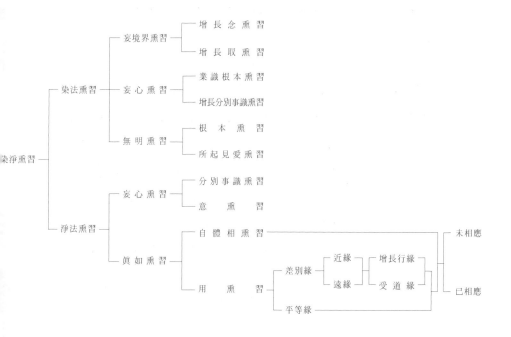

제4절 체 · 상 · 용 삼대에 대하여〔體相用三大〕

제1항 대승, 그 자체 · 그 특질의 위대함〔體大 · 相大〕

復次眞如自體相者. 一切凡夫聲聞緣覺菩薩諸佛. 無有增減. 非前際生. 非後際滅. 畢竟常恒.

진여, 그 자체는 아직 불교를 전혀 모르는 사람 · 성문 · 연각 · 보디쌋뜨와 · 거룩한 붓다의 단계에 걸쳐서 평등하여 한 맛이며, 차별이 없고, 깨달음으로 인해 늘거나 미혹으로 인해 줄어드는 일이 없다. 또 과거에 생겨난 것도 아니고, 미래에 소멸하는 것도 아니며, 시공을 통하여 영원불변하다.

|강설|

이하에서는, 마하야나(mahāyāna, 大乘)를 '법(法, dharma)'과 '의(義, artha)'로 나눈 경우의 의(義)에 대하여 논술한다. '의(義, artha)'란 의의(意義)를 의미하며, 중생심을 왜 마하야나(mahāyāna, 大乘)라고 부르는가, 그 의의를 나타낸다고 하는 의미이다. 말하자면 중생심이 갖추고 있는 빼어난 점을 나타내는 것이 '의(義, artha)'의 일단이다. 그리하여 중생심의 빼어난 점은, 마음이 붓다를 실현하였을 때에 전현(全現)하기 때문에, 의(義)의 해설은, 붓다를 논술하게 되는 것이다. 붓다의 존재방식을 서술하기 때문에, 체상용(體相用)을, 특히 체대 · 상대 · 용대라고 '대(大)'자를 붙이는 것이다.

『대승기신론』에서는, 체대와 상대를 합하여, 이지불이(理智不二)의 법신을 밝히는 것이다. 그래서 제3의 용대를 둘로 나누어서 보신과 응신의 2신(身)을 나타내는 것이다. 그렇기 때문에 여기에서도 '진여(眞如)의 자체상(自體相)'이라고, 체(體)와 상(相)을 합하여 서술하고 있는 것이다. 말하자면 진여의 자성(체대)과 그것이 갖추고 있는 무량의 성공덕(상대)은, 영원불변이기 때문에, 범부와 성문 · 연각 · 보디쌋뜨와 · 붓다에게 있어서 전혀 변함이 없다. 범부일 때에는 공덕이 조금이고, 붓다가 되면 증대한다고 하는 것이 아니다. 증감이 없다. 과거에 생겨난 것도 아니고, 미래에 소멸할 것도 아니며, 시공을 초월하여 영원불변이다. 이것이 진여로서의 법신의 존재방식이다.

|용어 해설|

진여자체상(眞如自體相): '입의분'에서 대승의 의의(意義)를 나타내는데, "이 마음의 생멸인연의 상(相)은, mahāyāna의 자체(自體)·자상(自相)·자용(自用)을 아주 잘 나타내기 때문이다"라고 논술한 것에 대한 것이다. 말하자면 심진여문에서는, 대승의 체(體)를 나타내지만, 심생멸문에서는 진여는 자성청정심으로 인격화되어 있기 때문에, '자(自)'라는 말이 붙어 있다. 예를 들면 연등불과 샤끼야무니 붓다는, 똑같은 여래이기 때문에 그 본성은 평등한 진여이며 법신이다. 그러나 심생멸문, 말하자면 역사의 세계에서는 양자는 구별되며, 불명도 다르고, 출세하신 때도 다르다. 교화를 하는 대상도 다른 것과 같은 것이다. 이 인격화한 진여의 체(體)와 상(相)이 법신이다. 『대승기신론』에서는 체와 상을 합하여 일체(一體)라고 보기 때문에, 여기에서 체대와 상대를 합하여 드는 것이다. 체대란 법신의 본질, 말하자면 진여를 말하며, 상대란 법신이 갖추고 있는 덕성, 말하자면 지(智)를 가리킨다. 이 진여와 그 덕성이란, 영원하기 때문에, 범부에게 있어서도 여래에게 있어서도 증감하는 일이 없다.

전제(前際): 과거를 가리킨다.

후제(後際): 미래를 가리킨다.

從本已來. 性自滿足一切功德. 所謂自體有大智慧光明義故. 徧照法界義故. 眞實識知義故. 自性淸淨心義故. 常樂我淨義故. 淸涼不變自在義故. 具足如是過於恒沙, 不離 不斷 不異 不思議 佛法, 乃至, 滿足, 無有所少義故, 名爲如來藏, 亦名如來法身.

진여는 애초부터 그 자체에 모든 위대한 덕성을 갖추고 있다. 그렇다면, 그것이 갖추고 있는 덕성이란 무엇인가? 마음에 본래 갖추어져 있는 지혜이며

〔大智慧光明義〕, 유일·절대의 세계를 비추고〔偏照法界義〕, 모든 존재의 실상을 다 알며〔眞實識知義〕, 스스로의 모습이 맑고 깨끗한 마음이고〔自性淸淨心義〕, 무상·고뇌·자유자재롭지 못함·맑고 깨끗하지 못함으로부터 벗어난 것이며〔常樂我淨義〕, 모든 번뇌로 말미암은 속박으로부터 벗어난 상태〔淸凉不變自在義〕이다. 이렇게 거룩한 덕성을 갖추고 있어서 조금도 모자람이 없다. 이와 같이 갠지스 강의 모래알처럼 헤아릴 수 없이 많은 진여의 거룩한 덕성은, 진여 그 자체로부터 벗어나는 일이 없으며, 무한한 과거로부터 상속하여 단절되는 일이 없고, 한 몸·한 맛이어서 다른 것이 아니며, 아직 불교를 전혀 모르는 사람으로서는 도저히 미칠 수가 없는 불가사의한 것이다. 이렇게 진여는 헤아릴 수 없이 거룩한 덕성을 갖추고 있으므로 모자람이 없다. 그래서 그것을 '붓다의 마음자리'라고도 하며, 여래(tathāgata)의 법신(dharma-kāya)이라고도 부른다.

| 강설 |

그래서 이 진여는 최초부터 그 자체에 모든 공덕을 구유하고 있다. 그러면 진여가 구유하고 있는 공덕이란 무엇인가? 본론에서는 이것을 여섯 가지 공덕으로 나타내고 있다. 그 여섯 가지 공덕을 나타내면 다음과 같다.

① 대지혜광명(大智慧光明)의 의의
② 변조법계(偏照法界)의 의의
③ 진실식지(眞實識知)의 의의
④ 자성청정심(自性淸淨心)의 의의
⑤ 상락아정(常樂我淨)의 의의
⑥ 청량불변자재(淸凉不變自在)의 의의

말하자면 진여 자체에 이들 여섯 가지의 빼어난 특질이 있다고 말하는 것이다. 진여는 '체대'이며, 이들 6의(義)는 '상대(相大)'를 나타내는 것이다. 그래서 이들 6의로부터 명백하게 되는 것처럼, 상대는 '지혜'와 그 작용에 의하여 제시되어 있다.

첫 번째의 '대지혜광명(大智慧光明)'은 본각을 가리키는 것이며, 두 번째의 '변조법계(偏照法界)', 이 지혜는 법계를 두루 모두 비춘다. 지혜가 법계에 널리 퍼져서 제법을 명료하게 하는 것이다. 우주의 모든 존재가 붓다의 일체지(一切智)에 의하여 개현된다. 세 번째의 '진실식지(眞實識知)'란, 제법의 이해가 모두 진리에 합치하는 것을 말한다. 네 번째의 '자성청정심(自性淸淨心)', 상대는 붓다의 지혜임과 동시에, 순수청정하며 선의 특질인 마음이기 때문에 '자성청정심'이라고 부른다. 다섯 번째의 '상락아정(常樂我淨)', 그런데다 자성청정심은 상락아정의 특질을 갖추고 있다. 이 상락아정에 관한 것은,『슈리말라데위씽하나다경』에 여래장의 특질로서 말씀하고 있으며, 더욱이『대반열반경』에 불성의 특질로서 말씀하고 있는 것이 유명하다. 이 자성청정심은 여래장과 같기 때문에,『대승기신론』은 이들 경전의 사상을 이어받고 있는 것이다. 미망의 세계가 무명의 망념에 의하여, 무상이며, 고(苦)이고, 무아(無我)이며, 부정(不淨)인 것에 대하여, 진여는 상락아정의 공덕을 갖추고 있다. 그런데다 그 덕(德)은 변하지 않기 때문에, '성덕(性德)'이라고 부르는 것이다. 그러나 범부는 미망의 현실 속에서, 상(常)·낙(樂)·아(我)·정(淨)을 인정하고 있다. 그 오류를 바로잡으려고 하는 것이 이 학설이다.

그렇지만 불교는, 원시불교시대부터 무상·고·무아를 말씀하고 있으며, 상락아정을 표면에서는 말씀하지 않았기 때문에, 이 상락아정의 학설은 원시불교로부터 벗어나서, 우빠니샤드의 입장으로 되돌아온 것으로도 생각할 수 있다. 그러나『슈리말라데위씽하나다경』이나『대반열반경』또는『대승기신론』이라고 하더라도, 대승의 공의 사상이나 중도의 사상을 근거로 삼아, 이와 같은 학설을 말씀하고 있는 것이다. 그러므로 언어의 표현은 우빠니샤드에 닮았다고 하더라도, 이와 같은 불교사상적인 사유체계를 갖추지 않은 우빠니샤드의 ātman 사상과 같다고 말할 수는 없다. 더욱이 원시불교는 '제행무상(諸行無常)'을 말씀하지만, 그러나 모두가 무상이라고 말하고 있는 것은 아니다. '열반적정(涅槃寂靜)'이라고 말씀하고, 또는 '적멸위락(寂滅爲樂)'이라고도 말씀하고 있다. 니르와나가 적정이란 말씀은 말하자면 상주의 세계라는 것이다. 최고의 안락(安樂)이란 것은, 『법구경』 등에서도 때때로 말씀하고 있다. 그러므로 원시불교에서도, 무상·고의 현실세계의 피안에, 상주·안락의 니르와나를 인정하고 있는 것이다. 따라서 『대승기신론』이, 니르와나에 드신 거룩한 붓다의 상락아정의 성덕을 서술하고 있는 것은, 원시불교의 사상과 모순되는 것이 아니다. 여섯 번째의 '청량불변자재(淸凉不變自在)'란, 진여에는 번뇌의 열뇌(熱惱)가 없기 때문에 청량(淸凉)이라고 말하고, 생멸이 없기 때문에 불변(不變)이라고 말하며, 번뇌에 묶여 있지 않기 때문에 자재라고 말한다.

이상의 6의(義)는 상대(相大)의 내용이므로, 이것에 의하여 『대승기신론』이 생각하고 있는 '붓다의 법신'의 내용을 알 수 있다. 『대승기신론』에서 체대와 상대를 합하여 서술하는 것은, 진여와 지혜, 또는 자성청정심이 불리(不離)이며, 진여의 본성은 지혜이고, 자성청정이라고 보고 있기 때문이다. 말하자면 이(理)와 지(智)를 나누어서, 이(理)에는 지(智)가 반드시 내속되어 있다고 보는 입장과는 다른 것이다. 따라서 진여로부터 무명이 제거되면, 진여의 본성인 지혜가 저절로 나타난다고 보는 것이다. 그리하여 진여와 지혜는 불가분의 것이며, 이 전체가 붓다의 법신으로 되는 것이다.

이 체대와 상대의 관계를 나타내어서, 진여 자체에는 상술한 바와 같이 갠지스 강의 모래알처럼 헤아릴 수 없이 많은 성덕을 갖추고 있다고 하는데, 이 갠지스 강의 모래알처럼 헤아릴 수 없이 많은 성덕이 진체(眞體)를 떠나지 않기 때문에, '불리(不離)'라고 말하며, 무시로부터 상속하기 때문에 '부단(不斷)'이라고 말하며, 체(體)와 같은 맛이기 때문에 '불이(不異)'라고 말하며, 갠지스 강의 모래알처럼 헤아릴 수 없이 많은 의의가 있기 때문에 '부사의(不思議)'라고 말하고, 다만 붓다만이 궁달(窮達)하기 때문에 '불법(佛法)'이라고 말하는 것이다. 만일 진여의 체에 이들 성덕(性德)이 없다고 한다면, 여래가 이것을 깨달아서 덕을 갖춘다고 하는 것은 불가능하다.

그러므로 진여에 이들 만덕이 원만하며, 조금의 모자람도 없다는 것은 명료한 것이다. 그래서 이 진여로부터 여래를 낳기 때문에 '여래장'이라고 부르는 것이며, 더욱 더 만덕이 나타났을 때, 진체(眞體)가 그 의지(依止)가 되는 점에서 '법신(法身)'이라고 부르는 것이다.

한편 일반적으로 여래장이란 '재전위(在纏位)의 법신'을 말한다고 설명하고 있다. 이것은 범부에게 있어서 번뇌에 뒤덮여 있는 법신을 말하는 것인데, 이것은 『슈리말라데위씽하나다경』의 학설에 의한 것이다. 여래장에는 이 의미도 있지만, 여기에서는 체대·상대를 가리켜서 여래장이라고 말하고 있는 것이므로, 진여가 여래를 낳는 의미로 이해하는 것이다.

| 용어 해설 |

자성(自性): 불변의 특질을 자성이라고 부른다. 자체라고 불러도 똑같다. 여기에서는 진여를 가리킨다.

항사(恒沙): '항(恒)'은 Gaṅgā의 음역이며, 항하(恒河)라고 번역한다. 갠지스 강의 모래알보다도 더 많은 것을 '과항하사(過恒河沙)'라고 말한다.

불법(佛法): 거룩한 붓다가 갖추고 있는 덕성을 가리킨다. 원시불교식으로 말하면 샤끼야무니붓다가 갖추고 있는 계·정·혜·해탈·해탈지견의 5분

법신이다. 붓다가 깨달음을 얻어서 갖춘 덕(德)을 '법(法)'이라고 말하는 것이다. 그런데다 무한하게 많은 아주 빼어난 덕성을 갖추고 있기 때문에 '법신(法身)'이라고 부른다. 이 경우의 '신(kāya)'은 집적·집합의 의미이다. 지금 여기에서는 진여가 갖추고 있는 무량의 성공덕을 불법이라고 부르는 것이다.

問曰. 上, 說眞如其體平等, 離一切相. 云何復說體有如是種種功德. 答曰. 雖實有此諸功德義, 而無差別之相, 等同一味, 唯一眞如. 此義云何. 以無分別離分別相, 是故無二. 復以何義, 得說差別. 以依業識生滅相示. 此云何示. 以一切法, 本來, 唯心. 實無於念, 而有妄心, 不覺起念, 見諸境界, 故說無明, 心性不起, 卽是大智慧光明義故. 若心起見, 則有不見之相, 心性離見, 卽是偏照法界義故. 若心有動, 非眞識知, 無有自性, 非常, 非樂, 非我, 非淨, 熱惱衰變, 則不自在. 乃至, 具有過恒沙等妄染之義, 對此義故, 心性無動, 則有過恒沙等諸淨功德相義示現. 若心有起, 更見前法可念者, 則有所少. 如是淨法無量功德, 卽是一心, 更無所念. 是故, 滿足名爲法身如來之藏.

묻는다: 앞에서는, 진여의 진실한 존재방식은, 본래 평등하여 한 맛이며, 차별하는 것을 초월한 것이라고 논술하여 왔음에도 불구하고, 여기에서는 진여 그 자체에 이와 같은 여러 가지의 덕성이 있다고 논술하는 것은, 앞의 것과 서로 모순되는 것이 아닌가?

대답한다: 진여는 실제로 이와 같이 여러 가지 많은 공덕을 갖추고 있지만, 그들 공덕은 한결같이 평등하여 한 맛이며, 거기에는 어떠한 차별하는 모습도

없고, 유일·절대의 진여 그 자체만이 존재한다.

진여의 진실한 존재방식이란 평등하여 한 맛이며, 거기에는 어떠한 차별하는 모습도 없다고 하는데, 이것은 무슨 뜻인가? 그것은 모든 분별하는 모습을 벗어나서 주·객으로 흩어져 차별하는 일이 없으므로 둘이 아니라는 말이다.

그러면 왜 진여는 분별하는 모습을 벗어났는데, 차별이 있는 것처럼 말하는가? 아직 불교를 전혀 모르는 사람이 무명의 훈습으로 말미암아 일어난 업식(業識) 때문에 그런 것이다.

그렇다면 그 허망한 마음에다 어떻게 진여의 덕성을 나타낼 수 있겠는가?

우리의 인식의 세계에는, 세계와 자기가 인식되어 모든 것이 존재한다. 그렇지만 모든 것은, 본래 자성이 맑고 깨끗한 마음만이 존재할 뿐이며, 허망한 마음이라고 하는 것은 실제로 존재하지 않는다. 그런데, 이와 같이 자성이 맑고 깨끗한 마음의 본성을 있는 그대로 깨닫지 못하고, 헛된 마음을 일으켜, 헛되이 모든 경계를 비추기 때문에, 우리는 이와 같은 미혹의 근본을 무명(無明, avidyā)이라고 부르는 것이다.

그러므로 마음의 본성에 망념이 일어나지 않으면, 마음은 본디의 힘을 펼쳐, 마음에 갖추어져 있는 지혜(大智慧光明)를 나타낸다. 또 마음에 망심이 일어나 경계에 작용할 때, 우리는 한 맛인 평등한 마음의 본성을 다 볼 수 없지만, 만일 마음의 본성에서 그와 같은 망심이 사라지면, 거기에는 유일·절대의 세계가 나타난다. 또 마음의 본성에 대한 미망에 의하여 망심이 꿈틀거릴 때는, 존재의 실상을 다 알지 못하게 되고, 스스로의 모습이 맑고 깨끗한 마음이 아니며, 무상하고 괴로우며 자유자재롭지 못할 뿐 아니라 맑고 깨끗하지 못하며, 번뇌에 시달리고 있어 속박으로부터 벗어나지 못한 상태이다. 이상과 같이 아직 불교를 전혀 모르는 사람의 망심에는, 갠지스 강의 모래알처럼 헤아릴 수 없이 많은 더럽게 물든 마음이 도사리고 있다.

이러한 여러 가지 상황들에 대비하여, 마음의 본성에 흔들림이 없으면, 거꾸로 갠지스 강의 모래알처럼 헤아릴 수 없이 많은 맑고 깨끗한 덕성으로 현현한다. 그러므로 만일 마음에 흔들림이 생겨, 조금이라도 마음 밖에 무엇인가가 실재한다고 생각하면, 맑고 깨끗한 덕성이 모자라는 현상이 나타난다. 이와 같이 거룩한 붓다의 맑고 깨끗한 헤아릴 수 없이 많은 덕성은, 흔들림이 없는 '한 마음'(eka-citta, 一心)에 성립하는 것이며, 거기에는 어떠한 망념도 존재하는 것이 아니다.

그러므로 마음의 본성에 헤아릴 수 없이 맑고 깨끗한 덕성을 두루 갖추고 있는 것을, 법신(法身)이라고 말하고, '붓다의 마음자리(如來藏)'라고도 부른다.

| 강설 |
묻는다: '해석분'의 첫 부분에서 '심진여상(心眞如相)'을 제시하여, "진여는 그 체가 평등하여 모든 상(相)을 벗어났다"라고 서술하였으면서도, 여기에서는, 진여 자체에 '대지혜광명(大智慧光明)의 의의' 등의 6의(六義)가 있으며, 더 나아가 갠지스 강의 모래알보다도 더 많은 공덕을 갖추고 있다고 논술하는 것은 무슨 까닭인가?

대답한다: 틀림없이 질문자가 묻는 그대로이다. 이 일체(一切)가 진여이며, 진여가 아닌 것이 없으므로 진여에 대비해야 할 것이 없는 것이다. 진여에 대비해야 할 것이 있으면, 진여는 상대적 존재가 되며, 그것과 비교하여 진여에 대하여 여러 가지로 서술할 수 있는 것이다. 그러나 일체가 진여인 것을 깨닫게 되면, 진여는 비교를 끊어버리기 때문에, 진여에 대하여 아무 것도 말할 수 없는 것이다. 그 점을 '평등의 진여'라고 말한 것이다. 그러나 이것은 진여가 '무내용(無內容)'이라고 하는 의미는 아니다.

진여는 비교를 끊어버렸지만, 그러나 무한히 풍부한 내용을 갖추고 있는 것이다. 다만 그것을 언어로 표현할 수 없다는 의미이다. 말하자면 진여는 무한히 풍부한 공덕을 갖추고 있지만, 그러나 상대적 존재자가 없기 때문에, '차별상'이 없는 것이다. 그래서 평등일미이며, 오로지 하나의 진여라고 말하는 것밖에 표현할 길이 없는 것이다.

그것은 무슨 의미인가 하면, 진여를 무엇인가 다른 것과 비교하여 말하면, 진여에 무한히 풍부한 공덕을 끄집어내어 나타낼 수 있다.

그러나 진여 그 자체에 대하여 말한다면, 법계일상(法界一相)이라든가 평등의 진여라든가, 다만 한마음이라든가라고 말하는 것밖에 표현할 길이 없다고 하는 의미이다. 이것을 인식론적으로 표현한다면, 진여에는 능분별과 소분별이라고 하는 주객의 분열이 없다고 하는 것이다. 심진여상(心眞如相, 마음의 진실한 존재방식)에 있어서도, 인식은 성립하지만, 그러나 그것은 마치 거울이 사물을 비추는 것과 같은 것이며, 보려고 하는 욕망이 없이, 저절로 이루어진 업(業)으로서, 있는 그대로의 인식의 세계가 되는 것이다. 마음이 능취와 소취로 분열하지 않기 때문에 '무이(無二)'이며, 이것을 무념(無念, 無分別)이라고도 말한다.

따라서 심진여는 일체상(一切相)을 벗어나 있지만, 그러나 진여의 공덕을 보통 사람들에게 알리기 위해서는, 마치 차별이 있는 것처럼 말하지 않으면 안 된다. 그것은 왜 그럴까?

범부의 업식에 의한 것이다. 업식에서 전식·현식·지식·상속식 등의 미망의 세계가 성립하며, 마음에 끄샤나 끄샤나의 생멸이 일어난다. 이 범부의 인식 세계는 모두 상대적이기 때문에, 거기에서 진여를 말하기 위해서는, 평등의 진여를, 마치 차별이 있는 것처럼 서술하지 않을 수 없는 것이다. 망심에 대하여 진여의 공덕을 나타내려면, 차별상에 의하지 않을 수 없는 것이지만, 진여 그 자체에는 차별상이 없다.

그러면 망심에 대하여, 어떻게 진여의 공덕을 나타내는 것일까? 우리의 인식의 세계에는, 세계와 자기가 인식되어, 일체법이 있지만, 그러나 모두는 마음에 귀착하는 것이며, 유심이다. 본디 마음의 무념(無念)인 것이다. 그러나 현실의 우리의 마음은 망심이며, 무명에 의하여 움직여져서, 불각으로서 염(念)을 일으키고, 분별의 인식세계를 만들어 내고 있다. 그래서 자기의 인식세계를 외계의 실재라고 망상하고 있다. 이 현실을 '무명(無明)'이라고 부르는 것이다. 그러므로 심성에 망념이 일어나지 않으면, 마음은 그 본디의 힘을 발휘하여 '대지혜광명(大智慧光明)'의 성격을 나타내는 것이다. 망념이 일어나지 않는 인식세계가 대지혜광명인 것이다. 이것은 범부의 전식에 대한 붓다의 인식세계이다.

그러나 마음에 망념이 일어나서 보려고 하는 능견상(前識)이 있기 때문에, 이 보고 있는 능견상 자신은 볼 수 없으므로 그것이 '불견(不見)의 상(相)'으로 남고, 이것이 마음의 암흑의 부분이 된다. 그러나 이와 같은 '능견(能見)'이라고 하는 굴레를 벗어버리면, 모두를 바르게 볼 수 있으며, 보는 힘이 빠짐없이 골고루 미친다. 이것이 '변조법계(偏照法界)'의 의미이다. 이것은 붓다에게서만 '볼 수 있는 세계'의 진실상이며, 범부의 인식에 대응한다.

여래의 마음은 적정이지만, 범부의 마음의 근저는 망념의 동상(動相)이다. 그러므로 자타(自他) 또는 피아(彼我) 대립의 일상적인 인식, 선악의 판단 등도 올바른 것이 되지 못한다. 말하자면 '진실한 식지(識知)'가 되지 못한다. '식지(識知)'란 판단을 말한다. 진실식지(眞實識知)는 범부의 인식에 대응한다.

더욱이 이와 같은 망념의 마음은, 탐욕이나 분노, 만심 등의 번뇌에 움직여서 자주성을 잃고 있다. 말하자면 진리를 꿰뚫은 '자성(自性)'을 갖지 못한다. 붓다의 자성청정심(自性淸淨心)은, 범부의 상속식에 해당한다.

그렇기 때문에 범부의 마음에는, 상락아정의 특질이 없고, 무상(無常)·고

(苦) · 무아(無我) · 부정(不淨)에 더럽게 물들어서 번뇌로 불타고 있으며, 고뇌로 힘을 잃어 쇠망하고, 마음에 자재력을 갖지 못한다. 이 거룩한 붓다의 상락아정(常樂我淨)은, 범부의 집취상에 대응한다.

열뇌쇠변(熱惱衰變)의 반대개념인 청량불변(淸涼不變)은, 범부의 계명자상에 대응하며, 자재는 기업상 · 업계고상에 대응하는 것으로 해석할 수 있다.

이상과 같이, 범부의 망심에는, 갠지스 강의 모래알보다도 헤아릴 수 없이 더 많은 망념의 뜻이 있다. 그러나 이 헤아릴 수 없이 많은 망념이, 심성에 움직이지 않게 되면, 거꾸로 무량무변의 청량한 공덕으로 현현하는 것이다. 그러므로 만일 마음에 망념이 일어나, 아주 조금이라도 마음 밖에 현상이 실재한다고 하는 인식이 이루어지면, 청정한 공덕에 결점의 현상이 생기는 것이다. 어떠한 미세한 염(念)에도 일어난다면, 청정한 공덕에 결점이 생긴다. 붓다의 청정한 무량의 공덕은, 부동(不動)의 일심에서 성립하는 것이며, 거기에는 어떠한 망념도 존재하는 것이 아니다. 그러므로 심성에 헤아릴 수 없이 많은 청정한 공덕을 원만하게 갖추고 있는 것을, 법신이라고도 또는 여래장이라고도 부르는 것이다.『대승기신론』이 나타내려고 하는 거룩한 붓다의 법신은 이상과 같은 것이다.

|용어 해설|

일체상(一切相): 현상계의 차별상을 가리킨다. 진여는 일상이며 차별상을 갖지 않는다. 일체가 진여이기 때문에, 비교할 것이 없기 때문이다.

종종공덕(種種功德): 진여가 구유하고 있는 갠지스 강의 모래알처럼 헤아릴 수 없이 많은 공덕, 위에서는 6의(義)로 나타낸다.

무분별(無分別): 능분별이 없는 것을 가리킨다.

이분별상(離分別相): 소분별상을 갖지 않는 것을 가리킨다.

업식(業識): 5의(意)의 첫째, 삼세(三細)·육추(六麤)의 첫째이며, 업식에 의하여, 다른 전식·현식·지식, 그 밖의 망심을 대표한다.

염(念): 망념·분별을 가리킨다. 마음에 분별이 있으므로, 소분별로서의 일체법이 인식되는 것이다.

심성(心性): 마음의 본성, 진여를 가리킨다.

견(見): 마음의 능견상을 가리킨다. 능견상은 대상을 보는데, 보는 작용을 하면서 능견상 자신은 '불견(不見)'이 된다.

무유자성(無有自性): 자성이란 자체와 같은 말이다. 망심에는 실체성이 없는 것을 가리킨다.

열뇌쇠변(熱惱衰變): 번뇌에 의하여 마음이 불타게 되고, 고뇌를 받아서 힘을 잃는 것을 가리킨다.

망염(妄染): 범부의 마음에 있는 무량의 번뇌를 가리킨다. 우리의 추잡한 마음을 말한다.

심기(心起): 마음이 허망분별을 일으키는 것을 가리킨다.

전법(前法): 인식의 대상을 가리킨다. 마음 밖에 현상이 있다고 생각하는 것을 말한다.

일심(一心): 진심은 무량한 공덕을 갖추고 있으면서도 일상(一相)이며, 평등의 진여이기 때문에 일심이라고 말한다.

제2항 대승, 그 작용의 위대함[用大]
제1목 총체적인 논술[總說]

復次, 眞如用者. 所謂諸佛如來. 本在因地, 發大慈悲, 修諸波羅蜜,攝化衆生, 立大誓願, 盡欲度脫等衆生界. 亦不限劫數, 盡於未來. 以取一切衆生如己身故, 而亦不取衆生相. 此以何義. 謂如實知一切衆生及與己身, 眞如平等無差別故.

以有如是大方便智, 除滅無明, 見本法身, 自然而有不思議業, 種種之用. 卽與眞如等, 徧一切處. 又亦無有用相可得. 何以故. 謂諸佛如來, 唯是法身智相之身, 第一義諦, 無有世諦境界, 離於施作, 但隨衆生見聞得益故, 說爲用.

모든 거룩한 붓다가, 아직 깨달음을 이루지 못한 인위(因位), 곧 보디쌋뜨와로서 깨달음을 얻기 위한 길을 걷고 있을 때는 모든 인류를 위한 거룩한 자비를 실천하셨다. 그 구법자들은, '여섯 가지 피안에 이르는 길(sat-pāramitā, 6빠라미따)'을 수행하면서, 사람들을 교화 · 구제하고, 더욱 모든 인류를 한 사람도 빠뜨리지 않고 깨달음의 완성에 도달하게 하려고 하는 위대한 서원을 세웠다. 그래서 헤아릴 수 없이 긴 세월을 아낌없이, 미래의 영원한 깔빠(kalpa, 劫)에 걸쳐서 인류를 어디까지나 내 몸처럼 관조하고, 모든 인류와 자기와의 사이에 어떠한 차별도 인정하지 않으며, 자기의 밖에 따로 모든 인류가 존재한다고 하는 것과 같은 생각을 하지 않았다. 그것은, 모든 인류와 자기 자신과는 본래 평등하여 한 맛이며, 차별이 없는 것임을 잘 알고 있기 때문이다. 보디쌋뜨와는, 이와 같이 훌륭한 지혜의 작용에 의해서 무명을 소멸하여 깨달음의 완성에 도달하고, 법신을 현현하며, 인류를 구제하기 위한 여러 가지 불가사의한 작용을 하는 것이다. 이 불가사의한 작용은 진여와 똑같이 모든 인류에게 보편하여서, 거기에는 어떠한 차별의 모습이라 할 만한 것이 존재하지 않는다.

무슨 까닭으로 그렇게 말할 수 있는가? 모든 거룩한 붓다는, 법신이면서 동시에 지신(智身)이며, 제일의제(第一義諦, paramārtha-satya)이기 때문이다. 그것은, 미혹한 사람들의 심상(心相)에서 인정되는 것과 같은 세제(世諦, loka-saṃvṛti-satya, 世俗諦)는 아무것도 존재하지 않는다. 다만, 모든 인류는 한 사람 한 사람 소질이나 능력에 따라서 거룩한 붓다의 모습을 바라보기 때문에, 모든 붓다는 한 사람 한 사람의 능력이나 소질에 알맞은 형태로 이익을 주는 것이다. 이것을 '대승, 그 작용의 위대함(kṛtya, 用)'이라고 부른다.

| 강설 |

벌써 체상의 2대(大)를 제시하였기 때문에, 다음에 진여의 용대, 말하자면 작용을 나타낸다. 체상(體相) 2대는, 붓다의 법신이기 때문에, 자타불이(自他不二)에 도달하지 못한 범부는 이것을 볼 수 없다. 한편 그것은 자성청정심으로서 자기의 본성이지만, 불각을 자성으로 삼는 범부는 그것을 알 수 없다. 범부가 진여를 아는 것은, 용대(用大), 곧 거룩한 붓다의 중생교화의 작용을 통해서이다. 용대는 붓다의 활동이지만, 그러나 범부가 그것을 직접 알 수는 없다. 범부는 자기의 망심에 비친 붓다의 그림자를 아는 것에 지나지 않는다. 붓다는 중생의 능력에 맞추어서, 보신으로도 나타나고, 응신으로도 나타나지만, 범부는 그 응신을 자기의 망심에서 받아들이기 때문에, 범부가 받아들이는 응신은, 응신 그 자체가 아니다. 마치 모양이 비뚤어진 거울에 비친 불상과 같은 것이다. 그러나 붓다의 용대는, 범부의 망심에서의 변용(變容)을 계량한 위에, 중생에게 작용을 걸고 있다고 생각할 수 있다.

이 용대의 작용은, 앞의 진여훈습에서의 '용훈습(用熏習)'과 합치하는 것이 많다. 용훈습은 "중생의 외연의 힘이다"라고 설명되어 있는데, 이것은 용대로 해석하여도 좋다. 더욱이 수염본각(隨染本覺)의 해석에서, 수염본각을 지정상과 부사의업상으로 나누어서 해석하였는데, 지정상은 법신의 나타남인 것을 제시하는 데 대하여, 부사의업상은 붓다의 중생교화의 작용을 나타내는 것이기 때문에, 이것도 같은 내용으로 용대를 나타내는 것이라고 이해하여도 좋다. 이것에 의하여 『대승기신론』의 불신관을 알 수 있다.

앞 절에서, 진여의 체(體)와 상(相)을 해석하였기 때문에, 여기에서는 진여의 용(用, 작용)을 나타낸다. 먼저 용의 나타남의 근거를 제시한다. 그것은, 모든 붓다가 성불을 완성하지 않은 인위, 말하자면 보디쌋뜨와였을 때에, 생사의 고해에서 고뇌하는 중생을 보고 대비심을 일으켜서, 중생을 구제하려고 하는 맹세를 세운 것에 의한다. 이 맹세를 '서원(誓願)' 또는 '본원(本願)'이라고 부른다. 이 서원을 완성하는 것에 의하여 붓다가 되기 때문에, 성불할 때에는 저절로 중생구제의 만행이 나타나는 것이다. 이것이 '용대(用大)'이다. 모든 붓다는 인위에서 대자비심을 일으키고, 6빠라미따를 수행하며, 또는 보시·애어·이행·동사 등의 4섭법을 실행하여 중생을 섭화하고, 중생구제의 대서원을 세워서, 중생세계의 모든 중생을 윤회의 고해로부터 모두 구제하여 벗어나게 하려고 결심한다. 그래서 시간을 한정하지 않고 미래의 영원한 깔빠에 이르기까지 모든 중생을 사랑하는 일을, 마치 자기의 신체를 사랑하는 것처럼 하였다. 그렇기 때문에 '이것은 중생이다'라고 말하거나 중생을 자기와 구별하는 생각을 하지 않고, 자타평등의 마음을 가지고 있었다. 중생의 상을 취(取)하면, 그것은 중생에 집착하는 것이 되기 때문에, 중생을 도탈시킬 수 없다. 중생의 상(相)을 취하지 않는다는 것은, 공(空)을 실천하는 것이다.

그러면 붓다가 '자타평등의 마음'에 설 수 있는 것은 무엇 때문일까? 그것은 일체가 모두 진여를 체로 하고 있으며, 그러므로 모든 중생과 자기는 유일한 진여의 나타남이며, 모든 중생과 자기의 진여는 평등이고, 거기에는 어떠한 구별도 없다는 것을 여실하게 알기 때문이다. 이 '진여평등(眞如平等)'을 여실하게 안다(如實知)는 것이 『대승기신론』에서 가장 중요한 것이다.

보디쌋뜨와에게는 이상과 같은 대자비, 빠라미따, 4섭, 대서원 등의 방편의 지혜, 말하자면 깨달음을 실현하기 위한 수단적인 지혜가 있기 때문에, 이것에 의하여 무명을 제멸하고, 본디 갖추어져 있는 붓다의 법신을 현현시켜, 성불의 수행을 완성한다. 그 깨달음에는 인위의 서원이 살아 있기 때문에, 저절로 중생구제의 부사의한 작용과, 여러 가지 방편의 작용을 구유하고 있다. 이 부사의업과 여러 가지 용이 '용대(用大)'이다. 『혜원의소』는, 이 부사의업은 보신이며, 여러 가지 용은 응신에 해당한다고 해석하고 있다. 이 보신과 응신을 합하여 용대로 하는 것이다. 이 붓다의 구제행은, 범부의 마음에서는 상상하여 헤아릴 수 없기 때문에 '부사의(不思議)'라고 말하며, 더욱 그것은 노력에 의하지 않고 저절로 나타난다. 임운(任運)하게 생겨나므로 '자연의 업(業)'이라고 부르는 것이다. 이와 같이 부사의·자연업인 것은, 이것이 진여 그 자체의 작용이기 때문이다. 그러므로 진여와 같은 것이다. 진여는 일체처에 두루 퍼져 있는 것이며, 범부의 본성도 진여이다.

진여의 내훈은 끊임없이 중생에게 작용하고 있다. 진여의 활동은 우주에 변재(遍在)하여 있지만, 범부는 자기가 진여인 것을 모르며, 진여에 작용당하고 있는 것을 모르고, 그러므로 진여에 반역된 행위를 하며, 스스로 괴로워하고 있다. 이와 같이 일체가 진여이기 때문에, 특정한 붓다가 따로 있어서, 미망에 허덕이는 중생에게 작용하는 것은 아니다. 그러므로 진여의 용(用)을 부사의·자연업이라고 부르는 것이다.

이상과 같이 일체가 진여이며, 진여의 용(用)은 일체처에 변만하여 있기 때문에, "이것이 진여의 용(用)이다"라고 말하여, 지적할 수 있는 것이 아니다. 그러므로 "용상(用相)은 얻을 것이 없다"라고 서술하는 것이다. 이것은 '불행(佛行)'이 그냥 그대로 '이(理)'인 것을 나타내고 있다. 특정한 붓다의 구제행만을 진여의 용이라고 생각한다면, 그것은 용대의 오해이다. 용대는 가장 넓은 것이며, 말하자면 우주에 충만한 '타력(他力)'이다. 중생이 이것을 알아차렸을 때,

자기는 무(無)로 화(化)하는 것이다. 그러나 그것에 의하여, 자기는 진여와 합일하여 구제되는 것이다.

이와 같이 용대는 일체처에 변만하여 있으면서, 그런데도 용상(用相)을 파악할 수 없는 것은 왜 그럴까? 그것은, 모든 붓다는 법신임과 동시에 지신(智身)이며, 진여 그 자체이기 때문이다. 진여의 특정한 부분만이 붓다인 것은 아니다. 그와 같은 유한적인 붓다의 존재방식은 있을 수 없다. 붓다의 법신은 진여와 똑같이 일체처에 변만하여 있다. 그래서 수행자의 안으로부터도 밖으로부터도, 진여의 용은 작용하고 있다. 일체처에 용이 있기 때문에, 그것은 없다고도 말할 수 있으며, 붓다의 용대는 '무용(無用)의 용'이다. 그러므로 붓다의 용대를 알아차리는 것은 매우 어려운 일이다. 그러므로 붓다의 용상(用相)은 무상(無相)인 것이다. 그것은, 붓다의 법신이 무상(無相)이기 때문이다.

그러나 붓다의 법신·보신·응신의 삼신(三身)을 구유하고 있다고 말하면서도, 거기에 무용(無用)의 법신만을 서술하는 것은 왜 그럴까? 그것은, 보신과 응신이 방편신이기 때문이다. 말하자면 제일의제로 말하면 평등의 진여만이 실재이며, 따라서 법신만이 실재이다. 그러므로 거기에는 '세속제의 경계'는 없는 것이다. 진여는 자타평등의 세계이며, 이것이 진리인 것이다.

그러나 진리를 깨달은 붓다가, 세간을 향하여 일어설 때는, 제일의제의 입장에 설 수는 없다. 자타의 구별을 고집하는 중생이 대상이기 때문이다. 여기에서는 자타의 구별을 인정한 상태에서, 진리를 개시하지 않으면 안 된다. 그것은 세간의 미망에 물든 진리이기 때문에, 세속제라고 부른다. 그것은 진리인 것은 아니지만, 미망의 중생을 대상으로 할 때에는, 그래도 역시 그것이 진리인 것이다. 이미 그것은 상대적인 진리이기 때문에, 대상을 인정하는 입장이다. '평등의 진여'를 자기의 대상으로 하는 것이기 때문에, 그 입장은 벌써 불평등이다. 그러나 이러한 것은 세간을 상대로 하는 한 피할 수 없는 것이다.

제일의제에 있어서는, 세속제의 경계(상대적인 대상계)는 없는 것이다. 그래서 '시작(施作)', 말하자면 중생을 진리로 끌어들이기 위한 여러 가지 방편도, 그곳에는 없다.

다시 말하면 진여에는 특정한 용은 없는 것이다. 그러나 중생이 불각이면서, 그런데도 생사의 괴로움을 깨달아서 불도를 구하는 마음이 일어나기 때문에, 이 중생의 망심의 '구하는 마음'이, 그 망심의 한계 안에서, 붓다를 보고, 붓다의 목소리를 듣는 한에 있어서만, 그 때 중생이 얻는 이익을 '용(用)'이라고 서술할 뿐이다. 말하자면 중생이 구제되면, 진여의 용은 일체처에 변만하여 있기 때문에, 그 중생의 지력의 맞춰서 감응도교(感應道交)하여 중생은 이익을 얻는다. 그것은 어디까지나 중생의 망심 가운데에서 할 수 있는 일이다. 그런 의미에서는, 그것은 망(妄)의 용에 지나지 않는다. 그러나 거기에 수염본각이 작용하고 있기 때문에, 그 망용(妄用)이 형태를 바꾼 진여의 용이라고 하여도 좋을 것이다.

용대는 이상과 같은 것이기 때문에 중생이 붓다를 구한다면, 바로 붓다는 그것에 응하는 것이다. 그래서 중생의 지력에 맞춰서, 보신으로 나타나기도 하고, 응신으로 나타나기도 한다. 그 보신·응신의 구별에 대하여는, 다음 절에서 서술한다. 이와 같기 때문에 특정의 붓다를, 어디에선가 특정의 장소에서 구한다고 하는 추구방식은, 올바른 붓다의 추구방식이 아닌 것이며, 그러한 추구방식으로는 '붓다의 용(用)'을 만날 수 없다고 하는 것이, 『대승기신론』의 입장이다.

법신에는 세속제의 경계는 없고, 중생이라는 상(相)도 없으며, 교도(敎導)하고, 교도되는 것의 구별도 없다. 따라서 교도를 위한 어떠한 시작(施作)도 없다. 다만 중생이 자기의 지력에 따라서 견문하여 이익을 얻는 한에서, 그것을 붓다의 용이라고 말하는 것이다.

| 용어 해설 |

용대(用大, kṛtya): 진여의 작용을 가리키는 것이다. 작용이 크기 때문에 용대라고 부른다. 중생을 구제하는 것이 진여의 작용이기 때문에, 보신 · 응신의 붓다의 모습을 말한다.

진여용(眞如用): 용대를 가리킨다.

인지(因地): 불과를 얻기 위한 인(因)의 지위(地位)에 있어서의 수행을 가리킨다. 보디쌋뜨와의 지위(地位)를 말한다.

빠라미따(pāramitā, 波羅蜜): pāramitā의 음역이다. '도피안(到彼岸)'이라고 번역한다. 깨달음의 피안에 도달하기 위한 여섯 가지 수행을 말한다. 말하자면 보시 · 지계 · 인욕 · 정진 · 선정 · 지혜의 6빠라미따를 가리킨다.『대방광불화엄경』계통에서는 여기에 방편 · 원(願) · 력(力) · 지(智)를 더하여 10빠라미따로 하고 있다.『대승기신론』은 6빠라미따 계통이다. pāramitā의 어의(語義)는 parama에서 파생한 언어이며, '완성'이라고 하는 것이 본디 의미이다. 보시의 완성, 지계의 완성……지혜의 완성의 의미를 pāramitā의 원의(原意)로 본다. 그러나 대승불교에서는 '도피안(到彼岸)' 말하자면 깨달음의 피안에 도달한 것의 의미로 이해하고 있다. 의역(意譯)해서 '도(度)'라고 부른다. '지도(智度)'란, prajñā-pāramitā를 의역한 것이다.

섭화(攝化): 중생의 마음을 다스려서 교화하는 것을 가리킨다. 중생의 마음을 사로잡기 위해서는, 재시(財施)와 법시(法施)에 의하여 섭화하고, 친애하는 말(愛語)에 의하여 섭화하며, 선행(利行)에 의하여 섭화하고, 사업을 공동으로 하여(同事) 섭화하는 등의 4섭법을 채용한다.

서원(誓願): 본원이라고도 말한다. pūrva-praṇidhāna의 의역이다. '본디의 원(願)'이라는 의미이다. 모든 붓다가 보디쌋뜨와였을 때 세운 맹세 · 소원을 말한다. 이 맹세를 완성한 것에 의하여 붓다가 된다. 보디쌋뜨와는 모두

원(願)을 세워야 한다고 말하여, 보디쌋뜨와의 공통적인 원(願)을 '총원(總願)'이라고 부르며, 사홍서원(四弘誓願)으로 제시되고 있다. 그 밖에 유력한 보디쌋뜨와는 각각 별원(別願)을 세운다. 그 가운데에서도 법장보디쌋뜨와의 '48원'은 유명하다.

불한겁수(不限劫數): 겁(劫)은 kalpa의 음역이다. 아주 긴 시간을 가리킨다. 이 깔빠도 수를 한정하지 않고 오랜 동안 수행하는 것을 말한다. 장시간의 수행을 나타낸다.

중생(衆生): 유정과 같은 말이다. '생(生)'이 있는 것이라는 뜻이다. 어의(語義)는 많은 생사를 거치는 이, 많은 법이 집합하여 생겨난 이라고 해석하고 있다.

방편지(方便智): 인위에 있어서의 수행의 지(智)를 말한다.

부사의업(不思議業): 보신의 작용을 말한다.

종종용(種種用): 응신의 작용을 말한다.

법신지상신(法身智相身): 이지불이(理智不二)의 체상(體相)을 가리킨다.

제일의제(第一義諦, paramārtha-satya): 절대적인 진리를 말한다. 진제(眞諦)라고도 말한다.

세제(世諦, loka-saṃvṛti-satya): 상대적인 진리를 말한다. 세속제(世俗諦)라고도 말한다.

시작(施作): 방편, 중생을 이끌기 위한 수단을 말한다.

제2목 분석적인 논술(別釋)

此用有二種. 云何爲二. 一者依分別事識. 凡夫二乘心所見者, 名爲應身. 以不知轉識現故, 見從外來, 取色分齊, 不能盡知故. 二者依於業識. 謂諸菩薩從初發意, 乃至, 菩薩究竟地心所見者, 名爲報身. 身有

無量色, 色有無量相, 相有無量好, 所住依果亦有無量種種莊嚴. 隨所
示現卽無有邊, 不可窮盡. 離分齊相, 隨其所應, 常能住持, 不毀不失.
如是功德, 皆因諸波羅蜜等無漏行熏, 及不思議熏之所成就, 具足無
量樂相故, 說爲報身.

그런데, 거룩한 붓다의 인류를 구제하는 작용에는 그것을 감수하는 사람들
의 소질과 능력에 따라서 두 가지로 나누어 논술한다.

첫째, 사람들의 분별사식에 의하여 감수되는 불신(佛身, buddha-kāya)이다.
이는 아직 불교를 전혀 모르는 사람들과 성문·연각의 마음에 응현하여 감수
되는 불신이며, 이것을 거룩한 붓다의 응신(應身, nirmāṇa-kāya)이라고 한다. 그
들은 아직 대상을 분별하는 심리상태를 버리지 못하고 있으므로, 거룩한 붓다
의 응신이 자기의 망심의 작용에 의하여 비춰지게 된 것을 모르고, 마음 밖으
로부터 서로 어울려서 온 것이라고 생각하기 때문이다. 거룩한 붓다의 응신이
실제로 위대한 자비와 서원에 바탕을 두고 모든 인류에 대하여 빠짐없이 작용
하고 있다는 것을 이해할 수 없고, 그들의 망심에 비춰진 불신을 여러 가지 모
양이나 모습에 의하여 파악하려고 하는 것이다.

둘째, 사람들의 업식에 의하여 감수되는 불신(佛身)이다. 이는 대승의 가르
침에 따라서 수행의 결의를 일으킨 계위로부터 깨달음의 계위에 이르기까지
의 보디쌋뜨와의 마음에 응현하여 감수되는 불신이며, 이것을 거룩한 붓다의
보신(報身, saṃbhoga-kāya)이라고 한다. 거룩한 붓다의 보신에는 몸(rūpa, 色)이
한량없이 크고, 그 몸에는 헤아릴 수 없이 많은 특질(lakṣaṇa, 相)을 갖추고 있으
며, 그 특질에는 헤아릴 수 없이 많은 부차적인 특징(anuvyañjana, 好)이 있고,
그 님이 살고 있는 아름답고 깨끗한 거룩한 붓다의 나라(buddha-kṣetra, 佛國)는
헤아릴 수 없이 많은 여러 가지 장엄(莊嚴, alaṃkṛta)으로 장식되어 있다. 인류를

위하여 그 몸을 응현하는 바의 작용은 한량이 없으며, 시간적으로나 공간적으로 남김없이 다할 수가 없다. 유한한 모습을 벗어나서 보디쌋뜨와의 소질과 능력에 따라 응현하여도 영원히 파괴되는 일이 없고, 손실되는 일이 없다. 이와 같이 빼어난 보신의 덕성은, 거룩한 붓다가 일찍부터 보디쌋뜨와로서의 깨달음의 길을 걷고 있을 때, 피안에 이르는 길을 실천한 여러 가지 훌륭한 수행과 진여의 불가사의한 훈습으로 말미암아 성취된 것이며, 거기에는 헤아릴 수 없는 안락을 갖추고 있기 때문에 보신이라고 한다.

| 강설 |

전절(前節)에서, 제일의제로서의 실재는 법신(法身)·지신(智身)만이며, 보신·응신은 중생의 견문에 따라서만 나타난다고 서술하였다. 이에 대하여 여기에서는 상세하게 논술한다. 제불의 용대는 둘로 나누어진다. 그 두 가지란 무엇인가?

첫째는 분별사식이 견문하는 불신이다. 분별사식이란, 외계가 보이는 그대로 존재한다고 하는 상식적인 인식작용인 것이다. 범부의 일상의 판단·인식을 가리키는 것이다. 이것은 상식적인 실재론 또는 소박한 실재론의 입장이라고 하여도 좋을 것이다. 이 분별사식에 서서, 자기의 인식내용을 결정하는 것은 범부와 이승이다. 그들이 보는 붓다를 '응신'이라고 부른다. 그들은 유식의 이치를 전혀 알지 못하기 때문에, 분별사식은, 자기가 인식하는 대상이 마음의 심층 작용인 전식의 나타남인 것을 알지 못한다. 그래서 인식되는 것과 똑같은 것이 외계에 있다고 생각한다. 불신의 크기를 '6척(尺)'이라고 하는 식으로 결정하고, 붓다의 상호(相好)도 32상·80종호를 갖춘 붓다라고 주관적으로 결정하여 버린다. 그러한 붓다가 외계에 존재하며, 그 붓다에 의하여 자기가 인도된다고 생각하는 것이다. 그러므로 진여의 무차별의 대용(大用)인 용대를 완전히 알 수 없는 것이다.

둘째는 업식에 의하여 볼 수 있는 붓다이다. 업식은 무명에 의하여 일심이 움직인 바의 가장 미세한 식(識)이다. 거기에는 아직 전식·현식이라고 하는 주객의 분극화는 일어나 있지 않다. 그러한 분화(分化)의 깊숙한 곳의 순수경험이다. 그러나 아직도 업식이라고 불리며, 과거의 까르마에 의하여 물들여진 인식이다. 이와 같은 깊숙한 심층에 있어서의 불신을 볼 수 있는 것은, 보디쌋뜨와이다. 초발의보디쌋뜨와로부터 진지(盡地)까지의 보디쌋뜨와는 모두 유심의 이치를 알고 있다. 자기가 보고 있는 것은 유심의 소현이라고 통달하고 있기 때문에, 전식·현식의 작용의 깊숙한 곳에서의 불신을 보는 것이다. 그들이 보는 불신을 '보신'이라고 부른다. 보신이란, 과거의 수행에 대한 과보로 얻게 된 것, 그래서 성불의 행을 완성한 붓다라는 의미이다. 주관과 객관이 대립한 인식으로 볼 수 있는 붓다는 유한한 붓다이지만, 이 주객의 대립을 끊어버린 업식에 비치는 붓다는, 크기의 한정이 없이 무한대이다. 예를 들면 보신불로 섬기고 있는 와이로짜나붓다는, 『대방광불화엄경』에 있어서는, 그 크기에 한량이 없다고 말씀하고 있다. 말하자면 보신불에는 '무량한 색(色)'이 있다. 그러나 응신은 32상이라고 하는 유한한 상(相)을 가지고 나타남에 대하여, 보신의 색(色, 身體)에는 '무량한 상'이 있다. 더욱이 하나하나의 상(相)에는 '무량한 호(好)'가 있다. 그러나 응신에는 80종호라고 하는 유한한 호밖에 없는 것이다. 호란, 신체에 갖춰진 부수적인 장엄을 가리킨다. 이와 같이 보신은 한량이 없는 붓다이며, 범부나 이승이 관상(觀想)할 수 없는 붓다이다. 그래서 이 보신의 소주의 정토도 한량이 없으며, 무량한 장엄에 의하여 장식되어 있다. 와이로짜나붓다의 정토인 연화장세계가 바로 그것이라고 말하고 있다.

이와 같이 보신은 시간·공간의 한정을 벗어난 붓다이기 때문에, 특정한 장소에만 나타나는 것이 아니고, 특정한 시간에 한정하여 나타난다는 것도 아니다. 법계에 변재하여 있는 붓다이므로, 보디쌋뜨와의 관조에 맞춰서 시현한다. 그러므로 유한성인 것이 아니다. 그래서 시간적으로도 공간적으로도 '궁진(窮盡)한다'고 말하지 않는다. 분제(分齊), 말하자면 유한의 모습을 벗어난 상태이며, 보디쌋뜨와의 기(機)에 맞춰서 끊임없이 나타나 있고, 파괴될 때도 없으며, 소실하는 일도 없다. 상주하는 붓다이다. 보신불이 이와 같이 시간적으로도 공간적으로도 '무한의 상'으로 존재하는 것은, 이 붓다가 붓다의 무루이며 청정한 빠라미따 등의 시각(始覺)의 힘이 내훈으로서, 이 보신불을 보는 보디쌋뜨와에게 훈습하여, 그 훈습력으로부터 나타난 붓다이기 때문이며, 동시에 이 무루행훈에서 본각의 부사의한 훈습력이 합하여 현현한 것이기 때문이다. 그러므로 이 붓다는 무량한 안락의 상을 갖추고 있다. 그 이유는 이 붓다가 나타나게 된 원인인 시각·본각의 힘이 무루이고 청정하기 때문이다. 그래서 이 붓다를 '보신(과거의 수행에 대한 과보로 받은 몸)'이라고 부르는 것이다.

이상의 『대승기신론』의 학설에 의하면, 응신·보신의 붓다는 중생의 망심에 나타난 것에 지나지 않는 것으로 되며, 그것에 대응하는 객관적 실재로서의 응신·보신의 붓다는 존재하지 않는 것으로 된다. 객관적 실재로 존재하는 것은 진여의 묘용(妙用)뿐이며, 그것은 무상(無相)이다(다만 이 無相의 相은 相大의 相은 아니다).

그러므로 『법장의기』 가운데에서도 "만일 이 해석에 의한다면, 용대는 자심 속의 진여의 작용에 지나지 않는다. 어찌하여 이것을 붓다의 보신·화신이라고 말하는가?"라고 자문자답하고 있다. 그에 대한 대답은 "중생의 진심이야말로 제불의 체이기 때문이다"라고 위와 같은 해석을 받아들이고 있다. 『대승기신론』에서는, 중생의 진심과 모든 붓다의 체와는 평등무이(平等無二)이며, 모든 것이 진여라고 보기 때문에, 이와 같은 해석을 하지 않을 수 없는 것이다.

그러하다면 와이로짜나붓다도 아미따바붓다도 존재하지 않으며, 샤끼야족의 왕궁에서 생을 받은 샤끼야무니붓다도, 중생의 망심에 나타난 환영에 지나지 않는다는 의문이 생긴다. 그러나 이 질문은, 『대승기신론』으로서는 의미가 없다는 것을 알아야 한다. 보신·응신은 세속제 내부에서의 이론이다. 세속제란 세속에서의 진리라는 의미이다. 제일의제에 다다르지 못한 범부가, 제일의제에 대하여 논의하는 것은, 태어나서 언제 죽을지 모르는 인간의 미래를 점치는 것과 같은 것이며, 아무리 심각한 학설을 서술하여 보아도 그것은 모래 위에 지은 누각과 같은 것이다. 범부는 어디까지나 세속제의 세계에서의 문제로 한정하여야 한다. 그러나 세속제로서는 보신불도 실재이며, 응신불도 실재이다. 이와 같이 받아들여도 조금도 잘못이 없는 것이다.

|용어 해설|

용(用, kṛtya): 진여의 용(用), 용대를 가리킨다. 이것을 보신과 응신의 둘로 나눈다.

분별사식(分別事識): 의식의 다른 말이다. 이 식(識)은 견(見)과 애(愛)의 번뇌에 의하여 세력을 얻으며, 인식하는 사물을 실유라고 분별하고, 그것에 집착한다. 범부의 외계를 분별하는 의식(六識)을 말한다. 이것은 마음의 표면심이다. 불신에 대하여 말하면, 분별사식은, 중생의 진심과 모든 붓다의 체(體)가, 평등무이(平等無二)인 것을 알지 못한다. 자기가 보고 있는 불신(佛身)은 현식이 나타낸 것임을 모르는 것이다.

응신(應身, nirmāṇa-kāya): 중생의 능력에 맞춰서 모습을 나타낸 불신을 가리킨다. 화신(化身, nirmāṇa-kāya)과 같은 말이다. 진여나 불지(佛智)를 이해할 수 없는 지혜가 우열한 중생을 구제하기 위하여, 붓다가 나타낸 몸이다. 샤끼야족에서 생(生)을 받고 여든 살로 꾸쉬나가라에서 입멸한 샤끼야무니붓다는, 이 응신이라고 해석한다. 다만 『대승기신론』에서는 외계에 그와 같은 응신이 있는 것이 아니라, 진여의 용에 바탕을 두고 있으며, 전식의 나타남이라고 보고 있다.

전식(轉識): 업식 · 전식 · 현식에서의 전식을 가리킨다. 마음이 무명에 의하여 기동하고, 주객으로 분극화(分極化)한 때의 주관적인 식작용(識作用)을 말한다. 이것은 분별사식이 보는 불신을 나타내고 있는 것이다. 따라서 응신은 '현식(現識)'으로 있는 것으로 된다. 다만 현식은 업식이 분화한 것이며, 전식에서 생겨난 것은 아니다. 그러나 여기에서는 전식에서 생겨난 것으로 되어 있다.

색분제(色分齊): 색은 물질을 가리킨다. 분제는 형상을 한정한다는 뜻이다. 불신의 특정한 형상을 특정한 양으로 조정(措定)하는 것이다.

업식(業識): 무명에 의하여 일심이 움직인 것을 업식이라고 부른다. 여기에서 앞의 분별사식(分別事識)에 대하여, 마음의 심층을 의미한다. 분별사식은 외계가 실재라고 분별하지만, 업식은 자기의 인식계는 마음의 현현인 것을 알고 있다. 그러나 아직 미세한 망념이므로 만법유식의 이치에 완전히 도달한 것은 아니다.

구경지(究竟地): 보디쌋뜨와의 제10지의 최후인 만지(滿地), 보디쌋뜨와의 진지(盡地)를 말한다.

보신(報身, saṃbhoga-kāya): 보디쌋뜨와였을 때의 수행에 대한 과보로 받은 몸이라는 의미이다. saṃbhoga-kāya를 번역한 것이다. 제10지의 수행에서 번뇌를 끊고, 깨달음의 지혜를 얻은 결과 얻게 된 불신이기 때문에, 모든 공덕을 갖추고, 공덕에 의하여 백복으로 장엄되어 있다. 『대방광불화엄경』의 와이로짜나붓다나 아미따바붓다 등은 보신불이다. 보신은 깨달음의 지혜를 본질로 하고 있기 때문에, 법신을 부분적으로 깨달은 초지 이상의 보디쌋뜨와가 아니면 볼 수 없다고 말한다. 다만 『대승기신론』에서는, 3현위의 보디쌋뜨와도 보신불의 교화를 입을 수 있다고 해석하고 있다. 그 이유는,

3현위의 보디쌋뜨와도 유심의 이치를 일부분 알고 있기 때문이다.

무량색(無量色, rūpa): 보신의 신체는 한계가 없다. 무한대이다.

무량상(無量相, lakṣaṇa): 응신은 32상을 갖추지만, 보신의 상은 무량이다. 응신의 32상이란, 두상에 육계(肉髻)가 있다든가, 두발이 오른쪽으로 말려 있다든가, 미간에 백호(白毫)가 있다든가 등등 32가지로 그 특질을 나타낸다.

무량호(無量好, anuvyañjana): 응신은 80종호(種好)를 갖추는데, 보신의 호(好)는 무량이다. 호(好)란, anuvyañjana를 번역한 것이며, 수호(隨好)·수형호(隨形好)라고도 번역한다. 불신을 장식하는 부수적(二次的)인 모습이다. 응신의 80종호란, 발톱·손톱의 색이 적동색이라든가, 손가락의 색이 활택(滑澤)이라든가, 손가락이 풍만하든가 등이다.

소주의과(所住依果): 의과(依果)는 의보(依報)·정보(正報)라고 하는 경우의 의보를 가리킨다. 보신불이 거주하는 정토를 소주의 의과라고 말한다. 예를 들면 와이로짜나붓다의 의과는 연화장세계이다. 이에 대하여 정보란, 불신 그 자체를 가리킨다. 보신불의 정토(淨土)는 무량한 장엄으로 장식되어 있으며, 국토는 무한대이어서 제한이 없다.

무루행훈(無漏行熏): 무루행의 훈습을 말한다. 번뇌에 더럽혀진 선(善)을 유루성이라고 하는데, 번뇌를 완전히 끊은 붓다의 빠라미따행에 의하여 훈습된 행을 가리킨다. 또는 시각(始覺) 수행의 훈습력을 말하기도 한다.

부사의훈(不思議熏): 진여의 내훈을 가리킨다. 본각의 훈습력을 말한다.

낙상(樂相): 보신은 순수선의 수행의 결과 얻어진 것이기 때문에, 그 결과는 순수하고 청정한 안락(安樂)이라는 의미이다.

又凡夫所見者, 是其麤色. 隨於六道, 各見不同, 種種異類. 非受樂相故, 說爲應身. 復次, 初發意菩薩等所見者, 以深信眞如法故, 少分而見. 知彼色相莊嚴等事, 無來, 無去, 離於分齊, 唯依心現, 不離眞如. 然此菩薩, 猶自分別. 以未入法身位故. 若得淨心, 所見微妙, 其用轉勝. 乃至, 菩薩地盡, 見之究竟. 若離業識, 則無見相. 以諸佛法身無有彼此色相, 迭相見故.

또, 아직 불교를 전혀 모르는 사람들의 마음에 응현하여 감수되는 불신은, 그 형상이 거칠어서 조잡하게 나타난다. 육도(六道)에 걸쳐 미혹의 생존을 계속 반복하고 있는 이들의 소질과 능력에 따라서 감수되는 불신의 형상은 같은 것이 아니다. 여러 가지 서로 다른 부류의 중생들은 깨달음의 안락한 상태를 향수하지 못한다. 그러므로 이들을 응신이라고 한다.

또 다음에, 대승의 가르침에 따라서 수행의 결의를 일으킨 계위의 보디 쌋뜨와는 진여의 도리를 깊이 믿고 있으므로, 그것이 깊어짐에 따라 조금씩 진여의 진실함을 관찰할 수 있다. 그들은 거룩한 붓다의 보신에서 보여주는 몸·특질·부차적 특징·장엄 등은 아직 불교를 전혀 모르는 사람이나 성문·연각이 보는 응신과 같이 태어났다가 죽어서 사라지는 무상한 모습이 아니고, 우리의 차별적인 인식의 영역을 초월한 것이라고 하는 것을 잘 알고 있다. 더욱 또 그들은 거룩한 붓다의 보신이 실로 자기의 마음에 의하여 비춰진 것일 뿐이므로 진여를 떠나서 따로 실체를 가지는 것이 아니라는 것을 잘 알고 있다. 그러면서도 그들은 아직 법신을 깨달은 계위에는 이르지 못하였으므로 미혹의 분별이 남아 있으며, 거룩한 붓다의 보신을 감수하여도 그 진실함을 완전히 관찰할 수가 없다.

보디쌋뜨와의 수행이 더욱 깊어져 정심지(淨心地)의 계위에 다다를 때에는 감수되는 보신의 형상도 더욱 미묘하게 되고, 그 자비활동은 한층 더 빼어난 것으로 된다. 이와 같이 깨달음의 완성에 도달하기 위하여 모든 노력을 다한 보디쌋뜨와의 마음은, 거룩한 붓다의 보신에 있어서의 가장 훌륭한 모습과 작용을 완전히 관찰할 수 있다. 그런데, 이와 같이 보디쌋뜨와의 마음이 불신을 어디까지나 객관의 대상처럼 감수하는 것은 아직 마음에 업식이라고 하는 망심의 작용이 있기 때문이다. 만일 업식을 떠나서 거룩한 붓다의 계위에 도달하여 진여의 세계에 들어가면, 거기에는 이미 감수되어야 할 불신의 모습이나 형태가 존재하지 않는다. 모든 거룩한 붓다의 법신은 평등하여 한 맛이며 차별이 없고, 거기에는 이것이라든가 저것이라든가 하는 형상이 서로 보이는 일은 결코 없기 때문이다.

| **강설** |

전절(前節)에서 서술한 응신·보신을 따로따로의 관점에서 논술한다. 앞에서 응신을 가지고 범부와 이승의 소견이라고 서술하였는데, 범부가 보는 응신은 종류가 많다. 성문·연각의 이승은 인간에 태어나거나, 또는 천상에 태어나기 때문에, 그곳에서 보는 응신에는 별로 차이가 없다. 그러나 범부는 육도에 윤회한다. 육도란, 지옥·아귀·축생·아쑤라·인간·천상을 말하며, 지옥 등의 3악도에 태어난 중생은 그에 상응하는 응신불을 본다. 더욱이 축생이 보는 붓다는 축생의 형상을 취하고 있다고 생각한다. 따라서 이들의 응신은, 인간이 생각하는 이미지와는 아주 많이 떨어져 있다. 그러므로 범부가 보는 응신은 추색(麤色)이라고 하는 것이다. 색이란 신체를 가리킨다. 육도에 따라서 보는 바의 응신도 인간 이외의 이류(異類)가 있으며, 종류 또한 많다. 그래서 지옥에 나타난 응신과 같은 경우에는, 지옥의 고통에서 벗어나 있는 것이 아니며, 인간에 태어난 샤끼야무니붓다조차도 생·노·병·사의 고통에서 벗어나지 못한 존재방식이기 때문에, 일반적으로 응신은 '수락상(受樂相)'은 아니

다. 이와 같이 추색(麤色)이라는 것, 육도에 상응하여 나타난 방식이 다르다는 것, 수락상이 없다는 것 등에 의하여, 이 붓다를 '응신(應身)'이라고 부른다.

다음에 보신에 대하여 천명한다. 이것도 지전(地前)의 보디쌋뜨와가 보는 보신과, 지상(地上)의 보디쌋뜨와가 보는 보신의 두 가지로 나눈다. 초발의보디쌋뜨와 등의 지전(地前), 말하자면 3현위의 보디쌋뜨와가 보는 보신은, 신(信)에 바탕을 두는 것이다. 그들은 자기의 본성이 진여이며, 자성청정심인 것을 믿는 것이다. 이 신(信)에 바탕을 두고 진여를 비관(比觀, 類推)에 의하여 본다. 그러므로 그 진여의 이해는 '상사각(相似覺)'이다. 그들은 진여를 아주 조금밖에(少分) 보지 못하는 것이다. 그들은 유식의 이치를 이론으로는 알고 있으므로, 긴 세월에 걸친 수행에 바탕을 두고 보신불을 볼 수 있다. 그들이 보는 신체의 상이나 그 장엄 등에 관한 것은 상주하는 진여에 바탕을 두고 보기 때문에, 그 보신은 시간적 존재방식을 초월하여 있다. 그러므로 '오시다'라든가, '가시다'라든가 라고 하는 존재방식은 없다. 말하자면 무상(無常)의 상을 가지고 있지 않다. 더욱이 색신(色身)의 크기도 한량이 없기 때문에 분제(分齊)를 벗어나 있다. 그 보신은 수행자의 마음에 의지하여 나타나 있는 것이지만, 동시에 그 보신은 진여에 바탕을 두고 있는 것을, 지전(地前)의 보디쌋뜨와는 알고 있다. 그러나 이 보디쌋뜨와에게는, 아직 거친(麤大) 분별이 있다. 그래서 초지 이상의 법신을 보는 계위에 들어간 것이 아니다. 그러므로 똑같이 보신을 보지만, 그 보신은 지상(地上)의 보디쌋뜨와가 보는 보신보다 낮은 것이다.

만일 보디쌋뜨와가, '정심지(淨心地)' 말하자면 초지를 얻으면, 붓다의 법신을 보기 때문에, 신(信)의 입장에서 진증(眞證)의 입장으로 진보하는 것이다. 거기서 그 진지(眞智)에 의하여 볼 수 있는 보신은 한층 더 미묘하다. 이 보신의 작용은, 지전(地前)의 소견(所見)보다도 수승하기 때문에 '전승(轉勝)'이라고 말한 것이다. 그래서 초지(初地)부터 차례로 진전하여 제10지에 다다름에 따라서, 보는 바의 보신은 더욱더 미세하게 된다. 보디쌋뜨와 지위의 끝인 금강유정에 이르러서 궁극의 보신을 보는 것이다. 이렇게 말하는 의미는, 붓다가 되면 보신을 보는 일은 없는 것이다. 진체(眞體)에 귀입하기 때문이다. 보디쌋뜨와의 진지(盡地)에 있어서 심원(心源)을 꿰뚫고, 업식이 완전히 소멸하기 때문에 전식·현식도 없어진다. 보는 이와 보이는 것도 없어지고, 견상(見相)은 소멸하는 것이다. 제불의 법신은 평등한 진여이므로, 다불(多佛)이면서, 동시에 일불(一佛)이기 때문에, 법신이 서로 다른 색상을 보는 일은 없는 것이다.

| 용어 해설 |

추색(麤色): 조대(粗大)한 신상(身相)을 가리킨다. 응신을 말하는 것이다. 보신이 미묘한 색상(色相)인 것에 대하여 추색이라고 말한 것이다.

육도(六道): 육취(六趣)라고도 부른다. 지옥·아귀·축생·아쑤라·인간·천상의 육취를 가리킨다. 유정은 이 육도 사이를 윤회하며, 생사를 반복한다고 한다. 육도설 외에, 아쑤라를 제외하고 오취(五趣)로 하는 학설도 있다. 부파불교에서는 오히려 오취설을 채택하는 쪽이 많다.

이류(異類): 육도의 중생이 각각 류(類)가 다르게 존재하는 것을 말한다. 축생이 보는 응신불과 인간이 보는 응신불은 다르다는 의미이다.

수락상(受樂相): 응신불에는 고(苦)도 있다고 하는 학설이다. 예를 들면 이 세상에 태어난 샤끼야무니붓다는 생·노·병·사의 고를 피할 수 없었기 때문에, 응신불에는 고가 있다고 본다.

소분이견(少分而見): 진여를 부분적으로 이해한다는 말이다.

분별(分別): 허망분별을 말한다. 삼현(三賢)의 보디쌋뜨와는 아집은 없지만, 아직 법집은 있으며, 지식·상속식 등이 일어나기 때문에, 추분별(麤分別)이다.

법신위(法身位): 보디쌋뜨와의 초지(初地)를 가리킨다.

정심(淨心): 정심지를 가리킨다. 정심지는 초지이다.

問曰. 若諸佛法身離於色相者, 云何爲能現色相.

答曰. 卽此法身是色體故, 能現於色. 所謂, 從本已來, 色心不二. 以
色性卽智故. 色體無形, 說名智身. 以智性卽色故, 說名法身, 徧一切
處. 所現之色, 無有分齊. 隨心能示十方世界, 無量菩薩, 無量報身,
無量莊嚴, 各各差別, 皆無分齊, 而不相妨. 此非心識分別能知, 以眞
如自在用義故.

묻는다: 만일 모든 거룩한 붓다의 법신에 어떠한 모습이나 형태의 차별이
없다고 한다면, 어떻게 하여 법신으로부터 보신이라든가 응신과 같은 모습이
나 형상이 나타나는 것일까?

대답한다: 법신은 모습이나 형상의 본체이므로 충분히 여러 가지 모습이나
형상을 나타낼 수가 있다. 그것은 어떤 의미일까? 우리의 마음에 나타난 불신
에 비춰지고 있는 여러 가지 형상과 여러 가지 불신이 시현되는 바의 근본인
깨달음의 마음과는 본디 둘이 아니다. 보신이나 응신에 나타나고 있는 모습이
나 형상의 본성은 깨달음의 지혜이기 때문에 그 의미에 있어서 여러 가지 모
습이나 형상이 본디 고정적인 실체가 없는 것임을, 거룩한 붓다의 지신(智身)
이라고 부르고 있는 것이다. 또 깨달음의 지혜의 본성이 그대로 나타난 것이
곧 보신 · 응신의 모습이므로 여러 가지 불신이 나타난다고 하는 것은 바꿔 말
하면, 거룩한 붓다의 법신이 언제 · 어디서나 모든 사람에게 충만한 것이라고
말하지 않으면 안 된다. 이와 같이 거룩한 붓다의 법신으로부터 응현하는 바

의 여러 가지 모습이나 형상은, 본디 차별이 없다고 하는 자성을 잃는 일이 없
으므로, 모든 인류의 마음의 여러 가지 모습에 따라서 언제·어디서나 헤아
릴 수 없이 많은 보디쌋뜨와의 형상과 헤아릴 수 없이 많은 거룩한 붓다의 보
신과 헤아릴 수 없이 많은 장엄을 시현한다. 각각의 형상은 서로의 상태에 있
어서는 차별 그대로이면서 차별이 없는 것이며, 서로가 서로를 방해하는 일이
없다. 이와 같이 불가사의한 불신의 경계는 실로 진여의 자유자재로운 작용에
의한 것이므로 우리의 차별적인 인식으로는 헤아려 알 수 없다.

| 강설 |

묻는다: 그러나 이와 같이 모든 붓다가 색상을 가지고 서로 본다고 하는 일
이 없다고 한다면, 제불의 법신에는 색상이 없는 것으로 된다. 그것이 어떻게
하여 보신·응신의 색상을 나타낼 수 있을까?

대답한다: 유심론의 입장에서는, 외계의 물질은 마음에 비추어져 '감각'이
되는 것이다. 예를 들면 외계에서는 빛의 파동인 것이 눈에 비쳐서 색깔로 된
다. 공기의 파동이 귀에 받아들여져서 소리가 된다. 빛깔이나 소리는 감각이
며, 마음의 존재방식의 하나이다. 따라서 유심론의 입장에서는, 빛깔과 마음
은 구별되는 이자(二者)이면서도 하나이다. 여기에서 '색심불이(色心不二)'의 입
장이 세워지는 것이다. '불이(不二)'란, 둘인 것을 인정하면서도 그것을 초월하
는 것이다. 단순한 '일(一)'은 아니다. '색심불이(色心不二)'에 대하여는 『슈리말
라데위씽하나다경』에서는 "여래의 색은 무진이다. 지혜도 또한 그러하다"라
고 말씀하고 있다.

이 '색심불이'를 우리의 삶 속에서 겪는 현실로 옮겨보자.

나는 수행을 형식이 아닌 실천으로 보여주면서 한 세대를 살다간 한 거룩
한 스님의 임종을 지켜본 일이 있다. 그는 거의 숨을 거둘 때까지 명료한 의식

을 가지고 대화를 나누었다. 그렇지만 그의 손발을 만져보면 체온이 점차로 떨어지는 것을 알 수 있었다. 마치 가물가물 꺼져가는 호롱불꽃과 같았다. 호롱불은 기름이 떨어지기 시작하면 불꽃이 점차로 작아지고, 드디어는 가물거리다 꺼져버린다. 그런 것처럼 아무리 수행을 많이 해서 정신이 맑고 깨끗할지라도 육신이 다하면, 꺼져버리는 호롱불꽃과 같다. 그런 점에서도 몸과 마음은 '색심불이'라고 본다.

그런데 법신이 색상을 벗어나면서, 그런데도 보신·응신을 나타내는 이유로서, "법신에는 색의 체가 있기 때문에"라고 대답하고 있다. 법신은, 보신·응신 등의 색의 본체라고 하는 의미이다. 그렇기 때문에 색을 잘 나타내는 것이다. 『법장의기』에서도 "보화(報化)의 색은 법신의 진심과 다른 것이 아니다"라고 서술하고 있다. 상술한 바와 같이 본디 '색심불이'인 것이다. 진여가 일체에 두루 퍼져 있는 것이며, 그런데다 그 진여의 본성이 '지(智)'이기 때문에, 이 마음을 따로 하여 색이 있는 것은 아니다. 그러므로 "색의 본성(本性)은 바로 지(智)이다"라고 말하는 것이다. 보신·응신의 색신의 본성이 법신이라고 하는 의미이다. 이것은 '색즉심(色卽心)'을 나타내는 것이다. 이것을 거꾸로 말하여, "색의 체가 무형(無形)인 것을 지신(智身)이라고 부른다"라고 말할 수 있다. 보신·응신 이신(二身)의 나타남의 근거는 지신(智身)이라고 하는 의미이다. 지(智)란 본각의 지이다. 법신은 일체처에 변만하여 있기 때문에, 보신·응신 2신의 나타남의 근거에는 언제나 지신(智身)이 있다. 그러므로 "지성(智性)이 바로 색(色)이다"라고 말한다. 이것은 '지즉색(智卽色)'을 말하는 것이다.

이와 같이 법신이 일체처에 변만하여 있기 때문에, 그것에 의하여 나타나게 되는 색신(色身)은 분제(分齊)가 없는 것, 유한이 아닌 것이다. 그러나 범부는 그것을 유한이라고 보는 것이다. 이와 같이 보는 사람의 마음에 따라서, 유한·무한 여러 가지로 나타나면서, 법신은, 시방세계의 무량한 보디쌋뜨와를 나타내며, 무량한 보신불을 나타내고, 무량한 정토의 장엄을 나타내면서 각각 차별이 있지만, 그러나 고정적인 구별이 있는 것은 아니며, 서로 방해하는 일은 없는 것이다. 이 보신 · 응신 2신의 현현의 불가사의한 작용은 범부의 차별적인 허망분별을 가지고는 알 수 없는 것이다. 이들은 모두 진여의 자재한 작용이기 때문이다.

• 유식설의 불신론과 여래장설의 불신론은 어떻게 다른가?

이상,『대승기신론』의 불신론을 구명하였는데,『대승기신론』의 불신론의 특색은, 체대(體大)와 상대(相大)를 합설하는 것이다. 법신을 '이지불이(理智不二)'라고 보는 것이다. 이것은 여래장이 무루(無漏)의 성공덕(性功德)을 구족한다고 하는 점에서 필연적으로 도출된 불신론이다. 여래의 법신의 본질은 진여이며, 진여에는 불지(佛智)가 불리(不離)의 관계로 내속되어 있다고 보는 방식이다.

이에 대하여 유식설은 이와 같이 보는 방식을 채택하지 않는다. 유식에서는 범부의 본성도 진여이지만, 여래의 본성도 진여라고 본다. 그러므로 진여〔理〕와 불지(佛智)가 불리(不離)의 관계에 있다고 보지 않는다. 이것은 양자의 '무위법'에 관한 이해의 상위에 따른 것이다. 진여는 무위이며, 불지는 유위라고 한다면, 양자에 불리(不離)의 관계가 없어진다. 진여와 불지는, 붓다에게 있어서는 합일이며, 일체(一體)로 되어 있기 때문에, 동시에 같은 장소에 있는 것으로 된다. 그러나 유위와 무위를 차원이 다른 존재로 구별하면, "무상인 존재의 본질은 상주이다"라고 말하는 것은, 조금도 관계가 없는 것이다. 이와 같은 사유의 틀이라면, 진여와 불지는 동전의 양면처럼, 동시(同時)에 동소(同所)에 있으면서, 그러면서도 서로 부딪히지 않는 것으로 된다. 이와 같은 사유의 틀에서는 진여는 미망의 본성이라고도 주장할 수 있다. 그래서 미망과 깨달음은 유위의 세계에서 할 수 있는 일로 처리하고, 그 미오(迷悟)를 통하여, 기체(基

體)가 되는 진여는 변하지 않는다고 생각할 수 있다.

　이와 같은 사유의 틀에서 불신론을 생각하면, 이(理)와 지(智)를 나눌 수 있는 것이며, 이불(理佛)을 법신으로 하고, 지불(智佛)을 보신으로 하는 생각이 가능하게 된다. 그래서 불지(佛智)에서, 해탈의 낙(樂)을 붓다 스스로가 맛보는 자수용법락(自受用法樂)의 지와 불지에 의하여 다른 보디쌋뜨와나 범부 · 이승 등이 이익을 입는 '타수용지(他受用智)'로 나눌 수 있다. 그리하여 지상(地上)의 법신의 보디쌋뜨와는, 붓다의 깨달음의 지(智)를 그대로 이해할 수 있다. 말하자면 그 이익을 입기 때문에, 지상의 보디쌋뜨와에게 법을 말씀하는 붓다는, 자수용지(自受用智)의 지신(智身)과 합하여 '보신'으로 하고, 범부 · 이승 등에 접하는 붓다를 '응신' 또는 '화신'으로 할 수 있다. 이것을 법(法) · 보(報) · 응(應)의 삼신설에 적용하면, 법신을 이(理)와 지(智)로 열어서 2신으로 하고, 나머지를 응신으로 정리한 것이라고 말할 수 있다. 이것을 '개진합응(開眞合應)'의 삼신설이라고 부른다.

　　법신(法身) ……… 이(理)
　　보신(報身) ……… 지(智)
　　응신(應身, 化身)

　이 삼신설은 세친(世親, Vasubandhu, 400~480)에 이르러서 처음으로 나타난다. 말하자면 세친의 『유식론(唯識論)』과 『성유식론(成唯識論)』 또는 『법화론(法華論)』에서 볼 수 있다. 이 이(理)와 지(智)를 나누는 삼신설은, 유식설의 진여관에서는 당연히 도출될 수 있는 것이다. 그러나 여래장설에서는 이와 같이 이(理)와 지(智)를 분리시킬 수 없다. 그것은, 중생의 본질이 자성청정심이며, 진여라고 하기 때문에, 진여와 불지(佛智)를 분리시킬 수 없는 것이다. 따라서 여래장사상에서는, 어디까지 진보하여도 '이지불이(理智不二)'를 법신으로 보는 방식을 바꿀 수 없다. 이것을 포기하는 것은 여래장설을 포기하는 것이다.

그러나 이와 같이 진여와 불지(佛智)가 불리(不離)의 관계라고 한다면, 미망의 범부는 그 미망의 근거가 공무로 되어버린다. 이 점이 여래장사상의 최대의 난점이다. 이 결점을 구제하기 위하여 화엄종의 법장은 '진망교철(眞妄交撤)'을 주장하였다. 이것은 유위와 무위를 차원이 다른 것으로 하지 않고, 같은 차원으로 생각하는데, 그러나 동시(同時)·동소(同所)에서의 관계라고 보는 견해이며, 논리적으로는 상당히 무리한 생각이라고 말하지 않을 수 없다. 그러나 현실의 진상(眞相)은, 논리에 의하여 명쾌하게 결론을 내릴 수 없기 때문에 이 '진망교철(眞妄交撤)'의 사상을, 간단히 물리칠 수는 없는 것이다.

어쨌든 『대승기신론』은 체대·상대를 합하여 법신이라고 보는 불신관(佛身觀)인데, 이것을 '합진개응(合眞開應)'의 삼신설이라 부른다. 말하자면 진신(眞身)에 이(理)와 지(智)의 둘을 합하고 있으며, 이타의 붓다에 보신과 응신을 열어서 보는 방식이다. 붓다의 삼신설이 최초로 나타나는 것은 마이뜨레야(彌勒, Maitreya)의 저작이다. 나가르주나에게는 아직 나타나 있지 않다. 『대지도론』에는 불신(佛身)에 대하여 법신과 생신(生身)의 이신(二身)이 서술되어 있다.

여기에서 '법신'이라고 말하고 있지만, 그것이 목표로 삼는 것은 『대방광불화엄경』의 와이로짜나붓다 등이기 때문에 이 법신은 법성에서 생겨난 붓다를 가리키는 것이며, 삼신설로 말하면 '보신'에 가까운 내용의 붓다이다. 나가르주나에게 있어서는, 법성은 제법실상(諸法實相)이라고도 서술하고 있으며, 아직 진여라고 하는 '이(理)'가 충분하게 성숙되지 않았던 것이다. 삼신설이 최초로 나타나는 것은, 마이뜨레야의 『금강반야경론송(金剛般若經論頌)』이나 『대승장엄경론송(大乘莊嚴經論頌)』 등이다. 이들의 논서(論書)에는, 법신〔自性身〕·보신〔受用身〕·화신(化身) 등의 용어로 삼신(三身)이 서술되어 있다. 이 3신은, 설명에 의하면,『대승기신론(大乘起信論)』과 똑같이 '합진개응(合眞開應)'의 삼신설이다.

『대승기신론』의 삼신설을 도표로 나타내면 다음과 같다.

삼대(三大)와 삼신설의 관계

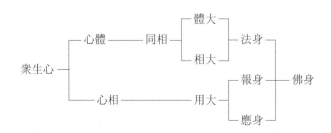

마이뜨레야의 뒤를 이은 아쌍가(無著)도 이와 똑같은 삼신설을 말하고 있다. 그러나 이것은, 마이뜨레야나 아쌍가가 여래장설에 서 있다는 것을 말하는 것은 아니다. 최초에는 먼저 '합진개응(合眞開應)'의 삼신설이 성립하고, 다음에 '개진합응(開眞合應)'의 삼신설로 발전되어가야만 하는 것이기 때문이다. 그러므로 마이뜨레야나 아쌍가의 시대에는, 아직 '개진합응'의 삼신설(三身說)이 성숙되어 있지 않았다고 생각할 수도 있다.『대승기신론』은, 체대와 상대를 나누고 있으면서도, 그런데도 양자를 합하여 법신으로 하고 있기 때문에, 성숙하지 못하여서 '합진개응'의 삼신설을 세운 것은 아님이 분명하다.

한편『구경일승보성론』도『대승기신론』과 똑같이 삼신설을 취하고 있다. 양자는 똑같이 여래장설에 서 있기 때문에 당연히 그렇지만,『불성론(佛性論)』은 이 두 논전(論典)과는 달리 '개진합응'의 삼신설을 논술하고 있다.『불성론(佛性論)』은 이 두 논전(論典)과는 다른 입장이다. 이 점에서는『불성론』은 세친의 삼신설과 같은 것이다.

삼대(三大)의 구조

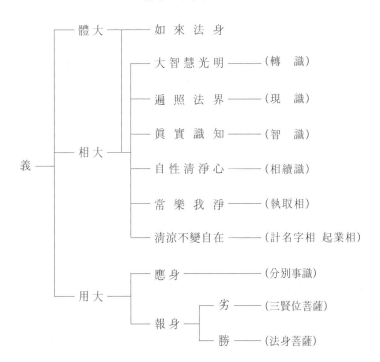

|용어 해설|

제불법신(諸佛法身): 진여를 가리킨다. 이지불이(理智不二)를 말한다.

색성(色性): 색(色)이란 물질의 의미이다. 신체를 가리킨다. 그러나 화신(化身)이기 때문에, 색깔·형상은 있어도 허깨비로서의 몸은 아니다. 범부의 신체와 같이, 식물(食物)로 성장하며, 피와 살, 배설물 등이 있는 것은 아니다.

지성즉색(智性卽色): 보신·응신의 색은, 지신(智身)의 현현이기 때문에, 지혜가 형상을 바꾼 것이라고 본다.

심식(心識): 범부의 자타를 구별하는 인식이다. 자타 구별을 가능케 하는 근거에는, 자타평등의 인식이 있다. 그러나 분별사식은 그것을 알아차리지 못한다.

제5절 심생멸문으로부터 심진여문으로〔從生滅門入眞如門〕

復次, 顯示從生滅門卽入眞如門. 所謂推求五陰, 色之與心, 六塵境
界. 畢竟無念. 以心無形相. 十方求之, 終不可得. 如人迷故, 謂東爲
西, 方實不轉, 衆生亦爾. 無明迷故, 謂心爲念, 心實不動. 若能觀察,
知心無念, 卽得隨順入眞如門故.

이제까지 위에서 '한 마음'의 존재 방식에 관하여 '마음 그대로의 모습을 관
찰하는 부문〔心眞如門〕과 '마음의 현상적인 모습을 관찰하는 부문〔心生滅門〕과
의 두 가지 입장에서 고찰하여 왔는데, 다음에는 본질로 들어가 '마음의 현상
적인 모습을 관찰하는 부문'으로부터 '마음 그대로의 모습을 관찰하는 부문'으
로 들어가는 우리의 주체적인 태도를 밝히기로 한다. 모든 존재를 성립하고
있는 다섯 가지 구성요소(pañca-skandha, 五蘊)를 깊이 천착하여 보면, 그들은 결
국 물질적 현상〔色〕과 정신적 현상〔心〕의 두 가지로 귀착된다. 따라서 인식의 여
섯 가지 대상(ṣaḍ-viṣayāḥ, 六塵)은 요컨대 마음을 떠나서 따로 실체를 가지는 것
이 아니며, 정신적 현상도 모두 실체가 없는 것이므로 마음 밖에서도 마음 안
에서도 그 실체를 파악할 수 없다.

　예를 들면, 사람이 방향에 혼미하여 동쪽을 가리키면서 서쪽이라고 말하여
도 역시 동쪽이므로, 방향 그 자체는 바뀌지 않는다. 그와 마찬가지로 모든 인
류가 진여는 평등하여 한 맛이며, 차별이 없는 것임을 깨달을 수 없는 무명 때
문에 본디 자성이 맑고 깨끗한 마음에 대하여 여러 가지 허망한 마음을 낳아
도, 마음 그 자체의 본성은 조금도 흔들리는 일이 없다. 따라서 만일 마음의
본성을 잘 관찰하여, 마음 그 자체에는 본디 아무런 망념도 존재하지 않는다

고 하는 것을 잘 알게 되면, 우리들은 마음의 본성에 수순하여 진여에 들어갈
수가 있다.

|강설|

이상으로 심진여문과 심생멸문의 두 문의 해석을 마쳤기 때문에, 여기에서
두 문을 다시 음미하여 보고, 심생멸문이 심진여문에 귀입하는 것을 밝히려는
것이다.

먼저 심생멸문은 분별의 세계인데 이것은 능분별과 소분별, 말하자면 주관
과 객관이 대립하는 세계이다. 분별·망념이 일어나는 것에 의하여 마음의 생
멸이 있으며, 시간의 세계가 만들어지는 것이다. 그런데 범부에게 있어서의
객관이란, 외계는 바로 '현상(現象)'의 세계이며, 이에 대한 주관은 마음이라고
받아들이고 있는 것이다. 말하자면 '색(色)·심(心)의 대립'이 우리의 경험의 세
계이다. 그러므로 본론에서는, "모든 존재를 성립하고 있는 다섯 가지 구성요
소(pañca-skandha, 五蘊)를 깊이 천착하여 보면, 그들은 결국 물질적 현상(色)과
정신적 현상(心)의 두 가지로 귀착된다."라고 논술하는 것이다. 생멸의 세계는
자기의 모든 존재인데, 이 자기 존재는 원시불교 이래, 오온에 의하여 제시되
고 있다. 그것이 유심론을 주장하는 『대승기신론』에서는 '색(色)·심(心)의 대
립'으로 받아들여지고 있는 것이다.

주석에 의하면, "색음(色陰)은 물질적 현상, 나머지의 수·상·행·식의 4음
은 마음"이라고 설명되어 있다. 그런데 색·심을 음미하여 보니, 그와 같은 대
립은 존재하지 않는다고 하는 것이, 본절(本節)의 취지이다. 대립이 없기 때문
에, '있다는 생각'을 하여 염(念)을 일으키고 있는 '심생멸(心生滅)'은 무(無)라고
말하려고 하는 것이다.

말하자면 객관으로서 나타나 있는 '6진(六塵, 六境)'의 대상세계는, 마음 밖에

실재하는 대상세계가 아니다. 마음 밖에 있다고 인정하고 있는 6진은 마음 그 자체인 것이다. 그러므로 마음을 떠나서, 마음 밖에서 생각해야 할 것은 없는 것이다. 그래서 "6진의 경계는 필경 무념(無念)이다"라고 서술한다. 유식의 이 (理)에 도달하면, 외계가 있다고 하는 망념을 일으키는 것은 소멸하는 것이다. '경(境)'의 공(空)'에 통달하는 것이다.

그러나 마음은 실재라고 생각할지도 모르지만, 우리가 마음이라고 부르고 있는 것은 허망한 존재라고 말한다. 우리가 '마음'이라고 생각하고 있는 것은, 망념에 지나지 않는 것이며, 진짜 마음은 아니다. 진심(眞心)을 물로 치면, 망념은 파도와 같은 것이다. 파도는 아무리 천변만화하여도 끊임없이 형상을 바꾸어가며, 뒤에 아무 것도 남지 않는 허망한 것이다. 거기에 '허망분별(虛妄分別)'이라고 말할 수 있는 이유가 있다. 이와 같은 허망분별로서의 마음은 실재성이 없으며, 붙잡을 수 없는 것이다. 그러므로 "마음에 형상(形相)이 없으면, 시방에서 이것을 구하여도 결국 불가득(不可得)이다"라고 서술하는 것이다.

망념으로서의 마음이 파악할 수 없는 허망한 것이라는 실상을 알아차리게 되면, 그 때 망념을 멈추는 것이다.

이 색심(色心)의 망념과 무념(無念)의 관계를, 방향을 비유로 들어 나타내고 있다. 사람이 방향에 헤매어서 동쪽을 서쪽이라고 생각하여도, 그래도 방향은 바뀌는 것이 아니다.

그와 같이 심성은 본디 불생불멸인데, 중생은 무명으로 헤매기 때문에, 마음(心)을 염(念)이라고 생각하는 잘못을 저지르고 있다. 끄샤나 끄샤나에 생멸하고 있는 염(念)이 마음이라고 생각하고 있지만, 그것으로 염이 마음이 되는 것은 아니다. 마음은 부동인 것이다. 만일 사람이 이 점을 잘 관찰하여, 언제나 동요(動搖)가 없는 망념의 깊숙한 곳에서 부동의 심성을 발견하고, 마음이 바로 무념(無念)이라고 깨닫게 되면, 그 사람은 생멸문을 벗어나서 진여문에 들어갈 수 있는 것이다.

　이상으로 본론의 '현시정의(顯示正義)'의 단락에 관한 해석을 마친다. '현시 정의'는, 본론에서 가장 중요한 부분이며, 우리의 마음(心)이 무엇인가를, 일심 (一心, 衆生心)·이문(二門, 心眞如門·心生滅門)·삼대(三大, 體大·相大·用大)로 나누어서 해석한 것이다. 그래서 이문은 대승의 법(法)을 나타내며, 삼대는 대 승의 의(義)를 나타낸다는 것은 이미 서술하였다.

현시정의의 구조

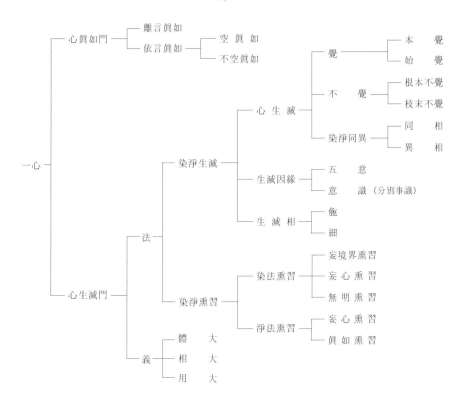

생멸문(生滅門): 심생멸문을 가리킨다. 마음의 존재방식을 말한다.

진여문(眞如門): 심진여문을 가리킨다. 마음의 진여의 존재방식이다. 영원상(永遠相)을 나타낸다.

오음(五陰, 五蘊, pañca-skandha): 오온이라고도 번역한다. 색(色)·수(受)·상(想)·행(行)·식(識)의 오음을 가리킨다. skandha(陰=蘊)란 덩어리, 집합, 집적을 의미한다. 색은 물질 또는 육체, 수는 감수, 상은 표상(表象), 행은 의지작용과 그 밖의 심리적·생리적인 힘, 식은 판단을 말한다. 이 오음으로 인간의 심신(心身)을 나타낸다.

육진(六塵, 六境, ṣaḍ-viṣayāḥ): 육경이라고도 번역한다. 인식의 대상을 말한다. 색(色)·성(聲)·향(香)·미(味)·촉(觸)·법(法)을 가리킨다.

제2장 그릇된 주장을 논파한다(對治邪執)

對治邪執者. 一切邪執皆依我見. 若離於我則無邪執. 是我見有二種.
云何爲二. 一者人我見. 二者法我見.

그릇된 주장을 깨뜨린다는 것은, 무엇인가 영원한 것이 있다고 하는 그릇
된 견해에 의해서 생기므로, 그릇된 견해로부터 벗어나면 그릇된 견해가 사라
진 것이 된다. 이 그릇된 견해에 두 가지가 있는데, 하나는 '자아를 고정적으로
보는 견해(pudgala-dṛṣṭi, 人我見)'이고, 또 하나는 '현상세계는 실체적인 요소가
모여 이루어져 있다고 하는 견해(dharma-dṛṣṭi, 法我見)'이다.

| 강설 |

앞의 '현시정의(顯示正義)'에서, 본론의 올바른 주장을 서술하였기 때문에,
여기에서는 그 오해, 또는 그릇된 주장을 지적하여 논파하는 것이다. 이것이
사집(邪執)의 대치(對治)이다. '대치'란, 반대라고 하는 것이 본디 뜻이다. 반대
의견의 잘못을 지적한다고 하는 의미이다. 어디까지나 멸망시켜 버려야 한다
고 하는 강력한 의미로 바뀐 것은, 후세에 그렇게 된 것이다.

그런데 사집, 말하자면 잘못된 견해는, 아견에 바탕을 두고 일어나는 것이
다. 만일 사람이 아(我)에 대한 집착을 벗어나버리면, 모든 사집은 없어질 것이
다. 그러면 '아견(我見)'이란 무엇인가라고 말하면, 이것은 '고정적으로 보는 방
식'을 가리키는 것이다. 고정적으로 보는 방식의 깊숙한 곳에는 '집착(執著)'이
있다. 이 집착이 모든 고(苦)의 원인이다.

일반적으로 아견이라고 말하면, 자아에 대한 집착을 말하는데, 여기에서는

그것을 넓게 해석하여, 고정적으로 보는 견해를 아견(我見)으로 하고, 이것을 둘로 열어서, 인아견(人我見)과 법아견(法我見)으로 하고 있다.

인아견(人我見, pudgala-dṛṣṭi)이란, 일반적으로 자아를 고정적으로 보는 견해이다. 우리의 자아가 끊임없이 변하여 가는 것은, 어떤 사람에게도 명백한 사실이다. 모든 사람이 자아의 향상을 바라며, 그러므로 노력하고 있다. 이것은, 자아는 변한다고 하는 견해에 서 있는 것이다. 그러나 그럼에도 불구하고 사람들은 자아를 애착하고 있기 때문에, 한쪽에서는 본능적으로 '자아는 변하지 않는다'라고 생각하고 있다. 이 애착(愛著) · 집착(執著)에 바탕을 둔 고정적 자아관(自我觀)이 '인아견'이다. 그러나 본론에서 인아견이라고 하는 것은, 자기의 본성인 법신 · 여래장에 대한 그릇된 견해를 의미하며, 이것을 다섯 가지로 나누어서 논파하는 것이다

다음에 법아견(法我見, dharma-dṛṣṭi)이란, 현상을 구성하고 있는 요소를 법(法)이라고 부르며, 이것이 고정적 실체라고 보는 견해이다. 그러나 본론에서는, 법아견이란 이승(二乘)의 둔근(鈍根)인 사람이 5온의 법에 대하여 일으키는 망집(妄執)이라고 해석하고 있다.

인아견 · 법아견을 이와 같은 의미로 해석하는 것은 『대승기신론』의 독특한 학설이다.

|용어 해설|

사집(邪執): 그릇된 집착을 말한다. 사견(邪見)과 같은 말이다.

아견(我見): 자아는 상주(常住)라고 주장하는 견해이다. 법(存在)에 실체가 있다고 보는 견해를 말한다. 불교는 '제법무아(諸法無我)'를 주장하며, 모든 존재에는 고정적 실체가 없다고 보고, 세계를 유동적으로 이해한다.

제1절 자아를 고정적으로 보는 견해〔人我見〕

人我見者. 依諸凡夫說有五種. 云何爲五.

一者. 聞修多羅. 說如來法身畢竟寂寞. 猶如虛空. 以不知爲破著故. 卽謂虛空是如來性. 云何對治. 明虛空相是其妄法. 體無不實. 以對色故有. 是可見相令心生滅. 以一切色法本來是心. 實無外色. 若無色者. 則無虛空之相.

所謂一切境界唯心. 妄起故有. 若心離於妄動. 則一切境界滅. 唯一眞心無所不徧. 此謂如來廣大性智究竟之義. 非如虛空相故.

'자아를 고정적으로 보는 견해'는, 아직 불교를 전혀 모르는 사람들의 그릇된 주장인데, 이에는 다섯 가지가 있다.

첫째, '자아를 고정적으로 보는 견해'란, 경전 가운데에서, 다음과 같이 말씀하신다.

"거룩한 붓다의 법신은 필경은 허무하여 어디까지나 허공과 같다."

이것은, 거룩한 붓다의 몸뚱이가 육신이나 물질로 되어 있다고 집착하고 있는 생각을 깨뜨리기 위하여 '허공과 같다'고 말씀하고 있는 것을 알지 못하고, 경전의 말씀을 그대로 받아들여 허공이 거룩한 붓다의 본성이라고 오해하고 있는 것을 말한다.

이런 그릇된 견해를 어떻게 깨뜨릴까?

아직 불교를 전혀 모르는 사람이 생각하고 있는 허공은 헛된 생각의 소산이며, 실체가 없는 것이어서 진실이 아니다. 우리의 눈에 빛깔이 보이기 때문에 있는 것처럼 생각한다. 눈에 보이는 빛깔에 의하여 마음의 생성과 소멸이 있지만, 그러나 빛깔은 본디 마음일 뿐이다. 빛깔이라고 하는 것은 감각이며, 그것이 외계의 존재는 아니다. 그러므로 빛깔이 외계의 존재가 아니면, 그에 의해서 얻어지는 허공도 외계의 실재라고 말할 수 없다. 말하자면 모든 인식의 대상은 오직 마음이다. 마음이 헛된 생각으로 꿈틀거리니까 바깥 세계가 있는 것이다. 만일 마음이 헛된 꿈틀거림에서 벗어나면 모든 인식의 대상은 소멸해 버린다. 거기엔 오직 하나인 진심(眞心)만이 존재하여 온 누리에 충만하지 않음이 없다. 이것은 거룩한 붓다의 광대한 본성으로서의 지혜이며, 완전한 깨달음의 상태이다. 이것으로 거룩한 붓다의 법신과 허공의 모습과는 같지 않음을 알 수 있다.

| 강설 |

인아견을 다섯 가지로 나누어서 해석하는데, 모두 진여 · 여래장에 대한 오해의 문제이다. 여래장을 허무라고 본다든지, 또는 여래장을 자아라고 생각하는 잘못 등의 학설을 들어 판단한다. 먼저 첫째로는 오류설을 들고, 둘째로는 집착의 상(相)을 제시하며, 셋째로는 대치의 상(相)을 밝힌다고 하는 세 단계로 논술하고 있다.

첫째, '자아를 고정적으로 보는 견해'란, 경전 가운데에서, "거룩한 붓다의 법신은 필경은 허무하여 어디까지나 허공과 같다"라고 말씀하시는 것을 듣고, 이것은 거룩한 붓다의 몸뚱이가 육신이나 물질로 되어 있다고 집착하고 있는 생각을 깨뜨리기 위하여 '허공과 같다'고 말씀하고 있는 것을 알지 못하고, 경전의 말씀을 그대로 받아들여, '허공이 여래의 본성'이라고 오해하고 있는 것을 말한다.

이런 그릇된 견해를 어떻게 깨뜨릴까?

그에 대하여 '허공'이라고 하는 범부의 관념은, 허망인 것을 알려주는 것에 의해서이다. 말하자면 범부가 생각하고 있는 '허공'이라고 하는 것은 헛된 생각의 소산이다. 허공이란 절대공간을 가리키는 것이지만, 그러나 그것은 눈으로 볼 수 있는 것은 아니다. 눈으로 볼 수 있는 것은 '빛깔과 형상'뿐이다. 이와 똑같이 허공은 이(耳)·비(鼻)·설(舌)·신(身)에 의하여 인식할 수 없다. 이 점에서도 허공이 '관념의 소산'이라는 것을 알 수 있다. 그런데 범부의 분별사식은 망념이다. 이 분별사식에 의하여 '있다(有)'라고 주장한 것은 '망법'에 지나지 않는다. 그러므로 본론에서 "허공의 상은 망법이며, 실체가 없는 것이어서 진실이 아니다"라고 논술하는 것이다. 요체는, 허공은 눈으로 빛깔을 볼 수 있기 때문에 그 결여한 상태로서 '유'라고 요청되는 것에 지나지 않는 것이다. 눈으로 보는 빛깔에 의하여 마음의 생멸이 있는데, 그러나 '색'은 본디 마음인 것이다. 색이라고 말할 수 있는 것은 감각이며, 그것은 외계의 존재는 아니다. 그러므로 색이 외계의 존재가 아니라면, 그것에 의하여 얻을 수 있는 허공도 외계의 실재라고 말할 수 없다. 모든 인식의 대상은 유심이다. 마음이 망념으로 생겨나기 때문에 외계가 있는 것이다. 만일 마음이 망동(妄動)을 벗어나면 모든 인식의 대상은 없어지는 것이다. 모든 주객의 대립은 해소되어 유일한 진심만이 있다. 그 진심이 모든 곳에 변재하여 있다. 이것이 여래의 광대한 본각의 지혜의 가장 완전한 상태이다.

|용어 해설|

쑤뜨라(sūtra, 修多羅): Sūtra의 음역이다. 경전(經典)을 가리킨다.

적막(寂寞): 허무를 나타낸다.

허공(虛空): 절대공간을 말한다. 공기 그 밖의 다른 것이 그곳에 존재할 수 있는 장소를 말한다. 이 허공은 영원이며, 무위법의 하나이다. 이에 대하여 지·수·화·풍의 하나인 풍대(風大)는 극미로 되어 있으며, 무상이라고 하는

데, 이것은 불교 일반의 해석이다.

허공상(虛空相): 허공으로서 범부에 의하여 생각되어진 것을 가리킨다. 상식에서 말하는 공간을 말한다. 이것은 망심의 이해에 지나지 않는다.

망법(妄法): 망심에 의해 이해된 존재를 가리킨다. 법이란 존재를 뜻한다.

가견상(可見相): 눈으로 볼 수 있는 것을 가리킨다.

외색(外色): 외계의 물질

경계(境界): 인식의 대상, 인식의 영역을 가리킨다. 눈으로 보는 색의 영역, 귀로 듣는 소리의 영역 등이다.

진심(眞心): 심진여를 가리킨다. 진여는 법계일상이며, 그곳에는 자기의 마음, 다른 이의 마음 등의 구별은 없다.

성지(性智): 여래의 본각성지(本覺性智)를 가리킨다. 불변이기 때문에 '성(性)'이라고 말한다.

二者. 聞修多羅. 說世間諸法畢竟體空. 乃至涅槃眞如之法亦畢竟空.
從本已來自空. 離一切相. 以不知爲破著故. 卽謂眞如涅槃之性. 唯是
其空. 云何對治. 明眞如法身. 自體不空. 具足無量性功德故.

둘째, '자아를 고정적으로 보는 견해'란, 경전 가운데에서 다음과 같이 말씀하신다.

"세간의 모든 존재는 고정적인 실체를 가지고 있는 것이 아니다. 모든 존재의 본성이 공이며, 니르와나도 진여도 필경은 공이다. 모든 존재는 그 본성이 본디 스스로 공이므로 어떤 집착도 끊어버린 것이다."

이것은 아직 불교를 전혀 모르는 사람의 마음이 그릇된 유개념(有概念)에 집착하는 것을 깨뜨리기 위한 것임을 알지 못하고, '니르와나도 진여도 그 본성이 공이다'라고 오해하고 있는 것을 말한다. 말하자면 진여에는 헤아릴 수 없이 많은 덕성을 갖추고 있는 것을 알지 못한다.

이런 그릇된 견해를 어떻게 깨뜨릴까?

진여ㆍ법신은 그 자체가 번뇌를 벗어나서, 맑고 깨끗한 덕성을 언제나 갖추고 있다는 것을 밝힘으로써, 그들의 그릇된 주장을 고칠 수 있는 것이다.

|강설|

둘째, '자아를 고정적으로 보는 견해'란, 경전 가운데에서, "세간의 모든 존재는 고정적인 실체를 가지고 있는 것이 아니다. 모든 존재의 본성이 공이며, 니르와나도 진여도 필경은 공이다. 모든 존재는 그 본성이 본디 스스로 공이므로 어떤 집착도 끊어버린 것이다"라고 하는 말씀을 듣고, 범부의 마음이 그릇된 유개념(情有)에 집착하는 것을 깨뜨리기 위한 것임을 알지 못하고, '니르와나도 진여도 그 본성이 공이다'라고 받아들인다. 말하자면 진여에는 헤아릴 수 없이 많은 덕성을 갖추고 있는 것을 알지 못한다. 이것은 『반야경』에서 "제법은 모두 공이며, 니르와나도 환영과 같고, 꿈과 같다"라고 말씀하고 있는 것에 대한 오해이다.

이런 그릇된 견해를 어떻게 깨뜨릴까?

이것은 『반야경』에서 제법은 공이라고 말한 것은, 제법은 고정적 실체가 아니라는 의미이다. 법이 실재가 아니라는 의미는 아니다. 진여는 제법의 본성이며, 영원한 실재이다. 그러나 고정적ㆍ정지적(靜止的) 존재는 아니며, 대지혜광명(大智慧光明) 등의 무한히 풍부한 변하지 않는 특질을 갖추고 있다. 그러므로 진여ㆍ법신은 불공이며, 무량한 성공덕을 언제나 갖추고 있다는 것을 밝힘으로써, 그들의 그릇된 주장을 고칠 수 있는 것이다.

|용어 해설 |

체공(體空): 본질이 공(空)인 것을 가리킨다. 불변의 성(性)을 갖지 않고, 유동적으로 변하여 가는 것을 말한다. 자성(自性)을 갖지 않는 것이 공의 의미이다. 허무라고 하는 의미는 아니다.

니르와나(nirvāṇa, 涅槃): 열반(涅槃)은 nirvāṇa의 음역이다. 탐욕(rāga)·성냄(dveṣa)·어리석음(mohā)의 삼독(三毒, tri-viṣam)을 소멸하여 모든 번뇌의 속박에서 벗어나 진리를 체득한 경지를 의미하는 말씀이다.

필경공(畢竟空): 모든 존재는 공(空)이라고 하여도, 그 공에 집착할 위험이 있으므로, 공도 또한 공이라고 말하고, 공에도 집착하지 않는 절대의 세계에 들어가는 것을 나타낸다.

본래자공(本來自空): 모든 존재는, 그 본성이 본디 공인 것이다. 사람이 공하기 때문에 공이 되는 것은 아니다.

자체불공(自體不空): 공이라고 하는 것은, 존재가 유동적이라는 의미이며, 허무의 의미는 아니므로, 법의 본디의 존재방식(自體)에 있어서는 무한히 풍부한 내용을 가지고 있다. 이것을 가리켜 '불공(不空)'이라고 부른다. 그러므로 공과 불공은 모순되는 것은 아니다.

성공덕(性功德): 불변의 특질을 말한다. 공덕이란, 수승한 특질을 가리킨다.

여래장(如來藏, tathāgatagarbha): 여래장이란, 진여가 미혹한 세계에 갇혀 있을 때, 여래장이라고 부른다. 진여가 바뀌어 미혹한 세계의 사물이 될 때에는, 그 본성인 여래의 덕성이 번뇌와 망상에 뒤덮이게 된다는 점에서 여래장이라고 한다. 또 미혹한 세계의 진여는 그 덕성이 숨겨져 있을지라도 아주 없어진 것이 아니고 중생이 여래의 덕성(德性)을 함장(含藏)하고 있으므로 여래장이라고 한다.

三者. 聞修多羅. 說如來之藏, 無有增減, 體備一切功德之法. 以不解
故, 卽謂如來之藏, 有色心法自相差別. 云何對治. 以唯依眞如義說
故. 因生滅染義示現, 說差別故.

셋째, '자아를 고정적으로 보는 견해'란, 경전 가운데에서 다음과 같이 말씀
하신다.

"붓다의 마음자리(如來藏)는 깨달음으로 말미암아 늘거나, 미혹으로 말미
암아 줄어드는 일이 없다. 그 몸에 모든 덕성을 갖추고 있다."

이것은 그 본뜻을 알지 못하고, '붓다의 마음자리'에는 생성 · 소멸하는 물
질적 · 정신적인 모든 존재의 스스로의 모습의 차별이 있다고 잘못 알고 있는
것을 말한다.

이런 그릇된 견해를 어떻게 깨뜨릴까?

'붓다의 마음자리'는 깨달음으로 말미암아 늘거나 미혹으로 말미암아 줄어
드는 일이 없다고 말하는 것은 '마음 그대로의 모습을 관찰하는 부문(心眞如
門)'에 의해서 논술하는 것이다. '마음의 현상적인 모습을 관찰하는 부문(心生
滅門)'의 더럽게 물든 세계에는 헤아릴 수 없이 많은 변화가 있기 때문에, 그에
따라서 생성 · 소멸하는 세계 가운데에는 마음에 본래 갖추어져 있는 지혜의
헤아릴 수 없이 많은 덕성이 시현하므로, 그 시현에 의하여 '붓다의 마음자리'
의 덕성에 헤아릴 수 없이 많은 차별이 있다고 말하는 것이다.

| 강설 |

셋째, '자아를 고정적으로 보는 견해'란, 경전 가운데에서, "'붓다의 마음자
리'는 깨달음으로 말미암아 늘거나 미혹으로 말미암아 줄어드는 일이 없다.
그 몸에 모든 덕성을 갖추고 있다"라고 말씀하시는 것을 듣고, 그 본뜻을 알지

못하고, "여래장에는 생성·소멸하는 물질적·정신적인 모든 존재의 스스로
의 모습의 차별이 있다"고 잘못 알고 있다. 이것은 여래장 자체나 성덕이 망법
과 똑같다고 생각하는 오류이다. '증감이 없다'고 말하므로 현재 있는 망법도
영원히 소멸하지 않는다고 생각하는 것이다.

이런 그릇된 견해를 어떻게 깨뜨릴까?

"여래장은 깨달음으로 말미암아 늘거나 미혹으로 말미암아 줄어드는 일이
없다"라고 말하는 것은, 심진여문(心眞如門)에 의해서 그렇게 논술하는 것이
다. 번뇌의 망념은 영원한 모습 아래에서는 소멸하지만, 그러나 여래장의 성
공덕은 상주이며, 미혹에 빠져 있어도 깨달음을 얻어도 증감이 없다는 의미이
다. 그러므로 경전에서 '부증불감'이라고 말씀한 것은, 진여문의 입장에서 여
래장의 체가 불변인 것을 나타내는 것이다. 그러나 '불변'이라면, 많은 공덕이
있다고는 말할 수 없다. 잡다(雜多)는, 변화에 의하여 일어나기 때문이다. 그러
므로 경전에서 "그 체에 모든 공덕의 법을 갖춘다"라고 말씀한 것은, 생멸문의
입장에서 그런 것이다. 생멸문의 염법에는 무량한 변화가 있기 때문에, 그것
에 비교하여 그 생멸의 염법 가운데에서, 본각의 무량한 성공덕을 시현하므로
그 시현에 의하여 여래장의 성공덕에는 무량의 차별이 있다고 말한 것이다.

|용어 해설|

무유증감(無有增減): 미혹의 상태에 있어도 증오(證悟)의 상태에 있어도, 진여 자
체에는 증감이 없다는 의미이다.

자성차별(自性差別): 불변의 특질이 있어서 그것이 각각 다른 상태로 있는 것을
가리킨다. 예를 들면 선과 악은 각각 자성이 있되, 섞이는 일이 없는 것을
자성차별이라고 말한다.

진여의(眞如義): 심진여문의 입장에서의 학설이라는 뜻이다. 이 입장에서 '부증

불감(不增不滅)'이라고 말한다.

생멸염의(生滅染義): 심생멸문의 입장에서의 학설이라는 뜻이다. 여래장이 번뇌에 더럽게 물들어 있는 입장에서 보는 견해이다.

四者. 聞修多羅. 說一切世間生死染法. 皆依如來藏而有. 一切諸法不離眞如. 以不解故. 謂如來藏自體. 具有一切世間生死等法. 云何對治. 以如來藏. 從本已來唯 有過恒沙等. 諸淨功德. 不離不斷不異眞如義故. 以過恒沙等煩惱染法. 唯是妄有. 性自本無. 從無始世來. 未曾如如來藏相應故. 若如來藏體有妄法. 而使證會永息妄者. 則無有是處故.

넷째, '자아를 고정적으로 보는 견해'란, 경전 가운데에서, 다음과 같이 말씀하신다.

"모든 세간에서의 태어남과 죽음을 반복하게 하는 번뇌는 모두 '붓다의 마음자리'로 말미암아 존재한다. 모든 존재하는 것은 진여를 벗어나서 존재하는 것이 아니다."

이것은, 세간이 진여에 의지하여 있다는 것을 나타내려고 하는 것을 모르고, '붓다의 마음자리' 자체에 그대로 태어남과 죽음을 반복하게 하는 번뇌가 갖추어져 있다고 오해하고 있는 것을 말한다.

이런 그릇된 견해를 어떻게 깨뜨릴까?

'붓다의 마음자리'에는 본디부터 갠지스 강의 모래알처럼 헤아릴 수 없이 많은 맑고 깨끗한 덕성을 갖추고 있다. 진여 자체와 이 맑고 깨끗한 덕성과는, 서로 떼려고 해도 뗄 수 없는 것이며, 끊으려고 해도 끊을 수 없는 것이고, 또한 서로 다른 것이 아니다. 갠지스 강의 모래알처럼 헤아릴 수 없이 많은 태어

남과 죽음을 반복하게 하는 번뇌는 망념에 의해서 생겨난 것이므로 허망한 존
재이며, 자성이 없는 것이다. 망념은 마음의 본성에 본디 그릇된 생각이 없는
것을 몰라서 생겨난 것이므로, 그것은 마음의 본성을 배반하는 것이다. 따라
서 그에 의해서 생겨나는 번뇌는, 자성이 맑고 깨끗한 마음인 '붓다의 마음자
리'와는 본디부터 서로 어울리는 것이 아니다. 만일 이들 번뇌가 실재이며, 더
구나 '붓다의 마음자리'에 갖추어져 있는 것이라고 가정한다면, 깨달음에 도달
함으로써 이 번뇌를 영원히 소멸시킨다는 것은 도리에 맞지 않는 것이다.

| 강설 |

넷째, '자아를 고정적으로 보는 견해'란, 경전 가운데에서, "모든 세간에서
의 태어남과 죽음을 반복하게 하는 번뇌는 모두 여래장(如來藏)으로 말미암아
존재한다. 모든 존재하는 것은 진여를 벗어나서 존재하는 것이 아니다"라고
말씀하시는 것을 듣고, 이것은 세간이 진여에 의지하여 있다는 것을 나타내려
고 하는 것을 모르고, 여래장 자체에 그대로 태어남과 죽음을 반복하게 하는
번뇌가 갖추어져 있다고 오해한다. 이것은 진여에 수연의 뜻이 있는 것을 알
지 못하여 생기는 오류이다. 진여에는, 불변과 수연의 두 가지 뜻이 있다. 이
경설을 '불변'의 입장으로 해석하여, 여래장의 자성에 염법이 있다고 하는 것
이다.

이런 그릇된 견해를 어떻게 깨뜨릴까?

이것은 여래장(如來藏)의 무량한 성공덕과 무명의 수연기동에 의하여 존재
하는 생사의 염법은 특질이 다른 것을 제시하여 대치한다. 말하자면 여래장에
는 본디부터 갠지스 강의 모래알처럼 헤아릴 수 없이 많은 청정한 공덕이 갖
추어져 있다. 진여의 체와 이들 공덕은, 불리(不離)·부단(不斷)·불이(不異)의
관계이다. 본디 구유하는 것이다. 도중에서부터 갖추었다던가, 또는 중간에서

소실한다고 하는, 그러한 것이 아니다. 그러나 생사의 염법은 그러한 것이 아니다. 무명의 수연기동에 의하여, 망념이 일어나는 것이며, 이로부터 무량의 번뇌가 일어난다. 이들 번뇌는 망념에 의하여 생겨난 것이기 때문에, 허망한 존재이다. 자성이 없는 것이다. 망념은, 마음의 본성이 본디 무념이라는 것을 알지 못하는 것으로부터 일어나는 것이므로, 망념은 심성에 반(反)하는 것이다. 따라서 그것에 의하여 생겨난 번뇌는, 자성청정심인 여래장과는 본디 상응하지 않는 것이다. 마치 파도가 물에 의하여 일어나면서도, 파도의 천변만화의 형상은 물의 본성과는 관계가 없는 것과 같은 것이다. 물의 본성은 '습성(濕性)'인 것과 같이, 여래장에는 청정한 공덕이 불리(不離)의 형태로 갖추어져 있다. 그러나 번뇌는 진여를 의지처로 삼으면서도, 그것은 허망한 존재이다. 만일 이들 번뇌가 실재이며, 그런데다 여래장에 갖추어져 있다고 가정한다면, 깨달음에 도달하는 것에 의하여 이 번뇌를 영원히 소멸시키는 것은 도리에 맞지 않는 것이다. 번뇌가 실재라고 한다면, 실재를 소멸시키는 것은 불가능이다. 또 여래장은 상주이기 때문에, 망법이 여래장의 특성이라고 한다면, 여래장을 그대로 두고 망법만을 소멸시킬 수 없다는 것도 명백한 것이다. 그러나 현실에서 붓다에게 있어서는 번뇌가 소멸되어 있기 때문에, 생사의 염법은 '망유(妄有)'라고 알아야 한다.

| 용어 해설 |

생사염법(生死染法): 생사의 세계를 성립시키고 있는 번뇌를 가리킨다. 번뇌가 있기 때문에 고(苦)의 생존이 있다.

정공덕(淨功德): 청정한 특질이라는 뜻이다. 여래장에 갖추어져 있는 깨달음의 지혜를 말한다.

불리부단불이(不離不斷不異): 여래장 자체에 있는 진여와 그 지혜는, 둘이면서 불이(不二)인 것을 말한다. 진여는 이(理, 法)이지만, 그 이(理)에 지(智)가 불리(不離)의 관계로 내속되어 있다. 그것이 법신이다. 유식설에서는, 이(理)와 지(智), 말하자면 진여와 여래는 나눌 수 있다고 본다. 그러므로 범부의 본질도 진여, 여래의 본질도 진여라고 하지만, 여래장사상은 이것과 다르다. 여래의 본질만이 진여이며, 거기에서 불리(不離)·부단(不斷)·불이(不異)를 논의할 수 있다.

망유(妄有): 망심에 의하여 있다고 볼 수 있는 것에 지나지 않는 것이라는 뜻이다. 허망한 존재를 가리킨다.

망법(妄法): 염법과 같은 말이다. 염법은 망유(妄有)이므로 망법이라고 말한다. 번뇌는 최후에는 소실하기 때문에 진실한 존재가 아니다.

증회(證會): 진여에 딱 들어맞는 것이라는 뜻이다. 깨달음을 가리킨다.

처(處): 여기에서는 도리(道理)·이유(理由)·근거·까닭을 의미한다. 예를 들면 '그럴 리 없다'의 '리'와 같은 말이다.

五者. 聞修多羅. 說依如來藏故有生死. 依如來藏故得涅槃. 以不解故. 謂衆生有始. 以見始故. 復謂如來所得涅槃. 有其終盡還作衆生. 云何對治. 以如來藏無前際故. 無明之相亦無有始. 若說三界外更有衆生始起者. 卽是外道經說. 又如來藏無有後際. 諸佛所得涅槃與之相應. 則無後際故.

다섯째, '자아를 고정적으로 보는 견해'란, 경전 가운데에서, 다음과 같이 말씀하신다.

"'붓다의 마음자리'에 의지함으로 말미암아 태어남과 죽음이 있다. '붓다의 마음자리'에 의지함으로 말미암아 니르와나를 얻는다."

이것은 그 본뜻을 알지 못하고, '붓다의 마음자리'는 먼저이고 태어남과 죽음을 맞이하는 중생의 생존은 나중이라고 생각하여, '중생에게는 시작이 있다'라고 잘못 이해하며, 또 중생에게 생존의 시작이 있다고 하면, '거룩한 붓다의 니르와나를 얻어도, 그 니르와나에도 끝장이 있어 거룩한 붓다가 다시 중생으로 되돌아 올 것이 아닌가'라고 오해하고 있는 것을 말한다.

이런 그릇된 견해를 어떻게 깨뜨릴까?

'붓다의 마음자리'는 영원한 실재이므로 시간을 초월한 것이어서 그 시작이 없다. 이것과 마찬가지로 태어남과 죽음의 근거인 무명도 그 시작이 없다. 윤회의 세계는 삼계인데, 만일 중생이 삼계 밖에 있다가 삼계 속으로 들어온 것이라면, "태어남과 죽음에 시작이 있으며 무명에 시원이 있다"라고 말할 수 있을 것이다. 그러나 그와 같은 생각은 외도들의 경전에서 주장하는 말이다. 또 다음에 '붓다의 마음자리'는 영원한 실재이므로 그 끝장이 없는 것이다. 따라서 모든 거룩한 붓다가 니르와나를 얻어 '붓다의 마음자리'와 서로 어울리면, 그것과 같이 영원하므로, 니르와나에 끝장이 있을 리가 없는 것이다.

| 강설 |

다섯째, '자아를 고정적으로 보는 견해'란, 경전 가운데에서, "'붓다의 마음자리'에 의지함으로 말미암아 태어남과 죽음이 있다. '붓다의 마음자리'에 의지함으로 말미암아 니르와나를 얻는다"라고 말씀하는 것을 듣고, 그 본뜻을 알지 못하고, '여래장은 먼저이고 태어남과 죽음을 맞이하는 중생의 생존은 나중이다'라고 생각하여, '중생에게는 시작이 있다'라고 생각한다. 그러나 중생에게 생존의 시작이 있다고 하면, 여래가 니르와나를 얻어도, 그 니르와나에도 끝장이 있어, 여래가 다시 중생으로 되돌아온다고 오해하는 것이다.

437

이런 그릇된 견해를 어떻게 깨뜨릴까?

이에 대하여는, 여래장이나 무명에는 시원이 없는 것을 밝혀서 대치한다. 말하자면 여래장·진여는 영원한 실재이므로 시간을 초월한 것이다. 그 시작이 없다. 이것과 마찬가지로 태어남과 죽음의 근거인 무명도 그 시작이 없다. 윤회의 세계는 삼계인데, 만일 중생이 삼계 밖에 있다가 삼계 속으로 들어온 것이라면, "태어남과 죽음에 시작이 있으며, 무명에 시원이 있다"라고 말할 수 있을 것이다. 그러나 그와 같은 생각은 외도의 『대유경』의 주장이며, 불교의 가르침이 아니다.

이상은 생사에 시작이 있다고 하는 오해에 대한 대답인데, 다음은 니르와나에 끝장이 있다고 하는 오류를 풀어주는 것이다.

위에서 서술한 바와 같이 여래장은 영원한 실재이기 때문에, 그 끝장이 없다. 따라서 모든 붓다가 니르와나를 얻어, 여래장·진여와 상응하면, 그것과 똑같이 영원하므로 니르와나에 끝장이 있을리가 없는 것이다.

|용어 해설|

전제(前際): 과거의 시작이라는 뜻이다.

삼계(三界): 욕계·색계·무색계를 가리킨다. 욕계는 남녀의 구별이 있는 생물계, 색계는 신체는 있지만 성욕·식욕 등이 없는 생물계, 무색계는 신체가 없는 생물계이다. 이 삼계에서 유정의 생존을 다한다.

외도(外道): 불교 이외의 종교를 가리킨다. 이에 대하여 불교를 내도(內道)라고 부른다.

외도경(外道經): 삼계의 밖에 일중생계장(一衆生界藏)이 있다고 말하는 것은 외도의 『대유경(大有經)』의 학설이며, 『인왕경』에서 그렇게 소개하고 있다고 한다.

제2절 현상세계는 실체적 요소가 모여 이루어졌다고 보는 견해 〔法我見〕

法我見者. 依二乘鈍根故. 如來但爲說人無我, 以說不究竟, 見有五陰生滅之法, 怖畏生死, 妄取涅槃. 云何對治. 以五陰法, 自性不生, 則無有滅, 本來涅槃故.

'현상세계는 실체적인 요소가 모여 이루어져 있다고 보는 견해'란, 성문·연각 이승(二乘)의 수행할 능력이 모자란 사람들의 그릇된 견해이다. 거룩한 붓다는 다만, 사람은 '다섯 가지 구성요소(pañca-skandha, 五蘊)'의 집합으로 성립하며, 거기에는 '고정적인 자아가 없다고 하는 견해(pudgala-nairātmya, 人無我)'만을 말씀하였다.

그러나 '현상세계는 연기에 의하여 이루어진 것으로 실체가 없다고 하는 견해(dharma-nairātmya, 法無我)'를 말씀하지 않았으므로, 이 가르침은 완전하지 못하다. 그 때문에 성문·연각 이승의 수행할 능력이 모자란 사람들은, 현상세계는 연기에 의하여 이루어진 것으로서 실체가 없다고 하는 것을 모르고, '다섯 가지 구성요소'가 실제로 생성·소멸하는 실체적 존재라고 생각한다. 그래서 태어남과 죽음의 고뇌가 실재한다고 생각하며, 태어남과 죽음을 두려워하고, 잘못 이해하여 니르와나를 얻으려고만 한다.

이런 그릇된 견해를 어떻게 깨뜨릴까?

'다섯 가지 구성요소'는 자체가 있어서 생겨난 것이 아니며, 자체가 있어서 생겨난 것이 아니므로, 소멸하는 일도 없다. 그러므로 본디 니르와나에 안주하고 있다는 것이 자명하지 않은가!

법아견이란, 생멸하는 세계의 제법을 고정적 실체가 있는 것이라고 보는 오류이다. 법아견을 논파하는 것은, 성문·연각 이승의 둔근인 사람들을 위하여 서술하는 것이다. 샤끼야무니붓다는 다만 "오온은 무상이며, 고(苦)이고, 무아이다"라고 말씀하였다. 이렇게 인간을 오온으로 분석하여, 거기에 고정적 자아는 없다는 것을 명료하게 밝혔다. 인간은 오온의 가화합(假和合)이라고 말씀하고, 인무아를 가르쳤다. 그러나 법무아를 말씀하지 않았으므로, 샤끼야무니붓다의 말씀은 완전한 것이 아니다. 이것은 『대승기신론』이, 소승경전에서는 인무아를 서술하지만, 그러나 법무아를 서술하지 않는다고 하는 대승불교 일반의 입장에 서 있기 때문에 이와 같이 논술하는 것이다.

그렇기 때문에 성문·연각 이승의 둔근인 사람들은, 법무아를 알지 못하고, 오온이 실제로 생성·소멸하는 실체적 존재라고 생각한다. 그래서 태어남과 죽음의 고뇌가 실재한다고 생각하며, 태어남과 죽음을 두려워하고, 잘못 이해하여 니르와나를 얻으려고만 한다. 말하자면 생사의 세계 가운데에서 니르와나를 추구하는 것이 아니라, 생사의 밖에서 니르와나를 추구하기 때문에, 그 니르와나는 허무한 것으로 되어버린다.

이런 그릇된 견해를 어떻게 깨뜨릴까?

오온의 법이 실제로 생겨나서, 실제로 소멸한다고 보는 것은, 오류라는 것을 지적하여 대치한다. 앞에서도 서술한 바와 같이 생사의 염법은 허망한 존재이다. 심생멸문의 근거는 진여이며, 불생불멸이다. 그것을, 이 세계에서 실제로 생사가 있다고 보는 것은 망견이다. 주관의 미망이 그와 같이 보이게 하는 것이다.

오온의 법은, 자체가 있어서 실생(實生)·실멸(實滅)하는 것은 아니다. 자성이 불생이기 때문에 소멸도 없는 것이다. 자기가 헤매고 있기 때문에, 허망한 생사가 실제라고 망상하는 것이다. 이 미망을 벗어나게 되면, 본디 니르와나에 안주하고 있다는 것이 자명하지 않은가!

대치사집의 구조

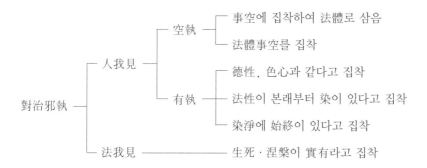

|용어 해설|

법아견(法我見): 현상세계는 실체적 요소의 존재가 집합하여 성립하여 있다고 보는 견해이다. 이 실체적 요소를 아(我)라고 부른다. 이것은 현상을 유동적으로 이해하는 대승의 법공(法空)의 입장과 대립한다.

둔근(鈍根): 능력이 뒤떨어진 사람을 가리킨다. 이근(利根)의 상대어이다.

오음(五陰, 五蘊, pañca-skandha): 오온이라고도 번역한다. 색(色)·수(受)·상(想)·행(行)·식(識)의 오음을 가리킨다. 음=온(陰=蘊)이란 덩어리, 집합, 집적을 의미한다. 색은 물질 또는 육체, 수는 감수작용, 상은 표상(表象)작용, 행은 의지작용과 그 밖의 심리적·생리적인 힘, 식은 판단을 말한다. 이 오음으로 인간의 심신(心身)을 나타낸다.

자성불생(自性不生): 자체가 있어서 생겨나는 것이 아니라는 의미이다.

제3절 모든 집착을 논파한다[究竟遠離]

復次, 究竟離妄執者, 當知, 染法淨法皆悉相待, 無有自相可說. 是故, 一切
法, 從本已來, 非色, 非心, 非智, 非識, 非有, 非無, 畢竟不可說相. 而有言
說者, 當知, 如來善巧方便, 假以言說, 引導衆生. 其旨趣者, 皆爲離念, 歸
於眞如. 以念一切法, 令心生滅不入實智故.

또 다음에, 드디어 '자아를 고정적으로 보는 견해'와 '현상 세계는 실체적
인 요소가 모여 이루어졌다고 보는 견해'를 모두 온전히 깨뜨린다고 하는 것
은, 더럽게 물든 현상세계와 맑고 깨끗한 거룩한 붓다의 나라는 서로 기대어
서 이루어지는 것인데, 그러한 것을 잘 앎으로써 가능하다. 그리고 서로 기대
어서 이루어진 것은 그 자신의 고유한 특질을 말할 수가 없는 것이다. 진여 그
자체(paramārtha-satya, 第一義諦)에 있어서는, 모든 존재는 본디부터 육체가 아
니며 정신이 아니고, 지혜가 아니며 인식이 아니고, 존재가 아니며 비존재가
아니고, 마침내는 그 자신의 고유한 특질이 없으므로 그 모습을 말할 수가 없
다. 그러나 모든 붓다가 중생을 위하여 진리를 말씀하는 것은, 말에 기대지 않
으면 그 가르침을 전달할 수 없으므로 아무리 말이 불완전하다고 하더라도,
말에 의지하지 않을 수 없다. 그 때문에 임시로 말을 빌려서 진리를 말씀하여
중생을 인도하는 것이다. 따라서 진리를 말씀하는 취지는, 모든 사람들이 망
념을 벗어나서, 진여로 되돌아가게 하기 위해서라고 말씀한다. 실은 어떠한
진리라도 사념(邪念)하면, 그것은 헛된 생각이다. 거기에는 마음의 생성·소멸
이 있으며, 마음은 주관과 객관으로 분열되고, 마음에 어두운 그림자가 생겨,
진여를 아는 지혜에 들어갈 수가 없다.

| 강설 |

이상으로 사집을 인아견과 법아견으로 나누어서 해석하였는데, 그러나 대치에 조급하여 자설에 집착하면, 그 집착이 깨달음의 장애가 된다. 그러므로 유(有)에 집착하는 사람에게는, 공(空)을 가지고 그 집착을 벗어나게 하지만, 그 공에 집착하는 사람에게는, '공도 또 공이다'라고 경고하지 않으면 안 된다. 이것을 제시하는 것이 본절의 '구경리집(究竟離執)'의 취지이다. 그러므로 일체는 상호의존에 의하여 성립하여 있는 것을 밝힌다. 예를 들면 적이 있기 때문에, 그 적에 지지 않으려고 노력한다. 거기에 자기의 진보가 있다고 한다면, 적은 거꾸로 자기의 좋은 교사라고 말하지 않으면 안 된다. 그러한 광대한 입장을 자각하는 것이 대승의 공사상이다. 거기에는 투쟁이나 대립을 해소하는 중도, 화합의 입장이 있다. 그 입장에서 '궁극적으로 망집을 벗어난다'는 것을 밝힌다. 그러므로 이 망집 가운데에는, 인아견·법아견의 이집(二執)이 포함되어 있는 것은 말할 것도 없지만, 동시에 파집(破執)에 집착하면, 그 집착도 포함된다고 생각하여야 하는 것이다.

염법과 정법, 말하자면 미(美)와 추(醜)·선(善)과 악(惡)·미망(迷妄)과 증오(證悟) 등은, 모두 '상대(相待)'에서 성립하여 있다. 악을 제거하고 선만의 독존은 있을 수 없다. 악에 비교하여 이것이 선이라는 것이 성립한다. 그러나 그것보다도 수승한 선이 나타나면, 앞의 선은 참된 선이라고는 말할 수 없게 된다. 따라서 '절대선(絶對善)'이라고 하는 것은, 이 세상에는 존재하지 않는다. 그러므로 '상대'하여 성립하는 것은, 그 '자상(自相)'을 말할 수 없는 것이다. 미(美) 가운데에도 어느 정도의 추(醜)가 포함되어 있으며, 빛 가운데에도 어느 정도 어둠이 포함되어 있다. 또는 '흰 것'이라고 말하는 것에도, 무한한 차이가 있다. 예를 들면 설탕의 하얀 정도, 눈의 하얀 정도, 흰 국화의 하얀 정도, 종이의 하얀 정도, 백묵의 하얀 정도 등 각각 '흰색'을 띠고 있으나, 그들의 하얀 정도에는 각각 차이가 있다. 그들의 무한히 차이가 있는 '흰색'을 제외하고, '흰색, 그 자체'라고 하는 것은, 어디에도 없다. 그들 잡다한 '흰색'을 제외하고, '흰색 그 자체'를 표상할 수 없다. 우리가 표상하는 것은, 구체적인 '어느 것인가, 하나의 흰색'이다. 따라서 '흰색 그 자체'가 흰색의 자상이라고 한다면, 그것을 언어로 표현할 수는 없다. 그런데도 '흰색'은, 붉은색이나 푸른색 또는 노란색 등의 다른 색과 상대하는 위에서 알 수 있는 것이다. 예를 들면 맹인에게도, 적어도 일색(一色)은 있겠지만, 일색으로는 '색(色)'이라고 하는 관념이 성립하지 않을 것이다. 이러한 것으로도, 흰색이 붉은색이나 푸른색 등의 다른 색과 상대하는 위에서 성립하여 있는 것을 알 수 있다.

이 '상대(相待)'를 연기라고 부른다. 그리하여 연기로 인하여 성립하는 것의 본성은 '공(空)'이다. 말하자면 선은 악을 상대하여 선이 되고, 악은 선을 상대하여 악이 되는 것이라면, 그 어느 것도 성립하지 않는 것으로 되지만, 그들 선악을 성립시키는 보다 광대한 전체자가 유동적인 힘으로서 존재하고, 그 활동 안으로부터, 상호 의존하는 관계 속에서 상대적 존재자가 성립한다. 이 유동적 전체자가, 『대승기신론』에서 서술하는 '진여'이다. 『반야경』에서는 이것은, 법계라든가, 법성 등의 용어로 불리며, 나가르주나는 '제법실상'이라고 부르고 있다. 이와 같이 일체가 상대하는 관계 속에서 성립하며, 자기 속에 타자를 포함하는 형태로 성립하여 있기 때문에 "자상이라고 말할 수 있는 것이 없다"는 것이다. 타자를 배제한 자기는 존재하지 않는다. 그러므로 '물(物)과 심(心)'도 상호 의존하는 관계 속에서 성립하는 것이다.

『대승기신론』은 유심론의 입장에 서 있기 때문에, 마음의 우위를 주장하는 입장에 있지만, 그러나 마음의 우위의 주장도 완전하다고는 할 수 없는 것이다. 제일의제에 있어서는, "모든 법은 본디부터, 색도 아니며, 마음(心)도 아니다"이며, 육체와의 관계 속에서 마음이며, 마음과의 관계 속에서 육체이다. 마음이 죽어버리면 육체도 멸망하는 것이며, '색(色)과 심(心)'도 상호 의존관계 속에서 성립하여 있다. 이와 같이 '지(智)와 식(識)'도 상호 의존관계 속에서 성립하여 있다. 지(智)는 통찰(洞察)이며, 직관적이다. 전체를 알지만, 식(識)은 분석적이며, 분별이고, 판단이다. 차별을 안다. 양자는 기능이 다르지만, 그러나 서로서로 도와서 각각의 기능을 발휘하는 것이다. "식에 의지하지 말고, 지에 의지하라!"라는 말이 있지만, 그것은 지를 결여한 식에 의한 것을 부정하는 것에 지나지 않는다. 전체를 아는 것과 함께 부분을 아는 것이 필요하며, 번뇌를 소멸하여 무집착이 되었을 때에도 식의 활동은 남는 것이다. 따라서 식과 지가 각각 독립하여 있으면서, 자상을 가지고 있다고 하는 한은 식과 지의 본질에 도달하지 못한 것이다.

이와 같은 입장에서, "모든 법은 유도 아니며, 무도 아니다"라고 말할 수 있다. 유라고 말하는 것도 일변(一邊)이며, 무라고 말하는 것도 일변이다. 제행은 무상이기 때문에, 이 세상 속에 있어서, 어디까지나 '유'라고 말할 수 있는 것은 없다. 현재 있는 것도 늘 자기 붕괴를 반복하면서 존재한다. 유는 안에 무를 포함하고 있다. 예를 들면 자기는 현재 살아 있지만, 끊임없이 죽음으로 전화(轉化)하는 계기를 품고 있다. 삶 속에 죽음이 포함되어 있다. 삶을 이어가면서, 청년이 노년으로 옮겨가는 것이다. 이와 같이 현실의 진상(眞相)은 유도 아니고, 무도 아니라고 말할 수 있는 것이며, 이것이 '유무중도(有無中道)'이다. 그러나 본론에서는 '중도'라고 말하지 않고, 필경에는 "불가설(不可說)의 상(相)이다"라고 말하고 있다. 이것은 '무분별'을 나타내려고 하는 것이다. '가설(可說)'이란 분별하는 것이며, 그것이 바로 '망념'이다. 망념에 의해서는, 현실의 진상, 말하자면 진여는 파악할 수 없는 것을 '불가설'로 나타낸 것이다.

그러나 제불은 중생을 위하여 법을 말씀하는데, 이 설법은 분별의 하나라고 말하지 않으면 안 된다. 그러므로 본론에서는, "그러나 언설이 있는 것은,

꼭 알아두어야 한다. 여래의 선교방편이면서, 가짜로 언설을 빌려서 중생을 인도하는 것일 뿐"이라고 논술하고 있다. 모든 붓다의 설법은 세속제 속의 것이다. 언어를 빌리지 않고서는 가르침을 전달할 수 없기 때문에, 아무리 언어가 불완전하여도 언어를 빌리지 않으면 안 된다. 그렇기 때문에 '가짜로' 선교방편에 의하여, 설법을 해서 중생을 인도하는 것이다. 따라서 모든 붓다는 아무리 가르침을 말씀하여도, 언어의 한계를 언제나 마음속에 잘 새겨야 한다. 가르침에 집착하는 것은 아닌 것이다. 말하자면 '소음'을 멈추기 위해서는, '큰소리'를 질러서 제지하지 않으면 안 된다. 이와 같이 중생을 무념으로 이끌기 위하여 언어의 분별을 빌리는 것이다. 따라서 설법의 목적은 "그 취지는, 망념을 벗어나서 진여에 돌아오게 하려는 것이다"라고 서술한다. 어떠한 진리를 사념(思念)한다고 하더라도, 사념하면 그것은 망념이다. 거기에는 마음의 생멸이 있으며, 마음은 주객으로 분열되어 있으므로 마음에 암흑이 일어난다. 그러므로 "일체법을 염(念)하면, 마음으로 하여금 생멸시키며, 실지(實智)에 들어가지 못하게 한다"라고 서술하는 것이다.

이 절(節)은 '파사(破邪)'를 결말짓는 것으로서, 자설(自說)에도 집착해서는 안 된다는 것을, 연기의 '상의(相依)·상대(相待)'에 의하여 나타내고 있는 것이며, 여기에 『대승기신론』 고차원적 입장이 제시되어 있다. 이 상대(相待)의 사상은, 나가르주나의 중론의 '팔불중도(八不中道)'에서 유래하는 것이다.

|용어 해설|

망집(妄執): 허망한 집착. 앞의 인아견과 법아견을 가리킨다. 그러나 파사(破邪)를 뽐내면, 그 만심(慢心)도 망집으로 타락할 위험이 있다.

상대(相待): 서로서로 도와서 성립한다는 뜻이다. 선이 있으므로 악이 있으며, 거꾸로 악에 의하여 선이 성립한다. 이 상호의존의 관계를 연기라고 부른다. 모든 존재는 모두 연기에 의하여 성립한다.

자상(自相): 그 자신의 고유한 특질을 가리킨다. 연기에 의하여 성립하는 것은, 고정적 자체를 갖지 않는다. 그러므로 고유의 자상도 성립하지 않는다.

불가설상(不可說相): 자상이 없으므로 그 상(相)을 말할 수 없다. 예를 들면 악에 의하여 선이 있다면, 선(善) 속에 악이 포함되어 있는 것으로 되며, 악과 무관계인 선을 세울 수 없다. 말하자면 선의 상을 말할 수 없다.

선교방편(善巧方便): 제자를 인도하기 위한 미묘한 수단을 말한다.

인도(引導): 가르쳐 이끌어준다는 뜻이다.

실지(實智): 진실한 지혜, 진여를 아는 지혜를 가리킨다.

제3장 발심이란 무엇인가?(分別發趣道相)

分別發趣道相者, 謂一切諸佛所證之道, 一切菩薩發心修行趣向義故. 略說發心, 有三種. 云何爲三. 一者信成就發心. 二者解行發心. 三者證發心.

발심이란, 거룩한 붓다의 깨달음의 경지를 목표로 하여, 모든 보디쌋뜨와가 마음을 내고 수행하여, 그 목표를 향하여 나아가는 것을 말한다. 그리고 발심에는 세 가지가 있는데, 첫째, 믿음을 성취하여 일으키는 발심(信成就發心), 둘째, 이해 · 수행을 모두 성취하여 일으키는 발심(解行發心), 셋째, 진여의 도리를 깨닫고 일으키는 발심(證發心)이다.

| 강설 |

'현시정의(顯示正義)'에서 본론의 주장을 제시하고, 다음에 '대치사집(對治邪執)'에서 반대하는 학설을 논파하였기 때문에, 본 장(章)에서는 진여의 이(理)를 깨닫기 위하여, 보디심을 얻으려고 하는 결심을 일으켜야 하는 것을 논설한다. 이것은 '입의분(立義分)'의 '승(乘)'을 광대하게 해석하는 일단(一段)이다. 발심은 한 번만 있는 것이 아니라, 수행이 진전하여 감에 따라서, 새로운 입장에서 발심하여 더욱 높은 단계로 진보하여 가는 것이다. 예를 들면 학문을 연구함에 있어서도, 초등학교 · 중학교 · 고등학교 · 대학교 · 대학원에서, 각각 공부를 하려는 결심도 연구의 태도도 다르다. 낮은 단계로부터 높은 단계로 옮겨감에 따라서, 새로운 입장에 서서, 얻으려고 생각하는 목표를 고쳐서 생각하며, 수행의 방법을 반성한다. 이것이 발심이다.

발심을 해석하여 "붓다의 깨달음의 경지를 목표로 하여, 모든 보디쌋뜨와가 발심하고, 수행하여, 그 목표를 향하여 나아가는 것을 말한다"라고 서술하고 있다. 제불소증의 도(諸佛所證之道)란, 붓다가 깨달은 지혜를 말한다. '도(道)'라고 말한 것은, 깨달음의 실천을 의미하는 것이다. 그래서 모든 보디쌋뜨와는 붓다의 깨달음의 경지를 목표로 하여, 발심하고, 수행하며, 목표를 향하여 나아간다. 이 수행을 유지하여 가는 힘은, 출발점의 결심이다. 이것이 발심(發心)이다.

그러나 발심에 의하여 수행이 진전하여 가기 위해서는, 발심에는 수행의 '행(行)'이 절대로 필요·충분조건이 된다. 더욱이 수행의 결과 깨달음도 얻을 수 있다. 그렇기 때문에 '증(證)'도 발심에서 융합하는 것으로 된다. 본론에서는 이와 같이 넓은 입장에서의 발심을 해석하고 있다.

본론에서는 발심을, 믿음을 성취하여 일으키는 발심(信成就發心)·이해와 수행을 모두 성취하여 일으키는 발심(解行發心)·진여의 도리를 깨닫고 일으키는 발심(證發心)의 세 가지로 해석하고 있다. 그리고 앞의 믿음을 성취하여 일으키는 발심(信成就發心)·이해와 수행을 모두 성취하여 일으키는 발심(解行發心)의 두 가지를 묶어서 상사발심(相似發心)이라고 하며, 마지막의 진여의 도리를 깨닫고 일으키는 발심(證發心)은 참된 발심이므로 진실발심이라고 한다. 이 발심은, 보디쌋뜨와를 미혹에서 깨달음으로 날라주는 것이기 때문에, 그런 의미에서 대승(大乘)의 '승'을 나타내는 것이다.

|용어 해설|

분별발취도상(分別發趣道相): 도(道)에 발취하는 상(相)을 분별한다는 의미로서, 발심이란 무엇인가를 밝히는 것이다.

제불소증지도(諸佛所證之道): 붓다의 깨달음을 가리킨다. 발심의 목적을 나타낸다.

발심(發心): 발(發)안웃따라쌈약쌈보디심(anuttarāṃsamyaksaṃbodhicitta)의 약자이다. 붓다의 깨달음을 얻으려고 하는 결심을 일으키는 것을 의미한다.

취향(趣向): 목적을 향하여 앞으로 나아가는 것을 뜻한다.

신성취발심(信成就發心): 자기 본성이 진여, 자성청정심인 것을 믿는 '신(信)'이 확립되었을 때 일어나는 발심이다. 10신위를 완성하여 10주의 초위인 발심주에 들어갔을 때 일어난다.

해행발심(解行發心): 해(解, 理解)와 행(行, 修行)이 진전한 단계에서 일어나는 발심이다. 10주위를 완성하여, 진여·법성에 대하여 바른 이해를 얻고, 더욱 회향심(利他心)을 일으켜서 10회향에 들어 6빠라미따의 행을 닦아, 지해·수행(知解·修行)을 모두 성취한 단계에서의 발심이다. 마음의 심오한 단계에서의 발심을 가리킨다.

증발심(證發心): 진여의 이(理)를 깨닫고, 무분별지를 얻은 단계에서 일으키는 발심이다. 제10회향의 수행을 완성해서, 초지에 들어가 진여의 이치(理致)를 깨달아 일으키는 발심을 가리킨다.

제1절 믿음을 성취하여 일으키는 발심〔信成就發心〕

제1항 믿음을 성취하여 발심하려면 어떻게 해야 하는가?〔信成就行〕

信成就發心者, 依何等人, 修何等行, 得信成就, 堪能發心. 所謂, 依不定聚衆生. 有熏習善根力故, 信業果報, 能起十善, 厭生死故, 欲求無上菩提, 得值諸佛, 親承供養, 修行信心. 經一萬劫, 信心成就故. 諸佛菩薩敎令發心, 或以大悲故, 能自發心. 或因正法欲滅, 以護法因

緣故, 能自發心. 如是信心成就, 得發心者, 入正定聚, 畢竟不退, 名
住如來種中, 正因相應.

믿음을 성취하여 일으키는 발심이란, 어떤 사람들이 발심하며, 어떤 수행
을 하고, 어떻게 믿음을 성취하여 발심을 잘할 수 있을까?

어떤 사람들이 발심하는가? 거룩한 붓다의 가르침에 귀명하여 인과의 도
리를 믿는 '불퇴전의 계위에 도달하기 이전의 보디쌋뜨와(aniyata-rāśiḥ, 不定聚)'
이다. 그들은 신심을 수행하여 발심하고, '불퇴전의 계위에 도달한 보디쌋뜨
와(niyata-rāśiḥ, 正定聚)'의 단계에 나아가는 것이다.

어떤 수행을 하여 믿음을 성취할 수 있는가? 안팎으로부터의 훈습과 착한
일을 실천할 수 있는 힘에 의지해서 이루어진다. 그래서 행위에 따르는 인과
를 믿고 십선(十善)을 실행한다. 삶과 죽음의 고뇌를 싫어하여, 가장 완전한 깨
달음을 얻으려고 하며, 거룩한 붓다를 만나면 친밀하게 따르면서 공양하여 신
심을 수행한다.

신심을 성취한 보디쌋뜨와는 어떻게 발심할 수 있는가? 제일신(第一信)에
서 제십신에 이르기까지 10,000깔빠(kalpa)라고 하는 긴 세월의 수행 끝에 모
든 붓다 · 보디쌋뜨와의 가르침에 따라서 발심한다. 그러나 어떤 사람은 거룩
한 붓다를 만나지 못해도 스스로 대비심(mahākaruṇā)을 가지고 있어, 이 대비심
에 의지하여 스스로의 힘으로 발심할 수 있다. 그런데 또 어떤 사람은 정법이
소멸하려고 할 때 그 법을 지키려고 하는 열의에 의하여 스스로의 힘으로 발
심할 수 있다.

이와 같이 신심을 성취하여 발심했을 때에 '불퇴전의 계위에 도달하기 이전
의 보디쌋뜨와'의 단계로부터 벗어나서 '불퇴전의 계위에 도달한 보디쌋뜨와'
의 단계에 들어가는 것이다. 이런 단계에 이르면 드디어 믿음이 후퇴하는 일

이 없어지고, 거룩한 붓다의 집안(tathāgata-gotra, 如來種姓)에 태어나서, 언젠가는 붓다로 될 올바른 결과를 얻을 것이기 때문에, 정인(正因)과 서로 어울린다고 말하는 것이다.

| 강설 |

'신성취발심'이란, 신(信)을 완성하여, 그 신심에 입각하여 성불을 위한 결의를 일으키는 것을 말한다. 신(信)이란, śraddhā의 번역어이며, 본디 의미는 '마음을 청정하게 하는 힘'[心澄淨]이라고 설명되어 있다. 그래서 신의 대상은, 붓다·다르마·쌍가의 3보이다. 이것을 믿고, 더욱 인과의 이(理)를 믿는 것이다. 말하자면 붓다를 믿으며, 그 붓다의 청정성에 동화되어 자기의 마음이 청정하게 되어 가는 것이 불교의 신(信, śraddhā)이다. 다르마(dharma, 法)에 대해서도, 쌍가(saṃgha, 僧伽)에 대해서도 같은 것이다. 또는 인과의 도리를 믿는 곳에 겸허한 마음씨, 진리에 대한 외경의 마음이 생긴다. 이 마음씨에 의하여 마음의 징정(澄淨)이 일어나는 것이다. '징(澄)'이란, 흐려져 있는 물이 맑게 되는 것을 뜻한다. 신은 마음의 흐림을 맑게 하는 힘이 있다. 여기에 불교의 신(信)이 맹목적인 신이 아니라, 진리에 뒷받침되는 이성적인, 청량한 성격을 가지고 있음이 제시된 것이다.

『대승기신론』에서는, 이 신(信)에서 더욱 진여를 믿을 것을 덧붙이고 있다. 진여는 범부로서는 미루어 알 수 없는 것이다. 자기의 본성이 여래장이며, 자성청정심이라고 알려주어도, 그것이 어떠한 것인가, 상상할 수 없다. 그러므로 이 점에 대해서는, 붓다의 교설을 믿는 것밖에는 방법이 없다. 그러므로 『슈리말라데위씽하나다경』에서도 "붓다의 말씀을 믿는다, 여래를 믿는다"라고, 반복하고 있다. 신성취발심이란, 자기의 본성이 진여인 것을 믿어 발심하는 것이다. 그러나 신이 신에 멈추어버리는 것으로 되면, 맹목적으로 되지 않을 수 없지만, 『대승기신론』에서는, 신성취발심 다음에 해행발심이 있으며, 더욱 증발심으로 나아가는 것이며, 믿음에서 깨달음으로의 통로가 열려 있다. 믿음(信) 속에 깨달음(證)이 가능성으로서 포함되어 있다. 거기에 믿음에 바탕을 둔 발심이 쉬운 것이 아니라는 이유가 있다.

본 절(本節)에서는, 신성취발심을 세 가지로 해석하고 있다. 말하자면 첫째는 어떤 사람들이 발심하며, 둘째는 어떤 수행을 하고, 셋째는 어떻게 믿음을 성취하여 발심을 잘할 수 있는가의 세 가지이다.

첫째의 어떤 사람들이 발심하는가에 대하여는, 본론에서는 '부정취 중생에 의한다'라고 제시하고 있다. 인과를 믿지 않는 '사정취 중생'은 발심할 수 없기 때문에 붓다의 가르침에 귀명하여 인과의 도리를 믿는 부정취의 사람이 신심을 수행하여 발심하며, 정정취로 나아간다고 서술하고 있다.

둘째의 어떤 수행을 하는가에 대하여는, 안팎으로부터의 훈습과 착한 일을 실천할 수 있는 힘에 의지해서 이루어진다. 본각의 내훈과 외연의 문훈습(聞熏習)에 의하여 수행이 가능하게 된다. 다음에 전세의 선업에 의하여 선근력이 몸에 갖추어져 있는 것이 조건이다. 이 두 가지 힘의 도움을 받아서 수행을 한다. 그래서 업의 인과를 믿으며, 십선(十善)을 실행한다. 삶과 죽음의 고뇌를 싫어하여 가장 완전한 깨달음을 얻으려고 하며, 모든 붓다를 만나면 친밀하게 따르면서 공양하여 신심을 수행한다. 이상과 같이 특별히 엄격한 행이 역설된 것은 아니며, 업의 인과를 믿고, 10선을 닦으며, 모든 붓다를 예배·공양하는 것이, 본론에서 서술하는 신심의 수행이다.

셋째의 어떻게 믿음을 성취하여 발심을 잘할 수 있는가에 대하여는, 먼저 제1신에서 제10신에 이르기까지 10,000깔빠(kalpa)라고 하는 긴 세월의 수행 끝에, 모든 거룩한 붓다·보디쌋뜨와의 가르침에 따라서 발심한다. 중도에서 발심하여도 그 발심은 실패하는 일이 있다. 10,000깔빠의 신심의 수행이 끝났을 때 시기가 성숙한 것을 보고, 모든 붓다·보디쌋뜨와가 가르쳐서 발심시킨다. 그것에 의하여 발심을 잘할 수 있는 것이다. 그러나 어떤 사람은 거룩한 붓다를 만나지 못해도 스스로 대비심(mahākaruṇā)을 가지고 있어, 이 대비심에 의지하여 스스로의 힘으로 발심할 수 있다. 그런데 또 어떤 사람은 정법이 소멸하려고 할 때, 그 법을 지키려고 하는 열의에 의하여 스스로의 힘으로 발심할 수 있다.

제1신에서 제10신까지의 수행에, 본론에서는 10,000깔빠의 시간을 필요로 한다고 보는데, 이런 기(機)가 무르익었을 때, 신(信)을 만족하므로, 모든 붓다·보디쌋뜨와가 가르쳐서 발심시킨다. 또는 그 밖의 것에 의하여 발심하여서 10주의 초위인 초발심주로 나아가는 것이다. 이것이 신성취발심이다. 그러므로 발심했을 때에는 부정취의 지위를 벗어나서 정정취의 지위로 들어온 것이다. 말하자면 발심은 10주의 초심이며, 10주 이상은 정정취의 지위이다. 그 의미는 믿음이 확립되어, 진여에 관한 믿음 밖으로 마음을 옮기는 일이 없어지기 때문이다. 따라서 이 경우의 '불퇴(不退)'는 '신(信)의 불퇴'라는 의미이다. 그 뒤에 아주 오랜 세월에 걸친 수행이 있지만, 그 사이에 '행(行)'이나 '깨달음'에 관한 퇴타(退墮)는 있을 수 없는 일이다.

이와 같이 하여 "신심을 성취하여 발심을 얻은 이는, 부정취의 단계로부터 벗어나서 정정취의 단계에 들어가서, 마침내 믿음이 후퇴하는 일이 없어지고, 붓다의 집안(tathāgata-gotra, 如來種姓)에 태어나서, 언젠가는 붓다로 될 올바른 결과를 얻을 것이기 때문에, 정인(正因)과 서로 어울린다고 말하는 것이다"라고 논술하고 있다. 여래종(如來種)이란, 여래의 종성, 집안의 의미이다. 여래의 집안에 태어나면, 언젠가는 여래가 되는 것이며, 성불이라는 바른 결과를 얻기 때문에, 이 발심을 '정인상응(正因相應)'이라고 말한다. 말하자면 이 발심이 정인(正因)으로서 타당한 것이다.

|용어 해설|

신성취발심(信成就發心): 믿음을 성취하여 일으키는 발심을 가리킨다.

부정취(不定聚, aniyata-rāśiḥ): 불퇴의 계위에 도달하기 이전의 보디쌋뜨와를 말한다. 곤란에 부딪치면 수행을 단념하거나, 이승으로 떨어지는 일이 있다. 10주 이상은 '결정불퇴(決定不退)'이어서 정정취라고 말한다. 그러므로 초신(初信)부터 제10신의 계위까지가 부정취이다. 초신에 들기 이전은 인과(因果)를 믿지 않으므로 '사정취(邪定聚)'라고 부른다. 이들은 외범이다.

훈습(熏習): 진여의 내훈과 밖으로부터의 붓다 · 보디쌋뜨와가 작용하는 진여의 용훈습을 가리킨다.

선근력(善根力): 선을 실행할 수 있는 힘이며, 근(根)이란 능력을 가리킨다. 전세에서 선을 수행하였기 때문에, 이 힘이 몸에 갖추어져 있다.

업과보(業果報): 선인에는 선과가 있으며, 악인에는 악과가 있다고 하는 '까르마[業]의 인과'를 믿는 것을 말한다.

십선(十善): 10선업도(善業道)를 가리킨다. 선이란 무엇인가를 구체적으로 가르친 것이다. 불살생(不殺生) · 불투도(不偸盜) · 불사음(不邪婬)의 신(身)의 3선과, 불기어(不綺語) · 불망어(不妄語) · 불양설(不兩舌) · 불악구(不惡口)의 어(語)의 4선과, 무탐(無貪) · 무진(無瞋) · 정견(正見)의 의(意)의 3선이다. 이들에 반하는 것은 10악업도(惡業道)이다. 전세에 10선을 닦은 이는, 금세에 왕위를 얻는다고 말하므로 '10선의 천자'라는 말도 있다.

무상보디(無上菩提): 보디(菩提)는 bodhi의 음역이며, '각(覺)'이라고 번역한다. 무상의 깨달음, 붓다의 정각을 말한다.

공양(供養): pūja의 번역어이며, 꽃 · 향 · 차 · 곡물 · 과일 · 촛불 등을 바쳐서 예배 · 존경하는 의식이다. 꽃 · 향 · 차 · 촛불 · 과일 · 곡물을 바치는 것을 6법공양이라고 부른다.

일만깔빠(10,000kalpa, 一萬劫): 신심(信心)을 완성할 때까지는 10,000깔빠의 긴 기간 동안 수행할 필요가 있다고 한다. 이것은 초신부터 제10신까지 나아가는 기간이다.

대비(大悲, mahākaruṇā): 중생이 생사의 세계에서 괴로워하고 있는 것에 대하여 깊이 동정하는 것을 가리킨다.

정법(正法): 불교의 올바른 가르침을 가리킨다. 붓다의 가르침이 올바르게 실행되는 기간을 500년이라고 하여 정법 500년이라고 말한다.

정정취(正定聚, niyata-rāśiḥ): 신심(信心)이 결정되어 물러서는 일이 없게 된 계위를 말한다. 10주의 초주인 초발심주 이상을 말한다.

여래종(如來種, tathāgata-gotra): 여래의 종성(種姓)을 가리킨다. 종성은 gotra의 번역어이며, 집안·가문 등이라는 의미이다. 여래의 가문에 속하면, 장래 여래가 되는 것이 약속된다. 『인왕경』에서는, 이것을 습종성(習種姓)이라고 부른다.

정인상응(正因相應): 붓다가 될 수 있는 바른 결과와 상응하는 원인을 가리킨다. 내훈의 인(因)에 따르기 때문에 정인이라고 말한다. 성불의 과(果)가 약속되어 있기 때문이다.

若有衆生, 善根微少, 久遠已來, 煩惱深厚, 雖值於佛, 亦得供養, 然起人天種子, 或起二乘種子, 設有求大乘者, 根則不定, 若進, 若退. 或有供養諸佛, 未經一萬劫, 於中遇緣, 亦有發心. 所謂見佛色相, 而發其心. 或因供養衆僧, 而發其心. 或因二乘之人敎令發心. 或學他發心. 如是等發心, 悉皆不定. 遇惡因緣, 或便退失, 墮二乘地.

다음으로 발심에 실패한 본보기로는, 착한 일을 실천할 수 있는 힘이 미약하고, 번뇌가 깊고 두터운 사람들이다. 그 때문에 모처럼 거룩한 붓다를 만나면 친밀하게 따르면서 공양하여도 깊이 믿는 마음을 일으키지 못하고 내세에 인간이나 천상에 태어나는 씨앗을 뿌리는 것에서 멈춰버리고 만다. 더러는 성문·연각의 이승으로 향하는 마음을 일으킨다. 더러는 대승을 구하여 거룩한 붓다가 될 결심을 했다고 하여도 착한 일을 실천할 수 있는 힘이 미약하기 때문에, 믿음에 대한 능력이 확립되지 않아, 조그마한 유혹에도 신심이 동요하여 진보와 후퇴를 거듭한다.

어쩌다가 다행히 거룩한 붓다를 만나게 되어 친밀하게 따르면서 공양하면, 아직 10,000깔빠를 거치지 않아도 그 사이에 어떤 인연으로 발심하는 경우가 있다. 말하자면, 거룩한 붓다의 몸에 있는 서른두 가지의 훌륭한 특질(lakṣaṇa, 相)을 보고 일시적인 환희에 빠져 발심한 경우, 많은 공양을 했을 때의 신앙적인 기쁨에 빠져 발심한 경우, 성문이나 연각의 이승에 속하는 사람들의 가르침이나 권유에 따라서 발심한 경우, 다른 사람의 흉내를 내어 발심한 경우 등 이상과 같은 여러 가지 발심은 모두 믿음에 대한 능력이 확정되지 않은 단계이다. 신심이 성취되어 있지 않은 발심이므로 나쁜 조건에 부딪치면 바로 발심을 단념해 버리거나 수행이 용이한 성문·연각의 이승에 떨어지고 만다.

| 강설 |

다음에는 발심에 실패하는 사람을 든다. 원효는 이것을 "열등한 이를 들어 수승한 이를 나타낸다[擧劣顯勝]"라고 해석하고, 실패한 예를 제시하여, 앞에서 처음과 끝이 잘 되어서 발심에 성공한 사람의 수승한 점을 나타낸다고 보고 있다. 어쨌든 발심은 쉬운 일은 아닌 것이다. 안이한 발심은 실패하는 것을 나타내는 것이다. 그에 따르면, 발심에 실패하는 것은, 선근이 미소한 중생이며, 번뇌가 아주 두터운 사람이다.

그렇기 때문에 모처럼 붓다를 만나 친승·공양하여도 깊은 신앙심을 일으킬 수 없고, 도덕이나 세속의 상식에 머무르며, 내세에 인간이나 천상에 태어나는 종자를 일으키는 것에서 멈춰버린다.

또는 생사의 세계에서의 두려움이 강하고 이타심을 결여하여 이승으로 떨어지는 마음을 일으킨다. 또는 처음과 끝이 잘 되어서 대승을 구하여 성불의 결심을 일으킨 일이 있었더라도, 선근이 미소하기 때문에 신근(信根)이 확립되지 않아 조그마한 유혹에도 신심이 동요하며, 또는 나아가기도 하고 또는 물러서기도 한다. 또는 행운으로 붓다를 만날 수 있게 되어 친승·공양하면 신심이 아주 빨리 심후하게 된다.

그러나 너무 서둘러서 10,000깔빠에 도달하기 이전에 발심하는 경우나, 붓다의 32상·80종호 등의 수승한 상호를 보고 일시적인 환희에 넘친 나머지 발심한 경우나, 또는 쌍가에 공양했을 때의 환희에 의하여 발심한 경우나, 또는 2승의 가르침이나 권고에 따라서 발심한 경우나, 다른 사람이 하는 태도를 흉내 내어 발심하는 경우 등 이상과 같은 여러 가지 발심은, 모두 신근이 부정(不定)이고, 신심이 성취되어 있지 않은 상태에서의 발심이기 때문에, 나쁜 인연 말하자면 조그마한 곤란이나 나쁜 동무의 유혹을 만나면, 아주 빨리 발심을 단념하여 버리며, 수행이 용이한 2승의 수행으로 타락하여 버린다.

본론(本論)이 이와 같이 '퇴실(退失)'에 관해 여러 가지 예를 들고 있는 것은, '발보디심(發菩提心)'이 얼마나 어려운 것인가를 보여주려 하는 것으로 보인다.

|용어 해설|

선근미소(善根微少): 선근을 실행하는 힘이 약한 것을 말한다. 전세에 있어서의 수행이 불충분하므로 선을 실행하는 근(根, 능력)이 약하다. 의지의 박약과 같은 말이다. 부정취 가운데의 열기(劣機)이다.

인천종자(人天種子): 내세에 인간 또는 천상의 세계에서 태어날 인자(因子)를 가리킨다.

이승종자(二乘種子): 성문승과 연각승으로 나아간 종자라는 뜻이다. 자기의 깨달음만을 생각하며, 이타(利他)를 생각하지 않는다. 생사의 괴로움을 싫어하는 마음이 강하고, 더욱 자비심을 결여하였을 때 2승에 떨어진다.

근즉부정(根則不定): 대승에의 신심(信心)이 확정되어 있지 않기 때문에, 어느 쪽으로 향할까, 기근(機根)이 부정(不定)이다.

불색상(佛色相): 붓다의 32상·80종호 등의 상호를 말한다.

중승(衆僧): 승(僧)은 saṃgha의 음역이며, 불교의 교단을 가리킨다. 대중을 공양한다는 뜻이다.

제2항 믿음을 성취하여 발심한 모습〔發心相〕

復次, 信成就發心者. 發何等心. 略說三種. 云何爲三. 一者直心. 正念眞如法故. 二者深心. 樂集一切諸善行故. 三者大悲心. 欲拔一切衆生苦故.

또 다음에 발심이란 무엇이냐 하면 다음과 같은 세 가지를 가리킨다.

첫째, 정직한 마음이다. 진여를 늘 올바르게 기억하기 때문이다.

둘째, 깊디깊은 마음이다. 즐거운 마음으로 모든 착한 일을 실천하기 때문이다.

셋째, 대자대비한 마음이다. 모든 생명들의 고뇌를 뿌리 뽑아 버리려고 하기 때문이다.

그러면 '발심'이란 무엇인가라고 말하니, 구체적으로 말하면 발심이란 직심(直心)·심심(深心)·대비심(大悲心)의 세 마음을 일으키는 것이다. 그 가운데에서 무엇인가, 하나를 결여하여도 발심이라고 말할 수 없다.

그러므로 이 3심을 일으키는 것을 '발심의 상'을 밝힌다고 말한다. 그 가운데에서, 첫째의 직심이란, 바르게 진여를 정념(正念)하는 마음이다. 이 마음에는 기로(岐路)는 없으므로 직심이라고 말한다. 발심한 보디쌋뜨와는 언제나 진여를 정념하는 마음을 잃어버려서는 안 된다. 이 마음이 다음의 심심(深心)과 대비심의 근본에 있다.

둘째의 심심(深心)이란, 모든 선행을 즐거운 마음으로 쌓는 마음이다. 진여는 무루의 성공덕을 갖추고 있는데, 그것에 수순하여 대소의 선행을 실천하고, 심원의 성덕에 귀향하려고 하는 것이 심심이다. 따라서 심심은 자리행의 근본이다. 이것은 언제나 모든 선을 실행하려고 하는 결심이다. 셋째의 대비심이란, 모든 중생의 괴로움을 제거하려고 하는 마음을 일으킨다. 이것은 이타행의 근본이다.

이상의 3심을, 『법장의기』는 삼취정계, 삼회향 등에 배당하여 설명하고 있다. 말하자면 직심은 섭율의계로서 악을 벗어나게 하며, 심심은 섭선법계로서 모든 선을 쌓는 것이며, 대비심은 섭중생계로서 모든 중생을 이롭게 하는 것이라고 말한다. 또는 삼회향에 배당하여, 직심은 실제에 회향하며, 심심은 보디(bodhi)에 회향하고, 대비심은 모든 중생에게 회향한다고 해석하고 있다.

|용어 해설|

직심(直心): 직심이란 불곡(不曲)의 마음을 말하며, 진여를 정념하면서, 바로 이(理)로 향하는 마음이므로 직심이라고 부른다.

심심(深心): 만덕을 갖추고, 심원(心源)에 귀향하는 마음이다. 모든 선·공덕을 갖추는 것에 의하여 심원에 도달한다. 마음의 가장 깊은 근원에 도달하기 때문에 심심(深心)이라고 부른다. 자리행의 근본이다.

대비심(大悲心): 두루 구제한다는 의미이다. 이타행의 근본이다.

問曰, 上說法界一相佛體無二. 何故不唯念眞如. 復假求學諸善之行.
答曰, 譬如大摩尼寶體性明淨. 而有鑛穢之垢. 若人雖念寶性. 不以方便種種磨治. 終無得淨. 如是衆生眞如之法. 體性空淨. 而有無量煩惱染垢. 若人雖念眞如. 不以方便種種熏修. 亦無得淨. 以垢無量無邊. 徧一切法故. 修一切善行. 以爲對治. 若人修行一切善法. 自然歸順眞如法故.

묻는다: 앞(제1목 깨달음의 지혜라는 의미)에서는 "마음의 본체는 망념을 벗어났으며, 망념을 벗어난 모습이란 허공계와 같아 존재하지 않는 곳이 없으며, 마음 전체가 오로지 완전한 지혜의 모습 하나뿐이다. 이 깨달음의 지혜는 붓다의 지혜이며, 진리를 깨달은 지혜이므로 이것을 거룩한 붓다의 법신이라고 한다. 그런데 이 거룩한 붓다의 법신은 번뇌로 뒤덮여 있는 '붓다의 마음자리'에 있어서나 번뇌를 떨쳐버린 붓다 자신에게 있어서나 변함이 없으므로 평등하다'라고 논술하므로. 진여를 늘 올바르게 기억하라고만 하시지 않고, 왜 모든 착한 일을 실천하고, 모든 생명들을 구제하는 행위까지 하라고 하시는가?

대답한다: 예를 들면, 구슬(maṇi, 寶珠)은 그 몸뚱이가 아름답게 빛나는 것이라고 하지만, 그러나 자연의 상태에서는 표면에 거칠고 더러운 때가 묻어 있다. 만일 이 때 사람이, 구슬은 그 몸뚱이가 아름답게 빛나는 것이 본성이라고

생각하고 있을 뿐 그것을 여러 가지 방법으로 갈고 닦아주지 않으면, 그 아름답게 빛나는 것을 얻을 수 없다. 진여도 그와 마찬가지이다. 진여의 본성은 번뇌를 벗어나서 맑고 깨끗하지만, 그러나 현실에서는 헤아릴 수 없이 많은 번뇌의 더러운 때가 끼어 있다. 만일 사람이 진여의 맑고 깨끗한 본성만을 생각하고 있을 뿐 실제로 방편을 가지고 여러 가지 훈습과 수행에 의하여, 번뇌의 더러운 때를 씻어주는 노력을 하지 않으면, 그 맑고 깨끗한 덕성을 얻을 수가 없다.

그런데 번뇌의 더러운 때는 헤아릴 수 없이 많고, 끝이 없으므로 존재하는 모든 것에 퍼져 있다. 이 더러운 때를 씻어 버리기 위해서는 모든 착한 일을 실천하여야 하며, 그렇게 함으로써 번뇌를 깨뜨릴 수 있다. 사람이 모든 착한 일을 실천하면, 저절로 더러운 때가 벗겨져 진여의 맑고 깨끗한 덕성에 귀순하게 되는 것이다.

| 강설 |

묻는다: 이상과 같은 발심이란 3심을 일으키는 것이라고 하는 것에 대하여, 의문이 나타나게 되었다. 말하자면 '각(覺)'을 설명할 때(제1목 깨달음의 지혜라는 의미), "마음의 본체는 망념을 벗어났으며, 망념을 벗어난 모습이란 허공계와 같아 존재하지 않는 곳이 없으며, 마음 전체가 오로지 완전한 지혜의 모습 하나뿐이다. 바로 이것이 여래의 평등법신이다"라고 논술하여, 진여는 평등이며, 붓다에 둘은 없다고 하였다. 따라서 진여를 염(念)하는 '직심'만 있으면 좋지 않겠는가, 그런데 심심과 대비심을 논술하여, 모든 선행을 수행하기도 하고, 중생을 구제하기 위한 실천도 하라고 하는 것은, 왜 그럴까라고 하는 의문이다.

대답한다: 먼저 예를 든다. 구슬(maṇi, 寶珠)은 그 몸뚱이가 아름답게 빛나는

것이라고 하지만, 그러나 자연의 상태에서는 표면에 거칠고 더러운 때가 묻어 있다. 만일, 사람이 구슬은 그 몸뚱이가 아름답게 빛나는 것이 본성이라고 생각할 뿐 그것을 여러 가지 방법으로 갈고 닦아주지 않는다면 아름답게 빛나는 것을 얻을 수 없을 것이다. 중생의 진여의 법도 그와 마찬가지이다. 진여의 본성은 번뇌를 전혀 품지 않으며, 본디 청정이다.

그러나 현실에서는 헤아릴 수 없이 많은 번뇌의 더러운 때가 끼어 있다. 만일 사람이 진여의 맑고 깨끗한 본성만을 생각하고 있을 뿐 실제로 방편을 가지고 여러 가지 훈습과 수행에 의하여 번뇌의 더러운 때를 씻어주는 노력을 하지 않으면, 진여 본연의 맑고 깨끗한 덕성을 발휘할 수 없다. 그런데 번뇌의 더러운 때는 헤아릴 수 없이 많고, 끝이 없으므로 존재하는 모든 것에 퍼져 있다.

그러므로 이 더러운 때를 씻어 버리기 위해서는 모든 착한 일을 닦아서, 이 것을 대치하지 않으면 안 된다. 만일 사람이 직심에 바탕을 두고 모든 착한 일을 실천하면, 심심과 대비심에 의하여, 밖으로는 모든 염법을 제거하고, 안으로는 진여의 덕성에 귀순하게 되는 것이다. 말하자면 심심에 의하여 선을 실천하고, 대비심에 의하여 이타행을 함으로써 번뇌의 때를 씻어버리며, 직심에 의하여 진여에 도달할 수 있는 것이다.

| 용어 해설 |

법계일상(法界一相): 심생멸문의 시작에서 '각(覺)'의 의미를 나타낼 때(제1목 깨달음의 지혜라는 의미), "마음의 본체는 망념을 벗어났으며, 망념을 벗어난 모습이란 허공계와 같아 존재하지 않는 곳이 없으며, 마음 전체가 오로지 완전한 지혜의 모습 하나뿐이다"라고 논술하고 있다. 진여의 세계는 무분별이므로 일상(一相)이다.

불체무이(佛體無二): 붓다는 다수이지만, 동시에 '무이(無二)'이다. 일체가 여래의 평등한 법신이기 때문이다.

마니(摩尼, maṇi): 마니(摩尼)는 maṇi의 음역이다. 보주(寶珠)라고 번역한다. 탁수를 정화하는 힘이 있다고 한다.

공정(空淨): 진여는 번뇌가 공(空)이며, 자성청정이다.

훈수(熏修): 훈습과 수행을 가리킨다. 진여의 내훈이나 밖으로부터의 문훈습(聞熏習)은 타력이지만 수행은 자력이며, 양자가 서로 도와 진보한다.

略說方便, 有四種. 云何爲四. 一者行根本方便. 謂觀一切法自性無生. 離於妄見. 不住生死. 觀一切法因緣和合業果不失. 起於大悲. 修諸福德. 攝化衆生. 不住涅槃. 以隨順法性無住故. 二者能止方便. 謂慙愧悔過. 能止一切惡法. 不令增長. 以隨順法性離諸過故. 三者發起善根增長方便. 謂勤供養禮拜三寶. 讚歎隨喜勸請諸佛. 以愛敬三寶淳厚心故. 信得增長. 乃能志求無上之道. 又因佛法僧力所護故. 能消業障. 善根不退. 以隨順法性離癡障故. 四者大願平等方便. 所謂發願. 盡於未來. 化度一切衆生. 使無有餘. 皆令究竟無餘涅槃. 以隨順法性無斷絕故. 法性廣大. 徧一切衆生. 平等無二. 不念彼此. 究竟寂滅故.

바로 앞에서 "만일 사람이 진여의 맑고 깨끗한 본성만을 생각하고 있을 뿐 실제로 방편을 가지고 여러 가지 훈습과 수행에 의하여, 번뇌의 더러운 때를 씻어주는 노력을 하지 않으면, 그 맑고 깨끗한 덕성을 얻을 수가 없다"라고 논술하므로, 여기에서는 진여에 귀순하는 방법을 네 가지로 나누어 말한다.

첫째, 수행의 근본이 되는 방편이다. 존재하는 모든 것의 자성은 생겨나는 일이 없다고 관조하고, 자성이 있다고 생각하는 그릇된 견해를 떨쳐버려 삶과 죽음에 집착하지 않는다. 존재하는 모든 것의 생성과 소멸은 연기의 법칙에 따라서 존재하므로 인과의 법칙을 잃지 않는다. 보디쌋뜨와는 이와 같은 사실을 잘 알고 있으므로, 삶과 죽음의 수렁에서 헤매는 모든 생명들을 인도하기 위하여 대자대비한 마음을 일으키며, 착한 일을 실천한다. 모든 생명들을 포섭해서 교화하지만, 그들은 끝이 없이 많으므로 그들을 모두 구제하기 위해서는 니르와나에 안주하지 않는다. 진여에 귀순하는 방편이라고 하는 것은, 진여의 본성은 니르와나에 안주하지 않는다고 하는 특질 때문이다.

둘째, 나쁜 짓을 멈추게 하는 방편이다. 자기의 양심에 부끄러워하며(hirimana, 慚), 사회에 부끄러워하고(apatrapā, 愧), 참회(懺悔, kṣama)하여 모든 나쁜 짓을 멈추고, 그것이 자라지 못하게 하는 것이다. 이것이 진여에 수순하는 방편이라고 하는 것은, 모든 과실을 벗어나버렸기 때문이다.

셋째, 좋은 일을 할 수 있는 능력을 키우는 방편이다. 붓다 · 다르마 · 쌍가 삼보를 공양 · 예배하며, 모든 거룩한 붓다를 찬탄 · 환희 · 권청하여, 초보적인 선행을 권장하는 것이다. 붓다 · 다르마 · 쌍가 삼보를 친근하고 존경하는 순후한 마음을 가짐으로 인하여 믿음을 증대시킬 수 있다. 그에 의하여 모든 거룩한 붓다의 행적을 배워서 스스로가 가장 완전한 깨달음을 추구하는 마음을 일으킬 수 있다. 또 붓다 · 다르마 · 쌍가 삼보의 힘에 의하여 보호를 받을 수 있다. 이렇게 마음이 윤택하게 되면 악업에 대한 장애가 사라져 좋은 일을 할 수 있는 능력은 후퇴하는 일이 없다. 이것이 진여에 귀순하는 방편이라고 하는 것은, 진여의 본성은 무명 · 번뇌를 벗어난 존재이기 때문이다.

넷째, 큰 서원을 세워 모든 생명들을 평등하게 구제하는 방편이다. 본원을 세워 영원한 미래에까지 헤아릴 수 없이 많은 모든 생명들을 교화 · 제도하는 것이다. 이렇게 하여 모든 생명들을 남김없이 구제하여, 그들로 하여금 '생존의 근원을 남기지 않은 니르와나(nirupadhiśeṣam nirvāṇa, 無餘依涅槃)'에 들어가게 한다. 이것이 진여에 귀순하는 방편이라고 하는 것은, 진여의 본성은 단절하는 일이 없기 때문이다.

진여의 본성은 광대하고, 모든 생명들에게 빠짐없이 보편적으로 존재하며, 평등하여 둘이 아니다. 진여는 늘 한결같아서 자타의 구별이 없으므로 너와 나를 분별하는 망념에서 벗어난 것이며, 평등하여 둘이 아니므로 '생존의 근원을 남기지 않은 니르와나'이다.

| 강설 |

앞 절에서 "만일 사람이 진여의 맑고 깨끗한 본성만을 생각하고 있을 뿐, 실제로 방편을 가지고 여러 가지 훈습과 수행에 의하여, 번뇌의 더러운 때를 씻어주는 노력을 하지 않으면, 그의 맑고 깨끗한 덕성을 얻을 수가 없다"라고 서술하여, 방편을 가지고 훈수(熏修)하는 것이, 진여에 귀순하는 방법이라는 것을 논술하고 있다. 그래서 여기에서 방편이란 무엇인가를 제시하여 '네 가지 방편'을 서술한다. 방편이란 '법성에 수순한다'는 방법이며, 법성이란 여기에서는 진여를 의미하는 것이다.

줄여서 서술하면 방편에는 네 가지가 있다. 그 네 가지란 무엇인가?

첫째, 수행의 근본이 되는 방편(行根本方便)이다. 자리와 이타의 모든 행의 근본이 되는 방편이다. 그것은 어떠한 선행을 베풀어도, 그것에 집착하지 않는 '부주(不住)'라고 하는 것이다. 말하자면 세간의 모든 존재는 무상이며, 끊임없이 변화하여 가기 때문에, 그 본성은 '공'이며, '자성무생(自性無生)'이다. 제법이 생겨난다든가, 소멸한다든가라고 보는 것은, 보는 사람의 고정적 망견이다. 자성이 있는 것은 생겨날 수 없다는 것을 이해하지 않으면 안 된다. 예를 들어 말하면, 만일 자기가 자성으로서 존재한다, 말하자면 태어나기 전부터 존재한다면, 태어난다고 하는 것은, 이미 존재하고 있는 자기가 모습을 나타내는 것일 뿐이라는 것이다. 마치 배우가 무대에 나타나는 것과 같은 것이다. 그러나 이것으로는 '태어난다'고는 말할 수 없다. 그러므로 자성이 있는 것은 생겨날 수도 소멸할 수도 없다.

그렇지만 현실에서는 제법은 생겨나며 또 소멸하고 있다. 세간은 생멸무상의 세계이다. 이러한 사실은 모든 존재에는, '자성이 없다'라고 말하는 것이며, 자성으로서는 불생이라는 의미이다. 그런데도 자성이 없으면, 고정적인 자기 존재가 없기 때문에 그것을 파악할 수도, 인식할 수도 없다. 파악하였다고 생각했을 때에는, 다른 것으로 바뀌어 있기 때문이다. 자기는 유동적 존재이며, 불가득인 것이다. 이와 같이 선을 베풀면서도 선에 집착하지 않고, 유자성(有自性)의 망견을 벗어나서 '생사에 머무르지 않는다.' 모든 것이 공(空)이라면, 집착해야 할 것이 아무것도 없기 때문에, 생사의 세간에 의지할 것이 없는 것이다. 이것이 '부주생사(不住生死)'의 의미이다. 그렇다고 해서 생사의 세계는 허무라는 것은 아니다. 법은 자성이 없지만 진여로서는 실재이며, 유동적으로 존속하고 있다. 거기에 무명이 작용하여 미혹의 세계가 이루어져 있다. 그곳에는 '까르마의 인과'의 법칙이 엄연하게 존재한다. 그래서 연기의 법칙에 의하여, 존재하는 모든 것은, "연기의 법칙에 따라서 존재하므로 인과의 법칙을 잃지 않는다"는 것이다. 법은 무자성이기 때문에, 제법의 생기가 가능하며, 그 법의 생멸은 까르마의 인과의 법칙에 바탕을 두고 있다. 보디쌋뜨와는 이러한 것을 알기 때문에, 생사의 세계에서 괴로워하는 중생을 가르쳐 인도하려고 대비심을 일으키며, 선행을 베풀고, 중생을 구제하여, '복덕을 닦고, 중생을 섭화한다.' 중생을 섭취하고 교화하지만, 그러나 중생계는 무변이므로, 섭화중생(攝化衆生)의 만행(萬行)을 멈출 때는 없다. 그러므로 보디쌋뜨와는 '니르와나에도 안주하지 않는다.' 말하자면 생사의 세계에 있으면서, 구제에 전심하는 것이, 틀을 바꾸어 니르와나로 되어 있는 것이다.

이 '무주처니르와나(無住處涅槃)'라고 하는 사상은, 『중변분별론송』이나 『대승장엄경론송』 등 마이뜨레야의 논서에 나타나며, 아쌍가의 『섭대승론』에서 받아들여 계승하고 있다. 『구경일승보성론』에서도 서술하고 있다. 『대승기신론』의 사상도 이들의 흐름에 속하는 것이다. 유여니르와나와 '생존의 근원을 남기지 않은 니르와나(nirupadhiśeṣam nirvāṇa, 無餘依涅槃)'란, 원시불교 이래로 논설되어 왔지만, 무주처 니르와나는 대승불교가 형성되어서부터 주장된 니르와나관이다. 이미 초기대승불전에 나타난다. 예를 들면 만주슈리(Mañjuśrī) 보디쌋뜨와 등은 벌써 영원한 과거에 성불의 만행(萬行)을 완성하여, 일찍이 붓다였던 때도 있었지만, 더욱 중생을 구제하기 위하여 이 세상에 나와 있다. 이 만주슈리보디쌋뜨와의 만행은 『수능엄삼매경』이나 『아사세왕경』 등의 초기대승경전에 벌써 나타나 있으므로, 무주처 니르와나는 사상으로서는 초기대승불교 때부터 존재하고 있었다고 하여도 좋다. 그러나 교리용어로서는, 마이뜨레야의 논서 등이 최초가 아닐까라고 생각한다.

그래서 이상의 유여・무여・무주처(有餘・無餘・無住處)의 세 니르와나에, 본디 자성청정 니르와나(自性淸淨涅槃)를 더하여서 '네 가지 니르와나'로 하는 것은, 세친 때에 이르러서 형성된 것으로 보인다. 그러나 진제 삼장이 『섭대승론석』에서 '네 가지 니르와나(四種涅槃)'를 서술하고 있는 것은, 당시의 인디아의 불교에서 벌써 네 가지 니르와나의 학설이 논의되고 있었던 것을 나타내는 것으로 보인다(이와 관련하여 현장은, 네 가지 니르와나설이 『성유식론』에 이르러서 나타난다). 『대승기신론』에는 다음 절에 '자성청정 니르와나(自性淸淨涅槃)'라고 보아도 좋을 것이 제시되어 있다.

첫째의 행근본방편이란, 무주처니르와나에 있으면서 영원히 자리・이타의 행을 실천하여 가는 것이다. 이것이 법성진여의 '무주(無住)'라고 하는 성격에 수순하는 것이다. 진여는 법계일상(法界一相)이며, 파악할 수 없는 것이므로,

무주를 본성으로 하고 있는 것이다.

둘째, 나쁜 짓을 멈추게 하는 방편(能止方便)이다.

'능지(能止)'란, 자발적으로 악을 그만두는 것이다. 악을 그만두는 힘은 자기의 양심에 부끄러워하며(慚), 사회에 부끄러워하는 마음(愧)이다. 참괴의 마음이 강할 때, 악을 벗어날 수 있다. 무참(無慚)·무괴(無愧)일 때, 사람은 하고 싶은 대로 악을 저지른다. 그러므로 아비다르마불교에서는, 참(慚)과 괴(愧)를 대선지법(大善地法)이라고 말하며, 선의 근저로서 중요시하고 있다. 본론에서도, 참과 괴의 힘을 세게 하는 것에 의하여 악을 멈추게 하려고 하는 것이다. 그러나 악의 유혹에 빠져서 악행을 저질러버리면, 바로 그것을 발로하고 참회(懺悔)한다. 이것을 '회과(悔過)'라고 부른다. 사람은 본능적으로 자기의 악을 감추려고 한다. 그러나 악을 감추어 두고 있는 것은 고통이다. 저지른 악을 다른 사람에게 고백하고 싶다는 마음씨를 동시에 가지고 있다. 악을 참회하는 것은 용기를 필요로 하지만, 그러나 참회에 의하여 마음은 편안함을 얻는다. 본론은 이 참괴와 회과에 의하여, "모든 나쁜 짓을 멈추고, 그것이 자라지 못하게 하는 것이다"라고 서술하고 있다. 참괴는 악법을 멈추게 하고, 회과는 악법을 자라지 못하게 한다. 이것이 방편인 것은, 법성진여는 모든 과오를 벗어나 있기 때문이다. 능지방편은, 자리행의 단덕(斷德)이다.

셋째, 좋은 일을 할 수 있는 능력을 키우는 방편(發起善根增長方便)이다. 이 것은 선을 베풀 수 있는 능력을 세게 하는 방편이며, 선을 반복하여 실천하는 것에 의하여 달성된다. 이것은 자리행 가운데의 '지덕(智德)'이다. 본론에서 말하는 선행이란 무엇인가? 3보를 공양하며, 예배하는 것, 모든 붓다를 찬탄(讚嘆)·수희(隨喜)·권청(勸請)하는 것이다. 이들은 아주 힘든 난행은 아니다. 10신의 보디쌋뜨와이기 때문에, 난행을 해낼 힘이 없기 때문에, 모든 붓다의 공양·예배·찬탄 등의 초보적인 선행을 권하는 것이다. 그러나 여기에서 중요한 것은, '3보를 애경하는 순후심'을 갖는 것이다. 애경에는 친애와 존경이 있다. 순후란 아름답게 극진한 마음, 순박하고 인정이 두터운 마음이다. 붓다 · 다르마 · 쌍가에 대한 애경과 순후심에 의하여, 신심이 증장할 수 있다. 그것에 의하여 모든 붓다의 행적을 배우고 익혀서 스스로도 무상도(無上道)를 희구하는 마음을 일으킬 수 있다. 더욱이 다시 붓다 · 다르마 · 쌍가에 대한 순후심을 갖는 것에 의하여, 3보의 힘에 의하여 보호를 받을 수 있다. 악을 멈추고 선을 베풀려고 하는 마음씨가 언제나 있으며, 붓다의 대비와 다르마의 진리 그리고 쌍가의 청정한 실천을 염상(念想)하는 기쁨에 의하여, 마음이 윤택하게 되기 때문에, '업장(業障)'이 소멸되는 것이다. 악업의 장애라고 하더라도, 마음속에 있는 것이므로, 마음이 믿음(信)의 희열에 윤택하게 되면, 업장은 저절로 소멸하는 것이다. 그래서 선근은 자꾸자꾸 강력하게 된다.

선근을 발기하는 것이 방편이 되는 것은, 법성 · 진여는 법신(法身) · 지신(智身)이기 때문에, 치장(痴障) 말하자면 무명번뇌를 벗어나는 것을 본성으로 하고 있기 때문이다.

넷째, 큰 서원을 세워 모든 생명들을 평등하게 구제하는 방편(大願平等方便)이다.

대서원을 일으켜서 두루 평등하게 중생을 구제하려는 결의를 하는 것인데, 진여에 수순하는 방편이 된다. 이것은 이타행이다. 보디쌋뜨와의 발원은 기한을 정한 것이 없이 영원하다. 미래의 영원한 깔빠를 걸고 서원하며, 모든 생명들을 교화 · 제도하는 것이다.

이렇게 하여 모든 생명들을 평등하게 구제하여, 남는 바가 없는 것이다. 그래서 모든 사람을 궁극의 '생존의 근원을 남기지 않은 니르와나'에 들어가게 하려고 한다. '생존의 근원을 남기지 않은 니르와나'란 영원한 평안의 세계이다. 보디쌋뜨와의 서원은, 모든 중생을 이 '생존의 근원을 남기지 않은 니르와나'에 들어오게 하려는 것이다.

이 대원의 평등이 진여에 수순하는 방편인 것은, 법성진여는 '무단절(無斷絶)'을 본성으로 하기 때문이다. '생존의 근원을 남기지 않은 니르와나'는, 무단절·영원의 세계이다. 법성진여는, "이념(離念)의 상(相)은 허공계와 같다."라고 말하는 것과 같이, 법성은 광대하여, 모든 중생에게 빠짐없이 두루 미쳐 있다. 평등무이(平等無二)이다. 진여는 일상(一相)이며, 자타의 구별이 없기 때문이다. 그러므로 '피차(彼此)를 생각하지 않는다'라고 말할 수 있다. 진여는 평등무이(平等無二)이므로, 구경적멸이다. '생존의 근원을 남기지 않은 니르와나'와 다른 것이 아니기 때문이다.

| 용어 해설 |

방편(方便): 앞 절에서 "방편을 써서 여러 가지로 훈습하여 진여의 법에 귀순한다"라고 논술하였기 때문에, 여기에서 귀순의 방편을 제시한다. 방편이란 방법, 수단을 말한다.

행근본방편(行根本方便): 자리·이타의 모든 행의 근본이 되는 방편.

망견(妄見): 그릇된 견해, 망념에 바탕을 둔 견해.

인연화합(因緣和合): 인연은 연기와 같은 말이다. 또는 결과에 대하여 직접원인을 인(因), 조연을 연(緣)이라고 나누는 일도 있다. 인연이 화합하여 모든 존재가 성립한다. 인(因) 없이 생기는 것은 없다는 것을 나타낸다.

업과(業果): 업의 과보를 가리킨다. 업(業)은 karma의 역어이며, 넓게는 '행위(行爲)'를 의미한다. 선악의 행위에는 결과를 초래하는 힘이 포함되어 있다. 이 보이지 않는 힘을 좁은 의미의 업이라고 부른다. 일반적으로 업이라 하면 이 결과를 끌어 일으키는 힘을 말한다.

복덕(福德): 선업을 쌓는 것을 복덕이라고 말한다.

섭화(攝化): 중생을 거두어 보살펴 교화한다는 뜻이다. 섭취하여 교화하는 것을 가리킨다.

법성(法性): 존재의 본성, 여기에서는 진여를 가리킨다.

무주(無住): 보디쌋뜨와는 대지(大智)가 있으므로 생사에서 안주하지 않으며, 대비가 있으므로 니르와나에도 안주하지 않고, 생사 속에 있으면서도 니르와나에 안주하여 중생을 섭화한다. 진여의 본성은 '무주처니르와나(無住處涅槃)'이다.

능지방편(能止方便): 악을 멈추게 하는 방편. 자리행 가운데의 단덕(斷德), 이것을 지지문(止持門)이라고 부른다.

참괴(慚愧, hirimana-apatrapā): 참(慚, hirimana)은, 자기의 양심에 부끄러워하는 마음이며, 괴(愧, apatrapā)는, 사회에 부끄러워하는 마음이다.

회과(悔過): 악을 저지르고 후회하며, 이것을 다른 사람에게 고백하는 것을 뜻한다. 참회(懺悔, kṣama)와 같은 말이다.

이과(離過): 잘못을 벗어난다는 뜻이다. 진여의 본성은 이과(離過)에 있다.

발기선근증장방편(發起善根增長方便): 선근의 힘을 세게 증장하는 방편. 자리행 가운데의 지덕(智德), 작선문(作善門)이다.

수희(隨喜): 다른 사람이 선을 베풀었을 때, 그것을 환희하고 도와주는 것을 뜻한다.

권청(勸請): 지성(至誠)을 가지고 붓다의 설법을 간청하며, 더욱이 붓다가 언제까지나 이 세상에 계시기를 간청하여 구하는 것을 말한다. 법회를 열 때, 붓다·보디쌋뜨와의 내림(來臨)을 간청하는 것을 가리킨다.

애경(愛敬): 친애와 존경하는 마음을 갖는 것을 가리킨다.

순후심(淳厚心): 순박하고 인정이 두터운 마음.

업장(業障): 자기가 전세에 악을 저질렀기 때문에, 그것이 보디(bodhi)를 구하는 마음을 장애하는 것을 가리킨다. 그러나 회과나 예불을 지성으로 실행하면 업장이 소멸된다.

치장(痴障): 무명의 장애이다. 진여의 본성은 무명을 벗어나 있다.

대원평등방편(大願平等方便): 대서원을 일으켜서, 중생을 평등하게 구제하는 방편. 이타행이다.

발원(發願): 보디삿뜨와가 본원을 세우는 것을 가리킨다.

무여니르와나(無餘涅槃, 無餘依涅槃, nirupadhiśeṣam nirvāṇa): 유여니르와나의 반대어. 붓다가 보디나무 아래에서, 번뇌를 소멸하여 깨달음을 열었을 때에 들어간 것이 유여 니르와나이다. 아직 육체가 남아 있기 때문에 한서기갈(寒暑飢渴) 등의 괴로움을 면한 것은 아니다. 그런데 죽음에 있어서 신체를 버리는 것에 의하여, 완전한 니르와나에 들어갔다고 생각하고, 이것을 '생존의 근원을 남기지 않은 니르와나(無餘涅槃)'라고 부른다. 또는 무여의열반(無餘依涅槃)이라고도 부른다. '의(依)'란 신체를 가리킨다.

제3항 믿음을 성취하여 발심을 했을 때의 공덕(發心利益)

菩薩發是心故. 則得少分見於法身. 以見法身故. 隨其願力. 能現八種. 利益衆生. 所謂從兜率天退. 入胎住胎. 出胎出家. 成道轉法輪. 入於涅槃. 然是菩薩未名法身. 以其過去無量世來. 有漏之業未能決斷. 隨其所生. 與微苦相應. 亦非業繫. 以有大願自在力故. 如修多羅中. 或說有退墮惡趣者. 非其實退但爲初學菩薩未入正位. 而懈怠者. 恐怖令彼勇猛故. 又是菩薩. 一發心後. 遠離怯弱. 畢竟不畏墮二乘地. 若聞無量無邊阿僧祇劫. 勤苦難行. 乃得涅槃亦不怯弱. 以信知一

切法. 從本已來自涅槃故.

보디쌋뜨와는 이 보디심(bodhicitta, 菩提心)을 냄으로써 약간이나마 법신을 볼 수 있다. 그래서 법신을 봄으로 말미암아 모든 생명들을 구제하기 위한 큰 서원을 세운다. 그 서원의 힘을 바탕으로 해서 팔상성도(八相成道)를 현현하여 모든 생명들을 이롭게 하는 것을 나타낸다.

팔상성도란, 샤끼야무니붓다가 ① 투쉬따하늘(Tuṣita devaḥ, 兜率天)에서 내려오시어, ② 마야 황후에게 잉태되시고, ③ 마야(Māyā) 황후의 뱃속에서 열 달 동안 머무르시고, ④ 룸비니(Lumbinī) 동산에서 태어나시어, ⑤ 스물아홉 살 때 까삘라성(Kapilavastu)을 빠져나와 출가하시고, ⑥ 서른다섯 살 때 붓다가야(Buddhagayā)의 보디나무 밑에서 악마를 항복시켜 깨달음을 이루시고, ⑦ 와라나씨(Vāraṇasī) 교외(郊外)의 싸르나트(Sārnāth) 사슴동산(Migadāya, 鹿野園)에서 첫 설법(初轉法輪)을 하시며, ⑧ 마흔다섯 해 동안 교화활동을 하시다가 여든 살 때 꾸쉬나가라(Kuśinagara)에서 마하빠리니르와나(mahāparinirvāṇa, 摩訶般涅槃)에 들어가신 것을 말한다.

그러나 이 보디쌋뜨와는 법신을 약간 볼 뿐이므로 법신보디쌋뜨와라고는 말하지 않는다. 그는 과거의 무량한 세상으로부터 그 이래로 계속 일으켜 온 번뇌가 아직 완전히 단절되어버린 것이 아니다. 그 때문에 팔상성도를 시현하면서도 삶과 죽음의 미세한 고뇌와 서로 어울린다. 그런데도 업의 속박에 의해서 태어나는 것은 아니다. 왜냐하면 처음 발심할 때 큰 서원의 힘에 의하여, 무애자재한 힘을 가지고 있고, 이 서원의 힘에 의하여 이 세상에 태어났기 때문이다. 경전 가운데에서, 다음과 같이 말씀하신다.

"이 보디쌋뜨와는 삼악도에 떨어지는 일이 있다."

이것은 방편일 뿐이지 실제로는 발심을 후퇴한 것은 아니다. 다만 처음 배우는 보디쌋뜨와는 아직 불퇴전의 계위에 도달한 보디쌋뜨와에 들어가지 않아 게으른 마음을 일으키기 쉬우므로, 그로 하여금 두려움을 갖게 해서 용맹심을 키우기 위하여 그와 같이 말한 것에 지나지 않는다.

또 이 보디쌋뜨와는 벌써 발심하였기 때문에 한번 발심한 뒤에는 겁약한 마음이 있을 리가 없다. 그는 결국 성문·연각의 이승에 떨어질 것을 두려워하는 일은 없다. 또 더러는 성불하기까지는 무한히 긴 시간이 걸려, 아쌍키예야깔빠(kalpa-asaṃkhyeya) 동안 근고·난행을 거치지 않으면 니르와나를 얻을 수 없다고 들어도 그에 의하여 겁약하지 않는다. 이는 발심할 때에 벌써 영원한 수행을 결의하고 있기 때문이다. 그 이유는, 존재하는 모든 것은 자성이 생겨나는 것이 아니며, 본성은 진여이므로, 본디 스스로 니르와나에 들어 있는 것을 알고 있기 때문이다.

| 강설 |

이 절은 『원효소』에 의하면 '발심의 공덕'을 밝히는 것이며, 10신의 수행에 의하여 신근을 성취하고, 그것에 바탕을 두고 발심을 하며, 초발심주의 계위에 들어간 보디쌋뜨와가 갖추는 수승한 공덕을 나타내는 것이다.

이 보디쌋뜨와는, 비관문(悲觀門)에 의하여 법신을 이해하기 때문에 붓다의 법신을 조금 볼 수 있다. 그래서 법신을 보는 것에 의하여 중생을 구제하기 위한 대서원을 일으킨다. 발심에 의하여 이 대원력이 몸에 갖추어지는 것이다. 그래서 원력에 바탕을 두고 중생을 구제하기 위하여 이 세상에 태어난다. 원력에 바탕을 두고 태어나기 때문에 이 보디쌋뜨와를 원생신(願生身, praṇidhānaṃ-kariśyati)이라고 부른다.

까삘라 성에 태어난 샤끼야무니붓다는, 이 발심한 보디쌋뜨와의 원력으로 태어난 '화신(化身)'의 붓다라고 해석하는 것이다. 이 화신 또는 응신의 붓다의 성도를 '팔상성도(八相成道)'라고 부른다. 먼저 이 보디쌋뜨와는, 일생보처의 보디쌋뜨와로서, 뚜쉬따 하늘나라에서 수행을 한다. 그래서 시기가 성숙하면, 뚜쉬따하늘에서 6아(六牙)의 흰 코끼리의 모습을 취하고, 어머니의 자궁에 들어간다. '뚜쉬따하늘에서 내려오심(降兜率)'이 제1상, '입태(入胎)'가 제2상, 이어서 '주태(住胎)'가 제3상, 10달이 차서 '출태(出胎)'가 제4상, 그로부터 소년, 청년이 되어 생사의 고(苦)를 싫어하여, '출가(出家)'가 제5상, 6년간의 고행 끝에 '성도(成道)'가 제6상, 녹야원에서의 '초전법륜(初轉法輪)'이 제7상, 45년 동안 중생을 교화하신 뒤에 꾸쉬나가라의 샬라 쌍수 아래에서 '마하빠리니르와나(mahāparinirvāṇa, 入滅)'가 제8상, 이와 같이 8상(相)을 시현하여 중생을 교화한다고 서술하고 있다.

이와 같이 성불(成佛), 전법륜(轉法輪), 입멸(入滅)이라고 말하는 것처럼, 붓다의 행의(行儀)를 나타낸다. 그러나 이 보디쌋뜨와는 아직 붓다가 아니고, 지상(地上)의 법신보디쌋뜨와도 아니다. 법신진여를 깨닫기 이전의 10주의 보디쌋뜨와이다. 이 보디쌋뜨와는 과거의 무량세로부터 그 이래로 생겨난 번뇌가 아직 완전히 끊어진 것은 아니다. 유루업의 나머지가 남아 있다. 그러므로 성불의 8상을 시현하면서도, 생사의 미세한 고(苦)를 받는 것이다. 이 점에서 지상(地上)의 보디쌋뜨와와는 다르다. 번뇌를 완전히 끊어버리면, '생존의 근원을 남기지 않은 니르와나'에 들어가 버리기 때문에, 일부러 번뇌를 남겨서 생사의 세계에 태어나는 것이다.

이와 같이 유루업이 남아 있지만, 그러나 그렇기 때문에 이 보디쌋뜨와를 까르마에 계박된 업생신(業生身, karma-ja)이라고 보아서는 안 된다. 초발심 때의 대서원의 힘에 의하여 자재의 힘을 가지고 있으며, 이 원력에 의하여 이 세상에 태어난 원생신(願生身, praṇidhānaṃ-kariṣyati)이기 때문이다. 이 점에서 까르마에 의한 윤회의 생존을 받고 있는 범부와는 다른 것이다.

원효에 의하면, 최초의 법신을 조금 본다는 말은, 이 보디쌋뜨와의 자리의 공덕을 밝히는 것이며, 다음의 8상시현은 이 보디쌋뜨와의 이타의 공덕을 나타낸 것이라고 서술한다. 그래서 미고(微苦)와 상응하는 것은, 이 보디쌋뜨와의 미세한 과실을 나타낸 것이라고 본다. 그래서 다음에는 권교를 회통한다고 서술한다.

말하자면 경전에 "이 보디쌋뜨와가 삼악도에 떨어지는 일이 있다"라고 말씀하고 있지만, 이것은 권교의 방편적인 가르침이다. 발심한 보디쌋뜨와는 정정취에 들어가서, 성불이 결정되어 있는 보디쌋뜨와이므로, 퇴타(退墮)하여 악도에 떨어질 리는 없다. 다만 경전에 그와 같이 말씀하는 것은, 붓다가 꾸며서 방편을 말씀한 것이며, 진실로 발심을 후퇴한 것은 아니다. 예를 들면『보살본업영락경』에는, "7주 이전은 퇴분이 있다. 만일 선지식을 만나지 못하면 1깔빠 내지 10깔빠 동안 보디심이 후퇴한다(『大正藏』24-1014c)"라고 말씀하고 있다. 그래서 정목천자(淨目天子) · 법재왕자(法才王子) · 샤리뿌뜨라 등의 예를 들고 있다.

그러나 이들의 경설은, 초학의 아직 정정취에 들어가지 않은 보디쌋뜨와를 훈계하기 위한 말씀일 뿐이다. 초학의 보디쌋뜨와는 아무튼 해태의 마음을 일으키기 쉬우므로, 그들을 포외(怖畏)하게 하고, 용맹심을 고무하기 위하여 그와 같이 말씀한 것에 지나지 않는 것이며, 방편설이다.

다음에 보디쌋뜨와의 진실한 만행(萬行)을 찬탄한다. 이 보디쌋뜨와는 벌써 발심한 것이기 때문에, 대서원에 의하여 마음은 보호되고 있다. 이것을 홍서(弘誓)의 갑옷(鎧)을 입었다고 말한다. 따라서 이 보디쌋뜨와는 겁타(怯惰)의 마음이 있을 리 없다. 그러므로 성문 · 연각의 2승지에 떨어지는 것을 두려워하는 일은 없다. 설령 떨어진다고 하더라도 보디쌋뜨와의 보디심을 잃는 일은 없기 때문이다. 또는 성불을 하기까지는 무한히 긴 세월이 걸리며, 무량무변

아쌍키예야깔빠의 근고난행(勤苦難行)을 거치지 않으면, 니르와나를 얻을 수 없다고 듣더라도, 비관도 절망도 하지 않는다. 발심할 때에 벌써 영원한 수행을 결의하고 있기 때문이다. 그 이유는 모든 존재는 자성이 불생이며, 본성은 진여이므로, 본디 니르와나에 들어 있는 것을 알고 있기 때문이다. 이 '일체법은 본디부터 그 이래로, 저절로 니르와나'라고 하는 학설은, 본디 '자성청정 니르와나(自性淸淨涅槃)'를 의미하는 것이라고 생각하여도 좋다.

앞 절에서 '무주처 니르와나'를 서술한 상태이고, 유여·무여의 두 니르와나는 고래로부터 있는 것이기 때문에, 여기에 '자성청정 니르와나'를 더하여서,『대승기신론』의 시대에는, 벌써 '네 가지 니르와나'가 성립되어 있던 것을 알 수 있다. 결국 진제 삼장(眞諦三藏)이 번역한『섭대승론석』에는 네 가지 니르와나가 들어 있기 때문에, 진제가 네 가지 니르와나를 알고 있었던 것은 분명하다.

| 용어 해설 |

시심(是心): 보디심을 가리킨다.

소분견법신(少分見法身): 신성취발심의 보디쌋뜨와는 초주의 지위에 있지만, 여기에서는 비관문(比觀門)에 의하여 법신을 보기 때문에 '소분(少分)'이라고 말한다. 또는 아직 법공을 알지 못하고, 인공에만 의존하여 법신을 보므로 소분이라고 말한다.

원력(願力): 발심할 때, 원(願)을 세운다. 이 원력에 의하여 지지(支持)되어서 수행을 한다.

팔종(八種): 샤끼야무니붓다의 팔상성도(八相成道)를 가리키는데, 일반적인 팔상성도와는 약간의 차이가 있음을 볼 수 있다. 일반적인 팔상성도의 내용은 아래와 같다.

(1) 뚜쉬따(Tuṣīta) 하늘나라에서 내려오시는 장면〔兜率來儀相〕

(2) 룸비니(Lumbinī) 동산에서 탄생하시는 장면〔毘藍降生相〕

(3) 까삘라 성(Kapilavastu)의 네 문으로 나가 관찰하시는 장면〔四門遊觀相〕

(4) 까삘라 성을 넘어 출가하시는 장면〔踰城出家相〕

(5) 히말라야산에서 수도하시는 장면〔雪山修道相〕

(6) 붓다가야(Buddhagayā)의 보디나무 아래에서 악마를 항복시키는 장면
〔樹下降魔相〕

(7) 와라나씨(Vāraṇasī)의 교외(郊外)의 싸르나트(Sārnāth) 사슴동산
(Migadāya, 鹿野園)에서 처음으로 진리를 말씀하시는 장면〔鹿苑轉法相〕

(8) 꾸쉬나가라(Kuśinagara)의 샬라(śāla) 쌍수 아래에서 마하빠리니르와나
(mahāparinirvāṇa)에 드시는 장면〔雙林涅槃相〕

뚜쉬따하늘(Tuṣita devaḥ, 兜率天): 뚜쉬따는 Tuṣīta의 음역이며, 지족(知足)이라고
번역한다. 뚜쉬따(Tuṣīta)는 육욕천 가운데의 하나이며, 아래쪽으로부터 위
쪽으로 세어서 네 번째이다. 다음 생에 붓다가 되는 '일생보처(一生補處)의
보디쌋뜨와'는, 이 뚜쉬따하늘에서 살며, 시절이 오면 하생(下生)하며, 6아
(牙)의 흰 코끼리의 형상이 되어 모태에 들어간다고 한다.

전법륜(轉法輪): 붓다의 설법을 가리킨다. 법륜의 '윤(輪)'은 cakra의 역어이며, 본
디는 원형의 무기이다. 붓다의 설법을 악마와의 싸움으로 보고, 이와 같이
말한다.

법신(法身): 십주의 보디쌋뜨와는 아직 법신을 비관(比觀)에 의해서만 알 수 있
을 뿐이기 때문에 법신을 깨닫지 못하므로, 법신보디쌋뜨와라고는 부르지
않는다.

유루업(有漏業): 번뇌로 더럽게 물들여진 행위를 유루업이라고 부른다. 선업에
도 아직 번뇌를 끊지 못한 동안은 유루선(有漏善)이 된다.

미고(微苦): 미세한 괴로움. 이 보디쌋뜨와는, 뚜쉬따 · 잉태(孕胎) · 출태(出胎) 등에 의하여, 생사를 거쳤기 때문에, 미세한 고를 받는다.

업계(業繫): 까르마(業)의 속박에 의하여 태어나는 것을 말한다. 이것을 업생신 (業生身)이라고 부른다. 이 보디쌋뜨와는 유루업을 끊지 않아서, 8상성도를 나타내어 미고(微苦)와 상응하지만, 그러나 업생신(業生身, karma-ja)은 아니라는 의미이다. 원력에 의하여 8상(八相)을 나타내기 때문에 원생신(願生身, praṇidhānaṃ-kariśyati)이다.

대원자재력(大願自在力): 발심한 보디쌋뜨와가 원을 세우는 것에 의하여 얻은 자재한 힘을 말한다.

악취(惡趣): 악도라고도 부른다. 지옥 · 아귀 · 축생의 3취를 악취라고 말한다. 악업의 과보에 의하여 태어나는 생처(生處)이다.

정위(正位): 정정취를 가리킨다.

겁약(怯弱): 비겁, 용기가 없는 마음.

아쌍키예야깔빠(kalpa-asaṃkhyeya, 阿僧祇劫): 이루 헤아릴 수 없는, 무수라는 의미이다. 깔빠는 장원(長遠)의 시간이지만, 아쌍키예야깔빠(kalpa-asaṃkhyeya)는 더욱 긴 시간을 나타낸다.

제2절 이해 · 수행을 모두 성취하여 일으키는 발심〔解行發心〕

解行發心者. 當知, 轉勝. 以是菩薩從初正信已來, 於第一阿僧祇劫, 將欲滿故, 於眞如法中, 深解現前, 所修離相. 以知法性體無慳貪故, 隨順修行檀波羅蜜. 以知法性無染, 離五欲過故, 隨順修行尸羅波羅蜜. 以知法性無苦離瞋惱故, 隨順修行羼提波羅蜜. 以知法性無身心相, 離懈怠故, 隨順修行毗梨耶波羅蜜. 以知法性常定, 體無亂故, 隨順修行禪波羅蜜. 以知法性體明, 離無明故, 隨順修行般若波羅蜜.

'이해 · 수행을 모두 성취하여 일으키는 발심'이란, 앞에서 논술한 믿음이 확립되었을 때 일으키는 발심보다 더욱 거룩한 것임을 의미한다. 이 보디쌋뜨와는 '불퇴전의 계위에 도달한 보디쌋뜨와(niyata-rāśiḥ, 正定聚)'의 경지에 들어가 신심의 불퇴를 얻은 이래 최초의 아쌍키예야깔빠의 수행을 완성하려고 하는 데까지 다다라서, 십주(十住) · 십행(十行)의 수행의 계위를 넘어, 십회향(十回向)의 계위 가운데에 있기 때문에, 초지(初地)인 환희지(歡喜地, pramudita-bodhisattva-bhūmiḥ)에 가까워진 상태이다.

그때 이 보디쌋뜨와는 10행(行)의 계위에서의 '현상세계는 연기에 의하여 이루어진 것으로 실체가 없다고 하는 견해(dharma-śūnyatā, 法空)'의 도리를 얻고, 여섯 가지 빠라미따(ṣaṭ-pāramitā)를 수행하며, 이 수행이 완성되면 십회향에 나아가기 때문에 진여에 대한 아주 깊은 이해를 얻는다. 자기와 남을 평등하게 보는 경지에 들어가 진여의 무상(無相)을 깨닫는 것이다. 여기에서 수행하는 여섯 가지 빠라미따와 진여의 무상(無相)의 이치란 다음과 같다.

첫째, 먼저 진여인 법성에는 인색함과 탐욕이 없다는 것을 알고, 이 법성의 공덕을 따라서 다나빠라미따(dāna-pāramitā, 布施)를 수행한다.

둘째, 진여인 법성에는 번뇌가 전혀 없고, 자성이 맑고 깨끗하며 오욕의 쾌락으로부터 해방되어 있다는 것을 알고서, 이렇게 더럽게 물들음이 없고 탐욕이 사라진 법성을 따라서 쉴라빠라미따(śīla-pāramitā, 持戒)를 수행한다.

셋째, 진여인 법성에는 고뇌가 전혀 없으며, 분노심이나 다른 사람을 괴롭히는 일이 없다는 것을 알고, 이 법성의 공덕을 따라서 끄샨띠빠라미따(kṣānti-pāramitā, 忍辱)를 수행한다.

넷째, 진여인 법성에는 몸과 마음을 차별하는 일이 없다. 몸과 마음을 차별하는 일이 없으므로 게으름을 피우지 않는다. 게으름을 피우지 않는 것을 알고, 이 법성의 공덕을 따라서 위리야빠라미따(virya-pāramitā, 精進)를 수행한다.

다섯째, 진여인 법성은 언제나 고요한 마음에 들어 있으므로 망념이 없다. 망념이 없으므로 혼란을 일으키는 일이 없다는 것을 알고, 이 법성의 공덕을 따라서 디야나빠라미따(dhyāna-pāramitā, 禪定)를 수행한다.

여섯째, 진여인 법성은 그 자체에 밝은 지혜를 갖추고 있으며, 무명을 벗어났다는 것을 알고, 이 법성의 공덕을 따라서 쁘라갸빠라미따(prajñā-pāramitā, 智慧)를 수행한다.

| 강설 |

둘째, '이해 · 수행을 모두 성취하여 일으키는 발심(解行發心)'이다. 신성취발심에 의하여, 초발심주에 도달한 보디쌋뜨와는 그것에 바탕을 두고 수행을 하며, 10주로부터 10행위로 나아가고, 6빠라미따를 수행하여 진여에 대한 깊은 이해가 나타난 자리에서 둘째인 '이해 · 수행을 모두 성취하여 일으키는 발심(解行發心)'을 한다. 이것은 '심해(深解)와 6빠라미따의 행'에 바탕을 둔 발심이기 때문에 해행발심이라고 부른다. '심해'로서 앞의 신성취발심과 다르며, 심해현전(深解現前)의 '현전(現前)'으로서 뒤의 증발심(證發心)과 다르다. 현전은, 진여를 앞에 세워서 대상으로 삼고 있기 때문에, 아직 유심의 이치에 체달하지 못한 것을 나타낸다.

본론에서 해행발심은 '더욱 수승하다'라고 서술한 것은, 신성취발심에 비교하여, 더욱 수승해진 것이라고 하는 의미이다. 이 해행발심의 보디쌋뜨와는, 정정취의 지위에 들어와서, 신심(信心)의 불퇴를 얻은 이래, 최초의 아쌍키예야깔빠의 수행을 완성하려고 하는 데까지 도달한 것이다. 그래서 10주·10행의 수행의 계위(階位)를 넘어서, 10회향의 지위(地位) 가운데에 있기 때문에, 초지인 환희지에 가까워진 상태이며, 제일의 아쌍키예야깔빠의 수행이 곧 완성되는 것을 알기 때문에, "제일의 아쌍키예야깔빠에서 틀림없이 완성하려고 한다"라고 서술하는 것이다. 그 때 이 보디쌋뜨와에게 진여에 대한 깊은 이해가 나타낸다.

이 보디쌋뜨와는 10행의 계위에서 법공의 이치를 얻고, 6빠라미따의 행을 닦으며, 이 행을 완성하여 10회향에 들어가기 때문에, 진여에 대한 깊은 이해를 얻는다. 그래서 진여의 무상(無相)을 깨닫고, 자타평등의 경지에 들어가는 것이다. 여기에서 수행하는 6빠라미따와 진여의 무상(無相)의 이치란 다음과 같은 것이다.

첫째, 먼저 진여인 법성에는 인색함과 탐욕이 없다는 것을 알고, 이 법성의 공덕에 따라서 다나빠라미따(dāna-pāramitā, 布施)를 수행한다. 말하자면 전혀 간탐(慳貪)의 마음을 갖지 않고, 이것은 보시라고 하는 것조차 벗어나서, 공(空)에 머물면서 보시를 실천하는 데에 보시빠라미따의 완성이 있다. 이것이 평등무상의 법성에 수순하는 보시빠라미따의 행(行)이다.

둘째, 진여인 법성에는 번뇌가 전혀 없다. 자성이 맑고 깨끗하며 오욕의 쾌락으로부터 해방되어 있다. 이렇게 더럽게 물들음이 없고 탐욕이 사라진 법성에 따라서 쉴라빠라미따(śīla-pāramitā, 持戒)를 수행한다. 계란 악한 행위를 제어하는 것이다. 살생(殺生)·투도(偸盜)·사음(邪淫)의 신(身)의 3악에서 벗어나는 것과, 망어(妄語)·양설(兩舌)·악구(惡口)·기어(綺語)의 어(語)의 4악에서 벗어나는 것과, 그리고 탐(貪)·진(瞋)·치(癡)의 의(意)의 3악에서 벗어나서 무탐(無貪)·무진(無瞋)·정견(正見)의 의(意)의 3선을 실천한다. 이것을 10선이라고 부른다. 법공에 머물러 이 10선계를 실행하는 것에 의하여 법성의 이과(離過)에 수순하는 것이다.

셋째, 진여인 법성에는 성냄이나 다른 사람을 괴롭히는 일을 벗어나 있다. 고뇌를 포함하지 않는다. 이 진여의 공덕에 따라서 끄샨띠빠라미따(kṣānti-pāramitā, 忍辱)를 수행한다. 모든 존재는 공이라 관조하고, 어떤 모욕이나 고뇌도 참고 견디어서, 조금도 분노심을 일으키지 않는 것이다.

넷째, 진여인 법성에는 몸과 마음을 차별하는 일이 없다. 몸과 마음을 차별하는 일이 없으므로 게으름을 피우지 않는다. 게으름을 피우지 않는 것을 알고, 이 법성의 공덕을 따라서 위리야빠라미따(virya-pāramitā, 精進)를 수행한다. 마음과 몸의 힘을 북돋워 주어, 성실하고 근면한 노력을 멈추지 않는 것이 위리야빠라미따이다. 마음과 몸의 대립이라고 하는 상대적 입장을 떠나서, 자기의 모두가 정진하게 되어, 오로지 수행에 전념한다. 무엇인가의 목표에 대한 노력이 아니라, 공(空)에 머물면서 노력에 홀리지 않고 노력을 하는 것이 위리야빠라미따이다.

다섯째, 진여인 법성은 언제나 고요한 마음에 들어 있으므로 망념이 없다. 망념이 없으므로 혼란을 일으키는 일이 없다는 것을 알고, 이 법성의 공덕을 따라서 디야나빠라미따(dhyāna-pāramitā, 禪定)를 수행한다. 선(禪)은 마음을 고요하게 하며 정신을 집중하는 것이다. 그래서 진여의 무상무념(無想無念)에 수순하여 디야나빠라미따를 수행한다. 마음의 무념에 수순하는 선을 실습하는 것이다.

여섯째, 진여인 법성은 그 자체에 밝은 지혜를 갖추고 있으며, 무명을 벗어났다는 것을 알고, 이 법성의 공덕을 따라서 쁘라갸빠라미따(prajñā-pāramitā, 智慧)를 수행한다. 쁘라갸빠라미따의 실행이 본각인 진여의 개현에 도움이 된다고 하는 의미이다.

6빠라미따의 행(行)은 해행발심의 보디쌋뜨와뿐만 아니라 모든 보디쌋뜨

와가 실행하지만, 특히 이 보디쌋뜨와는 6도(六度)의 행과 진여의 지해(知解)가
상응하고 있기 때문에, 해행발심이라고 부른다.

|용어 해설|

해행발심(解行發心): 10행의 지위에서 법공의 이치를 이해하고, 6빠라미따의 행
(行)을 수행하며, 진여에서의 심해(深解)를 얻어 일으킨 발심을 가리킨다.

제일아쌍키예야깔빠(kalpa-asaṃkhyeya, 第一阿僧祇劫): 보디쌋뜨와는 성불하기까지
3아쌍키예야깔빠 동안의 수행을 한다. 제일(第一)의 아쌍키예야깔빠는 10
주의 초발심주의 계위로부터 10주 · 10행 · 10회향을 거쳐, 초지의 직전까
지의 기간이다.

소수리상(所修離相): 닦는 바는 상(相)을 벗어나는 것이다. 진여에 대한 깊은 이
해를 가지기 때문에, 그가 닦는 행은 무상이다. 자타(自他) · 피차(彼此)의
상대(相對)를 초월한 행을 무상(無相)이라고 부른다.

간탐(慳貪): 탐욕을 부리는 행위를 말한다.

다나빠라미따(dāna-pāramitā, 檀波羅蜜, 布施): 단(檀)은 dāna의 음역이며, 보시(布
施)라고 번역한다. 바라밀(波羅蜜)은 pāramitā의 음역이며, 완성의 의미이
지만, 깨달음의 피안에 도달하는 의미로 해석되어, '도피안(到彼岸)' 또는
'도(度)'라고 번역한다. 피안에 다다른 상태, 피안에 도달한 상태, 즉 완성(完
成)의 의미이다.

무염(無染): 번뇌가 없는 상태를 가리킨다.

오욕(五欲): 색(色) · 성(聲) · 향(香) · 미(味) · 촉(觸)의 오진(五塵)에 의하여 일어난
감각적 쾌락을 가리킨다.

쉴라빠라미따(śīla-pāramitā, 尸羅波羅蜜, 持戒): 시라(尸羅)는 śīla의 음역이며, 계(戒)
또는 지계(持戒)라고 번역한다. 대승불교에서는 '10선(善)'을 쉴라빠라미따

(śīla-pāramitā)의 내용으로 한다.

진뇌(瞋惱): 성냄과 남을 괴롭히는 것을 말한다. 진여에는 진뇌가 없다.

끄샨띠빠라미따(kṣānti-pāramitā, 羼提波羅蜜, 忍辱): 찬제(羼提)는 kṣānti의 음역이며, 감인(堪忍) 또는 인욕(忍辱)이라고 번역한다. 분노를 참고 견디어내는 것을 의미한다. 분노하는 마음을 일으키지 않는 것을 가리킨다.

해태(懈怠): 게으름을 피우는 것을 가리킨다.

위리야빠라미따(virya-pāramitā, 毗梨耶波羅蜜, 精進): 비리야(毗梨耶)는 virya의 음역이며, 정진 또는 근(勤)이라고 번역한다. 마음과 몸을 책려하여 힘을 북돋우어 주는 정신력을 가리킨다. 언행일치(言行一致)의 생활을 실천하는 수행을 가리킨다.

디야나빠라미따(jhāna, dhyāna-pāramitā, 禪波羅蜜, 禪定): 선(禪) 또는 선나(禪那)는 jhāna 또는 dhyāna의 음역이며, 선정(禪定) 또는 정려(靜慮)라고 번역한다. 정신을 통일하여 주의력을 집중하는 것이다. 심일경성(心一境性)이라고도 말한다.

쁘라갸빠라미따(prajñā-pāramitā, 般若波羅蜜, 智慧): 반야(般若)는 prajñā의 음역이며, 혜(慧) 또는 지혜(智慧)라고 번역한다. 진리를 직관하는 통찰을 가리킨다.

제3절 진여의 도리를 깨닫고 일으키는 발심〔證發心〕

證發心者, 從淨心地, 乃至菩薩究竟地. 證何境界. 所謂眞如. 以依轉識, 說爲境界, 而此證者, 無有境界. 唯眞如智, 名爲法身.

是菩薩於一念頃, 能至十方無餘世界, 供養諸佛, 請轉法輪, 唯爲開導利益衆生, 不依文字, 或示超地速成正覺, 以爲怯弱衆生故. 或說我於無量阿僧祇劫, 當成佛道, 以爲懈慢衆生故. 能示如是無數方便, 不可思議. 而實菩薩種姓, 根等, 發心則等, 所證亦等, 無有超過之法. 以一切菩薩, 皆經三阿僧祇劫故. 但隨衆生世界不同, 所見所聞根欲性異故, 示所行, 亦有差別.

又是菩薩發心相者. 有三種心微細之相. 云何爲三. 一者眞心. 無分別故. 二者方便心. 自然徧利益衆生故. 三者業識心. 微細起滅故.

又是菩薩. 功德成滿. 於色究竟處. 示一切世間最高大身. 謂以一念相應慧. 無明頓盡, 名一切種智. 自然而有不思議業. 能現十方利益衆生.

問曰. 虛空無邊故, 世界無邊. 世界無邊故, 衆生無邊. 衆生無邊故, 心行差別亦復無邊. 如是境界不可分齊. 難知難解. 若無明斷, 無有心想. 云何能了名一切種智.

答曰. 一切境界, 本來一心. 離於想念. 以衆生妄見境界故. 心有分齊. 以妄起想念不稱法性故. 不能決了. 諸佛如來離於見想. 無所不徧. 心眞實故. 卽是諸法之性. 自體顯照一切妄法. 有大智用無量方便. 隨諸衆生所應得解. 皆能開示種種法義. 是故得名一切種智.

又問曰. 若諸佛有自然業. 能現一切處. 利益衆生者. 一切衆生. 若見其身. 若睹神變. 若聞其說. 無不得利. 云何世間多不能見.

答曰. 諸佛如來法身. 平等徧一切處. 無有作意. 故說自然. 但依衆生心現. 衆生心者. 猶如於鏡. 鏡若有垢. 色像不現. 如是衆生心若有垢. 法身不現故.

'진여의 도리를 깨닫고 일으키는 발심'이란, 정심지(淨心地)에서 보디쌋뜨와의 구경지(究竟地)에 이르기까지의 발심을 말한다. 이 때 초지부터 제10지(第十地)까지의 보디쌋뜨와는 무엇을 깨닫는가? 그것은 진여이다. 초지부터 제10지에 이르는 사이에 점진적으로 무명을 소멸하고, 보디쌋뜨와의 제10지의 마지막 단계에서는 완전히 업식으로부터 벗어난다. 때문에 법신보디쌋뜨와에게도 한편으로 생각해 보면 업식(業識)·전식(轉識)·현식(現識)의 세 가지의 모습이 있다.

그러므로 지금 여기에서는 진여를 깨달은 지혜에 대하여 주관과 객관과의 차별을 드러내 보일 수가 없으므로, 동시에 존재하고 있는 미망의 인식인 전식을 빌려서 증득의 대상을 드러내려고 한다. 전식의 대상은 현식이지만 깨달음을 얻으면 자기 자신이 진여인 것을 알게 되고, 그것이 진여를 깨달은 지혜이므로 진여를 깨닫는다고 하여도 자기와 그것이 서로 다른 것이 아니다. 그래서 진여를 깨달은 지혜를 법신이라고 한다.

이 보디쌋뜨와는 한 순간에 시방의 모든 세계에 순례하여 많은 거룩한 붓다를 공양하고, 많은 거룩한 붓다들에게 법륜을 굴려 주시기를 간청한다. 그러나 그것은 그 거룩한 붓다의 설법으로 모든 생명들을 교화·제도하여, 이익을 얻게 하려는 것일 뿐 거룩한 붓다의 미묘한 음성을 듣고 싶어 하는 집착에서가 아니다.

또는 이 보디쌋뜨와는 초지에서 제2지에, 제3지에서 제4지 등으로 단계를 뛰어넘어 신속히 정각을 이루는 것을 보여주는 일도 있다. 왜냐하면, 보디쌋뜨와가 깨달음을 얻기까지는 3아쌍키예야깔빠라고 하는 장구한 세월에 걸쳐 수행을 하지 않으면 안 된다. 이런 말을 들으면 의지가 약한 사람들은 실망하여 발심을 망설일지도 모르므로 그들을 구제하기 위해서는 단계를 뛰어넘어 빨리 목적을 이룰 수도 있음을 보여주어야 한다.

또 이와는 반대로 3아쌍키예야깔빠만이 아니라 무량아쌍키예야깔빠라고 하는 헤아릴 수 없이 긴 세월에 걸쳐 수행을 한 뒤에라야 불도를 이룰 수 있으리라고 선언한다. 이것은 불도수행을 쉽게 생각하여, 게으름을 피우고 자만심을 부리는 사람들을 훈계하기 위해서이다.

이상과 같이 이 진여의 도리를 깨닫고 일으키는 발심의 보디쌋뜨와가 모든 생명들을 구제하기 위하여 헤아릴 수 없이 많은 방편을 보이는 것은 대단히 불가사의한 일이다. 그러나 실제로 보디쌋뜨와의 종성(種姓, gotra)에는 영리하다거나 멍청하다는 차별이 없이 모두 똑같은 능력을 갖추고 있으며, 발심도 같고, 그 깨달음도 동등한 상태이다. 어느 보디쌋뜨와라고 해서 단계를 뛰어넘어 깨달음을 얻는 일이 없다. 모든 보디쌋뜨와는 모두 한결같이 3아쌍키예야깔빠라는 오랜 세월에 걸쳐 수행을 하기 때문이다.

다만 모든 생명들을 교화할 경우, 그들의 세계가 다르므로 그들의 보는 것과 듣는 것이 다르고, 또 능력과 의욕 그리고 성격 등이 천차만별이다. 그러므로 그런 것들에 대응하는 방편의 소행에 차이가 있을 뿐이다.

또 다시 이 보디쌋뜨와의 발심하는 심리적 구조를 조사하여 보면, 세 가지의 미세한 상태로 활동하고 있는데, 그 세 가지란 무엇인가?

첫째, 진여를 아는 마음(眞心)이다. 그것은 진여가 그 자체를 아는 마음이므로 분별하는 작용이 없는 마음이다.

둘째, 방편을 일으키는 마음(方便心)이다. 그것은 자유자재로 모든 생명들을 구제하여 이익을 얻게 하는 마음이다.

셋째, 업식이 일으키는 마음(業識心)이다. 10지 이전의 보디쌋뜨와는 아직 성불을 실현하지 못한 상태이므로 아직도 남아서 활동하는 미세한 망념이다.

또 이 보디쌋뜨와는 공을 쌓고 덕을 거듭 베풀어 수행을 완성한 단계에 들어 거룩한 붓다가 되었을 때 '색계의 최고의 하늘나라(akaniṣṭhāḥ-devāḥ, 色究竟

天)'에서 이 세상 최고·최대의 몸뚱이(rūpa-kāya, 色身)를 드러낸다. 그래서 시각(始覺)의 최후의 한 순간에 지혜가 마음에 본래 갖추어져 있는 지혜와 합일하게 된다. 이 때, 그때까지 계속하고 있던 무명의 최후의 일념이 드디어 완전히 사라져버리고, 새로이 나타난 지혜를 '일체종지(一切種智, sarva-ākāra-jñātā)'라고 부른다. 이렇게 되면 저절로 모든 생명들을 구제할 수 있는 불가사의한 작용이 있으므로 시방의 온 누리에 출현하여 모든 사람들을 이롭게 한다.

이상에 대하여 두 가지 의문을 제기한다.

첫째 의문은, 허공(虛空, ākāsa)이 끝이 없이 넓으므로 그 곳에 있는 세계도 한량없이 넓다. 세계가 한량없이 넓으므로 그 곳에 사는 모든 생명들도 헤아릴 수 없이 많다. 모든 생명들이 헤아릴 수 없이 많으므로, 마음의 작용의 차별도 헤아릴 수 없이 많다. 이와 같이 인식의 대상은 헤아릴 수 없이 많아서 제한이 없으므로 구별할 수가 없다. 그들은 너무나 복잡하고 다양해서 알기도 어렵거니와 이해하기도 힘들다. 그런데 만일 지혜가 발현하여 이 때까지 계속하고 있던 무명의 최후의 일념이 드디어 완전히 사라져버리면, 망심·망상이 끊어지므로 차별세계의 인식은 없어질 터인데, 도대체 무엇을 인식하기 때문에 일체종지라고 말하는가?

대답한다: 이 모든 인식의 대상은 본디 한 마음이다. 그래서 마음의 본디 모습에 있어서는 망상·망념의 차별을 벗어난 것이다. 다만 모든 생명들은 무명의 망념에 의해서 인식의 대상을 보므로 마음에 분별이 생겨 유한한 인식의 세계가 형성된다. 헛되이 망상·망념을 일으켜 차별의 세계를 인식하게 되므로 제법의 본성에 어울리지 못하고, 마음의 세계가 하나라고 하는 것을 통찰할 수 없다. 그런데 모든 거룩한 붓다는 망견·망상을 벗어나버린 경지이므로 보는 작용이 마음의 모든 것에 골고루 미친다. 그것이 마음의 진실한 모습이기 때문이다. 이것이 말하자면 제법의 본성이다. 붓다의 지혜는 자체 위에 나

타나 모든 생명들의 모든 헛된 것들을 들여다보고, 그릇된 것을 그릇된 것으로 밝혀낸다. 이와 같이 거룩한 붓다에게는 지혜의 거룩한 작용과 헤아릴 수 없이 많은 방편이 있다. 모든 생명들의 의혹이나 요구에 따라서, 또 그들이 알아야만 할 것에 따라서, 모든 부분에 걸쳐 적절하게 여러 가지 '가르침의 의의(dharma-artha, 法義)'를 펼쳐 보인다. 그러므로 일체종지라고 한다.

둘째 의문은, 모든 거룩한 붓다에게는 저절로 이루어지는 작용이 있으므로, 모든 곳에 나투시어 모든 생명들을 이롭게 한다고 연설한다. 그렇다면 모든 사람은, 모두 거룩한 붓다의 몸을 보거나 또는 그 거룩한 붓다의 설법을 듣고서 이익을 얻지 못하는 사람이 없을 것이다. 그러나 실제로 세간에는 거룩한 붓다를 볼 수 없는 사람이 많다. 왜 그럴까?

대답한다: 모든 거룩한 붓다의 법신은 평등하여 우주에 보편하여도, 그 작용을 고의로 일으키지 않으므로 자유자재로 설법을 하시지만, 반드시 모든 생명들의 마음에 의해서만 나타나기 때문이다. 예를 들면, 모든 생명들의 마음은 거울과 같으므로 거울에 먼지가 끼면 사물의 모습을 비출 수가 없는 것처럼 모든 사람의 마음에도 만일 번뇌의 때가 끼면 그 곳에는 법신이 보신·응신의 형태로 나타날 수가 없는 것이다.

| 강설 |

셋째, '진여의 도리를 깨닫고 일으키는 발심'이다. 증발심(證發心)의 '증(證)'은 진여를 깨닫는다는 의미이며, 진여의 지(智)에 바탕을 두고 발심한다는 의미이다. 진여를 깨닫는 것은 보디쌋뜨와가 초지(初地)인 정심지(淨心地)에 들어갔을 때부터이며, 그로부터 제10지의 구경지까지의 보디쌋뜨와가 증발심을 한다. 이상은 '발심의 체(體)'를 나타낸 것이다. 이 초지부터 제10지까지의 보디쌋뜨와는 무엇을 깨닫는가? 그것은 진여이다.

그러나 진여를 자기의 인식의 대상으로 관하는 것은 지전(地前)의 보디쌋뜨와이다. 눈앞에 진여를 세워놓고 있는 것은, 아직 유심의 이(理)에 도달하지 못한 것을 나타낸다. 유심의 이(理)에 도달하여 버리면, 자기 자신이 진여인 것을 알기 때문이며, 그것이 진여의 지이므로, 진여를 깨달았다고 말하여도, 자기와 진여가 서로 다른 것이라고 하는 것은 아니다.

그렇지만 깨달은 것을 나타내지 않으면, 다른 사람에게 알려줄 수가 없기 때문에, 편의적으로 진여라고 부른 것이다. 이것은 "전식에 의하여, 서술하여 경계로 한다"는 것이다. 말하자면 진여를 아는 입장에서는, 아는 지와 알게 되는 진여와의 사이에 분별은 없다. 그것은 전체적 직관이며, '무분별지'이다. 법신을 안다고 하는 것은, 이것을 말하는 것이다. 그러나 초지에 도달한 보디쌋뜨와에게, 업식(業識)·전식(轉識)·현식(現識) 등이 모두 없어진 것은 아니다.

초지부터 제10지에 이르는 사이에 점진적으로 무명을 소멸하고, 보디쌋뜨와의 제10지의 마지막 단계(菩薩盡地)에서는 완전히 업식에서 벗어난다. 그러므로 법신의 보디쌋뜨와에게도 한편으로 생각해 보면 업식(業識)·전식(轉識)·현식(現識)의 세 가지의 모습이 있다. 그래서 지금 여기에서는 진여를 깨달은 지혜에 대하여 주관과 객관과의 차별을 드러내 보일 수가 없으므로, 동시에 존재하고 있는 미망의 인식인 전식을 빌려서 증발심의 깨달음의 대상을 드러낸 것이다. 전식의 대상은 현식이다. 그러나 "실제로는 이 깨달음(證)에는 경계가 있는 것이 아니다. 다만 진여의 지를 일러서 법신이라고 하는 것 뿐"이다. 이 '진여지(眞如智)'가 동시에 '진여'인 것이다. 그런데도 본성은 지이며, 그것이 범부의 본성이며, 동시에 붓다의 본성인 법신이기도 하다. 이 진여지(眞如智)는 '이지합일(理智合一)'의 근본지, 근본무분별지이다. 그러나 이 근본지의 뒤에는 후득지가 일어난다.

다음에 이 후득지의 수승한 작용을 제시한다. 법신보디쌋뜨와라고 하여도,

후득지의 활동은 업식에 의존하는 것이다. 『법장의기』에 의하면, "본지(本智) 바르게 깨달을 때는, 실제로 능소는 없다. 어떻게 서술하여 경계가 돈다고 할 수 있겠는가. 지금은 다만 후득지 가운데의 업식이 아직 다하지 않은 것에 근거하여, 전현(轉現)이 아직 존재한다"고 설명하고 있다. 이것에 의하여 보디쌋뜨와의 후득지는 업식의 작용을 빌리고 있다는 것을 알 수 있다. 후득지는 세계에 대한 차별지이다. 여기에는 '나와 너'라는 구별이 있다. 따라서 보디쌋뜨와는 유심의 이(理)에 도달하여 있더라도, 자기의 마음 밖에 외계가 있다는 것을 인정하고, 그것에 대하여 작용을 거는 것이다. 그러므로 업식과, 그것에 바탕을 둔 전식(轉識)·현식(現識)의 작용에 의지하지 않을 수 없는 것이다.

그러나 붓다가 되면, 붓다 자신에게는 업식은 전혀 존재하지 않는다. 그렇기 때문에 후득지의 활동은 '무공용(無功用)'이 된다. 무공용이란, 의지를 쓰지 않고서 저절로 중생을 구제하는 활동을 하는 것이다. 다만 이 붓다의 무공용의 작용은, 중생의 업식의 작용을 빌려서 나타나는 것이다. 본디 법신의 붓다는, 응신의 붓다처럼 '유한의 형상'을 가지고 있는 것은 아니다. 법신은 모든 존재에 두루 걸쳐 있다. 그러므로 범부에게 있어서의 법신의 작용은, 진여의 내훈으로 되며, 업식을 통하여 나타나는 것이고, 더욱이 진여의 용훈습으로서, 밖으로부터 현식을 매개로 하여 작용하는 것이다.

이 증발심의 보디쌋뜨와의, '발심(發心)의 수승(殊勝)한 활동'을 나타내면 다음과 같다. 이 발심의 수승한 활동을 『법장의기』는, '바로 후득지이다'라고 주석하고 있다. 이 증발심의 보디쌋뜨와는, 진여를 깨달음에 의하여, 심생멸문을 넘어서 심진여문을 실현하고 있다. 그들은 생멸을 초월한 세계에 있으며, 시간을 초월하여 있으므로, "일념 사이에 시방무여(十方無餘)의 세계에 잘 도달한다"라고 서술하고 있다.

일념이란 여기에서는 1끄샤나를 가리킨다. 1끄샤나에 시방의 모든 세계를 순례하여 모든 붓다를 공양하고, 모든 붓다에게 법륜을 굴려 주시기를 간청한다. 그러나 그것은 그 거룩한 붓다의 설법으로 모든 생명들을 교화·제도하여 이익을 얻게 하려는 것뿐이며, 붓다의 설법의 미묘한 음성을 듣고 싶어 하는 것과, 그 음성에 집착하기 때문은 아니다.

또는 이 보디쌋뜨와는 초지에서 제2지에, 제3지에서 제4지 등으로 단계를 뛰어넘어 아주 빨리 정각을 이루는 것을 보여주는 일도 있다. 보디쌋뜨와가 깨달음을 얻기까지는 3아쌍키예야깔빠라고 하는 장구한 세월에 걸쳐 수행을 하지 않으면 안 되지만, 이런 말을 들으면 의지가 약한 사람들은 실망하여 발심을 망설일지도 모른다.

그러므로 그들을 구제하기 위해서는, 깨달음을 이루는 데에 아주 빨리 도달할 수 있는 이행(易行)의 방편이 있는 것으로 하여, 그들의 힘을 돋우어 주기 위하여 단계를 뛰어넘어 빨리 목적을 이룰 수도 있음을 보여주어야 한다. 또는 이와는 반대로 3아쌍키예야깔빠만이 아니라 무량아쌍키예야깔빠라고 하는 헤아릴 수 없이 긴 세월에 걸쳐 수행을 한 뒤에라야 불도를 이룰 수 있으리라고 선언한다. 이것은 불도의 수행을 안이하게 생각하여, 게으름을 피우고 자만심을 부리는 사람들을 훈계하기 위해서이다.

이상과 같이 이 증발심의 보디쌋뜨와는, 중생을 구제하기 위하여 헤아릴 수 없이 많은 방편을 보여줄 수 있다. 그것은 대단히 불가사의한 일이다. 그러나 그것들은 어디까지나 방편이다. 보디쌋뜨와의 종성으로 결정된 보디쌋뜨와에게는, 이근·둔근의 차별이 없이 모두 똑같은 능력(根)을 갖추고 있으며, 발심도 같고, 그 깨달음도 동등한 상태이다. 어느 보디쌋뜨와라고 해서 단계를 뛰어넘어 깨달음을 얻는 일이 없다. 모든 보디쌋뜨와는 모두 한결같이 3아쌍키예야깔빠라는 오랜 세월에 걸쳐 수행을 하기 때문이다. 다만 모든 생명들을 교화할 경우, 그들의 세계가 다르므로 그들의 보는 것과 듣는 것이 다르고,

또 능력과 의욕 그리고 성격 등이 다르다. 그러므로 그런 것들에 대응하는 방편의 소행에 차이가 있을 뿐이다.

이상이 증발심을 한 보디쌋뜨와의 후득지의 활동이다. 아직 여기에서는 보디쌋뜨와에게 '초과(超過)의 법은 없다'고 서술하고 있지만, 불전문학에서는 샤끼야무니 보디쌋뜨와가 '9깔빠를 뛰어넘었다'라고 하는 설화가 있다는 것에 귀를 기울일 필요가 있다. 불전에서는 보디쌋뜨와는 3아쌍키예야깔빠의 수행을 한 뒤에, 더욱 100깔빠의 수행을 하여 32상을 얻을 인연을 심었다고 말씀하고 있다. 그래서 샤끼야무니 보디쌋뜨와와 마이뜨레야(Maitreya, 彌勒) 보디쌋뜨와는, 뿌쉬야(Puṣya, 弗沙) 붓다 밑에서 함께 100깔빠의 수행을 하고 있었다. 그래서 그 순서로는 마이뜨레야 보디쌋뜨와 쪽이 먼저 성불하는 것으로 되어 있다.

그러나 어느 날, 두 보디쌋뜨와는 수행을 마치고, 뿌쉬야(Puṣya, 弗沙) 붓다의 면전(面前)을 사라지려고 하여, 마이뜨레야는 한 발 먼저 돌아왔다. 그 뒤에 뿌쉬야(Puṣya, 弗沙) 붓다가 갑자기 화정(火定)에 들어가서, 활활 타오르는 화염(火炎)에 싸여 있었기 때문에, 샤끼야무니 보디쌋뜨와는 그것을 보고, 돌아가려고 한쪽 발을 들고 있는 것도 잊어버리고, 다른 한쪽 발로 선 채로 사흘 낮 사흘 밤을 뿌쉬야(Puṣya, 弗沙) 붓다의 정진을 찬탄하였다. 그 공덕에 의하여, 샤끼야무니 보디쌋뜨와는 9깔빠를 뛰어넘어서 성불하고, 마이뜨레야 보디쌋뜨와를 능가하였다고 한다.

본론은 이와 같은 전승도 받아들이면서, '초과(超過)의 법은 없다'고 서술하고 있는 것으로 보인다. 이와 관련하여 불전 가운데에도, 9깔빠를 말씀하지 않고, 샤끼야무니 보디쌋뜨와도 100깔빠의 수행을 실행하였다고 하는 전승을 채용하는 것도 있다. 샤끼야무니 보디쌋뜨와의 수행을 말씀하고 있는 '불전문학(佛典文學)'도 대승불전과는 관계가 깊은 것이다.

증발심이라고 하는데, 그 발심하는 마음은 어떠한 내용을 가지고 있는가를 나타낸다. 그것이 '발심의 모습'이다. 이 보디쌋뜨와의 발심하는 심리적 구조를 조사하여 보면, 세 가지의 미세한 상태로 활동하고 있는데, 그 세 가지란 무엇인가?

첫째, 진여를 아는 마음(眞心)이다. 진심(眞心)이라고 하는 것은, 진여를 깨닫는 지(智)이며, 근본지이다. 이 지(智)의 특색은 '분별이 없다'고 하는 것이다. 진심이란, 진여가 진여를 아는 마음이지만 이 경우에는 주객의 분열이 없는 직관이기 때문에 무분별이라고 하는 것이다.

둘째, 방편을 일으키는 마음(方便心)이다. 방편심이란, 후득지를 가리키는 것이다. 진여의 무분별지가 중생을 구제하기 위하여 활동할 때, 방편심이 된다. 일체는 유심(唯心)이며, 그곳에는 주객의 차별이 없지만, 그러나 마음 밖에 중생계가 있기 때문에, 그것에 작용을 걸기 위해서는 꾸며서 주객의 분별을 인정하는 방편이 필요하다. 이것이 방편심이다.

셋째, 업식이 일으키는 마음(業識心)이다. 이것은 『원효소』에서 앞의 근본지와 후득지의 '이지소의(二智所依)의 알라야식이다'라고 해석하고 있다. 알라야식은 업식·전식·현식의 3식으로 성립되어 있으므로, 업식이 있으면 당연히 전식과 현식이 있기 마련이다. 여기에서는 '줄여서 근본의 세상(細相)을 들었다'는 것이다. 말하자면 10지 이전의 보디쌋뜨와는, 성불을 실현한 것이 아니므로 미세한 무명망념이 있다. 그것에 바탕을 두고 알라야식이 있다. 그래서 보디쌋뜨와의 근본지·후득지가 활동할 때에는 이 알라야식을 소의로 하는 것이다. 이 점에서 보디쌋뜨와의 두 지혜는, 알라야식을 전혀 갖지 않는 붓다의 두 지혜의 활동과는 양상이 다른 것이다.

여전히 업식은 망념이기 때문에 발심의 수승한 덕 가운데에는 포함되지 않는다. 그러나 여기에서 3심의 하나로서 든 것은, 보디쌋뜨와의 두 지혜가 일어날 때에는 마음에 미세한 생멸의 과실이 있으며, 불지(佛地)의 순정(純淨)한 공덕과 같지 않다는 것을 나타내기 위한 것이다. 그러므로 이 업식심을 더하여 발심의 상(相)으로 하고 있는 것이다.

증발심의 보디쌋뜨와가 수행의 공덕을 완성한 상태를 나타낸다. 공덕성만이란, 인(因)의 입장에서 말하는 것이며, 과(果)의 입장에서 말하면 공덕성만이란 성불을 가리키는 것이다. 보디쌋뜨와의 인의 행에 대한 과보는, 보신의 붓다이다. 법신은 상주이므로 인과의 관계를 말하지 않는다. 그러나 『대승기신론』에서는 보신은 타수용지(他受用智)만을 가리키기 때문에, 자수용지(自受用智)의 보신은 오히려 법신 속에 포함되는 것이다. 보디쌋뜨와의 인행(因行)이 완성되어 붓다가 되었을 때, 그 불신은 '일체 세간의 최고대신(最高大身)'을 나타내는 것이다.

색구경천은 색계의 최고의 하늘나라이기 때문에, 이 천인(天人)이 이 세상에서 최고최대의 미묘한 색신을 가지고 있다(무색계의 有情은 色身을 갖지 않는다). 그러므로 세계에서 가장 수승한 신체를 나타내려고 하면, 이 색구경천의 신체에 의지하지 않으면 안 된다. 그런 까닭으로 보디쌋뜨와가 수행을 완성한 새벽녘에는, 이 색구경천에서, 그 색신을 나타내는 것이다. 보디쌋뜨와는 모든 세간에 변만(遍滿)하는 진여법신에 수순하며 진여와 일여(一如)가 되는 것이기 때문에, 그 법신은 모든 세간에 가득 채워지는 것이다. 그렇기 때문에 색신(色身)도, 최고 최대의 몸이 되는 것이다.

그래서 시각(始覺)의 혜(慧)의 최후의 1끄샤나에서 심원을 깨달아서 본각진여의 근본지와 상응한다. 이것을 '일념상응의 혜'라고 부른다. 이 때, 그때까지 계속하고 있던 무명의 최후의 일념이 드디어 끝나는 것이다. 이 무명이 다하여 진지가 나타나는 것을 '일체종지(一切種智)'라고 부른다.

이것은 일체의 차별상을 비추는 지혜이지만, 동시에 일체의 '종지(種智)'이며, 일체제상(一切諸相)의 이(理)에 도달한 지(智)이다. 일체제법의 본질을 아는 점에서 근본지(根本智)임과 동시에 일체의 차별상을 조견하는 점에서는 후득지(後得智)이다. 말하자면 일체종지는 이 두 지혜에 통하는 지혜이다. 또한 일념상응의 혜는 인(因)의 성격의 지혜이며, 무간도(無間道, 끊겨질 무명과 끊는 지혜가 동시에 있다)라고 부르고, 일체종지는 증과(證果)이기 때문에 해탈도(解脫道, 무명은 벌써 소멸하고 지혜만 있다)라고 부른다.

이 일체종지에는 인위적인 노력을 하지 않고서도 저절로 중생을 구제할 수 있는 불가사의한 작용이 있으며, 시방의 모든 세간에 나타나서 중생을 이롭게 하는 것이다. 앞에서 '수염본각'을 설명할 때, 시각(始覺)이 화합식(和合識)의 모습을 깨버리고, 법신으로 현현한 것을 지정상(智淨相)이라고 부르며, 중생의 근기에 상응하여 이익을 얻게 하는 것을 부사의업상(不思議業相)이라고 일컬었는데, 일체종지는 이 양자의 작용을 포함하는 것이다.

이상은 증발심의 공덕성만의 모습을 나타내고, 그 수승한 공덕을 명확하게 밝힌 것인데, 이에 대하여 두 가지 의문을 제기하여 일체종지와 부사의업, 두 가지의 의미를 해석하려고 한다.

첫째, 묻는다: 일체종지에 대한 의문이다. 무명이 끊어져버리면 일심(一心) 그 자체로 되어버리기 때문에, 차별을 비추는 일체종지가 될 수 없을 것이라고 하는 의문이다. 예를 들면, 허공(虛空, ākāśa)이 끝이 없이 넓으므로, 그 곳에 있는 세계도 한량없이 넓다. 세계가 한량없이 넓으므로 그 곳에 사는 모든 생명들도 헤아릴 수 없이 많다. 모든 생명들이 헤아릴 수 없이 많으므로 마음의 작용의 차별도 헤아릴 수 없이 많다.

이와 같이 인식의 대상은 헤아릴 수 없이 많아서 제한이 없으므로 구별할 수가 없다. 그들은 너무나 복잡하고 다양해서 알기도 어렵거니와 이해하기도 힘들다. 그런데 만일 지혜가 발현하여 이 때까지 계속하고 있던 무명의 최후의 일념이 드디어 완전히 사라져버리면, 망심·망상이 끊어지므로 차별세계의 인식은 없어질 터인데, 도대체 무엇을 인식하기 때문에 일체종지라고 말하는가?

대답한다: 세계가 한량없이 넓으므로, 그것이 마음의 작용에 비추는 인식의 경계도 헤아릴 수 없다. 그러나 이 모든 인식의 대상은 본디 한 마음이다. 모두가 마음이다. 그래서 마음의 본디 모습에 있어서는 망상·망념의 차별을 벗어난 것이다. 다만 모든 생명들은 무명의 망념에 의해서 인식의 대상을 보기 때문에, 마음에 분별이 생겨 유한한 인식의 세계가 형성된다. 시간과 공간의 유한성에 의하여, 마음에 분별이 생기며, 이 망념에 의하여 마음이 제약되기 때문에 무한히 상응하는 힘을 잃게 되고, 헛되이 망상·망념을 일으켜 차별의 세계를 인식하는 것으로 되는 것이다. 그래서 이 인식은, 본디 하나인 마음의 본성, 법성에 합치할 수 없게 되고, 마음의 세계가 '하나'인 것을 통찰할 수 없다. 그런데 모든 거룩한 붓다는 망견·망상을 벗어나버린 경지이므로 보는 작용이 마음의 모든 것에 골고루 미친다. 법성진여의 전체를 볼 수 있는 것이다. 그것이 마음의 진실한 모습이기 때문이다.

그러나 범부에게 있어서는, 이 본각이 심생멸문 속에 있으며, 망법의 체로 되어 있다. 말하자면 붓다에게 있어서는 일심(一心)인 것이지만, 중생에게 있어서는 일체의 망법으로 되어 있다. 이와 같이 일체의 망법과 본각불심은 서로 다른 것이 아니므로, 불지(佛智)는 자체 위에 중생의 모든 망법을 현조하며, 망법을 망법으로 그대로 보여주는 것이다.

이와 같이 붓다의 후득지에는, 중생의 모든 망법을 불심 위에 그대로 보여주는 커다란 지혜의 작용과 무량한 방편이 있다. 말하자면 보신이나 응신은, 붓다의 지혜가 중생의 망심 위에 나타나서 불신으로서의 작용을 현현한 것인데, 일체종지는, 중생의 모든 망법이 불심 위에 현조된 것이다. 그러므로 '자체

현조(自體顯照)'라고 부른다.

이와 같이 중생의 망법이 모두 불심 위에 현조(顯照)하며, 불지에 의하여 알려져 있기 때문에, 하나하나의 중생의 의혹이나 요구에 상응하며, 그들이 이해해야 할 바에 상응하고, 모두 적절하게 여러 가지 '가르침의 의의(dharma-artha, 法義)'를 열어서 보이는 것이다. 그러므로 이 불지(佛智)를 '일체종지'라고 부르는 것이다.

둘째, **묻는다**: 부사의업에 대한 의문이다. 모든 붓다에게는 저절로 이루어지는 까르마(佛智는 인위적인 노력을 하지 않더라도 저절로 중생을 구제하기 위한 활동을 할 수 있다)가 있으므로, 모든 곳에 나투시어 중생을 이롭게 한다고 연설한다. 그렇다면 모든 사람은 모두, 불신을 보고, 그 불신의 신통변화를 주목하며, 또는 그 붓다의 설법을 듣고, 이익을 얻지 못하는 사람이 없을 것이다. 그러나 실제로 세간에는 붓다를 볼 수 없는 사람이 많다. 왜 그럴까?

대답한다: 모든 붓다의 법신은 평등이며, 우주에 보편하여, 중생의 심중에 골고루 퍼져 있다. 그러므로 중생에게 희구하는 기(機)가 있으면, 반드시 붓다에게는 그에게 상응하는 작용이 있다. 이 작용은 고의로 붓다가 일으키는 것이 아니므로 '자연업(自然業)'이라고 부른다. 다만 그것은 그 자체로 나타나는 것이 아니라, 반드시 중생의 마음에 의하여 나타나는 것이다. 만일 중생의 마음에 감불(感佛)의 기(機)가 없으면, 나타날 리가 없는 것이다. 예를 들면, 중생의 마음은 거울과 같은 것이다. 거울에 만일 먼지가 끼면, 거울에 사물의 모습을 비출 수가 없다. 그와 마찬가지로는 중생의 마음에, 만일 번뇌의 때가 끼면, 그 곳에는 법신이 보신·응신의 모습을 띠고 나타날 수가 없는 것이다. 그러나 붓다의 자연의 업용(業用)은, 쉼 없이 중생에게 작용을 걸고 있기 때문에, 언젠가는 중생이 이것을 알아차리게 될 것이다.

이상으로 제3단의 '해석분(解釋分)'을 마친다.

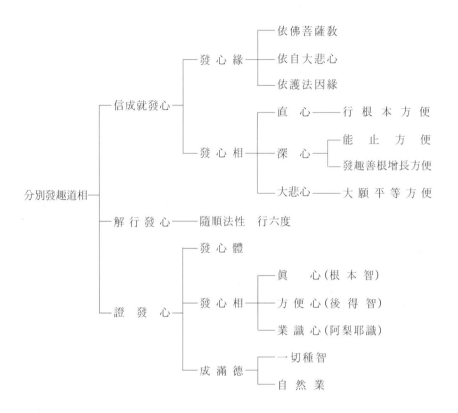

|용어 해설|

증발심(證發心): 진여를 깨닫고, 그 깨달음에 바탕을 두고 일으키는 발심을 가리
킨다. 이것은 진실한 발심이다. 이에 대하여 앞의 둘은 상사발심(相似發心)
이라고 부른다. 진실한 발심에 꼭 닮은 발심이라는 의미이다. 진여를 깨닫
는 것은 초지의 보디쌋뜨와이며, 그로부터 10지까지 깨달음을 심화시키는
것에 의하여 발심도 반복한다. 진여를 깨닫는 것을 법신을 깨닫는다고 말

한다. 그러므로 이 보디쌋뜨와를 법신보디쌋뜨와라고 부른다.

정심지(淨心地): 보디쌋뜨와의 초지를 가리킨다. 진여의 이치를 깨달았으므로 정심(淨心)이라고 부른다.

보디쌋뜨와 구경지(菩薩究竟地): 제10지의 만심(滿心)을 가리킨다.

경계(境界): 인식의 대상을 가리킨다.

전식(轉識): 삼세(三細)인 업식(業識)·전식(轉識)·현식(現識)에서의 전식이다. 무명의 망념에 의하여 업식 다음에 일어나는 주관의 작용이다.

진여지(眞如智): 진여를 깨달은 지혜로서, 근본무분별지이다. 지(智)가 그냥 그대로 진여이므로 이것을 법신이라고 부른다. 법신은 그냥 그대로 지신(智身)이다.

일념경(一念頃): 1끄샤나의 사이.

개도(開導): 가르쳐서 인도한다는 뜻이다.

불의문자(不依文字): 설법하는 언어에 집착하지 않는 것을 가리킨다. 붓다의 미묘한 음성이 듣고 싶어서, 전법륜을 청하는 것은 아니라고 하는 의미이다.

초지(超地): 초지(初地)로부터 제3지 또는 제4지를 뛰어넘는 것을 말한다.

겁약중생(怯弱衆生): 의지가 약한 중생.

해만중생(懈慢衆生): 게으른 중생. 그들은 성불을 안이(安易)하게 받아들여 얕보기 때문에, 그것이 아주 곤란하다는 것을 가리킨다.

종성(種姓): gotra의 번역어이며, 가문이라는 뜻이다.

근(根): 능력을 말하며, 이근(利根)·둔근(鈍根)을 가리킨다. 보디쌋뜨와에게는 근의 차이가 없다.

초과지법(超過之法): 초과(超過)의 법(法). 지(地)를 뛰어넘어 깨닫거나 또는 남을 추월하여 깨닫는다는 말이다.

삼아쌍키예야깔빠(kalpa-asaṃkhyeya, 三阿僧祇劫): 보디쌋뜨와의 수행을 세 아쌍키

예야깔빠로 나눈다. 10주 · 10행 · 10회향의 마지막까지를 제1의 아쌍키예
야깔빠, 초지부터 제7지까지를 제2의 아쌍키예야깔빠, 제8지부터 제10지
의 만심까지를 제3의 아쌍키예야깔빠로 한다. 모든 보디쌋뜨와가 이 3아
쌍키예야깔빠의 수행을 경과하여 성불하기 때문에, 초과(超過)의 법은 없
다고 한다.

욕(欲): 낙욕(樂欲)을 말하며, 즐거운 마음으로 간구한다는 뜻이다.

발심상(發心相): 발심의 모습은 증발심의 심리적 구조를 나타낸다. 그것은 진
심 · 방편심 · 업식심에서 성립하여 있다.

미세상(微細相): 법신보디쌋뜨와의 심작용은 미묘하며, 미세하다는 것을 가리킨
다.

진심(眞心): 진여를 아는 마음. 앞의 진여지(眞如智)와 같은 말이다. 근본무분별
지이다.

방편심(方便心): 중생을 구제하기 위하여 방편을 일으키는 마음. 후득지를 가리
킨다. 이 방편심은 모든 곳에 두루 퍼져 있기 때문에, 일념 사이에 시방의
모든 세계에 이르는 것이다. 세계는 유심의 세계이기 때문이다.

업식심(業識心): 상기(上記)의 근본지와 후득지의 의지처로 되어 있는 알라야식
을 가리킨다. 알라야식은 업식 · 전식 · 현식의 3상(相)으로 되어 있지만,
지금은 그 근본 세상(細相)을 들어서 업식으로 대표되고 있다. 성불 이전에
는 미세한 무명이 남아 있으며, 그것에 의하여 알라야식이 있다. 보디쌋뜨
와의 두 지혜는 이 알라야식에 의지하여 활동한다고 한다. 다만 이 제3의
'업식심'은 발심의 수승한 공덕에는 들어가지 않는다. 보디쌋뜨와에게는
두 지혜가 일어날 때, 미세한 생멸의 결점이 있으며, 붓다의 순정(純淨)의
덕과 다르다는 것을 나타내기 위하여 내 놓은 것이다.

공덕성만(功德成滿): 수행을 하여, 공을 쌓고 덕을 거듭 베풀어 수행을 완성한 단

계에 들어 거룩한 붓다가 되었을 때를 가리킨다. 증발심의 공덕성만은 성불이다.

색구경처(色究竟處, akaniṣṭha): akaniṣṭha의 번역어이다. '색계의 최고의 하늘나라(akaniṣṭhāḥ-devāḥ, 色究竟天)'라고 부른다. 구경이란 최고의 의미로서, 색계의 최고의 하늘(akaniṣṭha)을 가리킨다. 이곳의 하늘의 신체는, 가장 광대하면서 미묘하다. 유정천(有頂天)이라고도 부른다.

일념상응혜(一念相應慧): 시각의 최후 1끄샤나의 지혜가 본각진여에 합일하는 것을 가리킨다. 심원(心源)을 깨달은 지혜이며, 여기에서 망념이 멈춘다.

일체종지(一切種智): 모든 존재의 본질[理]에 통달한 지혜를 가리킨다. 차별과 평등의 두 가지를 포함한 지혜이다.

부사의업(不思議業): 중생을 이롭게 하는 부사의한 작용을 가리킨다.

심행(心行): 마음의 작용.

분제(分齊): 구별하는 것을 뜻한다.

법성(法性): 제법의 본성, 진여를 가리킨다.

견상(見想): 망견망상(妄見妄想)을 가리킨다.

대지용(大智用): 지혜의 커다란 작용. 후득지를 가리킨다.

자연업(自然業): 노력을 하지 않아도 저절로 이루어지는 작용을 말한다.

신변(神變): 초인간적인 부사의한 활동, 신통과 같은 말이다.

법신불현(法身不現): 법신이 보신·응신의 작용을 중생의 마음 위에 나타내기 때문에, 실제로 나타나는 것은 보신·응신이지만, 지금은 근본을 따라서 법신불현(法身不現)이라고 말한 것이다.

제4단 무엇을 믿고, 어떻게 수행할 것인가? (修行信心分)

已說解釋分. 次說修行信心分. 是中依未入正定衆生故. 說修行信心. 何等信心. 云何修行.

위에서는 '근본사상의 해설[解釋分]'을 논술하였으니, 다음에는 '무엇을 믿고, 어떻게 수행할 것인가?[修行信心分]'에 대하여 논술한다. 이것은, 아직 '불퇴전의 계위에 도달한 보디쌋뜨와[正定聚]'에 들어가지 못한 이들을 위해서 신심을 수행하는 것에 대하여 논술한다. 무엇을 믿고, 어떻게 수행할 것인가?

| 강설 |

이상으로 '해석분'의 해석을 마친다. 그래서 『대승기신론』이 논술하는 '대승(大乘)'을 나타내는 것을 끝냈기 때문에, 다음에는 '기신(起信)'을 석명(釋明)하는 것이 이 '수행신심분(修行信心分)'이다. 말하자면 '현시정의(顯示正義)'에서의 '대승(大乘)'을, 일심(一心)·이문(二門)·삼대(三大)의 조직으로 드러냈다. 그래서 '분별발취도상(分別發趣道相)'에서, 신(信)을 성취한 보디쌋뜨와의 수행의 도정(道程)을, 세 가지 발심의 모습으로 제시하였다. 그러나 거기에서는 어떻게 해서 믿음을 얻을 수 있을까라고 하는 점은 상세하게 서술할 수 없었다. 그런 까닭으로 믿음(信)이란 무엇인가, 신심(信心)을 수행한다는 것은 무엇인가를 논술하는 것이, 이 '수행신심분(修行信心分)'의 일단(一段)이다.

이 '수행신심분'은, 아직 정정취에 들지 않은 중생을 위하여 논술한다. 본론에서는 '정정(正定)'이라고 되어 있지만, 이것은 정정취를 가리킨다. 정정취에 들지 않은 중생이란 '부정취'의 중생을 가리킨다. 그 앞에 사정취가 있지만, 그들은 불교를 비방하는 무리이므로 무연의 중생이다. 그들에게 가르침을 전할 수는 없다. 이교도를 무리하게 불교에 끌어들이려고 하는 것은 아니다. 다른 진리를 받드는 사람들은 그것으로 좋다. 그 진리를 버리게 하고, 무리하게 불교를 받들게 하려고 하지는 않는다. 종교 사이의 대립이나 다툼은, 자기의 종교만을 진리라고 주장하고, 다른 종교를 부정하기 때문에 일어나는 것이다. 그러므로 불교의 작용하는 한계는 부정취의 중생까지이다. 그들은 인과의 도리를 믿고, 불교를 희구하는 마음을 가지고 있다. 그들에 대하여 신심을 완성하도록 하기 위하여, 4신(四信)과 5행(五行)을 논술하는 것이다.

앞의 '신성취발심(信成就發心)'의 해석에서, "부정취 중생은, 훈습과 선근력이 있으므로 까르마의 과보를 믿고, 10선을 잘 일으키며, 생사의 괴로움을 싫어하고, 무상(無上)의 보디(bodhi, 菩提)를 욕구(欲求)하며, 많은 붓다와 만날 수 있게 되어서, 친승·공양하고, 신심을 수행한다"라고 서술하였는데, 이 단에서는 이것을 더욱 상세하게 서술하는 것이다. 그래서 "어떤 신심(信心)을, 어떻게 수행할 것인가"라고, '신심(信心)'과 '수행(修行)'의 두 가지 질문을 던지고, 이에 대하여 논술하는 것이다.

| 용어 해설 |

정정(正定): 정정취(正定聚)를 가리킨다. 정정취에 들지 않은 중생이란 부정취의 중생을 가리킨다.

수행신심(修行信心): 신심(信心)을 수행한다는 뜻이다. 신심의 대상으로서 4신(四信)을 들고, 신(信)을 성취하는 수행으로서 오행(五行)을 서술한다.

제1장 무엇을 믿을 것인가?(信心)

略說信心, 有四種. 云何爲四. 一者信根本. 所謂樂念眞如法故. 二者
信佛有無量功德. 常念親近供養恭敬. 發起善根. 願求一切智故. 三者
信法有大利益. 常念修行諸波羅蜜故. 四者信僧能正修行自利利他.
常樂親近諸菩薩衆, 求學如實行故.

믿음에 대하여 간단하게 서술하면 네 가지인데, 그 네 가지란 무엇인가?

첫째, 근본을 믿는 것이다. 자기의 본성은 진여라고 생각하는 것이다.

둘째, 거룩한 붓다에게는 헤아릴 수 없이 많은 공덕이 있다고 믿는 것이다.
그래서 언제나 거룩한 붓다를 생각하며, 마음에 떠올리고, 꽃·향·차·촛불
을 공양하며, 예배를 드리고 공경한다. 그래서 이 선근에 의하여 거룩한 붓다
의 모든 것을 깨달은 지혜를 얻으려고 하는 결심을 일으킨다.

셋째, 거룩한 붓다의 가르침에 커다란 이익이 있다고 믿는 것이다. 그래서
언제나 거룩한 붓다를 생각하며, 여섯 가지 빠라미따(ṣaṭ-pāramitā, 六波羅蜜多)
를 수행한다.

넷째, 쌍가는 올바른 마음으로 스스로를 이롭게 하며, 다른 사람들이 이익
을 얻도록 수행한다고 믿는 것이다. 언제나 즐거운 마음으로 보디쌋뜨와의 교
단(bodhisattva-gaṇa, 菩薩衆)을 친근하게 하여 진리에 맞는 수행을 실천한다.

|강설|

앞의 절에서 "무엇을 믿고(信心), 어떻게 수행할 것인가(修行)?"라는 질문을
하였기 때문에, 먼저 '신심(信心)'에 대하여 대답한다. 신심을 약설하면 네 가지

이다.

첫째, 근본을 믿는 것이다. '근본'이란 '진여법(眞如法)'이라는 뜻이다. 진여는 모든 붓다가 돌아갈 자리이며, 중행(衆行)의 근원이므로 '근본'이라고 말한다. 동시에 자신의 근본인 자성청정심이기도 하다. 자기의 본성은 진여라고 믿는 것이, 신심의 첫 번째이다. '낙념(樂念)'이란 즐거운 마음으로 정념(正念)하는 것이다.

둘째, 거룩한 붓다에게는 헤아릴 수 없이 많은 공덕이 있다고 믿는 것이다. 붓다는 모든 공덕을 몸에 갖추고 있다고 믿는 것이, 붓다를 믿는 의미이다. 그래서 언제나 거룩한 붓다를 생각하며, 마음에 떠올리고, 가까이하며, 꽃·향·차·촛불·과일·음식을 공양하며, 예배를 드리고 공경한다. 이들의 공양·공경에 의하여 외경하는 마음이 강해지며, 마음속에 선근을 키우는 것이다. 그래서 이 선근에 의하여 붓다의 모든 것을 깨달은 지혜(一切智)를 얻으려고 하는 결심을 일으킨다.

셋째, 거룩한 붓다의 가르침에 커다란 이익이 있다고 믿는 것이다. '법(dharma)'에는 교법이나 진리의 의미가 있는데, 여기에서의 '법'은 '실천법(實踐法)'을 의미한다. 그것은 붓다가 깨달음을 통해서 몸에 갖춘 법이다. 이런 의미에서의 제1의 법은 '니르와나'이지만, 동시에 붓다가 완성한 계(戒)·정(定)·혜(慧)·해탈(解脫)·해탈지견(解脫知見)의 5분법신도 이 경우의 법에 포함된다. 이들은 붓다가 몸에 갖춘 정신력으로서의 법이다. 본론에서는 '모든 빠라미따'로 제시되어 있다. 보시·지계·인욕·정진·선정·지혜의 6빠라미따는, 앞의 5분법신과 내용적으로는 떨어질 수 없는 것이다. 삼보(三寶)의 하나로서의 '법보(法寶)'의 경우의 법은, 이와 같이 '선을 실천할 수 있는 힘, 진리를 깨닫는 힘'을 의미하고 있는 것이다.

넷째, 쌍가는 올바른 마음으로 스스로를 이롭게 하며, 다른 사람들이 이익을 얻도록 수행한다고 믿는 것이다.

이것은 쌍가에 대한 예배·귀의인데, 자리(自利)에만 전념하는 성문 쌍가에 예배·귀의하는 것이 아니라, 자리·이타(利他)를 함께 수행하는 보디쌋뜨와가나(bodhisattva-gaṇa, 菩薩衆)에 예배·귀의하는 것이다. 붓다의 제자로서의 쌍가의 특색은 '정행(正行)', 말하자면 올바른 행위를 한다고 하는 것이다. 이와 같은 쌍가가 붓다의 가르침을 바르게 실천하여, 묘행자(妙行者)·직행자(直行者)·여리행자(如理行者)·화경행자(和敬行者)가 되는 것은, 원시불교 이래로 찬탄되고 있는 것이다. 그러나 여기에서는 더욱 '자리·이타의 수행'을 명확하게 서술하고, 그것을 실천하고 있는 보디쌋뜨와가나에 친근하는 것을 제시하고 있다. 보디쌋뜨와중이란, bodhisattva-gaṇa의 번역어이며, 보디쌋뜨와의 교단을 가리킨다. 이 '보디쌋뜨와가나'의 용례는 많은 대승경전에서 볼 수 있는 것이며, 성문 쌍가와는 별도로 보디쌋뜨와가나가 있었던 것을 나타내고 있다. 이렇게 논술하는 문장은, 인디아의 대승불교도가 아니면 논술할 수 없는 것이다. 그래서 『대승기신론』을 중국인의 저작이라고 보기 어려운 이유의 하나로 들 수 있다.

'신(信)'에 관하여는, 원시불교 이래로 '사불괴정(四不壞淨)'을 강조하고 있었는데, 이것은 붓다·다르마·쌍가의 삼보에 대하여 불괴(不壞)의 정신(淨信)을 갖는 것과 계(戒)를 성취하는 것이다. 본론에서는, 계구족(戒具足)을 제외하고, '근본'을 믿을 것을 더하여 네 가지로 하고 있는 것이다. 그러므로 『법장의 기』에서도 이 사신(四信)을 '사불괴신(四不壞信)'이라고 주석하고 있다.

| 용어 해설 |

근본(根本): 진여를 가리킨다. 진여는 모든 붓다의 스승이며, 모든 행(行)의 근원이므로 근본이라고 말한다.

일체지(一切智): 모든 법을 아는 지혜. 깨달음의 지혜에 의하여 끊어야 할 것을, 번뇌애와 지애(智碍)로 나눈다. 그래서 성문은 번뇌애를 끊어서 니르와나를 얻고, 붓다는 더욱 지애를 끊어서 일체지를 얻는다고 한다. 그러므로 붓다의 일체지는 비교적 일찍부터 정립된 것으로 보인다. 그러나 대승불교에서는 공지(空智)나 중도지(中道智)를 생각하도록 되었기 때문에 해석이 변하여 왔다. 예를 들면 『대지도론』에서는, 일체지(一切智)·도종지(道種智)·일체종지(一切種智)의 삼지를 서술하고, 일체지를 성문·연각의 지(智), 도종지를 보디쌋뜨와의 지(智), 일체종지를 불지(佛智)로 해석하고 있다. 그러나 본론에서는 "일체지(一切智)를 원구(願求)한다"라고 서술하는데, 이 일체지는 불지(佛智)를 가리키는 것이다.

보디쌋뜨와중(bodhisattva-gaṇa, 菩薩衆): 보디쌋뜨와가나의 번역어. gaṇa는 교단(敎團)을 가리킨다. 보살승(菩薩僧)이라고도 번역한다. 성문의 쌍가(saṃgha)가 아니라 보디쌋뜨와의 쌍가에 친근하는 것을 말한다.

여실행(如實行): 진리에 부합하는 수행을 하는 것을 뜻한다.

제2장 어떻게 수행할 것인가?(修行)

修行有五門. 能成此信. 云何爲五. 一者施門. 二者戒門. 三者忍門. 四者進門. 五者止觀門.

수행에 대하여 서술하면 다섯 부문이 있으며, 이것은 앞의 믿음을 성취하기 위한 것이다. 그 다섯 부문이란 무엇인가? 첫째, 보시에 관한 부문, 둘째, 계율에 관한 부문, 셋째, 인욕에 관한 부문, 넷째, 정진에 관한 부문, 다섯째, 지관에 관한 부문이다.

| 강설 |

앞 절에서 '어떻게 수행할 것인가'라는 물음에 대답한다. 여기에서 수행에 다섯 부문이 있다고 논술한다. 이 5행의 수행에 의하여 4신을 성장시키며, 강고(强固)하게 하고, 완성시키는 것이다.

『원효소』에는 "믿음은 있으나 수행이 없으면, 바로 믿음이 성숙하지 못하며, 성숙하지 못한 믿음은 연(緣)을 만나면 바로 물러서버린다. 그러므로 5행을 닦아서 4신을 성취시킨다"라고 해석하고 있다. 믿음을 종교적 실천과 체험에 의하여 기초를 닦는다는 의미이다.

다섯 부문이란 무엇인가? 첫째, 보시에 관한 부문, 둘째, 계율에 관한 부문, 셋째, 인욕에 관한 부문, 넷째, 정진에 관한 부문, 다섯째, 지관에 관한 부문이다. 여기에서 '문(門)'이란 입구의 의미이며, 수행에 의하여 깨달음에 도달하기 때문에, 수행은 '문'의 역할을 완수한다고 하는 의미이다. 이 다섯 부문의 최후의 지관문(止觀門)에는, 선정(禪定, dhyāna-pāramitā: 禪那, 禪, 靜慮)과 지혜(智慧, prajñā-pāramitā 般若)가 포함되어 있기 때문에, 다섯 부문과 6빠라미따는 내용이 같다.

본론에서는 시문(施門) 등의 네 부문에 대해서는 간단하게 서술하고, 최후의 지관문에 대해서는 상세하게 논술하고 있다. 본론의 중점이 지관문에 있다는 것을 알 수 있다. 이것은, 6빠라미따에서는 쁘라갸빠라미따(prajñā-pāramitā, 般若, 智慧)가 중요시되는 것과 같은 관계에 있지만, 여기에서는 쁘라갸빠라미따는 dhyāna-pāramitā에서 생겨나며, dhyāna-pāramitā에도 prajñā-pāramitā의 성격이 있으므로, 양자는 분리할 수 없다는 것으로 보인다. 그래서 양자를 합한 지관문에 의하여 나타내고 있는 것이라고 해석할 수 있다.

|용어 해설|

시문(施門, dāna: 檀那, 檀, 布施): 보시를 가리킨다.

계문(戒門, śīla: 尸羅, 尸, 持戒): 지계를 가리킨다.

인문(忍門, kṣānti: 羼提(찬제), 忍辱): 계율을 가리킨다.

진문(進門, vīrya: 毗梨耶, 精進): 정진을 가리킨다.

지관문(止觀門, śamatha-vipaśyanā: 止觀): 지(止)는 산란한 마음을 멈추는 것으로서, 선정(禪定)을 가리킨다. 관(觀)은 관찰로서 선정을 얻은 마음으로 법을 관찰하는 것이며, 지혜(智慧)를 가리킨다.

제1절 보시는 어떻게 닦는가?(施門)

云何修行施門. 若見一切來求索者. 所有財物隨力施與. 以自捨慳貪,
令彼歡喜. 若見厄難恐怖危逼, 隨己堪任, 施與無畏. 若有眾生來求法

者, 隨己能解, 方便爲說. 不應貪求名利恭敬, 唯念自利利他, 廻向菩
提故.

첫째, 보시(dāna)에 관한 부문이다. 첫 번째, 재시(財施)에 대하여 서술하면,
만일 어떤 사람이 와서 재물을 구걸하면, 자기가 소유한 재물은 무엇이든 자
기의 힘이 닿는 한 베풀어준다. 인색한 마음과 탐욕스런 마음을 버리며, 재물
을 베풀어서 그로 하여금 즐겁게 해 준다. 두 번째, 무외시(無畏施)에 대하여
서술하면, 어떤 사람이 재앙·곤란·공포·위험 등에 빠져 위기에 직면하여
있으면, 자기의 힘이 미치는 한 그를 도와서 그런 것들을 제거하여 안심하고
살도록 해 준다. 세 번째, 법시(法施)에 대하여 서술하면, 만일 많은 사람들이
찾아와서 거룩한 붓다의 가르침을 원구(願求)하려고 하면, 상대방을 분별하지
말고, 자기가 이해하고 있는 한 그것을 여러 가지 방편으로 말하여 이해하도
록 한다. 그런데 가르치는 것도, 자기 자신의 세속적인 명예와 이익을 얻고 존
경을 받으려고 해서는 안 된다. 다만 자기 스스로를 이롭게 하고, 다른 사람도
이롭게 하는 것만을 생각하며, 깨달음으로 회향하도록 한다.

| 강설 |

첫째, 보시(dāna)에 관한 부문이다. 여기에서 보시를 재시·무외시·법시의
셋으로 나누어 설명하고 있다.

첫 번째, 재시(財施)에 대하여 서술한다. 만일 어떤 사람이 와서 재물을 구
걸하면, 자기가 소유한 재물은 무엇이든 자기의 힘이 닿는 한 베풀어 준다. 인
색한 마음과 탐욕스런 마음을 버리며 재물을 베풀어서 그로 하여금 즐겁게 해
준다. 이것이 재시이다.

두 번째, 무외시(無畏施)에 대하여 서술한다. 어떤 사람이 재앙·곤란·공

포 · 위험 등에 빠져, 위기에 직면하여 있으면, 자기의 힘이 미치는 한 그를 도와서 그 위험이나 공포를 제거하여 안심하고 살도록 해 준다. 이것이 무외를 베푸는 것이다. 관음보디쌋뜨와를 '시무외자(施無畏者)'라고 부르는 것은, 위험이나 공포의 장소를 만났을 때, 일심으로 관음보디쌋뜨와를 염송(念誦)하면, 공포가 사라지기 때문이다.

세 번째, 법시(法施)에 대하여 서술한다. 만일 많은 사람들이 찾아와서 붓다의 가르침을 원구(願求)하는 사람이 있다면, 상대방을 분별하지 말고, 자기가 이해하고 있는 한 교법을 여러 가지 방편으로 말하여 이해하도록 한다. 일시적으로라도 법을 주기를 꺼려해서는 안 된다. 그런데 교법을 가르치는 것도 자기가 명성을 얻으려 한다든가, 설법의 사례를 받으려 한다든가, 세속적인 명예와 이익을 얻고 존경을 받으려고 해서는 안 된다. 이것은 재시나 무외시의 경우도 똑같다.

명리공경 등의 대상(代償)을 기대하고 베푸는 보시는 참된 보시가 아니다. 공(空)의 입장에서 베풀고, 시자(施者)도 공(空) · 수자(受者)도 공 · 시물(施物)도 공의 '삼륜청정(三輪淸淨)'의 보시가 깨달음에 도움이 되는 보시이다. 이것이 자리 · 이타를 생각하며, 깨달음으로 회향하게 하는 보시이다.

|용어 해설|

간탐(慳貪): 재물에 인색하고 탐욕스러움을 말한다.

위핍(危逼): 위험에 닥쳐 있는 것을 뜻한다.

감임(堪任): 자기의 힘으로 견디어 내는 것을 뜻한다.

무외(無畏): 공포가 없는 상태를 가리킨다. 공포를 제거하여 버린 것을 뜻한다. 무외시(無畏施)라고 부른다. 관음보디쌋뜨와는 공포로부터 모든 중생을 구제하기 때문에 '시무외자(施無畏者)'라고 부른다.

명리(名利): 명문이양(名聞利養), 명예와 전재(錢財)를 받는다는 뜻이다.

회향(廻向): 그쪽으로 돌린다, 자기가 지은 선을 다른 사람에게 돌려주는 것을 말한다.

제2절 계율은 어떻게 닦는가?〔戒門〕

云何修行戒門. 所謂不殺・不盜・不淫・不兩舌・不惡口・不妄言・不綺語. 遠離貪嫉・欺詐・諂曲・瞋恚・邪見. 若出家者. 爲折伏煩惱故. 亦應遠離憒鬧, 常處寂靜, 修習少欲知足頭陀等行, 乃至, 小罪心生怖畏, 慚愧改悔, 不得輕於如來所制禁戒. 當護譏嫌, 不令衆生妄起過罪故.

둘째, 계율(sīla)에 관한 부문이다. 거룩한 붓다의 아들・딸이라면, 모든 생물을 죽이지 않으며, 남의 것을 훔치지 않고, 간음하지 않으며, 다른 사람의 비밀을 흘리지 않고, 남을 헐뜯지 않으며, 거짓말을 하지 않고, 꾸미거나 과장해서 말하지 않는다. 탐욕・질투・기만・아첨・성냄・그릇된 견해를 버린다.

출가한 거룩한 붓다의 아들・딸이라면, 번뇌를 절복시키기 위하여 시끄럽고 소란한 곳을 떠나서 언제나 조용하고 한적한 곳에 머물면서, 조그마한 욕망으로 만족할 줄 알며, 소유욕을 버리고 고행을 하여 수행을 실천한다. 그리하여 조그마한 죄라도 마음속에 두려움을 품고, 자신이 저지른 죄에 대하여 참괴하고 참회하여, 거룩한 붓다가 제정하신 계율을 경시해서는 안 된다. 그리고 비록 나쁜 짓은 아니지만 세상 사람들이 싫어하여, 비난하는 짓은 하지 않을 것이며, 더욱 세상 사람들이 헛되이 과실이나 범죄를 저지르지 않도록 마음을 써야 한다.

| 강설 |

둘째, 계율(sīla)에 관한 부문인데, 여기에서 말하는 계는 10선계이다. 이것이 대승불교의 계의 통설이다. 말하자면 모든 생물을 죽이지 않고, 거꾸로 모든 생물을 사랑하며[不殺生], 남의 것을 훔치지 않고, 도리어 곤궁한 사람에게는 베풀며[不盜], 간음하지 않으며[不淫], 다른 사람의 비밀을 흘리지 않고[不兩舌], 남을 헐뜯지 않으며[不惡口], 거짓말을 하지 않고[不妄語], 꾸미거나 과장해서 말하지 않는다[不綺語]. 탐욕·질투·기만·아첨·성냄·그릇된 견해를 버리는 것[無貪·無瞋·正見], 이들이 10선이다.

이상의 10선은 총상계(總相戒)이며, 재가·출가의 공통의 계이다.

다음에는 특별히 출가자의 마음가짐을 서술한다. 출가한 붓다의 아들·딸이라면, 번뇌를 절복시키기 위하여 특별히 엄격한 계율을 지킨다. 말하자면 시끄럽고 소란한 곳을 떠나서 언제나 조용하고 한적한 곳에 머물면서, 최소한도의 생활필수품만으로 만족할 줄 알아야 한다. 세 벌의 의복, 한 개의 바리때, 한 개의 좌구, 녹수낭(漉水囊) 등을 허용한다. 옷은 몸을 가리는 것으로 만족하며, 음식은 목숨을 기르는 것만으로 만족하고, 더욱 12두따 등의 엄격한 고행을 수행한다.

그리하여 조그마한 죄라도 마음속에 두려움을 품고, 자신이 저지른 죄에 대하여 참괴하고 참회하여, 붓다가 제정하신 계율을 경시해서는 안 된다. 그리고 비록 나쁜 짓은 아니지만 세상 사람들이 싫어하여, 비난하는 짓은 하지 않을 것이며, 더욱 세상 사람들이 헛되이 과실이나 범죄를 저지르지 않도록 마음을 써야 한다.

|용어 해설|

양설(兩舌): 두 개의 혀, 말하자면 여기에서 들은 것을 저기 가서 말하여, 다른
　　사람의 비밀을 누설하는 어업(語業)이다.

악구(惡口): 타인의 결점, 또는 약점을 들어서 모멸하는 어업이다.

기어(綺語): 꾸며서 하는 말, 마음에도 없는 보살핌, 위선적으로 타인을 칭찬하
　　는 어업이다.

탐질(貪嫉): 탐욕과 질투.

기사(欺詐): 이익을 얻기 위하여 못된 꾀로 남을 속이는 짓을 뜻한다.

첨곡(諂曲): 아첨, 자기의 마음을 왜곡시키는 행위이다.

궤료(憒鬧): 마을의 시끄러운 곳을 가리킨다.

소욕지족(少欲知足): 조금만큼의 욕망을 가지고 만족할 줄 아는 것을 말한다.

두따(dhūta, 頭陀): dhūta의 음역, 방기(放棄)하는 행위로서 소유를 버리고, 소욕
　　지족(少欲知足)의 고행생활을 하는 것을 가리킨다. 12두따행 등으로 제시
　　된다.

개회(改悔): 악을 뉘우쳐 고치는 것을 뜻한다.

금계(禁戒): 계율을 가리킨다.

기혐(譏嫌): 세상 사람들이 싫어하여 비방하는 것을 뜻한다. 음주나 오신(五辛)
　　을 먹는 것 등은 악행은 아니지만, 세상 사람들이 싫어하는 일이 있으므로
　　계율로도 금지한다. 이와 같은 계를 식세기혐계(息世譏嫌戒)라고 한다.

과죄(過罪): 과실과 죄.

제3절 인욕은 어떻게 닦는가?(忍門)

云何修行忍門. 所謂應忍他人之惱, 心不懷報. 亦當因於利·衰·
毁·譽·稱·譏·苦·樂等法故.

셋째, 인욕(kṣant)에 관한 부문이다. 다른 사람이 괴롭혀도 참고 견뎌서 마음
속에 앙갚음을 해야겠다는 생각을 품지 않는 것이다. 또 역경(逆境)에 부딪치
거나 순경(順境)을 만나도 마음에 동요가 없이, 세간의 이익·쇠망·훼손·명
예·칭찬·비난·고뇌·쾌락을 참고 견뎌내야 한다.

|강설|

셋째, 인욕(kṣant)에 관한 부문인데, '인(忍)'에는 두 가지가 있다. 첫째는 타불
요익인(他不饒益忍)이다. 타인이 가하는 불이익을 참고 견뎌내는 것이다. "다른
사람이 괴롭혀도 참고 견뎌서 마음속에 앙갚음을 해야겠다는 생각을 품지 않
는 것이다"라는 것이 이에 해당한다. 둘째는 안수인(安受忍)이다. 역경(逆境)에
부딪치거나 순경(順境)을 만나도 분노하거나 기뻐하거나 하여 마음에 동요가
없이, "세간의 이익·쇠망, 훼손·명예, 칭찬·비난, 고뇌·쾌락 등의 법을 참
고 견뎌내야 한다"는 것이 이것에 해당한다. 세간의 훼(毁)·예(譽)·포(褒)·폄
(貶)에 마음을 움직이지 않는 것이 안수인이다.

|용어 해설|

인문(忍門): 인욕을 실천하는 것을 가리킨다.

이쇠훼예칭기고락(利·衰·毁·譽·稱·譏·苦·樂): 세팔법(世八法), 또는 순역팔풍

(順逆八風)이라고 부른다. 세간에 있으면, 이(利)와 쇠(衰)·훼(毁)와 예(譽)·칭(稱)과 기(譏)·고(苦)와 낙(樂)을 면할 수 없다. 붓다도 세간에 계실 때, 이들 세8법을 면하였는지, 그렇지 못하였는지에 대하여,『아비다르마대비바사론』권44에 대중부의 학설을 인용하고 있다.

제4절 정진은 어떻게 닦는가?〔進門〕

云何修行進門. 所謂於諸善事, 心不懈退. 立志堅强, 遠離怯弱, 當念過去久遠已來, 虛受一切身心大苦, 無有利益. 是故, 應勤修諸功德, 自利利他, 速離衆苦.
復次, 若人雖修行信心, 以從先世來. 多有重罪惡業障故, 爲魔·邪·諸鬼之所惱亂. 或爲世間事務, 種種牽纏, 或爲病苦所惱. 有如是等衆多障礙, 是故, 應當勇猛精勤, 晝夜六時, 禮拜諸佛, 誠心懺悔, 勸請·隨喜, 廻向菩提. 常不休廢, 得免諸障, 善根增長故.

넷째, 정진(virya)에 관한 부문이다. 좋은 일을 하려고 노력하며, 게으름을 피우거나 물러서지 않는다. 입지를 견고하게 하여 곤란에 부딪쳐도 쩔쩔매지 않도록 노력한다. 과거의 먼 옛날부터 번뇌 때문에 윤회를 거듭하며, 몸과 마음에 큰 고뇌를 받아 이익을 얻지 못한 것을 잘 새겨야 한다. 그러므로 부지런히 노력하여 모든 공덕을 닦아 자기 스스로를 이롭게 하며, 다른 사람들이 이익을 얻도록 마음을 써서 재빨리 모든 고뇌로부터 벗어나는 것이다.
또 다음에는, 만일 사람이 신심을 수행하려고 하여도 지난 세상으로부터 내려온 많은 중죄·악업의 결과 여러 가지 업장을 지니고 있으며, 혹은 사악한 악마·귀신에 홀려 고뇌와 혼란에 빠져 있고, 혹은 세간의 잡스러운 일에 매달려 여러 가지로 영향을 받고 있으며, 혹은 병고로 신음해야 하는 장애가 있으므로 할 수 없는 경우가 있다. 이와 같이 장애가 많을 경우에는 더욱 용맹 정진하여 이들 장애를 끊어 버려야 한다. 그렇게 하기 위해서는 하루에 여섯 차례 거룩한 붓다께 예배를 드리며, 성심 성의껏 거룩한 붓다께 참회를 하고, 모든 거룩한 붓다를 도량에 권청하여 공양하며, 다른 사람의 착한 행위를 찬탄하고, 그들의 공덕을 깨달음으로 회향하도록 하며, 언제나 일에 소홀함이 있어서는 안 된다. 그렇게 하면 모든 장애를 면하게 되어 선근이 증대한다.

| 강설 |

넷째, 정진(virya)에 관한 부문이다. 정진(精進)에는 근용정진(勤勇精進)·난괴정진(難壞精進)·무족정진(無足精進)의 세 가지가 있다. "좋은 일을 하려고 노력하며, 게으름을 피우거나 물러서지 않는다"는 것이 근용정진이며, 선을 향하여 마음을 격려하고, 게을리 하지 않는 것을 말한다. "입지를 견고하게 하여 곤란에 부딪쳐도 쩔쩔매지 않도록 노력한다"는 것이 난괴정진이며, 입지를 견고하게 하여 곤란에 부딪쳐도 쩔쩔매지 않고 정진하는 것을 말한다. "과거의 먼 옛날부터 번뇌 때문에 윤회를 거듭하며, 몸과 마음에 큰 고뇌를 받아, 이익을 얻지 못한 것을 잘 새겨야 한다"는 것이 무족정진이며, 과거의 먼 옛날부터 번뇌 때문에 윤회에 유전하며, 몸과 마음에 큰 고뇌를 받아, 그 동안 수행을 닦은 일이 있었다고 하더라도 그것은 성공을 하지 못하고, 헛되이 현재에 이르게 된 것은 정진이 모자랐기 때문이고, 깊이 부끄러워하며 분연히 한층 더 정진하여야 하는 것을 말한다.

정진이란 이와 같은 것이며, 깨달음의 성취에는 반드시 필요한 것이다. 그러므로 원시불교에서도 8정도의 여섯 번째에 정정진(正精進)을 들고 있으며, 이것을 4정근으로 설명하고 있다. 4정근이란, 이제까지 생겨나지 않은 선을 생겨나도록 정진하며, 벌써 생겨난 선은 소멸하지 않도록 정진하고, 아직 생겨나지 않은 악은 그것을 생겨나지 않게 정진하며, 벌써 생겨난 악은 빨리 소멸하도록 정진하는 것을 가리킨다. 그러나 본론에서는 대승의 보디쌋뜨와의 수행에 관한 마음가짐으로서 자기 스스로를 이롭게 하며, 다른 사람들이 이익을 얻도록 하는 데에 중점을 두고 위에 든 모든 공덕을 부지런히 닦아서 재빨리 모든 고뇌로부터 벗어나는 것이다.

이상 시문 · 계문 · 인문 · 진문을 서술하였으므로 다음은 지관문에 들어가야한다. 그러나 그 앞에 '장애를 제거하는 방편(除障方便)'을 논술하고 있다. 과거의 악업이 있으면 그것이 수행의 장애가 되며, 수행의 희망이 있어도 그것을 달성할 수 없다. 그러므로 그러한 장애가 있으면 그것을 끊어버리기 위하여 한층 더 높은 정진이 필요하다는 것을 서술하는 것이다.

『원효소』에서는, 제거해야 할 장애를 분석하여 다음과 같이 네 가지로 제시하고 있다.

① 만일 사람이 신심을 수행하려고 하여도, 지난 세상으로부터 내려온 많은 중죄 · 악업의 결과 여러 가지 업장을 지니고 있으며,

② 사악한 악마 · 귀신에 홀려 고뇌와 혼란에 빠져 있고,

③ 세간의 잡스러운 일에 매달려 여러 가지로 영향을 받고 있으며,

④ 병고로 신음해야 하는 장애가 있다는 것이다.

이와 같은 많은 업보의 장애가 있으므로 목표로 하는 수행을 할 수 없는 경우가 있다. 업보의 장애란, 과거에 저지른 악업의 과보에 의한 장애를 가리킨다. 이와 같이 장애가 많을 경우에는 더욱 용맹스럽게 정진하여 이들 장애를 끊어 버려야 한다. 그렇게 하기 위해서는 하루에 여섯 차례 거룩한 붓다께 예

배를 드리며, 성심 성의껏 거룩한 붓다께 참회를 하고, 모든 거룩한 붓다를 도량에 권청하여 공양하며, 다른 사람의 착한 행위를 찬탄하고, 그들의 공덕을 깨달음으로 회향하도록 하며, 언제나 일에 소홀함이 있어서는 안 된다. 그렇게 하면 모든 장애를 면하게 되어 선근이 증대하기 때문이다.

그리고 『원효소』에서는 제거하는 방법을 총체적인 방법과 개별적인 방법의 두 가지로 제시하고 있다. 먼저 총체적인 방법은, 모든 붓다에게 하루에 여섯 차례 예배를 드리라는 것이다. 하루 여섯 차례 붓다에게 예배를 드리면, 모든 붓다의 보호를 받아 모든 장애에서 벗어날 수 있다고 해석한다.

이어서 다음의 개별적인 방법은 참회를 성심으로 하라는 것이다. 그래서 참회를 하여 악업의 장애를 제거할 수 있는 네 가지 방편을 다음과 같이 제시하고 있다.

① 악업의 장애는 참회에 의하여 제거하며,

② 정법을 비방하는 장애는 권청에 의하여 제거하고,

③ 다른 사람의 수승함을 질투하는 장애는 수희에 의하여 제거하며,

④ 삼유의 윤회에 의한 생존을 즐겨 집착하는 장애는 회향에 의하여 제거한다.

이들 네 가지 장애에 의하여 수행자는 선행을 일으킬 수 없으며, 불도를 향해 나아갈 수 없기 때문에 이들의 4행에 의하여 대치하는 것이라고 서술한다.

이 '장애를 제거하는 방편(除障方便)'에 관한 것은, 위의 시문·계문·인문·진문의 모두에 관계가 있으며, 더욱 뒤의 지관문에도 관계가 있는 것으로 볼 수 있지만, 그러나 이들의 장애를 제거하는 방편은 정진이기 때문에 진문 속에 넣은 것이다. 우리의 생활 속에는 전세의 악업의 장애라는 것이 있다. 일반적으로 사람들은 그것을 운명으로 받아들이지만, 불교에서는 숙업(宿業)·업장(業障)이라고 이해하는 것이다. 운명으로 받아들이는 것은, '운(運)'을 하늘에

맡기는 것뿐이며, 수수방관하고 있지 않으면 안 된다. 그러므로 숙명론에 떨어져버린다. 불교는 이것을 업장으로 받아들이며, 그런데도 정진에 의하여 그 악업의 장애를 제거할 수 있다고 생각하는 것이다. 그 방편이 여기에서 들고 있는 예불 · 참회 · 권청 · 수희 · 회향 등의 행법(行法)이다. 여기에서 중요한 것은, 붓다에게 예배하며 찬탄하는 겸허함, 외경(畏敬)의 마음가짐이다. 자기 이상의 위대한 인물을 감득하며 그에 대하여 경외하고 삼가하는 마음이 저절로 자기에게 바른 길을 선택하게 하며, 그것이 악업의 장애를 제거하게 하는 것이다. 참회 · 권청 · 수희 · 회향에 대하여도 같은 것을 말할 수 있다. 이들의 겸허하면서도 성실한 행위에 의하여 사람은 저절로 주위의 도움을 얻고, 막다르게 된 인생이 열리게 된다고 생각하는 것이다.

인간에게, 개인의 힘을 넘어선 숙명, 또는 운명이 있는 것은 부정할 수 없다. 그래서 그 가운데에는 아무리 해도 피할 수 없는 것이 있지만, 그러나 피할 수 있는 것도 있다고 보는 것이 불교의 입장이다. 여기에 인생에 대한 유연한 태도가 있다고 생각한다.

|용어 해설|

진문(進門): 노력 · 정진하는 것을 가리킨다. 세간에서는 '정진(精進)'이라고 말하면, 육식을 하지 않는 실천, 정진요리(精進料理)를 생각하지만, 본디 의미는 마음을 격려하여 노력하는 것이다. 언행일치(言行一致)의 생활을 하려는 실천이다.

해퇴(懈退): 게으름을 피우거나 퇴보하는 것을 뜻한다.

마사(魔邪): 사법(邪法)을 말하여 보디(bodhi)를 방해하는 악마를 가리킨다.

견전(牽纏): 항상 따라다니는 것, 영향을 주는 것을 뜻한다.

주야육시(晝夜六時): 하루를 신조(晨朝) · 일중(日中) · 일몰(日沒) · 초야(初夜) · 중

야(中夜)·후야(後夜)의 여섯으로 나눈 것을 가리킨다.

참회(懺悔, kṣama): kṣama의 음역이다. 그것에 의미의 '회(悔)'를 붙여서 하나의 단어로 만들었다. 이와 같은 용어를 범한병거(梵漢並擧)의 용어라고 부른 다. 회개라고 번역한다. 저지른 범죄를 고백하는 수행을 가리킨다.

제5절 샤마타·위빠쉬야나는 어떻게 닦는가?〔止觀門〕

云何修行止觀門. 所言止者, 謂止一切境界相. 隨順奢摩他觀義故. 所言觀者, 謂分別因緣生滅相. 隨順毘鉢舍那觀義故. 云何隨順. 以此二義漸漸修習, 不相捨離, 雙現前故.

다섯째, 샤마타·위빠쉬야나(samatha-vipaśyanā; 止觀)에 관한 부문이다. 샤마 타(samatha, 止)란, 모든 경계에 대한 집착을 멈추게 하는 것을 말한다. 그렇게 하는 것이 샤마타의 본뜻에 수순하는 것이다. 위빠쉬야나(vipaśyanā, 觀)란, 인 연에 따라 생성하고 소멸하는 모습을 관찰하는 것을 말한다. 그렇게 하는 것 이 위빠쉬야나의 본뜻에 수순하는 것이다. 어떻게 하면 수순하는 것이 되는 가? 이것으로 두 뜻을 점차로 닦고 익히면 서로 버리거나 헤어지지 못하게 되 어, 모두 함께 현전하기 때문이라고 말한다.

|강설|

다섯째, 샤마타·위빠쉬야나(samatha-vipaśyanā, 止觀)에 관한 부문이다.

6빠라미따로 말하면, 디야나빠라미따(dhyāna-pāramitā, 禪那)와 쁘라갸빠라미따(prajñā-pāramitā, 般若)를 합해서, 여기에서는 지관으로 하고 있는 것이다. 일반적으로 '샤마타(śamatha, 止)'란, 산란한 마음을 멈추는 것으로서, 마음의 통일 또는 마음의 집중 말하자면 선(禪)에 해당하며, '위빠쉬야나(vipaśyanā, 觀)'란, 관찰·이해로서 혜(慧)에 해당하는 것이지만, 그러나 지(止)에도 혜(慧)의 성격이 있으며, 관(觀)에도 마음의 통일의 성격이 있기 때문에, 기계적으로 양자를 디야나(dhyāna, 禪那, 禪, 禪定, 精慮)와 쁘라갸(prajñā, 般若, 智慧)로 나눌 수 있는 것은 아니다.

먼저 지관(止觀, śamatha-vipaśyanā)의 수행을 천명한다.

'지(止, śamatha)'란, "모든 경계에 대한 집착을 멈추게 하는 것"이라고 말한다. 범부는 허망분별에 의하여, 인식내용이 그대로 외계의 실재라고 받아들이며, 경계의 집착을 여러 가지로 구상하고 있다. 그러나 여기에서는 객관은 유심(唯心)의 소작(所作)이라고, 각혜(覺慧)에 의하여 이해하고, 객관이 그대로 외계라고 보는 허망분별을 벗어나기 위하여 노력한다. 이것이 지(止)이다. 이미 객관이 없으면, 그것에 대응하는 주관의 허망분별도 멈추게 되는 것이다.

이 지는, "샤마타관(奢摩他觀)에 수순하는 의의"라고 서술한다. 샤마타는 śamatha의 음역이며, 지(止)라고 번역한다. 지관은, 본디 '지관쌍운(止觀雙運)'을 가리키며, 양자가 같은 곳에서 실현되는 것이다. 그래서 그 때 각각의 힘을 발휘한다. 그러므로 지만으로는 불완전하기 때문에, '수순한다'고 서술하고 있다고 해석하고 있다. '샤마타관'을 지관(止觀)이라고 읽을 수 있기 때문에, "지는 지관에 수순하는 뜻이다"라고 해석할 수도 있지만, 그러나 그렇게 하면 다음의 '위빠쉬야나관(毗鉢舍那觀)'의 경우에 문맥이 자연스럽지 못하다. 그러므로 위빠쉬야나관의 '관(觀)'도, 지관에서의 '관'이 아니라, 샤마타관에서의 '관'을 '본의(本義) 또는 본뜻'이라고 풀이하여, '지(止)의 본의' 또는 '지(止)의 본뜻'이라는 의미로 이해하고, '관(觀)의 본의' 또는 '관(觀)의 본뜻'으로 이해하면 좋을 것이다.

'관(觀, vipaśyanā)'이란, "인연에 따라 생성하고 소멸하는 모습을 분별하는 것"이라고 말한다. '인연생멸(因緣生滅)'이란, 심생멸문에 의하여 제법의 생멸을 관찰하는 것이다. 존재[法]의 시간적인 존재방식은 '생멸'인데, 그 생멸에는 연기의 이법(理法)이 관통하고 있다. 모든 존재의 생멸에 있어서 연기의 이법을 보기 때문에, 인연생멸의 상(相)이라고 한다. 이 경우의 '분별(分別)'은 허망분별이 아니라 분석하여 아는 것이다. 위빠쉬야나는 vipaśyanā의 음역이며, 관(觀)이라고 번역한다. 이 인연생멸의 모습을 분별하는 것이, '관(觀)의 본의'에 수순하는 것이다. 본디 '관'의 심층에는 '지'가 있다. '지(止)'란 모든 혼란스러운 망상을 멈추고, 모든 존재는 진여라는 인식에 도달하는 것이다. 그러므로『원효소』와『법장의기』모두, '지'란 심진여문에 의하여 모든 경계에 대한 망상을 멈추고, 무분별이 되는 것이며, 근본무분별지를 성립시키는 것이라고 한다. 이 근본무분별지에 서 있으면서도 심생멸문에서의 제법의 상(相)을 분별하고, 그 이취(理趣)를 관찰하는 것이 '관(觀, vipaśyanā)'이기 때문에, 관은 후득지를 성립시키는 것이라고 한다. 그러나 심진여문과 심생멸문은 일심(一心)의 양면이므로, 숙달하면 지와 관은 함께 일어나는 것이다. 그러므로 본론에서는 '수순(隨順)'을 풀이하기를, "이것으로 두 뜻을 점차로 닦고 익히면 서로 버리거나 헤어지지 못하게 되어, 모두 함께 현전하기 때문이다"라고 제시하고 있다.『원효소』에서는 "상(相)의 입장에서 말하면, '지(止, śamatha)'는 정(定)에 해당하며, '관(觀, vipaśyanā)'은 혜(慧)에 해당한다. 그러나 실제를 말하면, 정(定)도 지관에 통하고, 또 혜(慧)도 지관에 통하는 것이다(『大正藏』44-222a)"라고 설명하고 있다. 여기에서『대승기신론』이 디야나(dhyāna, 禪)와 쁘라갸(prajñā, 般若)를 나누지 않고, 지관문으로 묶어서 논술하는 이유를 높이 평가할 수 있다.

|용어 해설|

지관문(止觀門, śamatha-vipaśyanā): 지(止, śamatha)와 관(觀, vipaśyanā). 지(止)란 모든 혼란스러운 망상을 멈추고, 마음이 고요한 상태로 되돌아오는 것을 가리킨다. 근본무분별지를 얻는 인행(因行)이다. 이것에 의하여 심진여문에 들어간다. 관(觀)이란 관념수습(觀念修習)을 가리키며, 진리, 모든 존재를 관찰하는 것을 뜻한다. 심생멸문에 들어가는 지혜이며, 후득지를 얻는 인행(因行)이다.

샤마타(śamatha, 奢摩他, 止): 샤마타는 śamatha의 음역이다. 지(止)·적지(寂止)·적멸(寂滅)이라고 번역한다. 지는 마음이 무념이 되는 것이기 때문에, 샤마타관(奢摩他觀)이라고 '관(觀)'을 붙여야 되는 것이 아닌가라고 생각한다. 그러나 샤마타관에서 '지관(止觀)'의 의미를 취할 수도 있다. '수순(隨順)'의 의미를 이해하기에는 이렇게 하는 것이 좋다. 『원효소』에서는, "진여문에 의하여 모든 경계상을 멈추므로, 분별할 것이 없으면 바로 무분별지를 이룬 것이며, 생멸문에 의하여 모든 실상을 분별하여 모든 이취를 관찰하면 바로 후득지를 이루는 것을 알 수 있다(『大正藏』44-222a)"라고 해석한다. 『법장의기』에서는, '지(止)'란 유식의 도리에 의하여 외경을 분별하는 것이 멈추는 것이라고 설명한다. 그러므로 원효와 법장 모두 무분별을 지(止)로 보고 있는 것이다.

위빠쉬야나(vipaśyanā, 毗鉢舍那, 觀): 위빠쉬야나는 vipaśyanā의 음역이다. 관(觀)·혜(慧)·정견(正見)이라고 번역한다. 법상(法相)을 관찰하는 것을 가리킨다.

수순(隨順): 따르다는 뜻으로서, 지(śamatha)와 관(vipaśyanā)이 나란히 현전(現前)할 때 '지관(止觀)'이라고 부를 수 있다. 그러므로 지(śamatha)로만, 또는 관(vipaśyanā)으로만은 불완전하기 때문에, 지관(止觀)에 '수순(隨順)한다'라고 서술하고 있는 것이다.

제1항 샤마타는 어떻게 닦는가?(止行)
제1목 샤마타를 닦는 방법을 설명한다(明修止方法)

若修止者, 住於靜處, 端坐正意, 不依氣息, 不依形色, 不依於空, 不
依地水火風, 乃至, 不依見聞覺知. 一切諸想, 隨念皆除, 亦遣除想.
以一切法本來無相, 念念不生, 念念不滅. 亦常不得隨心外, 念境界
後, 以心除心. 心若馳散, 卽當攝來, 住於正念. 是正念者, 當知, 唯心
無外境界. 卽復此心亦無自相, 念念不可得. 若從坐起, 去·來·進·
止, 有所施作, 於一切時, 常念方便, 隨順觀察. 久習淳熟, 其心得住.
以心住故, 漸漸猛利, 隨順得入眞如三昧, 深伏煩惱, 信心增長, 速成
不退. 唯除疑惑·不信·誹謗·重罪業障·我慢·懈怠. 如是等人,
所不能入.

샤마타(samatha, 止)를 닦는 사람은 고요한 곳에서 살면서, 가부(跏趺)를 틀고
앉아 마음을 집중하여 정념(正念)에 들게 한다. 그리고 수식관(數息觀)에도 의
존하지 않으며, 부정관(不淨觀)이나 백골관(白骨觀)에도 의존하지 않고, 존재하
는 모든 것은 실체가 없는 것이라고도 관찰하지 않으며, 지·수·화·풍의 사
대에도 의존하지 않으며, 존재하는 모든 것은 식(識)이라고도 관찰하지 않는
다. 모든 망상을, 그 망상이 생겨나는 끄샤나(kṣaṇa; 刹那)의 끄샤나에 제거하
며, 드디어는 망상을 제거한다고 하는 생각조차도 버려야 한다.

　존재하는 모든 것은 본디 그 자신의 특질이 없다는 것을 깨닫게 되면, 모든
것은 끄샤나의 끄샤나에 생겨나는 것도 아니며, 끄샤나의 끄샤나에 소멸하는
것도 아니라는 것을 알게 된다. 그렇기 때문에 늘 마음 밖에 경계를 만든 다음
에, 마음에 의해서 마음을 제거한다고 하는 것과 같은 방법을 쓰지 않는다. 또

만일 마음이 바깥 대상을 집착하여 산란해지면, 그 산란한 마음을 다스려서 정념에 들게 된다. 이 정념이라고 하는 것은 다만 마음일 뿐이며, 바깥쪽의 대상을 인정하지 않는 것이다. 더욱 그 마음에도 자신의 특징이 있는 것이 아니다. 존재하는 모든 것은 진여이기 때문이다. 그래서 정념에 들면 마음을 끄샤나(kṣaṇa, 刹那)의 끄샤나에 얻을 수 없는 것이다.

다음에 좌선을 마치고 사람들과 교류를 하거나, 식사를 하거나, 수면을 취하는 등의 움직일 때 · 멈출 때 · 앉을 때 · 누울 때, 어느 때든지 항상 마음을 집중하는 방편을 잃지 않게 하여 법성은 부동하다는 도리를 관찰해야만 한다. 좌선을 하여 마음에 고요함을 얻으면, 마음은 정념에 들어가므로, 샤마타의 힘이 맹렬하고 예리하게 된다. 그래서 진여싸마디(tathatā-samādhi, 眞如三昧)에 수순할 수 있게 되며, 더욱 진보해서 이 싸마디에 들어가 버린다. 이것이 샤마타의 완성이다. 진여싸마디를 얻음에 따라 번뇌를 완전히 굴복시키고, 믿는 마음이 증장하여 십신(十信)의 계위를 완성하고 초주(初住)의 계위에 들어가면, 퇴보하는 일이 없는 단계를 재빨리 이룩하는 것이다. 다만 진여를 의혹하는 사람, 믿음이 없는 사람, 정법을 비방하는 사람, 중죄를 범하여 까르마의 장애가 두터운 사람, 아만이 강하고 게으른 사람은 제외된다. 이런 사람들은 진여 싸마디에 들어갈 수 없다.

| 강설 |

첫째, 샤마타를 닦는 방법을 설명한다. 샤마타를 닦는 방법은, 첫 번째, "샤마타(śamatha, 止)를 닦는 사람은 고요한 곳에서 살면서, 가부(跏趺)를 틀고 앉아 마음을 집중하여 정념(正念)에 들게 한다"고 논술한다. 선정을 닦는 사람이, 숲 등의 고요한 곳에서 생활하는 것은, 불교에서 예로부터 이어져 온 전통이다. 그렇게 해서 계(戒)를 지키고, 소욕지족(少欲知足)의 생활을 한다. 계를 지켜서

악을 저지르지 않으므로 마음은 불안에서 벗어나고, 소욕지족의 수행을 하므로 만족하는 마음으로 살며, 신체를 건강하게 보존할 수 있다. 두 번째, 불전(佛前)에 지심으로 참회를 하여 업장을 벗어난다. 참회에 의하여 마음이 맑고 깨끗하게 되며, 업보의 장애를 제거할 수 있다. 세 번째, 그 밖에 의식을 구족하고, 훌륭한 선지식을 모시며, 세간의 잡스러운 일을 버리는 것이 필요하다. 그렇지만, 여기에서는 첫 번째의 "고요한 곳에서 산다"만을 들어 다른 것을 생략한 것이다. '단좌정의(端坐正意)'란, 가부(跏趺)를 틀고 앉아 마음을 집중하여 정념(正念)에 들게 하는 것이다.

마음의 통일의 방법으로서 원시불교 이래로 가르치고 있는 것은, 제일 먼저 수식관(數息觀)이지만, 본론에서는 유심관에 의하여 진여싸마디에 들어가는 것을 목적으로 하고 있기 때문에, 이와 같은 전통적인 선정의 실습을 채용하지 않는다. 그러므로 '기식(氣息)에 의하지도 않는다'고 논술한다.

다음의 '형색(形色)에 의하지도 않는다'란, 신체의 부정(不淨)을 관하는 부정관이나 해골을 관하는 골쇄관(骨鎖觀)을 가리킨다. 더욱이 '변처(遍處)'라고 하여, 원형의 단(壇)을 만들고, 그것을 적(赤) 또는 백(白)·청(靑)·황(黃)의 한 가지 색으로 빈틈없이 모두 칠한 다음, 그것을 응시하는 것에 의하여, 세계는 모두 붉다. 또는 세계는 모두 희다, 또는 세계는 모두 푸르다. 또는 세계는 모두 노랗다고 관하는 관법이다. 이들도 모두 이 '형색' 속에 들어간다.

다음의 '공(空)'이란, 존재하는 모든 것은 실체가 없는 것이라고도 관하는 관법이며, '변처'의 한 가지이다. 다음의 '지·수·화·풍'의 사대도 마찬가지이다. '견문각지(見聞覺知)에 의하지도 않는다'란, '존재하는 모든 것은 식(識)이다'라고 보는 관법에 의존하지 않는 것이다. 이와 같이 해석하면, 지·수·화·풍·청·황·적·백·공·식의 십변처(十遍處, daśa-kṛtsna-āyatanāni: 十一切處)가 되기 때문이다.

이들의 관법은, 외계에 현상이 실재하는 것을 전제로 하여, 그것을 관(觀)해서 마음의 통일을 닦는 방법이다. 그러나 본론은 유심관을 채택하기 때문에, 이들의 사상관(事相觀)을 취하지 않는 것이다. 『법장의기』는 이것을 '도경(倒境)'이라고 표현하고 있다. 그래서 모든 망상(妄想)을, 그 망상이 생겨나는 끄샤나의 끄샤나에 제거하며, 드디어는 '망상을 제거한다'고 하는 생각조차도 버려야한다.

그것은, 모든 것은 유심소작(唯心所作)이며, 그런데다 마음의 본성은 무념이기 때문에, 이 '법성무상(法性無相)의 이취(理趣)'에 도달하면, 존재하는 모든 것은 본디 무상이라는 것을 알게 되고, 모든 것은 끄샤나의 끄샤나에 생겨나는 것도 아니며, 끄샤나의 끄샤나에 소멸하는 것도 아니라는 것을 알게 되므로, 드디어 '망상을 제거한다고 하는 생각조차 버린다'는 것이 저절로 실현되는 것이다. 그렇기 때문에 늘 마음 밖에 경계를 만든 다음에, 마음에 의해서 마음을 제거한다고 하는 것과 같은 방법이어서는 안 된다. 그리고 또 마음이 바깥 대상을 집착하여 산란해지면, 그 산란한 마음을 다스려서 정념에 들게 한다. 이 정념이란, 다만 마음일 뿐이며 외경은 없다는 것을 아는 것이다. 더욱 그 마음에도 자신의 특질이 있는 것이 아니다. 존재하는 모든 것은 진여이기 때문이다. 그러므로 끄샤나 끄샤나의 마음을 인정하는 한, 유심의 이치에 도달하여 있는 것이 아니다. 그래서 정념에 들면 마음을 끄샤나의 끄샤나에 얻을 수 없는 것이다.

다음에 좌선을 마치고, 자리를 떠났을 때의 마음가짐을 논술한다. 말하자면 좌선을 마치고, 사람들과 교류를 하거나, 식사를 하거나, 수면을 취하는 등의 움직일 때·멈출 때·앉을 때·누울 때, 어느 때든지 항상 마음을 집중하는 방편을 잃지 않게 하여 법성은 부동하다는 도리를 관찰해야만 한다. 그리고 다음에 지(止)를 완성하여 마음에 정(定)을 얻었을 때의 것을 서술한다. 말하자면 좌선을 하여 마음에 고요함을 얻으면, 마음은 정념에 들어가므로, 샤마타의 힘이 맹렬하고 예리하게 된다. 그래서 진여싸마디(tathatā-samādhi; 眞如三昧)에 수순할 수 있게 되며, 더욱 진보해서 이 싸마디에 들어가 버린다. 이것이 샤마타의 완성이다. 그러나 아직 이것은 10신의 계위이기 때문에, 내범의 지위이다. 범부이기 때문에 번뇌를 끊을 수는 없다. 성자의 깨달음의 지혜만이 번뇌를 끊을 수 있다. 그러므로 이 단계에서는, 진여싸마디를 얻음에 따라 번뇌를 완전히 굴복시키고, 믿는 마음이 증장하는 것을 얻어 십신(十信)의 계위를 완성하고, 초주(初住)의 계위에 들어가 퇴보하는 일이 없는 단계를 재빨리 이룩하는 것이다. 이것으로 부정취의 계위를 벗어나서 정정취의 계위에 들어가는 것이다.

그러나 다음과 같은 사람은 샤마타를 완성할 수 없다.

첫 번째는 진여를 의혹하는 사람, 의혹이 있으면 마음이 산란하여 오로지 일심(一心)이 될 수 없기 때문이다.

두 번째는 믿음이 없는 사람, 믿음이 없으면 오로지 일심이 될 수 없다.

세 번째는 정법을 비방하는 사람, 정법을 비방하는 사람은 진리를 믿지 않으므로 샤마타를 얻을 수 없다.

네 번째로 중죄업장 즉 살모(殺母)·살부(殺父)·살아라한(殺阿羅漢)·파화합승(破和合僧)·출불신혈(出佛身血)의 5역죄(逆罪)와 음계(婬戒)·도계(盜戒)·살인계(殺人戒)·대망어계(大妄語戒)의 4빠라지까, 그리고 아만이 강한 사람, 게으른 사람은 제외된다.

이런 사람들은 진여싸마디에 들어갈 수 없다.

|용어 해설|

정처(靜處): 조용하고 고요한 곳, 한적(閑寂)한 곳, 특히 삼림(森林) 속의 주처(住

處)를 가리킨다.

단좌(端坐): 결가부좌(結跏趺坐) 또는 반가부좌(半跏趺坐)하고, 몸을 정신단직(正身端直)하게 하여, 배골(背骨)을 대응하게 하는 자세를 가리킨다.

정의(正意): 마음을 바르게 하는 것을 가리킨다. 명리 등을 위한 것이 아니라, 오로지 자타를 무상도(無上道)에 이르게 하려고 하는 마음을 갖는 자세를 말한다.

기식(氣息): 호흡을 가리킨다. 수식관(數息觀)을 말한다.

형색(形色): 육체와 지(地)·수(水)·화(火)·풍(風)·청(靑)·황(黃)·적(赤)·백(白)·공(空)·식(識)의 색(色)을 가리킨다. 육체는 골쇄관(骨鏁觀)을 말한다. 지·수·화·풍·청·황·적·백·공·식은 십변처(十遍處, daśa-kṛtsna-āyatanāni: 十一切處)의 관법을 말한다. 십변처(十遍處)란 삼계의 번뇌를 원리(遠離)해야 할 일종의 관법(觀法)을 말하며, 지·수·화·풍·청·황·적·백·공·식의 10가지로, 무변무이(無邊無二)의 관법을 닦는 것이다. 삼계가 이들 10가지 가운데의 한 가지에 변만(遍滿)되어 있다고 관하는 것을 순차로 닦는 것이다. 예를 들면 청변처(靑遍處)란, 일체는 청색(靑色)이라고 관하는 관법(觀法)을 청변처라고 한다.

공(空): 일체는 공(空)이라고 관하는 관법을 가리킨다.

견문각지(見聞覺知): 일체는 식(識)이라고 관하는 관법을 가리킨다.

견제상(遣除想): 일체의 상(想)을 제거하고, 그 상조차도 버리는 것을 말한다.

염념(念念): 이 염(念)은 끄샤나를 가리킨다.

치산(馳散): 마음이 산란하여 이리저리 헤매는 것을 뜻한다.

정념(正念): 이 염(念)은 올바른 주의력을 가리키며, 본론에서는 유심(唯心), 유심무경(唯心無境)을 정념으로 하고 있다.

자상(自相): 그 자신의 특징 또는 특질을 뜻한다. 마음은 끊임없이 변화하고 있으므로, 자상이 없는 것을 가리킨다.

거래진지(去來進止): 좌선 이외의 행·주·좌·와를 가리킨다. 그 때에도 쉬지 말고 지(止)를 닦아야 한다는 뜻이다.

시작(施作): 동작이라는 뜻이다.

방편(方便): 지(止)를 실현하는 방법을 가리킨다.

구습순숙(久習淳熟): 지(止)를 오래도록 닦아서, 정(定)을 얻는 것을 말한다.

심주(心住): 마음이 정(定)에 안주하는 것을 가리킨다.

진여삼매(眞如三昧): 일체제법은 유일(唯一)하게 진여라고 보는 싸마디를 말한다.

신심증장(信心增長): 신심(信心)을 완성하여, 10신의 계위로부터 10주의 초주(初住)에 들어가는 것을 가리킨다.

불퇴(不退): 10주의 초주, 초발심주에 들어가서 신불퇴(信不退)가 된다. 지(止)를 닦는 이익을 나타낸다.

중죄업장(重罪業障): 살모(殺母)·살부(殺父)·살아라한(殺阿羅漢)·파화합승(破和合僧)·출불신혈(出佛身血)의 5역죄(逆罪)와 음계(婬戒)·도계(盜戒)·살인계(殺人戒)·대망어계(大妄語戒)의 4빠라지까(cattāro pārājikā, catvāraḥ pārājayika-sthāniyā dharmā)에 의한 업장을 가리킨다.

제2목 샤마타를 닦아 수승한 능력을 얻는다〔顯修止勝能〕

復次, 依是三昧故, 則知法界一相. 謂一切諸佛法身, 與衆生身, 平等無二, 卽名一行三昧. 當知, 眞如是三昧根本. 若人修行, 漸漸能生無量三昧.

또 다음에 진여싸마디에 의하여, 마음 전체가 오로지 완전한 지혜 한 모습 뿐이라는 것을 알기 때문에 모든 붓다의 법신과 모든 생명들의 몸은 평등하여 한 맛이며 둘이 아님을 아는 것을 바로 일행싸마디(一行三昧)라고 부른다. 더욱이 이 진여싸마디는 모든 싸마디의 근본이므로, 만일 사람이 이 진여싸마디를 수행하면, 진여에 수순함을 얻어 차례로 헤아릴 수 없을 만큼 많은 싸마디를 얻게 된다.

| 강설 |

둘째, 샤마타(samatha, 止)를 닦아 수승한 능력을 얻는다. 샤마타를 성취하여 진여싸마디를 얻으면, 마음에 여러 가지 수승한 능력이 나타난다. 말하자면 진여싸마디에 의하여 법계는 일상이라는 것을 알게 되므로 제불의 법신과 중생신은 평등무이(平等無二)라는 것을 알 수 있다. 진여는 범(凡)·성(聖)에 있어서 전혀 차별이 없기 때문이다. 이 제불과 중생의 평등무이를 아는 것을 '일행(一行)싸마디'라고 부르는 것이다. 더욱이 이 진여싸마디는, 모든 싸마디의 근본이므로, 만일 사람이 진여싸마디를 수행하면, 진여에 수순함을 얻어 차례로 헤아릴 수 없을 만큼 많은 싸마디를 얻게 된다. 이와 같이 진여싸마디의 샤마타에는 수승한 힘이 포함되어 있다.

| 용어 해설 |

법계일상(法界一相): 앞에서 '각(覺)'을 해석하는 단에서, 각(覺)이란 심체(心體)의 이념(離念)인 것을 말하고, 이념(離念)의 모습은 허공계와 같으며, 두루하지 않는 바가 없고, 법계일상(法界一相)이며, 그것이 바로 여래의 평등한 법신이라고 논술하였는데, 바로 그 '법계일상'이다. 망념이 있으므로 모든 존재는 다양하게 보이는 것이지만, 무념(無念)이 되면 법계일상의 세계가 열린다.

일행싸마디(一行三昧): 일상(一相)싸마디 또는 진여(眞如)싸마디라고도 부른다. 진여는 붓다에게 있어서나 중생에게 있어서나 평등이며, 일상(一相)이라고 아는 싸마디를 가리킨다. 이 일행싸마디는 『문수반야경(文殊般若經)』에서 말씀한다. 법계(法界)는 일상(一相)이며, 무량무변의 제불의 법계에는 차별이 있는 것이 아니라는 깨달음에 도달하는 싸마디라고 말씀하고 있다.

싸마디근본(三昧根本): 진여싸마디는 아주 미묘하게 무량의 싸마디를 낳기 때문에, 싸마디의 근본이라고 부른다.

제3목 샤마타를 닦을 때 악마에 홀리지 말라[辨魔事]

或有衆生, 無善根力, 則爲諸魔·外道·鬼神之所惑亂. 若於坐中, 現形恐怖, 或現端正男女等相. 當念唯心. 境界則滅終不爲惱. 或現天像·菩薩像, 亦作如來像, 相好具足, 若說陀羅尼, 若說布施·持戒·忍辱·精進·禪定·智慧, 或說平等·空無相無願·無怨·無親·無因·無果·畢竟空寂, 是眞涅槃. 或令人知宿命過去之事, 亦知未來之事, 得他心智, 辨才無碍. 能令衆生貪著世間名利之事, 又令使人數瞋·數喜, 性無常準, 或多慈愛·多睡·多病, 其心懈怠. 或卒起精進, 後便休廢, 生不信多疑·多慮, 或捨本勝行, 更修雜業, 若著世事, 種種牽纏, 亦能使人得諸三昧少分相似. 皆是外道所得, 非眞三昧. 或復令人若一日·若二日·若三日·乃至 七日, 住於定中, 得自然香美飮食, 身心適悅, 不飢不渴, 使人愛著. 或亦令人食無分齊, 乍多·乍少. 顔色變異. 以是義故, 行者常應智慧觀察, 勿令此心墮於邪網. 當勤正念, 不取·不著, 則能遠離是諸業障.

應知, 外道所有三昧, 皆不離見愛我慢之心. 貪著世間名利恭敬故. 眞

如三昧者, 不住見相, 不住得相, 乃至 出定亦無懈慢, 所有煩惱漸漸
微薄. 若諸凡夫 不習此三昧法, 得入如來種姓, 無有是處. 以修世間
諸禪三昧, 多起味著, 依於我見繫屬三界, 與外道共. 若離善知識所
護, 則起外道見故.

악마에 홀리는 것은 선근의 힘이 모자란 사람에게서 일어난다. 선근의 힘
이 모자라면 샤마타를 닦고 있는 가운데에, 악마·이교도·귀신과 같은 것들
때문에 시달림을 당한다. 그 시달림이란 무엇이냐 하면, 좌선을 하고 있을 때
에 그들이 형상을 드러내어 수행자를 공포에 떨게 한다. 혹은 거꾸로 아름다
운 여자나 남자로 모습을 나타내어 유혹한다. 그런 것들은 자기의 마음의 나
타남에 지나지 않으므로 존재하는 모든 것은 마음일 뿐이라고 정념을 해야 한
다. 마음일 뿐이라고 정념을 하면, 그 악마들은 사라져 버려 다시 수행자를 괴
롭히는 일이 없다.

때로는 하늘의 모습이나 보디쌋뜨와의 모습을 드러내기도 하고, 때로는 여
래의 모습을 만들어 서른두 가지의 특질(lakṣaṇa, 相)과 여든 가지의 부차적 특
징(anuvyañjana, 好)을 구족하기도 하여 다라니(dhāraṇī, 總持)를 설법하기도 하
고, 보시·계율·인욕·정진·선정·지혜를 설법하기도 하며, 때로는 평등
(平等, samatā)을 가지고, 때로는 공(空, śūnyatā)·무상(無相, ānimitta)·무원(無願,
apraṇihita)의 세 가지 싸마디로, 때로는 원한을 버리는 일로, 때로는 어머니도
없고 아버지도 없으며 원인도 없고 결과도 없다고 하는 인과의 부정으로, 때
로는 드디어는 공무(空無)에 떨어지고 만다고 설법한다. 그리고는 이와 같은
것들이 참된 니르와나라고 설법하여 수행자를 미혹시킨다.

때로는 과거의 생존을 아는 숙명통, 미래를 아는 천안통, 타인의 마음을 아
는 타심통, 자유자재로 법을 말하는 능력 등 불가사의한 힘을 얻게 하는 악마

의 유혹도 있다. 이와 같은 신통력을 얻어 수행자는 세간의 칭찬이나 이익을 얻는다. 그래서 그것에 탐착하여 수행의 정도에서 벗어난 일을 한다. 때로는 악마의 힘에 홀려서, 마음이 혼란하게 되어, 혹은 극단적으로 자애심을 일으키기도 하고, 혹은 잠을 많이 자기도 하며, 혹은 병을 많이 앓기도 하여 그 마음을 게으르게 한다. 때로는 갑자기 정진 노력하기도 하고, 그 뒤에 바로 그만두기도 하며, 불신(不信)을 일으켜 많이 의심하기도 하고 많이 생각하기도 한다. 때로는 본디부터의 올바른 샤마타의 수행을 버리고, 다른 쓸데없는 일에 마음을 쏟기도 한다.

때로는 세간의 잡다한 일에 개입하여 여러 가지로 속박을 당한다. 때로는 악마가, 진여싸마디와 약간 닮게 해서 가짜 싸마디를 사람에게 주는 경우가 있는데, 그것은 이교도의 싸마디이며 진짜 싸마디가 아니다. 때로는 사람이 하루·이틀·사흘 내지 이레나 계속해서 선정에 든 상태로 되어 마치 자연의 미묘한 향내를 맡고, 맛있는 음식을 먹고 있는 것과 같아 몸과 마음이 상쾌해서 배고픔도 갈증도 느끼지 않게 된다. 그리고는 이와 같은 선정의 즐거움에 빠져버리는 사람이 있다. 때로 악마에게 홀리면, 식사를 불규칙하게 하여 별안간 많이 먹기도 하고, 갑자기 적게 먹기도 하여 건강을 해치고 안색을 창백하게 변화시키는 일도 있다.

위에서 말한 것들과 같이 샤마타를 닦는 데에는 여러 가지 악마의 유혹에 빠지는 일이 있으므로 수행자는 이와 같은 악마의 유혹에 떨어지지 않도록 언제나 지혜를 가지고 관찰해야 한다. 부지런히 노력해서 마음을 정념에 들게 하여, 거룩한 선정의 체험이 나타나더라도 그것을 진리라고 집착하지 않으면, 선정을 수행하는 가운데에 나타나는 악마의 유혹으로 인한 까르마의 장애를 면할 수가 있다.

이교도의 모든 싸마디(samādhi, 三昧)는 견혹(見惑)과 수혹(修惑) 그리고 아만심을 벗어나지 못한 것이다. 그렇기 때문에 세속적인 명예와 이익을 얻고 존경을 받으려고 욕심을 부려 집착한다. 그러나 진여싸마디는 견혹이 없으므로 차별하는 견해에 떨어지는 일이 없으며, 유심(唯心)의 도리를 깨달아 세속적인 명예와 이익을 얻으려고 욕심을 부려 집착하지 않는다. 또 진여싸마디의 선정을 나와서도 게으름을 피우거나 아만심을 일으키는 일이 없다. 그렇게 함으로써 탐욕 · 노여움 · 어리석음 등의 번뇌가 점차로 미약하고 희미해져 간다. 만일 아직 불교를 전혀 모르는 수행자가 이 진여싸마디를 익히지 않고 '거룩한 붓다의 집안(tathāgatagotra, 如來種姓)'에 태어남을 얻을 수 있다고 하면, 그와 같은 것은 도리에 맞지 않는다. 이에 대하여 세간에서 행하여지고 있는 여러 가지 싸마디를 수행하면, 선정의 안락에 빠져들어, 아견을 일으키고 자아에 집착하기 때문에 삼계에 윤회하면서 생존하여 속박을 당하는 것이다. 만일 좋은 동무들을 만나서 도움을 얻지 못하면, 샤마타를 닦아도 세간의 선정에 탐착하여 이교도의 편견에 떨어질 위험성이 있다.

| 강설 |

셋째, 샤마타(samatha, 止)를 닦을 때 악마에 홀리지 말라. 샤마타를 닦고 있으면, 그 선정의 심리 가운데에 악마가 나타나기도 하고, 또는 붓다 · 보디쌋뜨와가 나타나기도 하여 수행자의 마음을 혹란(惑亂)한다. 만일 수행자가 이와 같은 심적 체험이 진여싸마디라고 생각한다면, 그것은 선정의 본도(本道)에서 벗어난 것이며, 불교의 깨달음에서 벗어난 것을 경고하려고 한다.

악마에 홀리는 것은, 선근력이 모자란 사람에게 일어난다. 선근력이 모자라면 샤마타를 닦고 있는 가운데에, 악마 · 이교도 · 귀신 같은 것들 때문에 시달림을 당한다. 그 시달림이란 무엇인가? 수행자가 선을 닦아, 마음을 집중하고 있을 때에 갑자기 그들이 형상을 드러내어 수행자를 공포에 떨게 한다. 혹은 거꾸로 아름다운 여자나 남자로 모습을 나타내어 유혹한다. 그런 것들은 선정을 닦는 가운데에 나타난 영상에 지나지 않는다. 그것은 자기의 마음의 나타남이기 때문에 일체는 마음일 뿐이라고 정념을 해야 한다. 마음일 뿐이라고 정념을 하면, 이들 마경(魔境)은 사라져 버려 다시 수행자를 괴롭히는 일이 없다. 마사에는 악마의 형상을 취하는 것만이 아니라 천인의 영상, 보디쌋뜨와의 영상, 여래의 영상으로 나타나는 일도 있다. 그래서 다라니를 말하기도 하고, 보시 · 지계 등의 6빠라미따를 말하기도 하며, 때로는 평등(平等, samatā)을 가지고, 때로는 공(空, śūnyatā) · 무상(無相, ānimitta) · 무원(無願, apraṇihita)의 세 가지 싸마디로, 때로는 원한을 버리는 일로, 때로는 어머니도 없고 아버지도 없으며 원인도 없고 결과도 없다고 하는 인과의 부정으로, 때로는 드디어는 공무(空無)에 떨어지고 만다고 말한다. 그리고는 이와 같은 것들이 참된 니르와나라고 설법하여 수행자를 미혹시킨다.

또는 마사(魔事)에는, 수행자에게 신통력을 얻게 하는 일도 있다. 때로는 과거의 생존을 아는 숙명통, 미래를 아는 천안통, 타인의 마음을 아는 타심통, 변재무애 등 불가사의한 힘을 얻게 하는 악마의 유혹도 있다. 이와 같은 신통력을 얻어 수행자는 세간의 칭찬이나 이익을 얻는다. 그래서 그것에 탐착하여 수행의 정도에서 벗어나버린다. 이것은 악마의 유혹에 떨어진 모습이다.

또는 수행자가 악마의 힘에 홀려서 마음이 혼란하게 되어 성을 내는가 하면 갑자기 기뻐하기도 하여, 감정의 기복이 심하고 성격이 일정하지 않다. 때로는 극단적으로 자애심을 일으키기도 하고, 때로는 잠을 많이 자기도 하며, 때로는 병을 많이 앓기도 하여 그 마음을 게으르게 한다. 때로는 갑자기 정진 노력하기도 하고, 그 뒤에 바로 그만두기도 하며, 불신(不信)을 일으켜 많이 의혹하기도 하고 많이 생각하기도 한다. 때로는 본디부터의 올바른 샤마타의 수행을 버리고, 다른 쓸데없는 일에 마음을 쏟기도 한다. 때로는 세간의 잡다한 일에 개입하여 여러 가지로 속박을 당한다. 이와 같은 마사에 속박을 당하여 해탈에서 멀어진다.

또는 마사에 외도의 선정에 떨어지는 일도 있다. 때로는 악마가, 진여싸마디와 약간 닮게 해서 가짜 싸마디를 사람에게 주는 경우가 있는데, 그것은 이교도의 싸마디이며, 진짜 싸마디가 아니다. 때로는 선열식(禪悅食)이라고 하여, 선정에 들면 몸과 마음이 평온하게 되고, 미묘한 감촉에 의하여 몸과 마음이 윤택하게 되어, 그것이 하루 · 이틀 · 사흘 내지 이레나 계속해서 선정에 든 상태로 되어, 마치 자연의 미묘한 향내를 맡고, 맛있는 음식을 먹고 있는 것과 같아, 몸과 마음이 상쾌해서 배고픔도 갈증도 느끼지 않게 된다. 그리고는 이와 같은 선정의 즐거움에 빠져버리는 사람이 있다. 이것도 올바른 수선(修禪)이 아니며, 악마의 길에 들어간 것이다. 때로는 악마에게 홀리면, 식사를 불규칙하게 하여 별안간 많이 먹기도 하고, 갑자기 적게 먹기도 하여 건강을 해치고 안색을 창백하게 변화시키는 일도 있다. 이것도 수행자의 생활을 파괴시키는 것이다.

위에서 말한 것들과 같이 샤마타를 닦는 데에는 여러 가지 악마의 유혹에 빠지는 일이 있으므로, 수행자는 이와 같은 악마의 유혹에 떨어지지 않도록 언제나 지혜를 가지고 관찰하며, 선정의 체험이 진짜인지 가짜인지를 분별하는 일에 힘쓰고, 자기의 마음을 악마의 사망(邪網)에 걸리지 않도록 하지 않으면 안 된다. 그래서 언제나 바르게 노력하여 마음을 정념에 들게 하고, 수승한 선정의 체험이 나타나더라도 그것을 진리라고 집착하지 않으며, 집착하지 않으면, 선정을 수행하는 가운데에 나타나는 악마의 유혹으로 인한 까르마의 장애를 면할 수가 있다.

이교도의 가짜 선정과 진여싸마디를 비교하여, 가짜 선정이 진짜 선정과 어떻게 다른가를 논술한다. 이교도의 모든 싸마디는, 무아의 입장을 취하지 않기 때문에 아집(我執)이 있다. 그러므로 선정으로서는 수승한 경우라도, 그 근저에 견번뇌와 탐애, 아만이 반드시 존재한다. 그렇기 때문에 세속적인 명예와 이익을 얻고 존경을 받으려고 욕심을 부려 집착한다. 그러나 불교의 '진여싸마디'는 무아·공의 입장에 있기 때문에 자기의 견해에 집착하는 견상(見相)에 머무르는 일도 없고, 유심(唯心)의 도리를 깨달아 외경이 없다는 것을 알기 때문에, 외경에 집착하는 득상(得相)에도 머무르지 않는다. 또 진여싸마디의 선정을 나와서도 게으름을 피우거나 아만심을 일으키는 일이 없다. 그렇게 함으로써 탐욕·성냄·어리석음 등의 번뇌가 점차로 미약하고 희미해져 간다. 이것이 올바른 샤마타를 닦는 자세이다.

만일 아직 불교를 전혀 모르는 수행자가 이 진여싸마디를 익히지 않고, '붓다의 집안(tathāgatagotra, 如來種姓)'에 태어남을 얻을 수 있다고 하면 그와 같은 것은 도리에 맞지 않는다. 반드시 범부는 진여싸마디를 닦아서 여래종성에 들어가는 것이다. 이에 대하여 세간의 선정인 사선(四禪)·사무색정(四無色定)·부정관·수식관 등을 닦으면 외도에게는 자아의 견해가 있기 때문에 반드시 이들의 선정의 안락에 빠져들어 아견을 일으키고, 자아에 집착하기 때문에 삼계에 윤회하면서 생존하여 속박을 당하는 것이다.

그러므로 법계일상을 아는 진여싸마디를 닦는 것이 중요한데, 그러나 그렇게 하기 위해서는 좋은 동무들을 만나서 도움을 얻지 않으면 안 된다. 신심을 닦는 사람은 아직 범부이며, 신(信)이 확립되어 있지 않기 때문에 좋은 동무를 만나지 못하면, 샤마타를 닦아도 세간의 선정에 탐착하여 이교도의 편견에 떨어질 위험성이 있다.

|용어 해설|

제마(諸魔): 마라(魔羅)는 māra의 음역이며, 줄여서 마(魔)라고도 한다. 파괴·능

탈자·살자(殺者)라고 번역한다. 욕계 제6천의 주(主)이면서, 붓다가 성도할 때, 대군을 끌고 와서 위협하고, 마녀를 파견하여 유혹하게 하는 등 붓다의 성도를 방해하였다고 한다. 또는 번뇌마·음마(陰魔)·사마(死魔)·타화자재천마(他化自在天魔)의 4마를 가리킨다.

상호구족(相好具足): 붓다의 32상과 80종호를 갖춘 것을 말한다. 보통 사람에게는 없는, 붓다만이 갖추고 있는 수승한 신체적 특징을 나타낸다.

다라니(陀羅尼, dhāraṇī, 多羅尼): 다라니는 dhāraṇī의 음역이다. 총지(總持)라고 번역한다. 짧은 문구에 심오한 의미를 지니는 말씀을 가리킨다.

평등(平等): 제법은 본디 평등이라는 뜻이다. 또는 이변(二邊)을 벗어나서 사(捨, 평등)로 사는 것을 가리킨다.

공·무상·무원(空·無相·無願): 3싸마디 또는 3해탈문이라고 부른다. 제법(諸法)은 공(空)이며, 무상(無相)이고, 무원(無願)이라고 관하는 싸마디이다. 공이라면, 무상이며, 무상이라면 원구(願求)해야 할 것이 없기 때문에 무원이라고 말한다.

숙명(宿命): 과거세에 있어서의 생존을 가리킨다. 자기의 과거세의 생존을 아는 것을 숙명통(宿命通)이라고 부른다.

타심지(他心智): 다른 사람의 마음을 아는 신통력을 가리킨다.

변재무애(辯才無碍): 자유자재하게 법을 말하는 신통력을 가리킨다.

상준(常準): 결정되어 있는 표준이라는 뜻이다.

승행(勝行): 수승한 수행이라는 뜻이다. 니르와나의 정과(正果)를 얻는 수행을 가리킨다.

진삼매(眞三昧): 진여싸마디를 가리킨다.

신심적열(身心適悅): 몸도 마음도 모두 기분이 좋은 상태를 말한다.

사망(邪網): 싸마디를 닦을 때 마사(魔事)에 걸리지 않는 것을, 물고기나 새가 망

(網)에 포획되지 않는 것에 비유하여 한 말이다.

견애(見愛): 견혹(見惑)과 욕애(欲愛)·색애(色愛)를 가리킨다. 이들에 의하여 모든 번뇌를 총괄한다.

부주견상(不住見相): 견혹도 가지고 있지 않기 때문에 차별의 견(見)에 머물지 않는 것을 가리킨다.

부주득상(不住得相): 유심의 이치에 머물기 때문에 세간의 명리를 탐착하지 않는 것을 가리킨다.

여래종성(如來種姓): 여래가 될 종성으로 결정된 것을 뜻한다. 정정취에 들어간 것을 가리킨다.

미착(味著): 선정의 안락성에 집착하는 것을 가리킨다.

삼계(三界): 욕계·색계·무색계이며, 모두 윤회의 세계이다.

외도(外道): 불교 이외의 모든 종교

선지식(善知識, 善友, kalyāṇa-mitra): 훌륭한 스승, 훌륭한 지도자를 뜻한다.

제4목 샤마타를 닦아 얻는 이익을 설명한다[示利益]

復次, 精勤專心修學此三昧者. 現世當得十種利益. 云何爲十. 一者
常爲十方諸佛菩薩之所護念. 二者不爲諸魔惡鬼所能恐怖. 三者不爲
九十五種外道鬼神之所惑亂. 四者遠離誹謗甚深之法, 重罪業障漸漸
微薄. 五者滅一切疑諸惡覺觀. 六者於諸如來境界, 信得增長. 七者遠
離憂悔, 於生死中, 勇猛不怯. 八者其心柔和, 捨於憍慢, 不爲他人所
惱. 九者雖未得定, 於一切時一切境界處, 則能減損煩惱, 不樂世間.
十者若得三昧, 不爲外緣一切音聲之所驚動.

또 다음에 정진·노력해서 마음을 오로지 하나로 하여 이 진여싸마디를 수행하는 사람은, 현세에서 다음과 같은 열 가지 이익을 얻는다.

첫째, 언제 어디서나 거룩한 붓다와 보디쌋뜨와가 수행자를 마음에 두고 보호하여 주신다.

둘째, 진여싸마디를 닦는 사람은 모든 악마와 나쁜 귀신들로 말미암아 공포에 떠는 일이 없다.

셋째, 아흔다섯 가지의 이교도와 귀신들로 인해서 혼란을 일으키는 일이 없다.

넷째, 대승의 심오한 정법을 비방하는 일에 떨어지지 않으며, 나쁜 일을 저질러서 굴레를 쓰는 일도 없게 된다.

다섯째, 모든 의혹과 사악한 생각을 소멸할 수 있다.

여섯째, 거룩한 붓다의 깨달음의 경지에 대하여 믿음을 증장시킬 수 있다.

일곱째, 윤회의 세계에 태어난 자신의 박복함에 실망하거나 비탄에 잠긴 마음을 반전시켜, 생사의 고뇌 속에서 허덕이면서도 용맹심을 가지며, 곤란에 부딪쳐도 선의지가 꺾이지 않는다.

여덟째, 마음이 유화하게 되며, 교만한 마음을 버릴 수가 있다. 그리고 다른 사람들과 나쁜 일을 꾸미지 않으므로, 그로 인하여 괴로워할 일이 없다.

아홉째, 아직 진여싸마디를 확실히 얻지 못한 경우라도, 언제 어디서나 번뇌를 잘 경감시킬 수가 있어서, 세속적인 쾌락을 구하는 일이 없다.

열째, 진여싸마디를 확실히 얻으면 믿음이 확립되어 물러서는 일이 없으므로 밖으로부터 오는 모든 말이나 사상의 유혹에 놀라거나 충동되는 일이 없다.

| 강설 |

넷째, 샤마타(samatha, 止)를 닦아 얻는 이익을 설명한다. 샤마타를 닦아 얻

는 이익을 제시하면서 수행을 권장하려는 것이다. 이 샤마타를 닦은 후세의 이익은 무량이기 때문에, 현세의 이익을 줄여서 10가지 제시한다. 말하자면 정진ㆍ노력하여 마음을 오로지 해서 이 싸마디를 수학하면, 현세에 다음과 같은 10가지 이익을 얻는다는 것이다. 그 10가지란 다음과 같다.

첫째, 시방(十方)의 모든 붓다와 보디쌋뜨와의 보호를 받는다. 언제 어디서나 거룩한 붓다와 보디쌋뜨와가 수행자를 마음에 두고 보호하여 주신다. 그것에 용기를 얻어, 수행자는 용맹하게 정진하여 물러서지 않게 되는 것이다. 이것은 '선우섭호(善友攝護)의 이익'이다.

둘째, 진여싸마디를 닦는 사람은 모든 악마와 나쁜 귀신들로 말미암아 공포에 떠는 일이 없다. 천마악귀의 모습이 수행자에게 나타나는 일이 없다. 이것은 '외적인 악연(惡緣)의 장애를 벗어나는 이익'이다.

셋째, 아흔다섯 가지의 이교도와 귀신들로 인해서 혼란을 일으키는 일이 없다. 진여싸마디에 의하여 마음이 확립되어 있기 때문이다. 이것은 '외적인 악연의 장애를 벗어나는 이익'이다.

넷째, 대승에서의 여래장의 가르침을 바르게 이해하고 있기 때문에, '대승은 비불설(非佛說)이다'라고 하는 등, 대승의 심오한 정법을 비방하는 '정법비방의 죄'에 떨어지는 일은 없다. 이와 같이 신업(新業)을 일으키지 않기 때문에, 그것에 의하여 고업의 중죄의 업장도 차례로 가벼워져, 악업에서 벗어난다. 이것은 '내적인 혹업장(惑業障)을 벗어나는 이익'이다.

다섯째, 여래장에 대한 신(信)을 확립하였기 때문에, 의혹과 사악(邪惡)한 생각을 버리므로, 혹장(惑障)을 소멸할 수 있다. 이것은 '내적인 혹업장을 벗어나는 이익'이다.

여섯째, 진여싸마디를 닦는 것에 의하여, 여래의 깨달음의 경지에 믿음을 증장시킬 수 있다. 이것은 '이법에 있어서 신(信)을 증장하는 이익'이다.

일곱째, 윤회의 세계에 태어난 자신의 박복함에 실망하거나 비탄에 잠긴 마음을 반전시켜, 생사의 고뇌 속에서 허덕이면서도 용맹심을 가지며, 곤란에 부딪쳐도 선의지가 꺾이지 않는다. 진여싸마디에서 이 용맹심이 일어나는 것이다. 이것은 '염(染)에 처하여 겁(怯)을 내지 않는 이익'이다.

여덟째, 진여싸마디를 닦는 것에 의하여, 마음이 유화하게 되며, 겸허하게 되고, 교만한 마음을 버릴 수가 있다. 그리고 다른 사람들과 나쁜 일을 꾸미지 않으므로, 그로 인하여 괴로워할 일이 없다. 이것은 '악연을 면하는 불괴(不壞)의 이익'이다.

아홉째, 아직 진여싸마디를 확실히 얻지 못한 경우라도, 언제 어디서나 번뇌를 잘 경감시킬 수가 있어서, 세속적인 쾌락을 구하는 일이 없다. 이것은 '세속에의 집착인 자미(滋味)를 버린 이익'이다.

열째, 그래서 진여싸마디를 확실히 얻으면 믿음이 확립되어 물러서는 일이 없으므로 밖으로부터 오는 모든 말이나 사상의 유혹에 놀라거나 충동되는 일이 없다. 이것은 '심오한 선정을 얻는 이익'이다.

진여싸마디는, 완전히 진여 그것이 되는 싸마디이다. 자기의 본성인 진여와 자기가 분열되어 있는 것이 범부의 망념의 세계이다. 이 망념이 추대(麤大)한 존재방식에서 차례로 미세한 존재방식으로 수축되어감에 따라서, 자기의 본성인 진여에 가까워지는 것이다.

그러나 '신(信)'을 닦는 것은, 아직 범부의 단계이므로, 진여싸마디를 닦는다고 하더라도, '신'을 실현한 것에 지나지 않는다. 진여와 하나가 된다고 하더라도, '신의 단계'에 있는 것을 잊어서는 안 된다. 신(信) 가운데에는 벌써 혜(慧)가 먼저 자리를 잡고 있다. 그러므로 진여싸마디에도 어느 정도의 혜를 벌써 얻은 것이라고 볼 수 있다.

구십오종외도(九十五種外道): 불교시대 인디아의 이학(異學)의 학파를 총괄하여 말하는 것이다. 붓다 시대에는 6사외도가 있으며, 각각 15종의 가르침이 있고, 사설(邪說)과 합하여 90종이 되었으며, 6사가 있으므로, 모두 96종의 외도가 되었다고 하는 학설이 유력하다. 다만 『지도론』이나 『대반열반경』 등에서는 95종의 외도로 한다. 이것은 96종 가운데에 불교도 포함되는 것이라고 생각하여, 불교를 정도(正道)로 삼기 때문에 불교를 제외하고 95종으로 한 것으로 추론할 수 있다.

심심지법(甚深之法): 여래장의 교리를 가리킨다.

악각관(惡覺觀): 각관(覺觀)은 심사(尋伺)라고도 부른다. 마음의 관찰 사유를 말한다. 악각관은 사악한 관찰 사유라는 뜻이다.

불겁(不怯): 무서워하거나 두려워하는 병이 없는 것을 가리킨다.

제2항 위빠쉬야나는 어떻게 닦는가?(觀行)

復次若人唯修於止, 則心沈沒, 或起懈怠, 不樂衆善, 遠離大悲. 是故修觀.

修習觀者, 當觀一切世間有爲之法, 無得久停, 須臾變壞, 一切心行念念生滅, 以是故苦. 應觀過去所念諸法, 恍惚如夢. 應觀現在所念諸法, 猶如電光. 應觀未來所念諸法, 猶如於雲忽爾而起. 應觀世間一切有身, 悉皆不淨, 種種穢汚, 無一可樂.

如是當念. 一切衆生, 從無始世來, 皆因無明所熏習故, 令心生滅, 已受一切身心大苦. 現在卽有無量逼迫. 未來所苦亦無分齊. 難捨 · 難離, 而不覺知衆生, 如是甚爲可愍.

作此思惟, 卽應勇猛立大誓願. 願令我心離分別故, 偏於十方, 修行一切諸善功德, 盡其未來, 以無量方便, 救拔一切苦惱衆生, 令得涅槃第一義樂.

以起如是願故, 於一切時一切處, 所有衆善, 隨己堪能, 不捨修學, 心無懈怠.

唯除坐時專念於止, 若餘一切, 悉當觀察應作不應作.

만일 사람이 샤마타만을 수행하고 있으면, 마음이 침체되어 진취력을 잃어버릴 위험성이 있다. 때로는 마음이 게으름을 피우기도 한다. 그래서 소극적으로 되어 적극적으로 착한 일을 실천하려고 하는 마음이 없어져버린다. 또는 다른 사람을 이롭게 하려고 하는 자비로운 마음을 잃어버린다. 이와 같이 샤마타만을 닦고 있으면 불완전하므로 그와 함께 위빠쉬야나(vipaśyanā, 觀)도 닦아야 한다. 위빠쉬야나를 수행하는 사람은 다음과 같이 모든 현상을 관조해야 한다.

첫째, 존재의 실상에 관한 위빠쉬야나이다. 세간에 존재하는 모든 현상은 같은 상태로 영원히 머무르는 일이 없다. 잠시 동안 머무를 뿐 반드시 변화하므로 존재하는 모든 것의 무상을 관조한다. 일체의 모든 마음의 움직임은 끄샤나(kṣaṇa, 刹那)에 생성·소멸하며, 수유(須臾, muhūrta)도 멈춰 있질 않는다. 그러므로 존재하는 모든 것은 괴로운 것이라고 관조한다. 과거에 인식했던 존재는 지금 생각하여 보면 황홀하여 분명하지 않아 꿈과 같다고 관조하며, 현재 인식하고 있는 존재는 끄샤나에 과거로 흘러가는데 그 빠르기가 번갯불과 같다고 관조하고, 미래에 인식하게 될 존재는 어디까지나 구름이 홀연히 일어나는 것처럼 기댈 데도 없는 것이라고 관조하여, 존재하는 모든 것의 무아를 관조한다. 세간에 존재하는 모든 생물의 신체에 있는 피·고름·내장·살은 모두 맑고 깨끗하지 못하여 더럽고 추잡하다고 관조한다. 그러므로 유위의 세계에는 바랄 것이 아무것도 없다고 관조한다.

둘째, 대비(大悲)에 관한 위빠쉬야나이다. 보디쌋뜨와는 모든 존재의 실상을 이와 같이 관조하고 대비를 베푸는 것이다. 사람들은 시작을 모르는 과거로부터 무명으로 말미암아 훈습되어 있기 때문에 마음의 생성과 소멸이 일어나며, 그에 따라서 지금까지도 몸과 마음에 커다란 고뇌를 받고 있다. 현재도 헤아릴 수 없는 고뇌에 의하여 핍박당하고 있으며, 더욱 미래에 받을지도 모를 고뇌도 아주 커서 분별하여 헤아릴 수 없다. 그러한 고뇌를 모든 사람들은, 쉽게 버릴 수도 없으며, 쉽게 벗어날 수도 없다. 그런데도 사람들은 그러한 사실을 바로 알지 못한다. 그들이 그러한 사실을 알아차리지 못하고 있는 것은 참으로 가엾고 불쌍해서 견딜 수 없다고 관조한다.

셋째, 대원(大願)에 관한 위빠쉬야나이다. 보디쌋뜨와는 대비를 베풀 것을 이와 같이 사유하고 커다란 용맹심을 일으켜 다음과 같이 큰 서원을 세우는 것이다. 원하옵건대 나의 마음으로 하여금 분별하는 버릇을 버리고, 언제 어디서나 모든 사람들을 제도하여 고해에서 건져내며, 모든 착한 일과 공덕을 수행하고, 앞으로 다가올 미래에도 언제까지나 쉬지 않고 헤아릴 수 없이 많은 방편으로 모든 사람들의 고뇌의 뿌리를 뽑아, 그들로 하여금 니르와나의 제일 큰 즐거움을 얻게 한다고 관조한다.

넷째, 정진(精進)에 관한 위빠쉬야나이다. 보디쌋뜨와는 큰 서원을 세운 것을 이와 같이 관조하고 다음과 같이 쉼 없는 정진을 하는 것이다. 언제 어디서나 실천하여, 선행이라고 하는 선행은 자기의 힘이 있는 한 모두 실천하여 포기하지 않으며, 잠시라도 게으름을 피우지 않는다고 관조한다.

다만 앉아서 샤마타에 전념하고 있을 때를 제외하고는, 언제 어디서나 위빠쉬야나를 수행하여 마땅히 해야 할 것과 해서는 안 될 것을 관조해야 한다.

| 강설 |

이상으로 샤마타(samatha, 止)의 수행에 관한 설명을 마쳤기 때문에, 다음에는 위빠쉬야나(vipaśyanā, 觀)의 수행에 관한 필요성을 해석한다. 본론에서는 위빠쉬야나를, 법상관(法相觀)·대비관(大悲觀)·대원관(大願觀)·정진관(精進觀)의 네 가지로 나타내고 있다. 이것은 '관의 상(相)'을 서술하는 부분이며, 최후에 결론으로서 '관의 분제(分齊)'를 나타내고 있다.

먼저 위빠쉬야나의 필요성을 제시한다. 그래서 샤마타(samatha, 止)만으로는 충분하지 못하다는 것을 서술한다. 사람이 샤마타만을 수행하고 있으면, 샤마타는 무념무상(無念無想)의 정념에 들어가는 것인데, 샤마타가 실현되면 마음이 적정하게 되며, 마음이 침체되어 진취력을 잃어버릴 위험성이 있다. 마음이 적정하게 되어 침체하면 소극적으로 되고, 수면에 떨어지기도 하고, 마음을 책려하는 정진을 게을리하며, 해태(懈怠)를 일으킨다. 그래서 소극적으로 되어 적극적으로 착한 일을 실천하려고 하는 마음이 없어져버린다. 또는 다른 사람을 이롭게 하려는 자비로운 마음을 잃어버린다. 이와 같이 샤마타만을 닦고 있으면, 적정(寂靜) 한쪽으로만 치우쳐서, 자리·이타의 실천을 게을리하기 때문에, 샤마타와 함께 위빠쉬야나(vipaśyanā, 觀)도 닦아야 한다.

위빠쉬야나의 수습을 네 가지로 나누어서 논술한다.

첫째, 존재의 실상에 관한 위빠쉬야나(法相觀)이다. 이것은 법(존재)의 관찰이다. 유위법은 무상이라고 보는 무상관(無常觀), 무상인 것은 고라고 보는 고관(苦觀), 세간에 존재하는 모든 현상은 무아라고 보는 무아관(無我觀), 자기의 신체에 있는 농혈이나 내장 등은 모두 부정이라고 보는 부정관(不淨觀), 이들의 관찰에 의하여 모든 존재의 본성을 관찰하는 것이 '법상관'이다.

말하자면 관을 수습하는 사람은, 다음과 같이 제법을 관한다. 일체세간의 유위법은 오랫 동안 같은 상태로 영원히 머무르는 일이 없다. 잠시 동안 머무를 뿐 반드시 변화한다고, 존재하는 모든 것의 무상을 관조한다. 다음에는 모든 마음의 움직임은 끄샤나(kṣaṇa, 刹那)에 생성·소멸하며, 수유(須臾, muhūrta)도 멈춰 있질 않는다. 그러므로 존재하는 모든 것은 괴로운 것이라고, 유위법의 고를 관조한다. 다음에는 과거에 인식했던 존재는 지금 생각하여 보면 황홀하여 분명하지 않아 꿈과 같다고 관조하며, 현재 인식하고 있는 존재는 끄샤나에 과거로 흘러가는데 그 빠르기가 번갯불과 같다고 관조하고, 미래에 인식하게 될 존재는 어디까지나 구름이 홀연히 일어나는 것처럼 기댈 데도 없는 것이라고 관조하여, 존재하는 모든 것의 무아를 관조한다. 다음에는 세간에 존재하는 모든 생물의 신체에 있는 피·고름·내장·살은 모두 맑고 깨끗하지 못하여 더럽고 추잡하다고 관조한다. 그러므로 유위의 세계에는 바랄 것이 아무 것도 없다고 관조한다. 이것이 법상관(法相觀)이다. 이것은 연기의 도리에 바탕을 두고 제법의 존재방식을 관찰하는 것이다.

둘째, 대비(大悲)에 관한 위빠쉬야나(大悲觀)이다. 보디쌋뜨와는 모든 존재의 실상을 이와 같이 관조하고 중생에게 대비를 베푸는 것이다. 모든 중생은 시작을 모르는 과거로부터 무명으로 말미암아 훈습되어 있기 때문에 망념이 일어나서, 마음이 생겨나기도 하고 소멸하기도 하여, 미혹의 생존을 반복하고 있다. 그에 따라서 지금까지도 몸과 마음에 커다란 고뇌를 받고 있다. 현재도 헤아릴 수 없는 고뇌에 의하여 핍박당하고 있으며, 더욱 미래에 받을지도 모를 고뇌도 아주 커서 분별하여 헤아릴 수 없다. 그러한 고뇌를 모든 사람들은 쉽게 버릴 수도 없으며, 쉽게 벗어날 수도 없다. 그런데도 사람들은 그러한 사실을 바로 알지 못한다. 그들이 그러한 사실을 알아차리지 못하고 있는 것은 참으로 가엾고 불쌍해서 견딜 수 없다고 관조한다. 이것은 중생이 괴로움에 침륜(沈淪)함을 불쌍히 여기는 '대비관(大悲觀)'이다.

셋째, 대원(大願)에 관한 위빠쉬야나(大願觀)이다. 보디쌋뜨와는 대비를 베풀 것을 이와 같이 사유하고 커다란 용맹심을 일으켜 다음과 같이 큰 서원을 세우는 것이다. "원하옵건대 나의 마음으로 하여금 분별하는 버릇을 버리고, 언제 어디서나 모든 사람을 차별하는 마음을 갖지 않으며, 평등한 마음으로 되어, 두루 시방에서 모든 중생을 구제하여 모든 착한 일과 공덕을 수행하고, 앞으로 다가올 미래에도 언제까지나 쉬지 않고 헤아릴 수 없이 많은 방편으로 모든 사람들의 고뇌의 뿌리를 뽑아, 그들로 하여금 니르와나의 제일 큰 즐거움을 얻게 한다"고 관조한다. 이와 같이 '대원관(大願觀)'을 세운다.

넷째, 정진(精進)에 관한 위빠쉬야나(精進觀)이다. 보디쌋뜨와는 큰 서원을 세운 것을 이와 같이 관조하고, 다음과 같이 쉼 없는 정진을 하는 것이다. 언제 어디서나 실천하여, 선행이라고 하는 선행은 자기의 힘이 있는 한 모두 실천하여 포기하지 않으며, 잠시라도 게으름을 피우지 않는다고 관조한다. 이것이 '정진관(精進觀)'이다.

최후로 관(觀)을 닦을 때를 나타내어 결론을 맺는다. 언제 어디서나 정진을 일으킨다고 말하였는데, 그러나 앉아서 '샤마타(止)'에 전념하고 있을 동안에는, '관'을 닦을 수 없다. 다만 샤마타에 전념하고 있을 때를 제외하고는, 언제 어디서나 위빠쉬야나를 수행하여, 마땅히 해야 할 것과 해서는 안 될 것을 관조해야 한다. 그래서 마땅히 해야 할 것(應作)을 실행한다.

이상으로 샤마타(samatha, 止)와 위빠쉬야나(vipaśyanā, 觀)를 따로따로 수행하는 것을 서술하였다. 그래서 이것을 전제로 하여 다음에는 '지관쌍운(止觀雙運)'을 논술한다.

| 용어 해설 |

침몰(沈沒): 마음이 침체하고 어둡게 되어 활기를 잃는 것을 말한다.

대비(大悲, mahākaruṇā): 다른 사람의 고뇌를 동정하는 마음, 특히 거룩한 붓다의 마음을 가리킨다.

유위지법(有爲之法): 만들어진 것이라는 뜻이다. 많은 인(因)이 모여서 형성된 법. 만들어진 것에는 소멸하는 특질이 있다. 생자필멸(生者必滅).

수유(須臾, muhūrta): 짧은 시간인 muhūrta를 수유(須臾)라고 한역한 것이다. 1 무후르따(muhūrta, 須臾)는 1주야(晝夜)를 30등분한 것이며, 현재의 시간으로는 48분이다.

　1꼬샤나(kṣaṇa, 刹那)=75분의 1초, 0.01333초

　1따뜨꼬샤나(tat-kṣaṇa, 怛刹那)=1kṣaṇa×120, 1.6초

　1라와(lava, 羅婆)=1tat-kṣaṇa×60, 96초, 1.6분

　1무후르따(muhūrta, 須臾)=1lava×30, 48분

　1아호라뜨라(ahorātra, 一日)=1muhūrta×30, 1440분=24시간=하루

　1마싸(māsa, 一月)=1ahorātra×30=한 달

　1와르샤(varṣa, 一年)=1māsa×12=한 해

유신(有身): 신체에 있는 것을 뜻한다.

핍박(逼迫): 아주 심하게 억압하여 괴롭게 한다는 뜻이다.

대서원(大誓願): 불전(佛前)에서 중생을 구제하려고 맹세하는 것을 뜻한다.

감능(堪能): 자기의 능력으로 견디어 낸다는 뜻이다.

응작(應作): 마땅히 해야 할 것, 선(善)을 의미한다.

제3항 사마타와 위빠쉬야나를 함께 모두 닦아야 한다[止觀雙運]

若行, 若住, 若臥, 若起, 皆應止觀俱行. 所謂雖念諸法自性不生, 而復卽念因緣和合善惡之業, 苦樂等報, 不失不壞. 雖念因緣善惡業報, 而亦卽念性不可得. 若修止者, 對治凡夫住著世間, 能捨二乘怯弱之

見. 若修觀者, 對治二乘不起大悲狹劣心過. 遠離凡夫不修善根. 以是
義故, 是止觀二門, 共相助成, 不相捨離. 若止觀不具, 則無能入菩提
之道.

앞에서는 샤마타와 위빠쉬야나를 따로따로 나누어서 논술하였기 때문에,
이제는 두 가지를 함께 수행하는 것에 대하여 논술한다. 사람들과 교류를 하
거나, 식사를 하거나, 수면을 취하는 등의 움직일 때 · 멈출 때 · 앉을 때 · 누
울 때에도 샤마타와 위빠쉬야나를 함께 수행한다.

샤마타를 닦아서 존재하는 모든 것의 자성은 생겨나는 것이 아니라고 사
유한다고 하더라도, 동시에 위빠쉬야나를 닦아서 인연화합에 의하여 생겨나
는 선 · 악의 까르마와 고락의 과보는 없어지는 것이 아니며 파괴되는 것도 아
니라고 사유한다. 거꾸로, 위빠쉬야나를 닦아서 인연화합에 의하여 생겨나는
선 · 악의 까르마를 사유한다고 하더라도, 동시에 샤마타를 닦아서 존재하는
모든 것의 본성은 불가득이라고 사유한다.

또 샤마타를 수행하는 사람은, 아직 불교를 전혀 모르는 사람의 세속적인
명예와 이익에 욕심을 부려 집착하는 것을 대치함과 동시에, 성문 · 연각의 생
사를 싫어하여 세간을 버리는 겁약한 견해를 버려야 한다. 또 위빠쉬야나를
수행하는 사람은, 성문 · 연각의 자비로운 마음을 내지 않는 편협하고 졸렬한
마음의 과실을 대치함과 동시에, 아직 불교를 전혀 모르는 사람의 세속적인
명예와 이익에 집착하며, 해탈에 매달려 선근을 수행하지 않는 과실을 피해야
한다.

이와 같은 의미를 가지므로 샤마타와 위빠쉬야나의 두 부문은 서로 도와서
이루어지며, 서로 떨어질 수 없는 것이다. 그러므로 샤마타와 위빠쉬야나를
함께 닦지 않으면 거룩한 붓다가 가르치신 깨달음의 길에 들어갈 수 없다.

| 강설 |

앞에서는 샤마타와 위빠쉬야나를 따로따로 나누어서 논술하였기 때문에, 이제는 두 가지를 함께 수행하는 것에 대하여 논술한다. 수행이 미숙할 때는, '샤마타의 정(靜)'과 '위빠쉬야나의 동(動)'을 따로따로 수행하였지만, 오래 동안 닦아서 정(定)과 혜(慧)가 성취되면, 샤마타와 위빠쉬야나를 함께 닦는 것(止觀 雙運)이다. 말하자면 샤마타와 위빠쉬야나를 함께 닦으려면, 움직일 때·멈출 때·앉을 때·누울 때(行住坐臥)의 일상생활에 있어서, 샤마타와 위빠쉬야나를 함께 모두 수행하는 것이다.

그 방법은 다음과 같다. 말하자면 샤마타를 닦아서 존재하는 모든 것의 자성은 생겨나는 것이 아니라고 사유한다고 하더라도, 동시에 위빠쉬야나를 닦아서 인연화합에 의하여 생겨나는 선·악의 까르마와 고락의 과보는 없어지는 것이 아니며 파괴되는 것도 아니라고 사유한다. 전자는 샤마타의 입장이며, 심진여문의 평등문의 입장이다. 후자는 심생멸문의 입장이며, 인과응보가 실유라고 보는 위빠쉬야나의 입장이다. 그러므로 이것은 '샤마타에 즉하는 위빠쉬야나'이며, 전자는 '비유(非有)'를, 후자는 '비무(非無)'를 논술하므로, 비유즉비무(非有卽非無)라고 관하는 것이며, 샤마타를 버리지 않으면서도 위빠쉬야나를 닦는 것이다. 이렇게 하여 '지관쌍운(止觀雙運)'을 실습한다.

다음은 거꾸로 위빠쉬야나를 닦아서 인연화합에 의하여 생겨나는 선·악의 까르마를 사유한다고 하더라도, 그러면서도 동시에 샤마타를 닦아서 존재하는 모든 것의 본성은 불가득이라고 사유한다. 이것은 위빠쉬야나에 즉하여 샤마타를 수행하는 것이며, 유(有)를 인정하면서도, 그렇지만 그 배후의 깊숙한 곳의 공(空)을 보는 것이다.

이상의 둘은 법(존재)을 중심으로 하여 샤마타와 위빠쉬야나의 구행(俱行)을 서술하였다.

다음의 둘은 장애에 대하여 샤마타와 위빠쉬야나의 구행(俱行)을 논술한다. 말하자면 샤마타를 수행하는 사람은, 유심(唯心), 법의 무자성(無自性)을 보는 싸마디에 들어가기 때문에, 아직 불교를 전혀 모르는 사람의 세속적인 명예와 이익에 욕심을 부려 집착하는 것을 대치함과 동시에, 성문·연각의 생사를 싫어하여 세간을 버리는 겁약한 견해를 버릴 수 있다. 말하자면 범부가 세간에 집착하는 것을 대치하는 것은 '샤마타'이지만, 동시에 보디쌋뜨와가 세간을 버리지 않고 대비의 마음을 갖는 것은 '위빠쉬야나'이며, 여기에서 '지관쌍운(止觀雙運)'을 볼 수 있다.

다음에 위빠쉬야나를 닦는 사람은 대비관(大悲觀)·대원관(大願觀)을 갖지만, 동시에 세간에 집착하지 않으므로, 이승의 대비의 마음을 내지 않고 편협하고 졸렬한 마음의 과실을 대치하면서, 동시에 범부가 세간에 집착하여, 해탈 때문에 선근을 닦지 않는 과실을 피할 수 있는 것이다. 여기에서도 세간을 버리지 않으면서도 세간에 집착하지 않는 '위빠쉬야나에 즉한 샤마타'를 볼 수 있다.

이상과 같이 샤마타는 심진여문의 입장이며, 위빠쉬야나는 심생멸문의 입장이고, 또한 샤마타는 근본무분별지이며, 위빠쉬야나는 후득지의 입장이고, 또한 샤마타는 평등관이며, 위빠쉬야나는 차별관이고, 또한 샤마타는 공관(空觀)이며, 위빠쉬야나는 유관(有觀) 등의 다른 성격이 있다. 그러나 심진여문과 심생멸문은 한마음(ekacitta, 一心)의 두 얼굴이기 때문에, 양자(兩者)는 둘이면서도 둘이 아닌 것(二而不二)이다. 이것은 아주 미묘한 것이다. 공(空)은 유(有)가 아닌 것이기 때문이다. 말하자면 공은 유를 떠나서 있는 것이 아니라, 유(有)의 본성이 공(空)이기 때문이며, 공(空)의 바탕에서 유(有)가 유로서 성립할 수 있다.

그러므로 유와 공도 서로 도와서 성립하고 있는 것이며, 둘이면서도 둘이 아닌 것(二而不二)이다. 차별과 평등에 대하여도 같은 것이라고 말할 수 있다. 이와 같이 샤마타와 위빠쉬야나는 다른 성격을 나타내고 있으면서도, 그런데도 서로 도와서 이루어지고 있다.

이와 같은 의미를 가지므로 "샤마타와 위빠쉬야나의 두 부문은 서로 도와서 이루어지며, 서로 떨어질 수 없는 것이다"라고 서술하는 것이다. 오히려 샤마타와 위빠쉬야나를 함께 모두 닦는 것이야말로, 근본무분별지도 후득지도 진실한 지혜가 될 수 있으며, 그 어느 것이 결여되어도 불교의 깨달음은 성립할 수 없는 것이다. 그러므로 "샤마타와 위빠쉬야나를 함께 닦지 않으면 거룩한 붓다가 가르치신 깨달음의 길에 들어갈 수 없다"라고 결론을 짓고 있는 것이다.

원효는 지·관을 상세히 변론한다. 그것을 도표로 나타내면 다음과 같다.

지관의 구조

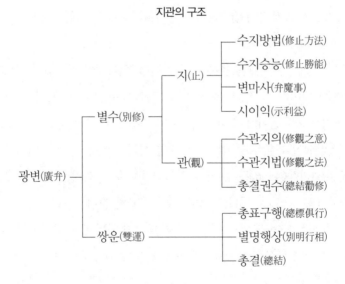

| 용어 해설 |

지관구행(止觀俱行): 샤마타 · 위빠쉬야나(samatha-vipaśyanā, 止觀)를 동시에 실천한다는 뜻이다.

성불가득(性不可得): 제법은 자성이 없이 공이기 때문에, 자성으로서는 얻을 수 없다는 뜻이다.

대치(對治): 반대(反對)라는 의미이다. 멸망시킨다, 파괴한다, 논파한다는 뜻으로 쓴다.

이승겁약지견(二乘怯弱之見): 성문 · 연각은, 성불하기까지는 3아쌍끼예야깔빠의 수행이 필요하다고 들으면, 놀라서 수행을 단념하여 버린다. 용맹심이 없기 때문이다. 이것을 겁약이라고 한다.

협열심과(狹劣心過): 이승은 자리심뿐이며, 다른 사람을 이롭게 하려는 마음이 없기 때문에, 그것을 마음의 과실로 보고, 편협하고 졸렬한 마음의 과실이라고 한다.

보디지도(菩提之道, bodhi): 보디는 bodhi의 음역이며, 깨달음이라는 뜻이다. 붓다의 깨달음의 수행을 가리킨다.

제3장 퇴보를 막기 위한 방편(防退方便)

復次, 衆生初學是法, 欲求正信, 其心怯弱, 以住於此娑婆世界, 自畏
不能常值諸佛, 親承供養. 懼謂信心難可成就, 意欲退者, 當知, 如來
有勝方便, 攝護信心. 謂以專意念佛因緣, 隨願得生他方佛土, 常見於
佛永離惡道. 如修多羅說. 若人, 專念西方極樂世界阿彌陀佛, 所修善
根廻向, 願求生彼世界, 卽得往生. 常見佛故, 終無有退. 若觀彼佛眞
如法身, 常勤修習, 畢竟得生住正定故.

사람들 가운데에는, 비로소 이 진여를 배워서 수행을 하여 바른 믿음을 얻
고 싶어도, 그 가운데에는 의지가 박약한 까닭으로 이 싸하(sahā, 娑婆)세계에
태어나게 되고, 그런데다 지금 거룩한 붓다가 계시지 않으므로, 많은 거룩한
붓다를 만나서 친밀하게 따르면서 공양할 수 없다고 걱정한다. 그러므로 신
심을 성취할 수 없을 것이라고 생각하여 모처럼 발심하여도 그것을 단념하
여 버리는 사람도 있을 것이다. 그러나 거룩한 붓다에게는 위대한 방편이 있
으므로, 그 방편을 가지고 사람들의 신심을 성취하도록 보호하여 준다는 사실
을 알아야 한다. 그 위대한 방편이란, 마음에 오직 거룩한 붓다만을 생각하게
함으로써, 그 인연으로 그 거룩한 붓다의 나라에 바뀌어 태어나고 싶다는 대
원에 따라서 '아름다운 거룩한 붓다의 나라(buddha-kṣetra-pariśuddhi, 淸淨佛國)'에
왕생할 수 있다. 그래서 붓다의 나라에 태어나 늘 거룩한 붓다를 뵈올 수 있으
므로 영원히 삼악도에 떨어지는 일이 없게 된다. 경전 가운데에서, 다음과 같
이 말씀하신다.

"만일 사람이 마음을 오로지 하나로 하여 서방극락세계의 아미따바(amitābha, 無量光)붓다만을 생각하고, 닦은 바의 선근을 회향하여, 저 '아름다운 거룩한 붓다의 나라(buddha-kṣetra-pariśuddhi, 淸淨佛國)'에 바뀌어 태어나고 싶다고 서원하면 반드시 왕생할 수 있다."

그와 같이 태어나면 언제나 거룩한 붓다를 뵈올 수 있기 때문에 믿는 마음에 퇴보하는 일이 없다. 경우에 따라서는 아미따바붓다의 진여의 법신을 관조하면서, 언제나 부지런히 갈고 닦으면, 드디어는 '아름다운 거룩한 붓다의 나라(buddha-kṣetra-pariśuddhi, 淸淨佛國)'에 왕생할 수 있게 되어 '불퇴전의 계위에 도달한 보디쌋뜨와'의 경지에 안주하게 된다.

| 강설 |

이상으로 5행에 의하여 4신을 수행하고, 신심을 성취하는 것을 논술하였다. 그러나 사람들 가운데에는 이 진여를 믿고, 수행을 하여 바른 믿음을 얻고 싶다고 생각하는 사람이 있어도, 그 가운데에는 의지가 박약한 까닭으로 자기는 이 싸하(sahā, 娑婆)세계에 태어나게 되었는데, 이 땅에는 지금 붓다가 계시지 않는다.

샤끼야무니붓다는 니르와나에 들어가셨으며, 뒤를 이을 마이뜨레야붓다의 출세는 아득한 후대이다. 그러므로 이 싸하세계에서는 거룩한 붓다를 만나서 친밀하게 따르면서 공양할 수가 없다고 걱정한다. 그러므로 신심을 성취할 수 없을 것이라고 생각하여 모처럼 발심하여도 그것을 단념하여 버리는 사람도 있을 것이다. 그러나 그렇게 의지가 박약한 사람이 수행을 단념하면, 아마 내세에는 악도에 떨어져서 영원히 구제될 수 없을 것이다.

그러므로 모든 붓다는 대비심을 가지고, 이와 같은 중생을 위하여, 수승한 선교방편을 마련하는 것이다. 그 방편에 의하여 중생의 신심을 성취하도록 보호하여 준다는 사실을 알아야 한다.

수승한 방편이란, 마음에 오로지 거룩한 붓다만을 정념하게 하는 것이다. 중생이 정신을 집중하여, 붓다를 염상(念想)하며, 또는 그 붓다의 이름을 외침으로써, 그 인연으로 그 붓다의 나라에 태어나고 싶다는 대원에 따라서 '아름다운 붓다의 나라'에 왕생할 수 있다.

그것은 붓다의 본원, 원력에 의한 것이다. 그리하여 그 붓다의 정토에 태어나서, 늘 붓다를 뵈올 수 있으며, 신심을 성취하여 불퇴전의 계위에서 살고, 영구히 3악도에 태어나는 것을 면하는 것이다. 이것은 경전 가운데에서 다음과 말씀하신다.

"만일 사람이 마음을 오로지 하나로 하여 서방 극락세계의 아미따바(amitābha, 無量光)붓다만을 정념하고, 닦은 바의 선근을 회향하여, 저 '아름다운 붓다의 나라'에 태어나고 싶다고 서원하면 반드시 왕생할 수 있다."

이와 같이 아미따바붓다의 정토에 태어나면, 언제나 거룩한 붓다를 뵈올 수 있기 때문에 믿는 마음에 퇴보하는 일이 없다. 반드시 신심을 성취할 수 있다. 또는 그보다 기근이 수승한 사람은, 바로 아미따바붓다의 진여의 법신을 관조하면서, 그 진여를 늘 정념하면, 드디어는 '아름다운 붓다의 나라'에 왕생할 수 있게 되어 '불퇴전의 계위에 도달한 보디쌋뜨와(正定聚)'의 경지에 안주할 수 있다. 아미따바붓다는, 법장보디쌋뜨와 때에 본원을 세우고, 그 원(願)을 원만하게 성취하여 성불한 붓다이기 때문에 '보신불(報身佛)'이다.

지금 여기에서 서술하는 수행자는 10신위의 범부이기 때문에, 이 보신불을 관하는 것은 불가능하므로, 여기에서 말하는 아미따바붓다의 진여법신이란,

아미따바붓다에 의하여 붓다의 법신진여 그 자체를 관한다고 말하는 것이다. 붓다의 법신은 그대로 지신(智身)이기 때문에 아미따바붓다를 염상(念想)하는 것에 의하여 법신진여를 관하는 것은, 이(理)로서의 진여를 관하는 것보다 쉽다고 하는 의미이다.

이상으로 4신(信)·5행(行)의 해석을 마치고, 제4단 '수행신심분(修行信心分)'을 끝낸다.

수행신심의 구조

```
                            ┌─ 信根本（眞　如）
                    ┌─ 信 ─┤─ 佛　寶
              ┌─ 四 ┤      ├─ 法　寶
              │     │      └─ 僧　寶（菩薩衆）
              │     │
              │     │      ┌─ 施　門
              │     │      ├─ 戒　門（十善戒）
              │     │      ├─ 忍　門
              │     │      ├─ 進　門                   ┌─ 修止 方法
修行信心分 ───┤     └─ 五 ─┤                   ┌─ 止 ─┤─ 止　勝能
              │           行 │                   │      ├─ 魔　事
              │              │                   │      ├─ 簡僞異眞
              │              │                   │      └─ 示益勸修（十種利益）
              │              └─ 止觀門 ───────────┤
              │                                  │      ┌─ 法　相　觀
              │                                  ├─ 覺 ─┤─ 大　悲　觀
              │                                  │      ├─ 大　願　觀
              │                                  │      └─ 精　進　觀
              │                                  └─ 止觀双運
              │
              └─ 不退方便（他力念佛）
```

563

싸하세계(娑婆世界): 사람이 사는 세계를 가리킨다. '사바(娑婆)'는 본디 sabhā의 음역이며, 잡회(雜會)라는 뜻이다. 여러 가지 것이 있다고 하는 뜻이다. 그러나 뒤에는 '색하(索訶)'라고 음사하고 sahā라고 표기하여, '인(忍)'이라는 뜻으로 풀이하였다. 그래서 감인토(堪忍土) 또는 감인세계(堪忍世界)라고 해석한다.

승방편(勝方便): 수승한 수단방법. 그 방법이 허사가 되지 않는 것을 '선교방편(善巧方便)'이라고 한다. '허(虛)'조차도 포함한 것을 '권교방편(權巧方便)'이라고 한다. 지금은 전자를 가리킨다.

전의염불(專意念佛): 마음을 하나로 하여 붓다를 정념하는 것을 뜻한다. 또는 '염불(念佛)'은 붓다를 관상(觀想)하는 것이 아니라, 불명(佛名)을 외우는 것이라고 해석할 수 있다. 아미타불의 경우는 불명을 외우는 것을 염불이라고 하는 경우가 있다.

타방불토(他方佛土): 이 세계 밖에 있는 붓다의 정토를 말한다.

서방극락세계(西方極樂世界): 이 국토에서 서방으로 만억의 불토를 지나서 아미타불의 정토가 있으며, 극락(極樂)이라고 부른다.

아미타불(阿彌陀佛): amitāyus는 무량의 수명을 갖는 붓다이며, amitābha는 무량의 광명을 갖는 붓다라는 뜻이다.

왕생(往生): 원(願)에 따라서 정토에 태어나는 것을 뜻한다.

제5단 닦는 이익을 들어 실천을 권장한다
(勸修利益分)

已說修行信心分. 次說勸修利益分. 如是摩訶衍, 諸佛秘藏. 我已總說.

벌써 위에서 '무엇을 믿고, 어떻게 수행할 것인가?'에 대하여 논술하였으므로, 이제는 '닦는 이익을 들어 실천을 권장한다'에 대하여 논술한다. 위에서 논술한 대승은 모든 거룩한 붓다께서 신비로이 감추고 있는 가르침이다. 지금 나는 그 전체에 대하여 논술을 마쳤다.

|강설|

이상으로 '수행신심분(修行信心分)'의 논술을 마쳤기 때문에, 다음에는 '권수이익분(勸修利益分)'을 논술하려는 것이다. 대승의 정신(正信)을 수행하는 이익과 그것을 비방하는 죄보의 심중함을 나타내어, 비방을 벗어나게 하려고 하는 것이다. 이 '정신(正信)'과 '이방(離謗)'을 여기에서 서술한다. 먼저 '정신(正信)'을 권장한다.

이상 논술한 '마하야나(mahāyāna, 摩訶衍, 大乘)', 말하자면 제불의 법신, 여래장의 가르침은, 모든 붓다가 신비로이 감추고 있는 가르침이다. 쉽게 나타낼 수는 없지만, 지금 나는 그 전체에 대하여 논술을 마쳤다.

|용어 해설|

권수이익분(勸修利益分): 『대승기신론』에 바탕을 두고 수행하는 이익을 들어서, 대승의 정신(正信, adhimukti, śraddhā, prasāda)을 수행하는 것을 권하는 단이다.

마하야나(mahāyāna, 摩訶衍, 大乘): 마하연(摩訶衍)은 mahāyāna의 음역이며, 대승
(大乘)이라고 번역한다.

비장(秘藏): 비밀로 감추어져 있는 가르침을 뜻한다.

제1장 믿으면 이익, 훼방하면 손실(信謗損益)

제1절 믿고 받아들이면 복덕이 수승하다(信受福勝)

若有衆生, 欲於如來甚深境界, 得生正信, 遠離誹謗. 入大乘道, 當持
此論, 思量修習. 究竟能至無上之道. 若人聞是法已, 不生怯弱, 當知,
此人定紹佛種, 必爲諸佛之所授記. 假使有人, 能化三千大千世界滿
中衆生, 令行十善, 不如, 有人於一食頃, 正思此法, 過前功德, 不可
爲喩. 復次若人受持此論, 觀察修行, 若一日一夜, 所有功德無量無
邊, 不可得說. 假令十方一切諸佛, 各於無量無邊阿僧祇劫, 歎其功
德, 亦不能盡. 何以故. 謂法性功德. 無有盡故. 此人功德, 亦復如是
無有邊際.

만일 어떤 사람이 거룩한 붓다의 헤아릴 수 없이 깊은 깨달음의 경지에 대
하여 바른 믿음이 생겨나고, 비방을 하지 않으며, 대승의 길에 들어가려고 한
다면, 마땅히 이『대승기신론』을 수지하여 사색하고 수습하면, 드디어는 무
상(無上)의 깨달음에 도달할 수 있을 것이다. 만일 어떤 사람이, 이『대승기신
론』의 가르침을 들어도, 그 힘든 수행에 대하여 나약한 생각을 일으키지 않으
면, 그 사람이야말로 '거룩한 붓다의 집안(tathāgata-gotra, 如來種姓)'에 태어날
자격을 얻어, 반드시 모든 거룩한 붓다로부터 장차 거룩한 붓다가 될 수기(授
記)를 받을 것이다.

만일 어떤 사람이, 삼천대천세계에 충만한 사람들을 교화하여 십선(十善)을
실천하게 하면 그 공덕은 대단히 큰 것이다. 그러나 그것은 불과 한 끼 식사를

하는 틈 사이에 이『대승기신론』의 가르침을 바르게 사유하는 공덕에는 미치지 못한다. 만일 어떤 사람이, 이『대승기신론』을 수지하여, 그 가르침을 받고 관찰·수행하기를 스물네 시간만 하여도 그로 인하여 얻을 수 있는 공덕은 헤아릴 수 없이 많고, 끝이 없이 커서 이루 말로 다할 수가 없다. 예를 들면, 시방 삼세(十方三世)의 모든 거룩한 붓다 한 분 한 분이 헤아릴 수 없이 많은 긴 세월에 걸쳐서, 스물네 시간 동안 쌓은 이 공덕을 찬탄한다고 하더라도 모두 찬탄할 수가 없다. 왜 그런가 하면, 법성(法性)의 공덕은 무진장이기 때문이다. 이『대승기신론』을 실천하는 사람의 공덕도 그와 똑같이 끝이 없이 큰 것이다.

| 강설 |

　만일 중생이 붓다의 헤아릴 수 없이 깊은 깨달음의 경지에 대하여 바른 믿음이 생겨나고, 비방을 하지 않으며, 대승의 길, 말하자면 여래장의 실천에 들어가려고 생각한다면, 마땅히 이『대승기신론』을 수지하여, 그 가르침의 내용을 사색하고, 이해하며, 지관을 닦고, 반복하여 가르침의 내용을 수습해서 자기의 것으로 해야 한다. 그렇게 하면 드디어는 무상(無上)의 깨달음, 곧 붓다의 깨달음에 도달할 수 있을 것이다.

　여기에서『대승기신론』을 가지고 사량하고 수습한다고 서술하였기 때문에, 다음에 문(聞)·사(思)·수(修)의 삼혜(三慧)에 맞춰서 서술한다. 만일 어떤 사람이, 이『대승기신론』의 가르침을 들어도, 그 힘든 수행에 대하여 나약한 생각을 일으키지 않으면, 그 사람이야말로 '붓다의 집안(tathāgata-gotra, 如來種姓)'에 태어날 자격을 얻는다, 말하자면 붓다가 될 수 있는 자격을 얻어, 반드시 모든 붓다로부터 장차 붓다가 될 수기(授記)를 받을 것이다. 곧 이 가르침을 듣고서 '겁약한 마음'을 일으키지 않는 것이 '문혜(聞慧)'이다.

　다음에 만일 어떤 사람이, 삼천대천세계라고 하는 것과 같은 넓은 세계에 충만한 사람들을 교화하여, 십선(十善)을 실천하게 하면, 그 공덕은 대단히 큰 것이다. 그러나 그렇게 한다고 하더라도 그것은 어떤 사람이 불과 한 끼 식사를 하는 틈 사이에 이 진여의 법을 바르게 사유하는 공덕에는 미치지 못한다. 비유를 들 수 없을 정도로 진여를 사유하는 쪽의 공덕이 큰 것이다. 이것이 '사혜(思慧)'이다.

또 다음에 만일 어떤 사람이, 이 『대승기신론』을 수지하여, 그 가르침을 믿고서, 선정에 들어서 그 가르침을 사유하고 수행하는 것이, 불과 스물네 시간이라고 하여도, 그로 인하여 얻을 수 있는 공덕은 헤아릴 수 없이 많고, 끝이 없이 커서, 이루 말로 다할 수가 없다. 예를 들면, 시방삼세(十方三世)의 모든 붓다 한 분 한 분이 헤아릴 수 없이 많은 긴 세월에 걸쳐서, 스물네 시간 동안 쌓은 이 공덕을 찬탄한다고 하더라도 모두 찬탄할 수가 없다. 왜 그런가 하면, 법성(法性)의 공덕은, 붓다의 상대(相大)의 해석에서 나타난 것처럼, 무진장하기 때문이다. 이 『대승기신론』을 실천하는 사람의 공덕도 그와 똑같이 끝이 없이 큰 것이다. 그러므로 이 법을 수습하는 공덕에도 변제가 없는 것이다. 이것이 '수혜(修慧)'이다.

이상으로 문(聞)·사(思)·수(修)에 걸쳐서 정신(正信) 삼혜(三慧)의 공덕을 나타내고, 이 『대승기신론』에서 제시하는 진여의 공덕을 믿어야만 하는 것을 권장하는 것이다.

| 용어 해설 |

불종(佛種): 붓다의 종성. 장래 성불의 자격을 얻는 것을 가리킨다.

수기(授記): 기별(記別)을 받게 되는 것을 가리킨다. 붓다로부터 미래에 붓다가 된다고 하는 예언을 받는 것을 말한다.

삼천대천세계(三千大千世界): 밑은 지옥으로부터 위는 유정천(有頂天)까지를 일세계(一世界)로 하며, 이것이 위 아래로 1000개 있는 것을 소천세계(小千世界)라 한다. 이 1000세계가 옆으로 1000개 있는 것이 중천세계(中千世界)이다. 이것이 더욱 1000개가 모여 삼천대천세계(三千大千世界)가 된다. 이만큼의 세계가 1불(佛)의 교화의 범위이며, 이 가운데에 동시에 2불(佛)이 출세하는 일은 없다고 한다.

일식경(一食頃): 1회의 식사를 하는 사이, 짧은 시간을 가리킨다.

법성공덕(法性功德): 진여가 갖추고 있는 공덕, 붓다가 갖추고 있는 공덕(相大)과 같은 것이다.

제2절 훼방하면 죄가 무겁다(毀謗罪重)

其有衆生, 於此論中, 毀謗不信, 所獲罪報, 經無量劫, 受大苦惱. 是故衆生, 但應仰信. 不應毀謗. 以深自害, 亦害他人, 斷絶一切三寶之種. 以一切如來, 皆依此法, 得涅槃故. 一切菩薩, 因之修行, 得入佛智故.

어떤 사람이, 이『대승기신론』의 교리를 비방하고, 그 교리를 믿지 않으면, 정법을 비방한 중죄를 받는다. 그에 의하여 짊어지게 되는 죄의 과보는 헤아릴 수 없이 크다. 헤아릴 수 없이 긴 세월에 걸쳐서 큰 고뇌를 받을 것이다. 그러므로 사람들은 자기의 어리석음을 깨닫고, 다만 우러러 이 가르침을 믿어야 한다. 이 가르침을 훼방하면, 그것은 깊이 자신을 해칠 뿐만 아니라 다른 사람도 해치게 된다. 그래서 드디어는 불교의 근본인 붓다 · 다르마 · 쌍가 삼보의 씨앗을 단절시켜 버리게 된다.

이제까지 모든 거룩한 붓다는 이『대승기신론』의 가르침에 의하여 깨달음을 얻어 니르와나를 성취하셨으므로, 모든 보디쌋뜨와도 이『대승기신론』의 가르침을 따라서 수행하여야 거룩한 붓다의 깨달음의 지혜에 들어갈 수 있는 것이다.

| 강설 |

다음에는 자기의 본성이 진여인 것을 믿는 사람에 대하여, 이 가르침을 비방하는 죄의 무거움을 해석한다. 대승경전에는 '정법비방(正法誹謗)의 죄'가 자주 서술되고 있는데, 이것은 원시불교의 전통을 계승하는 부파불교 교단에서는, 대승이란 새로운 불교는 그때까지는 없었던 가르침이라고 하여, 불설(佛說)로서 승인을 하지 않았던 것이다. 그렇기 때문에 부파불교 교단에서는, 대승불교에 대하여 "너희들의 가르침은 비불설(非佛說)이다"라고 하는 아주 격렬한 비난을 하였던 것이다. 이에 대하여 대승경전을 수지하는 사람들은, 대승의 가르침이야말로 샤끼야무니붓다의 가르침을 시대에 맞게 되살리는 것이라고 하여 믿고 있었다. 그러므로 '비불설(非佛說)'의 비난에 대하여, '정법비방의 죄'를 가지고 대응하였던 것이다. 이러한 이유로『대승기신론』에서도, 정법(正法)을 비방해서는 안 된다는 것을 경고하는 것이다.

만일 어떤 사람이 이『대승기신론』의 교리에 대하여 모독하고, 비방하면 정법비방의 중죄를 받는다. 그에 의하여 짊어지게 되는 죄의 과보는 헤아릴 수 없이 크다. 헤아릴 수 없이 긴 세월에 걸쳐서 큰 고뇌를 받을 것이다. 그러므로 사람들은 자기의 어리석은 지혜를 가지고 진여의 가르침을 비방해서는 안 된다. 자기의 어리석음을 깨닫고, 다만 우러러 이 가르침을 믿어야 한다. 이 가르침을 훼방하면, 그것은 깊이 자신을 해칠 뿐만 아니라 그 훼방을 받아들일 다른 사람도 해치게 된다. 그래서 드디어는 불교의 근본인 붓다·다르마·쌍가 삼보의 씨앗을 단절시켜 버리게 된다. 이 점을 깊이 생각하여, 가정으로라도 이 가르침을 비방해서는 안 된다. 이제까지의 모든 붓다는 이 진여, 여래장의 가르침에 의하여, 깨달음을 열고 니르와나를 얻은 것이다. 현재 수행을 하고 있는 모든 보디쌋뜨와도, 이 진여를 수행하여, 붓다의 깨달음의 지혜에 들어갈 수 있는 것이다.

|용어 해설|

훼방(毀謗): 가르침을 모독하고 비방하는 것을 뜻한다.

무량겁(無量劫): 무량한 깔빠, 헤아릴 수 없이 긴 세월을 가리킨다.

삼보지종(三寶之種): 붓다·다르마·쌍가 삼보를 유지하는 종자를 말한다.

제2장 최후의 결론으로 수학(修學)을 권장한다(結勸修學)

當知, 過去菩薩, 已依此法, 得成淨信. 現在菩薩, 今依此法, 得成淨信. 未來菩薩, 當依此法, 得成淨信. 是故衆生應勸修學.

마땅히 알고 있어야 한다. 과거의 보디싸뜨와는 벌써 이 법을 수행함으로써 정신(淨信)을 성취하였으며, 현재 수행을 하고 있는 모든 보디싸뜨와도 이 법에 의하여 정신(淨信)을 성취하며, 미래의 보디싸뜨와도 이 법에 의하여 정신(淨信)을 성취하게 될 것이다. 그러므로 모든 사람들은 모두 이 가르침에 따라서 바른 믿음을 일으키므로 정신(正信)의 수학(修學)을 권장한다.

|강설|

이상으로 정신(正信)을 권장하는 것과 대승의 가르침을 훼방해서는 안 되는 것을 논술하였기에, 최후 결론으로서 '수학(修學)을 권장한다'는 것으로 매듭을 짓는다. 과거의 보디싸뜨와는 벌써 이 진여법을 수행함으로써 정신(淨信)을 성취하였고, 현재 수행하고 있는 모든 보디싸뜨와도 이 진여법에 의하여 정신을 성취하며, 미래의 보디싸뜨와도 이 진여의 법에 의해 정신을 성취할 수 있을 것이다. 이와 같이 『대승기신론』의 가르침은, 과거·현재·미래를 통하여 바뀌지 않는 영원한 진리이다. 이 가르침에 따라 바른 믿음을 일으키므로 정신(正信)의 수학(修學)을 권장한다. 정신(正信)이야말로 가장 중요한 것이다.

|용어 해설|

정신(淨信): 청정한 신심, 진여·자성청정심을 믿는 마음을 가리킨다.

대승기신론 강설 ──────── 맺는글 • 流通分

회향을 드리는 말씀(廻向頌)

諸佛甚深廣大義　　我今隨分總持說
廻此功德如法性　　普利一切衆生界

나는, 이제 힘껏 모든 거룩한 붓다께서
말씀하신 넓고 깊은 큰 뜻을,
함축하여 논술하였나이다.
법성과 꼭 같은 덕성을 회향하여,
모든 생명을 이롭게 하려고 하나이다.

| 강설 |

　일반적으로 불교의 경전이나 논서는, 서분(序分)·정종분(正宗分)·유통분(流通分)의 세 부분으로 나누어져 있는데, 이『대승기신론』의 경우에는 서분이 '귀경송(歸敬頌)'으로 되어 있으며, 먼저『대승기신론』을 논술하기 전에, 저자가 모든 붓다·보디쌋뜨와에게 귀명·귀의·예배를 드러내어 밝힌다.

　다음에 본론인 '정종분'이 있으며, 본론에서는, 인연분(因緣分)·입의분(立義分)·해석분(解釋分)·수행신심분(修行信心分)·권수이익분(勸修利益分)의 다섯 단으로 나누어져 있다.

　그리고 마지막으로 '유통분(流通分)'이 있는데, 이것은 저자가 본론의 저술을 마치고, 그것에 의하여 얻을 수 있는 공덕을 중생에게 회향하는 것에 의하여, 정법(正法)이 오래도록 번영하기를 기념(祈念)한다. 그러므로 '유통분'은 '회향송(廻向頌)' 한 송으로 되어 있다. 그 내용은 다음과 같다.

나는 이 논문을 저술하여, 모든 붓다께서 말씀하신 광대한 가르침의 심오한 의미를, 그 가르침의 순서에 따라서 짧은 글로 정리하여 해설하였습니다. 이것에 의하여 얻을 수 있는 덕성은, 진여법성이 불변하는 것처럼, 그것에 바탕을 둔 이 덕성도 영원히 다하지 않을 것이지만, 나는 이 덕성을 모든 중생에게 회향하여, 그들을 이롭게 하려고 합니다.

|용어 해설|

유통분(流通分): '유통분(流通分)'의 '회향송(廻向頌)'은, 『대승기신론』의 첫 부분인 '서분(序分)'의 '귀경송(歸敬頌)'에 대응한다. 유통(流通)이란, 이 가르침을 말대(末代)까지도 전하려고 하는 기념(祈念)을 표명한 것이다.

회향송(廻向頌): 본론을 저술하는 것에 의하여 얻을 수 있는 공덕을, 자기의 것으로 하지 않고, 모든 중생의 이익을 위하여 회향하는 것을 드러내어 밝히는 게송(偈頌)을 가리키는 것이다

총지(總持): dhāraṇī의 번역이며, 심오한 뜻을 짧은 말에 압축하여 나타낸 것을 가리킨다. 본론도 한 권의 소론(小論)이지만, 그러나 내용적으로는 대승의 심오한 교리와 풍부한 내용을 모아놓은 것이라고 하는, 저자의 자신(自信)을 나타낸 것이다.

법성(法性): 본론을 저술한 공덕은 법성과 동등하다는 의미이다. 앞의 '권수이익분(勸修利益分)'의 '수혜(修慧)'를 나타내는 데에서, 이 『대승기신론』을 수습하는 공덕은 무진장이라고 논술하고, 법성의 공덕도 무진장이기 때문에, 진여를 닦는 사람의 공덕도 무진장이라고 서술한 것에 대응하는 것이다.

중생계(衆生界): 중생의 세계, 생물의 영역이라는 뜻이다.

싼쓰끄리뜨 표기 해설

• 데와나가리 문자(文字)

싼쓰끄리뜨 발음 표기는 한국불교학회의 불교학술용어 표준화안을 따름

Devanāgarī	Rome	한글	Devanāgarī	Rome	한글	Devanāgarī	Rome	한글
अ/आ	a/ā	어/아:	च	c	ㅉ	न	n	ㄴ
इ/ई	i/ī	이/이:	छ	ch	ㅊ	प	p	ㅃ
उ/ऊ	u/ū	우/우:	ज	j	ㅈ	फ	ph	ㅍ
ऋ/ॠ	r̥/r̥̄	ㄹ	झ	jh	ㅈ	ब	b	ㅂ
ऌ/ॡ	l̥/l̥̄	ㄹ	ञ	ñ	냐	भ	bh	ㅂ
ए/ऐ	e/ai	에:/아이	ट	ṭ	ㄸ	म	m	ㅁ
ओ/औ	o/au	오:/아우	ठ	ṭh	ㅌ	य	ya	야
○ं	aṃ(ṃ)	ㅇ/ㅁ	ड	ḍ	ㄷ	र	r	ㄹ
○ः	aḥ(ḥ)	허	ढ	ḍh	ㄷ	ल	l	받침 ㄹ
क	k	ㄲ	ण	ṇ	ㄴ	व	v	모두 w로
ख	kh	ㅋ	त	t	ㄸ	श	ś	슈
ग	g	ㄱ	थ	th	ㅌ	ष	ṣ	쉬 / sh
घ	gh	ㄱ	द	d	ㄷ	स	s	ㅆ
ङ	ṅ	ㅇ	ध	dh	ㄷ	ह	h	ㅎ

싼쓰끄리뜨의 10진법

고 대	০	১	২	৩	৪	৫	৬	৭	৮	৯
현 대	0	1	2	3	4	5	6	7	8	9
발 음	śūnyaṃ 슈니얌	eka 에까	dvi 드위	tri 뜨리	catur 짜뚜르	pañca 빤짜	ṣaṣ 샤쉬	sapta 쌉따	aṣṭa 아쉬따	nava 나와

10 daśa, 100 śata, 1,000 sahasra 또는 daśaśata, 10,000 prabheda

100,000 lakṣa, 1,000,000 prayuta, 10,000,000 koṭi

싼쓰끄리뜨 발음 표기 예시

싼쓰끄리뜨	한자	기존의 표기	한국불교학회정비안
anuttara samyak saṃbodhi	阿耨多羅三藐三菩提	아뇩다라삼먁삼보리	안웃따라쌈약쌍보디
nirvāṇa	涅槃, 泥洹	니르바나 닐바나 열반	니르와나
prajñā-pāramitā	般若波羅蜜, 般若波羅蜜多	반야바라밀 반야바라밀다 프라즈냐파라미타	쁘라갸빠라미따
Kumārajīva	鳩摩羅什	구마라집 구마라습 꾸마라지바	꾸마라지와
Vārāṇasī	波羅奈	바라나 바라나시	와라나씨
gate gate	揭帝 揭帝	아제 아제	가떼 가떼
bodhi svāhā	菩提 僧莎訶	모지사바하	보디쓰와하

싼쓰끄리뜨의 8격을 다음과 같이 약자로 표시한다.

nom. 主格 nominative

voc. 呼格 vocative

acc. 對格=목적격 accusative

ins. 具格=助格 instrumental

dat. 爲格=與格 dative

abl. 奪格 ablative '…에서'의 뜻으로 동작의 수단·원인·장소·때 따위를 나타내는 명사의 격. from, by, at, in 따위로 만드는 부사구에 해당.

gen. 屬格=所有格 genitive.

loc. 處格 locative.

ind. 不變化詞 indeclinable 격변화를 하지 않는다.

〔SED〕 Sanskrit-English Dictionary, by Sir Monier Monier-Williams, Oxford University Press, 1899

〔SED〕p.61a abhi

abhi ind. (a prefix to verbs and nouns, expressing) to, towards, into, over, upon.

(As a prefix to verbs of motion) It expresses the notion of moving or going towards, approaching.

(As a prefix to nouns not derived from verbs) It expresses superiority, intensity.

(As a separate adverb or preposition) It expresses (with acc.) to, towards, in the direction of, against; into; for, for the sake of(~을 위하여), on account of(~때문에), 대(對); on, upon, with regard to; by, before, in front of, over.

〔SED〕p.131c ācārya

ācārya 인디아에서는 일반적으로 스승을 의미한다. 한역경전에서는 궤범사(軌範師)라고 의역하며, 아사리(阿闍梨)라고 음역한다.

〔SED〕p.23c adhvan

adhvan m. a road, way; a journey, course; time.
불교경전에서는 세(世)라고 번역하며, 예를 들어 삼세(三世)를 Tryadhva이라고 한다.

〔SED〕p.129b āgantuka

ā-√gam to come, arrive at, reach

āgantuka mfn. anything added or adhering; incidental, accidental, adventitious (as pleasure, pain, ornament); arriving of one's own accord, stray (as cattle); 客塵

m. a new comer, stranger, guest.

āgata mfn. come, arrived;

āgama mf(ā)n. coming near, approaching

m. coming, approach; a traditional doctrine or precept, collection of such doctrines, sacred work.

〔SED〕p.10c ajeyaṃ

ajeya mfn. invincible 정복할 수 없는, 무적의, 겨룰 수 없는

ajeyaṃ은 ajeya의 acc.로서 '겨룰 수 없는 것 · 필승'이라는 뜻이다.

〔SED〕p.154a ālaya-vijñāna 알라야식(阿梨耶識)

ā-√lī to come close to; to settle down upon; to stoop, crouch.

ālaya n a house, dwelling; a receptacle, asylum. 장(藏)의 의미와 함께 집착(執著) · 탐착 (耽著)의 의미가 있다. ālaya-vijñāna를 여래장 계통에서는 아리야식(阿梨耶識) · 아려야 식(阿黎耶識)이라고 음표하며, 유식 계통에서는 아뢰야식(阿賴耶識)이라고 음역한다.

알라야(ālaya)를 한자로 음사할 때, 음사하는 방식이 학파의 성격에 따라서 다르다. 현장 의 신유식 계통에서는 아뢰야식(阿賴耶識)으로 통일되어 있지만, 진제(眞諦 Paramārtha, 499~569)의 여래장 계통에서는 아리야(阿梨耶)의【리】를【梨 · 黎 · 黎】의 세 가지 글자를 빌려 음사하고 있다.【黎】는 梨와 같은 글자이기 때문에, 한글로 읽을 때, 모두【리】로 읽으 므로 이의를 제기할 것이 없다. 그러나【黎】는 한글로 읽을 때,【리 · 려】의 두 가지 소리 값 을 가지고 있으므로, 어느 쪽을 선택하느냐라는 문제가 발생한다. 한국에서 발행한 대한자 사전(大漢字辭典)에도【黎】는 분명히【리 · 려】의 두 가지 소리 값을 표기하고 있다. 중국에 서 발행한 중국어사전(中國語辭典)에는【黎】는 오로지【리】로만 읽고 있다. 그러나 우리나 라의 일부의 불교학자는,【黎】를【려】의 소리 값으로 읽고 있으나, 그것은 잘못 읽는 것이다. 이것은 알라야(ālaya)를 한자로 음사할 때, 중국에서 채택한 것이기 때문에, 한자의 소리값 대로 읽으려면,【黎】는【리】로 읽어야 한다.【리】로 읽는 것이【려】로 읽는 것보다 발음하기도 쉬우며, 어감도 좋고, 부드럽고 자연스럽다. 또한【梨】로 표기한 것과도 잘 부합한다고 생각 한다. 그러므로 필자는,【梨 · 黎 · 黎】의 세 가지 글자를 모두 다【리】로 읽는다.

알라야식은 일체법을 포섭하며, 일체법을 생성한다. 다만 혜원은, 이 식(識)은 윤회에 유전 하여 사라지지 않으므로 무몰식(無沒識)이라고 해석한다. 『대승기신론(大乘起信論)』에서 는 알라야식을 '진망화합식(眞妄和合識)'으로 보며, 현장의 유식설에서는 '망식'으로 본다.

양자는 같은 용어를 사용하고 있지만, 교리의 해석에서는 서로 해석을 다르게 하고 있다.

anuttarāṃ samyaksaṃbodhim abhisaṃbuddhāḥ

〔SED〕p.33a anuttara

p.33a anuttara mfn. chief, principal, best, excellent, low, south, southern.

p.1181b samyañc=samyak mfn. entire, whole, complete, 정등(正等).

p.733a √budh to wake, wake up, be awake; to perceive, notice, understand; to have an insight into. (깨닫다, 깨닫게 하다, 깨어 있다; 인지하다, 알아차리다, 이해하다; ~을 꿰뚫어보다)

bodhi mf. (with Buddhists or Jainas)perfect knowledge or wisdom(by which a man becomes a Buddha or Jina), the illuminated or enlightened intellect(of a Buddha or Jaina).(불교·자이나교에서, 인간이 붓다나 자이나가 되는 완전한 지식이나 지혜, 붓다나 자이나의 깨달음).

p.1181b samyaksaṃbodhi f. complete enlightenment.

Buddha m.(with Buddhists) a fully enlightened man who has achieved perfect knowledge of the truth and thereby is liberated from all existence and before his own attainment of Nirvāṇa reveals the method of obtaining it, (esp.) the principal Buddha of the present age (born at Kapila vastu about the year 500 B.C., his father, Śuddhodana, of the Śākya tribe or family, being the Rāja of that district, and his mother, Māyā-devī, being the daughter of Rāja Su-prabuddha, MWB.19.; hence he belonged to the kṣatriya varṇa and his original name Śākyamuni was really his tribe name, while that of Gautama was taken from the race to which his family belonged; he is said to have died when he was 80 years of age.)(불교에서, 붓다는, 진리에 대한 완전한 지식을 성취하여 완전히 깨달은 사람이며, 그로 인해 모든 존재로부터 해탈한 사람, 깨달음을 얻기 전에 깨달음을 얻는 방법을 드러내는 사람이다. 특히 현세의 붓다는 B.C. 500년경에 까삘라와쓰뚜에서 태어났고, 그의 아버지 숫도다나는 그 지역의 왕인 샤끼야족의 왕이었고, 어머니 마야부인은 쑤쁘라붓다 왕의 공주님이었다. 따라서 그는 끄샤뜨리아 계급에 속하였고, 그의 원래 이름인 샤끼야무니는 그의 종족의 이름이었고, 고따마라는 이름은 그의 가족이 소속해 있었던 종족으로부터 나온 것이다. 그는 80세의 나이에 니르와나에 드셨다고 한다).

한역경전에서는 '불타(佛陀)'라고 음역하며, 깨달은 분, 깨달은 이, 각자(覺者)라고 번역한다.

p.1181b samyaksaṃbuddha mfn. one who has attained to complete enlightenment (said of the Buddha).(완전한 깨달음을 얻은 사람으로 붓다를 말함).

[SED]p.61a abhi

abhi ind. (a prefix to verbs and nouns, expressing) to, towards, into, over, upon.

(As a prefix to verbs of motion) It expresses the notion of moving or going towards, approaching.

(As a prefix to nouns not derived from verbs) It expresses superiority, intensity.

(As a separate adverb or preposition) It expresses (with acc.) to, towards, in the direction of, against; into; for, for the sake of(~을 위하여), on account of(~때문에), 對; on, upon, with regard to; by, before, in front of, over.

[SED]p.73b abhisaṃbuddha

abhi-saṃ-buddha mfn. deeply versed in, MBh; having attained the bodhi, Buddh.

[SED]p.707b aprāpti / aprāptitva 무득(無得)

pra-√āp to attain: to reach, arrive at, meet with.

prāpta mfn. attained to, reached, arrived at.

prāpti f. advent; reach; attainment, 득(得).

aprāpti / aprāptitva non-attainment, no attainment, 무득(無得), 무소득(無所得).

본디 갖추어져 있는 성질이기 때문에 무득이라고 말한다.

[SED]p.152b ārya

ārya mf(ā)n. holy, honourable, respectable, noble, sacred,(존경할 만한, 고귀한, 성스러운, 聖)

[SED]p.152b āryāvalokiteśvarāya=ārya+avalokiteśvara

ārya mf(ā)n. holy, honourable, respectable, noble, sacred,(존경할 만한, 고귀한, 성스러운, 聖)

Āryāvalokiteśvara 성관음(聖觀音)=정관음(正觀音)보디쌋뜨와=지옥 중생의 구제자(救濟者)로서 하얀 몸에 오른손에는 연꽃을 가지고 있으며 왼손은 가슴에 대고 있고, 보관(寶冠)

에는 『무량수경』을 안치하거나 혹은 '성(聖)'자를 표시하기도 한다. 이 관세음보디쌋뜨와는 관음의 본신(本身)으로서 '본연관음(本然觀音)'이라고 부르기도 한다.

āryāvalokiteśvara는 āryāvalokiteśvara의 nom.

〔SED〕p.103c Avalokiteśvara

ava−√1. lok to look; to look upon or at, view, behold, see, notice, observe(觀る, 光る, 보다, 바라보다, 주목 · 주시하다, 관찰하다)

avalokita mfn.(p.p.)seen, viewed, observed; viewed by(보여진, 관찰된, 觀られた, 觀照)

avalokayitṛ mfn. one who views 관조자(觀照者)

Avalokita+īśvara   Avalokiteśvara 관자재(觀自在)

Avalokita+svara=Avalokitasvara 관음(觀音)일 것이라고 주장하는 학설도 있음. 〔坂本幸男 · 岩本裕, 『법화경(法華經)』(下), p.371, 岩波書店, 1978 참조〕

관세음(觀世音)이라고 말하는 경우에는, 중생으로 하여금 '음성을 보게 한다'고 하는 Buddha · Bodhisattva의 자비행을 인격화하여, 여기에 관음(觀音)이라는 보디쌋뜨와로 표현하게 된 것이다. 일반적으로는, 관음이라고 할 때에는 대비(大悲)를 강조하며, 관세음이라고 할 때에는 지혜(智慧)를 강조하는 것으로 풀이하고 있다. 관자재(觀自在)란, 세간의 중생에게 그 모습을 드러내어 많은 사람들을 보고(觀), 나아가 구제하는 작용이 자유자재한 것을 가리키며, 근본적으로는 예지를 체득한 사람의 작용이라고 해석하고 있다. 관자재(=관세음)는 특별한 인격을 지칭하려는 것이 아니고, 모든 사람들이 갖추고 있는 작용이며, 아집을 버리고, 많은 사람들 속에서 살려고 서원을 하고, 발을 내디딜 때, 찬란한 광채가 나타나는 것이라고 본다. 그러므로 자비를 실천할 것을 권장하는 것을 목적으로 이 사상이 형성된 것이라고 생각한다.

佛說成具光明定意經(大正No.630, 後漢, 支護譯) ┐
維摩詰經(大正No.475, 姚秦, Kumārajīva譯) ─── 등에는 Avalokiteśvara Bodhisattva
放光般若經(大正No.221, 西晉, 無羅叉譯) ┘ 가 영향중(影響衆)으로 등장한다.

'영향(影響)'의 '영(影)'자가 물건의 형태에 따르고, '향(響)'자가 음성을 따르는 것처럼, 그의 몸에서 떨어지지 않고 옹호하는 것을 말한다. 영향중(影響衆)은, 사중(四衆)의 하나로 붓다의 설법(說法) · 교화(敎化)를 찬탄하기 위하여, 제불(諸佛) 및 법신(法身) 보디쌋뜨와가 마치 그림자나 메아리처럼 모습을 나타내는 것을 말하며, 관세음 · 만주쉬리 · 보현 등은 이에 속한다. 다음과 같이 사중(四衆)을 소개하려고 한다.

① 발기중(發起衆); 붓다에게 설법을 해 주시도록 하게 하는 이. 『법화경』에서의 Śāriputra 가 세 번 설법을 해 주시도록 간청한 것과 같은 예이다.

② 당기중(當機衆); 경을 듣고서 이익을 얻는 이.

③ 영향중(影響衆); 다른 곳에서 와서 붓다의 교화를 돕는 이.

④ 결연중(結緣衆); 직접 이익을 받는 것은 아니지만, 설법하는 자리에 동참하여 붓다를 예배하고 법을 듣는 인연을 맺는 이.

Avalokiteśvara Bodhisattva의 본연(本緣)을 말하기 시작한 것은 『법화경』이다. 이 경의 「관세음보살보문품(觀世音菩薩普門品)」 제25를 보면 대자대비의 권화로서 현세이익의 기능을 담당하고 있다.

Avalokiteśvara Bodhisattva의 계보는 북서인디아에서 신봉하던 Iran의 물과 풍요의 여신 Anāhitā에서 유래하였다고 한다. 이에 따르면 관세음은 여성이 되어야 하나, 문헌상으로는 초기부터 남성으로 나타나 있다. 그러나 토속신을 흡수하는 과정에서 관세음은 남성도 되고 여성으로도 드러나게 되었다.

Avalokiteśvara Bodhisattva는 일곱 가지로 나누어져 있어 '칠관음(七觀音)'이라고 한다.

① Āryāvalokiteśvara 성관음(聖觀音)=정관음(正觀音)보디쌋뜨와= 지옥중생의 구제자(救濟者)로서 몸은 하얀색이고, 오른손에는 연꽃을 가지고 있으며, 왼손은 가슴에 대고 있고, 보관(寶冠)에는 『무량수경』을 안치하거나 혹은 '성(聖)'자를 표시하기도 한다. 이 관세음보디쌋뜨와는 관음의 본신(本身)으로서 '본연관음(本然觀音)'이라고 부르기도 한다.

② Sahasrabhuja avalokiteśvara 천수천안관음(千手千眼觀音)보디쌋뜨와= 아귀중생의 구제자로 일하는 관세음보디쌋뜨와이다. 절에서 공양시간에 천수(千手) 물을 받아 발우(鉢盂)와 수저 등을 씻고 난 후, 그 물을 대중이 생활하는 방의 천장에 붙여진 천수다라니(dhāraṇī)에 비춘 다음 아귀에게 공양하는 것은 아귀중생의 구제라는 천수관음의 역할을 보여주고 있는 것이다.

그런데 이 보디쌋뜨와는 본디 1000개의 눈을 가졌다는 Indra, Viṣṇu 그리고 Śiva와 같은 Hindu신이 불교적으로 변용된 관세음보디쌋뜨와라고 한다.

③ Hayagrīva avalokiteśvara 마두관음(馬頭觀音)보디쌋뜨와= 축생중생의 구제자(救濟者)로서 India의 서사시인 『Mahābhārata』에 등장하는 Viṣṇu의 이야기에 영향을 받아 생겨난 것으로 Viṣṇu의 화신이라고도 하고 혹은 물고기의 모습으로 나타난 Viṣṇu에게 살해된 악마가 불교적으로 변용된 관세음보디쌋뜨와라고도 한다. 마치 전륜성왕의 보마(寶馬)가 사방을 달리며 모든 것을 굴복시키는 것처럼 생사의 큰 바다를 누비면서 악마를 굴복시키는 대

위신력을 나타낸다고 하며 세 면(面) 또는 네 면의 얼굴에 두 개 혹은 여덟 개의 팔을 가지고 있다. 세 개 혹은 네 개의 얼굴 중 맨 위에 있는 것을 '대저마두(戴著馬頭)'라고 부르며 이 관세음 보디쌋뜨와는 분노의 형상을 띠고 있다.

④ Ekādaśamukha avalokiteśvara 십일면관세음(十一面觀世音)보디쌋뜨와=아쑤라중생의 구제자로서 열한 개의 얼굴을 지닌 형상으로 묘사된다. 이것은 십일 면 중 정면에 자리 잡은 세 개의 얼굴은 자비의 형상을 띠며, 왼쪽의 세 면은 진노하는 형상을, 오른쪽의 세 면은 개의 이빨이 위로 솟은 듯한 모습을, 후면에 있는 한 개의 얼굴은 크게 웃고 있는 모습, 그리고 정상부에 있는 한 개의 얼굴은 아미따붓다의 변화신의 모습을 갖추고 있다.

이 십일면관음(十一面觀音)은 어디에 인간이 있든지 언제나 그 쪽으로 얼굴을 돌려서 즉시 구원의 손길을 뻗쳐주는 것을 상징하고 있다.

⑤ Caṇḍī avalokiteśvara 짠디:관세음보디쌋뜨와=인간 중생의 구제자로서 Caṇḍī는 청정을 뜻하는 것으로 해석하여 심성의 청정함을 찬탄하는 관세음보디쌋뜨와라고 한다. 여러 가지의 도상이 있지만, 세 개의 눈과 열여덟 개의 팔을 가지고 있으면서 머리에 아미따붓다의 변화신을 모시고 있는 것이 있다.

이 Caṇḍī관음은 Hindu의 토착적인 요소가 강한 여신이 불교적으로 변용된 관세음이라고 한다. 준제(准提)는 Caṇḍī의 음사이다.

⑥ Cintāmaṇicakra avalokiteśvara 여의륜관음(如意輪觀音)보디쌋뜨와=여의보주 및 법륜의 공덕을 가지고 모든 중생의 고뇌를 구제하며, 세간과 출세간에서 원하는 바의 심원(心願)을 성취시켜 주는 보디쌋뜨와이다.

하느님들을 구제하는 이로서, 여의보주의 싸마디에 머물면서 법의 수레바퀴를 굴림으로써 육도중생의 고통을 덜어주고 있는 관세음보디쌋뜨와라고 한다.

육도중생을 제도하는 표시로 여섯 개의 팔을 지니고 있는 여의륜관음(如意輪觀音)보디쌋뜨와는, 오른쪽의 첫째 사유하는 모습의 팔은 지옥도(地獄道)에서 고통을 받고 있는 중생을 구제하며, 오른쪽의 둘째 여의보주를 들고 있는 모습의 팔은 아귀도(餓鬼道)에서 기근의 고통을 받고 있는 중생을 구제하고, 오른쪽의 셋째 염주를 들고 있는 팔은 축생도(畜生道)에서 편달의 고통을 받고 있는 중생을 구제하며, 왼쪽의 첫째 광명산을 가리키고 있는 팔은 아쑤라도에서 투쟁(鬪諍)하고 있는 중생의 고통을 구제하고, 왼쪽의 둘째 연꽃을 들고 있는 팔은 인도(人道)를 교화하며, 왼쪽의 셋째 금강바퀴를 들고 있는 모습의 팔은 천도의 유(有)를 파괴한다고 한다고 한다.

본디는 인간을 자유롭게 찾아와서 구제해 준다는 인간의 욕망을 구상화한 신이라고 한다.

⑦ Amoghapāśa avalokiteśvara 불공견색(不空羂索)보디쌋뜨와=견색이란 새를 잡는 그물

을 가리키며, 그 그물을 대천세계에 던져 가지고 모든 중생을 구제한다는 뜻을 가지고 있으며, 그 원력이 허망하지 않으므로 불공(不空)이라고 한다. 한 얼굴에 세 개의 눈과 여덟 개의 팔을 가지고 있다.

본디 이 보디쌋뜨와는 Śiva의 화신이 불교적으로 변용된 관세음보디쌋뜨와라고 한다.

(SED)p.158b āśrita

ā−√śṛ to depend on, lean on; to join; to apply anything, 의지하다.

āśrita mfn. depending on, leaning on; joining; attaching one's self to, 의(依). 의지

āśritya ind. having sought or obtained an asylum; having recourse to, employing, practicing. 의지

(SED)p.117a asti

√as to be, live, exist, be present.

√as의 p. asti existent, present.

(SED)p.156a āvaraṇa

ā−√vṛ to cover, hide; to surround, shut.

āvaraṇa n. mental blindness, hindrance, obstacle, obstruction, impediment, concealing, hiding, the act of covering, 覆うもの, 장애(障碍), 가애(罣碍).

(SED)p.108c avidyā

avidyā f. ignorance, spiritual ignorance, 무명(無明).

(SED)p.733a, bodhi+sattva

√budh to wake, wake up, be awake; to perceive, notice, understand; to have an insight into. (깨닫다, 깨닫게 하다, 깨어 있다; 인지하다, 알아차리다, 이해하다; ~을 꿰뚫어보다)

bodhi mf. (with Buddhists or Jainas)perfect knowledge or wisdom(by which a man becomes a Buddha or Jina), the illuminated or enlightened intellect(of a Budha or Jaina). (불교 · 자이나교에서, 인간이 붓다나 자이나가 되는 완전한 지식이나 지혜, 붓다나 자이나의 깨달은 앎).

bodhi m. the tree of wisdom under which perfect wisdom is attained or under which a man becomes a Buddha(지혜의 나무로, 그 아래에서 완전한 지혜가 성취되거나 그 아래에서 인간은 붓다가 된 지혜의 나무, 성스러운 무화과나무)

sattva m. n. a living or sentient being, creature, animal(살아 있는, 감각이 있는 사람, 창조물, 동물); being, existence(존재, 존재물, 실재물).

bodhisattva m. one whose essence is perfect knowledge, one who is on the way to the attainment of perfect knowledge(i.e. a Buddhist Sant when He has only one birth to undergo before obtaining the state of a supreme Buddha and then Nirvāṇa).(그의 핵심은 완전한 지식을 이룬 사람, 완전한 지식을 달성하는 과정에 있는 사람(단 한 번 태어나서 완전한 붓다의 상태를 달성하기 전에 겪는 동안의 불교 성자로 다음에 니르와나에 든다).

한역경전에서는 '보리살타(菩提薩埵)'라고 음사하며, 우리는 또 이것을 '보리살타'라고 읽는다. 깨달음을 구하여 종교적인 실천을 수행하고, 다른 사람들을 정신적으로 구제해 줌으로써 은혜를 입으며, 그 공덕에 의하여 미래의 어느 때인가 붓다의 깨달음을 얻으려고 하는 사람이라는 뜻이다. 이 경우에는 장래에 붓다가 되는 것이 예정되어 있다. 뒤에 대승불교가 전개되면 bodhisattva는 특히 '대승의 수행자'를 가리키며, 현대에 와서는 구법자(求法者)·구도자(求道者)를 의미하게 되었다.

〔SED〕p.380a ca

ca ind. and, both, also, as well as, moreover

〔SED〕p.382a cakṣu

cakṣu m. faculty of seeing, sight; the eye, 한역경전에서는 안근(眼根)이라고 번역한다. 안(眼).

cakṣus mfn. seeing.

〔SED〕p.389a carya

√car to move one's self, go.

cara mfn. moving, locomotive(as animals opposed to plants, practising).

carya mfn. to be practised or performed, 行.

caramāṇa는 √car의 현재분사형이다. 실행(實行)하고 있다, 실천(實踐)하고 있다.

〔SED〕p.395c citta

citta mfn. noticed.

n. attending, observing; thinking; mind, 心.

〔SED〕p.515b dhāraṇī, 총지(總持)

√dhṛ to hold, keep, support, maintain〔유지하다, 간직하다, 지지하다, 지니다, 호지(護持)하다〕

dhāra mf(ī)n. holding, supporting, containing.(지니는, 유지하는, 잡고 있는, 간직하는)

dhāraṇī f. any tubular vessel of the body(신체의 혈관); the earth(땅); a particular bulbous plant(구근식물); a mystical verse or charm used as a kind of prayer to assuage pain(고뇌를 소멸시키는 일종의 기도로 사용되는 신비스런 시나 주문); row or line(줄이나 선).

한역경전에서는 多羅尼, 陀羅尼라고 음역하며, 총지(總持), 주문(呪文), 주(呪), 진언(眞言)이라고 번역한다. 한 글자 혹은 한 구(句)에 오묘한 의미를 담고 있으며, 기억하기에도 아주 편리한 점을 가지고 있다.

〔SED〕p.510a dharma 법(法)

√dhṛ to hold, keep, support, maintain 지니다, 호지하다, 유지하다.

dharma m. that which is established or firm, steadfast decree, statute, law(불변의 법률, 법규, 법); duty(의무); justice(사법); virtue(덕, 덕행), religion(종교). 한역경전에서는 '達磨'라고 음사하며, 법이라고 번역한다.

법이라는 용어를, 임지자성(任持自性) · 궤생물해(軌生物解; 법은, 자성을 잘 보존하며, 궤범이 되어 사람에 관한 이해를 생겨나게 한다)라고 풀이하고 있다. dharma는 본디 기체(基體, dharmin)에 대한 성질의 의미로 쓰였는데, 유부에서는 고유의 특질을 호지하기 때문에(sva-lakṣaṇa-dhāraṇāt) 법이라고 해석되었다. 언제나 같은 성질〔自性〕을 유지하고 있으며, 그것에 의하여 사람〔人物〕에게 그 자체의 이해를 생겨나게 하는 것이라고 정의하고 있다. 가르침, 습관, 도덕, 법률, 진리, 특성을 법이라고 이해하고 있다. 여기서 말하는 법은, 대승에 대한 믿음을 일으키는 근거가 되는 법이며, 중생심(衆生心) 또는 일심(一心)을 가리킨다.

〔SED〕p.510a dharmatā 법성(法性)

√dhṛ to hold, keep, support, maintain 지니다, 호지하다, 유지하다.

dharma m. that which is established or firm, steadfast decree, statute, law(불변의 법령,

법규, 법); duty(의무); justice(사법); virtue(덕, 덕행), religion(종교). 한역경전에서는 '達磨'라고 음사하며, 법이라고 번역한다.

dharmatā f. essence, inherent nature; the being law or right. 법성

(SED)p.521a dhyāna

√dhyai to think of, imagine, meditate on; to be thoughtful or meditative.

dhyāna n. meditation, (esp.)profound and abstract religious meditation(with Buddhists divided into 4 stages), 선나(禪那), 정려(靜慮), 선정(禪定).

(SED)p.483b duḥkha

duḥkha mfn. uneasy, uncomfortable, difficult.

n. uneasiness, pain, sorrow, suffering, 고(苦).

(SED)p.232b eva

eva 1. ind. so, just so, exactly so (in the sense of the later evam); indeed, truly.

(SED)p.232b evam eva

evam ind. thus, in this way, in such a manner, such.

(SED)p.346b gambhīra

√gabh=gambh=jambh

gambhīra mfn. the deepness of a man's navel, voice, and character, are praised together, 심(深).

(SED)p.345a gandha

gandha m. smell, odorous; a fragrance, scent, perfume, odor, 향(香).

(SED)p.346c gata

√gam to go, move, go away, come.

gata mfn. gone, gone away, departed.

(SED)p.379c ghrāṇa

√ghrā to smell

ghrāṇa n. the nose, 비(鼻).

(SED)p.1302c hṛdaya

hṛdaya n. the heart (or region of the heart as the seat of feelings and sensations); soul, mind (as the seat of mental operation); the heart or center or core or essence or best or dearest or most secret part of anything.(심장, 마음, 심(心), 마음 또는 감정과 의식의 중심 지로서의 심장 부근; 영혼, 정신작용의 장소로서의 마음, 핵심, 정수, 가장 소중한, 가장 비밀스러운 것)

(SED)p.169c iha

iha ind. in this world, in this place, here.

(SED)p.414a jarā

jarā f. old age, 노(老).

(SED)p.422a jihvā

jihvā m. the tongue, 설(舌)

(SED)p.425b jñāya

√jñā to know, have knowledge, become acquainted with, perceive, opprehend, understand.

jña m. a wise and learned man, the omniscient, 지자(知者). jñāya는 jña의 dat.

jñāna n. knowing, (esp.) the higher knowledge (derived from meditation on the one Universal Spirit), cognition, 지(智).

jñātavya mfn. to be known or understood or investigated or inquired after; to be considered.

(SED)p.258b karma 업(業)

√kṛ to do, make, perform; to remember; to place in one's mind(하다, 만들다, 수행하다,

592

기억하다, 마음에 새기다).

karman=karma n. act, action, performance(수행, 실행, 행위); special duty(특수 임무); any religious act or rite(종교적 행위나 의식) (as sacrifice, oblation=봉헌, 봉납, 공물 &c. esp. as originating in the hope of future recompense and as opposed to speculative religion or knowledge of spirit)(특히 미래 보상을 바라는 데서 나오는 것으로, 영혼의 지식이나 사변적인 종교와는 대조된다) work. 의식(儀式). 업(業).

까르마라는 말은 동·서양에 불교용어로서 보편화되어 있기 때문에 업을 까르마라고 번역한다. 불교에서는 크게 몸으로 짓는 까르마(kāya-karman, 身業)·말로 짓는 까르마(vāk-karman, 語業)·마음으로 짓는 까르마(manas-karman, 意業)의 세 까르마를 설정한다. 거룩한 붓다가 짓는 까르마와 범부가 짓는 까르마는 그 질과 양이 다르다. 불교는, 힌두교의 혈통을 따르는 인습을 부정하고, 오로지 까르마를 따르는 행위주의를 채택하고 있다. 그러므로 까르마를 어떻게 짓고 삶을 사느냐에 따라서 행복과 불행이 결정되며, 세상에서의 차별도 철저하게 까르마에 따르는 것이라고 가르치고 있다. 우리의 일상생활 속에서의 삶이 바로 까르마이기 때문이다.

(SED)p.274a kāya
kāya 2. m. the body, 신(身).

(SED)p.319c krānta
√kram to step, go; to undertake.
320b. krānta mfn. overcome, gone, gone over, attacking, 원리(遠離).

(SED)p.327c kṣayo
√kṣi 1. to possess, have power over, rule, govern, be master of.
kṣaya 1. m. dominion.

(SED)p.891c lakṣaṇa 상(相)
√lakṣ to perceive, observe; to mark, sign; to characterize, define
lakṣaṇa n. a mark, sign, symbol, token, characteristic; a lucky mark, favourable sign, 상(相), 특질(特質), 특성(特性), 속성(屬性), 성능(性能)
상(相)은 lakṣaṇa를 번역한 것이며, 특질, 특성, 성질, 성능을 의미한다. 본체의 위대함(體

大)인 진여가 갖추고 있는 특질을 가리킨다. 거룩한 붓다에게서는 깨달음의 지혜와 자비를 가리키는 것이지만, 여기에서는 '여래장'을 가리킨다.

〔SED〕p.794a mahāyāna mahā+yāna 대승(大乘)
p.794a √mah to elate, gladden, exalt, arouse(남을 기쁘게 하다, 즐겁게 하다); to magnify, esteem highly, honour(칭찬하다, 높이 평가하다, 존경하다); to delight(기쁘게 하다).
mahā=mahat mfn. great(in space, time, quantity or degree), large, big, huge, ample, extensive, long, abundant, high.(공간, 시간, 양이나 정도가 큰, 넓은, 광범위한, 긴, 수 없이 많은, 높은)
mahā는 대(大), 한, 크다, 위대하다라 번역하며, '마하(摩訶)'라고 음사한다.
√yā; to go, proceed, move, walk, set out, march, advance., travel, journey
yāna n. a vehicle of any kind, carriage, waggon, vessel, ship
mahāyāna는 대승이라고 번역하며, 마하연(摩訶衍)이라고 음사한다. mahāyāna는 hīnāyāna 의 상대어이다.
커다란 대량 운송 기관, 많은 사람을 실어 나를 수 있는 커다란 운송 기구. 본디 대승불교운 동을 일으킨 쪽에서 비판의 대상으로 삼은 소승불교의 상대어로 쓴 용어이다. 그렇지만 이 곳에서의 대승은 중생심 또는 일심을 가리킨다. 믿음에도 소승적인 믿음(信)과 대승적인 믿 음(信)이 있으며, 지금은 대승적인 믿음을 서술하려고 하는 것이다.

〔SED〕p.792a mala
mala n. dirt, fith, dust, defiled, 티끌, 때, 진애(塵埃), 구(垢).

〔SED〕p.783a manas
√man to think, believe, imagine(생각, 상상하다, 믿다).
manas n. mind (in its widest sense as applied to all the mental powers), intellect(정신력에 적용되는 가장 현명한 의미에서의 마음, 지성, 지력).
manas mind, 생각, 마음, 의(意).

〔SED〕p.782b mantra
√man to think, believe, imagine(생각하다, 믿다, 상상하다); to hope, wish(희망, 소망하

다); to honour, esteem, value highly(존경, 공경하다, 높이 평가하다).

 mantra m. speech, sacred text, a prayer or song of praise; a mystical verse or magical formula, spell(진언(眞言), 주(呪), 주문(呪文), 기도 또는 기원하는 노래, 신비한 시).

(SED)p.789b maraṇa

mara m. (√mṛ) dying, death; the world of death.

maraṇa n. the act of dying, death, 사(死).

(SED)p.812b mārga

mārga m. a walk, journey; a way, passage; path to stopping(道, 보행거리, 길, 도정, ~의 여로).

(SED)p.536a nāma = nāman

nāma; ind. by name, named, called, indeed, really. …이라는 이름을 가진, 사실, 분명히, 아마도.

nāma = nāman n. a characteristic mark or sign, form, nature; personal name; a good or great name, renown, fame.

한역경전에서는 명(名)이라고 번역한다.

(SED)p.528a namas 귀명(歸命)

√nam; to bend or bow, to bow to, subject or submit one's self, to take refuge in

namas n. bow, obeisance, reverential salutation, adoration (by gesture or word) 예배, invocation(기도, 기원).

한역경전에서는 나무(南無) · 나모(曩謨) · 나막(曩莫)이라고 음역하며, 귀명(歸命) · 귀의(歸依) · 예배(禮拜) · 경례(敬禮) · 귀경(歸敬) · 귀례(歸禮) · 신종(信從)이라고 번역한다. 원효는 그의 『원효소』에서 '귀명(歸命)'을 종교적 · 철학적 · 실천적으로 다음과 같이 해설하고 있다.

namas(예배)는 언어로는 표현하기가 아주 힘들며, 우리의 분별적인 생각으로는 도달할 수 없는 종교적인 권능과 거룩한 정신을 가지고 있는데, 그 함의를 두 가지로 요약할 수 있다. 첫째, 둘도 없는 목숨을 바쳐서 거룩한 붓다를 섬기겠다는 의지를 담고 있다. 생각해 보면 목숨은 생명의 근원일 뿐더러 살아 있는 모든 생명체의 감각기관을 지배하고 다스리는 힘을 가지고 있다. 그렇기 때문에 살아 있는 생명체는 목숨을 요체로 삼으며 또한 목숨을 주인으로 삼고 있다. 생명이 있는 모든 것들이 소중히 여기는 것 가운데에 목숨보다 앞서는 것이 없다. 이 둘도 없는 목숨을 받들어 가장 거룩한 붓다를 섬김으로써 신심의 극치를 드러내는 것이 namas(귀명/예배)이다.

누구를 거룩한 붓다로 섬길 것인가. 진리를 붓다로 섬기는 것이다. 먼저 자신을 붓다로 섬긴다. 붓다만이 붓다를 알기 때문이다. 자기를 진실로 붓다로 섬기는 이는 남도 붓다로 섬긴다. 붓다로 섬김을 받으려면 스스로가 붓다가 되어야 한다는 것은 공리이다. 붓다가 되어 버린 이는 나와 남을 분별하지 않는다. 지혜를 바탕으로 하는 삶이고 자비를 본원으로 하는 삶이기 때문에 도리에서 벗어나는 일이 없다. 이것이 첫 번째 namas(귀명/예배)의 뜻이다.

둘째, 내 스스로 몸과 마음을 갈고 닦아 깨달음을 성취하려는 의지를 담고 있다. 본디 자기 자리로 되돌아온다는 것이다. 안(眼)·이(耳)·비(鼻)·설(舌)·신(身)·의(意)의 육근은 어디에서 발생하였는가? 일심(一心)을 근원으로 하여 일어났다. 그러나 지혜가 성숙하지 못한 사람들은 그것을 모르고 일심을 배반하여 버린다. 그리고 그것을 밖에서 찾으려고 색(色)·성(聲)·향(香)·미(味)·촉(觸)·법(法)의 육진(六塵)을 이리저리 찾아 헤맴으로써, 세진(世塵)으로 더럽혀져 탐욕의 그물에 갇혀버린다. 병 가운데에서 가장 큰 병은 무슨 병인가? 알면서도 못 고치는 병이 제일 큰 병이다. 붓다는 가장 가까운 내 속에 있는데, 육진 속에서 찾을 수 있겠는가. 미혹에 미혹을 거듭 쌓아 주인인 나를 잃어버리고 밖에서 찾으려고 할 뿐이다. 그러므로 목숨을 걸고 안·이·비·설·신·의의 육정(六情)을 잘 다스려야 한다. 육정은 들에서 자란 야생마와 같아서 길들이는 것이 참으로 힘들지만 목숨을 걸고 선의지를 살려서 노력을 거듭하면 야생마는 곧 주인을 따른다. 이 자리가 자신의 본디 자리인 일심 바로 그 자리이다. 바로 깨달음을 연 자리이다. 이것이 두 번째 namas(귀명/예배)의 뜻이다.

敬順義是歸義. 趣向義是歸義. 命謂命根. 總御諸根. 一身之要, 唯命爲主. 萬生所重, 莫是爲先. 擧此無二之命. 以奉無上之尊. 表信心極. 故言歸命. 又復歸命者還源義. 所以者, 衆生六根, 從一心起, 而背自原, 馳散六塵. 今擧命總攝六情, 還歸其本一心之原, 故曰歸命.(『大正藏』44-203b12)

〔SED〕p.553c nirodha

ni√rudh to hold back, stop, destroy

nirodha m. confinement, stopping, destruction, 멸(滅).

〔SED〕p.553a niruddha

ni-√rudh to destroy, suppress, stop.

niruddha mfn. destroyed, held back, removed, suppressed, stopped, 멸(滅).

〔SED〕p.557b nirvāṇa 열반(涅槃)

nir-√vā to blow(as wind)(바람처럼 불다); to cease to blow(부는 것을 멈추다); to be blown out or extinguished; to put out(끄다).

nirvāṇa mfn. blown or put out, extinguished(as a lamp or fire)(램프나 불이 꺼진), calmed, quieted.(고요해진, 침착해진, 평온해진)

n. extinction of the flame of life(생명의 불꽃을 끄는 것), dissolution(죽음), death or final emancipation from matter and reunion with the Suprime Spirit(최고의 신과의 재결합, 물질로부터의 해방, 이탈); (with Buddhists and Jainas) absolute extinction or annihilatioon (=śūnya) of individual existence or of all desires and passion(불교나 자이나교에서는, 개인적인 존재의 소멸, 적멸, 또는 모든 욕망과 열정의 소멸); perfect calm or happiness, highest bliss(평정이나 행복, 최고의 행복).

nirvāṇa라는 용어를 분해하여 설명하면 다음과 같다.

nir/ …부터 밖으로, 사라진, 무(無), 리(離).

vā/ (바람이) 불다;

ṇa/ 것, 일.

그러므로 nirvāṇa는 본디 사라져버리는 것, 생명의 빛이 꺼져버리는 것이라는 뜻이다. 그러나 이것이 불교사상을 드러내는 용어로 수용되면서 완전한 해탈을 의미하게 된 것이다.

한역경전에서는 열반(涅槃), 열반나(涅槃那), 니원(泥洹)이라고 음사하며, 멸(滅), 적멸(寂滅), 멸도(滅度), 원적(圓寂), 무위(無爲), 무생(無生), 무작(無作) 등이라고 번역한다. 탐욕(rāga)·성냄(dveṣa)·어리석음(mohā)의 삼독(三毒, tri-viṣaṃ)을 소멸하여 모든 번뇌의 속박에서 벗어나 진리를 체득한 경지를 의미하는 말씀이다.

〔SED〕p.563a niṣṭhā

√niṣṭhā to give forth, emit, yield.

niṣṭhā mfn. excelling, eminent, final, consummate, 구경(究竟)

niṣṭhā f. state, condition, certain knowledge of(loc.)

(SED)p.575c pañca

pañca=pañcan in comp. five, 5, 五.

(SED)p.577c pañca skandha

pañca skandha f. (with Buddhists) the five constituent elements of being. (rūpa=bodily form, vedana=sensation, saṃjña=perception, saṃskāra=aggregate of formations, vijñāna=consciousness or thought-faculty)

(SED)p.619b pāramitā

pāra mfn. bring across.

n. the further bank or shore or boundary, the opposite side.

pāramita mfn. gone to the opposite shore; transcendent.

pāramitā f. coming or leading to the opposite shore, complete attainment; transcendental virtue (there are 6 or 10, viz. dāna, śīla, kṣānti, vīrya, dhyāna, prajñā, to which are sometimes added satya, abhiṣṭhāna, maitra, upekṣā).

pāram(彼岸に, 피안에)+itā(到れる, 다다르다)=피안에 다다르다, 도피안(到彼岸).

pārami(彼岸に到れる, 피안에 다다르다)+tā(狀態, 추상명사어미)=完全に 到達せること, 피안에 다다른 상태, 즉 완성.

(SED)p.597b paripūrṇa

pari−√pṛ to fill, become completely, full. to make full.

paripūrṇa quite full, filled, covered, increase, 증(增).

(SED)p.611b paśyati

√paś to have insight, observe, 見拔く, 悟る, 꿰뚫어 보다, 통찰하다.

√paś의 p. paśyati

paśyati sma 見拔いた, 간파했다, 꿰뚫어 보았다, 통찰했다.

(SED)p.659a prajñā

pra√jñā to know, understand (esp. a way or mode of action)(행동하는 방법이나 방식을 이해하다, 알다), discern, distinguish(~을 깨닫다, ~을 구별·판별하다); to find out(발견

598

하다), discover(발견하다), learn(배우다).

prajña mf(ā)n. wise, prudent(현명한, 사려 깊은, 신중한), knowing, conversant with(~에 정통한, 잘 알고 있는).

f. wisdom(지혜), intelligence, knowledge(지식), judgment(판단력); device(지혜); (with Buddhist literature) true or transcendental wisdom(박식한 불교도에게는, 초월적인, 초자연적, 심원한 지혜).

한역경전에서는 '반야(般若)'라고 음역하며, 지(智), 혜(慧), 지혜(智慧)라고 번역한다.

〔SED〕p.645c pṛthak

√pṛth to extend.

pṛthak ind. widely apart, separately, differently.

〔SED〕p.869b rasa

√ras 2. to taste, relish; to feel, be sensible of; to love.

rasa m. juice of fruit; liquor, taste, the tongue(as the organ of taste); love, affection, desire, 한역경전에서는 jihvā 설근(舌根)의 대상인 미경(味境)이라고 번역한다. 미(味).

〔SED〕p.885c rūpa

√rūp to form, figure, represent.

rūpa any outward, appearance, phenomena, colour, shape, form, figure, 한역경전에서는 cakṣu 안근(眼根)의 대상인 색경(色境)이라고 번역한다. 색(色).

〔SED〕p.1052b śabda

√śabd to call, invoke; to address

śabda m. sound, noise, voice, 성(聲).

〔SED〕p.1053c śamatha 샤마타, 止 (Pāli) samatha 싸마타.

√śam to toil at, fatigue or exert one's self (esp. in performing ritual acts); to be quiet or calm or satisfied or contented; to cease, be alloyed or extinguished; to destroy, remove, extinguish.

śamatha m. quiet, tranquillity, absence of passion, cessation, tranquillity, tranquilization, stabilization.

한역경전에서는 샤마타(奢摩他)라고 음사하며, 지(止) · 적지(寂止) · 적멸(寂滅)이라고 번역한다.

〔SED〕p.1133b saṃjñā

saṃ√jñā to agree together; to acknowledge.

saṃjñā f. agreement, (with Buddhists) perception (one of the 5 skandhas), 상(想).

〔SED〕p.1120b saṃskāra

saṃs√1. kṛ to put together, compose.

saṃskāra m. making perfect; aggregate of formations, volition, impulse, 행(行).

〔SED〕p.1167b samudaya

samud√5. i to go upwards or rise up together.

samudaya m. union, origination, 집(集).

〔SED〕p.1181b samyaksaṃbodhi

p.1181b samyañc=samyak mfn. entire, whole, complete, 정등(正等).

p.733a √budh to wake, wake up, be awake; to perceive, notice, understand; to have an insight into(깨닫다, 깨닫게 하다, 깨어 있다; 인지하다, 알아차리다, 이해하다; ~을 꿰뚫어 보다).

bodhi mf. (with Buddhists or Jainas)perfect knowledge or wisdom(by which a man becomes a Buddha or Jina), the illuminated or enlightened intellect(of a Buddha or Jaina).(불교 · 자이나교에서, 인간이 붓다나 자이나가 되는 완전한 지식이나 지혜, 붓다나 자이나의 깨달은 앎).

p.1181b samyaksaṃbodhi f. complete enlightenment.

〔SED〕p.1181b samyaksaṃbuddha

p.1181b samyañc=samyak mfn. entire, whole, complete, 정등(正等).

p.733a √budh to wake, wake up, be awake; to perceive, notice, understand; to have an insight into(깨닫다, 깨닫게 하다, 깨어 있다; 인지하다, 알아차리다, 이해하다; ~을 꿰

뚫어 보다).

Buddha m.(with Buddhists) a fully enlightened man who has achieved perfect knowledge of the truth and thereby is liberated from all existence and before his own attainment of Nirvāṇa reveals the method of obtaining it, (esp.) the principal Buddha of the present age (born at Kapilavastu about the year 500 B.C., his father, Śuddhodana, of the Śākya tribe or family, being the Rāja of that district, and his mother, Māyā-devī, being the daughter of Rāja Su-prabuddha, MWB.19.; hence he belonged to the kṣatriya varṇa and his original name Śākyamuni was really his tribe name, while that of Gautama was taken from the race to which his tribe belonged; he is said to have died when he was 80 years of age.)(불교에서, 붓다란, 진리에 대한 완전한 지식을 성취하여 완전히 깨달은 사람이며, 그로 인해 모든 존재로부터 해탈한 사람, 깨달음을 얻기 전에 깨달음을 얻는 방법을 드러내는 사람이다. 특히 현세의 붓다는 B.C. 500년경에 까삘라와쓰뚜에서 태어났고, 그의 아버지 숫도다나는 그 지역의 왕인 샤끼야족의 왕이었고, 어머니 마야부인은 쑤쁘라붓다 왕의 공주님이었다. 따라서 그는 끄샤뜨리아 계급에 속하였고, 그의 원래 이름인 샤끼야무니는 그의 종족의 이름이었고, 고따마라는 이름은 그의 가족이 소속해 있었던 종족으로부터 나온 것이다. 그가 80세의 나이에 니르와나에 드셨다고 한다).

한역경전에서는 '불타(佛陀)'라고 음사하며, 깨달은 분, 깨달은 이, 붓다, 각자(覺者)라고 번역한다.

p.1181b samyaksaṃbuddha mfn. one who has attained to complete enlightenment(said of the Buddha, 완전한 깨달음을 얻은 사람으로 붓다를 말함).

(SED)p.1066a Śāri-putra

Śāri=Śārī f. a partic. bird; Name of a daughter of Māṭhara (wife of Tiṣya and mother of the first disciple of Gautama Buddha), mother's name of tribe; 해오라기.

putra m. son

putri f. daughter

Śāriputra m. the son of Śārī.

(SED)p.1184c sarva

sarva mf(ā)n. whole, entire, all, every, 모든, 모두, 일체(一切), 제(諸)

(SED)p.1256b skandha

skandha m. the shoulder, upper part of the back or region from the neck to the shoulderjoint (in men and animals), (사람이나 동물에게서, 목에서 어깨 골절까지의 지점이나 등의 위쪽부분) 어깨; (with Buddhists) the five constituent elements of being (viz. rūpa=bodily form, vedana=sensation, saṃjñā=perception, saṃskāra=aggregate of formations, vijñāna=consciousness or thoughtfaculty), 온(蘊), 덩어리(불교에서, 사람을 이루는 다섯 가지 구성요소. 즉 육체, 감수작용, 표상작용, 의지작용, 인식작용).

(SED)p.1271b sma

sma=smā=ṣma=ṣmā ind. ever, always, indeed, certainly, verily, surely.

(SED)p.1268c spraṣṭavya

√spṛś to touch, feel with the hand
spraṣṭavya n. touch, feeling, 촉(觸).

(SED)p.1095c śraddhā 신(信), 믿음, 신앙(信仰)

śrad−√dhā to have faith or faithfulness, have belief or confidence, believe, be true; to credit, think anything true or trustful.
śraddhā f. faith, trust, confidence, faithfulness.

(SED)p.1103a śrotra

√śrotavya to be heard or listened to
śrotra n. the organ of hearing, ear, 이(耳).

(SED)p.1085a śūnya

1085a √śū 1. a weak form of √śvi
1106b √śvi to swell grow, increase; to swell much.
śūnya mf(ā)n. empty, void, hollow, barren, vacant; absent, void of, free from, non−existence.
śūnyatā f. emptiness, loneliness, desolateness, absence of mind, nothingness, non−existence, non−reality, illusory nature(of all worldly phenomena).

현재도 인디아에서는 숫자의 0을 'śūnyam'이라고 한다.

śūnyam 0 숫자로서의 '0'이다.

(SED)p.1275a svabhāva

sva mf(ā)n. own, one's own.

svabhāva m. native place(출생지), own condition or state of being(자신의 조건이나 존재
하는 상태), natural state or constitution(타고난 지위나 조직), nature, own-being.(자연,
자성).

(SED)p.1284c svāhā

svāhā ind. (prob. fr.5. su and √ah) hail, hail to(-에게 인사하다, 환호하여 맞이하다),
may a blessing rest on!(행복하시길, 축복이 함께 하시길)! 행복.

幸せあれ、さいわいあれ、いやさか(미영, 彌榮)

an exclamation used in making oblations to the gods

f. an oblation(offered to Agni, Indra &c.) (성체의) 봉헌, 공양물, 공물(供物)=offering;
신들에게 바치는 공양물, 불의 신인 아그니의 아내; 신들께 공양을 바칠 때 내는 소리.
아름답게 잘 말하다, 내가 말하다. 나의 것을 말하다. 아름답게 바치는 공양물을 제사에 올
리다. (소원을 이루어주시옵길) 비나이다.

〔바라옵나이다. 사뢰옵나이다. 이루어지게 하소서 / 임근동 교수〕

(SED)p.434a tad-yathā

tad + yathā= tat + yathā

tad m. he, f. she, n. it, that, this(남성형은 he, 여성형은 she, 중성형은 it, that, this)
3인칭 주격단수.

tān은 tad의 2격 복수 those all

yathā ind. 그렇게, 이렇게, 예를 들면, 왜냐 하면, 그래서, 만일, 말하자면, 어찌, ～대로,
～처럼.

tad-yathā ind. in such a manner as follow, namely, Buddh. 소위, 말하자면, 즉설(卽說)

(SED)p.441b tasmāj

tasmāt ind. from that, on that account, therefore,

tasmāj는 abl. of 2. ta.

t로 끝나는 단어와 ś로 시작하는 단어가 만나면 자음연성법칙(子音連聲法則)에 따라서, t는 c로 ś는 ch로 변화한다.

(예) tasmāt+śāriputra → tāsmac+chāriputra

〔SED〕p.433c tathāgatagarbha 여래장(如來藏).

tathā+gata+garbha

tathā ind. so, thus, in that manner, also, true, 그와 같이, 여(如).

tathatā f. true state of things, true nature, 진여(眞如), 여(如), 여여(如如).

√gam to go, to come, to die, to cause to understand, 가다, 오다.

gata gone, gone away, come 거(去), 래(來).

tathāgata being in such a state or condition, of such a quality or nature; he who comes and goes in the same way 'as the Buddhas who preceded him', Gautama Buddha.

〔SED〕p.371b garbha

√grah=√grabh=√gṛbh=√gṛh to grasp, seize, take(by the hand); to arrest, 붙잡다, 움켜쥐다.

〔SED〕p.349b garbha m. the womb; the inside; a child, 태(胎), 모태(母胎), 자궁(子宮), 장(藏), 애기 보, 태아(胎兒). 자궁의 특성은 열 달 동안 태아를 키우는 것을 본질로 하기 때문에 태아라고도 번역한다.

tathāgatagarbha direction how to attain to the inconceivable subject of the tathāgata's qualities and knowledge, 여래장, 붓다의 마음자리.

여래장이란, 진여가 미혹한 세계에 갇혀있을 때, 여래장이라고 부른다. 진여가 바뀌어 미혹한 세계의 사물이 될 때에는, 그 본성인 여래의 덕성이 번뇌와 망상에 뒤덮이게 된다는 점에서 여래장이라고 한다. 또 미혹한 세계의 진여는 그 덕성이 숨겨져 있을지라도 아주 없어진 것이 아니고 중생이 여래의 덕성(德性)을 함장(含藏)하고 있으므로 여래장이라고 한다.

〔SED〕p.433c tathatā 진여(眞如)

tathā indeclinable so, thus, in that manner, also, true

tathatā f. true state of things, true nature, real suchness, true suchness, the tate that is really so, suchness. 진여, 여, 여여(如如).

(SED)p.457c trasta

√tras to tremble, quiver, be afraid of.

trasta mfn. quivering, trembling, frighted, 공포(恐怖).

(SED)p.457c tri

tri=trayāṇām m. 3, three

f. trayas

nom. acc. tisras

n. trīṇi

(SED)p.221b ūna

ūna mfn. wanting, deficient, less, decrease, 감(減).

(SED)p.180b utpanna

ut√pad to arise, rise, be born or produced; to produce.

utpanna mfn. born, produced, risen, arisen, 생(生).

(SED)p.1016c vedanā

vedana mfn. announcing, proclaiming.

n. perception, knowledge.

vedanā n. sensation, feeling (with Buddhist one of the 5 skandhas), 수(受).

(SED) vyavalokyati

vi+ava+√lok 조견(照見)하다, 통찰(洞察)하다, 잘 보다.

(SED)p.963b vidyā

√vid to know, understand, perceive, learn.

vidyā f. knowledge, science, learning, scholarship, philosophy, knowledge of soul or of spiritual truth, 명(明).

(SED)p.1003b viharati.

vi−√hṛ to put asunder, keep apart, open; to construct; to remove; (esp.) to walk or roam about for pleasure.

viharati는 vi−√hṛ의 parasmaipada.

vihara m. taking away, removing, shifting, separation.

vihāra m. distribution, transposition (of words); arrangement disposition (of the 3 sacred fires); roaming; (with Buddhists or Jainas) a monastery or temple (originally a hall where the monks met or walked about; afterwards these halls were used as temple); Name of the country of Magadha (called Bihār or Behār from the number of Buddhist monasteries).

(SED)p.961a vijñāna

vi√jñā to distinguish, discern, recognize, know, understand.

vijñāna n. (=f. vijñānā) the act of distinguishing or discerning, understanding, comprehending; consciousness or thought−faculty, recognition, 식(識).

(SED)p.979c vi−mala

vimala mf(ā)n. stainless, pure, immaculate, 정(淨).

(SED)p.974b viparyāsa

vipary−√2. as to turn over; to have a wrong notion, be in error.

viparyāsa m. a perverted view, overturning, error, mistake, 전도(顚倒), 전도몽상(顚倒夢想). 사견(邪見).

(SED)p.974b vipaśyanā 위빠쉬야나, 관(觀) (Pāli) vipassanā 위빠싸나.

vi−√paś to see in different places or in detail, discern, distinguish; to observe, perceive, learn, know.

vipaśyanā n. right knowledge, clear observation, intellectual insight. discerning, distinct perception

한역경전에서는 毘鉢舍那라고 음역하며, 관(觀) · 관찰(觀察) · 혜(慧) · 정견(正見)이라고 번역한다.

〔SED〕p.1033c vyavasthita.

vy−ava−√sthā to go apart, separate from; to differ respectively; to stay; to be settled; to fix on.

vyavasthita mfn. placed in order, put, stationed; based or dependent on; existing, present.

〔SED〕p.844b yad.

yad (nom. and acc. sg.n. and base in comp. of 3 · ya) who, which, what, whichever, whatever.

〔SED〕p.852a yāvat.

yāvat mf(−atī)n. as great, as large, as much, as many.

찾아보기

611

이평래 교수의
대승기신론 강설

초판 1쇄 발행	2014년 2월 25일
초판 2쇄 발행	2016년 3월 20일

지은이	이평래
펴낸이	윤재승

주간	사기순
기획편집	사기순, 허연정
영업관리	이승순, 공진희

펴낸곳	민족사
출판등록	1980년 5월 9일 제1-149호
주소	서울 종로구 수송동 58번지 두산위브파빌리온 1131호
전화	02-732-2403, 2404
팩스	02-739-7565
홈페이지	www.minjoksa.org
페이스북	www.facebook.com/minjoksa
이메일	minjoksabook@naver.com

ISBN   978-89-98742- 19-5   93200